Psychology Essentials, 2e

心理學概論

―― 心靈與生活探索 ――

John W. Santrock
著

黎士鳴　鍾天鳴
編譯

國家圖書館出版品預行編目資料

心理學概論：心靈與生活探索 / John W. Santrock 著；黎士鳴，
　　鍾天鳴編譯. -- 三版. -- 臺北市：麥格羅希爾, 2015.01
　　面；　公分. -- (社會科學系列叢書；S010)
　　譯自：Psychology Essentials, 2nd ed.
　　ISBN 978-986-341-149-9
　　1. 心理學
　　170　　　　　　　　　　　　　　　　　103022124

社會科學系統叢書　S010

心理學概論：心靈與生活探索（全新增訂版）

作　　　者	John W. Santrock
編　譯　者	黎士鳴　鍾天鳴
教科書編輯	高純蓁
企　劃　編　輯	陳佩狄
業　務　行　銷	李本鈞　陳佩狄　林倫全
業　務　副　理	黃永傑
出　版　者	美商麥格羅希爾國際股份有限公司台灣分公司
地　　　址	台北市 10044 中正區博愛路 53 號 7 樓
讀　者　服　務	E-mail: tw_edu_service@mheducation.com
	TEL: (02) 2383-6000　　FAX: (02) 2388-8822
法　律　顧　問	惇安法律事務所盧偉銘律師、蔡嘉政律師
總經銷(台灣)	臺灣東華書局股份有限公司
地　　　址	10045 台北市重慶南路一段 147 號 3 樓
	TEL: (02) 2311-4027　　FAX: (02) 2311-6615
	郵撥帳號：00064813
網　　　址	http://www.tunghua.com.tw
門　　　市	10045 台北市重慶南路一段 147 號 1 樓　TEL: (02) 2382-1762
出　版　日　期	2016 年 1 月（初版二刷）

Traditional Chinese Adaptation Copyright © 2015 by McGraw-Hill International Enterprises, LLC., Taiwan Branch
Original title: Psychology Essentials, 2e　　ISBN: 978-0-07-256201-9
Original title copyright © 2003, 2000 by McGraw-Hill Education
All rights reserved.

ISBN：978-986-341-149-9

※著作權所有，侵害必究。如有缺頁破損、裝訂錯誤，請寄回退換

尊重智慧財產權！

本著作受銷售地著作權法令暨國際著作權公約之保護，如有非法重製行為，將依法追究一切相關法律責任。

編譯序

感謝學校老師與讀者的大力支持，讓本書能有再版的機會。在這次的版本更新中，主要是更新各章節內容裡的心理學新知識，同時因應同學與教學需求，新增了「職場心理學」與「兩性心理學」這兩章。對於許多更新的資料與補充的內容，如有疏失也歡迎讀者告知並提供意見，以供下一版參考。

在本書的修訂中，我將心理學當成是一門可以應用在生活中的實用科學，並搭配章節將過去兩年來與家人進行的每週一主題──快樂練習活動放入回家作業中，希望讀者可以透過這樣的練習，讓自己的大學生活過得更充實也更快樂。另外，跟隨著正向心理學的發展，各章都增加了「幸福人生」專欄，來補充正向心理學新知。

在閱讀這本書的過程中，你會發現《心理學概論》將能夠提供你一個幸福人生的方向。

感謝編輯部的細心校稿以及新科鍾天鳴心理師的協助，讓本書順利產出。也對閱讀此書的你，送上深深的祝福：

願你 快樂
願你 自在
願你 平安

推展幸福人生的

老師

目次

第 1 章 科學化的心理學　　2

1.1 心理學是一門科學　　4

1.1.1 探討心智與行為的相關問題　　5
1.1.2 心理學的科學起源　　6
1.1.3 科學的思維　　7
1.1.4 科學方法　　8
在地人的心理學——心理學本土化的展開　　11

1.2 心理學的研究類型　　12

1.2.1 描述性研究　　12
1.2.2 相關性研究　　16
1.2.3 實驗性研究　　18
動動腦——科學化的心理學　　23

1.3 當代心理學取向　　24

1.3.1 行為取向　　25
1.3.2 心理動力取向　　26
1.3.3 認知取向　　26
1.3.4 行為神經科學取向　　27
1.3.5 演化心理學取向　　27
1.3.6 社會文化取向　　27
1.3.7 人本運動與正向心理學　　28
幸福人生——正向心理學的開展　　30

1.4 如何學習心理學？	**31**
1.4.1 有腦袋的學習者	32
1.4.2 培養良好的讀書習慣	34
1.4.3 善用課本	37

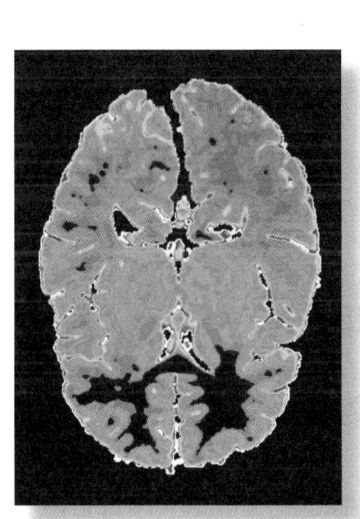

第 2 章　行為的生理基礎　　40

2.1 神經系統	**42**
2.1.1 神經系統的特徵	42
2.1.2 神經系統的通路	43
2.1.3 神經系統的分類	43
2.2 神經元	**44**
2.2.1 神經元構造	44
2.2.2 神經衝動	46
2.2.3 突觸與神經傳導素	47
動動腦──神奇的腦	48
2.2.4 神經傳導素的信號	49
2.2.5 神經網絡	51
2.3 大腦的結構與功能	**52**
2.3.1 大腦的組織分層	52
2.3.2 皮質區	55
2.3.3 腦側化	57
2.3.4 大腦的功能整合	58
幸福人生　快樂的大腦	60

目次

2.4 內分泌系統　　61
2.4.1 腦下垂體　　61
2.4.2 腎上腺　　62
2.4.3 胰島　　62
2.4.4 性腺　　62
2.4.5 甲狀腺　　62
2.4.6 副甲狀腺　　63
2.4.7 松果腺　　63
在地人的心理學──中醫心理學　　64

第 3 章　發展心理學　　68

3.1 關於發展的重要問題　　70
3.1.1 何謂發展？　　71
3.1.2 早年經驗是否會支配我們的人生？　　71
3.1.3 天性和培育如何影響發展？　　73

3.2 兒童發展　　74
3.2.1 胎兒期的發展　　74
3.2.2 兒童期的身體發展　　75
3.2.3 兒童期的認知發展　　79
3.2.4 兒童期的社會情緒發展　　84
動動腦──華人的教養態度　　91
3.2.5 正向心理學和兒童發展　　94

3.3 青少年期   96

- 3.3.1 青少年期的身體發展   96
- 3.3.2 青少年期的認知發展   97
- 3.3.3 青少年期的社會情緒發展   98
- 3.3.4 正向心理學和青少年   99
- 幸福人生──強化你的復原力   100

3.4 成年發展和老化   101

- 3.4.1 成年期的身體發展   102
- 3.4.2 成年期的認知發展   104
- 3.4.3 成年期的社會情緒發展   106
- 3.4.4 正向心理學和老化   108
- 在地人的心理學──人生的終曲   109

第 4 章 感覺與知覺   114

4.1 我們如何感覺與知覺世界？   116

- 4.1.1 感覺與知覺的目的   116
- 4.1.2 感覺接受細胞與大腦   117
- 4.1.3 閾值   119
- 4.1.4 感覺適應   121
- 4.1.5 注意力與注意傾向   121
- 4.1.6 超感知覺   123

目次

4.2 視覺系統　　124
4.2.1 光線與眼睛　　124
4.2.2 大腦的視覺歷程　　128
4.2.3 色彩視覺　　129
4.2.4 空間的視覺知覺　　131
在地人的心理學——藝術與心理學的發展　　135

4.3 聽覺系統　　136
4.3.1 我們如何感覺聲音？　　136
4.3.2 耳朵的結構與功能　　137
4.3.3 大腦的聽覺歷程　　139
4.3.4 方向的聽覺知覺　　140
幸福人生——聽聽美妙的聲音　　141

4.4 其他感覺　　142
4.4.1 皮膚感覺　　142
4.4.2 化學感覺　　144
動動腦——香味與心理感受　　146
4.4.3 動感知覺與前庭感覺　　147

第 5 章　意識的狀態　　152

5.1 意識的本質　　154
5.1.1 意識的層次　　155
動動腦——讀懂你的心　　159

5.2 睡眠與做夢	**160**
5.2.1 生理週期與睡眠	160
5.2.2 睡眠的需求	162
5.2.3 睡眠階段	164
5.2.4 睡眠困擾	167
5.2.5 做夢	168
5.2.6 催眠	170
幸福人生——靜觀的效果	171
5.3 心理作用藥物	**172**
5.3.1 心理作用藥物的使用	173
5.3.2 鎮定劑	174
5.3.3 興奮劑	176
5.3.4 迷幻劑	178
在地人的心理學——成癮行為的研究與防治	180

第 6 章　學習	**184**
6.1 學習	**186**
6.1.1 學習的型態	187
6.1.2 學習的生物因素	188
動動腦——快樂需要學習嗎？	190

目次

6.2 古典制約	**190**
6.2.1 Pavlov 的研究	191
6.2.2 古典制約的應用	195
幸福人生──正向地面對壓力	198
6.3 操作制約	**198**
6.3.1 Thorndike 的效果律	199
6.3.2 Skinner 的操作制約理論	200
6.3.3 行為養成	201
6.3.4 增強原則	202
6.3.5 操作制約的應用	207
在地人的心理學──習慣心理學的誕生	210
6.4 觀察學習	**210**
6.5 學習的認知因素	**212**
6.5.1 目的性行為	212
6.5.2 頓悟學習	213
第 7 章 記憶	**218**
7.1 記憶的本質	**220**

7.2 記憶的編碼　　　　　　　　　　**221**

7.2.1　注意力　　　　　　　　221

7.2.2　處理層次　　　　　　　223

7.2.3　精緻化　　　　　　　　224

7.2.4　想像力　　　　　　　　225

7.3 記憶的儲存　　　　　　　　　　**225**

7.3.1　感官記憶　　　　　　　226

7.3.2　短期記憶　　　　　　　227

7.3.3　長期記憶　　　　　　　230

7.3.4　記憶的組織方式　　　　233

7.3.5　記憶的儲存位置　　　　237

幸福人生──美好的回憶　　　　238

7.4 記憶的提取　　　　　　　　　　**239**

7.4.1　序列位置效應　　　　　239

7.4.2　提取提示和提取工作　　240

7.4.3　記憶提取的準確性　　　241

動動腦──是挖掘出的秘密，或是假記憶？　244

7.5 遺忘　　　　　　　　　　　　　**245**

7.5.1　編碼失敗　　　　　　　245

7.5.2　提取失敗　　　　　　　246

在地人的心理學──失智症的照護　248

目次

7.6 記憶與學習策略   **249**
7.6.1 編碼策略   249
7.6.2 儲存策略   251
7.6.3 提取策略   252

第 8 章 思考、語言與智力   **256**

8.1 心理學的認知革命   **259**
8.1.1 電腦與人腦   259
8.1.2 認知心理學的應用   260
8.1.3 臺灣認知心理學的發展   260
動動腦——認知功能可以提升嗎？   261

8.2 思考   **262**
8.2.1 概念的形成   262
8.2.2 問題解決   264
8.2.3 批判性思考   266
8.2.4 推理   266
8.2.5 決策   267
幸福人生——用創意解決問題   269

8.3 語言   **270**
8.3.1 語言與認知   270
8.3.2 語言的獲得與發展   271

8.4 智力 — 276

8.4.1 智力測驗 — 276
8.4.2 多元智力 — 278
在地人的心理學——華人的智慧 — 282

第 9 章 動機與情緒 — 288

9.1 認識動機 — 290

9.1.1 生理層面的動機理論 — 290
9.1.2 心理層面的動機理論 — 292

9.2 飢餓 — 293

9.2.1 飢餓的生理機制 — 293
9.2.2 飲食疾患 — 295
動動腦——怎麼吃才健康 — 297

9.3 性 — 298

9.3.1 性的生理機制 — 298
9.3.2 性的非生理機制 — 300
9.3.3 性取向 — 301

9.4 成就需求 — 303

9.4.1 成就的認知因素 — 303
9.4.2 成就的社會文化因素 — 305
幸福人生——享樂或追求自我實現 — 306

目次

9.5 情緒　307

9.5.1 情緒的生理機制　307
9.5.2 情緒的心理及社會機制　310
在地人的心理學——微笑是世界共通的語言　315
9.5.3 情緒的分類　317
9.5.4 情緒的功能　319
9.5.5 情緒管理　320

第 10 章　人格　324

10.1 人格的生理基礎　328

10.1.1 腦神經系統與人格　328
10.1.2 增強敏感理論　329
幸福人生——身強體健的人格特質　330

10.2 心理動力論　331

10.2.1 佛洛依德的精神分析論　331
10.2.2 心理動力論的後起之秀　334
動動腦——誰投射了什麼？　338

10.3 行為與社會認知論　339

10.3.1 Skinner 的行為論　340
10.3.2 Bandura 的社會認知論　340
10.3.3 Mischel 的理論　343

10.4 人本論　　344

10.4.1 Rogers 的理論　　344

10.4.2 Maslow 的觀點　　345

10.4.3 自尊　　346

10.5 特質論　　348

10.5.1 特質論　　348

10.5.2 五大人格因素　　349

10.5.3 特質──情境交互作用　　352

在地人的心理學──華人的人格特質與幸福感　　353

第 11 章　心理疾患　　358

11.1 何謂心理疾患？　　360

11.1.1 心理疾患與心理健康　　361

幸福人生──心理健康的推展　　362

11.1.2 了解心理疾患　　363

11.1.3 異常行為的分類　　364

11.2 焦慮與壓力相關疾患　　367

11.2.1 廣泛性焦慮症　　367

11.2.2 恐慌症　　367

11.2.3 恐懼症　　368

11.2.4 強迫症　　369

11.2.5 創傷後壓力症候群　　370

在地人的心理學──談解離性疾患　　371

目次

11.3 情緒性疾患　　373

11.3.1 憂鬱症　　373
11.3.2 躁鬱症　　374
11.3.3 情緒性疾患的成因　　375
11.3.4 自殺　　378

11.4 思覺失調症（精神分裂症）　　380

11.4.1 思覺失調症的類型　　381
11.4.2 思覺失調症的成因　　382
動動腦──心理治療對思覺失調症（精神分裂症）有幫助嗎？　　383

11.5 人格疾患　　384

11.5.1 A 類型人格疾患　　384
11.5.2 B 類型人格疾患　　385
11.5.3 C 類型人格疾患　　386
11.5.4 健康的人格　　387

第 12 章　健康心理學　　390

12.1 健康心理學與行為醫學　　393

12.1.1 身體與心理的關係　　393
12.1.2 生理─心理─社會模式　　393
在地人的心理學──健康心理學的發展　　394

12.2 壓力與壓力源　　　　　　　　　　　　396

12.2.1　人格因素　　　　　　　　　　　396
12.2.2　環境因素　　　　　　　　　　　398
12.2.3　社會文化因素　　　　　　　　　400

12.3 壓力反應　　　　　　　　　　　　　401

12.3.1　壓力的生理反應：一般適應症候群　　401
12.3.2　壓力的內在思考歷程　　　　　　403
12.3.3　壓力的外顯行為反應　　　　　　404

12.4 壓力與疾病　　　　　　　　　　　　404

12.4.1　與壓力相關的疾病　　　　　　　405
12.4.2　正向情緒、疾病與健康　　　　　406

12.5 因應策略　　　　　　　　　　　　　407

12.5.1　問題焦點與情緒焦點的因應　　　407
12.5.2　積極與正向的思考　　　　　　　408
12.5.3　社會支持　　　　　　　　　　　409
12.5.4　有效的衝突處理　　　　　　　　410
12.5.5　宗教信仰　　　　　　　　　　　411
12.5.6　壓力管理課程　　　　　　　　　412
動動腦——正念舒壓法　　　　　　　　　413

目次

12.6 健康的生活　　414

12.6.1 健康行為理論　　415

12.6.2 規律的運動　　415

12.6.3 吃得健康　　417

12.6.4 戒菸　　417

12.6.5 健康的性　　419

幸福人生──快樂的休閒生活　　421

第 13 章　社會心理學　　426

13.1 社會認知　　428

13.1.1 歸因　　428

13.1.2 社會知覺　　432

13.1.3 態度　　435

13.2 社會影響　　438

13.2.1 從眾　　438

13.2.2 服從　　440

動動腦──電醒這個世界的人──研究倫理的思考　442

13.2.3 團體互動　　443

13.2.4 領導統御　　446

13.3 團體間的關係　447

13.3.1　團體認同　447

13.3.2　汙名化　448

13.3.3　增進族群間關係的方法　451

在地人的心理學——疾病的汙名化與改善方案　452

13.4 人際關係　454

13.4.1　吸引力　454

13.4.2　愛情　455

幸福人生——感恩的力量　457

13.5 社會互動　458

13.5.1　攻擊　458

13.5.2　助人　462

第 14 章　職場心理學　468

14.1 快樂求職　470

14.1.1　求職歷程　470

14.1.2　職場定位　472

14.1.3　投入工作　473

幸福人生——樂在工作　473

14.1.4　職涯探索　474

14.2 快樂職場	**476**
14.2.1 管理模式	477
14.2.2 工作滿意度	478
14.2.3 領導風格	479
在地人的心理學——華人的領導風格	480
14.2.4 職場中的正向人際	481

14.3 職場心理健康	**482**
14.3.1 職場壓力	483
14.3.2 正向心理學與職場	484
動動腦——愛職也愛家	485
14.3.3 科學化的職場	487
14.3.4 正向成長	488

第 15 章　兩性心理學	**492**
15.1 生理層面的兩性	**494**
15.1.1 演化歷程	495
15.1.2 大腦差異	496
15.1.3 性別發展	497
動動腦——由手指看個性	499

15.2 心理層面的兩性　　500

15.2.1 性別認同　　500
15.2.2 認知功能與性別差異　　501
15.2.3 情緒與性別差異　　501
幸福人生——女性心理健康的維持　　503

15.3 社會層面的差異　　505

15.3.1 家庭角色　　505
15.3.2 職業角色　　506
15.3.3 攻擊與性別　　507
在地人的心理學——看見彩虹　　508

15.4 親密關係的經營　　509

15.4.1 愛的真諦　　510
15.4.2 溝通方式　　510
15.4.3 性行為　　512

索引　　516

第 1 章

科學化的心理學
The Science of Psychology

章節內容

1.1 心理學是一門科學
1.1.1 探討心智與行為的相關問題
1.1.2 心理學的科學起源
1.1.3 科學的思維
1.1.4 科學方法
在地人的心理學——心理學本土化的展開

1.2 心理學的研究類型
1.2.1 描述性研究
1.2.2 相關性研究
1.2.3 實驗性研究
動動腦——科學化的心理學

1.3 當代心理學取向
1.3.1 行為取向
1.3.2 心理動力取向
1.3.3 認知取向
1.3.4 行為神經科學取向
1.3.5 演化心理學取向
1.3.6 社會文化取向
1.3.7 人本運動與正向心理學
幸福人生——正向心理學的開展

1.4 如何學習心理學？
1.4.1 有腦袋的學習者
1.4.2 培養良好的讀書習慣
1.4.3 善用課本

章 頭 故 事

你曾經感覺到課業壓力嗎？你有人際關係上的困擾嗎？你常熬夜上網嗎？現代的大學生或多或少都會有一些壓力或情緒上的困擾。當你有這些問題時，會如何解決呢？找朋友聊或者找輔導老師？在2001年《心理師法》完成立法後，國內對於心理諮商與心理治療工作者開始有了專業的認定與審查。法案的通過不但確認了心理師的專業地位，也說明了社會大眾對於心理學的專業知識可以改善個人心理困擾的肯定。目前在國內有近千名的心理師，服務的場所相當廣泛，例如：學生輔導中心、醫院精神科以及工商業界等等。他們都是以心理學的理論發展策略來改善個體的心理困擾，以及增進心理健康。

2012年，臺大公共衛生學院、中華心理衛生協會等多個心理健康促進團體發起「心理健康城市結盟宣言」，並邀請包括臺北市、臺中市、高雄市、新竹縣等17個縣市代表，及馬英九總統一起簽署。發起人、臺大公衛學院健康促進研究中心教授張玨表示，心理健康在臺灣仍不夠「主流」。過去的關注多半只限於心理疾病的治療，但心理健康若能落實，可以預防心理疾病的發生。這份聯合宣言說明，心理健康就是追求「平」、「安」、「和諧」，而心理健康工作不只是針對個人的需求，還擴展到整個社會的建構。由此可知，未來會是促進心理健康的時代。

由於心理學是一門與生活息息相關的學科，本章將從心理學的科學化以及歷史演進開始談起，讓你了解心理學是如何與你的生活密切連結。

 1.1 心理學是一門科學

早期的民眾遇到心理困擾，不是求神拜佛就是找算命師。隨著心理師這個專業的誕生，民眾開始尋找專業的心理師來處理自己的心理困境。甚至到了近幾年全球心理健康城市的推動，更加代表心理學的服務已由個人拓展到整個城市與國家。其實，心理學之所以如此地被重視的原因，在於心理學是一門應用性的專業學科，而不單只是生活經驗的累積。透過心理專業的推展，可以讓我們的生活過得更美好也更幸福。

心理學是一門探索人心的科學，只要有人的地方都會有心理學的存在。所謂的科學（science），就是以系統化的方法來進行知識的建構與實踐。心理學探討的主體是「人」，是一門客觀嚴謹的學科，透過專門的研究流程，幫助我們更清楚自己的心理世界。隨著心理學科學化的發展，心理學已經累積了相當多的科學知識，並且能應用在生活中。本節將整體性地讓你了解「科學化」的心理學。

1.1.1 探討心智與行為的相關問題

　　心理學所探討的課題就是我們日常生活所發生的事。從早上起床張開眼的那一刻、到決定要吃哪些種早餐、上課的學習歷程、與同學間的相處以及到進入夢鄉為止，這一天行程的每一個活動都是心理學所要研究的主題。由於心理學研究的是人類的生活，對於這些生活經驗我們都會產生一些日常知識，心理學與這些常識不同的地方在於，它是透過科學化研究來累積的知識，而常識則只是一種個人經驗的累積。例如，談戀愛要找個性相似的人，還是互補的人呢？依常識判斷，有人覺得個性相似，感情會比較穩定；但又有人覺得，個性要互補才能使感情生活豐富。所以到底是要相似還是要互補呢？我們在日常生活中會經驗到許多眾說紛云或相互牴觸的常識。

　　心理學的研究發現，相似性高的關係的確會提高穩定性，但要長久相處的話就需要有共同的目標。互補性的關係一開始會很熱情，但也會因為價值觀的不同而有許多衝突。若有良好的衝突解決策略，關係也可以持續發展。修了這門課後，你將透過科學的證據，更有系統地了解自己以及生活周遭世界，而不會被一些似是而非的常識所困惑。

　　另外，心理學的研究也是用來改善我們生活的一種方式。以目前司法界所推行的修復式司法為例，此司法模式是想透過加害人與被害人之間的和解歷程，協助加害人改變自己的行為以及幫助被害人走出受傷的陰影，而不單單只是透過處罰罪人來解決犯罪問題。在這其中最重要的心理元素就是寬恕之道（forgiveness），對於何謂寬恕以及如何寬恕自己與他人，也是透過許多心理學的研究來發現這些有效的寬恕之道（Bono & McCullough, 2006）。

　　在學習心理學之前，首先要定義**心理學**（**psychology**）。心理學是一門研究「外顯行為」與「內在心理歷程」的科學。這裡面包含三個核心概念：科學、行為、心理歷程。以下分別說明：

- **科學（science）**：心理學是以系統性的方法，來「觀察、描繪、預測、解釋以及改善」人類的行為與心理歷程。研究者很有系統地觀察人類的行為產生與內在心理歷程（如：觀察某校的霸凌行為），仔細地描繪各種不同的心理現象與生活世界（如：說明該校霸凌行為的類型與發生頻率），然後透過所有的訊息，來預測個體行為的產生（如：找出容易產生霸凌的族群）。透過更多的研究，專家們可解釋為何人類有這樣的行為（如：說明為何會產生霸凌行為）。最後，這些解釋能提供更有效益的生活方式（如：找到預防霸凌的行動方案），進一步地增進人類的福祉。

- **行為（behavior）**：人類可被觀察到的外顯行動，如：微笑、哭泣、兩人牽手等等這些可透過觀察來發現的具體行動。

> **心理學**
> 一門研究人類外顯行為與內在心理歷程的科學。

> **科學**
> 採用系統性的方法，來觀察、描繪、預測、解釋以及改善人類的行為與心理歷程。

> **行為**
> 人類可被觀察到的外顯行動，包含：行為、表情、人際互動等等。

第 1 章　科學化的心理學　　**5**

心理歷程

人類內在的思考過程，包括：知覺、記憶、思考與情緒等。

- **心理歷程（mental process）**：人類內在的動機、想法、感受、思考過程等屬於無法直接觀察到的內心世界，而我們的外顯行為深深地受到心理歷程的影響。

從科學化的角度來看，心理學包含四大目標：**描述、預測、解釋**與**改變**「人類的心理歷程或行為」。以自殺行為為例，我們會先了解自殺行為目前的盛行率。內政部的資料顯示，2012年1至9月的全國自殺通報為21,437人次（這就是對於自殺這個外顯行為的具體描述）。分析自殺原因結果發現，前三名依序為「憂鬱傾向」（22.9%）、「家人間情感因素」（21.3%），及「感情因素」（19.6%）；由此可知，情緒困擾或者是人際衝突都會是自殺的危險因素（這就是自殺行為的預測指標之一）。對於自殺行為產生有許多解釋的理論，像是無望感理論（此理論認為個體對於未來產生無望感時會產生自殺的行為）。由於自殺是一個可預防的行為，全國各縣市都已設立自殺防治中心來進行自殺防治的工作（這就是一種改變自殺行為的介入策略），而全國各大專院校也都會推行自殺防治守門員的課程。此課程會教你如何面對有輕生念頭的同學，透過「1問、2應、3轉介」的守門人精神，採用陪伴與關懷的態度來幫助對方渡過自殺的危機。

1.1.2 心理學的科學起源

心理學家試圖回答人類每天會遇到的困境與疑惑：

我是誰？

我為何會愛上她？

要如何才能加強記憶能力？

「為什麼？」這句話，開啟了人類豐富的好奇心。古代神話故事為人們的好奇心做了有趣的解釋，如：女媧造人、盤古開天等故事。漸漸地，神話被哲學所取代，轉變成對生存和知識的理性探索。人們嘗試用自然因素來解釋事件，而非歸咎於超自然因素（Viney & King, 2002）。心理學也一樣，從這種傳統的心靈與身體的思維，慢慢地演變成現代的思考。例如，早期認為人是受到靈魂的掌控，認為人有三魂七魄，而這些魂魄主宰著人的思考與行為。現在則知道，我們的行為是受到大腦所掌控。

自然天擇

生命體適應環境的原則，適應環境的生命特性會被遺留下，而不適應的特性則會被淘汰。

在1859年，達爾文（Charles Darwin, 1809～1882）的《物種源始》（*On the Origin of Species*）提出**自然天擇（natural selection）**的理論，說明生物會適應環境而有某種演化歷程。19世紀的學者將此演化歷程與心理學結合，形成演化心理學，深入探討人類的演化與適應環境的過程（Cosmides, 2011）。德國學者Johannes Müller（1801～1858）發現了腦的重要性，重新定位心理學。在19世紀末期，哲學與自然科學整合，形成了心理學這門新的學科（圖1.1）。

有些歷史學家認為，當代心理學誕生於1879年12月的德國萊比錫大學

（University of Leipzig）。當時生理學家 Wilhelm Wundt（1832～1920）等人所提倡的**結構主義（structuralism）**著重在探討心理歷程的基本成份。他們進行許多人類反應實驗，如與 E. B. Titchener 一起研究聽到聲音到壓按鍵間的時間差來類推神經傳導反應的時間，他們透過種種測試來了解人類的基本反應。除了這些行為反應實驗以外，他們還採用內省法（introspection）來了解一個人在想些什麼？透過外顯行為的實驗與內省的資料收集來深入了解我們的心理狀態。結構主義的核心理念是：心理歷程跟物理與化學等基本科學一樣，具有一些基本結構且能被量化研究，這個焦點開啟了心理學這門新學科。

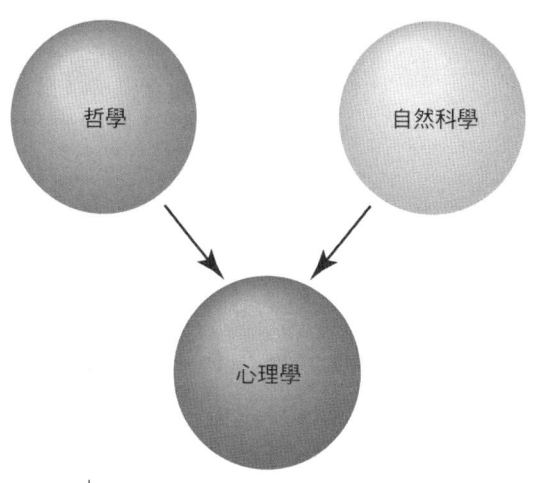

圖 1.1 心理學的緣起
心理學的萌芽在 19 世紀，整合哲學與自然科學思維。

同時，美國的 William James（1842～1910）與數名學者一同探討心理和行為適應環境的功能，稱之為**功能主義（functionalism）**。在某種程度上，Wundt 和其追隨者探討的是心理的內在歷程（找尋它的結構），也就是"What"的議題；而 James 和其追隨者關注的是人如何與外在環境進行互動，深入探討心理存在的意義，也就是"Why"的課題；心理學就是從這兩個角度開啟了一系列的思潮。

結構主義
由 Wundt 所倡導，主要目標是想了解人類心理狀態的基本成份。

功能主義
由 James 所倡導，著重在人類適應環境的心理功能。

1.1.3 科學的思維

人是理性的生物嗎？諾貝爾經濟學獎得主 Kahneman 在《快思慢想》一書中（洪蘭譯，2013）主張，人類有兩個思考歷程，一個就是仰賴直覺式思考的快思歷程，而另一個是邏輯式思考的慢想歷程。也就是說，我們經常採用直覺來生活，但偶爾會採用邏輯思考（理性）來過生活。直覺來自於天性，而理性思考需要學習的養成。以婚前是否適合同居為例，我們的直覺會認為婚前同居可以增加雙方的適應能力，可以改善婚後的生活品質，可是研究結果卻發現，婚前未同居者的婚姻滿意度明顯地高於婚前同居組（Rhoades, Stanley & Markham, 2009），這就是一個科學證據與直覺思考不一致的生活範例。為了增加你的理性思維，先來學學科學思維的基本態度：

- **保持好奇心**：美國心理學學會第一位女性會長 Mary Whiton Calkins（1863～1930）是一個充滿好奇心的學者，對各種心理現象與生活世界都充滿好奇。她經常探索那些看似平常但卻很重要的問題：「人們是否會比較記得住配對鮮明色彩的數字？」「什麼是對自我最明確的描述？」如果你對生活

Mary Whiton Calkins 對各種心理現象與生活世界都充滿好奇。

大小事件都充滿了求知慾，你就開始進入了科學的思維。
- **保持懷疑**：接下來，我們要對自以為理所當然的事情抱持懷疑的態度。在生活中，有相當多理所當然的事情，你都不曾懷疑過嗎？「為何中秋節要烤肉？」「劈腿是男人的天性嗎？」「人真的善良嗎？」「13號星期五真的會比較倒楣？」面對許多常識時抱持懷疑的態度，可以讓你更深入思考。
- **保持客觀**：客觀是一件很重要的事，但生活中，我們經常都只是接收自己想要的訊息，而忽略其他的訊息。基本上，我們的知覺都基於保護自己的自尊為原則（McMillan, 2000; McMillan & Wergin, 2002），也就是說我們只看自己想看到的。客觀的觀察可以幫助我們看到事情的全貌，避免偏頗的思維。科學家認為最客觀的方法就是採用實證方法來理解這個世界（Stanovich, 2010），在下一節科學方法將深入探討讓我們保持客觀的研究方法。
- **批判性思考**：像偵探一樣，我們對於所見、所知、所聞，都須加以檢測。特別是網路資訊爆炸的時代，你在網路上搜尋到的知識都必須進一步檢測。以泰式打拋豬肉為例，「打拋」基本上是一種香菜，但網路上卻有一些資訊說明打拋是一種炒拌的動作。也就是說，在訊息的接收上，你需要靠自己的判斷而非照單全收。

以上四種基本的科學態度能幫助你採用理性的心來處理各種資訊。以太陽花學運為例，對於與大陸簽署服貿協議這個議題，有許多不同的聲音與訊息，你就可以採用科學化的思維來進行思考，讓你更理性地面對此議題。

1.1.4 科學方法

心理學透過「科學的方法」將一般生活的常識轉變成知識（Langston, 2011），在科學期刊所發表的心理學的知識，其產生的過程大至可以分成以下五大步驟：

1. **探索現象（observing some phenomenon）**：透過生活情境或者是實驗室情境進行人類行為的觀察，並且透過腦中已有的知識來解釋自己所看到的現象。當現象超乎自己的理解時，我們就會進行到下個步驟。例如，以快樂為主題，在生活中我們會發現過得幸福的人比較常面帶笑容。
2. **形成假設（formulating hypotheses）**：我們都喜歡探索事情的根源，將所觀察到的現象想出可能的原因。形成假設就是從心理學的理論出發，針對所觀察到的現象提出可能的原因。延續快樂的主題：透過「快樂的人健康程度比不快樂的人高」，或者是「生病的人比一般人還要少笑」等等現象的觀察，你就會想到快樂與健康兩者間的關聯，然後形成『快樂與健康程度有關』的可能性假設。
3. **進行實證研究（testing through empirical research）**：心理學的知識產生來自於採用心理學的研究方法進行資料收集與分析（在下一節將討論心理學常用的研究方法）。以快樂為例，Lee Anne Harker 與 Dacher Kelrner（2001）根據某大學畢業紀念冊上的大頭照來進行分析，分析出一種所謂的杜鄉式微笑（Duchenne

smiling），也就是我們認為的發自內心的真誠微笑。他們經過 30 年的追蹤分析，發現在畢業紀念冊上照片有這樣笑容的人，其生活滿意度比一般人高。

4. **產生結論（drawing conclusions）**：透過實證研究的結果，我們可以針對所觀察到的現象產生結論，並且試著應用到生活中。以快樂為例，透過 2001 年的笑容研究，我們發現常笑的人生活滿意度會比較高，甚至會影響到自己未來的生活。基於這樣的發現，別忘了讓你的大學生活多點笑容，讓 30 年後的你能持續地過得很快樂。

5. **檢視理論（evaluating the theory）**：單憑一個研究結果並無法下定論。以微笑與健康的關係研究為例，我們必須透過許多不同的研究結果才可以下定論，進而證實微笑與健康的關連性。由於國內外每年發表的研究結果相當多，因此科學家發展了一套研究方法稱為**後設分析（meta-analysis）**。這個方法是將過去相關的研究結果做統整性的比較與分析，來產生一個更吻合現實狀況的心理學理論。以微笑為例，LaFrance 等人（2003）採用後設分析這樣的策略，探討男性與女性在微笑上的差異。結果發現，隨著文化與角色的不同，男性與女性在微笑的程度也有所不同。這樣的結果打破了「男生比女生還要少微笑」的刻板印象。

> **後設分析**
> 一種研究方法，此方法先根據某個研究議題，統整許多不同的研究論文。並根據這些論文的研究結果，進行統計分析來產生更為穩定的研究發現。

我們偶爾也會用這科學方法的五個步驟來解答生活上的困惑。例如，你發現一個現象：「有些人喜歡在車上裝 LED 燈」（*探索現象*）。這時腦中會想到「他們可能想吸引大家的注意」（*形成假設*）；然後你採用訪談的方式詢問幾位有裝 LED 燈的朋友，他們為何會在車上裝 LED 燈，並且將這些原因整理出來（*進行實證研究*）。透過分析，你發現大多數的朋友裝 LED 燈都是因為他們覺得很炫，且可吸引他人目光。這時，你就會產生一個知識：「原來裝 LED 燈的人是需要他人注意的」（*產生結論*）。最後，你可能會找其他的相關研究結果，將這些結果與你的結論進行分析比較，看看自己的結論是否正確，或需不需要修正（*檢視理論*）。從這個角度來看，我們其實都是心理學家，在生活中或多或少都會透過這五大步驟來了解自己的生活，然後產生屬於自己的心理學理論，並且透過更多的資訊來做必要的修正。

心理學不只是按部就班地研究問題，更加重視這些探索過程中的嚴謹性與客觀性。首先要談兩個主要的核心概念——理論與假設。**理論（theory）**是整合相當多的觀察資料（累積相當多的相關研究），所形成針對某些心理現象的解釋。透過理論，我們可以清楚地了解個體行為的發生原因，然後對其行為有所預測。在生活中，我們也會累積經驗，形成某些理論概念。例如，在所居住的地方持續觀察數年後可以發現「夜晚若起霧，隔天會是大晴天。」這時，就在心中形成「夜霧隔日晴」的大氣理論（你可以觀察看看居家附近是否也有這種現象）。這些理論可以讓我們對生活有更多的預測性，也對生活世界的現象有更多解釋。心理學的理論形成比我們生活經驗的累積還更加地困難。它需要透過無數的研究結果比對後，才能慢慢形成一套適合目前生活世界的理論。以愛情為例，許多人會從生活經驗中發展出一套屬於自己的愛情學說，這就是一種個人經驗的累積。就心理學理論而言，卓紋

> **理論**
> 透過多重的科學研究過程，所形成的一套系統性解釋模式。

第 1 章 科學化的心理學

君（2004, 2013）透過客觀與嚴謹的研究，經過長久的資料蒐集與分析，將臺灣人的愛情風格分成八大愛情類型。相較經驗累積，這是一個更能說明臺灣人愛情類型的理論。

假設
對於外在現象的暫時性可能解釋。

第二部分是**假設**（hypothesis）。在進行研究時，假設是一件很重要的事情。我們在日常生活裡也常進行假設。當你出門時，發現機車發不動，你就會開始針對這個「發不動」的問題形成無數個假設：「沒油了！」「沒電了！」「排氣管有問題！」為了解決「發不動」的問題，你便開始一個個測試，先看油表，「還有油」；再啟動一下，「還有啟動的聲音」；然後看排氣管，「哇！太久沒騎，洞口被塞住了！」在日常生活中，我們經常形成假設（可能的解釋原因），然後加以推翻，以找到最好的解釋。心理學研究的假設，當然不像我們在解決生活問題那樣隨興地產生，而是透過推論來形成可能性的假設，然後透過資料蒐集加以修正或接受。簡單來說，「假設」，是對你提出的問題所形成的暫時性解釋。

整體而言，理論是累積無數的研究所形成對於心理現象的解釋模式，而假設是針對單一問題的暫時性解釋。我們透過無數個假設驗證的過程中，慢慢地累積研究結果，來形成一套理論。當然，跟任何自然科學的理論一樣，心理學的理論也會因為後續的研究發現而有所修正，甚至推翻。在第五個步驟中，心理學家透過後設分析的技巧，整合過去的心理學研究結果來進行知識的統整與修正。知名的心理學期刊，如：《心理學年鑑》（Psychological Bulletin）與《心理學回顧》（Psychological Review），就提供許多新知識統整的結果，也讓我們知道心理學理論的最新進展。

想一想

1. 何謂心理學？
2. 科學的心理學與生活經驗有何不同？
3. 你如何面對網路上的訊息？
4. 在日常生活中，你是靠直覺生活還是靠理性思考呢？

在地人的心理學

心理學本土化的展開

　　心理學是一個了解自我的科學，而「我」是一個看不見也摸不著的心理狀態。「我是誰？」是一個經常會浮現在我們腦中的心理議題，特別是現階段的大學生更處於探索自我存在感的時期。楊國樞教授（2005, 2008, 2010）以「自我」（self）為主題，從本土的角度出發來探討華人的自我概念，發展出『自我四元論』。透過自我四元論來說明華人心理世界的複雜度與可看性。楊教授根據個體主義與集體主義兩個文化的思維，將自我分成個人取向的自我與社會取向的自我。再根據華人的生活特性，將社會取向的自我細分成關係取向自我、家族（團體）取向自我，以及他人取向自我等三大層面。因此，華人的自我包含了個人取向、關係取向、家族取向以及他人取向等四大層面，統稱「自我四元論」。由於文化因素與生活情境的影響，當我們面對自己的「自我」時，基本上會包含四個層面的自我狀態。這其實不難想像。有些人會覺得自己好像有「多重人格」，在不同時間點的自我好像有所不同。的確，根據自我四元論，我們在面對不同的生活情境時，所展現的自我觀也有所不同。在獨處的時候，個人取向的自我會是主要的自我狀態。在與他人互動時，關係取向的自我會呈現出來。在與家人互動時，家族取向的自我會影響著我們的思考與行動。最後，進入了社會中，他人取向的自我就會規範我們的行為。由這個角度來看，我們都是一個多重自我所組合的個體。隨著環境的需求不同，我們所展現的自我狀態也有所不同。這樣的多元自我概念與歐美所強調的單一自我概念有所不同，特別突顯出本土（華人）文化的多元與複雜度。

　　在談論文化對於心理學的影響時，最常提及的莫過於用於區分東西方文化差異的個體主義文化（individualism）與集體主義文化（collectivism）（Triandis, 1994）。總體而言，心理學家認為西方世界是一種追求個人成就與獨立自主的個體主義文化，特別強調「成就自我」；而我們所處的東方世界則是追求團體和諧與群體榮耀的集體主義文化，特別強調「人際親和」。由於東西方的文化差異，自然也造就了東西方文化下不同的心理世界。由於東西文化下的心理世界有所不同，所以活在東方文化下的我們是否應該擁有不同於歐美文化的心理學呢？這樣的問題也激起了國內心理學本土化的行動。

　　由於臺灣心理學的啟蒙與發展都來自於西方世界，而我們也直接閱讀譯自西方世界的心理學理論。若考慮文化差異的影響，我們不禁要問，西方世界的理論是否合乎東方人的思維呢？為了改善這個問題，楊教授邀集了海內外許多學者，一同深入探討屬於我們自己的心理學。透過多方努力，在1993年發行了《本土心理學研究》期刊，透過此刊物來倡導華人心理與行為之本土化研究與學術運動，藉此建立華人的本土心理學。在跨世紀的十禧年，臺大黃光國教授更整合性地推展華人本土心理學研究追求卓越計畫，希望整合國內本土心理學研究的力量，有助於未來的開創發展。

　　經過多年的研究與推展，屬於我們的心理學在各主題上都有豐碩的結果。例如，楊國樞教授發現了華人自我的多元性（包含：個人取向、關係取向、家族取向以及他人取向之四元自我）；葉光輝教授對於家庭層面的探索則納入孝道這樣的本土議題；黃光國教授以傳統儒家思想為出發點，來探討縱向傑出、橫向傑出以及自我肯定等三大生活目標；鄭伯壎教授對於組織行為分析出家長式領導、差序性領導以及德性領導等領導模

式；余德慧教授深入民間，分析民間是如何進行心理療癒工作。由於本土心理學眾多學者的努力，讓我們在21世紀可以看到屬於我們的心理學。

在本書中，我們將透過「在地人的心理學」這個專欄，讓你了解國內學者的研究成果。當你學習心理學理論時，別忘了想想看，你的心理世界是否深深地受到本土文化所影響。

想一想

1. 在生活中，你有哪些行為與思考是受到文化的影響呢？
2. 你覺得心理學會因為國情的不同而有差異嗎？有哪些心理狀態是人類的共通性，又有哪些心理狀態是因文化而有差異呢？

| 參考資料 |

楊國樞主編（2005）。《本土心理學的創新與超越》。桂冠出版社。臺北。
楊國樞、劉奕蘭、張淑慧與王琳（2010）。〈華人雙文化自我的個體發展階段：理論建構的嘗試〉。《中華心理學刊》，52，113-132。
楊國樞、陸洛主編（2008）。《中國人的自我：心理學的分析》。臺灣大學出版中心。臺北。

1.2 心理學的研究類型

我們常會透過個人的生活經驗來驗證自己內心的假設，例如，雙魚座的人比較浪漫、金牛座的人比較務實。對於這些內在的假設，我們會透過與朋友的互動來確認這些想法。但是，我們都知道這些想法有時正確，有時卻會失誤。在這一節，我們將討論心理學家如何客觀地蒐集資料，讓你更清楚為何心理學的理論遠比經驗談更能夠解釋我們的生活世界。

1.2.1 描述性研究

對於心理學的現象，首先我們要能夠清楚地勾勒出所要看到的現象。描述性研究在這裡扮演著重要角色，透過系統性的資料蒐集與客觀的描述，可以讓我們清楚地「看」到心理世界——行為反應與心理思考歷程。描述性研究（descriptive research）就是一種探索現象本質的研究策略。它的目的不在於找到因果關係，而是讓我們更能系統性與結構化地了解人類抽象的心理狀態，如態度、感受與行為表現

等等（Stake, 2010）。基本上，描述性研究包含了觀察法、調查與訪談法以及個案研究等三大類方法。

★ 觀察法

想一想，如果你想研究情侶間如何處理衝突的話，你會如何進行這樣的研究？觀察法就是讓你可以客觀看到事實的一種研究方法（R. A. Smith & Davis, 2010）。人有一種通病，經常只注意自己想注意的事情。例如看電影時，每個人所注意的重要情節都不一樣。也因此，針對一件事情的發生，每個人所記錄到的重點也會有所不同。為了減少個人的偏誤，觀察生活現象最重要的是系統化的觀察策略。透過系統化而有規劃地觀察記錄，才可以捕捉到現象的全貌。

在系統化的觀察中，我們必須要知道──對象為何、觀察的主要重點、如何觀察，以及如何記錄等（Billmann, 2003; Leary, 2001）。當你開始決定觀察人類行為時，觀察地點也是一個重要的考量。很多心理學的研究都是在實驗室內觀察，因為這樣可以在一個控制完善的情況下，減少情境的干擾，並針對某些特殊的行為來進行觀察記錄。特別是在一些心理學的研究中，實驗室內的觀察可以控制整個外在因素，讓心理學家可以更清楚地記錄行為的發生（Crano & Brewer, 2002; Hoyle & Judd, 2002）。

最有名的實驗室觀察研究是 Albert Bandura（1965）所進行的兒童暴力行為社會學習研究。他讓兒童在實驗室目睹其他小朋友打不倒翁這樣的暴力行為，然後在實驗室中觀察兒童是否也會因此產生暴力行為。在這樣良好的環境控制下，他發現兒童的確會因為看到其他兒童的暴力，而產生暴力行為。這樣的觀察研究，深深地影響了我們對兒童暴力的了解。在實驗室的觀察中，需要注意實驗室與真實生活環境的落差。特別是：

- 參與實驗者都會知道自己正在參與實驗，所做的反應就會與真實生活有所不同。
- 實驗室的環境與生活情境不同，參與實驗者自然無法「自然」反應。
- 願意來實驗室參加實驗的人，與不願意參與實驗的人自然有差異。
- 有些生活狀況無法在實驗室內產生，如生活壓力等，所以研究課題會有所限制。

觀察小朋友玩遊戲，記錄他們的行為反應。

自然觀察法
研究者在自然的生活情境下觀察人類的行為。

自然觀察法（naturalistic observation）提供了一種真實情境下的觀察，在真實的生活情境下觀察個體的真實反應，整個過程中沒有人工操弄與介入。我們可以在各種不同的生活情境下——校園、百貨公司、工廠、太陽花學運等等，觀察人類行為的產生。基本上，我們在生活中也常常會觀察整理某些生活經驗，然後統整出一種屬於自己的經驗談。最近有一個著名的例子。某大學教授重新進入大學當新鮮人，透過貼近生活的方式，來了解目前大學生的生活與心理思維。埃及的研究者透過自然觀察法，發現照顧行為與幼兒發展的關係（Wachs 等人，1993）。研究者在 18 至 30 個月大的幼童家中，觀察家長與孩子的互動關係。他們記錄母親與孩子說話與遊戲的頻率，並記錄小孩說話與玩遊戲的時間。跟美國家庭一樣，母親與孩子互動愈多，小孩的口語表達愈好（Bukatko & Daehler, 2001）。在生活中，我們可以觀察小朋友在公園玩遊戲，記錄他們的行為反應，這就是一種自然觀察法。

珍‧古德（Jane Goodall）在叢林中觀察猩猩的生態。

★ 調查與訪談

觀察法往往只能看到個人的外顯行為，而無法了解個人的內在思考歷程，所以想要了解一個人的「心理」，最快的方法就是「直接」問。訪談（interview）與問卷調查（survey）是目前最常使用的方法。透過面對面的訪談或是良好的問卷內容，都可以直接蒐集個案「內在心理世界」的資料，包含態度、主觀感受、想法等等。在 2013 年的大學生愛情風格調查中，卓紋君教授就是透過問卷來了解目前國內大學生的愛情風格，發現大學生有執守奉獻型、擔憂佔有型、悲觀保留型、真情投入型、婚姻目的型、游移手段型、肉體感官型、與浪漫表達型等八大愛情類型。

在生活中，我們都有接受過問卷調查的經驗；如用餐後餐廳給你的滿意度問卷。有時，在校園裡也會受邀參與某個議題的訪談，這些都透過一些問句讓你直接表達出心聲，也就是內在的「心

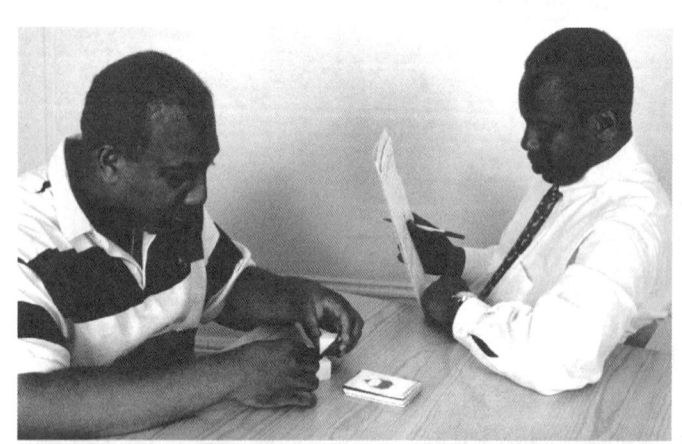

這是標準化測驗的施測過程，心理師根據標準化的步驟來進行魏氏智力測驗，幫助個案做智能評估。

理」狀態。這也是目前心理學家對於大多數人心理世界與少數特殊經驗個體的特殊心理感受,所採取的研究策略。下次,當你接到問卷調查的電話,或者是校園內問卷調查的邀請時,別急著拒絕。來感受一下這樣的研究方式吧!

★ 標準化測驗

訪談與問卷調查的過程,或多或少都會因為一些干擾的因素而無法完全地反應出個人的心理世界,如訪問的地點與時間的倉促性等等。心理測驗學家透過嚴格的把關過程,發展了許多**標準化測驗**(standardized test)來評估一個人的「內心世界」。標準化測驗有兩個特徵:(1)個體透過測驗可以獲取某些分數,而這些分數代表一些心理意義;(2)個體的分數可以與其他人作比較(Cohen & Swerdlik, 2002)。例如,學測就是一種標準化測驗,它可以評估學生在不同學科上的能力表現,並且也可以了解該生在群體中的程度。除了學測以外,很多標準化的人格測驗,可以幫助我們了解自己的個性。另外還有心理健康測驗,可以讓我們知道目前的心理健康狀況。標準化的測驗,能夠讓我們清楚知道自己在群體中的表現(Aiken, 2003; Walsh & Betz, 2001)。

標準化測驗
發展完善的測量心理相關能力的工具,實行過程有標準的流程與計分方式,可以有效地了解個人的心理能力以及在群體中的能力程度。

★ 個案研究

個案研究(case study)是一種深度探討某個特殊個體的心理世界的研究。這種方法經常應用在臨床心理學領域,在臨床工作中遇到特殊的個體,在考量倫理與研究相關因素下所採取的一種研究策略(Dattilio, 2001)。個案研究可讓我們了解某些特殊的心理歷程與狀態。很多時候,某些人的特殊經驗是需要被重視的,如 AIDS 感染者、家暴受害者等人遭遇到的特殊生命經驗。為了了解這些人的心理適應與心理痛苦,個案研究就是一種適合的策略。

個案研究
深入了解個體心理與生活狀態的研究方法。

在心理學的領域中,Erik Erikson(1969)對於甘地(Mahatma Gandhi)的研究,是一個相當有名的個案研究。全世界只有一個甘地;我們無法找到其他像甘地這樣的精神領袖。為了了解他的心理世界,個案研究就是一個相當好的策略。個案研究透過深度訪談與多方面的資料蒐集,來了解一個特殊個體的心理世界。透過這樣的分析,讓我們更加了解不同的心理歷程。從生活周遭的人物中,找一位你覺得其生命經驗特殊的個體,深入地了解他,並且找出其中特殊的心理歷程,這樣也是一個不錯的個案研究。

甘地是印度的精神領袖,Erik Erikson 以他為樣本,進行個案研究來探討自我認同的發展。

第 1 章 科學化的心理學

1.2.2 相關性研究

相關性研究

主要是透過統計分析來了解心理變項間的關聯程度。

在生活上，我們很習慣會找到事件間的關連性，如：性別與智力的關聯性、外型與愛情忠誠度的關係等等。**相關性研究（correlational research）**顧名思義就是利用統計上的相關分析，來探討心理學現象的關係程度（Levin & Fox, 2011）。相關性研究會透過一些問卷進行資料的蒐集，並且透過統計分析探討變項（在研究中我們會把主題轉變成可測量的變項）的關聯性。以 Facebook 為例，有研究顯示大學生使用 Facebook 的時間（變項一）與學業成績（變項二）有關（Junco, 2012）。進一步來說，大學生使用 Facebook 與他人聊天的時間越多，他們的學業成績相對地也就較差。這就說明使用 Facebook 的時間與學業成績為負相關（在下一段將說明這個意義）。

★ 正相關與負相關

我們用相關係數（correlational coefficient）來表示兩個變項（概念）間的關連性。舉例來說，上課時間長度（X 變項）與同學打呵欠次數（Y 變項）的相關係數最高為 1、最低為 0，正負符號表現為關係的方向性。圖 1.2 展現了不同相關的方向性，也就是正負符號的狀態。當相關為「正」時，表示 X 變項數值愈大，Y 變項相對地也會增大；反之 X 變項愈低，Y 變項的數值也愈低。若相關為「負」時，X 變項愈大，Y 變項則愈小；X 變項愈小，Y 變項則愈大。以上課時間與打呵欠次數為例，若這兩個變項為正相關時，說明了上課時間愈長，同學打呵欠的次數愈多；

圖 1.2 正相關與負相關
正相關是兩個因子的改變為同方向（如左邊），負相關是兩個因子呈現相反的方向（如右邊）。

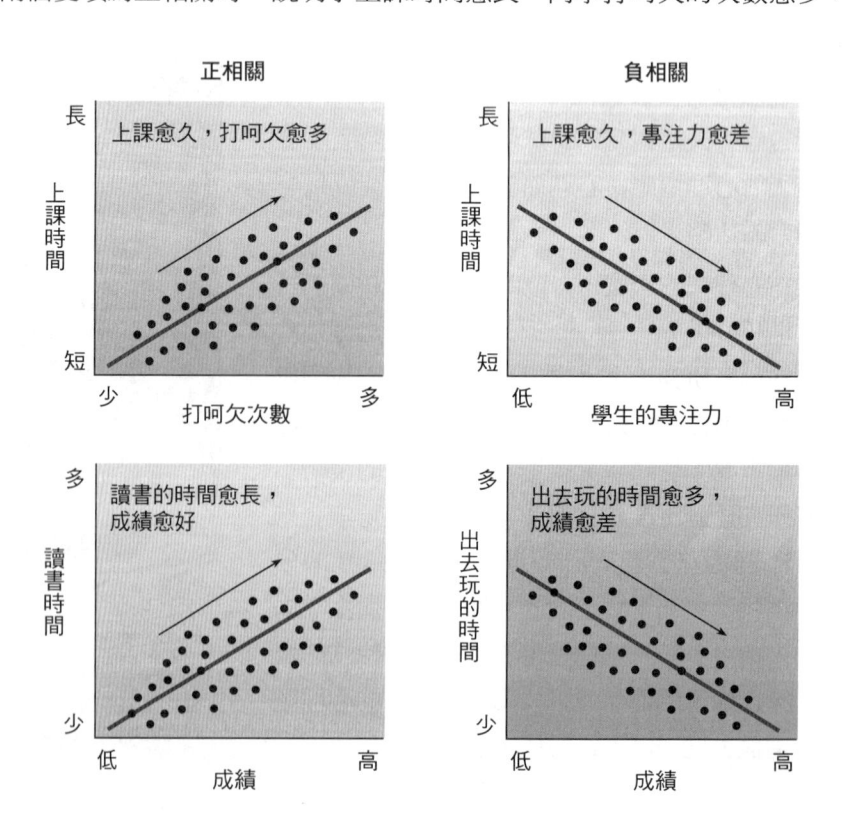

若是負相關時,則反映出上課時間愈長,打呵欠次數愈少。另外,係數大小也須注意,因為它反映了這個關聯性的高低。舉例來說,＋0.15 表示了微弱的正相關;而－0.74 表示高度負相關。

所以在看到相關係數時,要注意兩種符號:數值大小與方向性(正或負)。想想看,上課時間長度與打呵欠次數之相關為＋0.70;上課時間長度與專注力之相關係數為－0.70。這兩種相關係數說明了什麼呢?在數值上 0.70 為高度相關,符號(＋或－)則說明了方向性。故＋0.70 反映出:上課時間愈長,學生打呵欠的次數愈多;－0.70 反映出上課時間愈長,學生的專注力愈低。

★ 相關與因果

相關代表兩事件間的關聯性,而因果表示事件 A 導致事件 B 的狀態。在生活中,我們經常會把相關與因果混淆。的確,相關高,則表示這兩事件的關聯性很高,但卻無法說明誰是因、誰是果。在報紙上常常會看到的標題:

> 某高中生因為考試壓力過大而跳樓自殺!
> 某人因為吸毒所以搶劫!
> 大學生因為長期玩網路遊戲而中風!

這些標題下都隱含著因果關係,但聰明的你會發現這樣的推論有點狹隘。考試壓力大與自殺有相關,但無法直接推斷學生的自殺是考試壓力造成的。在生活中,我們很容易把相關高的狀態推想成因果關係,而從上面的例子可知,相關不等於因果。在閱讀心理學的相關研究後,你會發現有些研究跟我們一樣會有過度推論的現象。「相關」只能說明兩個變項之間有關,卻無法說明誰為因、誰為果(Heiman, 2011)。

相關係數可說明兩事件的關聯性,但因果關係則是要靠嚴謹的研究後才能進一步地推論。圖 1.3 的例子可以讓你更清楚相關與因果的差異。如果我們發現有錢人

收入與自尊呈現高相關的可能解釋			
	收入高	導致	自尊高
	自尊高	導致	收入高
	其他因素,如:社經地位	同時影響	自尊高 收入高

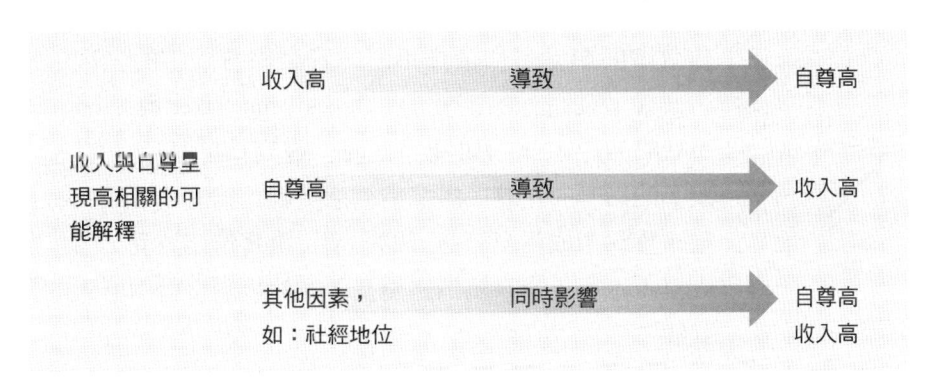

圖 1.3 觀察相關:收入高,自尊也提高嗎?

的自尊比較高，代表收入與自尊呈現高相關。這時，你會說收入是造成自尊的原因嗎？你會直覺性地認為這只是相關而不是因果。因為，你在腦海中會浮現其他的可能性，例如，高自尊的人錢賺得多，或者是外型好（第三個因素）的人，錢多，自尊也高。由這個例子可以讓你更清楚，相關高只代表兩個事件（變項）的關聯性，但無法清楚說明這兩個事件（變項）的關係狀態。如果要更清楚收入與自尊的因果關係，則需要更嚴謹的研究來驗證，到底是自尊高造成收入高，還是收入高導致自尊高，或是家庭背景影響著收入與自尊。雖然相關無法直接說明因果，但它卻提供豐富的訊息，讓我們了解變項之間的緊密程度。例如，在大地震過後（如921地震或311地震），我們可以透過相關研究來了解地震對於民眾心理健康的影響。這樣的相關研究能讓我們了解在地震之後，個體相關的生活經驗與心理健康的關聯性。透過這樣的關聯性，我們可以清楚地找出到底哪些因素讓災民產生心理困擾，而哪些因素讓災民免於痛苦。雖然，我們無法確定這些因素如何影響心理健康，但至少我們可以減少傷害心理健康的因素，以及增進免於痛苦的因素，讓大家更能夠安適地度過那段痛苦的生活經驗。

1.2.3 實驗性研究

在心理學的研究中，實驗法（experiment）是最能夠直接推論因果關係的研究方法。當研究者想要了解影響行為的原因時，實驗法是最常用的策略（Christensen, Johnson & Turner, 2011）。實驗法採用嚴謹的控制，讓我們可以清楚地觀察到行為間的因果關係，透過對成因（X變項）的操弄，然後觀察到結果（Y變項）的變化。在控制好可能的干擾因素下，透過實驗者改變某個成因，使另一個結果產生相對的變化，這就是實驗法的基礎。

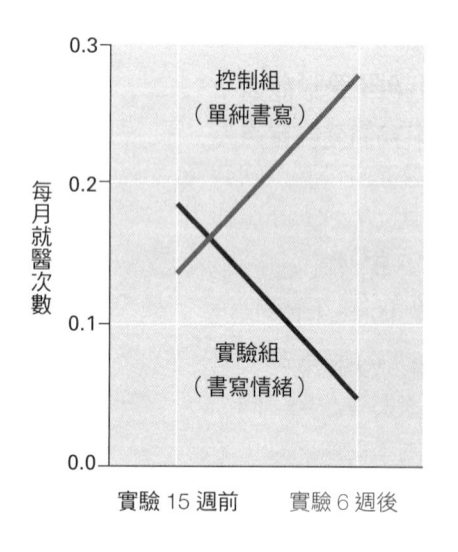

圖 1.4 情緒經驗書寫前後與就醫關係

★ **獨變項與依變項**

在實驗法中，有兩個主要的變項或因素──獨變項與依變項。獨變項（independent variable）是透過人工操控的因素，一般都是「成因」的變項。例如，你想探討音樂對於工作效率的影響。你選擇不同的音樂來看讀書的表現，這時音樂類型就是你的獨變項。James Pennebaker 與 Sandra Beall（1983）做了一項研究，探討「書寫情緒感受」對於「健康」的影響。這時，書寫情緒感受就是獨變項。研究者特別要求實驗組成員寫下每天的心情（書寫情緒感受），控制組則寫流水帳（未書寫情緒感受），然後觀察這兩群人的健康狀態。

依變項（dependent variable）是配合獨變項改變的因素，

經常都屬於「後果」。在上面的研究例子中，健康狀態就是依變項。我們可以在圖 1.4 看到，透過書寫情緒感受與否的人工操弄，個體的健康狀態（就醫次數）的確有明顯的差異。這時，在沒有其他干擾因素的影響下，我們就可以推論「書寫情緒感受」可以減少「就醫次數」。

★ 實驗組與控制組

在實驗設計中，透過人工操弄獨變項，我們可以將參與研究者分成實驗組與控制組。實驗組（experimental group）經歷人工操弄改變，如要求參與某種心理成長課程；相對地，控制組（control group）就是維持現況，未受到人工操弄，也就是維持一般生活。我們可以清楚地看到人工操弄的影響，也就是獨變項（參與心理成長課程）對於依變項（心理健康）的影響。

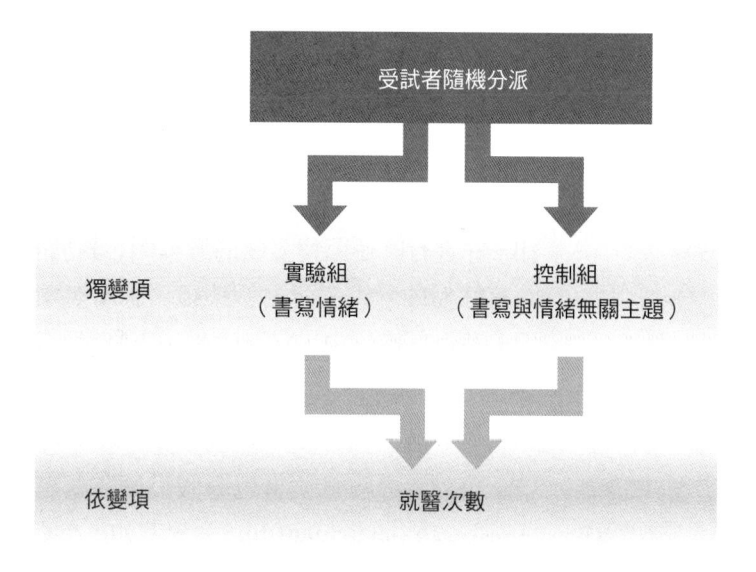

圖 1.5 隨機分派與實驗設計

根據書寫情緒感受與健康的研究，實驗組就是書寫情緒感受的那一組，控制組就是寫流水帳的那一組（圖 1.4）。透過兩組在就醫次數的比較，我們可以推論書寫情緒感受對於健康有正面的影響。在進行分組時，我們要確保兩組在進行實驗之前是相等的兩群人。若一開始分組的兩群人健康狀態就有所不同，則很難推論到底是原先的健康狀況，還是書寫情緒感受對於就醫次數的影響。為了確保兩組的相等，分組經常是採用隨機分派的方式，以減少「分組」本身產生的不平等。所謂**隨機分派**（random assignment）的意義是，個體要參與實驗組或控制組時沒有預設立場，每個人參與其中一組的機率均等。如此可以減少在分派組別時所產生的偏差。圖 1.5 顯現這樣的隨機分派方式。

例如你想探討修心理學概論對於心理健康的影響，這時你將要分析有修習心理學概論這門課的同學當成是實驗組，而沒修心理學概論這門課的同學當成控制組，然後比較這兩群同學在期末心理健康分數上的差異。雖然這是一個很清楚的實驗設計，但因為修習課程與否涉及個人的學習動機以及其他外在因素，也就是說修課與不修課的同學在學期初就有一些差異性，我們無法完全排除這些差異性對於學期末心理健康程度的影響。所以，為了減少兩組的差異性，我們就會採用隨機分派的方式來克服這樣的問題。

當然，要再提醒大家，分派的重點是要達到兩組在進行人工介入前的均等。隨機分派是減少誤差的一種策略，但並非完全不會造成誤差。當你在進行實驗時，必

隨機分派
將實驗參與者透過一樣的機率來分派到實驗組或控制組，藉此平衡兩組間在實驗進行前的差異。

須仔細地排除可能會造成分組不平等的因素。雖然透過嚴謹的實驗，我們可以有信心地推論因果關係，但是實驗進行的過程中，還是會有一些干擾因素存在（Ray, 2009）。下一段將討論這些可能的干擾因素以及改善的方法。

★ 雙盲實驗

實驗設計可以讓我們清楚地發現變項間的因果關係。但是有兩個干擾因素必須要注意：實驗者偏誤與研究參與者偏誤。實驗者本身對於實驗結果的預期會導致實驗結果的偏誤，這種狀態稱為**實驗者偏誤**（experimenter bias）。在進行實驗時，實驗者本身會不自覺地傳遞某些訊息來影響實驗的結果（Christiansen, 2001）。例如，在進行某個藥物實驗的過程中，對於服用藥物組，實驗者不自覺地暗示個案應該有好轉的狀況，而對假藥組（服用無藥物效果的安慰性藥物）的反應則較為冷淡。在這個過程中，實驗者犯了實驗者偏誤。實驗結果因為實驗者的預期而達到實驗者想要的結果，但這部分並非完全是藥物產生的效果，而是實驗者對病患的暗示產生了效果。

實驗者偏誤
實驗者對於實驗結果的預期造成了研究的干擾。

另外，參與實驗者也會假設應該要有的反應，這個過程就是**研究參與者偏誤**（research participant bias）。例如，參與者認為自己服用正式藥物，因此便覺得自己症狀會好些；而服用假藥者，會覺得自己未好轉。為了避免這種對於結果預期產生的影響，就必須進行**雙盲實驗設計**（double-blind experiment）。在這樣的實驗設計中，不論是實驗者或研究參與者，都不清楚誰是實驗組，誰又是控制組；透過這樣的隱藏，減少實驗者與研究參與者對於研究結果的預期。例如，某個藥物對於社交畏懼症療效的研究（Van Ameringen 等人，2001），就是採用雙盲實驗設計。實驗者和研究參與者都不知道是誰服用實驗藥物、誰服用的是假藥，因此實驗者便無法暗示誰應該好轉，研究參與者也不清楚自己「最好」如何反應。這樣做就可以排除人為的猜測與預期，而更清楚地了解藥物對於病症的影響。

研究參與者偏誤
研究參與者猜測研究者的需要，而做出自認符合研究需求的反應。

雙盲實驗設計
為了避免實驗者偏誤和研究參與者偏誤所發展出來的研究策略。讓實驗者和研究參與者不清楚自己所進行的研究介入，這樣可避免預期所產生的偏誤。

由於我們只能間接地研究一個人的心理世界，所以心理學家採用了許多研究方法，希望能排除偏誤並且更確實地了解我們的心理世界。這一節介紹的主要是量的研究方法。這些方法都可以探索人的心理狀態，但因切入點不同，所探討的議題也有所不同，圖 1.6 從夢的研究為出發點，整理出這些研究方法的應用。隨著科學的演進，除了傳統的量的研究方法以外，質性研究也漸漸成為心理學的重要研究取向。這也說明了心理學的研究方法隨著時代的演進而有所突破。「動動腦」專欄將深入探討心理學研究方法的進展。

★ 研究倫理

在校園中，你也許被邀請參與過心理系的研究。在參與這些研究之前，你是否曾感到擔心呢？「會不會被電擊？」「會不會要求透露自己的隱私？」心理學的研究是針對「人」進行研究，所以基本「人權」的重視是一個重要的課題。研究必須

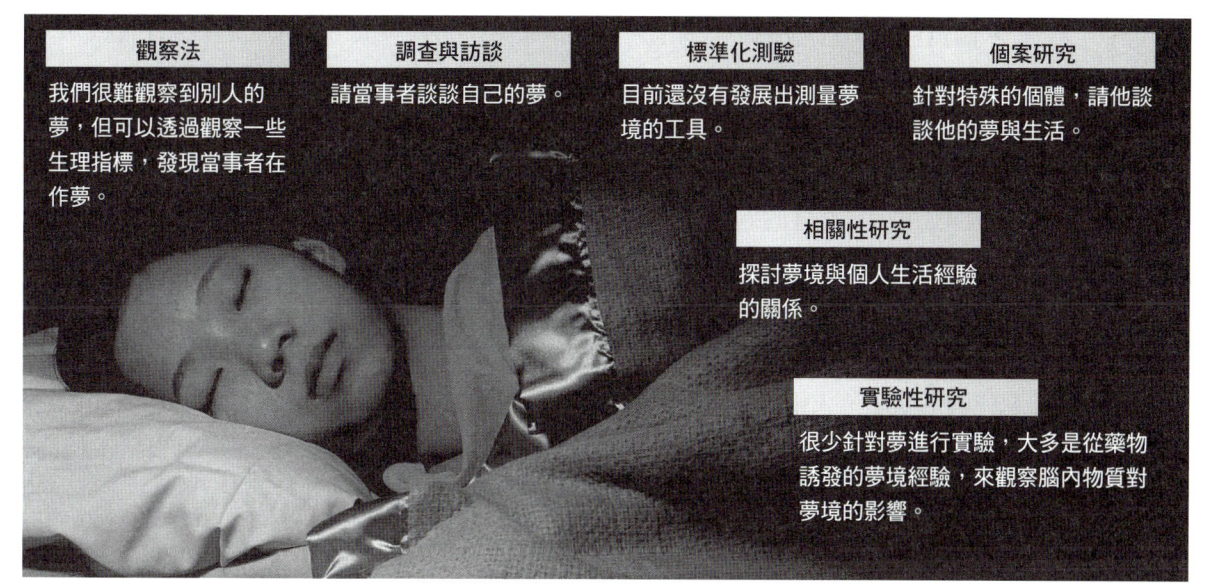

觀察法
我們很難觀察到別人的夢，但可以透過觀察一些生理指標，發現當事者在作夢。

調查與訪談
請當事者談談自己的夢。

標準化測驗
目前還沒有發展出測量夢境的工具。

個案研究
針對特殊的個體，請他談談他的夢與生活。

相關性研究
探討夢境與個人生活經驗的關係。

實驗性研究
很少針對夢進行實驗，大多是從藥物誘發的夢境經驗，來觀察腦內物質對夢境的影響。

圖 1.6 夢的研究

對「人」無害，同時也必須是「自願」參與研究。目前國內的人體試驗委員會（或稱研究倫理委員會）為了保障受試者（研究參與者）權益，會對研究進行研究倫理審查（簡稱 IRB），以確保研究參與者的基本權益。以下是重要的研究參與者的權益保障原則：

- **自主權**：我們都有權利決定自己是否要參與研究，且可以決定中斷參與研究。研究者應該用鼓勵而非強制性的方式來邀請參與者參與研究。由於動機不同，主動參與和脅迫參與的成效差異會頗大。身為一位研究者，不應該為了自己的方便性，而忽略了他人的自由意識。
- **同意權**：任何研究的進行，都必須經過研究參與者的正式同意，而且必須要讓研究參與者充分了解研究過程以及進行方式後，才算是正式的同意。充分了解後同意，是研究者必須掌握的基本原則。
- **有限的欺瞞**：在進行心理學研究時，有時為了研究的控制，研究者必須隱瞞某些研究的訊息，以免因為受試者了解這些訊息後，干擾了研究的進行。先前所提到的雙盲研究就是一種隱瞞。雖然，為了研究的需要，研究者勢必做一些隱瞞，但這樣的隱瞞卻不是全然的。若是會影響到受試者權益的訊息，則不應該隱瞞。研究者必須確保欺瞞不會傷害受試者，並且在研究結束後，必須讓受試者釋懷（Chastain & Landrum, 1999）。
- **舒緩釋懷**：在整個研究的過程中，受試者會有一些不適的感受，包含對研究的困惑，或是在研究過程中某些情緒受到激發。而研究者必須在研究結束後，協助受試者解惑與舒緩情緒。例如，在做認知實驗時，面對電腦作業會感到相當地焦慮，同時在進行作業的過程中，也會對自己的失誤產生挫折感。這些細節都是必須要注意的。研究者往往只著重在數據的蒐集，卻忽略了受試者在其中的焦慮與挫折感。

- **個資保密**：心理學研究是以人為樣本來進行資料蒐集。從個人的隱私到認知作業的結果，都是屬於個人的私密資料。基於個人資料與隱私的保密原則，我們必須慎重處理受試者的資料。以下為曾經發生過的忽略保密的案例。研究者邀請大學生參與實驗，為了方便研究者聯繫受試者，要求受試者在公布欄上留下個人的姓名與電話。這樣的過程即是將個人的私密資料公告於外界。其實保密原則不只是在於研究資料的保密，整個研究過程（從招募受試者到資料蒐集、資料分析以及文章發表），都需要秉持此項原則。

　　由於心理學所研究的對象是人，我們經常都需要在發現真相與尊重人權中找到一個平衡點。人權的尊重完全取決於研究者的心。在進行研究之前，研究者須先堅定對人的基本尊重，這樣自然會重視對方的人權。目前許多學校與研究單位針對受試者的權益都訂有相關的規範，並且有人權委員會進行把關。透過這些「人權」的監督，心理學研究將愈來愈有「人性」。

　　相關的人權問題也可以應用到動物實驗上。在心理學的研究中，有時會採用動物來進行研究（Pinel, 2009）。Neal Miller 是發展出生理回饋的專家，他以動物研究來拓展心理學的應用（Miller, 1985）：

- 心理治療技術與行為醫學
- 神經運動疾病的復健
- 壓力與疼痛的處理
- 藥物濫用治療
- 產婦問題
- 老化問題

　　在心理學領域中，生理心理學通常都採用動物來進行研究——大部分是白鼠。在進行這類研究時，必須注意這些動物的「鼠」權，要透過權衡之後才能進行相關研究。不能單純為了求知，而忽略了動物本身的生命權。面對動物實驗，亦須小心避免額外的傷害。在權衡研究收益與動物傷害時，必須小心謹慎地處理。因為不論是動物或人，都是「生命」，我們必須等同對待（Herzog, 1995）。

想一想

1. 心理學的方法有許多種，你自己比較喜歡哪種方法呢？
2. 若以學業壓力與自殺行為為例，你會用哪種方法來進行這項研究？
3. 有志想讀研究所的你，可以閱讀游一龍與程千芳合著（2014）的《細說研究》，此書將引導你更了解心理學研究。

動動腦

科學化的心理學

當研究者想要了解影響行為的原因時，實驗法是最常用的策略（Myers & Hansen, 2002）。實驗法採用嚴謹的控制，加上比較實驗組與控制組間的差異，讓我們可以清楚地觀察到行為間的因果關係。在 1960 年代，Seligman 進行了一個著名的實驗「習得無助（learned helplessness）的狗」。將兩隻狗關在相同的籠子裡。當燈光出現時，地板就通電，狗會被電擊。一開始時，兩隻狗都一樣驚慌，在籠子中亂竄，想要逃脫。但是很快地，一隻狗發現牠可以用鼻子去撞牆板，壓觸後面的開關把電關掉（控制組）；另一隻狗卻是無論怎麼做都無法關掉電源（實驗組），最後牠就放棄了嘗試，趴在地上認命哀鳴。當這兩隻狗移到新的環境（新的籠子），在這新籠子中，用鼻子推牆板不再能關掉電源，但是只要跳過中間的柵欄，到另一端就是無電、安全的地方。前者可以自己關掉電源（控制組）的狗，雖然在一開始時也很驚慌，但牠會嘗試各種方法來逃避電擊；最後牠發現可以跳過中間的柵欄，逃到無電的地方去。但是後者那隻曾經無法關掉電源的狗（實驗組），在全新的環境中放棄嘗試任何方法來逃避電擊，只是持續地哀鳴。雖然是針對狗來進行的實驗性研究，後期的學者因為這個研究的啟發，進行了許多人類的研究來探討無望感與憂鬱情緒的關係。從此也證實了，一個人如果長期處於一個失敗且無法掌控的環境中，就會產生無望的感覺，甚至會產生自殺的念頭。由這個無望感的研究為例，可以了解心理學家採用各種方法來了解人類的心理世界。

心理學的研究方法除了先前所提到的描述性研究、相關性研究與實驗性研究等量化的研究以外，還有另一類的質性研究。質性研究與量化研究有所不同。量化研究著重在統計與數值上的分析，而質性研究則著重在語言與文字上的分析。近幾年，國內心理學家也開始進行質性研究的探索，例如，以探索人類生活世界本質的現象學研究，或者是深根於人故事的敘事研究。這些研究都是希望透過質性資料的分析，能夠更貼近人類的心理世界。這也可以看出，隨著時代演進，研究方法也有許多的改變，以期能更加透徹地了解我們的心理世界。

臺大心理系黃光國教授致力於推展心理學的研究方法。在《社會科學的理路》一書中，他有系統地介紹許多心理學方法背後的科學哲學，讓有心於心理學研究的學者（生）可以了解不同心理學研究所隱含的哲學思考。2011 年，他又透過自我反思的方式特別撰寫了一本專書《心理學的科學革命方案》，來探討心理學這門科學方法的轉變。他從西藏佛教所使用的「曼陀羅」來思考華人的自我觀（也就是心理），透過曼陀羅外圓內方的特性來說明東方人的心理狀態，發展出一個自我的曼陀羅模型。此模型將自我放入圓心中，縱向的影響是從社會層次的「人」到「自我」，然後到生物層次的「個體」；橫向的拓展為「知識」（智慧）與「行動」（實踐）。

由此模型可以清楚看到我們的心理狀態與心理學知識的展現方式。在心理狀態的層次，抽象的自我概念（心理層面）受到社會層面與生物層面的影響，我們可以從文化差異的比較與外顯行為的產生來反推可能的心理狀態。在心理學知識的展現上，知識與行動兩者是一個密不可分的狀態。若要深入探討心理學的知識，必須要整合對於心理學的知識，且要產生實踐於生活中的行動。

由此模式可以了解，中國千年傳統文化的思潮對於我們心理世界的影響，也提醒我們在進行

心理學的研究時，可以加入傳統的自我探索策略，以吻合現實的心理世界。以黃光國教授為例，他以中國儒家思想出發，來深入探討華人的心理世界，採用儒家文化中的「仁」、「義」、「禮」三大倫理體系，發展出探討華人間的人際互動模式＜人情與面子模式＞。雖然西方心理學的「社會交易理論」可以說明人與人之間的情感性與工具性關係，但在現實生活中，我們在人際關係上似乎無法做清楚的區分。也由於華人的人際互動的複雜度，有時傳統的量化研究並無法妥善呈現，也因此讓我們想要有更多適切的研究方法來探討這些複雜的問題。

想一想

1. 你會如何研究大學生間的人際互動方式呢？若是以關係品質為出發點，你會如何進行這樣的研究？
2. 習得無助的實驗對象是狗，那這樣的結果可以說明人類的心理狀態嗎？

|參考資料|
黃光國（2011）。《心理學的科學革命方案》。心理出版社。
黃光國（2013）。《社會科學的理路》。心理出版社。
黃光國（2014）。《倫理療癒與德性領導的後現代智慧》。心理出版社。

1.3 當代心理學取向

　　人類的心理世界相當複雜。為了能夠透徹地了解這個複雜的「心理」，心理學家試圖從不同的角度加以剖析。本節將介紹目前主要的七個取向：行為、心理動力、認知、行為神經科學、演化心理學、社會文化，以及人本運動／正向心理學。如果你可以熟悉這幾個取向，將能多元地思考自己的心理世界。每個取向都有其獨特的切入點，也可以剖析某些範圍的「心理」。透過多元取向的理解，你將見到整個心理全貌。

　　在深入了解這些取向前，以下要先提醒幾個重點：

- **個別差異**：理論可以告訴我們「心理」世界的一般狀況，但每個個體都有其獨特性，不可以單就理論一概論之。就以你的生活習慣來看，一般而言你是一個有規律運動習慣的人（如：慢跑），但在某些特殊的狀況下（如：下雨天），你就不會去跑步。人的心理狀態也是一樣，我們會有一般狀態時的心理狀態，但也會有特殊情況的心理狀態。心理學試圖找出人類心理世界的通則，也就是一般狀況的

心理狀態,但也不會忽略個人的獨特性,也就是特殊情況的心理狀態(Stanovich, 2001)。

- **環境影響**:雖然心理學研究的是個體,但是我們活在社會環境之中,不可避免地會受到外在環境因素的影響,特別是人際情境,如:父母、師長、朋友、親密關係等。這些重要他人深深地影響到我們的社會生活(Bornstein & Bradley, 2003; Collins 等人,2000)。
- **多元觀點**:每個取向都有其特色,並無優劣之分。這裡提到的每個取向都有其特點與限制。要了解完整的心理學,必須融合多種取向來進行探索。

1.3.1 行為取向

行為取向(behavioral approach)強調以實驗法來探討外在環境刺激(S)與個體行為反應(R)間的關係。主要的開啟者為 John B. Watson(1878～1958)與 B. F. Skinner(1904～1990)。他們使行為主義成為心理學的主流,並且統領心理學界將近半個世紀。目前,不少人採用行為取向的模式來修正不當的生活習慣,如:晚睡、賴床等。這類的技術統稱為行為改變技術。

大部分的行為主義者以其實驗室取向引以為傲。他們透過實驗室的科學化實驗,得以具體地操弄與呈現抽象的心理世界,讓整個心理學從抽象的思考轉向具體的觀察。同時,有些行為主義者為了增加應用的實際面,將實驗從實驗室轉向現實的生活情境,如:教室內。

在心理世界的探索中,Skinner 著重外顯行為。他透過增強與處罰的操作,讓我們看到行為是如何受到這些行為後果的影響。人家都有這種經驗:當某個舉動被他人鼓勵時,這些舉動就會經常發生;而某些舉動被處罰時,這些舉動也就減少了。透過生活經驗與實驗室的範例,行為主義者認為我們的行為是受到行為後果的影響(Skinner, 1938)。現代的行為主義者仍延續 Watson 與 Skinner 的想法,認為我們透過可觀察的行為來了解個體的「心理」(Cheng & Holyoak, 2011)。同時,也強調環境對行為的影響(Baldwin & Baldwin, 2001; Spiegler & Guevremont, 2003)。雖然環境對行為的影響很大,但有些學者認為,除了環境與行為以外,還有重

> **行為取向**
> 強調以實驗法來探討人類外顯行為的產生,著重在環境對於行為的影響。

B. F. Skinner 是行為取向的重要學者。有傳聞他將女兒當作研究樣本,以行為取向的方式來養育。他這樣做是否適當呢?

要的內在思考歷程（如：認知）因素也需要被注意（Shanks, 2010）。

社會認知論
人類行為的產生是受到觀察學習而來，其中涉及了內在認知歷程。

由 Albert Bandura 所發展的**社會認知論（social cognitive theory）**認為，外顯行為不只是受到環境的影響，還受到內在想法的影響（Bandura, 1986, 2001）。他認為模仿是一個主要的學習機制，我們透過模仿而學到很多行為。我們對他人行為的模仿，就是透過內在認知歷程來幫助我們學會這些行為。每一個人都有這些經驗，曾經在生活中觀察到某些人的行為反應，然後進而模仿學習，特別是在學習某種新技能時。例如打球時，我們會模仿球場上其他球員的動作，來幫助自己學習如何打好球。

1.3.2 心理動力取向

心理動力取向
強調個體內在潛意識對於行為的影響。

心理動力取向（psychodynamic approach）強調潛意識的想法、內在衝突與早年家庭經驗對外在行為的影響。這個取向認為我們有與生俱來的本能──生的本能（性慾）與死的本能（攻擊慾）。這些本能都潛藏在潛意識之中，而人的成長在於學習如何合乎社會規範地紓解這些內在慾望。佛洛依德（Sigmund Freud, 1856～1939）是心理動力取向的始祖。他觀察很多人的成長過程，發現父母親在成長歷程中扮演著非常重要的角色。佛洛依德（1917）發展了精神分析治療。雖然他所發展出來的精神分析治療遭受不少批評，但目前在心理治療中仍占有一席之地。與行為取向不同，心理動力取向著重在臨床上的資料蒐集，透過實際的臨床經驗來建構出「心理」理論。這樣的模式相當接近我們的生活，但缺乏研究佐證是最大的限制。

認知取向
從注意力、記憶力到思考與決策的產生的內在心理歷程。

1.3.3 認知取向

認知心理學家認為「腦」是「心理」的中心，它掌管了整個思考過程，包含記憶、決策歷程、計畫、學習、創造力等（Sternberg, 2009）。**認知取向（cognitive approach）**強調「思考過程」，包含注意力的運作、如何知覺外在世界、如何記憶、如何思考與解決問題。

認知取向認為「心理」是一個主動思考與解決問題的機制（Baddeley, 1998; Simon, 1996）。這樣的觀點與行為取向及心理動力取向有所差異。認知取向主張，人是主動思考的個體。與被刺激影響的行為取向以及被潛意識牽絆的心理動力取向完全相反，我們可以靠思考過程來掌控行為（Leahy, 2001; Medin, Ross & Markham, 2001）。

佛洛依德所創造的心理動力取向，雖然備受批評，但他的理論還是歷久不衰。

1.3.4 行為神經科學取向

行為神經科學取向（behavioral neuroscience approach） 著重在大腦與神經系統的研究。我們的思考、情緒與行為等心理狀態，是由大腦與神經系統主導。相當多的研究發現，大腦的確是我們的心理中樞（Kolb & Whishaw, 2001; Zillmer & Spiers, 2001），並且透過神經系統來引發我們的行為反應。由於無法直接把人腦打開來作研究，過去很多相關研究都來自其他腦容量比我們小的生物（Changeux & Chavillion, 1995）。例如，記憶與神經系統的研究來自於只有 10,000 個神經細胞的海蝸牛。透過電擊的實驗，我們發現海蝸牛的神經系統會「記住」先前的電擊經驗，這些記憶透過神經系統的運作來傳遞（Kandel & Schwartz, 1982）。隨著科技的發展，有相當多的腦部造影（如：fMRI）工具可以幫助我們間接地探討人腦與心理狀態的關係。

神經科學家利用海蝸牛來研究記憶。

行為神經科學取向
探討大腦、神經系統與行為的關係。

1.3.5 演化心理學取向

達爾文的演化論說明了生物成長的軌跡。**演化心理學取向（evolutionary psychology approach）** 延續了演化論，探討人類行為是如何受到演化的影響。我們的行為產生也是透過自然天擇的影響，適合環境的行為將會留存下來。

David Buss（2008）認為我們除了身體特徵（如：體型、身高）是演化而來的之外，我們的決策歷程、攻擊行為、恐懼與擇偶模式等心理歷程也都是演化的產物。我們目前適應環境的行為，有很多都是前幾代祖先適應環境的結果。

Steven Pinker（1999）認為，演化心理學也是了解行為的一個重要取向。他認為心理是一種：（1）運作系統；（2）由演化牽引的運作系統；（3）這個系統會透過適應生活的大腦運作而產生行為。我們透過這個系統，就會自動產生適合「生存法則」的行為。演化心理學讓我們了解我們如何適應這個環境，並且解釋了一些「天性」。但部分心理家認為這個取向還是有些爭議，例如，文化差異的問題（Paludi, 2002）與性別差異的問題（Wood & Eagly, 2010）。當然，心理學需要以多種角度來觀看（Graziano, 1995），而且演化取向還是很新的取向，未來仍有相當大的發展空間（Cosmides 等人，2003; Larsen & Buss, 2000）。

演化心理學取向
源自於演化理論著重在人類心理歷程與行為的天性。

1.3.6 社會文化取向

社會文化取向（sociocultural approach） 著重在所處的社會環境與文化脈絡對我們「心理」的影響。若要深入了解個體的心理世界，不能忽略外在文化脈絡的影

社會文化取向
著重在社會文化對於行為的形塑。

響（Triandis & Suh, 2002; Matthews & Gallo, 2011）。社會文化取向的研究就會深入探討不同國家（民族）的相似性與差異性（Kitayama, 2011）。在打招呼的過程中，臺灣人與美國人在人際互動上就有明顯的文化差異。例如，見面擁抱在西方世界是一種習慣，對我們卻是一種過度親密的行為。又譬如我們見面打招呼會說：「吃飽了沒？」西方人對此則覺得很奇怪：「我吃飽了沒跟你有關係嗎？」

社會文化取向不只是注意到國度間的文化差異，還需注意到國度內的族群差異，如原住民文化、同志文化等這些在同一國度裡不同族群的差異。在社會文化取向中，最被注意的是弱勢族群與主流文化間的衝擊（Banks, 2002, 2003）。在強調多元文化價值觀的時代，我們更要重視各種族群的特性與融合，並且增進弱勢文化族群在主流文化下的適應性。

1.3.7 人本運動與正向心理學

人本運動

強調個人的正向面、成長的力量和自由選擇的心理學革新運動。

人本運動（humanistic movement）強調個人的正向面、成長的力量和自由選擇等。人本心理學家認為人有掌控自己命運的能力，並且可以免於環境的操控（Maslow, 1971; Rogers, 1961）。我們不是受到潛意識慾望的影響，也不是受到環境刺激的操控。我們是自己的主人，可以決定自己的行動與人生方向。在生活中，我們是良善向上的個體，透過互助利他，建構一個良善溫暖的社會。這樣的觀點衝擊了「悲觀」的世界觀，而開始建構出「樂觀」的未來世界。

2000年，兩位重要的心理學家 Mihaly Csikszentmihalyi 與 Martin Seligman 為《美國心理學家》（American Psychologist）編輯了一個特刊來說明正向心理學（Seligman & Csikszentmihalyi, 2000）。他們認為 20 世紀的心理學有太多的負面觀點，過於強調人性的黑暗與悲觀，且希望未來這個世紀能夠有正向光明的開始（Diener, 2000; Nakamura & Csikszentmihalyi, 2001; Seligman, 2001）。他們強調正向心理學可以從三個層面來看（Seligman & Csikszentmihalyi, 2000）：

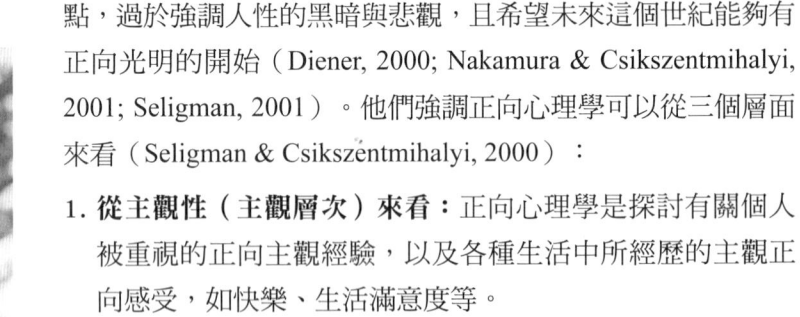

1. **從主觀性（主觀層次）來看**：正向心理學是探討有關個人被重視的正向主觀經驗，以及各種生活中所經歷的主觀正向感受，如快樂、生活滿意度等。
2. **從個別性（微觀層次）來看**：正向心理學是探討有關對個人健康有益的正向個人特質，如美感、創造力等優點。
3. **從群體性（巨觀層次）來看**：正向心理學是探討許多能使個人健康快樂與社會繁榮的正向力量，如利他性、工作倫理等。

對於個體的心理歷程來看，正向心理學可以從時間向度來切入。對於**過去**的經驗，正向心理學會探討幸福感（well-

Mihaly Csikszentmihalyi 是正向心理學運動的推動者之一。

being)、滿意度（satisfaction）與滿足感（contentment）；對於**現在**的生活，會探討個體的心流經驗（flow）與快樂感受（happy）；對於**未來**的期待，則著墨在希望感（hope）與樂觀（optimism）。簡單來說，正向心理學是協助我們過著一種幸福美滿的人生。在每一章結束的回家作業，就是幫助你建構幸福人生的一些簡單策略，透過每天的練習，讓你這學期可以過得更加開心。

荷蘭藝術家 Florentijn Hofman 所設計的黃色小鴨在 2013 年游進了臺灣。這隻原先在每個家庭中陪伴小孩泡澡的小鴨，因為 Hofman 的巧思，創造出新的風潮。在這個活動中，Hofman 想藉由這隻大家熟悉的小鴨，透過跨國界的旅遊來傳達愛與和平的精神。你身邊是否也有這樣的一隻小鴨呢？還是你也有和這隻小鴨合影的照片呢？

為何這隻小鴨會引起大眾如此熱烈的反應，並且深深地影響到我們的心理世界？以下將從各種心理學取向的學術角度來探討這個課題。行為取向的心理學家重視的是外在刺激與行為反應的關聯性。他們想知道這隻黃色小鴨會引發人類的哪些行為反應，如：接近、碰觸、合照等等。社會認知取向的學者則會發現這是一種模仿學習：透過新聞看到大家愉快地去看小鴨，所以自己也不由自主地去看了小鴨。心理動力取向的學者會著重在童年經驗與潛意識的影響，他們會深入了解這些熱愛小鴨的人們在幼年時與小鴨的關係，甚至是母親幫忙洗澡的過程對於目前行為的影響；也就是說，這隻小鴨是否勾起了那種童年的回憶。認知取向的心理學家會著重在思考與決策的歷程，也就是說個體如何看到小鴨，然後腦中如何解讀這隻小鴨，最後產生決定去港口看小鴨的行動。從看見到採取行動之間的細密思考歷程，就是認知心理學家所重視的過程。行為神經心理取向的學者想了解當人們看到小鴨時，大腦裡有哪些區塊開始活躍。演化心理學取向對此更能夠體會，認為小鴨本身就有演化的意涵。這樣的小小玩具為何可以流傳變成一種安撫孩子心情的工具？社會文化取向的學者會想比較不同國家的小鴨熱潮，希望可以找出其中的文化差異。溫暖的人本取向學者，則會深入思考小鴨本身所帶來的正向影響。圖 1.7 整理了各個取向對於黃色小鴨這股熱潮的想法。

行為取向	心理動力取向	社會文化取向
黃色小鴨引發哪種行為	黃色小鴨與童年的回憶	黃色小鴨在不同國家所產生的影響
演化取向	認知取向	人本與正向心理學取向
黃色小鴨對生存的意義	人類對黃色小鴨的理解	黃色小鴨的正向影響
行為神經取向		
黃色小鴨對大腦的影響		

圖 1.7 不同取向心理學家對於黃色小鴨的理解

想一想

1. 那一個取向最能夠反應出你對小鴨的熱愛呢?
2. 你覺得自己傾向用那個取向來看待你的心理世界?

幸福人生

正向心理學的開展

2000 年,美國心理學會開始推展「正向心理學」,當任的主席為 Seligman。他們認為 20 世紀的心理學過度重視心理困擾,並花太多功夫努力地改善人們的心理困擾;而到了 21 世紀,除了改善心理困擾以外,應該有更正向積極的行動,也就是增加大家正向的心理力量。正向心理學運動(positive psychology movement)包含以下三大主軸(Seligman & Csikszentmihalyi, 2000):

- 主觀層次:人類的正向主觀經驗,如過去的幸福與滿足、當下的快樂與愉悅、未來的希望與信心。
- 微觀層次:正向的人性,如愛的能力、工作的能力、創造力、人際技巧。
- 巨觀層次:正向的群體與公民價值,如責任、滋養、公民價值與忍受力。

以快樂為例,他們認為可以從愉悅生活(pleasant life)、投注生活(engaged life),以及意義生活(meaningful life)等三個向度來看快樂的生活,並且發展出許多增加快樂生活的活動,像是感恩拜訪(Gratitude Visit)、生命中的三件好事(Three Good Things in Life)、發現最棒的你(You At Your Best)、發現你的優勢(Identifying Signature Strengths)與發揮你的優勢(Using Signature Strengths in a New Way)等。實證研究發現,這些活動可以增加人的快樂程度以及減少憂鬱的發生(Seligman, Steen, Park & Peterson, 2005)。由此可知,國外的許多心理學家們正努力地發展一些介入方案來讓我們活得更快樂。

在 2013 年,張傳琳教授邀約了許多在國內開設正向心理學相關課程的學者,共同出版了一本本土性的《正向心理學》教科書,其中論及正向思考、正向情緒、幸福感等相關的正向心理學主題,以及正向心理學在教育與職場等場域的介入。由此可知,國內與國外一樣,正吹起一股「正向」與「幸福」之風。

追求正向的心理生活似乎已經演變成 21 世紀的顯學;追求快樂與幸福的人生衍然已是目前生活中的王道。而在 2012 年,McNulty 與 Fincham 撰寫了一篇專文〈超越正向心理學〉(Beyond Positive Psychology?)。他們認為正向心理學所產生的效益還是會因人與情境而異。以樂觀為例,對於生活中的許多事保持樂觀是好事,但是對於買樂透彩等類似賭博的行為保持樂觀,卻會帶來負面的影響。以寬恕為例,在穩定的關係中,寬恕對方的小錯誤是可以增進關係品質;但是在負面的關係中(如:家暴),寬恕反而對關係品質沒有助益。由此可知,當心理師要

提供一個正向心理學的介入時,必須考慮個體的現況與特性,以選擇最適切的介入。

由於正向心理學是目前心理學的重要趨勢,本書將以「幸福人生」這個專欄,根據各種心理學的主題來引進正向心理學的思維,讓你在閱讀此專欄後,使自己的生活更加幸福。

想一想

1. 你自己有那些優點或正向的行為特質?
2. 以樂觀為例,你覺得在哪些狀況下你該保持樂觀,而在那些狀況下要悲觀一些?

做做看

試著每天睡前想一件今天發生的好事,讓你帶著好事入眠!

| 參考資料 |

張傳琳主編(2013)。《正向心理學》。洪葉文化。臺北。

Seligman, M. E. P., Steen, N., Park, N., & Peterson, C.(2005). Positive Psychology Progress: Empirical Validation of Interventions. *American Psychologist*, 60, 410-421.

McNulty, J. K., & Finchan, F. D.(2012). Beyond Positive Psychology? Toward a Contextual View of Psychological Progress and Well-being. *American Psychologist*, 67, 101-110.

1.4 如何學習心理學?

心理學是研究「人」的一門學科,照理應該會讓你覺得與切身相關。但在學習生涯中,我們大多只學會如何應付考試,如何不被當,同時會有這種迷思:「理論與生活無關」、「理論是理論,無法應用」。心理學就是要打破這些迷思以及壞習慣,讓你學習到一門與生活有關的「學科」。當然,在學習之前,必須要摒棄過去的壞習慣,採用新的學習方法,幫助你拿到學分,並且獲取對自己有幫助的「知識」。

要如何學習心理學?黎士鳴等人(2005)進行心理學的學習策略調查發現,「深度」學習是最有效的學習方法。那麼何謂「深度」學習?簡單來說,就是將學習的內容與自身的經驗做連結,讓你感受到原來所讀的「心理學」就是「你自己」。本書將採用深度學習的策略,幫助你體驗所學的內容。透過課堂活動以及回家作業,讓你可以體會課本所提到的知識。

1.4.1 有腦袋的學習者

現在生活上充滿著各式各樣與「心靈」探索有關的訊息，尤其是在這種高壓力的時代，大家都在找一種紓解壓力、增進自我的方式。但是在接收這些訊息時，你自己要小心地評估，不要被矇騙了。很多課程打著「心理學」的招牌，可是往往只是斷章取義地採用心理學的理論，這會讓你產生學習偏差。所以必須小心地評估與了解，當個會思考的學習者！以下告訴你六個學習原則：

★ 批判性思考

> **批判性思考**
> 具有反思的一種思考過程。

在網路訊息爆炸的現代，當你學習知識時，**批判性思考（critical thinking）**是一個重要的基礎。批判性思考不是批評，而是一種思考的過程──將獲取的知識加以客觀、縝密的評價。批判性思考不只是運用在知識中，也可以應用在生活上（Halpern, 2002, 2003）。例如，如果想買一部電腦，你必須蒐集相關訊息，包含電腦的類型、各廠牌的價格、店家的聲譽等訊息，經過完整的評估後，再做決定。當然，買東西時，有時你會只是一時衝動地購買，而有時卻會仔細地思考判斷，再做決定。在過去，我們對於知識都是被動性的灌輸，而現在是知識爆炸的時代，需要有系統、有篩選地吸收知識。批判性思考就是一種幫助我們篩選知識的方法。

在生活中，我們經常是單純地接收資訊，但並沒有時間好好地消化與吸收。以下有幾個方法幫助我們有效地吸收知識：

- **開放心胸**：先開放性地接受相關知識，不要因為跟自己想法不一致而忽略。我們

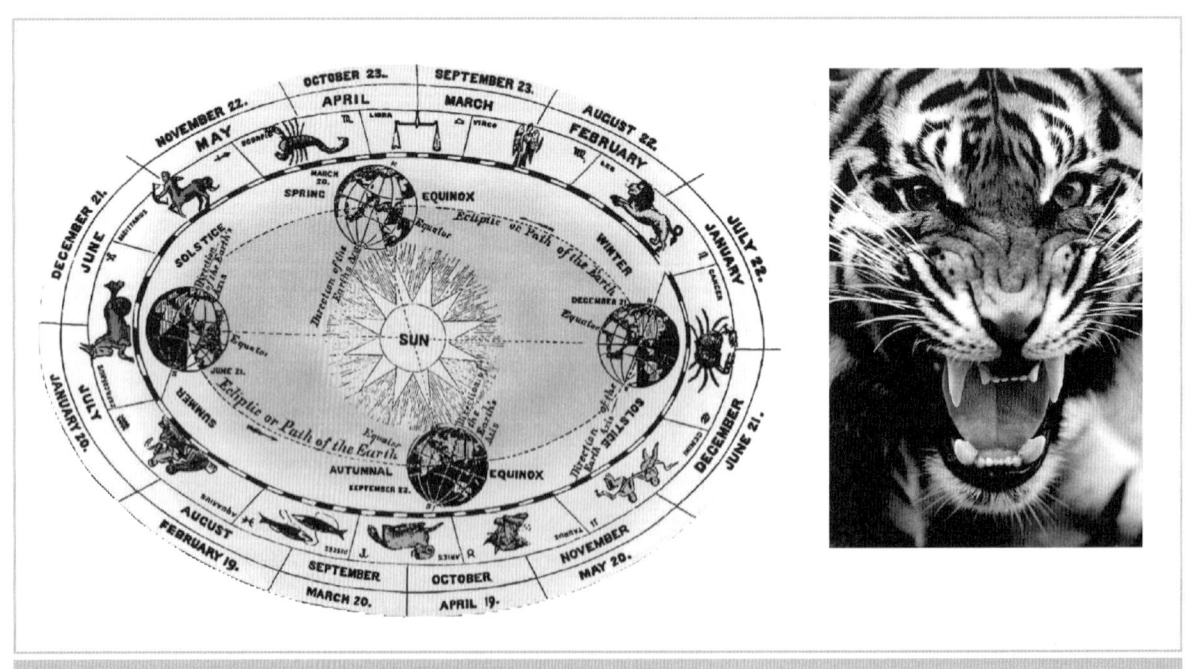

在生活中有很多似是而非的訊息，想想看，虎鞭真的能增加性能力嗎？

經常只注意自己想注意的，卻忘了還有更多重要的知識。
- **保持好奇**：對知識保持好奇心。好奇心是學習的動力。有了好奇心，你的學習動機才會增強。對每一個主題保持好奇，不要用理所當然的態度來看事情。
- **小心思考**：注意訊息中的不一致與錯誤。生活中很多「常識」似是而非，必須要審慎判斷。好好地整理出支持與反對的資訊，讓你更深入地思考其中可能不一致的因素。
- **找出不同的解釋**：每件事情都有多種解釋，試著想想看有何其他的可能性。如同上一節已提及目前有許多心理學的取向，每個取向對於現象的解釋有所不同，試著採用不同的方式來理解你所看到的事情。
- **科學性思考**：富邏輯並理性地判斷知識，保持科學家的態度，來整理與評估知識。

想想看，在生活中常有一些似是而非的「謠傳」，例如「以形補形」的觀念：考試期間，要吃豬腦，以腦補腦。你相信這些老常識嗎？我們的生活三不五時都會被這些訊息所影響，雖然無傷大雅，但是我們很清楚地知道這些「謠傳」是錯誤的。在學習知識的過程中，別忘了保持批判性思考，仔細地評價所學的內容。

★ 區分研究結果與個人經驗

心理學所探討的是「大多數」人的狀態。當你要運用理論時，必須考慮到自身的特殊狀態。例如，壓力與憂鬱情緒有關係；我們都會面臨考試壓力，而你卻不會感到憂鬱。這時，是你忽略了你的憂鬱，還是研究結果有問題呢？其實都不是。因為「壓力導致憂鬱」是一般的狀況，而你的考試與你都有各自的獨特性，例如，考試壓力不大、你的抗壓性高，或者你不重視這門科目等因素。你可以透過研究結果與個人狀態的對比，提出更多的好奇。心理學經常就是這樣而產生愈來愈多的研究題目。

★ 避免將特例當成通則

每個人都是獨特的個體，在一般的原則下都有其獨特性。我們經常都會被特例影響，然後類推成通則。在媒體上經常報導精神病患傷害人的案例，形容精神病患是顆不定時炸彈。但是從研究中可發現，精神病患攻擊人的比例比一般人還低。特例會讓你很快地注意到主題，但不要把這些特例類推成通則，以免造成很多誤解。

★ 深入思考

在生活中，經常會發生讓你覺得驚奇的事情，而這些驚奇的事件，也讓我們有更多的省思。例如，「卡奴全家燒炭自殺！」「藝人吸毒！」等。在這些故事背後，都有潛藏的「心理世界」。先不要急著下定論，應該換個角度想一想。以吸毒的例子來說，這些人被懷疑吸食大麻，在媒體上也誠實地承認自己的確吸食毒品。

在這樣的過程中，你看到了些什麼？是「誠實是美德？」還是「大麻算毒品嗎？」或者是「為何他們要以吸大麻來紓解壓力呢？」

★ 避免不當歸因

我們喜歡找出事情的原因。在媒體常看到「某學生考試壓力過大而跳樓自殺！」壓力的確與自殺有關，但卻不一定是造成自殺的原因。很多時候，我們只能看到關聯性，但卻會依此進而推論出因果關係。舉個例來說，我有一個好朋友，他最近生活不順，便去找算命師改名字。改名後他覺得生活比以前順遂了，因此認為改名字（因）真的改變了他的運勢（果）。你接受這樣的說法嗎？在這裡，我想你會認為那是無稽之談；生活順遂應該還有其他的因素造成，而不是因為改名字。在生活中，我們常會跟那位改名字的朋友一樣，做出錯誤的歸因。在學習知識時，要特別小心。

★ 評估訊息來源

許多網路訊息都未經考證。在求取知識的過程中，必須小心地注意資訊的來源。專業書籍、專業期刊等的訊息，可靠度自然比坊間八卦雜誌來得高。在資訊爆炸的時代，更要注意資訊的可信度。

1.4.2 培養良好的讀書習慣

在中學時期，讀書是要應付考試；而大學呢？你又是如何學習的呢？大學生涯的重點在於學習知識，知識的學習對於大家而言是一種新的經驗。在這裡，將提供一套有效學習「知識」的方法，讓你可以學到「心理學」。

★ 有效地管理時間

相信大家都有這種經驗，在房間裡東摸西摸，才發現時間一下子就過去了。很多同學都會抱怨沒有時間讀書，可是仔細想想，一天當中有多少時間其實是被你浪費掉的？首先，要開始規劃你的時間管理：一週可用的時間為 168 小時；上天最公平的地方就是大家的時間都一樣多，而每個人使用時間的方法不同，得到的效果也就不同。你想想，在 168 小時中，你要挪出多少小時來閱讀；上課大概會占去 20～30 小時，吃飯睡覺又占去了 60 小時左右。你必須先規劃好每個生活需要的時間：生活、人際關係、課業、打工、休閒等，讓你的時間做最有效的安排（別忘了，掌握你的生活是快樂的來源之一）。

過去研究發現，要學好一門學科，所需花費的學習時間是學分數乘以 3（Santrock & Halonen, 2002）。也就是一門兩學分的課程，你每週要花 6 小時的時

圖 1.8 工作表

工作表

最重要的事：
1. 心理學概論期中考

次要的事：
2. 英文報告
3. 練球

工作	時間	完成與否
準備考試	每天早上	
打電話回家	每天晚上	
吃飯	三餐時間	
打球	週一、週三的傍晚	

間來學習——2 小時上課，另外 4 小時閱讀與寫相關作業。所以，你該規劃好每週閱讀的時間。決定閱讀時間後，接著要訂定讀書計畫。每個人都有訂定讀書計畫的經驗，但是最後都以失敗收場。會失敗的原因在於，訂計畫時往往過度野心勃勃，卻忘了每個人的精力有限。讀書計畫必須要訂得有彈性。例如，你一般的讀書速率是一小時 10 頁，在訂計畫時，記得把頁數打八折；也就是每一小時的進度是 8 頁，而不是你最佳表現的 10 頁。因為在生活中會發生很多突發狀況，所以，必須要有彈性調配的時間。

★ SMART 工作計畫

再來要訂定的是工作計畫，規劃好每週要做的重要事件，根據重要性與緊急性進行排序，幫助你清楚一週的行程。圖 1.8 的工作表就是一個範例。常聽人說「計畫」趕不上「變化」，這是因為你往往訂了一個沒效能的計畫，而這些計畫卻會被生活中的變化所打敗。現在就來學習如何訂好計畫——SMART 原則。

- **目標明確（specific）**：設定的讀書目標愈具體愈好。如：今天要讀完第一章的第一節，或今天要讀完 10 頁。
- **意義度（meaningful）**：找到讀書的意義，你會讀得更起勁。以心理學為例，學習心理學如同探索自我的歷程，採用這樣的角度來看，你就會學得更起勁。
- **完成度高（achievable）**：制定目標需要考慮到可完成性。例如，「每次讀 1 小

時,每次完成 10 頁」這樣完成度高的目標。
- **考量實際狀態(realistic)**:制定目標要考慮自己的現實狀況,有些人是久戰型(可以一次讀很久),而有些人卻是短暫型(專注力較短)。每個人的讀書習慣不同,應考慮你的讀書狀況來設定目標。
- **即時完成(timely)**:打鐵趁熱,剛學完的內容最好安排在該週的學習進度中。

★ 良好的讀書環境

讀書環境會影響到讀書效率。讀書前必須先把桌面整理好,凌亂的桌面容易讓人分心。燈光、環境氣氛都會影響讀書的心情。有時不是你不能專心,是環境讓你分心了。另外,電腦也是干擾讀書的因素;讀書的位置最好能跟電腦分開。但如果空間有限,你得在電腦前讀書時,則必須把電腦螢幕關閉,等讀完後再使用電腦。你可以仔細回憶過去的讀書經驗,是否經常在網際網路、Line、Facebook 上占去太多時間呢?

★ 讀書方法

過去大家的學習方式都是填鴨式的背誦,而不是「學習」知識。在這裡將教你如何真正學習到知識。以下有幾個步驟幫助你透過閱讀來學會「心理學」這門學科的內涵:

1. **計劃**:先規劃今天要讀多少。一開始不要很有野心地想讀完很多章節,一次一節地閱讀,可以幫助你更有效地學習。每次讀一個段落,這樣會減少讀書的壓力,並且可以很輕鬆地學習。
2. **瀏覽**:先快速地瀏覽你想讀的那一章,了解一下該章想談的主題。心理學每一個章節都是獨立的主題,你可以快速地了解這個主題所包含的內容,然後切入你現在要讀的段落。
3. **閱讀與理解**:仔細讀你所要讀的段落。心理學都是一些概念的組成,熟悉每個概念的意義以及概念之間的關係。最好想一想回答專欄中所提到的問題,這些問題都沒有標準答案,主要是幫助你動腦筋思考一下。
4. **體會**:生活中的體會是深度學習的開始。心理學是一門可以應用到生活中的一門科學,讀完各章節之後,記得練習回家作業,這可幫助你將心理學應用到生活中。
5. **回顧**:每個主題都有一些重要的專有名詞寫在旁邊,重新閱讀這些名詞解釋,回顧自己所學的知識。

★ 專心聽講

上課是一件重要的事情,老師將知識以最有效率的方式傳達給同學,並可以體會到老師在這門學科上的思維。除了學習到相關知識外,更重要的是可以學到老師

的人生態度。

1.4.3 善用課本

　　本書為了方便你閱讀與學習，做了有效的組織。課文邊欄的「關鍵詞」讓你能更熟悉每個段落主要的心理學概念。「在地人的心理學」專欄呈現的是臺灣心理學界的研究成果，讓你更能夠體會到屬於我們生活的心理學。「動動腦」專欄深入探討許多心理學的議題，並且提供進階閱讀書籍，讓你可以針對有興趣的主題進行延伸閱讀。「幸福人生」這個專欄是目前正夯的正向心理學的介紹，透過專欄的內容，讓你了解目前 21 世紀的新思潮。「回家作業」是一系列快樂生活的活動，這些都是心理學家發現可以讓你過得更加快樂的活動。透過這些練習，能讓你擁有一個快樂的學習生涯。這本書不只是教科書，也是一本幫助你過得更好的生活指南。花了錢，就好好地使用它吧！

想一想

1. 心理學這門課對你的重要性？
2. 你每週要安排多少時間來讀這本書？
3. 你每天可以挪出 5 分鐘來練習回家作業嗎？

課堂活動

主題：為何要學心理學？了解你的學習動機……

目標：
- 增加同學間的人際親和度。
- 強化學習動機。

步驟：
1. 分組：將班上同學分成 5 人一組。
2. 自我介紹：小組內的成員輪流自我介紹（姓名、系級、興趣）。
3. 討論：討論為何想修這門課以及對心理學的期待。
4. 報告：小組輪流報告各組對於心理學的期待。

回家作業

快樂生活第一週——面帶微笑

你有多久不曾打從心底「真正的」微笑？

還記得微笑的研究嗎？保持笑容可以保持健康，也可以讓你更加正向與積極。這一週的回家作業很簡單，就是要你保持笑容。

每天早上起床，給自己 1 分鐘的時間。在刷牙前，面對鏡子，看著自己，然後將注意力放在呼吸上。吸氣的時候，讓自己面帶笑容（嘴角上揚），吐氣的時候，空氣從嘴巴吐出來，讓自己放鬆。

「吸氣，微笑」

「吐氣，放鬆」

本章摘要

1. **何謂心理學。**
   - 心理學是一門研究「外顯行為」與「心理歷程」的科學。
   - 心理學不只是個人主觀經驗，也是一門具有歷史的學科，並融合了哲學與自然科學。其中兩個主要的核心基礎就是強調心理內涵的結構主義與心理適應能力的功能主義。
   - 科學的方法包含五大步驟：（1）探索現象；（2）形成假設；（3）實證研究；（4）給予結論；（5）評價理論。

2. **心理學是一門科學，所採用的研究方法隨著時代演進而有所增加。**
   - 目前心理學家常用的研究方法有描述性研究、相關性研究以及實驗性研究。
   - 描述性研究採用觀察法、訪談法以及調查法來了解我們的心理歷程。
   - 相關性研究則是採用統計學上的分析來探討兩個心理變項的關聯程度。
   - 實驗法則是採用隨機將受試者分派到實驗組與控制組，透過兩組在依變項上的差異來類推因果關係。
   - 研究的進行需要考慮研究倫理的問題，主要是要保障研究參與者的自主權、同意權等基本權益。

3. 心理學的理論取向。隨著心理學的發展,對於心理的現象有不同的解釋方式。
   - 強調外顯行為與行為後果的行為取向
   - 探討內在心理衝突的心理動力取向
   - 研究內在思考歷程的認知取向
   - 探索大腦神經系統的行為神經科學取向
   - 應用生物演化原則的演化心理學取向
   - 深究文化差異的社會文化取向
   - 人本運動與正向心理學運動

4. 心理學對你的好處。
   - 透過學習心理學讓你變成一個有腦袋會思考的人。
   - 學習心理學必須培養良好的讀書習慣,可以透過 SMART 原則來增加你的讀書效率。
   - 透過這本書的回家作業練習,你將會快樂地度過每一天。

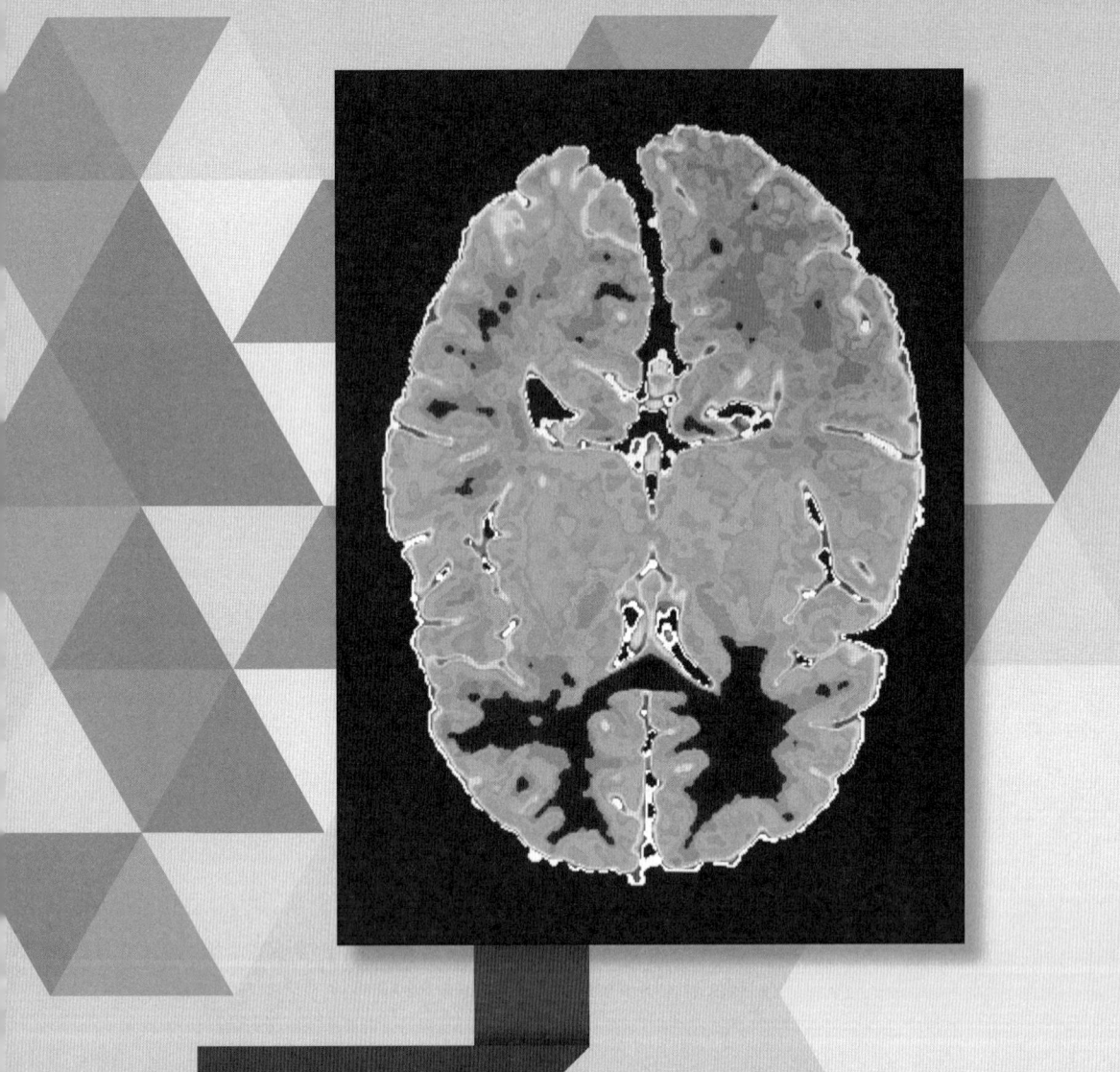

第 2 章

行為的生理基礎
Biological Foundations of Behavior

章節內容

2.1 神經系統

2.1.1 神經系統的特徵

2.1.2 神經系統的通路

2.1.3 神經系統的分類

2.2 神經元

2.2.1 神經元構造

2.2.2 神經衝動

2.2.3 突觸與神經傳導素

動動腦——神奇的腦

2.2.4 神經傳導素的信號

2.2.5 神經網絡

2.3 大腦的結構與功能

2.3.1 大腦的組織分層

2.3.2 皮質區

2.3.3 腦側化

2.3.4 大腦的功能整合

幸福人生——快樂的大腦

2.4 內分泌系統

2.4.1 腦下垂體

2.4.2 腎上腺

2.4.3 胰島

2.4.4 性腺

2.4.5 甲狀腺

2.4.6 副甲狀腺

2.4.7 松果腺

在地人的心理學——中醫心理學

章頭故事

意外（如：車禍等）常常會導致腦部的傷害。當你的腦部因受創而導致部分功能受損時，你會是什麼樣的感受？彰師大萬明美教授所拍攝的紀錄片《黑暗中追夢》，就是敘述一位腦部受創者的故事。馥華為臺灣版的海倫凱勒，她小時候因為一氧化碳中毒而造成腦部缺氧，後來衍生成多重障礙的問題。雖然她看不見也無法說話，甚至無法行動，可是她卻可以透過輔具的協助寫出令人感動的詩篇。另外，在《讀不出時鐘指針的女人：從多重學習障礙到創辦學校》（The Woman Who Changed Her Brain）一書中，作者本身就是一個有多重學習障礙的人。由於她了解自己的問題與困境，化危機為轉機，讓自己從專業的角度創建了認知功能復健學校，幫助許多大腦功能受損者可以透過訓練來增加其受損的大腦功能。從這些故事來看，雖然有些先天或後天的大腦損傷會造成生活上的限制，但透過個人的努力與訓練，其實都有可能克服障礙，終至發揮所長。

這一章將討論與心理有關的生理基礎，包含思考與行動的中心——腦與神經系統，還有與生活適應有關的內分泌系統。神經科學（neuroscience）是研究腦神經系統的學科，而心理神經內分泌學（psychoneuronendocrinology）則是探討個人環境適應中所涉及的內分泌系統的運作。以下將先進入大腦與神經系統，讓你了解「心理」是如何運作；然後再讓你認識內分泌系統與日常生活的關聯性。

2.1 神經系統

隨著研究儀器的進步，從早期的腦電波圖到先進的功能性腦斷層掃描（fMRI），神經科學家對於腦神經功能有更深入的了解。本節將描述主導思考的大腦與引發行為的神經系統，帶你認識它們的構造與特性。

2.1.1 神經系統的特徵

大腦
在頭顱中主宰思考與行為的神經細胞組織。

神經系統
由神經元所建立的運作系統。

大腦（brain）與神經系統（nervous system）讓我們能有「智慧」地活在這個世界中，並透過這些生理機制來適應這個環境（Wilson, 2003）。以下來看看這些系統的特性：

- **複雜性（complexity）**：大腦中有數十億個神經細胞，我們透過這些神經細胞來產生所有的活動；讓我們可以呼吸、說話、運動、讀書與戀愛等等，這些動作與思想的產生都是透過神經細胞在大腦中的活化與運作。想想看，大腦就像一個有數十億員工的大公司。請回想你上第 1 章時，你腦中這些員工是如何同時運作，

包含：聽講、閱讀、記憶、練習等複雜心理的活動，幫助你了解何謂心理學。

- **統整性（integration）**：神經科學家 Steven Hyman（2001）認為大腦是最好的統帥。它可以整合多方面的訊息，然後產生有效的行動。在閱讀本段文章時，我們的視覺系統、語文系統、運動系統都要運作且相互協調，才能順暢地閱讀。簡言之，神經系統這個大公司有許多小部門；當你要產生一個行動時，這些部門間的相互合作就很重要。
- **適應性（adaptability）**：適應環境是生存的基本要素（Bloom, Nelson & Lazerson, 2001）。為了生存，大腦會產生一些維修動作，讓我們更能夠適應當下環境（Coch, Ficher & Dawson, 2007）。**可塑性（plasticity）**就是神經系統自我修復與調整的能力。在《黑暗中追夢》這部紀錄片中的馥華，雖然年幼時大腦因為缺氧而受傷，但是透過她後天的努力，大腦也產生許多修復的作用，讓她可以透過其他方式撰寫出美好的詩篇。基本上，我們的神經系統每天都在作某種程度的微調（Nelson, 2011），讓我們可以不斷地適應環境的變化。
- **電生化傳導（electrochemical transmission）**：大腦與神經系統的運作是靠一系列的電與生化的傳導來進行訊息傳遞（Chichilnisky, 2007）。我們可以想像神經系統就像家庭電路系統，會透過電的傳遞來產生功能。

> **可塑性**
> 大腦具有自我修復的能力。

2.1.2 神經系統的通路

神經系統就跟臺灣的道路一樣，像一個錯綜複雜的網絡，稱之為**神經網絡（neural network）**。這個網絡系統如同電訊傳送一般，將訊息朝某方面傳遞，讓我們可以接收外界的訊息，然後對環境有適切的反應。神經系統有兩種傳遞方式：一種是傳到大腦然後進行高層次的思考與判斷再產生行動；另一種則是反射反應，由脊髓直接轉換訊息。例如，你在這本書看到重點，想拿紅筆把它畫起來，這樣的過程就是由眼睛的「感覺神經」（sensory nerves）將所讀到的內容傳入大腦，然後從大腦透過「運動神經」（motor nerves）傳送到手部，讓你拿起筆畫重點。在生活中，有些反射性的活動，例如，手被燙到而馬上收手。這個動作是由「中介神經元」（interneuron）將感覺神經的訊息（燙）直接傳遞到運動神經（收手），讓你可以立即反應，不須透過大腦的判斷就可以避免危險。

> **神經網絡**
> 神經元間的連結系統。

2.1.3 神經系統的分類

神經系統可以簡單分成中樞神經系統與周邊神經系統（圖 2.1）——**中樞神經系統（central nervous system, CNS）**由大腦與脊髓組成，也就是我們思考的中心；而**周邊神經系統（peripheral nervous system, PNS）**，是中樞系統與外部聯繫的網絡。

> **中樞神經系統**
> 大腦與脊髓組成的系統。
>
> **周邊神經系統**
> 將中央神經系統與身體其他部分進行聯結的神經網絡。

第 2 章　行為的生理基礎

```
                         神經系統
                            │
         ┌──────────────────┴──────────────────┐
      中樞神經系統                          周邊神經系統
         │                                      │
    ┌────┴────┐                    ┌────────────┴────────────┐
   大腦      脊髓                體神經系統               自主神經系統
                              ┌────┴────┐            ┌────────┴────────┐
                           感覺神經   運動神經      交感神經系統      副交感神經系統
```

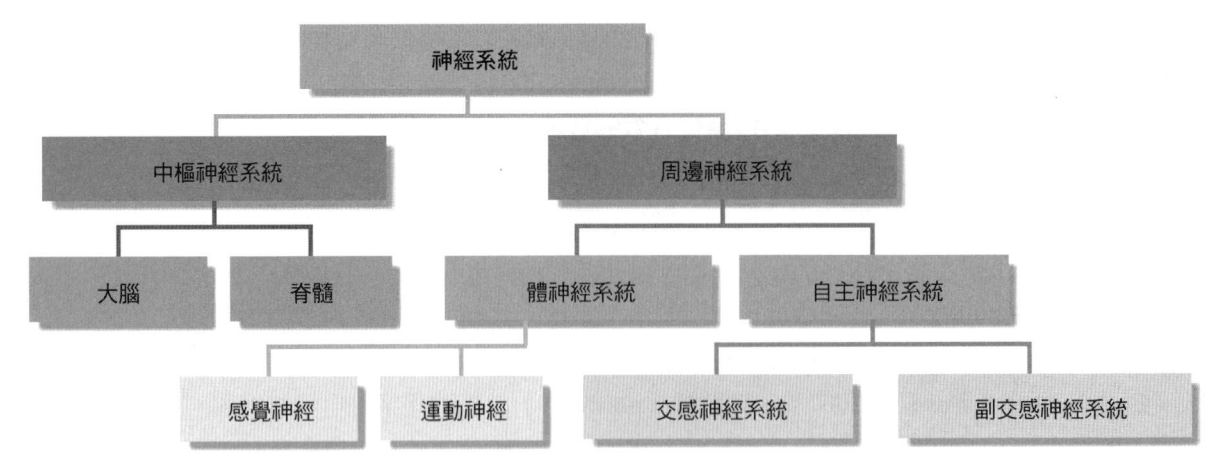

圖 2.1 人類神經系統的主要分類

體神經系統
與身體感受及運動有關的神經系統。

自主神經系統
控制內在器官運作的神經系統。

交感神經系統
與身體覺醒與生存反應有關的系統。

副交感神經系統
與放鬆及儲存能量有關的系統。

周邊神經系統更進一步可分為體神經系統和自主神經系統。**體神經系統**（somatic nervous system）將訊息從中樞神經系統傳送到控制全身運動的骨骼肌，包括有意識的動作（如：打字）以及無意識的動作（如：頭些微的晃動）。體神經系統也從感覺器官、肌肉、關節和皮膚接受訊息，然後將它們傳遞到中樞神經系統。**自主神經系統**（autonomic nervous system）主要是傳遞訊息到腺體和內臟器官（如：心臟、胃、腸等），協助我們穩定生理功能及適應外在環境的變化。

自主神經系統是由兩個部分所組成：交感神經系統和副交感神經系統。這兩個系統根據個體所面對的環境，來調整和平衡身體的功能，以因應環境的變化。**交感神經系統**（sympathetic nervous system）協助身體面對外在的變化，如：遇到危難的警覺反應。**副交感神經系統**（parasympathetic nervous system）則是適應環境後，負責養精蓄銳，讓身體充分休養。

2.2 神經元

在 1900 年代早期，科學家 Santiago Ramón y Cajal 首先發現神經元，描述它們為「像神祕的蝴蝶，你永遠不知道它何時會舞動翅膀，但它的振動卻會造成巨大的變化。」這突顯了神經元「牽一髮而動全身」的特性。

2.2.1 神經元構造

神經元
腦神經系統中主要的單一細胞，具有訊息傳遞的功能。

神經元（neuron）的長度範圍由小於 1 公釐到大於 1 公尺。目前的研究發現大腦中約有 860 億個神經元細胞（Azevedo et al., 2009），神經元的基本構造（圖

2.2)包含**細胞本體（cell body）**、**樹突（dendrite）**與**軸突（axon）**三大部分。細胞本體為神經元的控制中心，它提供了神經元整體的養份與動力。樹突（dendrite）是伸出細胞本體的樹枝狀分支，負責接收從其他神經元傳來的訊息。軸突（axon）是神經元另一末端的小分支，主要功能在於將細胞本體的傳遞訊息到下一個神經元。

最近心理學家開始注意一種特別的神經元，稱之為「鏡像神經」（mirror neuron）。鏡像神經就如其名，讓我們可以像看著鏡中的自己來模仿學習他人的行為（Hickok, 2010）。同時，它也與語言和動作學習有關（Ferrari等人，2009），並且還與同理心和理解他人等人際互動能力有關（Cattaneo & Rizzolatti, 2009）。最近研究也發現，自閉症兒童的人際問題與鏡像神經有關（Le Bel, Pineda & Sharma, 2009）。鏡像神經的存在讓我們有能力來理解他人的想法與感受，也讓人與人的互動更加地貼近。

膠原細胞（glial cell）是穩固與提供神經元細胞養份的另一種神經細胞（Kriegstein & Alvarez-Buylla, 2009）。其中最重要的就是包在軸突外的**髓鞘（myelin sheath）**。這就好像電線外面包的一層塑膠膜，可以幫助神經衝動更有效率地傳導。過去認為膠原細胞只是神經系統中的輔角，主要功能只是協助神經衝動的傳遞與穩定神經細胞。最近研究發現，膠原細胞也與記憶力（Wang等人，2009）、疼痛反應（Dubovy等人，2010）等基本心理歷程有關；並且也發現與精神分裂症（Pantazopoulos等人，2010）、情緒障礙（Huang等人，2009）等心理疾病有關。而且也有研究發現，這些細胞在失智症等神經發展相關疾病上扮演著重要的角色（Erol, 2010）。

細胞本體
位於神經元中央部分，包含細胞核。

樹突
細胞本體的延伸，通常為接收來自其他神經元訊息的區域。

軸突
神經元分支，負責傳遞訊息到其他神經元。

膠原細胞
提供神經元細胞養分的神經細胞。

髓鞘
包在神經軸突外面，可強化神經衝動傳遞。

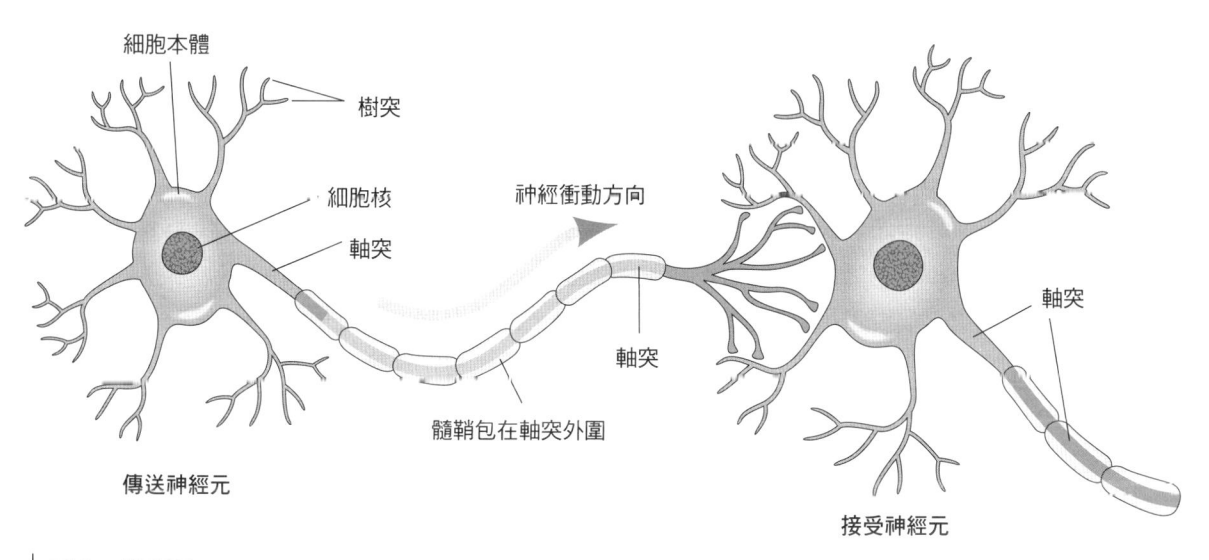

圖 2.2 神經元
這張圖顯示了完整的神經元結構。

2.2.2 神經衝動

　　神經系統就像一個「電路系統」，如同電在電線中傳導般，所有訊息都是透過「電」由神經元來傳遞出去。不過神經元中的軸突是活的「電線」，而神經元的細胞體可以算是神經元中的「電池」。軸突裡面充滿了一種液體，外面則沉浸在另外一種液體裡。這兩種濃稠的解離化學物質液體包含離子（ions）——一種帶正電荷或負電荷的粒子。特別是鈉離子（Na＋），在靜止的狀態下，神經元細胞膜外面的鈉離子是細胞膜裡面的10倍之多，這也導致細胞膜外帶著正電位，而細胞膜裡面則帶負電荷（電位為-60到-75mV）。根據進化的理論，當動物進化且從海洋遷移到陸地時，牠們的體內帶著近似海水的液體，而這種液體填滿了身體細胞間的空隙，說明了神經細胞外面的液體裡包含豐富鈉離子的原因。如果你很難記住細胞膜哪一邊帶最多正電鈉離子，先記住一點：有很多的鈉在鹽分高的汗水中；神經元「外面」的液體就類似汗水中的化學成分，包括高含量的鈉離子。

　　由於軸突的細胞膜（cell membrane）上有許多小小的通道，可以讓較小的離子（如鉀離子K+）自由地進出細胞膜，但由於通道較小導致較大的離子（如鈉離子）無法自由進出。這種特性我們稱為「半透膜」（semipermeable），也就是只有某些小離子可以通過細胞膜上的「通道」，而大的不行。當神經元處於正常靜止狀態時，細胞膜是半透性的，且不讓較大的鈉離子進入細胞內。神經細胞在休息狀態時，在神經細胞膜裡面含有較多負離子，而細胞膜外含有較多正離子，在這種神經保持電位差的狀態下，我們稱之為神經元極化（polarized）。當細胞膜被鄰近的神經元激發後，細胞膜的半透性會改變，通道會打開讓大離子進入神經元內。由於帶正電荷的大離子（包括重要的鈉離子）被允許進入神經元，然後造成裡面的正負離子平衡，這時神經元內外的電位差也就相對地較少，這個過程就稱之為「去極化」（depolarization）。

　　神經性傳導的運作為「**全有全無律**」（**all-or-none principle**），就像打開電燈一樣，不是打開就是關起來。這意味著小程度的外在刺激並不會讓神經元產生去極化現象，而是必須要有一定程度的刺激，才能激發神經元產生去極化反應。透過足夠的刺激神經元產生，會觸發劇烈的連鎖反應，稱為**動作電位**（**action potential**）。動作電位負責傳遞神經訊息，也稱之為神經衝動。去極化的強度一定要夠強，才能引發動作電位。動作電位一旦被引發，強度都是一樣的。就某種程度來說，我們的神經系統比較像數位電子系統（傳遞速度不是有傳遞就是沒傳遞，就像電源開關一樣，只有開跟關兩種模式。）如果去極化的程度強到可以激發神經元，就視為「1」；如果沒有激發神經元，則視為「0」。

全有全無律
神經衝動產生的原則，透過足夠強烈的刺激才能激發起反應，要不就是未激發的狀態。

動作電位
在軸突上，一個短暫的正電子流動的狀態。

2.2.3 突觸與神經傳導素

神經元之間並非直接地連在一起,而是保持一段小小的距離,神經元間的小小間距稱之為**突觸(synapse)**。Synapse 這個字源自於希臘字,"syn"意思是「一起」,而"haptein"意思是「緊握」,神經心理學家就用這個字來代表神經元與神經元間的連結點。基本上,突觸的組成有突觸前的末梢(經常是神經元的軸突末梢)、突觸後的末端(通常是神經元的細胞體或樹突)以及兩神經元的間隙稱之為**突觸間隙(synaptic gap)**。大部分的突觸就是從 A 神經元的軸突到 B 神經元的細胞體或樹突之間(Turriagno, 2010)。想像一下,神經元間的接觸就好像兩支手指碰在一起,碰在一起的接觸點就是所謂的突觸,而碰觸的皮膚間的小小間隙就是突觸間隙。

突觸

一個神經元的軸突到另一個神經元接受訊號區的傳遞點。

突觸間隙

兩個神經元間的空隙。

A 神經訊息傳遞到下個神經元

神經衝動方向
突觸間隙
樹突
軸突

C 神經傳導素傳遞到下個神經元的接受器

終點扣
傳送神經的軸突
含有神經傳導素的濾泡
突觸間隙
接受器
接受神經的樹突
神經傳導素

突觸釋放神經傳導素　　神經傳導素與接受器結合

B 軸突利用神經傳導素傳到樹突

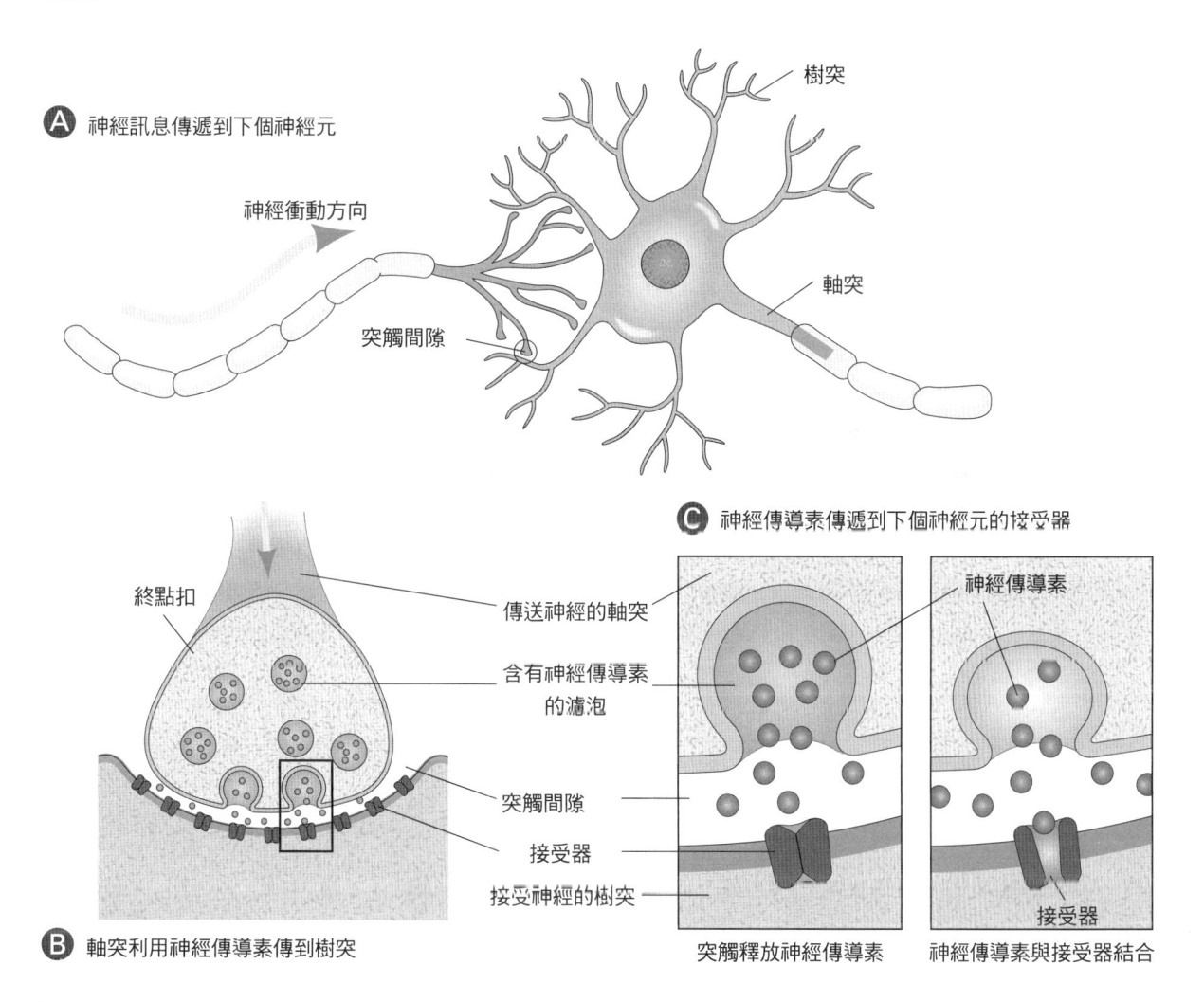

圖 2.3 神經間的聯繫
Ⓐ 軸突傳送訊息到接受神經元的樹突
Ⓓ 突觸間的放大圖
Ⓒ 接受器的放大圖

第 2 章　行為的生理基礎

神經傳導素

在突觸內的化學物質，負責傳遞訊息通過突觸。

由於神經元並不是直接的接觸，其間還有突觸間隙，所以動作電位並無法從 A 神經元的突觸傳到 B 神經元的突觸，其間需要靠稱為**神經傳導素**（neurotransmitter）的化學物質來傳遞神經訊息。當神經衝動傳到軸突末稍的終點扣時，終點扣就會釋放神經傳導素出來（Lin & Koleske, 2010）。這些神經傳導素會經過突觸間隙將訊息傳到下個神經元的樹突接受器，然後觸動下個神經元來產生神經衝動。神經傳導素就像一把開起神經衝動的鑰匙，而神經接受器就好像門鎖一般，當這個鑰匙與門鎖結合，就會啟動了神經衝動反應。我們的神經訊息傳遞就是靠這些鑰匙與門鎖的結合，而一條神經傳到另一條神經，就這樣地將訊息散布出去（Shen & Scheiffele, 2010）（圖 2.3）有些神經傳導素是「興奮性」（excitatory），可以加速大腦處理訊息；有些突觸會傳遞「抑制性」（inhibitory）的神經傳導素，使得下一個神經元更難被激發。因此，大腦藉由龐大的「正」和「負」迴圈網絡的組合，來讓我們的心理世界運作。下一節，我們將深入探討大腦中重要的幾種神經傳導素以及它們的功能。

動動腦

神奇的腦

章頭故事提到了馥華。雖然她年幼時因為一氧化碳中毒導致大腦損傷，但在經過學習與訓練的過程後，她的大腦產生奇蹟似的變化，可以思考與創作文章，這些都是受損大腦透過某種機制產生的修復效果。過去我們曾認為神經損傷是一種不可逆轉的傷害，但從許多案例看來，人的大腦還是有一些修復的能力。人體有超過 220 種不同的細胞，但是幹細胞（stem cells）是最原始且獨特的細胞，可以轉變成各種不同形式的細胞。1998 年，美國許多知名大學開始進行幹細胞的培養研究，並且在最近發現幹細胞可以進行脊髓損傷以及腦傷的問題（Orlacchio 等人，2010）。

目前已發現的大腦修復方式有三種（Huang & Chang, 2009）：

1. 連結：利用突觸間的新增連結來產生受損神經的功能修復。
2. 取代：用存活的神經細胞來取代受損的區塊產生應有的功能。
3. 增生：產生新的神經細胞。

就如同看電影一樣，我們往往只注意到演出的演員，卻很少會注意到其他的幕後功臣。談到腦神經系統，大多注意力都放在神經元細胞，而忘了大腦除了神經元細胞這些主角以外還有許多重要元素，如：膠原細胞（glial cells）。過去認為這些膠原細胞只是提供神經元營養的來源，也只是神經元的幕後支持者。但最近的研究發現，這些膠原細胞還有許多更重要的功能，如：防止細菌與病毒感染腦部、促進學習與記憶等功能。

膠原細胞顧名思義就是類似膠水一樣的組織，將神經元黏接起來的支持細胞（Kriegstein & Alvarez Buylla, 2009）。這些細胞根據外型與特性可以分成四大類：許旺細胞（Schwann cell）、星狀細胞（astrocyte）、微膠細胞（microglia）以及寡樹突細胞（oligodendrocyte）。許旺細胞主要是形成週邊神經的髓鞘，寡樹突細胞則是形成大腦與脊髓神經的髓鞘，星狀細胞則是神經系統的電力來源，而微膠細胞就是大腦中的防衛兵。這些細胞具有

增生的能力,如神經膠母細胞瘤(glioblastoma)就是因為膠狀細胞的增生而產生的腦瘤。不當的增生會導致腦部病變。若增生能如同「幹細胞」般有效能,填補受損的大腦區塊,則對大腦會產生修復的效果。

最近發現,運動可以增加神經細胞的增生,人際疏離會減損神經細胞的增生(Creer 等人,2010),而海馬回(主管記憶力的大腦皮質區塊)的神經細胞有增生的能力(Hagg, 2009)。這些發現會是以記憶力受損為主的阿茲海默症患者(國內常見的失智症)的福音(Courtois 等人,2010)。

想一想

1. 腫瘤是因為膠原細胞不正常的增生而產生,我們是否能利用它的增生能力來填補大腦受損的區塊呢?
2. 膠原細胞各司其職,它們對我們的生存與學習有何幫助?
3. 運動可以增進神經的增生能力,你是否會開始考慮每天運動?

| 延伸閱讀 |
楊宗宏等譯(2013)。《另一個腦:開啟思考、記憶、健康與疾病的未知領域》。衛城出版社。
王奕瑤等譯(2012)。《我即我腦:從子宮孕育到阿茲海默症,大腦決定我是誰》。漫遊者文化社。
洪蘭譯(2011)。《大腦的秘密檔案》。遠流。

2.2.4 神經傳導素的信號

神經元本身透過電位變化來傳遞訊息,而神經元間則透過神經傳導素來傳遞訊息。基本上,每種神經傳導素都傳遞著不同的訊號,有些是激發神經反應,而有些卻是抑制神經反應(Bloom, Nelson & Lazerson, 2001;Feldman, 2009)。目前研究已經發現超過 50 種以上的神經傳導素(Johnson, 2008),以下介紹其中重要的幾種:

- **麩胺酸(glutamate)**:是中央神經系統中主要的興奮性神經傳導素。腦內的每個神經元都含有麩胺酸的接受器,它可以讓神經系統活躍起來,但也可能會導致偏頭痛。目前也發現麩胺酸與我們的學習與記憶有關(Lovinger, 2010),並且與許多心理疾病如:焦慮、憂鬱與精神分裂症有關(Garcia, Neely & Deutsch, 2010)。由於大腦整體都分佈有麩胺酸,所以許多心理疾病的藥物治療都開始注意麩胺酸的作用(Niswender & Conn, 2010)。

麩胺酸
刺激神經元活動的神經傳導素。

- **GABA(伽馬胺基丁酸)**:腦部中有三分之一的傳導素都是 GABA(gamma aminobutyric acid)。它可以抑制神經元的激發狀態,讓人感到放鬆(Uusi-Oukari 等人,2010)。基本上,GABA 是神經訊息傳遞的調控者,除了抑制神經元的激

伽馬胺基丁酸
抑制神經元活動的神經傳導素。

發狀態,也可以控制神經元間的訊息傳遞,透過這樣的調控來減少神經元的不當激發。若體內 GABA 過低,會讓人感到焦慮不安;當你感到放鬆自在時,你體內的 GABA 濃度則會提高(Zwanzger 等人,2009)。

乙醯膽鹼
主要作用於體神經元,可以促使肌肉收縮與記憶能力的神經傳導素。

- **乙醯膽鹼(acetylcholine, ACh)**:主要作用於體神經元,用來收縮肌肉以及產生學習與記憶能力(Woolf & Butcher, 2010)。一些毒蛇和毒蜘蛛釋放的毒液,會阻斷乙醯膽鹼在突觸內的運作,藉由干擾呼吸的肌肉控制來使牠們的獵物窒息。同樣地,南美洲的原住民會將箭毒(curare,一種植物)塗在吹槍的尖端,射中獵物後,會使動物因為乙醯膽鹼的運作受到阻塞而呈現癱瘓。ACh 除了會影響到肌肉的運動以外,也會影響記憶力。阿茲海默症的患者(記憶力退化為主的失智症)腦中明顯出現 ACh 不足的現象(Penner 等人,2010)。

多巴胺
與獎賞及注意力有關會促進主動行為的神經傳導素。

- **多巴胺(dopamine)**:是腦內的快樂元素,幫助我們控制行為、改變心情、增加注意力、產生學習效果、並且會注意到環境對我們有益的刺激(Martin-Soelch, 2009)。許多興奮劑(如:安非他命)會活化多巴胺接受器,讓你產生興奮、愉快、疲勞感消除等效果(Eriksen, Jorgensen & Gether, 2010)。當你做出一些讓你感到愉快的行為時,腦中的多巴胺濃度會比一般時間還高。近期的研究發現,多巴胺幫助我們記得正向的經驗,並且會影響我們的自主行動與情緒(Martin-Soelch, 2009)。多巴胺也與一些疾病有關,如帕金森氏症(Parkinson's disease)就是多巴胺濃度過低而產生肌肉顫抖以及行動上的困難(Surmeier, Guzman & Sanchez-Padilla, 2010)。相對地,精神分裂症患者腦中的多巴胺就有過多的現象(PerezCostasm, Melendez-Ferro & Roberts, 2010)。

血清素
調節情緒、睡眠的神經傳導素。

正腎上腺素
與警覺及喚醒有關的神經傳導素。

- **血清素(serotonin)**:血清素是情緒的調節劑,還可以調節睡眠週期、焦慮、憂鬱,及抑制暴力(Kranz, Kasper & Lanzenberger, 2010)。憂鬱症的病患常見的睡眠與食慾問題就是血清素過低所致(Rajkumar & Mahesh, 2010)。目前我們已經發現大腦中有十五種血清素接受器(Hoyer, Hannon & Martin, 2002),並且不同的抗憂鬱劑所處理的接受器也會不同,如抗憂鬱劑百憂解(Prozac),就是透過減少血清素在突觸間的回收,來增加腦中血清素的濃度,進一步舒緩病患的睡眠與情緒困擾(Little, Zhang & Cook, 2006)。圖 2.4 呈現出血清素在大腦中的路徑。

- **正腎上腺素(norepinephrine)**:正腎上腺素(或稱為 noradrenaline)是我們的警報器,在需要警戒或注意力的重要事件中,會讓身體進入警備狀態以應付危機。過多的正腎上腺素會讓我們處於警覺的狀態;安非他命就是讓我們正腎上腺素增加而產生興奮的作用(Sofuoglu, 2010)。在壓力(危險情境)之下,正腎上腺素會讓個體產生「戰或逃」(fight or flight)的因應反應來遠離危險。

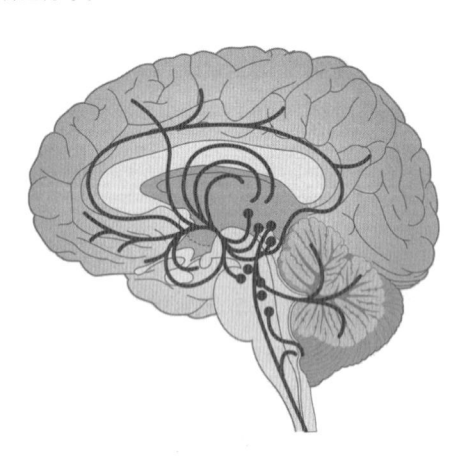

圖 2.4 血清素在腦中的路徑
腦中每一種神經傳導素都有其路徑來產生特別的功能,此圖就顯示出血清素在大腦中的傳遞路徑,其所經的部位也與它產生的功能有關。

- **神經胜肽（neuropeptides）**：神經胜肽是一種多樣的神經傳導素，化學結構非常不同於其他神經傳導素。神經胜肽也是一種神經調節物（neuromodulators），因為它們會廣泛地影響自身神經元所分泌的其他神經傳導素的運作。例如，某些神經元會分泌乙醯膽鹼到突觸中，同時也分泌一種或多種神經胜肽；神經胜肽被分泌後，可以調節乙醯膽鹼的作用。《情緒分子的奇幻世界》（Molecules of Emotion）這本書會讓你深入神經胜肽的世界。

> **神經胜肽**
> 調節神經傳導素的神經傳導物質。

- **催產素（oxytocin）**：催產素是一種荷爾蒙，也是一種神經傳導素，主要作用是在於人際親和與愛的感覺。當女性在生產與哺乳時候分泌最多，讓母親與寶寶有良好的人際連結（Kamel, 2010）。催產素除了可以增加人際間的親和度以外，還可以緩解生活中的壓力。在面對壓力時，與男性採用戰或逃的反應不同，女性會採用尋求人際支持的方式來因應壓力，並且會讓個體產生「親近與友好」（tend and befriend）的因應反應。研究發現這種人際因應策略與催產素有關（Taylors 等人，2011）。

> **催產素**
> 促進人際親和的荷爾蒙。

- **腦內啡（Endorphins）**是人體自然產生的鴉片類神經傳導素，主要作用在於安定神經系統與舒緩疼痛。你在長跑時會面臨到撞牆期；當你突破撞牆期後，就會開始感到一種愉悅與欣快感，這就是腦內啡的運作所致（Mahler 等人，2009）。

> **腦內啡**
> 緩和疼痛的神經傳導素。

2.2.5 神經網絡

神經網絡（如圖 2.5）是一個複雜的網絡系統（McIntosh, 2000）。你所接收到的每個訊息，都是透過這樣由成千上萬個神經元細胞所組成的網絡在運作著（Larson-Prior 等人，2009），例如：你聽到有人在叫你的名字，這個訊息從聽覺系統進入，然後觸動了成千上萬的神經元細胞運作，其間還透過神經傳導素來傳遞神經元間的訊息，透過複雜的神經網絡的運作來讓你聽到有人在叫你。我們每天所聽、所見、所聞以及學習到的訊息，都是透過神經網絡的運作而存在於腦海裡。這些神經網絡連結的強度，正好可以反應你對一些事情的記憶程度（Crespo-Carcia 等人，2010）。

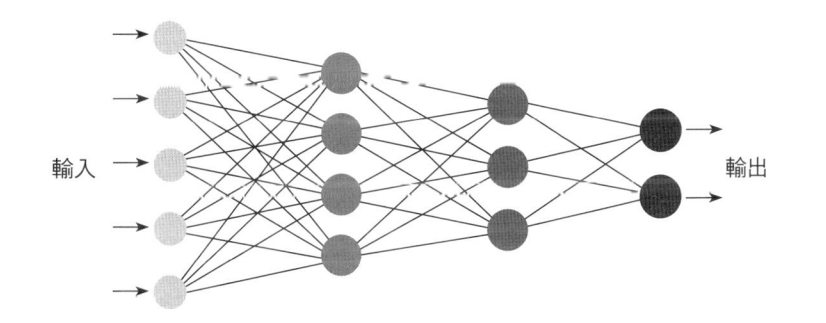

圖 2.5 神經網絡
神經傳導就像一個網絡，神經元互相連結傳遞訊息。

> **想一想**
>
> 1. 神經元主要的工作為何？它又是如何運作？
> 2. 為何神經元的訊息傳遞要採用全有全無律？
> 3. 當你心情愉快時，有哪些神經傳導素會在你的腦中運作？

2.3 大腦的結構與功能

　　從演化的觀點來看，人類是從爬蟲類慢慢地演化成哺乳類，然後進化成人類。根據 Paul MacLean 的三腦理論，人類的大腦包含：爬蟲動物（主管生物本能的小腦與延腦）、哺乳動物（主管情緒的邊緣系統）與人類（主管思考能力的皮質與新皮質區）的發展層次，也就是說人類的大腦隱含著生命的演化故事。換句話說，我們的大腦包含爬蟲類、哺乳類與人類的三種特性。由於演化的歷程，我們的心理狀態包含了原始的獸性、哺乳類的情感以及人類特有的理性思考能力。本節將深入探討我們的大腦結構以及所包含的功能。在其中，你也可以發現許多功能與其他生物的本能有關，而有些功能卻是人類所特有的能力。

2.3.1 大腦的組織分層

　　胚胎在母體中就已經有腦神經系統的雛型（Nelson, 2011）（圖 2.6）。大腦複雜的結構可以用好幾種方式來分類，但最簡便的方法，就是將大腦分為三個主要部分：後腦、中腦和前腦。接下來會介紹大腦每一部分的重要構造和功能。讓我們由下面往上看起。

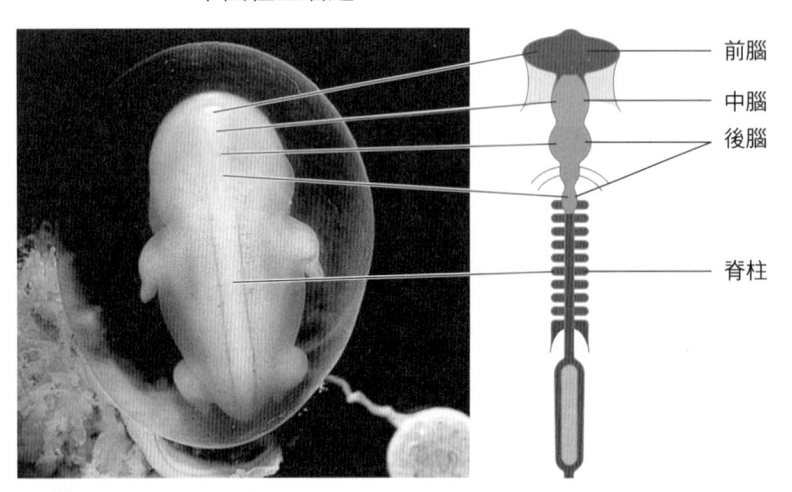

圖 2.6 胚胎的神經系統發展
胚胎的神經系統是腦神經系統的原型，可以清楚看到前腦、中腦、後腦與脊柱。

★ 後腦

　　後腦（hindbrain）在腦部最下面，位於頭顱的底部，主要功用是協調身體的日常生活運作。後腦具有三個重要的部分：延腦、橋腦和小腦（圖2.7）。**延腦**（medulla）位於脊髓進入大腦之處上方的膨脹處，負責控制呼吸、心跳和各種反射功能，主要功能就是讓我們「活著」。**橋腦**（pons）位於延腦上方，它是大腦與小腦間的橋梁，主管平衡、聽覺及一些副交感神經的功能，近期發現也與睡眠與覺醒有關（Thankachan, Kaur & Shiromani, 2009）。延腦跟橋腦是最原始的腦，也就是掌握了陸上生物的最基本生存原則──呼吸、心跳與血壓（Nicholls & Paton, 2009），由於它們的組成外型與功能，故又稱之為腦幹（brain stem）。

　　小腦（cerebellum）由兩個複雜的圓形構造所組成，位於橋腦後面，主要是與協調複雜肌肉運動有關（Manganotti等人，2010）。近幾年發現，小腦也和聽覺的形式，以及有關順序訊息的記憶有極大相關。例如，打球與彈鋼琴就是一個與小腦有密切關係的活動。在生活中，所謂的運動神經發達所反應的就是小腦的功能發達。

★ 中腦

　　網狀組織（reticular formation）貫穿延腦和橋腦連結到中腦，它就像一個網絡般地連結大腦許多部位。神經元由網狀組織往下延伸到脊髓，根據環境的變化，負責維持肌肉的特性和心臟的反應。另一邊延伸到大腦皮質區下端，讓我們可以保持清醒以及注意力（若你現在有點想打瞌睡，可能就是這個網絡激發程度不足了）。基本上，網狀組織是由許多不同神經傳導素的神經系統所組成，如：血清素、正腎上腺素和乙醯膽鹼。網狀組織的這些部分多少都會影響大腦的不同功能（Guillery等人，1998; Mesulam, 1995）。網狀組織會整合外在環境刺激與內在心理反應，讓我們產生許多自動化的慣性行為，如：走路、睡覺與對環境的直覺反應（Ancelet等人，2010）。

　　中腦（midbrain）是後腦與前腦的中央地帶，為神經系統的連結中心（Prescoot & Humphries, 2007）。就如同臺北轉運站一樣，它是神經系統訊息的轉運站，整合眼睛與耳朵的訊息。例如，聽到有人叫你時，你的頭會自動轉動，朝向聲音的來源，去注意叫你的那個人。巴金森病患就是因為中腦的下方受損，影響到運動狀態，導致會有顫抖的行為（Grealish等人，2010）。

★ 前腦

　　對心理學家來說，最有趣的部分就是**前腦**（forebrain），這是一個不斷在演化的區塊（Mader, 2011）。根據三腦理論，前腦是人類最先進的腦，裡面隱藏了許多習得的能力。在結構上，前腦由兩個不同的區域所組成。其中一個區域包含視丘、下視丘，以及大部分的邊緣系統（圖2.7），其餘的邊緣系統則分布在後腦上方和

後腦
腦部的最下面，位於頭顱的底部。

延腦
在後腦內，位於脊髓進入大腦之處上方的膨脹處，負責控制呼吸和各種反射功能。

橋腦
後腦的一部分，和平衡、聽覺及一些副交感神經的功能有關。

小腦
位於橋腦後面的兩個圓形構造，和肌肉運動、學習及記憶有關。

網狀組織
一群神經的群聚，與個體固定習性有關，如：走路、睡覺。

中腦
位於前腦與後腦之間，和神經與耳朵的反射動作有關。

前腦
大腦最高層次的組織，包含皮質區、視丘、下視丘與邊緣系統。

中腦；而另一個區域，則主要由大腦皮質組成，位於整個腦部較低的位置，就像橡樹果實的油脂層包圍住核仁一樣。這兩個區域不僅在結構上差異很大，所控制的功能也非常不同。

做個簡單的動作，將你的大姆指彎入掌心，然後用其他的四隻手指握拳包住姆指。外層的四指就是大腦皮質區，被包住的姆指就是視丘與邊緣系統。這樣握拳的狀態就是我們的前腦。

邊緣系統
神經網絡，與情緒及記憶有關。

邊緣系統（limbic system） 是一個迴路系統，連結了有關記憶與情緒的訊息。主要的構造是杏仁核跟海馬回。**杏仁核（amygdala）** 可以區分並辨別出環境中的危險訊號，讓我們能主動遠離危險。除了基本生存能力以外，杏仁核還與情緒覺察與表達有關（Costa & others, 2010）。當杏仁核產生損傷時，我們就無法正確地辨識臉部的表情（Adolphs, 2009）。

杏仁核
與危險及生存相關訊息處理有關。

海馬回
記憶的儲藏區。

海馬回（hippocampus） 是記憶的中心（Bethus, Tse & Morris, 2010）。海馬回被認為可以將儲存在許多不同大腦皮質部分形成記憶的元素（如：視覺、聲音和意義等）整合在一起，並且幫助我們回憶起生活的點點滴滴（Trinkler 等人，2009）。它就好像我們的生活日記本一樣，記錄每天生活中所發生的事情以及學習到的新知識。

視丘
前腦的一部分，主要負責傳送感官訊息到大腦適當的區域。

視丘（thalamus） 是訊息進出大腦的轉換點，將感覺器官傳進來的刺激送到大腦中專屬的部位，並且連接大腦的上下中心。它也會將訊息進行過濾，並將之傳遞到適切的區塊（Hirata & Castro-Alamancos, 2010）。視丘的功能就像物流中心，透過它的整合來將物件分類以進行轉運。

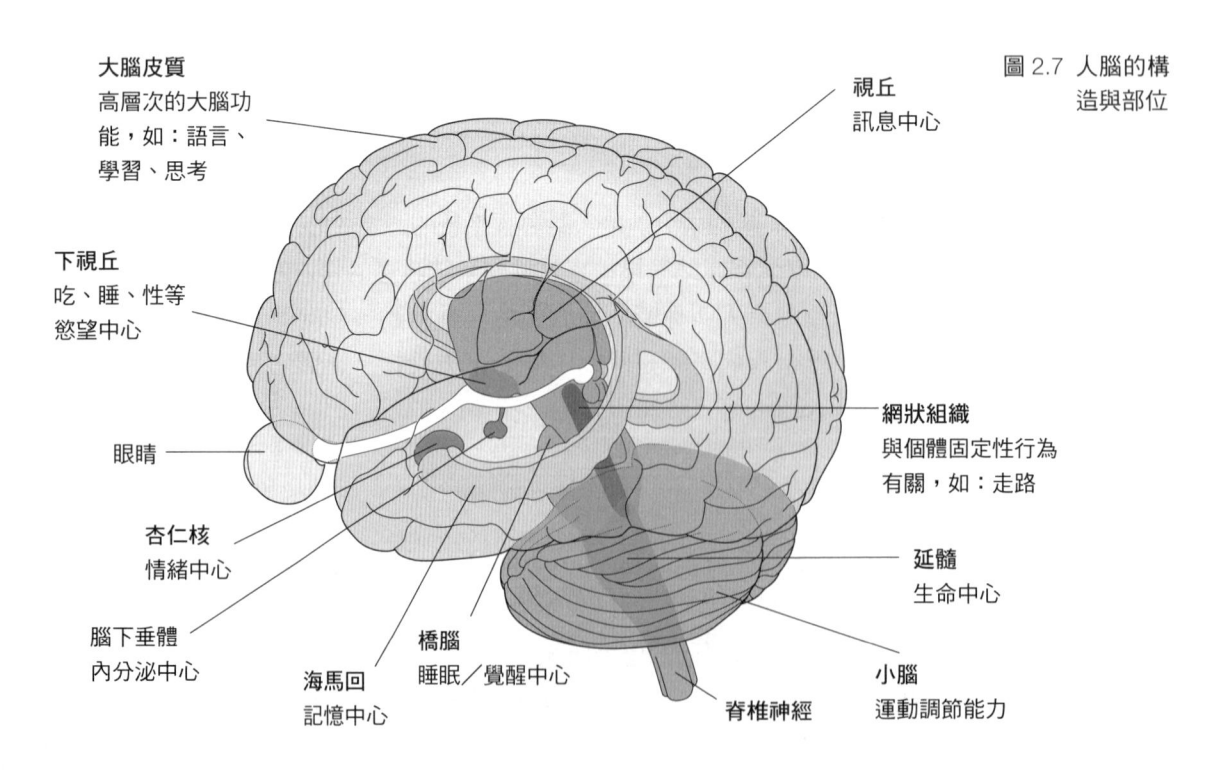

圖 2.7 人腦的構造與部位

大腦皮質
高層次的大腦功能，如：語言、學習、思考

下視丘
吃、睡、性等慾望中心

眼睛

杏仁核
情緒中心

腦下垂體
內分泌中心

海馬回
記憶中心

橋腦
睡眠／覺醒中心

脊椎神經

視丘
訊息中心

網狀組織
與個體固定性行為有關，如：走路

延髓
生命中心

小腦
運動調節能力

下視丘（hypothalamus）是大腦中較小但極重要的部分，位於視丘的下方，中腦的前面。下視丘影響三種核心動機——吃、喝與性，也跟高層次的情緒與壓力有關（Foley & Kirschbaum, 2010），同時也在調節體溫、睡眠、內分泌腺和對疾病的抵抗力上扮演著重要的角色。下視丘負責控制胃腸的腺體分泌，以及維持身體功能（如：血壓和心跳加速）的正常速度和節奏。因此，下視丘是腦中最直接和自主神經系統有連結的地方。

　　在 James Olds 與 Peter Milnet（1954）的經典實驗中，他們將老鼠放入實驗箱裡（圖2.8），然後在牠腦中的下視丘放電極。當牠壓實驗箱的一個壓把時，電極就會刺激下視丘。在這個實驗中，可以發現老鼠會不斷地壓把來刺激自己的下視丘。在後來的研究中，我們可以發現下視丘與個人的愉悅感有關（Kobatashi, Pinto de Carvalho & Schultz, 2010），這點說明了老鼠為何會一直壓把來刺激它的下視丘，因為這樣可以讓牠感到愉悅；後來研究也發現有許多成癮行為（如：藥物成癮）也跟下視丘所產生的愉悅感有關（Ludlow 等人，2009）。

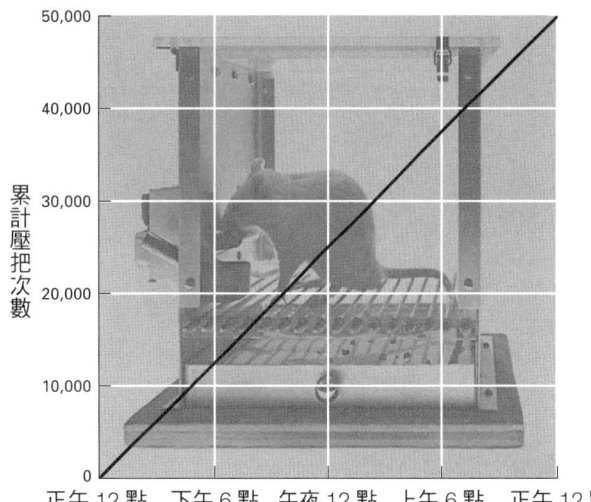

圖2.8 愉悅感的實驗

下視丘的與愉悅感追求有關。這是一個老鼠壓把的實驗。當老鼠壓把時，牠的下視丘即會被刺激。由圖中可知，一天下來，牠壓把超過 2,000 次以上。

下視丘

前腦的一小部分，與動機、情緒和自主神經系統的功能有關。

2.3.2 皮質區

　　前腦最大的構造就是大腦皮質（cerebral cortex），這也是讓人類擁有智慧的地方。因為有皮質區，所以人類比其他生物有更多的思考與學習能力，如：意識經驗、自主行為、語言和智力等。許多科學家認為皮質區與高層次的思考有關，也就是人類之所以為人的因素（Adolphs, 2009）。皮質（cortex）這個詞，意味著「樹皮」（bark），就如同實際上大腦外層薄弱的表面，包裹著內部無數個神經元。皮質擁有灰色的外表，是因為神經元的細胞本體呈現灰色的關係，所以常被稱為大腦灰質。在大腦區域中，皮質下面四分之一英寸的地方常被稱為白質，因為它主要是由皮質神經元的軸突所組成，而油脂髓鞘包住這些神經元，呈現白色的外表。大腦的灰質和白質共同運作。因為它們豐富的交互連結，可以說，大腦的「業務」主要都是在皮質中的傳輸。皮質區根據「方位」可以區分不同區塊，每個區塊都有它的專屬「業務」（圖 2.9）。大腦皮質可以被分為四個區塊，或稱為分葉（lobes）。

- **額葉（frontal lobe）**：占據前額後方頭顱的部分，往後延伸到頭部中間的上面。額葉擁有許多種高層次的思考能力，如：決策、計畫、組織等，並且也與我們的

額葉

大腦皮質的一部分，在頭顱前面，與計畫、組織、思考、決策、記憶、自主運動及口語有關。

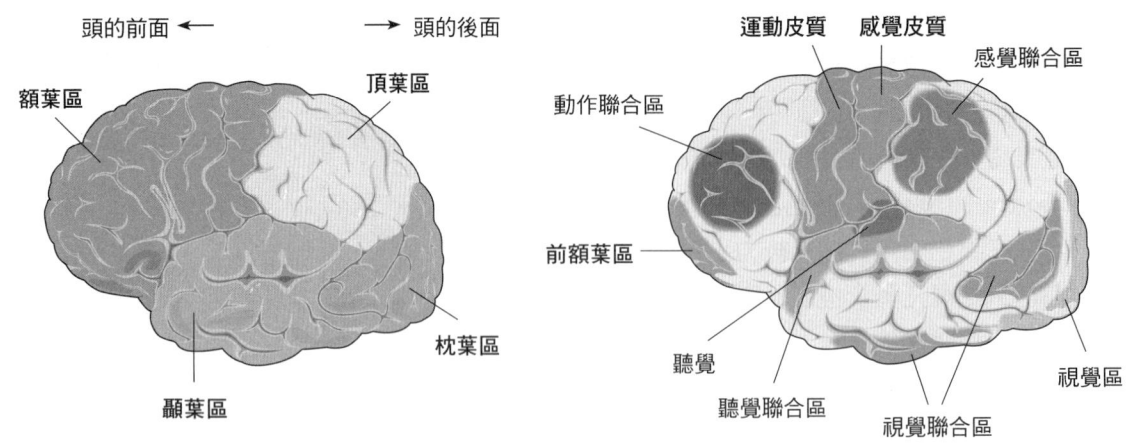

圖 2.9 皮質區與分區

人格特性有關。當一個人額葉受傷時，就會出現行為的問題，甚至會產生人格上的轉變。額葉中最重要的是前額葉（prefrontal cortex），位於額葉的最前方，它是計畫、推理與自我控制等高層次認知能力的中心，也就是我們最理智的一面（de Lange, Jensen & Dehaence, 2010）。最新研究指出這部分就是人類行為的指揮中心，等於是我們心理世界的執行長（CEO），會監控我們的思考與行為（Kuhn, 2009）。

頂葉
大腦皮質的一部分，位於頭顱上方，額葉後面，包含體感覺皮質區。

體感覺皮質區
在頂葉呈條帶狀，與額葉的運動皮質區平行，和身體感覺有關。

- **頂葉（parietal lobe）**：位於頭顱上方，額葉的後面，與空間定位能力、注意力與運動控制有關（Bisley & Goldberg, 2010）。例如在夜市玩九宮格的遊戲時，如果要將球丟到定點就會需要頂葉的功能。在頂葉上，與額葉的運動皮質區平行的細長片段，稱為**體感覺皮質區（somatosensory area）**。這個區域的重要性在於，它可以告訴我們接觸的感覺和其他身體的感官。例如，我們的手和腳在哪裡，以及它們正在做些什麼。由於身體的感覺與身體的運動需要相輔相承地合作，所以上天就將體感覺皮質區設計在運動皮質區的旁邊。不同區域的體感覺皮質區和運動皮質區域負責身體不同的部分。隨著感覺與運動的精細程度不同，大腦皮質區域主宰特定身體部位所分布的範圍，不是對應於身體部位的大小，而是與感覺及運動神經元進出那個身體部位的數量成正比。腦科學家 Wilder Penfield（1947）描繪了一幅有趣且具有教育價值的圖畫，圖上針對體感覺和運動皮質區，畫有相對應的人類身體部位，並按比例分配它們所占的空間（圖 2.10）。透過這樣點對點的關係，我們就可以知道身體與外界接觸的狀態（Vidoni 等人，2010），例如有人親你一下時，你就會知道自己的嘴唇被碰觸到了。

顳葉
大腦皮質的一部分，由額葉和頂葉下面的太陽穴區域延伸到後面，包含和聽覺及理解語言有關的區域。

- **顳葉（temporal lobe）**：顳葉由太陽穴（temples）附近向後延伸，占據額葉和頂葉下面、腦部基底中間的區域。在左右兩個腦半球中，顳葉包含位於頭顱內靠近耳朵的聽覺區域，涉及聽覺、語言產生歷程以及記憶等功能。顳葉與邊緣系統有神經相連，也因此當顳葉受傷時，個體可能無法產生情緒或語言相關的記憶（Lambom Ralph 等人，2010）。

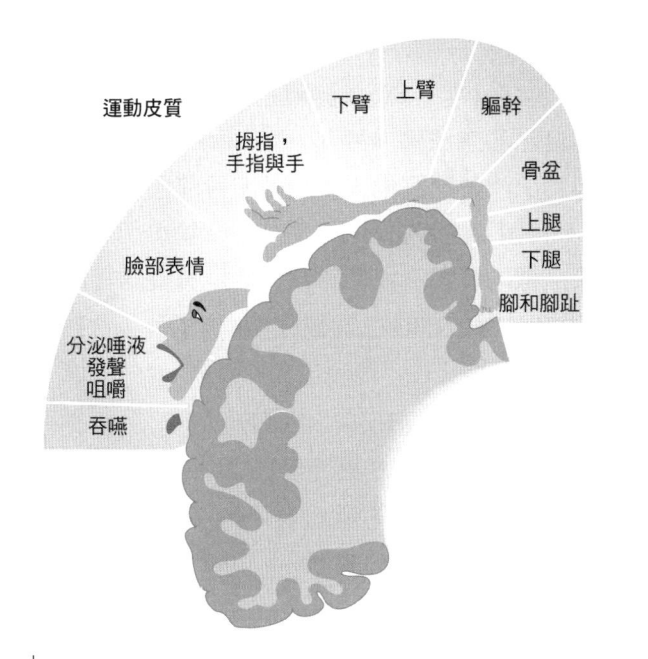

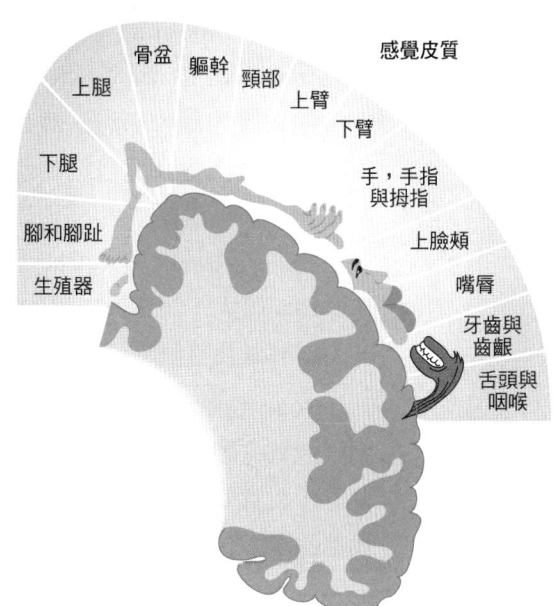

圖 2.10 皮質區與感覺／運動功能
根據身體部位所需的功能精緻程度，占有的區塊也不同。

- **枕葉（occipital lobe）**：位於腦部基底後方的位置。雖然它離眼睛最遠，但視覺區卻是枕葉中最重要的部分，因為它整合了許多視覺訊息，如：形狀、色彩等（Swisher 等人，2010）。我們能夠「看見」東西，就是透過眼睛接受光線的刺激，然後將訊息傳到枕葉，透過枕葉的分析讓我們看到外在世界。當枕葉受損，視覺就會受到影響。

注意圖 2.9 腦半球的四個腦葉中，一些區域的特殊功能都已被標示出來，但每一個腦葉中還有許多區域未被標示，而這些未被標示的大腦皮質區域，則稱為**聯合區（association areas）**。由於我們的心理活動往往需要透過許多區塊的整合來產生行動。如：你聽到有人叫你然後回頭，這樣簡單的動作就涉及了掌管聽覺的顳葉、決策行為的額葉以及產生行動的運動皮質區，這些區塊的連結就需要聯合區的協助。特別是思考與問題解決能力等高認知能力的心理歷程，更是需要這些聯合區的合作。

2.3.3 腦側化

你有沒有聽過「右腦發達者有藝術天分」、「左腦發達者有語文天分」這樣的說法？大腦可以分成左右兩大半球（見照片），透過**胼胝**

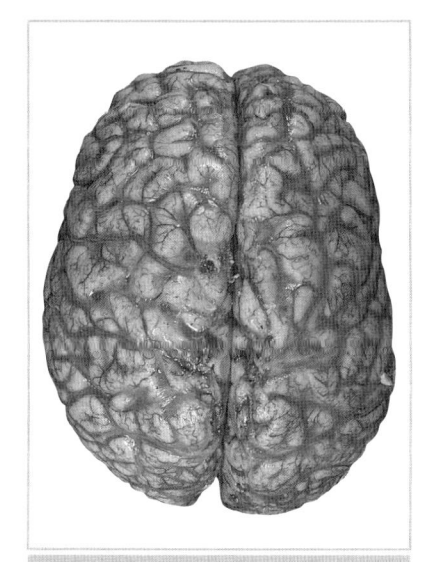

大腦分成左右兩大半球。

枕葉
大腦皮質的一部分，位於頭部後面的底部，和處理來自眼睛的感官訊息有關。

聯合區
在大腦皮質每一個腦葉之間的區域，聯結的各葉並且與高層次的思考功能與問題解決功能有關。

胼胝體
連接左右腦半球的主要神經結構。

第 2 章　行為的生理基礎　**57**

體（corpus callosum）將之連接起來，經由左右腦的合作來讓我們適應現代的生活（Szczepanski, Konen & Kastner, 2010）。1861 年，Broca 發現左腦受傷的病人能夠理解他人說的話，卻無法清楚地表達自己的想法。1874 年，Wernicke 卻發現相反的案例；他們會表達自己的想法，卻無法清楚理解他人說的話。目前已知，這兩個區塊分別座落在左腦的不同的部位，一個為主管語言產出的 Broca 區，另一個則是主管語言理解的 Wernicke 區。由於這樣的發現，我們認為左腦是負責語言歷程（Carota 等人，2010）；例如在讀這段文章時，你的左腦就開始工作了，包含對字詞的理解以及整個句子的描述等（Dien, 2009）。

Roger Sperry（1974）將一隻貓的胼胝體切開，但保留了眼睛到大腦間的神經細胞。他首先訓練貓咪利用單眼來注意一些圖像刺激，結果發現貓咪只學會注意到左視野（訊息傳到右腦）的圖像刺激，而無法對右視野的刺激作反應。這樣的研究讓我們發現，右腦主要是負責圖像與空間的辨識（Gillihan & Farah, 2005）。例如，你看置於本頁的左邊大腦照片，就是透過左視野傳遞到右腦來作判讀。

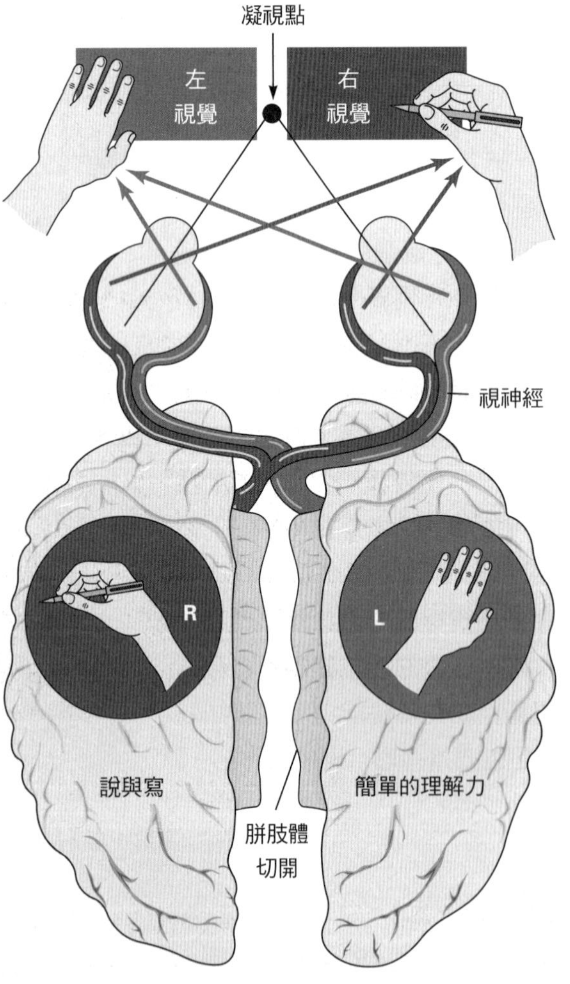

大腦半球
大腦皮質的兩個主要部分，被分為左右半球。

許多大腦皮質的功能由這兩個半球共同分擔。然而，這兩個半球共同運作的方式可能與我們所想像的不同。除了某些例外的情形，一般來說，像是視覺和觸覺的刺激通常會輸入到與受刺激部位相反的腦半球。例如，左手皮膚上的刺激通常輸入到右邊的**大腦半球（hemisphere）**；落在眼睛右邊視野的視覺刺激，會輸入到左腦半球（圖 2.11）；還有扭動你左腳的腳趾，是由右腦半球所控制。因此，重要的感覺和運動神經在進入和離開大腦時不但交錯，也幾乎完全橫跨過彼此。

2.3.4 大腦的功能整合

將大腦作功能上的切割，只是方便了解大腦的功能；其實大腦的運作大多是整體性的。舉例來說，想想看在以下的情境中，你會有何反應？你在火車站等車時，一位手拿酒瓶，穿著邋遢的人也走到你旁邊，問你有沒有 50 元，這時你要不要給他呢？對於這樣的情境，你的反應會牽涉到腦中的許多部分一起運作。大腦皮質的一部分評估著可能的威脅和做法，

圖 2.11 視覺歷程的腦側化現象
左邊視野的訊息進入右腦，右邊視野的訊息進入左腦。

圖 2.12 腦部的語言活動
這是透過腦造影技術，呈現不同語言活動涉及的腦區塊。

產生字　　　　　　　聽

看（讀）　　　　　　說

　邊緣系統涉及到情緒刺激的過程。如果你跟他打起來、逃跑或拿錢給他，大腦皮質中的運動區域將會和你的後腦與中腦一起運作，以便協調肌肉運動。總之，腦中的許多部分都會一起運作（Kullman, 2010）。

　有時候，腦的許多部分會一起交互作用，因為腦的一部分會傳送訊息給另一部分，然後再傳送訊息給第三部分……。然而，更多時候，腦的許多部分在同一時間會處理不同種類的相關資訊。用電腦語言來說，腦通常會使用「平行」處理（同時處理不同的資訊），而不是「序列」處理（一次只處理一種資訊）（Rumelhart & McClelland, 1986）。大腦的平行處理具有驚人潛力，可以擴大使用大腦中 1,000 億個神經元和數百億個複雜連結的能力，以便進行複雜的運動、情緒和思考。圖 2.12 就呈現出你在上課時腦中的所有反應。

想一想

1. 大腦分成左右腦以及前、中、後腦。
2. 大腦的結構複雜，當你與人說話時會動用到哪些區塊？
3. 當你打球時，大腦哪些區塊會活化？

第 2 章　行為的生理基礎　　**59**

幸福人生

快樂的大腦

兩千多年前，印度的悉達多王子在年輕的時候出家。在參透人生道理的過程中，他發現了三種可以協助人們離苦得樂的方法，就是戒、定、慧。他也到處教導眾人這些訓練心性的良方。悉達多王子就是我們後人所稱的佛祖（本意為覺醒的人）。在近期的研究中發現，「戒」（節制）、「定」（學習）與「慧」（選擇）這三個策略與人類的大腦功能息息相關。所謂的「戒」就是節制行為、言語及思想，來利益而非傷害自己與他人。在大腦的機制中，就是利用前額葉皮質（Prefrontal cortex, PFC）來進行行為上的控制。這也說明了，佛學所談到的心性訓練法則就是一種訓練大腦的方法。透過練習這些方法，可以讓我們的大腦功能更好，讓我們活得更快樂。在《像佛陀一樣快樂》一書中，作者提供了許多讓大腦快樂的方法。例如，找到生活中的快樂，也就是說注意生活中發生的好事。每天睡前回想一下今天發生的好事可讓你帶著好事入眠，幫助大腦記錄許多美好的回憶。

生活壓力（如：學業與人際關係）會影響到我們的身心健康。在適應的歷程中，大腦會覺察外在的壓力並產生壓力反應，特別是會活化交感神經來協助我們面對壓力。由於我們一直活在高壓力中，因此如何減壓會是一個重要的適應課題。喬‧卡巴金（Jon Kabat-Zinn）教授是一位科學家及靜觀老師，在醫學院成立了減壓門診以及「醫學、健康照護與社會的正念中心」。他將東方傳統的靜觀（meditation）與正念（mindfulness）的策略推展到西方醫療中。透過他所發展出來的正念減壓策略，已經協助許多個案度過身體以及心理上的痛苦。他認為人生就是一個苦樂交融的生命歷程；面對這樣的生命歷程，透過正念的訓練，可以讓我們的大腦活化、心理覺醒，這樣就可以更加清晰地看到自己的生命經驗，也會減少因為無知所帶來的痛苦。

在他的最新著作《正念療癒力》一書中，提供了許多正念的練習技術，如：靜坐、身體掃描、行禪等（本書的回家作業中有這些練習）。這些練習可讓人的身心狀態更加健康。除此之外，對於身心健康的觀念，他特別提到了心理狀態對於身體健康的影響，也就是說我們的內在想法、情緒與外顯行為（習慣），都與我們身體健康密切連結。為了保持身體的健康，好好練習正念的心理狀態相當重要。所以，為了更健康的身體，別忘了每天花 5 到 10 分鐘進行回家作業。

| 延伸閱讀 |

喬‧卡巴金（Jon Kabat-Zinn）（2013）。《正念療癒力：八週找回平靜、自信與智慧的自己》。野人出版社。臺北。

瑞克‧韓森（2012）。《簡單的事持續做就不簡單：改變心念發現美好，培養佛陀智慧的修鍊書》。臉譜出版社。臺北。

瑞克‧韓森、理查‧曼度斯（2011）。《像佛陀一樣快樂：愛和智慧的大腦奧秘》。心靈工坊。臺北。

2.4 內分泌系統

我們的行為也與內分泌息息相關。例如，睡眠與情緒的波動都是內分泌所造成。中醫理論所提到的火氣大問題也都是內分泌產生了變化所致。

內分泌系統（endocrine system）包含了無數個**腺體**（gland），分泌不同的化學訊號傳遞物質，許多內分泌腺會分泌神經胜肽物質到在體內循環的血液中。當這些神經胜肽到達其他的內分泌腺時，會扮演溝通和協調腳色，影響內分泌腺的功能。除此之外，某些神經胜肽會到達腦，並影響神經系統。因此，腦與內分泌系統會彼此相互影響。

內分泌腺會分泌**荷爾蒙**（或激素，hormone）到血液中，然後流到身體的各個部位。荷爾蒙會影響各種不同的器官系統，但在以下三方面和神經系統有密切關聯：（1）荷爾蒙直接受到腦部的調節，特別是下視丘；（2）某些荷爾蒙與一些神經傳導素的化學性質相同；（3）荷爾蒙藉由身體壓力或情緒激發，可活化許多器官，並透過新陳代謝、血糖濃度和性功能，來幫助神經系統控制身體。荷爾蒙會成為細胞的一部分，影響細胞核基因編碼的轉譯來影響器官。簡要介紹以下影響心理生活最重要的七種內分泌腺（圖 2.13）。

內分泌系統
分泌荷爾蒙的腺體系統。

腺體
在身體中分泌物質的結構。

荷爾蒙（或激素）
由內分泌腺所分泌的化學物質，會影響體內器官。

腦下垂體
身體的主要腺體，位於腦的底部附近，它的分泌物可以協助調節內分泌系統中其他腺體的活動。

2.4.1 腦下垂體

腦下垂體（pituitary gland）位於腦的底部附近，和下視丘相連，並主要由下視丘所控制。因為它的分泌物可以協助調節內分泌系統中其他腺體的活動，所以被認為是身體的主要腺體。它的重要功能之一是調節身體對壓力的反應，以及對疾病的抵抗力（Muller & Nistico, 1989）。腦下垂體分泌的荷爾蒙主要是控制身體的發育狀態，腦下垂體成長激素分泌不當會使人變成侏儒或巨人。它對新生兒有一個很重要的特殊功能：當嬰兒吸吮母親的乳房時，一個神經訊息會傳送到母親的下視丘，下視丘經由神經胜肽把訊息傳到腦下垂體；這會引起腦下垂體分泌一種釋放母奶的激素，讓嬰兒喝到母奶。

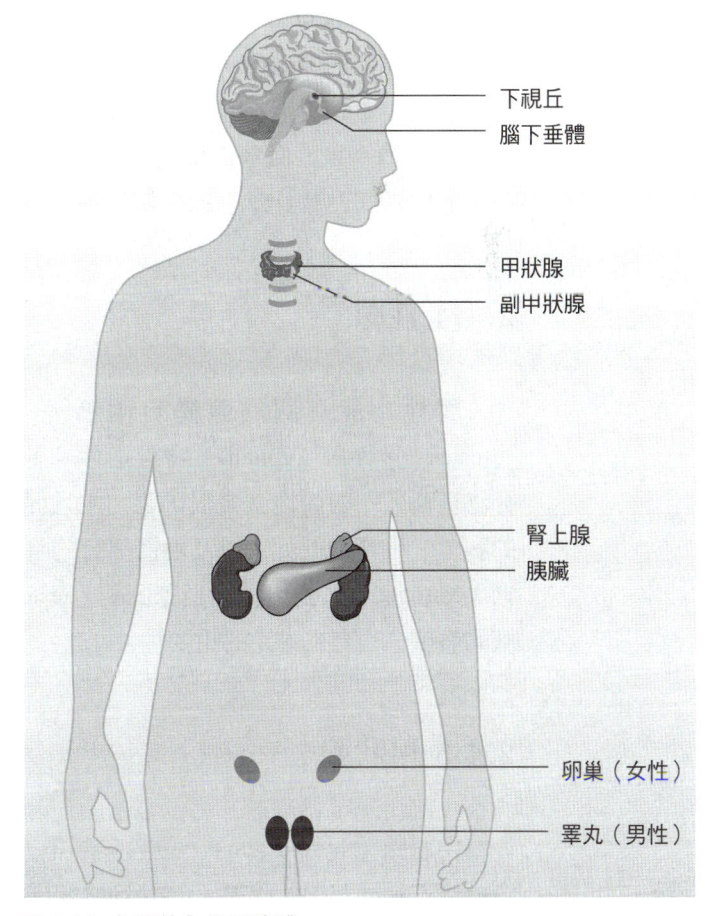

圖 2.13 主要的內分泌腺體

2.4.2 腎上腺

腎上腺（adrenal glands）是一對位在兩個腎臟上方的腺體，主要功能在於調節情緒、產生活力與因應壓力（Wirtz 等人，2009）。當被腦下垂體激素或自主神經系統的交感神經所刺激時，腎上腺會分泌三種激素——腎上腺素、正腎上腺素以及可體松，這對於壓力的反應很重要。**腎上腺素（epinphrine）**和**正腎上腺素（norepinephrine）**（它們也是神經傳導素）的刺激會讓身體產生改變，準備處理身體對強烈活動的需求，包括心理的威脅或危險。藉由加強心跳和血流，腎上腺素可增加血壓使肝產生變化，並釋放一些儲存的糖到血液中，增加身體使用能量的比例（新陳代謝），有時甚至會使用到超過正常值 100%。正腎上腺素也會增加血壓，但它是藉由縮小肌肉血管的直徑和減少消化系統的活動（Groves & Rebec, 1988; Hole, 1990）。腎上腺也會分泌**可體松**（或**皮質醇，cortisol**）激素，在身體處於壓力狀態時會活化（Bandelow 等人，2000），並在調節免疫功能上扮演重要角色。

> **腎上腺**
> 在兩個腎臟上方的腺體，與身體和情緒的激發有關。
>
> **腎上腺素**
> 由腎上腺所製造的激素，主要可以讓身體進入備戰狀態。
>
> **正腎上腺素**
> 由腎上腺所製造的激素，主要是讓身體產生改變來增加環境適應能力。
>
> **可體松（或皮質醇）**
> 由腎上腺所製造的壓力激素。

2.4.3 胰島

胰島（islets of Langerhans）位於胰臟（pancreas）中，藉由分泌兩種相反作用的激素來調節血糖濃度。胰高血糖激素（glucagon）使肝將肝醣轉換為血糖，並釋放到血液中；相反地，胰島素（insulin）藉由幫助細胞吸收以脂肪形式存在的糖，來減少血糖含量。血糖濃度具有很重要的心理作用，因為它是飢餓動機的因子之一，並使一個人感受到活力的多寡。

> **胰島**
> 胰臟中的內分泌細胞，可以調節血糖濃度。

2.4.4 性腺

與性功能有關的腺體有兩種——女性是卵巢（ovaries），男性是睪丸（testes）。**性腺（gonads）**會製造性細胞——女性是卵子，男性是精子；它們也會分泌荷爾蒙，對於性激發很重要，並且促進發展第二性徵（如：女性的乳房，男性的胸毛、聲音變低沉，以及兩性都有的陰毛）。最重要的性荷爾蒙，對女性是**雌激素（estrogen）**，對男性則是**睪固酮（testosterone）**。根據新的證據顯示，性激素在腦的發展上也有其一定的重要性。

2.4.5 甲狀腺

甲狀腺（thyroid gland）位於喉部下方，負責調節新陳代謝（metabolism）。它會分泌一種稱為甲狀腺素（thyroxin）的激素，其在人體血液中的含量多寡會導致新

陳代謝的速率改變。甲狀腺的適當作用對於兒童的心智發展非常重要。如果在兒童時期，甲狀腺產生嚴重缺失，會導致行動遲緩、肌肉無力，以及一種罕見的心智發展緩慢疾病，稱為矮呆病（cretinism）。

2.4.6 副甲狀腺

在甲狀腺中的四條小腺體稱為副甲狀腺（parathyroid glands），會分泌副甲狀腺素（parathormone），對於神經系統的運作很重要。副甲狀腺素藉由調節神經元的離子濃度，來控制神經系統的興奮狀態。太多的副甲狀腺素會抑制神經活動而導致呆滯，太少則會導致神經過度活動而緊張。

2.4.7 松果腺

松果腺（pineal gland）位於兩個腦半球之間，依附在視丘頂端，主要分泌物是褪黑激素（melatonin）。褪黑激素負責調節生物節奏，包括女性的月經週期和日常的清醒與睡眠調節。褪黑激素的濃度會受日光曝曬量所影響，也就是與個體的日夜作息活動有關。褪黑激素也會影響心情。季節性抑鬱症（seasonal affective disorder）是一種憂鬱症，最常發生在冬天，被認為是因為缺乏日光而影響褪黑激素分泌所引發，可以透過光照來加以治療。

在「在地人的心理學」專欄中，將從中醫的角度出發，來看生理系統與心理狀態的關係，其中最重要的還是「適應」的概念。

神經科學家發現，神經系統與內分泌系統會相互影響來產生人類的行為反應，而下視丘在其中伴演著關鍵的連結角色，讓人體內這兩大系統可以有效地運作，使我們更容易適應當下的環境（Boonen等人，2010）。

在地人的心理學

中醫心理學

中國傳統醫學以陰陽五行（金、木、水、火、土）為理論基礎，將人體看成是氣、形、神的統一體，使用中藥、針灸、推拿、拔罐、氣功等方式來調理我們的身心健康。這樣的系統觀對於人的心理世界的看法，也有別於西方的腦神經科學；它更加主張心理與環境的交互影響作用。。

《醫經》主張要以三才（天、地、人）的整體醫學模式來看身體疾病，並且對於病因著重在「內傷七情」（情緒因素）、「外感六淫」（環境因素）以及「不內外因」（社會因素）等三因論。由此可見，老祖宗們很早就重視「情緒」這個心理因素對於身體的影響，同時採用整體系統的觀點來看「人」。目前的心理學還是以西方的「腦神經」系統為基礎來探究心理的狀態，較少從東方的系統觀出發。下表整理出五行系統與心理狀態，讓你有一些不同的思維：

	火	土	金	水	木
季節	夏	夏末	秋	冬	春
方位	南	中	西	北	東
成長狀態	快速	轉換	成熟	消退	萌芽
色系	紅	橘	白	藍	綠
味道	苦	甜	辣	鹹	酸
氣候	熱	濕	乾	冷	風
陰性器官	心	脾	肺	腎	肝
陽性器官	小腸	胃	大腸	膀胱	膽囊
感官	舌	嘴	鼻	耳	眼
體液	汗	唾液	糞便	尿液	淚水
正向情緒	快樂	滿足	光榮	照護	仁慈
負面情緒	恨	擔憂	悲傷	恐懼	憤怒
人格特徵	謙卑	忠誠	公平	智慧	仁慈
心理狀態	靈性	機靈	情緒穩定	創造力	問題解決
職業	醫療 神職人員	務農 服務業 業務	流行產業	業務 事務員	法律 警界 研究者

| 參考資料 |

王米渠、李緯弘、喬明琦、杜文東、張孝娟、董湘玉、謝靜濤、汪衛東（2010）。〈與時俱進中醫心理學：創建、發展與前瞻〉。《應用心理研究》，46，21-49。

Marin, G. (2006) *Five Elements, Six Conditions: A Taoist Approach to Emotional Healing, Psychology, and Internal Alchemy.* North Atlantic Books: New York.

課堂活動

主題：腹式呼吸

目標：
強化副交感神經系統。

步驟：
1. 舒服地坐在椅子上。
2. 將注意力放在腹部。
3. 吸氣的時後，慢慢吸，吸飽空氣（此時腹部是凸出來的）。
4. 吐氣的時後，慢慢地吐（此時腹部是縮進去的）。
5. 就這樣深呼吸 30 下，讓自己放鬆。

回家作業

快樂生活第二週——調整作息

近年來發現，內分泌系統與情緒，更與生活作息密不可分。你是否有前一晚熬夜、隔天就容易動怒的經驗呢？的確，生活作息的混亂會讓心情混亂。為了讓你有良好的情緒管理能力，調整好生活作息是必要的。最近發展的「生活週期」治療，提出固定生活作息的重要，並且說明固定的「起床時間」、「開始讀書時間」、「正向的人際互動時間」、「晚餐時間」以及「睡覺時間」等五個時間點，會讓你生理功能穩定。

生活作息記錄表
1. 記錄你這週的生活作息狀況（寫下相關的時間）

	週一	週二	週三	週四	週五	週六	週日
起床時間							
開始讀書							
正向人際							
晚餐時刻							
睡覺時間							

2. 對你而言，起床、開始讀書、與人互動、晚餐與睡覺，你比較能夠固定進行哪個作息呢？
3. 選好一項，然後每天規律（按時）地進行，如：固定起床時間或者是晚餐時間。

本章摘要

大腦是人類思考的中心，我們的行為受到腦神經系統的牽引。本章讓你了解自己的身體（腦神經系統與生理系統）與心理世界的關聯性。我們從人腦、神經系統、內分泌系統等三大系統出發，來探討生理與心理的關係。

1. 神經系統的基本功能。
   - 我們的神經系統是一個微妙的構造，其透過電生化的傳導，連結了我們的內外世界。
   - 神經系統分成中樞神經系統（CNS，包含大腦與脊髓）與周邊神經系統（PNS，包含體神經系統與自主神經系統）。

第 2 章 行為的生理基礎　65

2. 神經元的運作。
    - 神經細胞以奇妙的方式運作。在細胞內以電位改變來傳遞訊息,在細胞間則以神經傳導素來傳遞訊息。
    - 動作電位是以全有全無的原則來反應。
    - 神經間的傳遞,是透過不同的神經傳導素來做聯繫。
    - 整個神經系統是一個電訊的聯絡網。

3. 大腦的結構與功能。
    - 大腦是思考與行動的中樞。
    - 大腦包含後腦、中腦與前腦三大部分,每個腦區塊都有其重要的功能。
    - 大腦皮質區是主要的功能區,每個區都各司其職。

4. 內分泌系統的運作。
    - 內分泌與我們的身體運作息息相關,也會影響到我們的情緒反應。
    - 本章介紹如:腦下垂體、腎上腺、胰島、性腺、甲狀腺、副甲狀腺和松果腺等內分泌系統,也分別說明這些系統的主要功能。

第 3 章

發展心理學
Human Development

章節內容

3.1 關於發展的重要問題

3.1.1 何謂發展？
3.1.2 早年經驗是否會支配我們的人生？
3.1.3 天性和培育如何影響發展？

3.2 兒童發展

3.2.1 胎兒期的發展
3.2.2 兒童期的身體發展
3.2.3 兒童期的認知發展
3.2.4 兒童期的社會情緒發展
動動腦──華人的教養態度
3.2.5 正向心理學和兒童發展

3.3 青少年期

3.3.1 青少年期的身體發展
3.3.2 青少年期的認知發展
3.3.3 青少年期的社會情緒發展
3.3.4 正向心理學和青少年
幸福人生──強化你的復原力

3.4 成年發展和老化

3.4.1 成年期的身體發展
3.4.2 成年期的認知發展
3.4.3 成年期的社會情緒發展
3.4.4 正向心理學和老化
在地人的心理學──人生的終曲

章頭故事

紀錄片《翻滾吧,男孩》敘述一群熱愛體操孩子們的成長故事。他們認真地練習體操,經歷了重重成功與挫折,希望透過努力練習能讓自己表現的更好。在這部片子裡,你可以看到這些孩子在身體、心理以及情緒管理能力上的成長。

住在中國北京的張麗瑩,小時候有一天在幼稚園玩時,吸引了一位體育學校教練的注意,並邀請她進入體操訓練課程。麗瑩被選中的原因在於她有寬廣的肩膀、細窄的臀部、筆直的雙腿、比例勻稱的四肢、開放的態度,以及活潑外向的個性,這些都是造就體操選手的優勢條件。跟那些熱愛體操的男孩一樣,她開始每天下午到體育學校上課,並且練習體操。師長們都想知道,她的先天優勢以及後天的訓練,是否能為國家拿下一面奧運金牌。

本章要深入探討我們的成長過程及發展的三個領域──身體、認知、社會情緒。就如同這些熱愛體操的孩子們一樣,我們也都曾經或者正在追求著某個夢想;其中的辛酸與歡樂只有我們自己知道。這一章將從童年開始,然後進入青少年期以及展望未來的成年期,讓你透過心理學來了解我們的一生是如何地度過。

6 歲的張麗瑩(左三)希望自己有一天可以成為奧運的體操冠軍。進入體育學校被認為是難得的殊榮;在中國 2 億名學生中,只有 26 萬人有這個機會。

3.1 關於發展的重要問題

看看你身邊的同學或朋友,雖然我們每一個人的外型與個性都有所不同,但是在孩提時期,我們都曾經歷過一些共通的歷程。發展心理學家就是在探討這些人類共同的成長軌跡。接下來,讓我們透過時光旅程再成長一次。

3.1.1 何謂發展？

發展（development）係指從受孕開始到之後持續的整個生命過程中，人類潛在可能的變化模式，也就是從生到死的人生旅程。研究者對發展的普遍性特點和個別差異感到興趣。基本上，發展是由生理－心理－社會三大層面共同組成：

- **身體歷程**：也就是生理層面的發展，心理學家稱之為成熟（maturation），包含個體生物本質的變化。來自父母的遺傳基因的展現、青春期與更年期的荷爾蒙改變，和整個人生中腦部、身高、體重的變化，以及動作技能的成熟與退化，這些全都反映了生物歷程中的發展作用。
- **認知歷程**：也就是心理層面的發展，包含個體的思想、智力和語言的發展變化。例如，注意電視中的卡通人物、學習語言與知識、想像自己是「蜘蛛人」、記住一組新的電話號碼等，所有的這些活動都反映了認知歷程在發展中的角色。
- **社會情緒歷程**：也就是社會層面的發展，包含個體和他人之間人際關係的變化、情緒的變化，以及人格的變化。嬰兒對於母親輕撫產生的微笑反應、小朋友表現出的自信、青少年在初戀上感受的喜悅、年輕人在運動中的衝勁、白頭偕老夫妻的恩愛，這些都反映出社會情緒歷程的角色。

如圖 3.1 所示，社會情緒歷程塑造出認知歷程，認知歷程促進或限制社會情緒歷程，而身體歷程則影響認知歷程。為了方便學習，在本章將分別就這三個發展的歷程來討論，但是請記得，你正在學習一個完整個體的發展，其生理、心理與社會情緒三大層面是互相依存的（Diamind, 2009）。

> **發展**
> 探討從受孕到死亡，人類持續改變的成長歷程。

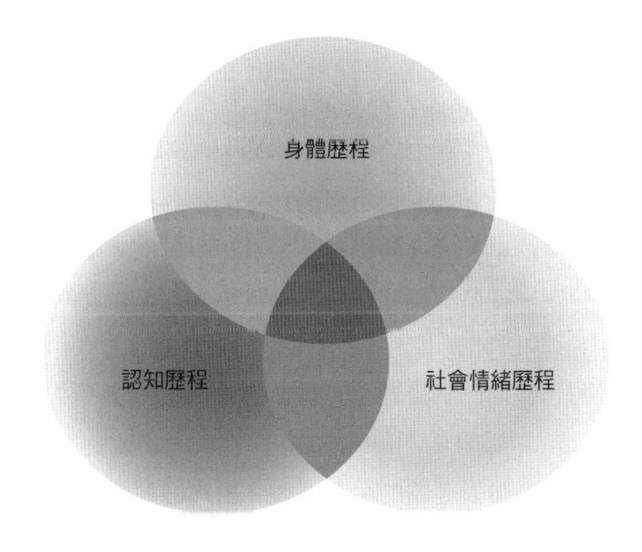

圖 3.1 發展變化的因素
發展是身體的、認知的和社會情緒歷程的結果。這些歷程隨著個體的發展，彼此互相交錯。

3.1.2 早年經驗是否會支配我們的人生？

心理學家研究發展的關注焦點之一為，究竟是早年經驗（early experience）重要，還是後期經驗（later experience）較為重要（Kagan, 2010）。所謂的「五歲定一

Alice Walker 以著作《紫色姐妹花》（The Color Purple）得到普立茲獎（Pulitzer Prize）。Walker 就跟她書裡很多的人物一樣（尤其是女性），克服了早年的貧窮和創傷，長大後成為一位非常有能力的人。從她的例子，告訴我們什麼關於早年經驗對成長的影響？

生」就是形容幼年的經驗會影響我們未來的人生，也就是說早年的生活經驗深深地影響到未來的人格發展（Kagan, 1992, 2000）。甚至有學者認為，嬰兒在出生的第一年內必須受到溫暖和細心的呵護照顧，日後才能有健康的成長（Phillips & Lowenstein, 2011）。相反地，有些心理學家強調後期經驗的力量（如：教養與學習）。由於孩童的可塑性很高，在後期得到細心呵護與良好的教育，也可以讓一個人成熟（Scheibe & Carstensen, 2010）。過去大多的學者都將研究放在早年經驗對於個體人格的影響，較少研究來探索後天經驗對於人格成熟的影響（Schaie, 2011）。在現實生活中，有許多童年失歡（如：受虐、被忽略）的人雖然早年沒有受到良好的對待，甚至產生創傷經驗，但在後來的成長中走出了童年陰影，還是會有很好的表現。一項針對單親家庭的研究發現，單親家庭長大的孩子有 25% 在青春期有適應困難的問題，而在非單親家庭長大的孩子的比例則為 10%（Hetherington, 2006）。在這個研究中，可以發現在單親家庭中長大的孩子還有 75% 是適應良好的，而非單親家庭長大的孩子也是有 10% 適應不良。這也說明除了幼年經驗以外，後期的生活經驗的確會影響個體的成長。

一項探討親子關係與憂鬱症狀關聯性的追蹤性研究分析了父母親和 3 至 5 歲女兒的關係，並且追蹤女兒在日後青少年期的憂鬱症狀（Gjerde, Block & Block, 1991）。研究發現，當這些女孩在 3 至 5 歲時，如果父母親過度地管教、要求高成就，以及沒有給予足夠的呵護，那麼這些女孩在青少年期憂鬱的可能性很高。這些研究結果顯示出早年經驗的重要性。但是，其他研究也顯示，青少年期的緊張壓力經驗，如：考試不及格、和男友分手、或是父母其中一方過世，也都與少女的憂鬱有關（Compas 等人，2001）。由這些研究來看，青少女的憂鬱情緒受到早年的經驗以及青春期的壓力影響，這說明了當你感到憂鬱時，這種情緒是受到幼年經驗以及現在生活經驗的共同影響。

我們的成長同時會受到早年經驗與後天經驗的交互影響。正向心理學家認為，個體會在成長歷程中找到一個最適切的生活方式，包含活動、社交關係與生命目標（Rathunde & Csikszentmihalyi, 2006）。簡單來說，就是在生命成長的過程中，我們會不斷地調整自己，讓自己活得更好、更快樂。但這該如何辦到呢？近年來，心理學家推動品味人生的概念，教導我們應該要好好地品味生活中的每一個經驗，像是好好吃顆蘋果、看場電影、到戶外散步等，透過這些活動來增加正向的生活經驗（Quoidbach 等人，2010）。

3.1.3 天性和培育如何影響發展？

從遺傳學的角度，有兩個重要的核心概念就是基因型（genotype）與展現型（phenotype）。基因型就是我們遺傳基因的狀態，而展現型則是我們所展現出來的特性。我們的基因型由父母親的 DNA 所決定，而展現型則是受到天性（遺傳基因）與培育（外在環境）共同所影響。舉例來說，你父母親都有高血壓，而你也遺傳到了他們的高血壓（基因型），但你若是有健康的飲食習慣，即使有高血壓的基因，但由於飲食習慣的保護因子（良好的培育）會讓你避免罹患高血壓（展現型）。在發展這一章，所論及的成長特徵將著重在我們的展現型，也就是可觀察到的內在心理歷程與外顯行為。

天性（nature）一詞，常常用來指個體的生物遺傳影響，也就是先天的影響因素。**培育（nurture）**一詞，往往用來指個體的環境經驗與周圍所有物質和社會條件的影響，也就是後天的影響力。在成長的過程中，我們都受到天性和培育的共同影響，也就是先天與後天雙重力量的交互影響（Diamond, Casey & Munakata, 2011）。《看見臺灣》這個紀錄片讓我們發現人們為了生存而改變的環境，而環境的改變也影響著我們的生活型態。我們與環境就是這樣交互地影響著。我們的天性與後天的培育也如同我們跟環境之間的關係一樣地互相影響。雖然先天基因會引導我們的發展方向（如：性別、身高、體重等），但是實際的展現也會受到外在環境調整。環境影響的範圍從所有人為的情境（如：育兒、家庭動力、同儕關係、學校教育、鄰近地區）到生物方面的接觸（如：病毒、出生併發症）。

大多數的心理學家認為，我們的發展是受到遺傳和環境共同運作，產生出氣質、身高、體重、運動的能力、閱讀能力等（Gottlieb, 2000; Lewis, 2003）。William Greenough（2001）指出：「遺傳和環境兩者間的相互作用是如此廣泛，所以要詢問天性或培育哪一個更重要，就好像是詢問一個長方形的長比較重要，還是寬比較重要？」

不過，一些心理學家相信，人們的發展可以遠超乎遺傳和環境所給予的範圍。有關發展的爭論其中一個關鍵包括尋找最佳的人生經驗（Massimini & Delle Fave, 2000）。例如，超馬選手林義傑能超越人類體能極限、超越生物的原有適應能力，主動進入人類難以生存的環境，突破自我達成遠大目標。許多人就像他一樣建構自己的人生，並且創造獨特的發展途徑。當他們愈能比別人成功地建構最佳人生經驗，則愈能在發展時尋找有意義的人生主題，不會讓自己的人生受限於簡單的生物生存階段，或是被動地接受環境現狀。

天性
個體先天的生物遺傳。

培育
個體後天的環境與社會經驗。

> **想一想**
> 1. 心理學家認為的發展三大歷程為何？
> 2. 從研究來看，你的憂鬱情緒受到哪些因素的影響？
> 3. 看看你父母親的外表，你有哪些部分與他們相似而又有哪些部分有所不同呢？

3.2 兒童發展

當精子與卵子相遇的那一刻，我們生命的旅程就開始了。在這一節，你將坐著時光機回到自己生命的起源，看看自己是如何慢慢地長大成人。

3.2.1 胎兒期的發展

生命是很奇妙的。想像一下，你曾經是微小的生物體，漂浮於母親子宮內的羊水中。正如 19 世紀美國詩人、散文家 Samuel Taylor 所記述：「人類誕生前那 9 個月的歷史，遠比之後全部的歲月更有趣，並且包含了更多的新奇事件。」

胎兒期的發展可分為三個時期：

- **初胚期**：第 1 週和第 2 週。初胚期是受孕後的前兩週。受精卵是一個單細胞，有來自母親的 23 個染色體，以及來自父親的 23 個染色體。懷孕 1 週後，歷經許多細胞的分裂，受精卵會增為 100 至 150 個細胞。第 2 週後，此細胞群會著床於子宮壁。
- **胚胎期**：第 3 週到第 8 週。這也是多數女性知道自己懷孕的階段。在第 3 週的時候，最終會成為脊髓的神經管開始形成。大約 21 天時，眼睛開始出現；在 24 天時，心臟的細胞開始分化。在第 4 週期間，手臂和腿部開始萌生（圖 3.2a）。到了第 5 至 8 週，心臟開始跳動，四肢更能辨識，五官開始形成，腸道也已出現（圖 3.2b）。
- **胎兒期**：第 2 個月到第 9 個月。器官已成熟到可以運作，並且肌肉也開始活動。母親首度感覺到胎動。受孕 6 個月後，眼睛和眼瞼完全形成、胚胎覆蓋著一層細微的毛髮、抓握的反射動作出現，開始不規則的呼吸。第 7 至 9 個月的時候，胎兒的身長和重量都明顯增加。

短短的 9 個月中，一個單一細胞已經發展出有生存和運作能力的人，並有身體上、認知上，以及社會情緒上的發展潛能。但是它在這段期間是相當脆弱的。例

(a)　　　　　　　　　　　(b)　　　　　　　　　　　(c)

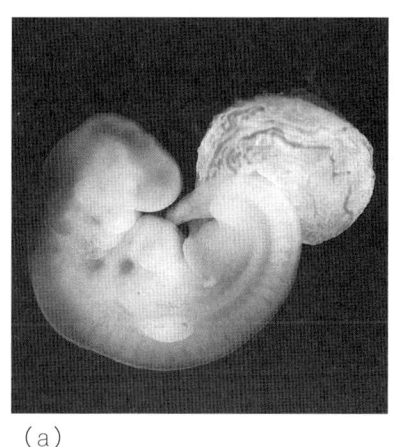

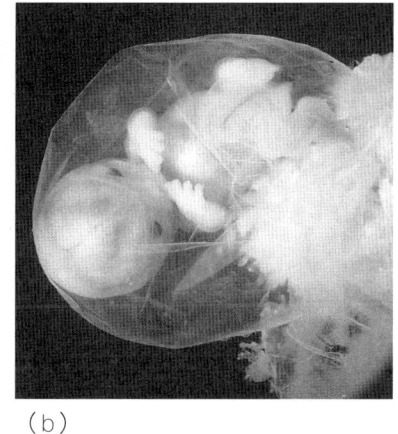

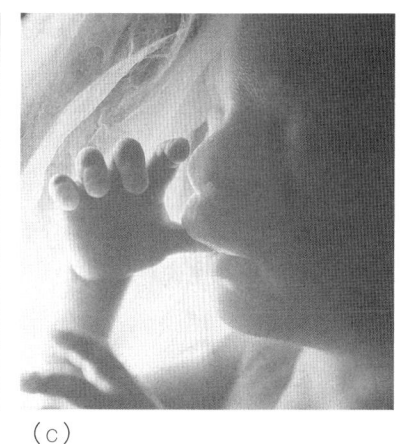

圖 3.2　從胚胎到胎兒
(a) 4 週大時，胚胎長約為 0.2 英寸（少於 1 公分）。頭部、眼睛和耳朵都開始出現；頭部和頸部就占了身體全長的一半；雙肩將會長在接著白色手臂芽胞的地方。
(b) 8 週大時，發展中的小生命會長到約 1.6 英寸（4 公分）長，並且已達到胚胎期的尾聲。小生命已經變成了胎兒。所有發展完整人類身上的器官，現在都開始形成。胎兒期是成長和細節完美化的時期。心臟已經跳動 1 個月，並且肌肉也首度開始活動。
(c) 在 4.5 個月大時，胎兒已經差不多超過 7 英寸（大約 18 公分）長。當拇指移靠近嘴巴時，頭部可能會轉動，並且嘴脣和舌頭開始了吸吮的動作——一個生存的反射動作。

如，胎兒酒精症候群（fetal alcohol syndrome, FAS）是母親在妊娠期間過度飲酒，導致胎兒發生不正常的症狀，像是小頭和四肢、臉與心臟的缺陷；大多數 FAS 的孩子智能低於標準。即使孕婦飲用少量的酒，也有可能會傷及胎兒的健康（Sayal 等人，2007）。最佳的建議是，懷孕與計畫懷孕的婦女都不應該喝酒（Streissguth, 1997）。除了母親本身的生活習慣以外，許多外在因素也會影響到胎兒的發展，如化學物質與病毒的影響。也就是說，胎兒需要在母親的子宮（孩子的宮殿）裡受到良好的保護才能夠健康的成長。

除了母體的狀態以外，是否足月也是一個重大因素。在母體子宮內待足 38 至 42 週的嬰兒，最有機會在兒童期得到正常的發展。受孕到出生不滿 38 週的早產兒（preterm infant）則很危險。比起足月的嬰兒，早產兒較容易有學習上的障礙（Minde & Zelkowitz, 2008）。研究發現，貧窮的家庭比較容易有早產兒的問題，並且也會因為經濟因素而無法好好地照護早產兒（Madan 等人，2006）。這也提醒了我們社會福利制度的重要性：我們需要更多的經費在照顧這些弱勢的嬰兒上，讓他們有更好的機會成長。

3.2.2　兒童期的身體發展

嬰兒期（發展期從出生到大約 18 至 24 個月大）是身體發展最快速的時期（Fogel, 2001）。在短短的時間內，孩子從毫無行動能力的生命體，轉變成為可以

自由行動的生物。心理學家最近發現，除了先天因素的影響以外，外在環境刺激也會影響著孩子的動作發展（Karasik 等人，2010）。

★ 反射動作

新生兒來到這個世上時，本身已經具備反射能力，並且受到環境刺激而產生反應（Needgam, 2009）。例如，遇到水時，會很自然地屏息並且收縮喉嚨，以防止水跑進去。新生兒擁有的一些反射動作會一直持續其整個人生，如：咳嗽、眨眼和打呵欠。然而，隨著較高層次腦部功能的成熟以及行為控制能力增加，有些反射動作會在出生的幾個月後消失。以下是一些在嬰兒 6 或 7 個月大時，會漸漸減弱或消失的反射動作：

- **抓握**：當嬰兒的手掌被碰觸時，嬰兒會用手指緊緊地抓牢（但卻不用拇指）。
- **吸吮**：當有東西碰觸到嬰兒的嘴時，嬰兒會很自動地開始吸吮。
- **踏步**：當嬰兒的腳接觸地面時，嬰兒會移動雙腳，就像是在走路一般。
- **受驚**：當突如其來的刺激出現時，例如，聽到很大聲的噪音或是快速掉落，嬰兒會受驚地拱起背、把頭向後仰，並且猛然地將四肢向外張開後，又迅速將四肢縮回接近身體中心。

★ 動作與感知技能

剛出生時，相對於其他的身體部位而言，新生兒的頭顱相當巨大，會毫無控制力地晃動。在 12 個月內，嬰兒已經能筆直地坐著、站立、彎腰、攀登和時常走動。在第 2 年時，成長的速度減慢，但是在某些動作有迅速的進展，如：跑和攀爬等。一位早期的科學家 Arnold Gesell（1934）認為，動作的里程碑看起來就如圖 3.3 所示，會在特定的年齡發生，是先天的生命腳本。

不過，心理學家現在意識到，動作發展並不單單只是天性或環境刺激影響的結果（Adolph 等人，2010），還受到他內在動機的影響。當嬰兒有動機要做某些事情的時候，他們可能會創造出一個新的動作行為（Thelen, 1995, 2000）。以抓握這個反射行為為例，嬰兒會抓取身邊的黃色小鴨來把玩。有一天，當你把黃色小鴨放到離他遠一點的地方時，若他想要拿到黃色小鴨，他就必須學習從地板上爬到另一頭拿起黃色小鴨，此時就會牽動知覺系統、運動系統等，甚至在其中也發展出一些新的爬行動作，以能夠抓到他喜歡的黃色小鴨。透過環境刺激的誘惑與內在動機，嬰兒會主動發展一些新的感知與運動能力。

心理學家也相信，動作能力和感知技能有密切的聯繫。嬰兒透過感官獲悉的訊息，持續地協調自己的動作，以學習如何保持平衡、伸手去拿空間中的物體，並且跨過各式各樣的表面和地形（Adolph 等人，2009）。行動也會教導感官，例如，看著一個物體，同時拿著並接觸它時，會幫助嬰兒了解它的質地、尺寸大小和硬度。在環境中到處移動，能讓嬰兒從不同的角度看到物體和人們，並且學會判斷環境安

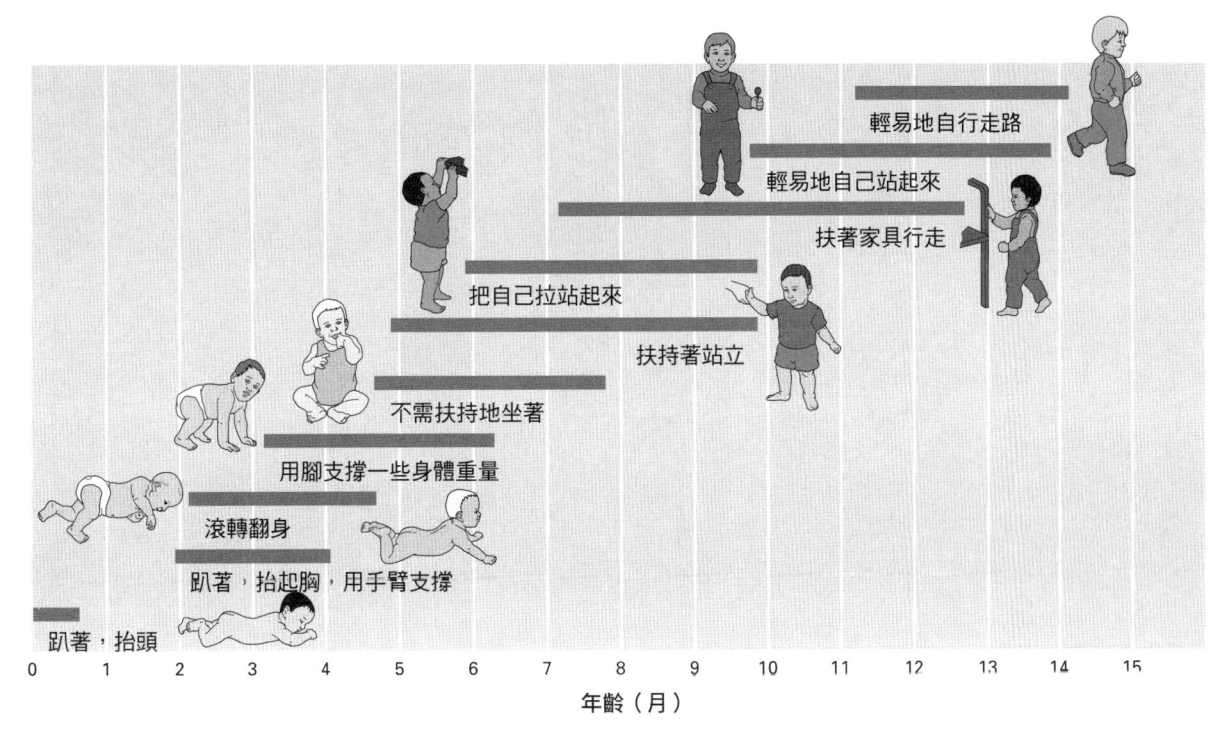

圖 3.3 在生命的前 15 個月期間，嬰兒完成重大動作技巧發展的時間點

全與否（Gibson, 2001）。

因為嬰兒不會說話，無法表達心聲，心理學家可以透過觀察他們的行為反應來探索其內在心理世界，所以這些感知與動作的反應就是我們了解孩子心理世界的起步。例如，7 天大的孩子會注意到週遭的人聲，並轉頭去看那個人，也就是採用以聲認人的方式來對外界反應（Rascalls & Kelly, 2008）；到了 3 個月大，他就會注意到熟悉的臉蛋，如：母親（Slater, Field & Reif-Hernandez, 2007）。透過這樣的行為反應，我們可以推敲小孩在腦中可能已經有臉部辨視的能力。

★ **大腦**

當嬰兒走路、說話、跑步、搖晃一只波浪鼓、微笑和皺眉頭時，他們的大腦正在進行戲劇性的變化。從出生和嬰兒期早期，大腦中 1,000 億個神經元只有很少數的連接。但是，當嬰兒 2 歲大時，神經元的末梢開始分歧發展，也開始產生更多相互連接（圖 3.4）。嬰兒大腦是全新的，像一張白紙般地吸收所有的經驗，透過神經間的連結讓生活經驗寫在大腦中（Nelson, 2011）。

兒童期大腦發展的另一個重要部分，是突觸連結（synaptic connections）的大量增加（Nelson, 2011）。第 2 章提到，突觸是指神經元之間的連接點，要靠神經傳導素來進行傳遞。根據神經系統用進廢退的原則，新建立的連結會變得更強，並且會被保留；未使用的將會被其他的神經途徑取代或者消失。在神經系統科學的語言內，這些未使用的連結將被「刪掉」。圖 3.5 呈現出嬰兒時期突觸在視覺、聽覺以

第 3 章 發展心理學 **77**

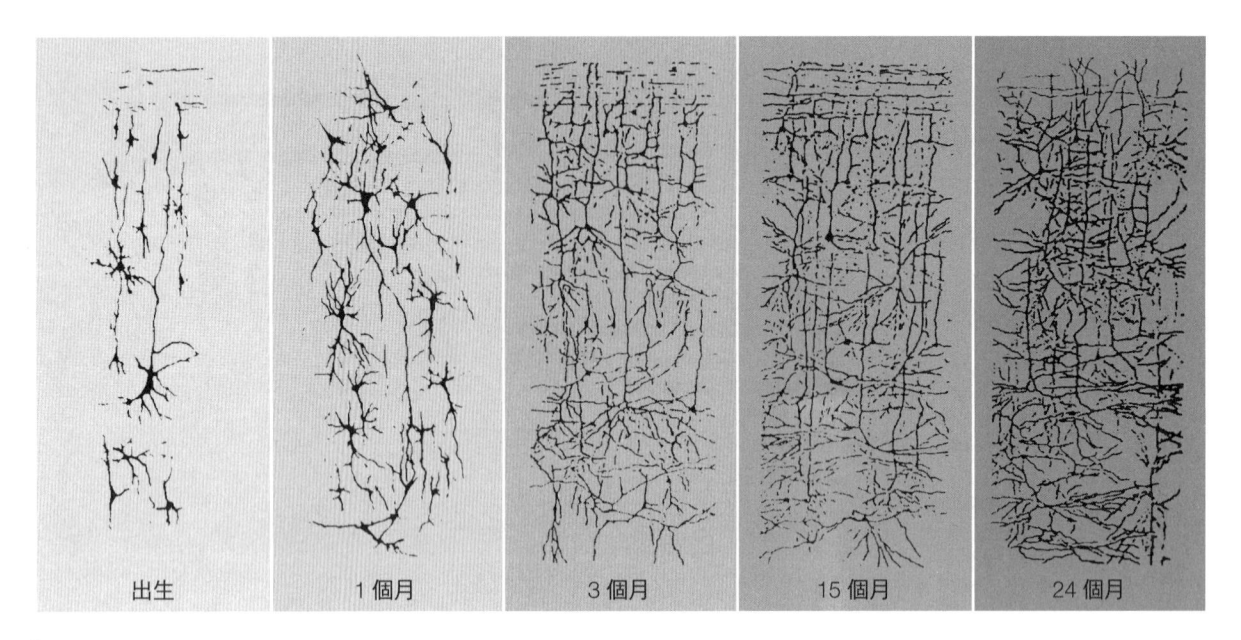

圖 3.4 樹突的擴散
注意到生命前 2 年的時間內，腦神經元之間互相聯繫的增加。

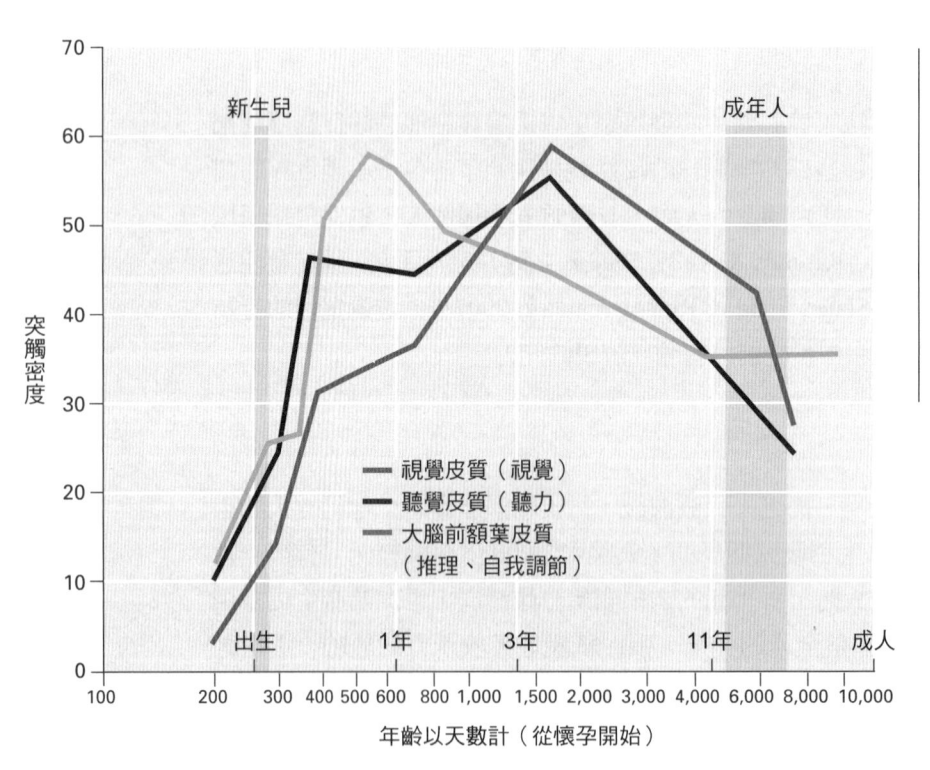

圖 3.5 從嬰兒期到成年期，人類大腦中的突觸密度

本圖顯示出腦部三個區域——視覺皮質、聽覺皮質、大腦前額葉皮質裡，突觸密度的遽增，以及後來的消減。突觸密度被認為是腦神經元間連結程度的重要指標。

及大腦前額葉皮質（prefrontal cortex）部分神經連結的成長狀況。

科學家最近運用像是核磁共振或斷層掃描等技術發現，兒童的大腦在 3 至 15 歲期間會經歷結構上的劇烈變化（Thompson 等人，2000）。有些區域的大腦構成物

的總量，在短短 1 年期間內，可能會增加將近 1 倍。當不需要的細胞被清除時，大腦會繼續進行重組。雖然整個腦部的大小並無明顯的成長，但是大腦內部的模式的確有戲劇性的變化。在 3 至 6 歲，最迅速的發展發生在前額葉區。這區域涉及策劃和組織新的行動，以及維持在任務上的專注力（Thompson 等人，2000）。當然，如果樹突和突觸沒有受到大量新經驗的刺激，孩子腦部的發展就會較遲緩，由此更了解大腦發展也是一樣，天性和培育是一起運作的（Diamond, Casey & Munakata, 2011）。

3.2.3 兒童期的認知發展

兒童期的認知發展像身體發展一樣令人驚奇。如你在本章之前讀到的，認知歷程包含思想、智力和語言。19 世紀中之前，美國的心理學家並無任何理論可以解釋兒童的心智是如何隨著年紀而改變。對於此主題有興趣的心理學家必須從行為的角度觀察，強調孩子只是從環境中接收訊息，或是從智力測驗的角度，強調兒童智力上的個別差異。然而瑞士著名的發展心理學家 Jean Piaget（1896～1980），改變了我們看待孩子心智的方式。

★ Piaget 的認知發展理論

依 Piaget 的觀點，兒童很積極地建構他們的認知世界，並使用基模來理解他們的經驗。**基模（schema）**係指已經存在於某人心裡的一個概念或架構，可以用來組織訊息以及提供解釋訊息的架構。基模會表現在行為和技巧之中，這些是孩子能練習的，以及能與物體或情境做關聯。例如，吸吮是一個早期的、簡單的反射基模。之後，更複雜的動作基模可能會包括舔、吹、爬行、躲藏等。到了成年期會有對自我與世界觀等認知概念的基模。Piaget 對基模的興趣在於，它們是如何幫助人類組織和理解目前的經驗。在第 7 章，從記憶的層面，你將看到基模如何幫助我們記住這個世界。在第 8 章，你將了解基模對於知識學習的重要性。

Piaget（1952）表示，我們透過同化與調適兩種認知歷程將生活經驗融入心理基模中：

- **同化（assimilation）**：個體將新的訊息納入現有的知識中稱之為同化。人們將環境同化套入一個基模中，也就是說我們使用舊有的基模來解讀新的訊息。以小孩子為例，當他看到路上的某物有四個輪子，而父母親告訴他那是車子，這時他腦中就形成一個「車子」的基模，進而將所有有輪子以及會移動的物品稱之為車子。以生活為例，你過去學到一個解決衝突的基模（如：冷戰），當你與同學發生口角時，你就會採用「冷戰」來應對，此後你就會習慣採用此方法來面對人際的衝突。
- **調適（accommodation）**：人們改變原有的基模去適應新的經驗稱之為調適。這

> **基模**
> 已經存在於某人心裡的一個概念或架構，可以用來組織訊息以及提供解釋訊息的架構。

> **同化**
> 發生在當個體將新的訊息納入現有的知識中。

> **調適**
> 發生在人們調整自己的基模去適應新的經驗。

感覺運動期	前運思期	具體運思期	形式運思期
嬰兒了解這個世界的方式，是藉由整合感官經驗和身體行動。嬰兒從剛出生時反射性的和本能的行動，進展到本階段尾端時，已開始有象徵性的思考。	兒童開始用文字、圖像來描述世界。這些文字和圖像反映出象徵性思考的增加，已超越感官訊息和身體行動的連結。	兒童可以在具體的狀況中，作邏輯性的推理，也可以將物體作不同性質的分類。	青少年以更抽象、理想化、和富有邏輯的方式思考。
從出生到約 2 歲	2 至 7 歲	7 至 11 歲	11 歲延續到成年期

圖 3.6 Piaget 認知發展的四個階段

也說明我們如何透過接收新的訊息來建立新的基模。以剛剛的「車子」為例，當孩子看到一個有輪子並在地上跑的物品，但同時有翅膀，他會對著這個物品叫「車子」，此時家長修正孩子的說法，稱該物品為「飛機」，小孩就學會新的基模為「飛機」。他將原有車子的基模調整出新的飛機基模。以生活為例，你與朋友發生衝突時，你一開始會用習慣性的「冷戰」來面對衝突，但對方卻希望你能夠採用溝通的方法來處理衝突。這時你就可能因此修改原來衝突處理的基模，採用「溝通」的方式來處理親密關係的衝突。

Piaget 理論的另一個重要元素，是他觀察到人們對世界的了解所歷經的四個階段（圖 3.6）。每個階段都各有獨特的思維模式，並且從一個階段到下一階段都有本質上的不同。

感覺運動期

Piaget 認知發展理論的第一階段（從出生到約 2 歲），嬰兒了解這個世界的方式，是藉由整合感官經驗（如：視覺或聽覺）和動作（身體）行動。

1. **感覺運動期（sensorimotor stage）：從出生到約 2 歲**。在這個階段，嬰兒了解這個世界的方式，是藉由整合感官經驗（如：視覺或聽覺）和動作（身體），因而稱為感覺運動（sensorimotor）。想像你是一個 5 個月大的嬰兒，你會怎麼體驗這個世界呢？眼前有一隻絨布狗，當你正想去抓它時，有一個板子擋在你跟狗之間。你會知道狗在板子的後面嗎？或者你會認為它已經不見了呢？此時期的嬰兒對於外界的理解一定要是看得到、摸得到才代表存在。

Piaget 相信，對小嬰兒而言，「從視線中消失」即會「從腦中忘記」。嬰兒在 5 個月大的時候，當絨布狗放在板子後面時，嬰兒不會伸手去拿狗。然而，在 6 至 9 個月大時，嬰兒開始了解到，眼前的消失並不是真的不見。這時候，他可能會協調感官和動作，把手伸到板子後面去搜尋狗。

物體恆常性

Piaget 認知能力的專有名詞，指了解到即使物體和事件沒有直接被看到、聽到和摸到，它們仍繼續存在。

Piaget 將這個重要的能力稱為**物體恆常性（object permanence）**，意指了解到即使物體和事件沒有直接被看到、聽到和摸到，它們仍繼續存在。最常用來研究物體恆常性的方式，是給嬰兒看一個有趣的玩具，然後擋住嬰兒的視線，讓嬰兒看不到玩具（圖 3.7）。如果嬰兒了解玩具仍然存在，他們將會去尋找玩具。反之，則會當作玩具不見了，而不會去找尋。

図 3.7 物體恆常性

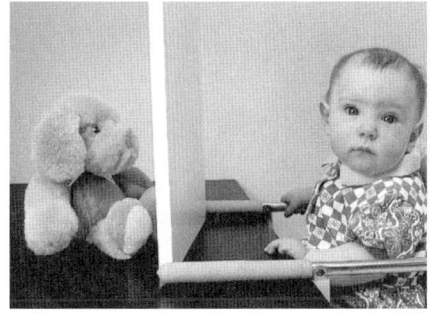

Piaget 認為物體恆常性象徵著嬰兒的認知成就。對這名 5 個月大的男嬰而言，從視線中消失的，就從腦中忘記。當男嬰看玩具狗狗的視線被擋住了，他不會去找尋它。再過幾個月，他將會去尋找被藏起來的玩具，反應出物體恆常性的表現。

2. **前運思期（preoperational stage）：約從 2 至 7 歲**。在學齡前，兒童開始用文字和圖像來描述世界。然而，在這個階段，兒童象徵性思考仍有些限制，孩子會說很多話，但自己無法真正理解那些句子的意義。例如，小朋友會說：「我是幸福的小孩」，你再問他：「幸福是什麼意思？」他就會抓抓頭說：「不知道！」此時他們仍未能進行運思（operation），也就是 Piaget 所指的可逆推的心智表徵。簡單來說，這些孩子對於外界的訊息已經有了一些概念（基模），但還無法有效地使用這些基模來進行思考。他們腦中可能有「幸福」這個字詞，但還是無法有效地使用這樣的概念。

觀察孩子是否可以進行運作思考的著名試驗是：給孩子兩個大小相同的燒杯 A 和 B，兩個燒杯內都裝了一樣多的水。在這兩個燒杯的旁邊，是第三個更瘦長的燒杯 C。先把水從 B 倒進 C 裡（圖 3.8），然後問孩子燒杯 A 和 C 裡的水是否一樣多？4 歲大的孩子總是說高高瘦瘦的燒杯 C 裡面裝的水，比又短又寬的燒杯 A 還要多，因為孩子無法在腦中回想倒水的動作；也就是說，孩子不能想像把水從燒杯 B 倒入燒杯 C 之前的影像，只能用高度來判斷 C 水杯的水比較多。Piaget 認為孩子那時還沒有理解到**守恆（conservation）**的概念，不了解儘管物體或情境的表面改變，物體特徵和狀況仍保持原有屬性。

前運思期
Piaget 認知發展理論的第二階段（約從 2 至 7 歲），在這個階段，思考能力變得更具象徵性，會採用字詞與繪畫來表達自己的想法。

守恆
Piaget 的專有名詞，儘管物體或情境的表面改變，物體特徵和狀況仍保持原有屬性的概念。

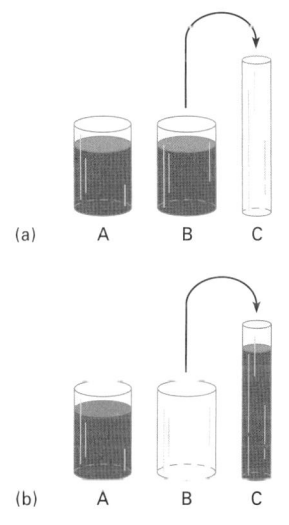

圖 3.8 Piaget 的守恆試驗

燒杯試驗顯示出孩童是否會作運思思考，也就是說，會在腦中倒回動作，並且了解物質的恆常性。(a) 拿兩個一模一樣的燒杯給孩童看，兩個燒杯內都裝了一樣多的水。將水從 B 杯倒入比 A 和 B 更細更長的 C 杯。(b) 試驗者問孩童燒杯 A 和 C 是否有同樣多的水？前運思階段的孩童會說不一樣。當被要求去指出哪一個燒杯裡的水較多時，孩童會指向那個又細又長的燒杯 C。

第 3 章 發展心理學

景觀 1　　　　　　　　　　　　　　景觀 2

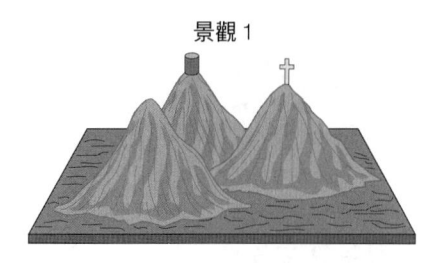

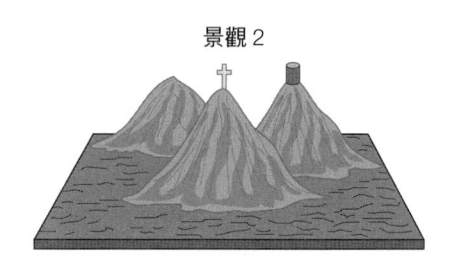

圖 3.9　自我中心的三座山試驗
景觀 1 展現的是從孩童的觀點出發的一個模型。景觀 2 展現的是同一個模型，但是從布娃娃的觀點來看。試驗者要求孩童指出一張照片，要最能貼切地反應布娃娃會看到的山景（要能夠正確無誤地指認出來，孩童需要採用布娃娃的觀點）。運用前運思階段思考方式的孩童，無法成功地完成此試驗，相對地，孩子所選的照片，只會反應出自己的觀點。

在前運思期的孩子，第二個思考上的限制是自我中心（egocentric），這是指孩子不能了解到自己的觀點和其他人觀點的不同。在三座山的試驗中（圖 3.9），孩子在山的模型周圍隨意走動，並且去熟悉在各種不同的角度下，看到的三座山是什麼樣子（Piaget & Inhelder, 1969）。然後，讓孩子坐在放模型的桌子旁。這時試驗者拿出一個布娃娃，並將布娃娃沿著桌子分別放在不同的位置。當試驗者將布娃娃放在每個位置上時，試驗者就讓孩子從一系列照片中選出一張──那張照片要能正確地反映出布娃娃會看到的景象。前運思期的孩子所選的照片，往往反映出他們自己所看到的，而不是布娃娃會看到的景象。也就是此時刻的小孩只能從自己的角度，而無法從他人的角度來看事情。

前運思期第三個思考上的限制是，它是直覺的（intuitive）。當追問孩子，為什麼他們知道一些事情時，他們往往無法給予合乎邏輯的答案，反而以個人的理解或是臆測代替。前運思期的孩子似乎不會因邏輯思維而困擾。在 Piaget 的觀察中，孩子即使不用邏輯思維推理出答案，看起來也非常確信他們知道某些事情。

具體運思期
Piaget 認知發展理論的第三階段（約 7 至 11 歲），可以透過簡單的概念進行思考，並且在具體情境中運用邏輯推理取代直覺推理。

3. **具體運思期（concrete operational stage）：約從 7 至 11 歲**。具體運思的思考包含運作思考，並且在具體情境中運用邏輯推理取代直覺推理。這時期會呈現分類的技巧，但是尚未發展出抽象思考。示範運作思考的一個著名研究方式，是以兩團相同的黏土進行測試（圖 3.10）。研究者在孩子的觀看下，把一個球形黏土揉成一條細長的長條，而另一團黏土則保留它原先的球形。然後，研究者問孩子哪一團黏土較多？是球形的黏土，還是細長條的黏土？孩子到了 7 歲或 8 歲大時，他們大多數會回答一樣多。要答對這個問題，孩子必須回想那個球形黏土被揉成一條細長條狀，並想像這條細條狀可回復成和原來的球狀一樣，這個想像具有可逆性（reversible）的心智活動。在這個實驗，以及稍早提到的燒杯試驗中，前運思期的孩子很可能會專注於單一面向，不是高度就是寬度。具體運思期的孩子，則能彙整關於尺寸或特性等的訊息。Piaget 的許多具體運思，都和物體的特性有關。因此，在這個階段的一個重要的推理技能，是分類或依相關性分組的能力。圖 3.11 顯示一個具體運思期的孩子可以執行的分類試驗。總而言之，具體運思期

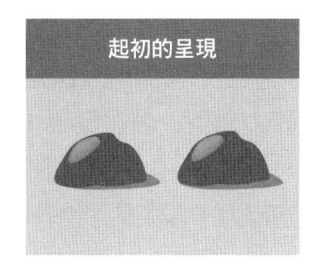

起初的呈現	操作	前運思階段兒童的回答	具體運思階段兒童的回答
拿兩團一模一樣的球形黏土給孩童看。孩童同意這兩團黏土一樣多。	試驗者改變了其中一個球形黏土的形狀，然後問孩童，這兩團黏土是否一樣多。	不一樣，較長的黏土比較多。	是的，它們還是一樣多。

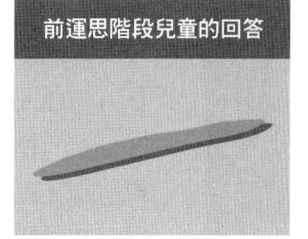

圖 3.10 運作思考的黏土試驗

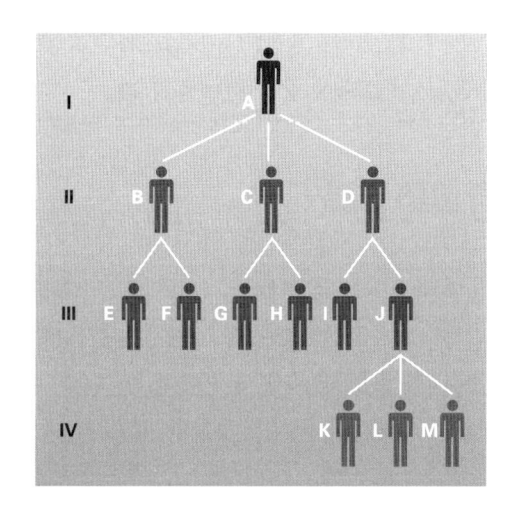

圖 3.11 包含家譜的分類試驗

決定孩童們是否進展到分類能力的方式之一，可以試試看他們是否了解四代的家譜（Furth & Wachs, 1975）。這個家譜顯示，祖父（A）有 3 個兒子（B、C、和 D），他們每一個人都有 2 個兒子（E～J），並且這些孫子裡其中一人（J）有 3 個兒子（K、L，和 M）。一個理解這個分類系統的孩子，可以任意地在這個系統裡上下層移動（垂直地）、左右移動（水平地），和上下加左右的移動（斜的）。能夠以具體運思方式作思考的孩子會了解，J 可以同時是父親、兄弟，和孫子。前運思階段的孩童則無法執行這個分類試驗，例如，說 J 不可能是父親，也不可能同時有其他的角色。

有運作上的思維、分類的技能，以及具體而非抽象的邏輯思考能力。

4. **形式運思期（formal operational stage）：始於 11 至 15 歲**，並且延續到成年期。形式運思期比起具體運思期，更為抽象、理想化和富有邏輯。青少年已經不再像小學生一樣，思考不再受限於實際具體的經驗，並且能夠進行想像，思維上也變得更理想化。青少年往往拿自己和其他人跟理想標準作比較，並且會幻想自己未來的美好人生。在此同時，青少年的思考方式更像科學家，他們會先想出計畫去解決問題，並且有系統地測試解決的辦法。Piaget 給予這種合乎邏輯的問題解決方式一個標題：假設演繹的推理（hypothetical-deductive reasoning）。這個名詞代表青少年有能力去發展假設或是用第六感，找出解決問題的方法，如：一個代數的方程式或感情問題。這也表示他們能有系統地推斷，並總結出最好的方式去解決問題。青少年會採用推理的方式來解決問題，而兒童很可能會用一種反覆試驗、嘗試錯誤的方式來解決問題。

Piaget 對兒童行為的仔細觀察，開啟了一個看兒童智力是如何發展的新視野。他留給我們一連串重要的概念（Miller, 2011）：基模、同化、調整、認知階段、物體恆常性、自我中心與守恆。因為 Piaget 的理論，我們將兒童視為一個主動、積

形式運思期

Piaget 認知發展理論的第四階段，也是最後一個階段（大約在 11 至 15 歲的年紀），這時的思考變得更為抽象、理想化和富有邏輯。

極的思考者，能操控（部分）自己的發展。隨著研究方法的進步，我們發現孩子的認知能力比 Piaget 所提到的發展階段還要更高（Quimm, 2011）。以物體恆存的能力為例，現在發現 3 個月大的孩子就有這樣的能力（Baillargeon 等人，2011）。簡單來說，Piaget 的理論低估了兒童的認知能力，卻高估了青少年的認知能力。

除此之外，社會文化也會對認知發展有所影響。Vygotsky（1962）認為小孩所處的文化環境也會影響到他認知思考能力的發展。孩子透過與家長及老師的對話來造成認知能力的發展（Daniels, 2011），這也就說明了後天環境因素對於個體的認知功能影響。並且不同文化下所需的認知能力也有所不同，透過文化的影響，個體就會發展出適合該文化的認知功能。

Jean Piaget 是知名的瑞士發展心理學家，他改變了我們看待兒童心智發展的方式。他主要的貢獻是什麼？

3.2.4 兒童期的社會情緒發展

隨著年紀的增長，兒童的世界也逐漸擴大。他們開始拓展人際網絡，如：雙親、兄弟姐妹、同學和老師。如同俄國心理學家 Lev Vygotsky（1962）的觀點，認知發展的目標是學習所屬文化的重要技能。這一節將討論我們的社會情緒發展，也了解兒童如何被社會化（被文化所形塑）。

★ Erikson 的社會情緒發展理論

Erik Erikson（1902～1994）期在歐洲渡過。他在佛洛依德的指引下成為一位心理分析師，之後來到美國，在哈佛大學教書。他修訂了佛洛依德強調性心理（psychosexual）的發展概念，主張八大心理社會（psychosocial）階段才是發展重點（1968）。Erikson 終身致力於探討人類發展的歷程，並且透過《老年報告》與《生命完成式》等書來說明一生的發展歷程（圖 3.12）。

Erikson 理論的每個發展階段都有代表性的發展任務或危機（crisis），也是每個人在成長過程中會面對的議題。每一個階段也都標記著一個潛在的轉折點，讓個人邁向更大的能力發展。我們先看看兒童期的四個階段：

1. **信任 vs. 不信任：出生到約 1 歲半**，這時小嬰兒相當脆弱，需要依賴他人的照護。在這個時期，信任是很重要的課題。如果照顧者可以細心地滿足嬰兒的基本需求（如：舒適感、食物和溫暖），他就會信任主要照顧者。如果照顧者無法滿

Erik Erikson（圖中是 Erik Erikson 和他的藝術家妻子 Joan）。Erikson 創造出 20 世紀其中一個最重要的發展理論。Erikson 的理論說明了什麼關於社會情緒發展的歷程？

Erikson 的階段	發展期間	特徵
1. 信任 vs. 不信任	嬰兒期 （出生至1歲半）	信任感需要感覺到身體上的安適，以及對未來不感到害怕恐懼。嬰兒的基本需要，透過主要照顧者的細心回應獲得滿足。
2. 自主 vs. 羞愧與懷疑	嬰兒期 （1歲半至3歲）	從照顧者那裡獲得信任感之後，幼兒開始發現他們有自己的意願。他們堅持自己的自主性或獨立，了解自己的意願。如果幼兒受到過多的限制或太嚴厲的懲罰，很可能會發展羞愧感和自我懷疑。
3. 主動 vs. 罪惡感	兒童期早期 （學齡前，3至5歲）	當學齡前的兒童面對更寬廣的社會，他們會受到更多的挑戰，並且需要發展更有目的性的行為來應付這些挑戰。這個階段要求兒童承擔更多的責任。然而，如果孩子們出現不負責任的狀態時，可能會發展出過多的罪惡感。
4. 勤奮進取 vs. 自卑	兒童期中期與晚期 （國小，6歲至青春期）	當兒童進入小學時，他們將精力直接導向掌握知識與智力技能。這個階段的危機包括感到無能力和無用感。
5. 自我認同 vs. 角色混淆	青少年期 （10至20歲）	個人面臨到尋找自己是誰、究竟是什麼，以及未來人生將往哪裡去。一個重要的方面是探索不同的解決之道，找到自己的角色定位。生涯探索是很重要的。
6. 親密 vs. 孤獨	成年期早期 （20至40歲）	個人面臨的發展任務是與他人建立親密關係，這個時期我們會去找尋親密伴侶。
7. 慷慨 vs. 停滯	成年期中期 （40至60歲）	協助較年輕的一代發展並過著有用的生活。
8. 圓滿 vs. 絕望	成年期晚期 （60歲之後）	個人回顧和評估在其人生中做了什麼。追溯過往，可能會是正向的（圓滿）或是負向的（絕望）。

圖 3.12 Erikson 的八個社會情緒發展階段

足嬰兒的基本需求的話，結果就會是不信任。嬰兒時期建立的信任感是對未來人生有所期待的基礎，期待這個世界會是一個安全、舒適的地方。在信任與不信任的生活經驗中，在此時期的發展任務就是產生「希望」。

2. **自主 vs. 羞愧與懷疑：約從 1 歲半至 3 歲**。在這個階段，幼兒開始主動探索這個世界。在探索的過程中，不是發展出積極且有意義的獨立性和自主性，就是產生負面的羞愧感和自我懷疑。在找尋自主性時，他們很可能發展出很強的獨立感。在探索世界過程中，此時期的發展任務就是產生「意志」。

3. **主動 vs. 罪惡感：從 3 至 5 歲，學齡前**。在這個階段，兒童的社交圈更為寬廣。

他們會受到更多挑戰，並且需要發展更有目的性的行為來應付這些挑戰。當被要求需要承擔更多責任的時候，兒童能發展出主動性。當出現不負責任的狀態時，他們會發展出過多的罪惡感。但是 Erikson 相信，兒童是很有彈性的，成就感會很快地彌補大部分的內疚感。在面對新的社交活動中，此時期的個體主要在發展有「目標」的能力。

4. **勤奮進取 vs. 自卑：約 6 歲至青春期**。此時期的兒童進入國小，學習活動會是生活的重心。小孩會以學校生活為主與家長分享，家長也會花相當長的時間陪孩子寫作業。若在學校的學習狀況良好，這個孩子會呈現出勤奮進取；反之則會產生自卑。在學習的過程中，此時期主要培養個體的「能力」。

想想看，現在的你已經渡過兒童期了，你是否已經擁有了「希望」、「意志」、「目標」與「能力」呢？

★ 嬰兒時期的依附關係

動物行為學的創始人之一——歐洲動物學家 Konrad Lorenz（1903～1989）檢視了鵝的依附行為（1965）。他將同一隻鵝生下來的蛋分成兩組，一組蛋送還給鵝去孵化，而另一組則是由孵化器來孵化。第一組雛鵝的表現正如之前所預期；一旦被孵出來後，牠們會馬上跟隨著自己的母親。但是第二組的雛鵝出生後第一眼看到的是 Lorenz，於是牠們到處跟隨著 Lorenz，就像他是自己的母親一樣。

Lorenz 將雛鵝作了記號，之後將兩組雛鵝放在箱子底下。當箱子被拿起來的時候，鵝媽媽和「Lorenz 媽媽」就站在附近，每一組雛鵝都直接走向牠們的「媽媽」。Lorenz 稱為這個過程為**銘印（imprinting）**，即初生動物對於牠首次看到或聽到的移動物體形成依附的傾向。學者認為，這種銘印過程會有一個關鍵期，也就是最佳產生的時期。當鵝寶寶過了那個時期則無法產生這種現象。

在發展心理學的語彙中，**依附關係（attachment）**是指嬰兒和其照顧者之間的

> **銘印**
> 即一個初生動物對於牠首次看到或聽到的移動物體，形成依附的傾向。

> **依附關係**
> 人與人之間的情感連結。

Konrad Lorenz 是率先進行動物行為的研究者，他後面跟隨著三隻受印跡影響的雛鵝。Lorenz 形容印跡是在關鍵時間內的一個快速和本能的學習，會對首次見到的移動物體產生依附。對雛鵝而言，關鍵時間是出生後的 36 小時內。印跡的概念如何應用在人類發展上？

圖 3.13 和鐵絲與絨布代理媽媽的接觸時間

不管猴子寶寶是讓鐵絲媽媽或絨布媽媽餵食，牠們明顯地都較喜歡在接觸時間找絨布媽媽。

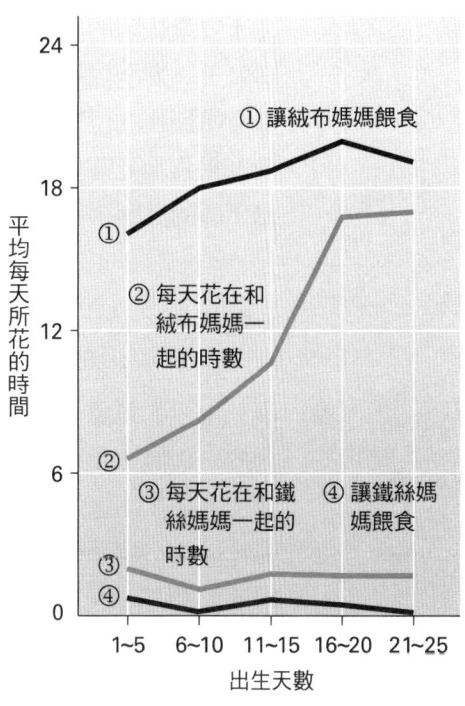

① 讓絨布媽媽餵食
② 每天花在和絨布媽媽一起的時數
③ 每天花在和鐵絲媽媽一起的時數
④ 讓鐵絲媽媽餵食

平均每天所花的時間

出生天數

安全依附
社會情緒發展很重要的一個部分，指嬰兒利用照顧者（通常是母親），作為探索環境的安全後盾。

情感連結。Harry Harlow（1958）在猴子寶寶一出生時，就把牠們與母親隔離，並且將牠們放置在有兩個人造「母親」的鐵籠中。其中一個母親是用鐵絲做成的，另一個則是用絨布。每個母親都裝置有一個餵食器。半數的猴子寶寶被鐵絲媽媽餵，而半數是被絨布媽媽餵食。即使鐵絲媽媽也提供牠牛奶，猴子寶寶還是依偎著絨布媽媽，並花極少的時間在鐵絲媽媽身上（圖 3.13）。這項研究清楚地顯示，當面對危險時，「舒適的接觸」（contact comfort）可提供小孩安全的感受。回想一下你的幼年經驗，你是否也曾經有過一隻給你安全感的絨毛玩具呢？

相對於雛鵝 36 小時的關鍵時期，人類嬰兒對於依附的「關鍵時期」似乎更長。依附行為的研究支持 John Bowlby 的看法（1969, 1989），認為嬰兒對於照顧者的依附行為，在約 6 至 7 個月時最強（Schaffer & Emerson, 1964）。也有一些發展心理學家認為剛出生的第 1 年，嬰兒對照顧者的依附行為會為以後的發展提供重要的基礎（Fearon 等人, 2010）。有些嬰兒會比其他嬰兒有更為正向的依附經驗（Levy, 1999）。Mary Ainsworth（1979）採用陌生人情境（strange situation）來看小孩與母親間的依附關係。在這個研究中，母親將孩子留在實驗室中，離去再返回，而 Ainsworth 則觀察母親返回後孩子的表現。她用**安全依附（secure attachment）**這個詞來說明小孩將母親作為探索環境的安全後盾。基本上，安全依附的嬰兒比

在 Hausa 文化中，手足和祖母常會給予嬰兒許多的照護。這樣的慣例如何影響依附關係？

起不安全依附的嬰兒,較可能有善於反應與接納和表達情感的母親(Waters 等人,1995)。安全依附的嬰兒會離開母親自由活動,但也會定期地看一下母親,持續地注意她所在的位置。安全依附的嬰兒對於被抱有正向的回應,並且在被放下後,會興高采烈地走開去玩耍。相反地,一個不安全依附的嬰兒會避開母親,或對她顯現出矛盾的反應。不安全依附的嬰兒會怕陌生人,並會對日常的感覺感到不悅。

★ 氣質

除了安全依附以外,嬰兒還有其他心理特性與生活適應有關。Kagan 等人強調,出生的**氣質**(temperament)對兒童的社交能力有更重要的影響。舉例來說,對於一個無法和同儕融洽相處的孩子,要追究的很可能是他對壓力的低忍受力,以至於造成生活適應問題。國內許靜予譯作《真本性的影響力》(The Temperamental Thread: How Genes, Culture, Time, and Luck Make Us Who We Are)正好整理了氣質研究大師 Kagan 的研究結果,並且說明這些氣質的特性與後續的影響。

> **氣質**
> 個人的行為風格和獨特的回應方式。

精神科醫師 Alexander Chess 和 Stella Thomas(1977)整理出三種兒童氣質的基本類型(表 3.1):

- **好養的小孩:** 通常有正向的情緒,很快就建立起嬰兒期的作息時間,並且對於新的經驗很輕易地就能適應。
- **難養的小孩:** 容易有負面情緒,且經常無故哭鬧,有不規律的日常作息,且接受新經驗的速度極為緩慢。
- **慢熱型的小孩:** 低活動力,有些負面反應,適應環境反應慢,以及表現低強度的情緒。

	活動程度	生活規律	人際接觸	適應性	反應強度	情緒狀態
好養型	多變化	規律	接近他人	佳	溫和	正向
難養型	多變化	不規則	遠離他人	慢	強烈	正負兼具
慢熱型	低	可變化	遠離他人	慢	中等	負面

表 3.1 三種類型孩子的氣質反應

有些學者採用向度的觀點來看孩子的天性:自我掌控力(self-regulation)、壓抑反應(inhibition)與負面情緒(negative affectivity)等三大向度(Sheese 等人,2009),這些情緒反應的天性與後來的人格狀態習習相關(Eveans & Rothbart, 2009)。找機會問一下你的父母親,看看你小時候是哪種小孩呢?

先前提到天性與培育的互相影響。我們的人格養成就是來自先天的氣質加上後天的雙親教養方式,兩種經驗交互影響而成。下一段將探討常見的教養方式,讓你

可以想想自己父母親的教育方式。

★ 教養方式

教養一直都是家長的課題。在傳統的文化下，父母認為「不打不成器」或是「小孩有耳沒嘴」，應該實行嚴格的打罵教育。但是，在近年來零體罰以及正向教育的推展下，目前對於教育孩子的態度已經加入了更多呵護和關懷。

Diana Baumrind（1971, 1991, 1993）認為有以下四種基本教養方式：

- **權威型的教養方式（authoritarian parenting）**：是一種限制性的、懲罰性的教養風格。家長會規勸子女要遵守父母的指示，並且重視努力與成就表現。權威型的父母嚴格地限制和控制孩子，極少有語言上的交流。例如，對於做事的方法有不同的看法時，權威型的家長可能會說：「你要照我的方式去做，不准頂嘴。」權威型的教養方式與兒童不適當的社會行為有關。權威型父母的小孩往往無法主動行動，缺乏溝通技巧，並且偏好拿自己與他人作比較。在集體主義的文化下，這是最常見的教養方式（Rudy& Grusec, 2006）。

- **民主型的教養方式（authoritative parenting）**：鼓勵孩子要獨立，但仍然會對他們的行為設下限制和控制，也允許口語上的往返應對。父母對孩子的態度是溫暖和呵護的。一個民主型的家長可能會摟著孩子，安慰地說：「你知道你不該這樣做；讓我們來談談，如果下次再遇到這樣的情況，你可以如何做更好的處理。」民主型父母的小孩，往往社交能力較佳並且責任心重。

- **忽略型的教養方式（neglectful parenting）**：父母幾乎不管孩子的生活。若問這種教養風格的父母：「現在已經晚上10點鐘了，知道你的小孩在哪裡嗎？」他們很可能會回答：「我很忙，沒時間管小孩。」然而，孩子有需要父母關心的強烈需求。忽略型父母的小孩可能感覺父母其他部分的生活（例如工作）比他來得重要。忽略型父母的小孩往往無社交能力，不能獨立處理事情，自我控制尤其不佳。

- **放縱型的教養方式（permissive parenting）**：父母會與小孩互動，但是對小孩的管教十分鬆散。這樣的家長讓孩子做任何他們想要做的事。面對孩子的行為，他們經常表示：「我尊重他的決定！」有些家長特意採用這種方式養育子女，因為他們相信溫暖參與加上極少限制的教養方式，可以培養出一個有創意、有信心的孩子。回到情緒發展，此時孩子最需要學習自我掌控與情緒管理（Vazsonyi & Huang, 2010），雖然孩子很有信心，但是，放縱型父母的小孩往往控制力差且獨立性低。

除了教養問題，親子關係中還有很多其他面向（Crouter 等人，1999；Lamb 等人，1999）。一個關鍵的問題是：教養風格是否只是家長單方面造成的？還是孩子與大人間的互動結果？多年來，親子間的互動被視為簡單、單向的教養事件。但是，父母與子女間的互動會交互影響。舉例來說，孩子的笑容通常會讓父母開始正

權威型的教養方式
一種限制性的、懲罰性的教養風格，家長會規勸子女要遵守父母的指示。

民主型的教養方式
鼓勵孩子要獨立，但仍然會對他們的行為設下限制和控制，並且特別會有很多口語上的往返應對，父母和孩子的互動是溫暖和呵護的。

忽略型的教養方式
父母幾乎不管孩子的生活。

放縱型的教養方式
父母給與孩子完全的自由，但是孩子容易變得控制力差。

向地回應；但是當孩子變得難搞、暴力時，父母很可能會懲罰他們。也就是說，父母的教養方式，也可能會受到兒童行為的影響。因為它是一種親子間互動的結果。想一想，搭配先前所提到的三種氣質小孩，若你是他們的父母，你會採取哪種教養方式來回應孩子呢？

有些人主張用正向的教養方式（positive parenting）來克服一些危機，像是離異、貧窮，和其他童年環境中的困境等。「情感教練型的家長」（emotion coaching parents）會密切注意孩子的情緒。他們認為當孩子有負面情緒的時候，是教導孩子有關情感的大好機會，並且還會指導有效的情緒管理（Katz, 1999）。

在研究中，當比較情感教練型的家長和「情感辭退型的家長」（emotion-dismissing parents）時，觀察到的現象是，前者較少拒絕他們的子女、會給予較多的稱讚，並且給予更多的呵護；反之，情緒辭退型的家長會採用忽略的方式來處理孩子的情緒與親子間的衝突（Gottman, Katz & Hooven, 1997）。在這個研究中，情感教練型家長的子女比情感辭退型家長的子女，更能有效地降低負面情緒的強度、集中注意力，並且有更少的行為問題。

正向教養方式的目的在於培育一個有道德感的孩子，他們能夠體貼別人、懂得區別是非，較少有違規行為。以下是正向教養的策略，也是有助於培育一位有道德感小孩的方法（Eisenberg & Murphy, 1995; Eisenberg & Valiente, 2002; Eisenberg 等人，2009）：

- 家長是溫暖和支持的，而不是懲罰的。
- 家長在管教時以講道理的方式讓孩子能夠理解。
- 家長提供孩子們機會，去了解別人的觀點和感受。
- 家長讓孩子們參與家庭的決策，以及思考有道德感的決定。
- 家長以身作則，示範道德的行為和思考，並提供子女機會去從事這樣的道德行為和思考。

兒童的發展不只受家庭環境的影響，也受到與同儕、鄰近環境、學校和社會等經驗的影響。尤其是貧困對兒童發展的影響，貧困發生在少數族群家庭的比例特別高，貧困會如何影響社會情緒的發展呢？

★ **更廣的社交圈**

家庭是兒童生長發展的第一個社會環境，但之後的其他社交環境（如：孩子的同儕關係、學校的影響，以及社區的品質）也很重要（Bronfenbrenner, 2000; Harkness & Super, 2002）。在臺灣不能忽略「貧窮」、「隔代教養」、「偏遠地區」等現實因素對孩子的影響，而我們也努力地改善這些問題，希望所有的孩子都有良好的成長環境。

動動腦

華人的教養態度

人格養成會受到天性與培育相互影響。在培育的歷程中，教養方式一直都是重要的課題。在不同的文化下所採用的教育方法也有所不同，如德國家庭教導孩子自律、日本家庭教導負責、美國家庭教導自信等。近年來，華人文化下的虎媽教育法更是激起一陣教養方式的討論。

成大徐畢卿教授（1999）率先修訂 Parker 所編訂的雙親教養態度量表（Parental Bonding Instrument, PBI），結果發現在國內的雙親教養態度可以包含關懷（caring）與保護（protect）兩大向度，也就是說，我們可以從關心與呵護這兩大行為來看教養態度。透過雙親如何表達對孩子的關心與呵護，我們可觀察他們是如何培育出不同的個體。在隨著國內跨國婚姻的增加，新移民的教養課題也漸漸被重視。徐教授等人（2013）更進一步深入探討新移民的教養方式，發現新移民的教養方式可以分成支持、限制與保護等三大向度。這也說明了，不同的文化脈絡所重視的核心教養方式也有所不同。

在教養策略上，徐教授等人（2013）以「汝之長，吾之轉」這樣的概念來說明新移民婦女的教養課題。首先，從為人母的生活適應來看，徐教授等人深入探討許多新移民婦女的生活適應問題，包含語言溝通、歧視眼光與婚姻穩定度等。這些問題深深地影響到她們的身心健康狀態，進而影響對於小孩教養的品質。在培育孩子的歷程上，產前檢查是一個重要的課題，有研究也顯示生活適應良好的婦女會更積極地進行產檢。在孕育子女上，母親一職非常重要。對於新移民婦女而言，培育孩子，讓他有更好的未來也代表自己對於未來的希望。透過母職角色的扮演，她們能重新找到生命的定位。由這樣的角度來看，過去會認為新移民婦女因為教育程度與文化差異的問題而被認為無法擔任母職角色，但從近期的研究可以發現，她們對於母職的投入比想像中的多。

雖然這些新移民婦女對於母職的投注值得被肯定，但在教養的方式上大多還是採取臺灣傳統的權威式教養。對於這樣的教養方式，她們也擔憂會影響到孩子的未來，特別是青春期的叛逆行為。所以未來我們需要投注更多教養相關的教育給予初為人母的新移民婦女。

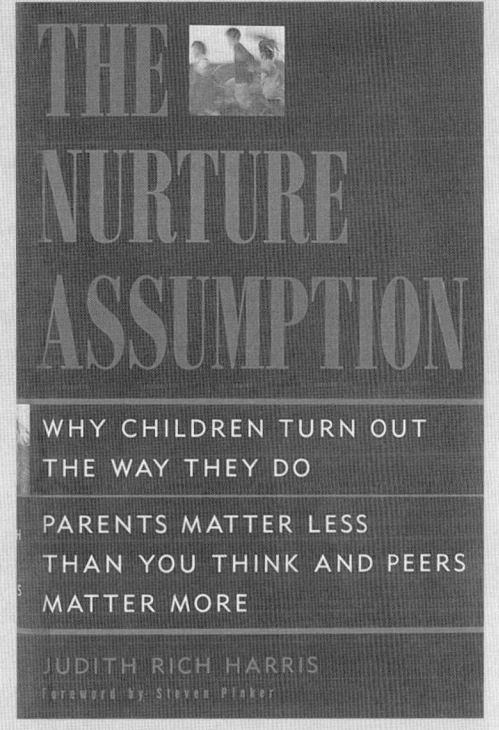

Judith Harris 備受爭議的書籍 The Nurture Assumption（1998）。此書認為兒童的發展受到同儕的影響更勝過父母的教養態度，你覺得呢？

> **想一想**
>
> 1. 教養方式會影響到你的人格養成嗎?
> 2. 你未來會用哪種教養方式來教育孩子?
> 3. 你覺得教養方式會因為社會環境不同而有所差異嗎?

|參考資料|
卓文惇、龍佛衛(1999)。〈雙親教養態度量表中文版之信效度研究〉。《護理研究》,7,479-489。
莊麗玉、陳靜嫻、徐畢卿(2013)。〈印尼籍新移民婦女教養量表信效度之檢定〉。《護理雜誌》,60,43-52。
莊麗玉、徐畢卿、黃瓊真(2013)。〈新移民婦女對子女之教養—汝之長,吾之轉〉。《護理雜誌》,60,92-98。

★ Kohlberg 的道德發展理論

在哈佛的熱門課程「正義——一場思辯之旅」中,提到許多道德決擇的困境,大家在面對道德的兩難議題時,每個人都會有不同的思考決策歷程,這其中就涉及了個人的道德發展與社會化的程度。隨著年齡增長,道德發展包含人們對於應該實行什麼原則和價值觀,所進行的思考、情緒和行為的改變。道德發展有內在層面(一個人的基本價值觀和自我觀念)及人際層面(什麼是人們在與其他人互動時應該做的;Nucci, 2001; Turiel, 1983; Walker & Pitts, 1998)。心理學家在研究道德推理與思考時,常以 Lawrence Kohlberg 的道德發展理論為基礎。Kohlberg(1958)的道德思考研究,從編造 11 個故事,並且訪問兒童、青少年和成年人與故事有關的問題開始。其中一個故事(歐洲版)內容是這樣的:

一名婦女罹患了一種特殊的癌症,正瀕臨死亡。醫生認為有一種藥可能可以救她一命。那是一種鐳,是鎮上的製藥師最近發現的。這個藥的製作成本原本就很高,但是製藥師要以高於實際製作成本 10 倍的價錢賣出。製藥師花了 200 元買原料,而小小劑量的藥就要賣到 2,000 元。病危婦女的丈夫 Heinz 跟所有認識的人借錢,但也只能籌到 1,000 元。他告訴製藥師說他太太快要死了,請求製藥師把價錢壓低,或是讓他賒帳。但是製藥師說:「不行,我發明這種藥,就是要利用它好好地大賺一筆。」絕望之下,Heinz 闖進製藥師的店裡,偷出一些藥來救治太太(Kohlberg, 1969)。

讀了這個故事之後,你覺得 Heinz 是否應該偷取藥物?為什麼?Kohlberg 根據人們對於這些問題的回答與其他道德標準,來建構他的理論。Kohlberg(1986)

提出了道德發展的三個層次,每個層次各有兩個階段(圖3.14):

1. **道德成規前期**:主要基於來自外在環境的懲罰(第一階段)或獎賞(第二階段)。關於 Heinz 的故事,在第一階段的人們可能會說 Heinz 不應該偷取藥物,因為他可能會被捉到,並且被送去坐牢。在第二階段的人們可能會說,他不應該偷取藥物,因為製藥師需要用藥物來賺錢。

2. **道德循規期**:人們遵守規定,不論是從父母那裡學來的(第三階段)或是社會的法規(第四階段)。在第三階段的人們可能會說,Heinz 應該要為他的妻子偷取藥物,因為在人們的預期中,這是一位好丈夫會做的事。在第四階段的人們可能會說,Heinz 會想要救他的妻子是天經地義,但是依照法律的規定,偷竊仍舊是不對的行為。

3. **道德自律期**:人們可以辨別出道德議題的其他選擇,去探索不同的可能性,然後發展出一套個人的道德規範。這個規範反映出一般社會可以接受的法則(第五階段),或是反映出它可以被所有人類接受的、更抽象的法則(第六階段)。在第五階段的人們可能會說,法律並不是為這些狀況而設立的,所以 Heinz 可以去偷取藥物。雖然偷竊是不正確的行為,但是 Heinz 的行為可以被接受。在第六階段的人們評估其他的可能性後,認為 Heinz 妻子的生命比法律更重要。

Lawrence Kohlberg 創造了一個具挑戰性的道德發展理論。依他的觀點,「道德發展包含了一系列在人們思考方式上的質地變化。」為什麼他的理論是具挑戰性的?

Kohlberg 相信這些層次和階段的發展有其先後順序,並且和年齡有關。一些發現證明 Kohlberg 理論階段是有順序的,雖然只有少數的人會達到第六階段(Colby 等人,1983)。兒童往往處於第一和第二階段,不過小學高年級生有可能會達到第三階段。大部分的青少年處於第三或第四階段。Kohlberg 認為,更進階的道德發展

層次1 道德成規前期	層次2 道德循規期	層次3 道德自律期
第一階段 孩童聽話,是因為大人們告訴他們要聽話。人們因為害怕被懲罰,而做出有關道德的決定。	**第三階段** 人們重視對他人的信任、關懷、和忠誠。這些是他們做道德判斷的依據。	**第五階段** 人們突破法律的僵化,依人性化的一面,去思考價值觀、權利和法則。
第二階段 人們追求他們自己感興趣的,並且要其他人也一樣。所謂正確,是包含了公平交換。	**第四階段** 道德評斷是依據了解以及社交上的優先順序法律、公正和責任義務。	**第六階段** 人們發展的道德評斷是依據全盤性的人類權利。當面臨一個法律與良心的兩面抉擇時,人們聽從自己的良知。

圖 3.14 Kohlberg 道德發展的三個層次
每個發展層次都各有兩個階段。

第 3 章 發展心理學

階段是因為思想的成熟、有機會嘗試不同的角色，以及有機會與思考處於較高一層次的人討論道德議題。

Kohlberg 的理論著重在理性推理（或稱正義觀點），而非人性的關懷。Carol Gilligan（1982）修正 Kohlberg 理論的觀點，從女性與人際關係的角度出發，強調以人性關懷角度看道德發展，將道德發展階段分成為了個人生存、個人犧牲以及追求平等三大階段。不同文化的正義觀點與人性關懷有所不同（Gibbs, 2010），例如以個體主義為主的西方文化，就會重視個人的正義觀點，Kohlberg 的理論正好吻合這樣的文化脈絡；反之，重視集體主義文化的我們（東方社會），所重視的是人際間的關係與人性關懷，Gilligan 的理論就會比較貼近我們的想法。

另外，Kohlberg 主要探討個體如何思考道德議題（Walker & Frimer, 2011），而不是直接探討道德行為。最近的研究開始探討利社會行為（prosocial behavior），及一些利於他人的行為反應（Eisenberg, 2010）。例如：探討孩子每天善待他人的活動（Carlo, 2006）。研究發現，小孩學習與使用利社會行為會增加自我掌控能力（Eisenberg, 2010）。另外，家長如何與小孩溝通對錯問題，也是影響孩子道德發展的一個重要因素。透過家長清楚的說明與正確的情緒表達（其中包含正向的情緒），可以增加孩子對於對錯的理解能力（Laible & Thompson, 2007）。長遠來看，一個善待他人的小孩，長大後會是一個善待他人的大人（Eisenberg 等人，2006）。以下說明養育有道德觀孩子的基本原則（Eisenberg 等人，2009）：

- 採用溫暖與支持的態度對待孩子的行為。
- 當處罰時，要讓孩子清楚知道自己錯在哪裡。
- 讓孩子有機會學習去了解大人的想法與心情。
- 邀請孩子一起做決定。
- 示範良善的行為。

基本上，言教不如身教，帶著孩子一起做一些善事，孩子的道德發展自然就會更良善。成年期的你，也試著多做一些善待他人的好事，讓自己變成更良善的好公民。

3.2.5 正向心理學和兒童發展

有些孩子儘管面對艱辛的處境，將來還是可以成為很有能力的成年人。為何有的人會因為遭受貧困、種族問題或父母離異，而終生深陷於不幸之中，但有的人卻能突破以上這些障礙，在商業、社會或家庭生活上獲得成功？

Carol Gilligan 認為，Kohlberg 對道德發展的觀點不夠注意到關係問題。依 Gilligan 的觀點，「許多女孩子似乎最害怕孤單——沒有朋友、家人和人際關係。」對關係的更大關注，會如何影響道德選擇的抉擇？

有復原力的兒童（resilient children）可突顯出能力和適應力。研究者發現，有復原力的兒童不只有一項優勢，能幫助他們克服不利的處境（Masten, 2001; Masten & Coatsworth, 1998）。這些優勢包括個人因素（如：良好的智能）、家庭因素（如：與至少一名家長有很親近、關懷的關係），還有其他的因素（如：有經濟的支持、家庭以外有稱職的長輩；圖3.15）。

在《培養快樂而強韌的孩子》（Raising Happiness：10 Simple Steps for More Joyful Kids and Happier Parents）一書中，作者 Christine Carter 提到了快樂教養的十大步驟：

1. 先讓自己快樂。
2. 蓋個屬於孩子的自由村落。
3. 期望孩子樂在其中。
4. 選擇感激、寬恕、樂觀。
5. 提升孩子的情緒智力。
6. 養成快樂的習慣。
7. 教小孩管好自己。
8. 享受當下。
9. 給孩子能獲致快樂的成長環境。
10. 共進晚餐。

復原力的因素	有利的特徵
個人	智能佳 有魅力的、善於社交的、隨和的性格 自我肯定、高自我價值 才能 信念
家庭	與有愛心的家長有親密的關係 民主型的教養風格：溫暖、有組織結構、期待高 社會經濟的優勢 與支持的家庭網絡間的聯繫
更寬廣的外在世界	和家庭外有生產力和正向的成人緊密關聯 與正向和支持的機構有聯繫 就讀於好的學校

圖3.15 有彈性的兒童其特徵和他們的背景
彈性／復原力幫助兒童度過困境和逆境。

孩子在被愛中學習去愛。

想一想

1. 根據 Piaget 的理論，認知發展可以分成哪幾個階段？
2. 你現在的道德發展在哪個時期？
3. 根據 Erikson 的發展理論，你目前應該要發展哪種社會能力？
4. 輕鬆一下，上 youtube 搜尋 Harry Harlow 的實驗影片（monkey, love and 20th century in a nutshell）或輸入網址 http://youtu.be/s0UyThOc4OY

3.3 青少年期

青少年期是發育階段中，從兒童進入到成年的過渡期。它大約開始於 10 至 12 歲，結束於 18 至 21 歲。青少年有許多次文化，並非是同質性的團體（Diamond & Savin-William, 2009; Galambos Berenbaum & McHale, 2009）。也就是說，在探索青少年期時，在不同的文化脈絡與學習環境中，每個青少年的發展狀態都有所差異。你可以跟其他同學比較一下，你們的中學生活是否有些差異呢？

3.3.1 青少年期的身體發展

青少年期重要的身體變化發生在**青春期（puberty）**，一個身體骨骼和性徵迅速成熟的時期，主要是發生在青少年期早期。一般來說，我們知道一個人什麼時候正處於青春期，但是我們很難指出青春期是從什麼時候開始和什麼時候結束。女孩以月經初潮（女孩的第一次月經週期，平均約在 12 歲半時發生）為標記；對於男孩，以最早出現的小鬍子或首次的夢遺為標記。

此外，身高和體重的急遽增加，也象徵了青春期的變化。這個快速成長潮出現在女孩的時間，約比男孩早 2 年（圖 3.16）。荷爾蒙的變化是青少年期發展的核心（Susman & Dorn, 2009）。**雄激素（androgen）**是男性發育的主要荷爾蒙，它會催化男性第二性徵的產生，並且會拉高身高與變聲；**雌激素（estrogen）**是女性發育的主要荷爾蒙，它會催化女性性徵的產生。由於這些荷爾蒙的運作，也會讓青少年容易產生一些情緒上的變化（Grader, 2007）。在青春期，除了荷爾蒙的影響以外，許多社會因素（如：壓力、得到很差的成績、感情問題等）也會影響到青少年的情緒波動（Brooks-Gunn & Warren, 1989）。在發育的過程中，發育較快的男孩會有比較高的自信心與正向情緒（Graber, Brooks-Gunn & Warren, 2006），這也突顯出身高抽高的青少年會比較矮的同齡男孩自信心較高。而女孩則是相反的現象，較早出現第二性徵的女孩反而會比較容易自卑（Engels, 2009）。

在大腦的發展中，青春期發展最重要的就是主管情緒的杏仁核與主管理性思考的前額葉皮質區的發成熟。由於杏仁核發展得比前額葉皮質區早，這樣的發展落差，讓青少年有較高的情緒覺察度，而缺乏理性的判斷力，讓青少年容易被情緒牽著走，產生衝動行為（Steinberg, 2009）。由於杏仁核在此時最活化，所以青少年會有較多情緒風暴的產生；但

青春期
一個身體骨骼和性徵迅速成熟的時期，主要是發生在青少年期早期。

雄激素
是男性發育的主要荷爾蒙，它會催化男性第二性徵的產生，並且會拉高身高與變聲。

雌激素
是女性發育的主要荷爾蒙，它會催化女性性徵的產生。

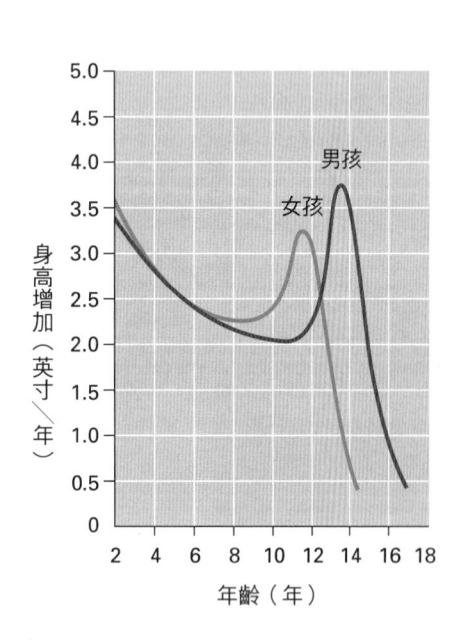

圖 3.16 青春期的快速成長
平均而言，青春期快速成長的開始和達到頂峰的時刻，女孩比男孩早大概 2 年的時間。

也因為後來前額葉皮質區的發育，讓青少年開始更有能力學習理性思考與抑制不當的情緒反應。由於大腦發展與生活經驗息息相關，研究發現若是青少年學習拒絕同儕的影響，他們就有更多的機會來發展理性的前額葉皮質區（Paus 等人，2008）。簡單來說，青春期的大腦正是理性與感性共處的時光，也是學習如何掌握情緒與思考能力的機會（圖3.17）。透過本書回家作業的練習，讓你可以安度內在的情緒風暴且發展出一個理性又快樂的大腦。

前額葉皮質區——處理高層次的認知功能，如決策與推理

杏仁核——處理情緒訊息

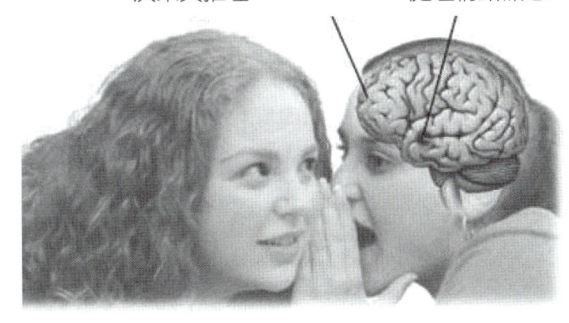

圖 3.17 青少年的大腦發展
在青少年時期，杏仁核處理情緒訊息，發展上比處理推理的前額葉皮質區還成熟。所以青少年會先學習經驗到情緒，然後再學習如何理性地思考問題。

3.3.2 青少年期的認知發展

由於青少年的前額葉皮質區快速活化，因此會經歷一些顯著的認知變化，其中一個是進展到 Piaget 認知發展中的第四階段，也是最成熟的階段——形式運思期（Kuhn, 2011），此時大約是在 11 至 15 歲。它的特點是抽象的、理想化和邏輯思維。具體運思期的思考者需要看到具體的要素 A、B 和 C，才能作出合乎邏輯的推理。例如，如果 A＝B＝C，則 A＝C；但是形式運思的思考者可以只透過口語的呈現，就能解決這個問題。另一個可以顯現青少年抽象思考的跡象，是漸漸能思考他們的想法。一位青少年會說：「我開始思考，我在想我是誰。然後，我又開始思考，為什麼我當時是在想我是誰。」形式運思期的思路充滿了理想主義和可能性。兒童們常會用具體的方式思考，或是思考什麼是真實的和有限的。青少年開始作延展的思考，包括什麼樣的特質是他們渴望自己和他人擁有的。在尋找理想當中，青少年的思想可能充滿幻想、引著他們飛向可能的未來。並非所有的青少年都會進入形式運思的思考，尤其是在假設－演繹推理方面（Flavell, Miller & Miller, 2001），一些青少年和成年人會停留在具體運思期。其他人有些時候也負荷不了理想化的思維，無法做合乎邏輯的推理。

青少年認知發展很重要的另一個部分，特別是在青少年期早期，是青少年思想的自我中心。青少年的自我中心主義（adolescent egocentrism）有兩大特性：（1）想像的觀眾，是指青少年會比實際狀況更認為別人正在注意和觀看他們。回想一下，當你國中的時候，是否會感覺每個人都在注意你臉上的一顆小痘痘？（2）個人神話，會認為自己的經驗是獨一無二的。最近有研究發現，青少年認為自己與眾不同，並且高估了未來即將死亡的可能性（Fischhhoff 等人，2010）。想一想，當你在青春期時，是否會覺得父母親或別人不能真正地了解你呢？由於這樣的自我中心主義，也讓別人覺得青少年是一群難以接近的族群。

3.3.3 青少年期的社會情緒發展

青少年期所增加的抽象思考能力和理想化的自我概念，會成為探索自我認同的基礎。許多社會情緒發展的部分，例如，學校生活、打工經驗、與家長的關係、同儕互動與愛情等，則有助於青少年的自我認同發展（Santrock, 2003）。前面提過的 Erik Erikson 的社會情緒發展理論認為，人的一生會經歷八個社會心理的發展階段，其中青少年期正是形成自我概念的時機，這讓我們更了解青少年期的內在心理世界。Erikson（1968）認為在第五階段，青少年要釐清他們是誰，尋找自己在社會上的定位。在此階段，青少年最重要的就是發展「忠誠」這樣的能力，忠於自己以及忠於所屬的團體。

5. 自我認同 vs. 角色混淆：青少年期。在尋找自我認同的過程中，青少年面對種種的挑戰，包括尋找自己是誰、是怎麼一回事，以及人生的走向。青少年面臨許多新的角色和成人的身分地位──從職業到愛情關係等。如果青少年沒有在這一階段充分地發展自我概念，他們會對於自己是誰產生混淆。Erikson 所謂的角色混淆主要體現在兩種方式：個人從同儕與家庭中退縮與孤立，或是在人群中迷失自己。

James Marcia（1980）從 Erikson 的心理社會發展理論出發，提出認同狀態（identity status）來說明青少年在發展角色認同中的狀態位置。根據此理論認為自我認同的有兩個重要的面向：探索（exploration）是指個體對職業和個人價值觀，做各種可能性的了解；承諾（commitment）對自己的未來作出決定，也就是自己未來的生涯定位。探索和承諾的組合，形成了下列四個認同狀態（圖 3.18）：

- **認同散亂**：個體尚未探索其他有意義的選擇，也無法作出承諾。許多青少年有散亂的認同狀態。他們還沒有開始探索不同的職業選擇和個人的價值觀，呈現出不知道自己是誰與未來該何去何從的迷惘。以大學生活為例，許多大學生不知道自己為何要讀大學，所以進了學校以後只求考試通過。
- **認同盲目**：個體在尚未充分探索一個自我認同之前，即對自己的未來產生承諾。以大學生活為例，這類的學生大多都選擇未來前景看好的科系，但不知道自己是否有興趣。最常見的就是醫學院的學生。他們會說讀醫學院是父母的期望，而不是自己的選擇。
- **認同延長決定**：個體正在尋求其他可能的途徑，但是尚未作出承諾。許多大學生對於主要職業生涯，都處在延長決定的狀態。他們選擇了自己想讀的科系，但覺得自己沒有動力讀書。
- **認同達成**：個體已探索許多未來的可能性，從中發現自己的定位且承諾投注心力在其中。以大學生為例，許多學生已經選擇了自己有興趣的科目，並且會投注心力在那些科目上。

Erikson 認為，家長應該讓青少年探索許多不同的角色及路徑，而不是勉強他們

圖 3.18 認同狀態
Marcia（1980）依據個體對職業和個人價值觀的探索和承諾，為個人的認同發展做分類。

自我認同二面相	認同狀態			
	認同散亂	認同盲目	認同延長決定	認同達成
探索	未完成	未完成	已完成	已完成
承諾	未完成	已完成	未完成	已完成

接受一種角色認同。由於青少年正處於探索自我的時期（Brown & Dietz, 2009），根據楊國樞先生有關華人自我的四元論，包含自我、人際、家庭與社會等四大層面，所以青少年的同儕（人際層面）與家長（家庭層面），甚至是學校（社會層面），都與他的自我探索息息相關。陳坤虎（2007）發現，臺灣的青少年會有個人、社會與形象認同三大面向，並且發現認同的確認性、重要性以及落差與身心健康密不可分。這也突顯出臺灣青少年在探索自我的過程中是一個多向度且複雜的歷程。在此時，一個穩定且關懷的成人關係可以陪伴青少年度過這個自我的探索期，找到屬於自我的定位。

3.3.4 正向心理學和青少年

提到青少年，大多都會認為充滿叛逆。事實上，青少年期是一個抉擇的時期，這時的個體在為自己找到定位（Santrock, 2003）。青少年的能力發展往往取決於他們是否擁有成長的機會，例如，優質的教育、社區和社會對成就和參與的支持。對青少年發展特別重要的是，有長期支持與深深關懷他們的成年人（Larson, Brown & Thortimer, 2003）。

從 Daniel Offer 等人（1988）所提出的研究證據顯示，絕大部分青少年的發展比一般人普遍認知的更為正向積極。他們研究世界各地青少年的自我形象，包括美國、澳洲、孟加拉、匈牙利、以色列、義大利、日本、臺灣、土耳其和西德。這些青少年中，約四分之三的人有健康的自我形象。大多數的人很快樂、享受人生，並相信自己有能力去有效地應付壓力，他們給予學校和工作高度的評價。

但是另外四分之一沒有正面自我形象的青少年呢？可以採取何種措施幫助他們度過青春期呢？Reed Larson（2000）認為，青少年需要有更多的機會去發展他們主動的能力。他界定主動的能力為具有自我動機和努力達成充滿挑戰性的目標。由於臺灣是升學主義掛帥，造成青少年缺乏多元性的發展，也造成青少年對於當下生活的無趣感。參與活動可以增加青少年的正向心理特質，例如，養老院的志願服務、醫療院所的志願服務等等。

想一想

1. 青春期主要的生理、心理與社會的變化為何？
2. 你的自我認同目前處於哪種狀態？
3. 學習環境是否會影響到一個青少年的認同發展呢？

復原力
個體能夠從困境中走出來的能力。

幸福人生

強化你的復原力

人生是一個不斷克服難關的過程，心理學家 Caroly Aldwin 認為，壓力與因應在成長中扮演著相當重要的角色（Aldwin, 2007）。在面對生活困境的過程中，隨著正向心理學的發展，國內許多學者也在探討人們如何面對困境。我們可以採用 Piaget 的同化與調節兩種認知發展模式來思考因應困境的策略。同化就是用現有的認知架構來處理面臨的生活經驗，透過同化的過程，可以讓我們感受到生活的經驗與自己一致的感受，並且從中找到意義感（King & Hicks, 2007）。當生活經驗與我們的內在思考架構產生衝突時，我們就可以採用調節的策略，讓自己產生一些彈性來因應環境的變化。透過這樣同化與調節的過程，我們會發現生活中許多美好的經驗，以及修正自己以適應環境的變遷。即使是面對生病或者是失落等負面生活經驗，我們可以透過調適的認知歷程讓自己更加成熟（Davis 等人，2007）。

有許多正向心理特質與因應困境有關，其中，復原力（resilience）倍受矚目。復原力是個體能夠從困境中走出的能力，也就是在困境中成長的正向能力（Vetter 等人，2010）。基本上，復原力能使個體成功適應與勝任工作。具有高度復原力的人，即使在高度壓力或挫折情境中，仍能運用內外在資源以化解其困境，朝向正向的發展。這也顯現復原力在現代高壓力生活的重要性。

黎士鳴（2013）在《放下執著》一書中，整理出強化心理與社會復原力的策略。加強心理復原力的主要方法就是想一想：「下次遇到同樣的困境時，我會如何做？」而加強社會復原力就是回想在困境中要感謝的人。透過這兩種方式的思考訓練，就可以增加你在困境中的復原力，讓自己更能夠面對未來。

詹雨臻（2009）等人研究了臺灣青少年的復原力，發現主要有「問題解決與認知成熟」、「希望與樂觀」、「同理心與人際互動」以及「情緒調節」等成分。也就是對於青少年而言，如何發展問題解決的能力、保持樂觀的態度、學習良好的人際互動技巧以及學習情緒管理能力，都有助於度過青春期。

以下有個簡單的問卷讓你作自我檢測，看看你是否有良好的復原力：

	全不符合 [0]	不太符合 [1]	有點符合 [2]	大都符合 [3]	完全符合 [4]
1 我能有計畫地逐步解決問題	□	□	□	□	□
2 我做事很積極	□	□	□	□	□
3 我能從錯誤當中學習與成長	□	□	□	□	□
4 我是一個樂觀的人	□	□	□	□	□
5 我能使自己快樂	□	□	□	□	□
6 我能很快地把不愉快的事情忘記	□	□	□	□	□
7 我能尊重別人	□	□	□	□	□
8 我時常會關心他人	□	□	□	□	□
9 我能夠了解他人的感受	□	□	□	□	□
10 當別人惹我生氣時，我能控制自己的情緒	□	□	□	□	□
11 我可以很快地平穩我的情緒	□	□	□	□	□
12 我可以有效地處理我的負面情緒	□	□	□	□	□

（分數越高表示復原力越好，此問卷僅供參考用，若要更清楚地了解自己的狀態，可去學生輔導中心請老師幫你評估。）

|參考資料|
詹雨臻、葉玉珠、彭月茵、華碧玲（2009）。〈青少年復原力量表之發展〉。《測驗學刊》，56，491-518。
黎士鳴（2013）。《放下執著：成癮心理學理論與應用》。麗文文化出版社。

3.4 成年發展和老化

在臺南，「做十六歲」是青少年轉變為成年人的一個禮俗。在早期的府城，只要過了十六歲就代表是成人了，工作可以領成年人的工資，當然也要承擔成年人的責任。從心理學的角度來看，Jeffrey Arnett（2006, 2010）發現少年進入成年會有以下五大特性：

- **認同確認**：個體會開始確認自我認同，特別是愛情與工作這兩大領域。
- **不定性**：此時是一個過渡時期，個體會在工作、感情與學業上變得有點不定性。
- **聚焦自我**：此時會特別專注自我狀態與自主權。

- **過渡感受**：大多的人會有一種轉大人的過渡感受。
- **多元探索**：在此時會想要探索自我的各種可能性，會嘗試各種不同的活動與生命體驗，如：打工、參加社團等等。

當你轉大人後，你的生命週期就會進入以下三個階段：成年期早期（20 至 40 歲）、成年期中期（俗稱中年）（40 至 60 歲），以及成年期晚期（俗稱老年）（60 歲直至死亡）。每個階段都有一些特別的身體、認知和社會情緒的改變。

3.4.1 成年期的身體發展

在 20 多歲的**青年期**，大多數人在此時達到身體發育的高峰，並且也是身體最健康的時候。對運動員而言，不僅是有奧運水準的運動員，包括一般的運動員，也都在 20 多歲時達到表現的高峰，特別是在力量和速度方面的活動，如：舉重、百米短跑（Schultz & Curnow, 1988）。主要例外是游泳和女子體操運動員，他們通常是在青少年期達到高峰。馬拉松運動員則傾向於在 30 多歲的晚期達到表現的頂峰。不幸的是，成年期早期也是許多技巧開始減弱的時候。從 30 歲左右開始，力量和速度往往明顯減弱。也許是因為年輕人正值身體健康的高峰期，大家很少會注意在成年期早期的不良生活習慣，如：抽煙、飲酒與油炸的飲食。儘管香菸包裝外都有警語告誡危害健康，但人們進入成年期早期後，不僅增加了抽菸的比例（Johnston, Bachman & O'Malley, 1989），並且還會使用酒精、大麻、安非他命、K 他命和搖頭丸等藥物。這些物質可以暫時性地帶來快樂，但對身體會有長期的傷害。

到了 40 多歲或 50 多歲的**中年**時，因為皮下組織脂肪和膠原蛋白的流失，皮膚開始生出皺紋和凹陷。人們在中年時，身高開始變矮，體重逐漸增加。成年人從 40 歲開始，每 10 年會失去約一公分多的身高（Memmler 等人，1995）。青少年期的體脂肪一般占體重的 10% 左右，但在中年時會增加至占 20% 以上。對女性而言，進入中年意味著更年期即將到來。女性最後一次月經來潮的平均年齡約為 52 歲，但 10% 的女性在 40 歲以前即經歷了更年期。有些更年期婦女會經驗到不舒服的症狀，如潮熱（皮膚突然脹紅，以及感覺到體溫提升）、噁心、疲勞和快速的心跳等。有些更年期婦女會抑鬱和煩躁不安。不過，這些感覺可能與中年婦女生活中的其他狀況有關，如：離婚、失業，或照顧生病的父母（Dickson, 1990）。研究顯示，對大部分的婦女而言，停經並不會造成心理或身體上的問題（McKinlay & McKinlay, 1984）。同樣地，男人在 50 多歲或 60 多歲時與性有關的荷爾蒙也會

隨著年紀的改變，人們會出現哪些身體的變化？

下降,但通常不會急遽減少,不像女性停經時雌激素減少地那樣急促(Crooks & Bauer, 2002)。也許是因為老化跡象太明顯,在 40 多歲時,我們會開始更加注意健康。在這個年紀時,最常見的三大健康問題是心臟病、癌症和肥胖。與吸菸有關的癌症,也常在中年時期出現。

在**老年**時期,身體的變化更加明顯,包括容貌的改變,如:皺紋及老人斑等。中年時的體重大多會增加,但 60 歲之後,因為肌肉減少,體重反而會減輕。在老年期血壓往往會升高,但這可以藉由運動或藥物來治療。正常的老化包括骨骼中組織的減損,而過度減損會導致骨質疏鬆(Whitbourne, 2000)。超過 60 歲的女性中,有將近三分之二的人在某種程度上受到骨質疏鬆的影響。雌激素的替代療法可以減少婦女的骨質流失,重量訓練也有幫助(Nelson 等人,1994)。研究者研究關於有效的運動能如何延緩衰老進程,並且幫助老年人的社會運作(Burke 等人,2001)。

幾十年來,科學家們相信,過了兒童期早期之後,新的腦細胞不會生成。然而研究者最近發現,成年人在其一生中,都可以長出新的腦細胞(Eisch 等人,2008; Gould 等人,1999),特別是在海馬回上的增生(Arenkiel, 2010)。在一項研究中,樹突(dendrite,神經細胞的分支,接受訊息的部分)的成長可以一直持續到 70 多歲,但目前還沒有在 90 多歲的人身上發現長出新的樹突(Coleman, 1986)。阿茲海默症(Alzheimer's disease)是一種漸進的、不可逆轉的腦部疾病,其特徵是記憶、推理、語言能力和最後身體功能逐漸惡化。電影《明日的記憶》正突顯出目前我們對於這個疾病的悲觀。圖 3.19 呈現正常老化的大腦和阿茲海默症患者的大腦,兩者之間驚人的差異。阿茲海默症最主要的特徵包括愈來愈多的纏結(tangles,蛋白質的綁束,阻礙神經元的功能)和斑塊(plaques,存聚、積聚在大腦血管

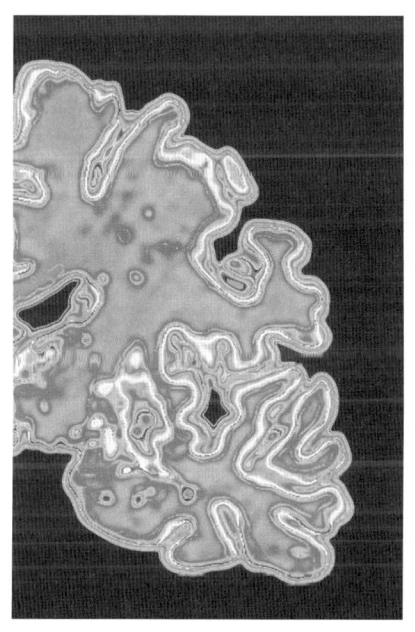

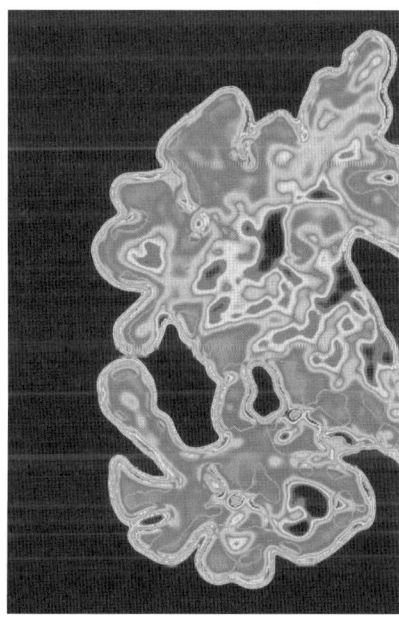

圖 3.19 兩個大腦:正常老化和阿茲海默症

左圖是正常老化的大腦薄片,右圖是被阿茲海默症破壞的大腦薄片。注意到生病大腦的退化和縮小。

裡）。纏結和斑塊的形成雖是老化的正常現象，但在阿茲海默症卻是格外明顯。

事實上，即便在成年期晚期，大腦仍有顯著的修復能力。Stanley Rapaport（1994）是美國國家高齡研究院神經科學實驗室的主任。他在進行年輕人和老年人大腦從事相同任務的比較研究時，發現老年人的大腦會自己「重新整裝」來彌補損失。如果一個神經元沒有發揮作用，其周邊的神經元也會幫忙補上。研究總結顯示，隨著大腦老化，執行特定任務的責任，可以從一個地區移轉到另一個地區。目前有許多研究來深入探討藥物、壓力與運動等因素對於成人神經增生與損壞的影響（GilMohapel 等人，2010）。在明尼蘇達州 Mankato 地區的修道院，進行了一項針對將近 700 名修女的重要老年研究（Snowden, 1995, 1997, 2001）。這些修女是世界上最大的腦部捐贈群。透過檢查捐贈的修女以及其他人的腦部，神經科學家記錄了老化的大腦在成長和改變上的非凡能力。他們很驚奇地發現，修女們幾乎沒有出現任何阿茲海默症的跡象。進一步的調查顯示，即使是 Mankato 年紀最大的修女，也持續使用她的大腦來過生活。由此研究，神經科學家相信，心智活動的刺激可以增加樹突的分歧。事實上，研究者的發現支持了「使用它或者失去它」的概念：老年人參與具有挑戰性的智力活動，對他們的認知能力會有極大的助益（Schaie & Willis, 2001）。

一項針對明尼蘇達州 Mankato 地區一群修女進行的大腦研究顯示，老化並不會造成認知功能嚴重損失。90 歲的讀經班成員 Rosella Kreuzer 修女，在修女團體中仍是保持活躍和貢獻的一員。Rosella 修女還設計了一個讀經的標誌「你可以讓生活達到圓滿」。（小圖）一位腦神經專家托著一名讀經班成員捐贈的大腦。我們可以從 Mankato 地區修女們身上獲得什麼有用的教訓？

3.4.2 成年期的認知發展

根據 Piaget 的認知發展理論，成年期的認知思考能力是青少年期的形式運思期的延申，只是成年人比青少年的思考能力更加務實且更具有邏輯性（Labouvie-Vief, 1986）。那我們的認知功能何時開始退化呢？最近流行一個名詞稱為「初老」，指個體開始發現自己記憶力與體力大不如前。那從發展的角度來看，我們的思考能力何時到達高峰，又何時開始消退呢？智力是否跟體力一樣，在青年進入高峰然後逐漸地退化（Kitchener, King & DeLuca, 2006）。根據年齡，成年期可以粗略地區分成青年期（20 至 40 歲）、中年期（40 至 60 歲）、老年期（60 歲以上），而我們的認知能力會隨著年齡發展而增加或改變嗎？對於這樣的議題，心理學家會採取兩種策略來進行研究，一種稱之為橫斷面研究（cross sectional study），就是在同一段時間，選取不同年齡層的個案來進行認知能力評估（經常採用的是標準化的智力測驗），然後比較不同年齡層的認知功能差異。如在今年針對 600 位 40 歲、50 歲、

60 歲的人分別進行智力測驗，然後比較這些年齡層在智力上的差異。這種研究可以很快速地收集資料，並且分析出不同年齡層在認知功能上的差異，但最大的缺點就是，這樣的研究無法排除不同年齡層他們過去的學習經驗與生活經驗對於認知功能的影響。想一想，你與你父母親在過去的生活與學習經驗上有很明顯的差異，而這些差異是否會影響到現在的思考方式呢？第二種研究方式採取縱貫研究（longitudinal study），會對參與者做長時間的評估，也就是持續追蹤一個人從青年期到老年期的智力表現。如：在 1980 年代追蹤一群 20 歲的成年人，每十年進行一次智力測驗，然後追蹤到現在 2020 年代。我們就可以了解他們隨著年齡成長（從 20 歲至 60 歲），其認知能力的改變狀態。這種研究雖然耗時耗力，但可以很清楚地看到一個人的成長軌跡。

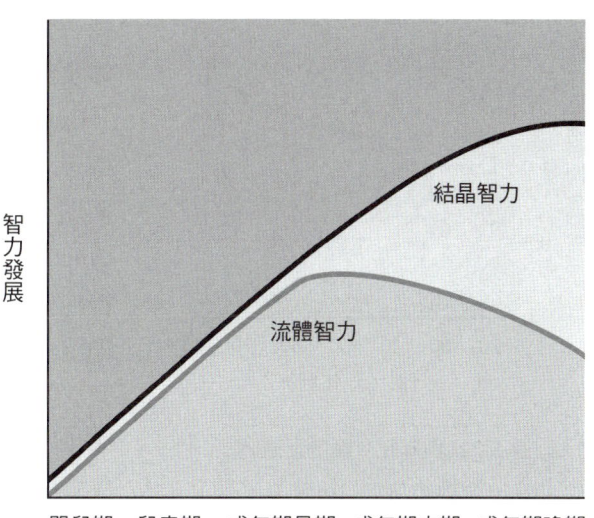

圖 3.20 一生中流體智力和結晶智力的認知發展
依據 Horn 的說法，結晶智力（基於累積學習的經驗）會在一生中不斷地增加，但是流體智力（理解和操作資訊的能力）會從中年開始平穩地下降。

在衡斷性的研究中，最有名的是 John Horm（1980）的研究，他將智力分成**結晶智力（crystallized intelligence）**：也就是個體累積的資訊和口語技巧，**流體智力（fluid intelligence）**：即一個人空間與抽象推理能力。圖 3.20 所顯現，我們的結晶智力隨著年齡的增長而增加；但流體智力在青年期達到高峰，然後下滑。

在縱貫性研究中，最有名的研究為 K. Warner Schaie 所進行的一項大規模成年期智力的縱貫研究（1983, 1996, 2006, 2010, 2011）。其中，有 500 個人在 1956 年時接受初次的測驗。研究中會定期地加入新的參與者。Schaie 等人所施行的六項智能測驗中，有四項能力—詞彙、語言記憶、歸納推理和空間定向在成年期中期達到高峰；而數字能力和知覺速度兩項會在中年時減弱；特別是知覺速度在成年期早期即開始出現減弱的跡象（圖 3.21）。

關於成年期晚期智力運作的主張也極具爭議性。當代許多心理學家認為，就像在成年期中期發生的一樣，有些智能的部分會在成年期晚期減弱，然而有些會維

結晶智力
個體累積的資訊和口語技巧。

流體智力
一個人抽象推理的能力。

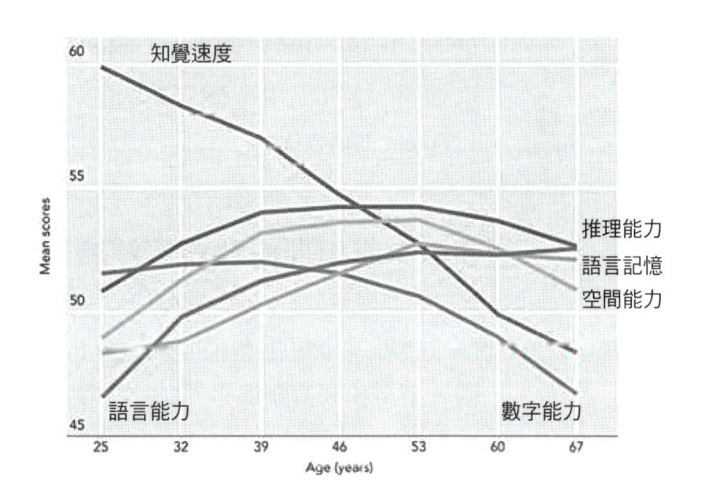

圖 3.21 從 25 歲到 67 歲的六種智能表現
有些能力隨著年齡走下坡，而有些能力在中年達到高峰。

第 3 章 發展心理學　　**105**

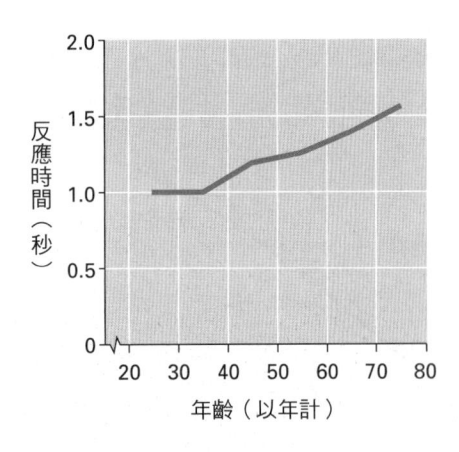

圖 3.22 與年紀有關的反應時間
在一個認知功能的研究中，不同年紀的個體要在電腦螢幕配對數字與符號（Salthouse, 1984）。平均的反應時間在 40 多歲時開始慢下來，這個衰減在 60 多歲和 70 多歲時加速。

智慧
現實生活方面實地經驗的知識。

持或者甚至可能會增加（Blair, 2011）。最一致的結果是當涉及到訊息處理的速度，老年人的表現往往比不上年輕人（Craik & Salthouse, 2000; Madden, 2001）。圖 3.22 顯示，中年時期訊息處理的速度顯著下降，而在老年期變得更為明顯。老年人在很多記憶的方面不及年輕人（Bialystok & Craik, 2011）。舉例來說，老年人跟年輕人一樣，都不記得他們的高中同學或老師的名字。但涉及知識的記憶（例如，演化理論、愛情三角論等），老年人通常需要花比年輕人更長的時間來取回記憶；但他們往往還是能夠想起來（Hoyer & Roodin, 2009）。除了記憶的退化以外，蒐集資訊以解決問題的能力也會在老年期衰減（Light, 2000; Salthouse, 2000）。

雖然老化的過程讓我們的腦袋不如以前靈光，但某些方面的認知能力也可能隨著年齡增長而增進。其中一項是**智慧（wisdom）**，也就是現實生活方面實地經驗的知識（Staudinger & Gluck, 2011）。智慧可能隨年齡而增加，因為會透過我們的人生經驗而累積。然而，並非每位老年人都有智慧（Baltes, Lindenberger, & Staudinger, 1998）。個體的差異形成我們認知上各方面的特點（Belsky, 1999）。

那麼，未來我們是否都將面臨智力逐漸減低的困擾？依對 Mankato 地區的修女進行的研究結果來看，答案是不一定的。即使很多（像是記憶的認知功能）會隨著年齡的增長而下降，但是對老年人的教育和訓練，就可以提高他們的認知能力（Luszcz & Bryan, 1999; Park, Nisbett & Hedden, 1999; Schaie & Willis, 2001）。研究甚至顯示，訓練老年人運用某些策略，如：運動、閱讀等等，可以提升他們的記憶力（Baltes, 1993; Willis & Schaie, 1994; Etnier, 2009）。不過，許多研究老化的專家相信，老年人的改變和調適能力比年輕人更弱，因此所能提升的認知能力有限（Finch, 2009）。

3.4.3 成年期的社會情緒發展

心理學家提出各種關於成人的社會情緒發展理論。大多數理論強調工作與愛情、事業和親密關係等主題。在檢視心理學家對這些主題有多少了解之前，讓我們看看 Erikson（1968）的八個社會心理發展階段中的最後三個階段：

6. 親密 vs. 孤獨：成年期早期。在這個時候，人們面臨的發展任務，是和他人建立親密關係，或者是在社交上產生疏離。如果年輕人發展健康的友誼，以及與夥伴發展親密的關係，則有可能會找到親密伴侶。這個時期的我們透過不同關係的建

立與消失來體會「愛」的本質。

7. **傳承 vs. 停滯：成年期中期**。此時期的重點，在於幫助和引導年輕一代的發展，並且過著有用的生活，這是 Erikson 所謂的傳承（generativity）（Pratt 等人，2001）。如果沒有做任何事情來幫助下一代，那就是停滯不前（stagnation）。這個時期的我們開始學習使用「關懷」的力量來照顧週遭的人。傳承是中年重要的任務，一種方式就是透過培育下一代，讓下一代過得更好；另一種方式就是發揮所長，讓這個世界變得更好。透過傳承的工作，讓你從中年危機變成另一種轉機。

8. **圓滿 vs. 絕望：成年期晚期**。老年人回顧並評價自己一生的成就。如果在前面階段，大部分是用很消極的態度來度過，當他們回頭看時，很可能會產生疑問或感到沮喪，這是 Erikson 所說的絕望（despair）。但是，如果老年人已經成功地度過大部分的發展階段，這時候的回溯，就會浮現一幅理想生活的景象，獲得滿足感（satisfaction），並感到圓滿（integrity）。在這個時期，我們將面對生命的終點，整理出個人的生命故事轉化成人生「智慧」，以傳後世。

這些發展任務在成年期的數個情境下展開。舉例來說，在工作中穩固自己，然後發展職業，是 20 至 40 歲的人主要關切的議題。對許多中年人而言，職業興趣會繼續成為生活的重要層面。中年階段是許多人檢視自己事業成就的時候，並且還會關心有多少剩餘的時間可以做想做的事。

在成年期除了學業與工作以外，婚姻（親密關係）也是成年期的重要課題。而如何維持婚姻呢？John Gottman（1994; Gottman & Silver, 1999; Gottman 等人，1998, 2002）從 1970 年代早期，便一直在研究已婚配偶的生活。他訪問配偶們關於婚姻史、對婚姻的哲學，以及他們對其父母婚姻的看法，記錄他們互相談論日子如何度過，以及檢視他們所談論關於婚姻中美好和不好的時刻。在討論這些議題時，Gottman 同時用生理測量儀器來檢測配偶們的心跳速率、血液流量、血壓及免疫系統的運作，並對這些配偶們進行追蹤，了解他們的婚姻狀況。目前，他和研究夥伴在七個不同的研究項目下，追蹤 700 對夫婦。

在他的研究中，Gottman（2006）找到讓婚姻成功的四項原則：

- **培養愛慕和稱讚：** 在成功的婚姻中，配偶給予對方讚美。當夫妻在他們的談話中採用正向的態度，並用此態度談論彼此時，婚姻往往會有效。
- **將彼此當作朋友：** 在良好的婚姻中，配偶把彼此視為好朋友，並且在遭受壓力和困境的時候，給予對方支持。
- **放棄一些主導權：** 在不好的婚姻關係中，其中一個夥伴往往會緊握著權力不放，掌控決策權。這較常發生在丈夫身上，但有些妻子也有這方面的問題。
- **一起解決衝突：** 在成功的婚姻中，夫妻一起解決問題，在衝突時一起調整自己的情感，並且妥協與接納。

個人的身分認同和生命的意義，也是社會情緒發展很重要的一部分。對中年人的研究顯示，每個人會用不同的方式來應付和看待中年生活（Vaillant, 1977）。

比「中年危機」（midlife crisis）更準確的字眼，可能是「中年意識」（midlife consciousness）（Santrock, 2002）。在中年時期，人們確實較能察覺年輕和年老之間的差距，並且察覺到所剩的時間正在萎縮。他們會思考自己如何貢獻下一代。許多人會更深刻地思考，究竟什麼是人生，以及他們希望剩餘的人生是什麼樣子。有些人曾用大部分的成年生活，試圖去賺很多錢、讓事業成功；到了中年時期，則將注意力轉向追求無私的貢獻。他們藉由志願服務，用更多的精力來幫助他人，或者花費更多的時間與年輕人在一起，努力給予下一代有意義的貢獻。這些努力可以帶領人們進入一個正向、有意義的晚年（圖3.23）。研究者還發現，老年人愈是能主動和積極地參與人群，就愈能感到滿意，也愈能保持健康（Antonucci, 2001）。

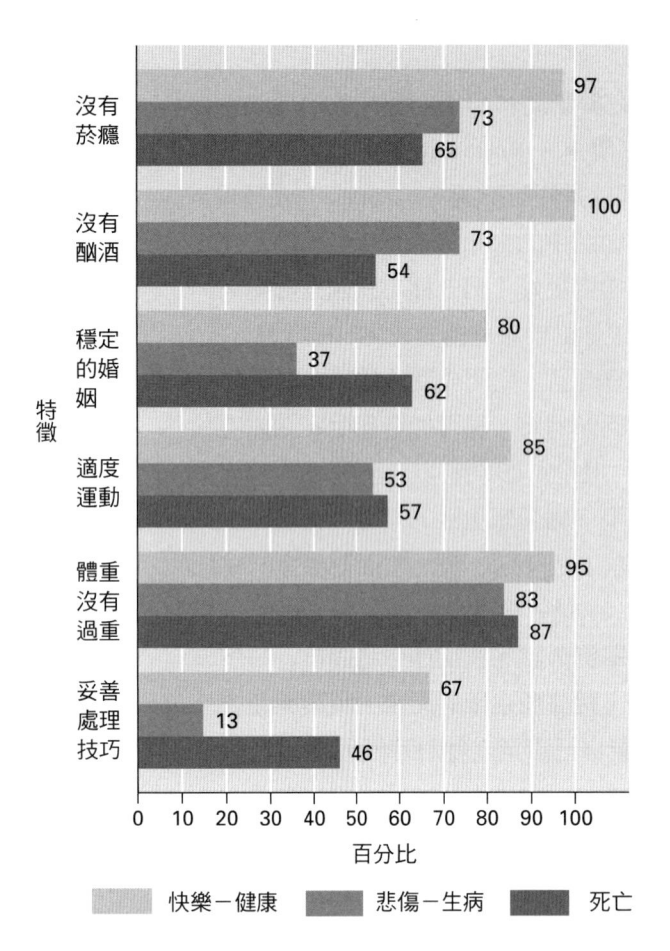

圖 3.23 中年時的正向特徵和老年時健康和幸福間的關聯

在一項縱向面的研究，以人們 75～80 歲時是健康和快樂的、悲傷和生病的、或是死亡的結果，與他們在 50 歲時報告的特徵作連結。此研究顯示預測出最健康和快樂的，是適量的飲酒（100%）。預測出最悲傷和生病的，則是缺乏妥善處理的技巧（13%）。

特徵	快樂－健康	悲傷－生病	死亡
沒有菸癮	97	73	65
沒有酗酒	100	73	54
穩定的婚姻	80	37	62
適度運動	85	53	57
體重沒有過重	95	83	87
妥善處理技巧	67	13	46

3.4.4 正向心理學和老化

根據荷爾蒙壓力理論（hormonal stress theory），隨著年齡的增長，我們身體的抗壓性會越來越低，也自然就容易受到疾病與壓力的影響，並且壓力造成的傷害持續性會比年輕人還要久（Brown-Borg, 2008）。隨著壓力的持續影響以及抗壓性的降低，老人就容易罹患心血管疾病、癌症與糖尿病等（Wolkowitz 等人，2010）。特別是免疫功能的退化，更是讓老年人容易生病的因素（Bauer, Jeckel & Luz, 2009）。我們無法避免身體上的老化，但是我們可以保持心理健康。

許多老人試著採用健康的養生方式過生活。一項老化的縱貫研究顯示了可以達到老化正向層面的方式（Vaillant, 2002）。參與者在 50 歲時參與評估，然後在 75 至 80 歲期間再被評估一次。當一個人在 50 歲的時候，能維持健康飲食、擁有穩定婚姻關係、從事運動、保持正常的體重，並且有良好的應對技巧，那麼，他們很有可能在 75 至 80 歲的時候還保有活力和快樂。也就是說，從現在起你若能建立健康與正向的生活方式，那你就會擁有快樂與活力的老年。《優雅的老年》一書說明了

保持樂觀助人的心，會讓我們活得更久也活得更好。

由於老年人的體力與精神大不如前，無法像年輕的時候投注時間於生活各項層面，心理學家 Carstensen 發展了一個**社會情緒選擇理論（socioemotional selectivity theory）**，說明老年人將有限的精力投注在適切的人際互動上，能讓自己保持良好的生活品質（Carstensen, 2006; Charles & Carstensen, 2010）。想一想，若你發現自己生命有限時，你是否會珍惜有限的時間，投注在重要的親友身上呢？許多大學生的答案是肯定的（Charles & Carstensen, 2010）。另外，日本學者也發現在沖繩島上的長壽者之秘訣，包括：養身的飲食習慣、自在的生活型態、多參與活動以及靈性的追求（Wilcox 等人，2008），這些都是長壽老人的養生之道。

在生活中，年輕人可以把目標放在未來，老年人只能珍惜當下的每一刻，所以「活在當下」與「享受當下」是快樂老年的不二法門。研究發現，善加利用時間，多多參與各類活動的老年人，他們過得比一般老年人還快樂（Hendrick & Hatch, 2006）。所以多帶家中長輩出門走走，參與活動會讓他們有限的時光過得更豐富。現在的你正值成年期的早期，雖然還沒有步入老年，但現在的生活習慣就會影響到未來老年的生活。透過每週的回家作業練習，讓你可以活得更健康與快樂，為未來的老年生活作好準備。

> **社會情緒選擇理論**
> 個體將有限的精力與時間投注在適切的人際上以達到更好的生活品質。

在地人的心理學

人生的終曲——
談面對死亡：永遠的余德慧老師

電影《被偷走的那五年》中，女主角很成功地演出面對死亡的恐懼。當男主角最後擁抱著她說出：「不要怕」時，也刻畫出家屬面對臨終者的不捨。根據 Erickcon 的人生發展階段，我們會獲取希望、意志、目標、能力、忠誠、愛、關懷、智慧等內在的力量。由出生到死亡是人生的旅程；不論人生過得如何精彩，每個人最後還是免不了要面對終點——死亡。Erikson 夫婦在共同著作的《生命週期完成式》一書中，特別延申了過去的理論，提出生命的最後一階段—臨終—就是發展的第九階段。此階段就好像登玉山高峰看日出一樣，雖然一路辛苦與顛簸，但在登上後迎接日出的美好是人生最美的一刻。在爬山的過程中，過去發展所學到的八項正向力量可以協助我們克服種種登山過程中的困境（廖梅芳譯，2012）。

有關「死亡」議題，許多生命教育的課程都會探討如何面對別人的死亡，較少碰觸到如何面對自己的死亡。在醫院，我們可以看到許多患者在安靜的加護病房中孤獨地面對生死交關的狀態。看到這種景象，你可能會想怎麼不放點輕鬆的音樂給他聽聽呢？想一想，一個人躺在加護病房中，家屬只能在有限的時間內探望，而病患大多時間只能躺著及聽著儀器的聲音，這是怎樣的感覺呢？

安寧照護的推手趙可式博士努力地推動安寧照護工作。國內的安寧照護愈來愈成熟，醫療人員對於臨終者有更多的關懷，也開始從臨終者的角度出發來看待死亡的旅程。趙博士提到告別的四道手續：道愛（說出你對對方的愛）、道謝（說

出你對對方的感謝)、道歉(對於傷害過對方的行為表示歉意)與道別(好好地與對方說再見與祝福)。這四個告別的手續不只是可以用在生命的終點,還可以用在分手的過程。透過好好的告別,讓分離的雙方都擁有一段美好的回憶。

心理學家余德慧教授致力於死亡與臨終的課題,他將面對死亡的歷程分成「知病模式」與「死覺模式」兩個主要歷程。知病模式所談到的個體漸漸知覺自己身體已經不行:此模式又可分成兩個階段,第一個階段是社會期,也就是個體從現實社會慢慢地被推向另一個世界(死亡)的過程,此時的個體會慢慢接受到自己即將面對死亡的事實。然後在當面對死亡時,我們就會進入第二個階段,所謂的病沉期。此時身體的衰退讓我們的生活世界只剩下床邊,慢慢地感受到死亡的逼近。

在死神慢慢走近身邊時,我們會感受到一種邊界經驗,也就是從生邁入死的一種痛苦掙扎。在此後,我們就會背對熟悉的生活世界面對另一個世界,進入死覺模式。死覺模式可分成背立/轉向期與深度內轉期兩大階段。在背立/轉向期中,個體開始背立現實社會,朝向死亡世界;此時,個體會完全進入內心世界,回顧生命中的點點滴滴,然後慢慢進入深度內轉期。在深度內轉期時,個體已經完全進入自己的內心深處,然後帶著此生的回憶進入了死亡。在此模式之中,臨終者背對塵世,帶著屬於自己的生命禮物慢慢地走進天堂。

那我們如何面對死亡呢?一行禪師從佛學「不生不滅」的角度出發,提供了一個「快樂面對死亡」的觀點。在人生最後的旅途上,我們可以快樂地走過這段旅程。這是一個與害怕死亡不同的觀點。另外,《好走》一書的作者深入分析了臨終的歷程,讓你看看臨終的人是如何卸下面具來面對最真實的自己。這也可以讓我們思考一下,生命最後一刻的意義。

我們帶著哭聲進入這個世界,帶著微笑離開這個世界。

想一想

1. 當你在生命的最後一天,你會如何度過呢?
2. 面對家人死亡,你會如何看待與陪伴他度過最後一段時光呢?
3. 談死亡太沉重,在生活中你如何處理分手?

| 延伸閱讀 |

一行禪師著,胡因夢譯(2003)。《你可以不怕死》。橡樹林出版社。
Kathleen Dowling Singh 著,彭榮邦、廖婉如譯(2010)。《好走:臨終時刻的心靈轉化》。心靈工坊出版社。

| 參考資料 |

廖梅芳譯(2012)。《生命週期完成式》。張老師文化。臺北。
余德慧、石世明、夏淑怡與王英偉(2006)。〈病床陪伴的心理機制:一個二元複合模式的提出〉。《應用心理研究》,29,71-100。

課堂活動

主題：我的成長

目標：

找到現在的我與需要學習的能力。

步驟：

1. 班上的每位同學拿出一張紙，畫出一個時鐘。
2. 正中心畫出代表自己的動物。
3. 12 點鐘的位置寫下父親期待的自己，6 點鐘的位置寫出母親希望的自己。
4. 3 點鐘位置寫出未來想成為的人，9 點鐘的位置寫出兒童時期的自己。
5. 根據 Erikson 理論，來思考一下目前這隻動物需要增加的內在力量以達到未來的目標。

回家作業

快樂生活第三週——發現我的優點

在本章談到生命的發展，我們也可以發現不同的發展階段會有不同的生活任務。青春期的主要發展任務在於發展自我認同，而成年期早期則是發展出良好的人際關係。現在的你正好是處於青春期與成年期間的交界點，在此時期重點在於發現自我優點以及找到良好的伙伴。本週的練習就是從這一點開始，看看自己每天的優點以及陪伴你的好朋友是誰。將這些記錄下來變成未來的回憶。

	週一	週二	週三	週四	週五	週六	週日
優點							
好友							

本章摘要

在本章中，你將會了解你是如何長大的，以及未來的你將如何成長。

1. **解釋心理學家對發展的看法。**
   - 發展是指從受孕開始，持續到整個生命過程中，人類潛在可能的變化模式。三個重要的發展進程是在身體（人的生物本能）、認知（思維、智力和語言），以及社會情緒（人際關係、情緒和人性）。
   - 我們的一生發展是受到天性（生物的遺傳）和培育（環境的經驗）共同影響。

2. **兒童發展。**
   - 新生兒來到這個世界上，帶著數種遺傳上「設定」好的反射行為，包括抓握和吸吮。嬰兒的身體發展，在第 1 年有戲劇性的發展。動作行為是從嬰兒的身體能力、知覺技巧，以及環境因素等匯集而成的，讓嬰兒可以觀看和行動。腦部大規模的變化，包括神經元突觸之間更緊密的聯繫，發生在嬰兒期和兒童期。
   - 在 Piaget 的觀點中，兒童使用基模來積極地建構他們的世界，無論是將新的訊息吸收納入現有的模式中，或者是調整現有的模式，以接納新的訊息。Piaget 也表示，人們經歷了認知發展的四個階段：(1) 感覺運動期（出生至 2 歲）；(2) 前運思期（2 至 7 歲）；(3) 具體

運思期（7 至 11 歲）；（4）形式運思期（11 至 15 歲，直到成年期）。Piaget 開闢了新的方式來看待兒童的心智是如何發展的，並且也讓我們將兒童視為一個主動的建構主義思想家。
- Erikson 呈現了一個重要的社會心理觀點，將人類生命階段發展分成八個主要的階段；前四個階段發生在兒童期。在每一個階段，個體都會尋求解決一個特別的社會心理衝突，在這樣過程中，我們會發展出「希望」、「意志」、「目標」與「能力」等正向能力。
- 親子關係是成長的重要課題，Bowlby 與 Ainsworth 提出的依附關係理論認為照顧者與嬰兒需要產生一種安全依附的關係，讓兒童可以健康的成長。
- 兒童的發展受到天性的氣質以及與後天的培育（父母教養方式和家庭情況）共同影響。隨著兒童長大，他從家庭進入校園，他就會受到同儕、學校、住家鄰近區域，以及社會文化等層面的影響。
- Kohlberg 提出了含認知發展理論的道德發展，包含道德成規前期、道德循規期和道德自律期等三個層次，每個層次可再分為兩個階段。Gilligan 則呈現了道德發展的另一種觀點，其觀點比 Kohlberg 的理論更強調人際關係。
- 正向心理學強調兒童的復原力，並且著眼於改善兒童的生活增加學習機會。

3. 青少年期的發展。
- 青少年期是一個抉擇的時期，這時的個體在為自己找到生命定位。並且在大腦的發展中，正是理性與感性的學習歷程。
- 青春期是骨骼和性徵迅速成熟的時期，主要發生在青少年期早期。它發生在女孩的時間，大約比男孩早 2 年。荷爾蒙變化是青春期發展的核心。
- 根據 Piaget 的理論，形式運思期是青少年期認知發展的特徵。這是其理論的最後階段，他認為兒童在 11 至 15 歲時進入這個階段。這個階段包括抽象的、理想化的和邏輯思考。另一項認知發展的主要特色，是在青少年期早期以自我為中心的思想。
- 青少年期的社會情緒發展很重要的一部分是自我認同。例如，Erikson 第五個心理社會發展階段的自我認同 vs. 角色混淆。Marcia 提出了四個基於探索和承諾的認同狀態。

4. 討論成人發展以及老化。
- 邁入成年有認同探索、不定性、聚焦自我、過渡感受與多元探索等五大特徵。
- 大部分的成年人在 20 多歲達到體能表現的高峰，也是最健康的時候。然而，在 30 多歲時，身體技能開始下降。在中年時期，身體外表的變化是老化最明顯的跡象之一。
- Horn 認為結晶智力在中年時期增加，但是流體智力下降。Schaie 進行了關於智力的縱貫研究，發現許多認知能力在中年時期達到高峰。總體而言，老年人在記憶和其他認知任務的表現並不是很好，並且處理訊息的速度比年輕的成年人慢。但是，老年人可能較年輕人有更多的智慧。
- Erikson 在成年時期的三個社會情緒發展階段為：親密 vs. 孤獨（成年期早期）、傳承 vs. 停滯（成年期中期），以及圓滿 vs. 絕望（成年期晚期）。職業和工作成為年輕成年人的生活中心主題。對很多人而言，生活方式、婚姻和承諾也是成年人生活很重要的部分。在成年期中期，人們開始意識到自己的理想和夢想的限制，但是研究人員發現，很小比例的中年人經歷過「中年危機」。不過，從 50 多歲開始的特別關注之一，則是理解生命傳承的意義。
- 老化的正向層面一直被忽略，直到最近發現保持活力及增加活動參與讓老人更快樂和更健康的方法。老年人會珍惜自己的時間，投注更多的心力在重要的朋友和家人身上。

第 4 章

感覺與知覺
Sensation and Perception

章節內容

4.1 我們如何感覺與知覺世界？

4.1.1 感覺與知覺的目的
4.1.2 感覺接受細胞與大腦
4.1.3 閾值
4.1.4 感覺適應
4.1.5 注意力與注意傾向
4.1.6 超感知覺

4.2 視覺系統

4.2.1 光線與眼睛
4.2.2 大腦的視覺歷程
4.2.3 色彩視覺
4.2.4 空間的視覺知覺
在地人的心理學——藝術與心理學的發展

4.3 聽覺系統

4.3.1 我們如何感覺聲音？
4.3.2 耳朵的結構與功能
4.3.3 大腦的聽覺歷程
4.3.4 方向的聽覺知覺
幸福人生——聽聽美妙的聲音

4.4 其他感覺

4.4.1 皮膚感覺
4.4.2 化學感覺
動動腦——香味與心理感受
4.4.3 動感知覺與前庭感覺

章頭故事

每年的臺中新社花毯節都會吸引許多民眾去感受花海的美妙。我們用眼睛看到彩色的花朵、用鼻子聞到花香，這樣的體驗雖然是自然產生，但其中的心理歷程則是心理學家所關切的議題。佛家用六塵（色、聲、香、味、觸、法）、六根（眼根，指視覺器官及能力；耳根，指聽覺器官及能力；鼻根，指嗅覺器官及能力；舌根，指味覺器官及能力；身根，指觸覺器官及其能力；意根，指思維器官及其能力）與六識（眼識、耳識、鼻識、舌識、身識、意識）來說明人如何知覺外在世界。心理學家用外在刺激（光、聲、化學物質）、感覺器官（眼睛、鼻子、舌頭、耳朵與皮膚）以及知覺（視覺、聽覺、嗅覺、味覺與觸覺）來解釋我們如何將外在世界轉變成內在心理世界。在這一章，我們將進入微妙的心理學世界，透過客觀的科學證據，你將了解為何人能夠看到美麗的風景、聽到蟲鳴鳥叫以及聞到處處花香。這些原本簡單的能力，基本上都是透過複雜的心理歷程而產生的。

4.1 我們如何感覺與知覺世界？

4.1.1 感覺與知覺的目的

感覺
從環境中接受刺激能量並將能量轉變成神經衝動的歷程。

感覺（sensation）是一種從外界環境接受刺激能量轉換成神經衝動的歷程。外在刺激是由一系列的物理能量組成，如：光、聲、熱等。接受刺激的感覺器官（sense organ），如：眼睛、耳朵、皮膚、鼻子與舌頭，會透過感官內的接收細胞

來接收外在刺激。當能量足夠時，會觸發電氣化學脈衝（與第 2 章所提的神經衝動一樣）。電氣化學脈衝會製造電位差，使得腦部的神經系統傳遞刺激訊息（Xu, Kotak & Sans, 2010）。大腦接收到刺激訊息後，會將訊息傳導到適合的大腦皮質區進行解讀（Swisher 等人，2010）。

知覺（perception）是大腦組織與解釋感覺訊息並給予意義的歷程，也讓我們真正地「看見」這個世界、「聽到」聲音、「聞到」香味。眼睛的接受細胞只接收到天空中銀色的物體，並非我們「看見」的飛機；耳朵的接受細胞只接收到特殊的振動，並非我們「聽見」的旋律。當這些感覺傳到大腦後，透過知覺給予感覺訊息意義，我們才能看到飛機與聽到聲音。

以演化的觀點來說，感覺與知覺的目的是增進種族生存的機會（Raven 等人，2011）。有機體必須能快速與精準地感覺環境中的事件，如：接近中的掠食者、出現的獵物或同伴，才能快速的反應來躲避危險與獲取食物。因此，從金魚、大象到人類都有感覺器官，以五官探觸這個世界的各種訊息。動物根據其對於環境的適應，發展出特殊的感官功能。例如，在魚類中，有一種發展出四隻眼睛的「四眼魚」。為了生存，四眼魚會在水面上游動。上面的兩隻眼睛監測水面上的視野，下面的兩隻眼睛則監測水面下的視野，這個精緻的演化讓四眼魚在尋找食物的時候，也能看見危險的水鳥。

> **知覺**
> 將感覺訊息加以組織並給予解釋，然後產生意義的歷程。

4.1.2 感覺接受細胞與大腦

我們的感官知覺（如：聽覺、視覺等）都是經過**感覺接受細胞（sensory receptor cells）**接受外在物理刺激（如：光波、聲波與化學物質等）而進入我們的心理世界，然後透過大腦的解讀而產生這些感覺（聽到什麼、看到什麼、聞到什麼、嘗到什麼……）。感覺接受細胞是偵測與傳導刺激訊息到感覺神經和大腦的專門細胞（Lewis, 2002; Ye 等人，2010）。各個動物物種都隨著需求而演化出適合自己的感覺接受細胞。例如，蝙蝠發現食物的感覺接受細胞與老鷹使用的感覺接受細胞不同。蝙蝠在夜晚使用聲音去鎖定獵物的位置，而老鷹則是在高空中使用雙眼找尋可能的獵物。人類有多種接受細胞，可提供知覺豐富的資訊（Lewis, 2001）。為了生存，人類的皮膚包含 400 萬個痛覺接受細胞、50 萬個壓力接受細胞、15 萬個冷的接受細胞、16 萬個痛的接受細胞。圖 4.1 顯示人類五種不同感覺接受細胞類型，讓我們有視覺、聽覺、觸

> **感覺接受細胞**
> 偵測與傳導刺激訊息到感覺神經和大腦的專門細胞。

四眼魚是擁有四隻眼睛的魚，兩隻眼睛觀看水面上的世界，兩隻眼睛觀看水面下的世界，並在水平面上游動。這種演化的適應發展為何？

第 4 章　感覺與知覺　**117**

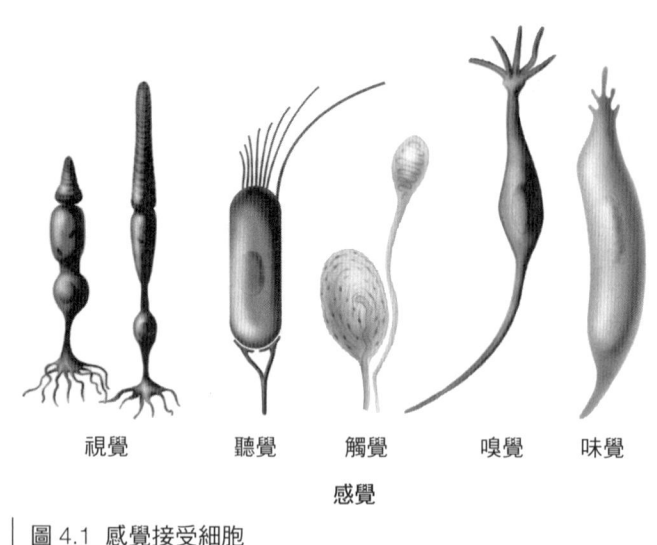

覺、嗅覺與味覺等五種感官知覺，透過這些感官知覺，讓我們可以覺察環境中的種種訊息，然後調適自己的身心狀態以適應當下的環境。

感覺器官與感覺接受細胞依能量轉換的方式分為幾大類：

- **視覺感受（photoreception）**：偵測光線，接收眼睛所見。
- **物理感覺（mechanoreception）**：偵測壓力、振動與移動，接收觸覺、聽覺與身體的平衡感。
- **化學感覺（chemoreception）**：偵測化學刺激，接收味覺與嗅覺。

視覺　聽覺　觸覺　嗅覺　味覺
感覺

圖 4.1 感覺接受細胞
這些細胞專門偵測特定的刺激。

圖 4.2 描繪出訊息從環境到腦中的過程。感覺接受細胞激發感覺神經的動作電位，使得訊息傳導到中央神經系統。回想第 2 章，動作電位造成神經細胞內訊息的傳遞，並且經由突觸間的傳導由一個神經元傳到另一個神經元。感覺接受細胞是有選擇且有不同的神經通路，專門吸收不同的能量類型——光能、物理能量（如：聲音振動）或化學能量。例如，當你上臺報告聽到大家的掌聲時，你耳朵裡的感覺接受細胞經由物理能量的形式（聲波），會傳導電化學能量，讓大腦能夠解讀出「掌聲」，然後產生愉快的心情。

在大腦中，幾乎所有的感覺訊號都經由視丘轉向大腦。視丘是大腦中重要的訊息傳遞區域。經由視丘調節與巨大且分散的神經網路，訊號會被傳遞到大腦皮質的感覺區。大腦皮質有專門的區域專責處理不同的感覺功能。視覺訊息主要在枕葉，聽覺在顳葉，痛覺、觸覺與溫度感覺則在頂葉。事實上，需要透過大腦各相關區塊

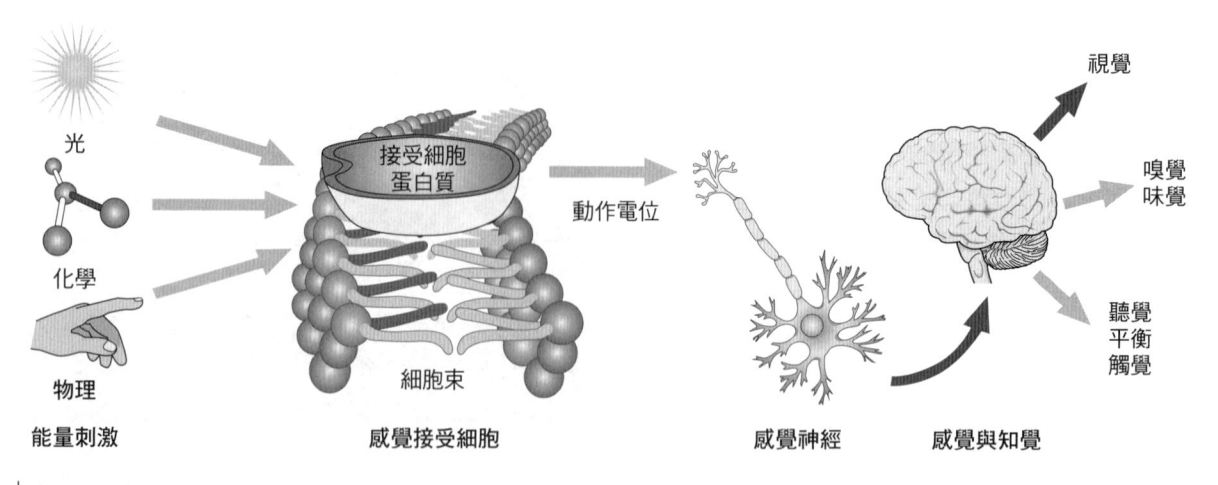

光　化學　物理
能量刺激　　　感覺接受細胞　　　動作電位　　　感覺神經　　　感覺與知覺
接受細胞蛋白質
細胞束

視覺
嗅覺 味覺
聽覺 平衡 觸覺

圖 4.2 感覺訊息流程
圖中顯示刺激從感覺到知覺，感覺訊息的流程。

的合作，才可以讓我們感受到這個世界（van Attevedt 等人，2010）。章末的回家作業：「好好享受一個水果」就是讓你了解五官感受是如何地運作。

4.1.3 閾值

蚊子要距離你多近，你才能聽見牠的嗡嗡聲？咖啡壺要離你多遠，你才依然能聞到咖啡香？當你喝飲料時，如何能分辨出全糖與半糖的差別？心理物理學就是探討這些外在物理刺激與心理世界的關聯。以下介紹一些心理物理學的重要研究。

★ **絕對閾值**

物理能量要多大，你才會察覺？例如：電視機的聲音要調到多大，你才會聽得清楚？**絕對閾值（absolute threshold）**是人們可以偵測到刺激能量的最小量（Markessis 等人，2009）。當刺激能量低於絕對閾值時，我們無法覺察到訊息；當刺激能量高於絕對閾值時，我們便可以察覺到刺激。

我們都有在半夜被鬧鐘的「滴答」聲吵的經驗。這邊進行一個小實驗。在房間的桌子上放一個鬧鐘。你先走開直到聽不見滴答聲為止，然後再慢慢地朝鬧鐘移動。當你移動到可以聽到「滴答」聲時就停止。重複做幾次，你會發現每次聽到滴答聲的距離都有些差異。當你從遠方聽不到鬧鐘滴答聲，然後漸漸靠近鬧鐘，當走到有 50% 的機會可以聽到滴答聲音的距離時（如圖 4.3），這個距離就代表你對於聽到鬧鐘滴答聲的絕對閾值。

心理物理學者決定個體能偵測到刺激的 50% 為絕對閾值。人類五種感官的大約絕對閾值列於圖 4.4。在理想環境下，我們感覺的絕對閾值非常低，所以可以明顯地察覺到微小的刺激能量。試者利用筆尖小心地移開掉落在手臂上的頭髮，大多數人可以察覺到皮膚上的微小壓力。你也許會驚訝地發現，在黑暗中人類可以看見 30

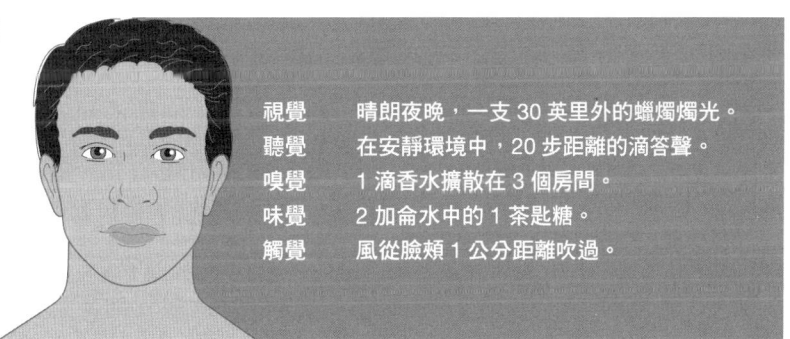

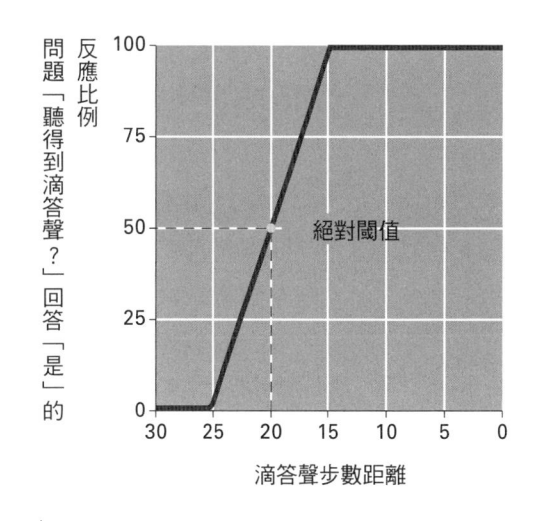

圖 4.3 測量絕對閾值

絕對閾值是個體能偵測到的刺激最小量。為了測量絕對閾值，心理學家設計偵測刺激 50% 的標準值。在圖表中，個體偵測時鐘滴答聲的絕對閾值是 20 步距離。

絕對閾值
在 50% 的成功率中，個體可以偵測到某種刺激最小刺激量。

圖 4.4 五種感官的大約絕對閾值

視覺	晴朗夜晚，一支 30 英里外的蠟燭燭光。
聽覺	在安靜環境中，20 步距離的滴答聲。
嗅覺	1 滴香水擴散在 3 個房間。
味覺	2 加侖水中的 1 茶匙糖。
觸覺	風從臉頰 1 公分距離吹過。

英里外的燭光。但是在臺灣的夜裡（充滿空氣污染的環境），你可能要靠得很近才能看見閃爍的燭光。

★ 下意識知覺

我們能察覺在絕對閾值之下的感覺嗎？下意識知覺（subliminal perception）是偵測到意識之下的訊息，但能影響我們的行為嗎？在2000年美國總統大選時，某人正在看美國副總統候選人高爾（Al Gore）發表醫療保險演講的電視轉播，這時「老鼠」（RATS）這個字在中間片段快閃過1/30秒，顯然有人意圖使用下意識的標籤播送對民主黨選舉不利的訊息。同樣地，老虎．伍茲（Tiger Woods）年輕時，會在晚上睡覺時播放下意識的激勵性錄音帶，希望能幫助自己在高爾夫球賽贏得好成績。這些策略到底有沒有效呢？在1957年，James Vicary為了增加戲院中爆米花與可樂的銷售量，他採用下意識知覺的策略，在電影影片中快閃『吃爆米花』與『喝可樂』的訊息，結果發現，相關物品的銷售量真的提升了。

Carol Fowler（1981）的實驗提出了人們可以在無察覺的狀態下處理訊息的證據。在實驗中，「投宿」一詞先從螢幕上快速閃過，讓受試者無法看見與唸出是什麼詞，然後再顯示兩個詞（例如，「旅館」與「書」）。詢問受試者哪個最接近之前的快閃詞，大多數的受試者都能正確回答。許多研究也證實，人們的部分表現會受到意識層面下之微小刺激的影響（Monahan, Murphy & Zajonc, 2000）。

下意識知覺的研究是一個受到爭議的課題，如某搖滾樂團的唱片，把唱片倒著播放時會出現許多負面的訊息（如：撒旦）。當唱片正常播放時訊息不會被意識覺知，但我們的行為會受到下意識的影響。實驗並無法證明訊息的存在，或訊息如何影響我們的行為（McIver, 1988）。即使我們非常清楚地記錄歌詞，並把唱片倒著播放，也無法得知訊息在說什麼。研究者認為，當人們想要聽見某些訊息時，知覺會放大特別注意該訊息。在一項後續的實驗中，受試者被預先告知撒旦的本質將影響他們時，受試者則容易聽到該訊息；當沒有事先告知受試者時，受試者則聽不見任何相關訊息（Vokey & Read, 1985）。

我們可以從實驗心理學家的研究中學習到什麼呢？第一，微弱的訊息刺激可以藉由感覺接受細胞來調節，有可能會登錄在大腦的意識知覺之下。第二，沒有直接證據支持廣告或搖滾樂可以影響我們的思考或行為（Smith & Rogers, 1994）。在生活中，我們些許行為會受到下意識知覺的影響，但大部

歌手Mötley Crüe的《對惡魔嘶吼》專輯，是相信歌曲倒著播放會有特殊訊息的這些團體所推崇的專輯，專輯歌詞「Backward mask where are you, oh. Lost in error, Satan」，在研究後並沒有發現有任何關於撒旦的訊息，如果有，就會影響聽音樂者的行為。是什麼樣的信念讓訊息包含在歌曲裡？

分的時間，我們還是受到意識層面知覺的影響。

★ 差異閾值

除了研究多少的刺激能量能被偵測到，心理學家還研究我們能夠區辨兩種不同強度刺激的差異程度。此為**差異閾值（difference threshold）**，或是可辨識的差異，係指能偵測兩種不同刺激之間最微小的差異。絕對閾值是由 50% 的偵測率決定，而差異閾值是區別一個刺激與另一個刺激之間的的最小差異。簡單來說，飲料的糖分要相差多少，你才會感覺到甜度不同呢？依據一個標準的刺激強度（如：糖分），然後採用不同的微調量，這些微調量中，有 50% 機會感受明顯差異的物理差異量，就是所謂的差異閾值。如隨機拿兩顆大小相近的蘋果，當你有 50% 的機會發現這兩顆蘋果重量有所不同，這兩顆蘋果的重量差異就是所謂的差異閾值。

差異閾值的重點在於刺激強度的增加。當音樂輕柔地播放時，即使室友只有增加微小的音量，你也能發現微小的改變；可是當室友已經把音樂放得很大聲時，即使再增加音量，你也不會注意到改變。在 150 年前，德國心理學家 E. H. Weber 注意到，除非強度改變，不然兩個刺激會有固定比例能被偵測。例如，在 60 支蠟燭中增加 1 支蠟燭，我們能注意到燭光明亮的差異；但在 120 支蠟燭中增加 1 支蠟燭，我們就無法注意到燭光明亮的差異。然而，在 120 支蠟燭中增加 2 支蠟燭，可以製造明亮差異，因此在 60 支蠟燭中增加 1 支蠟燭，等於在 120 支蠟燭中增加 2 支蠟燭。這種比率值的發現稱之為 Weber 定律，以上面燭光的例子就是 1/60=2/120。

> **差異閾值**
> 在 50% 的成功率中，個體可以偵測到兩種不同刺激之間的最微小差異。

4.1.4 感覺適應

半夜你關掉房間的燈，跌跌撞撞地回到床上，伸手不見五指，漸漸地，周圍的物品愈來愈清楚；或者當你進入電影院時，一開始也會覺得非常昏暗，但慢慢地可以辨視出座位及自己的位置所在。在黑暗的房間中，視覺系統所進行的調整即是**感覺適應（sensory adaptation）**——根據環境刺激的平均水準所造成之感覺系統反應的改變（Preston, Kourtzi & Welchman, 2009）。你在日常生活中一定體驗過數不盡的感覺適應，例如，跳入游泳池或洗澡時適應水溫。

> **感覺適應**
> 根據外在平均環境刺激強度所造成之自身感覺系統反應的改變歷程。

4.1.5 注意力與注意傾向

知覺最重要的部分是指出感覺訊息的意義（Pines, 2001），可以分成由上而下（top-down processing）以及由下而上（bottom-up processing）兩大歷程。在由下往上的訊號處理歷程，紛亂的外在環境刺激從感覺接受細胞到大腦，然後透過大腦來解讀這些訊息而產生各種知覺（Willenbockel 等人，2010）。相對地，由上往

下的歷程，則是啟動大腦的認知歷程，將過去的經驗與知識套用在環境刺激中（de Lange, Jensen & Dehaene, 2010）。例如，你專心地閱讀此章節時，你的大腦就專注在接收這些黑色的刺激（字），然後進行字形與字義的判讀（這是由下而上的歷程）；在閱讀的過程中，你想起了上課老師說的一些重點，然後從書中搜尋這些重點段落（這是由上而下的歷程）。當你聽到「那些年」這首歌，然後回想起電影的片斷，也勾起了自己心中的回憶，然後又更仔細地聽這首歌曲的內容，光簡單地聽到一首歌就涉及了這兩個心理歷程。在生活中的每一刻，我們都要透過這兩個歷程共同來知覺與感受我們所存在的世界（Goldstein, 2010）。

注意力是生活中一個重要的知覺歷程，是一種由上而下的訊息處理。這個世界包含非常多的訊息。為了減輕感覺器官與知覺系統的負荷量，大腦發展出注意力這樣的認知歷程，可以過濾不必要的訊息，投注心力在需要的訊息上。現在你正在知覺字與字詞所組成的文章內容，看一下書本之外的事物，然後屈起你的右腳腳趾。在這些過程中，你都使用到**選擇性注意（selective attention）**，也就是把焦點只集中在某些特別的部分而忽略其他干擾訊息（Klumpp & Amir, 2009）。你可能也會發現注意力是可以移轉的（shiftable），你能選擇注意一件事，並能快速地轉移注意力到其他事物上。

> **選擇性注意**
> 焦點只集中在某些特別的部分而忽略其他不重要的訊息。

為何我們只會注意到某些面向而忽略其他？你的動機和興趣會影響你所注意的事物。假設美術是你感興趣的事物，你會比他人更注意關於美術的廣告，而一個喜歡運動的人會更注意新聞中的比賽結果。某種刺激的特徵也會引起人們的注意，新奇的刺激（新的、不同的、不尋常的）通常會引起我們的注意。當一臺重型機車從你面前經過，一定比一般機車更能引起你的注意。大小、顏色與動作也會影響我們的注意，巨大、顏色鮮豔或正在滾動的物體，一定比微小、顏色單調與靜止的物體更吸睛（Baldo 等人，2002）。在生活中最常見的例子就是所謂的雞尾酒效應（cocktail party effect）（Kuyper, 1972），也就是你在嘈雜的餐廳吃飯時，可以忽略週遭雜音而專心地聽同伴說話。

圖 4.5 為一項知覺實驗，請跟著圖說的指示進行。大多數人會說，他們在左邊的 12 張牌堆中看到 2 張或 3 張桃 A。然而，如果你仔細觀看，你會發現有 5 張桃 A，有 2 張是黑桃、3 張是紅桃。當人們望向右邊的 12 張牌堆，通常都回答出 5 張桃 A。為何我們對兩堆牌的覺知不同呢？我們會預期牌堆中的桃 A 是黑色的，因為之前的經驗告訴我們桃 A 是黑色的，我們不會預期它是紅色的，所以跳過紅色的卡片，這顯現出預設立場影響我們對於訊息的注意力。

> **知覺場域**
> 傾向或預設以某種的方式來覺知外在刺激。

心理學家指出，注意傾向或準備以特別的方式覺知某物是經由**知覺場域（perceptual set）**所決定。知覺場域負責環境中知覺歷程訊息的「心理調節」，並影響我們對感覺訊息的解釋（Proctor, Wang & Vu, 2002）。也就是說，我們會先想好要看到什麼。字優效果（Stroop effect）是根據 John Ridkey Stroop（1935）的研究所命名。他用不同的顏色來寫出一些字詞（圖 4.6），當他要求受試者唸出顏色

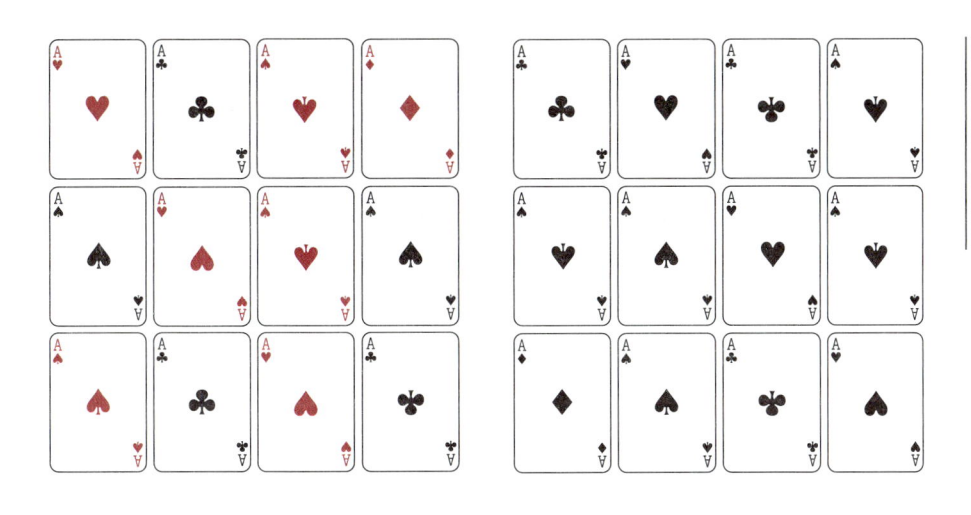

圖 4.5 知覺實驗

用手遮住右邊的撲克牌，快速地數出左邊有多少個桃 A，然後遮住左邊的撲克牌，快速數出右邊有多少個桃 A。

圖 4.6 Stroop 效應

唸字活動：唸唸以下的字詞
紅 綠 藍 黃 紅 綠 綠 黃 藍 綠 紅 紅 黃 藍 綠 紅 黃 藍 綠

唸色活動：唸唸以下的顏色
紅 綠 藍 黃 紅 綠 綠 黃 藍 綠 紅 紅 黃 藍 綠 紅 黃 藍 綠

比較一下，是唸字簡單來是念色簡單呢？

時，受試者會很快地唸出那個字而不是該字的色彩。從這個實驗可以發現，我們在要求要唸顏色時，先天的傾向在於字詞本身，而不是顏色本身。這也就是一種由上往下的知覺場域效果（Fei-Fei 等人，2007）。

4.1.6 超感知覺

有的時候，你是否有一些預知未來的能力呢？對於一些事情的發生，好像你自己「早就」知道。例如：你有預感自己會摔車，結果隔天就真的摔車了。電影《絕命終結站》系列，都在說明一個人的預知死亡能力。那我們真的有這些預知能力嗎？超感知覺（extrasensory perception，簡稱 ESP），是一種個體可以讀出他人心意與預測未來的能力。在國內，臺大李嗣涔教授致力於研究超感知覺，特別是手指識字的研究，更從中發現人類感知能力的潛能。在國外，Moulton 與 Kosslyn（2008）採用 fMRI 來進行 ESP 的腦部研究。他們進行了雙胞胎與手足配對，其中一人看照片、另一個人則沒有看照片，結果在一些可誘發情緒反應的照片上，只要其中一個人有情緒感受，另一個人也有相當的情緒反應，並且會呈現在腦造影相似的位置。這個現象很像日常生活中所談的心電感應。透過這些科學的實驗，讓我們越來越能夠探索這些過去所認為屬於靈性層面的議題。

> **想一想**
>
> 1. 討論感覺與知覺的基本原則。
>   - 請解釋感覺與知覺提供的目的。
>   - 請描繪感覺接受細胞歷程,並說出三種感覺接受細胞。
>   - 請區分出絕對閾值與差異閾值,並評估下意識知覺。
>   - 請描述感覺適應。
>   - 請討論知覺中的注意力與知覺場域。
> 2. 在生活中,選一家你常喝的飲料店,看看你是否能夠比較飲料的差別。首先,可以先就糖分來體會一下你對糖分的絕對閾值(無糖與有糖的差別),然後再針對口味來感受你心中的差異閾值(比較兩家不同飲料店綠茶的差別)。

4.2 視覺系統

「眼睛是靈魂之窗」說明視覺是通往我們「心理世界」的重要管道。陳一平教授在所寫的《視覺心理學》一書中,讓我們一窺人類視覺系統的神奇與奧祕。在課堂活動「盲人走路」中,你可體會到視覺的重要性以及失去視覺的可怕。以下會透過簡單的介紹與體驗,讓你發現這個通往心靈的系統。

4.2.1 光線與眼睛

我們依靠眼睛感應光線的不同來偵測視覺刺激。光是一種電磁波。可見光,也

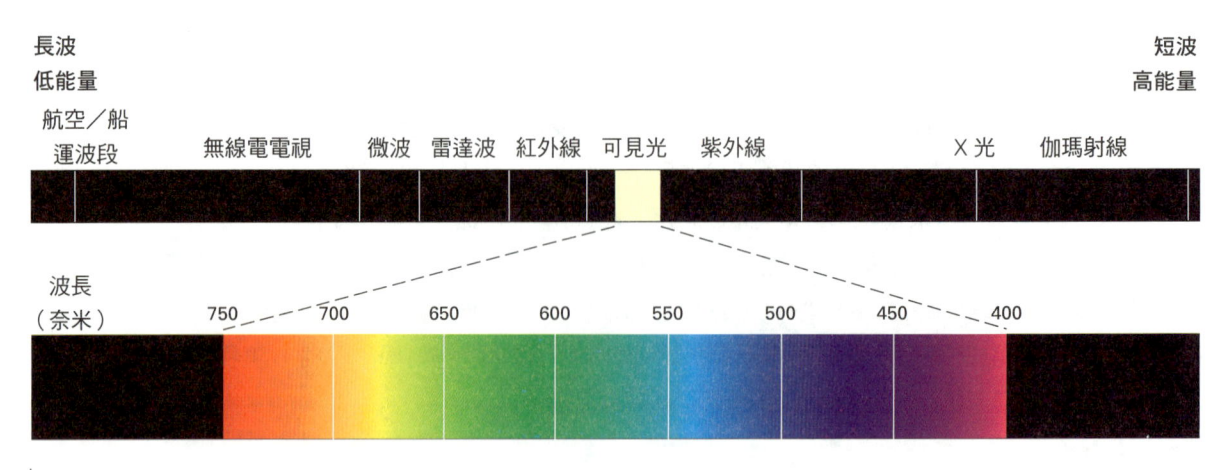

圖 4.7 電磁光譜與可見光
可見光在電磁光譜中只有狹窄一段,可見光波長範圍從 400～700nm,X 光波長較短,無線電波波長較長。

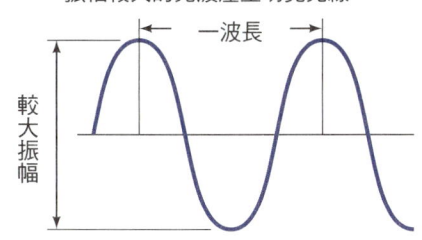

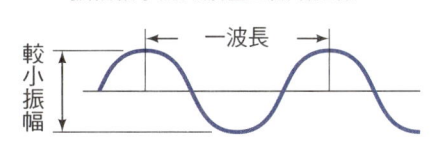

振幅較大的光波產生明亮光線。　　振幅較小的光波產生微暗光線。　　圖 4.8 光波振幅變化

圖片顯示光波振幅如何變化，長波長較明亮，短波長較微暗。

就是我們人眼可以知覺到的光波，其波長（兩個波高峰間的距離）範圍大約在 400～700 奈米（1 奈米為 1*10-9 公尺，縮寫為 nm）。紅外線、短波紫外線與 X 光等為非可見光，圖 4.7）；這些非可見光的電磁波能量雖然一直存在於生活中，但我們卻無法用肉眼知覺到這些光的存在。

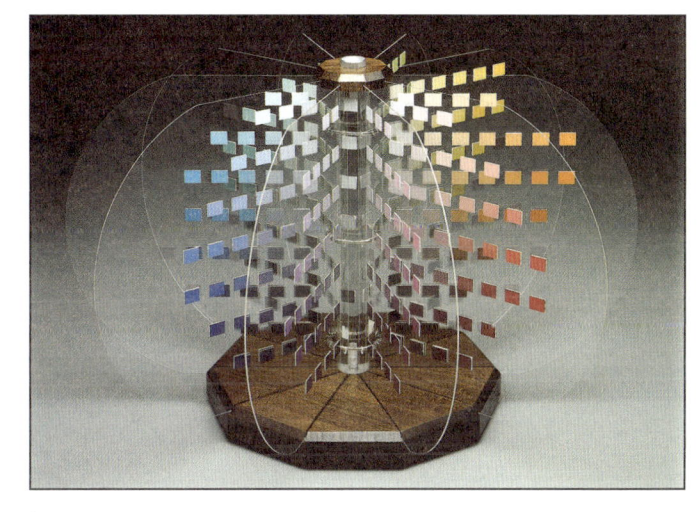

光波經由視覺刺激系統而產生亮度、色澤度以及飽和度等三大視覺特性。光波的波長振幅高低反應著亮度（圖 4.8），而波長長短反應不同的顏色（如圖 4.7 所示 550nm 為藍色、600nm 為綠色等）。不同的波長與振

圖 4.9 色彩樹顯示顏色的三種面向：色澤、飽和度、明亮度
色澤環繞色彩樹，飽和度為水平，明亮度為垂直。

幅組合會產生許多美麗及明暗不同的色澤。圖 4.9 的色彩樹能幫助你了解光線的三大特性。垂直軸呈現光波的明亮程度，水平軸為飽和度；越往外面色彩越純（越深），也代表摻雜較少的白色光。同時，你也可以看到這棵色彩樹上的每一種顏色，每一條都是生活中所見的一種色彩。也由於這樣的視覺刺激特性，可以讓我們感受到這個美麗的彩色世界，如天邊的彩虹。

眼睛（圖 4.10）就像一個高科技的自動化相機，可以捕捉生活中的每一幕。當你從鏡子裡看見自己清澈的雙眼時，仔細觀察會有三層（三種顏色），它們分別是：

- **鞏膜**：白色的表面，幫助維持眼球的形狀與保護眼睛。
- **虹膜**：眼球有顏色的部分，西方人可能是藍色、綠色或淺褐色，東方人多半是黑色或褐色。
- **瞳孔**：在虹膜中間的開口，也就是眼睛深黑色的部分。

虹膜是似光圈的肌肉，可以控制瞳孔的大小，讓適當的光線進入眼球中。瞳孔好比相機的孔徑，當光源不足時會打開讓更多光源進入；反之，當光源過多時，則縮小讓較少光源進入。在房間裡，你可以藉由開關房間的照明，從鏡子觀察瞳孔的變化（等到感覺適應後再觀察）。當你在昏暗的燈光下，瞳孔會放大以便讓更多光

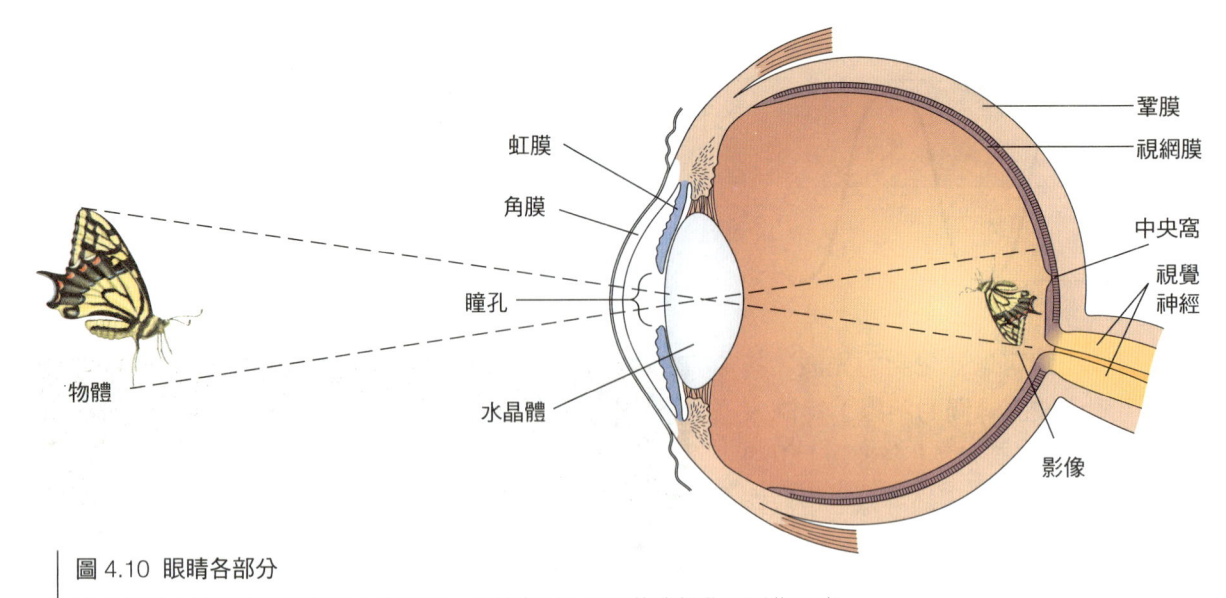

図 4.10 眼睛各部分
注意蝴蝶在視網膜的影像是上下顛倒,大腦處理此歷程使我們覺得影像正常。

源進入。當你開啟檯燈時,瞳孔會縮小以減少過多的光源進入。

眼睛的兩種結構跟鏡頭一樣提供聚焦的能力,讓我們可以更清晰地看到這個世界:

- **角膜**:在眼球最前面的薄膜。
- **水晶體**:透明且具有彈性,類似凝膠狀的物質結構。

這兩種結構的功能是反轉落在眼球表面的光源,讓眼球後面可以聚焦。角膜表面呈弧度。當你遠看一個物體時,因為眼睛看到遠方物體的光源是平行的,水晶體會調整焦距成為扁平狀,讓物體能夠聚焦。而當光線從物體射入眼球是分散時,水晶體也會適度調整弧度讓光源可以聚焦。當我們年歲漸長,眼睛的水晶體會失去彈性。所以老年人想清楚檢視一個物體時,由於水晶體的彈性不足,調整幅度不夠聚焦,因此物體必須要更靠近眼睛才能看得清楚。這就是年輕時視力正常,年紀大時卻需要戴老花眼鏡的原因。

跟相機一樣,眼睛需要所有功能一起作用,才能得到最佳的圖像。然後透過在眼球後面的**視網膜(retina)**,將所「照」到的圖像轉換成神經脈衝送至大腦。視網膜就像傳統相機的底片,但它統整光線變成圖像的機制遠比底片的功能還要複雜(Tamada 等人,2010)。

人類的視網膜大約有 1 億 2,600 萬個接受細胞,以能量的形式轉換光源的電磁能,使其能傳遞到神經系統。視覺接受細胞有兩種:桿狀細胞與錐狀細胞(Lewis 等人,2010),圖 4.11 呈現出錐狀細胞與桿狀細胞的外型與特性:

- **桿狀細胞(rod)**:在視網膜上的接受細胞,主要是對光線敏感但對色彩視覺較不敏銳,人類約有 1 億 2,000 萬個桿狀細胞,幫助我們感受到這個光明的世界。特別是在黑暗中,這些細胞就會更努力地幫助我們注意到環境的訊息。

視網膜
眼球後方,對光線敏感的表層,布滿桿狀細胞與錐狀細胞。

桿狀細胞
視網膜上的接受細胞,對光線敏感但對色彩視覺較不敏銳。

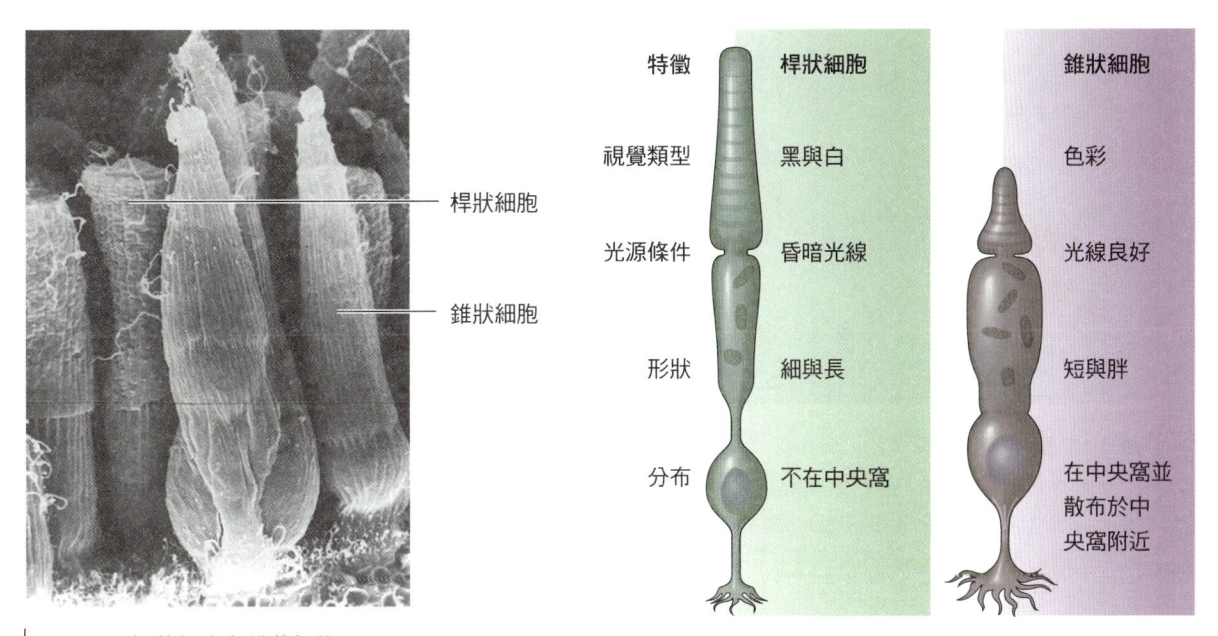

圖 4.11 桿狀細胞與錐狀細胞
放大桿狀細胞與錐狀細胞的圖像，並以圖示說明特徵。

- **錐狀細胞（cone）**：為色彩知覺的接受細胞。錐狀細胞對色彩敏感，但比桿狀細胞需要更大量光線才會反應，所以它們的最佳運作狀態是在白天或在高度照明下。人類約有 600 萬個錐狀細胞。

視網膜最重要的部分是中央窩（fovea），是視網膜中間非常微小的部分（見圖 4.10 的眼睛結構圖）。這部分對於外在光線刺激的感應最靈敏。視網膜中央窩只有錐狀細胞，且掌握許多重要的視覺作業，包含顏色與形狀的辨視。桿狀細胞平均分布在中央窩以外的視網膜中，因為桿狀細胞需要的光源較少，我們可以在視網膜的

錐狀細胞
視網膜的接受細胞，傳遞關於色彩的訊息。

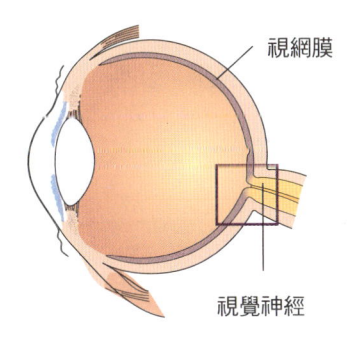

圖 4.12 從光線至神經脈衝細胞
光線經過角膜、瞳孔與水晶體，落入視網膜。在視網膜上，有三層細胞專門轉換影像成為神經訊號並傳遞至腦中。首先，光線啟動在視網膜中的桿狀細胞與錐狀細胞製造電化學脈衝。接著神經脈衝激發兩極細胞並啟動神經節細胞，這些細胞傳遞脈衝到視覺神經，然後再到大腦。

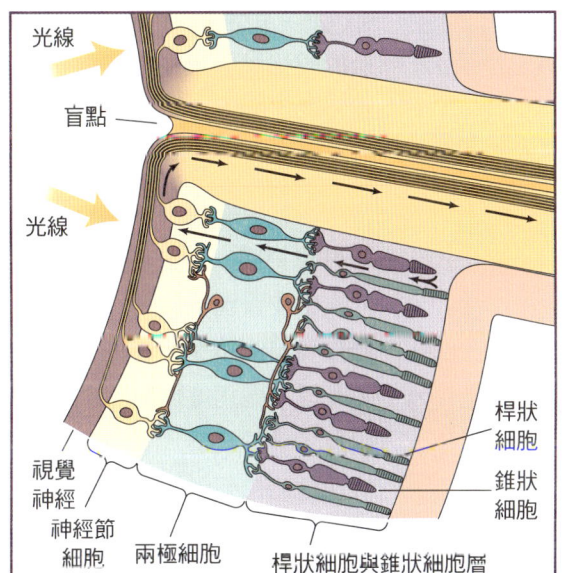

第 4 章 感覺與知覺　127

圖 4.13 雙眼盲點

這是盲點的普通實驗，盲點是視覺細胞引領大腦的小區域。請拿著書，把你的手臂伸直，遮住你的左眼並用右眼盯著左邊的紅椒，開始緩慢地將書本朝自己的方向移動直到黃椒消失。若要發現左眼的盲點，請遮住右眼並盯著右邊的黃椒，調整書本直到紅椒消失。

邊緣察覺昏暗的光線（如：天空中的星光），但在中央窩則不行。

光線進入眼球後，將影像照在視網膜上。這些影像又是如何傳到大腦呢？圖 4.12 顯示，錐狀細胞與桿狀細胞將光能轉成神經脈衝（Sandell, 2000），將訊號傳遞到兩極細胞（bipolar cells），再到另一層的神經節細胞（ganglion cells）。神經節的神經軸由視覺神經組成，攜帶視覺訊息至大腦做進一步的判讀。

視網膜中有一處不具桿狀細胞與錐狀細胞，這個區域為盲點（blind spot）。此區是神經集合連結到大腦其他區塊的地方，上面沒有接受細胞，也因此我們無法看見落入這一區的景物。練習一下圖 4.13 這個小活動，感受一下盲點的存在。

4.2.2 大腦的視覺歷程

影像經由視網膜的截取，以訊息模式透過神經傳導傳遞到腦中。而腦會如何整理這些訊號呢？接下來就來看看這些影像的後製作過程。視覺神經由眼睛攜帶視覺訊息到大腦，由於大腦分成左右兩邊，視知覺透過交錯方式來傳遞到大腦皮質區。左邊視域的刺激登錄到右邊的視網膜，右邊視域的刺激登錄到左邊的視網膜（圖 4.14）。在大腦中，視覺神經束分離，稱為視覺神經交叉（optic chiasm）。趨近半數的視覺神經束在大腦中交叉，所以，在雙眼視網膜右半邊的視覺訊息，會傳遞到左邊的大腦枕葉皮質，在視網膜左半邊的視覺訊息，則會傳遞到右邊的大腦枕葉皮質。

在影像顯現與照像一樣時，大腦視覺皮質區——位於大腦枕葉，必須先認出何為目標物體，而其他的為背景。Husel 與 Wiesel（1963）這兩名諾貝爾獎得主成功地找出皮質區偵測物體特徵的神經細胞。就像在視網膜的細胞，許多細胞在初級視覺皮質具高度個別化的分工（Kameyama 等人，2010）。有些神經元負責角度；當刺激以某個角度出現時，該神經元即進行神經脈衝活動。另一組神經元注意移動的訊息。多種神經元透過平行歷程（parallel processing）同時處理訊號，讓我們可以快速地將複雜的圖像重新整理（Nassi & Callaway, 2009）。平行歷程能連結不同神經通路的單一感覺訊息，整合出我們所看到的景象。例如，我們看見一隻鸚鵡，視覺訊息會登錄完整的鸚鵡圖像，但感覺系統會打破完整的視覺訊息，並傳遞到不同

專門的神經通路,看見完整的鸚鵡圖像需要重新集合大腦皮質中的訊息(Crick & Koch, 1998)。平行歷程讓我們瞭解大腦處理視覺訊息的效率,有些神經細胞負責色彩、有些神經細胞負責形狀、有些神經細胞負責移動。學者也關心大腦如何統整這些不同分工的神經細胞功能。這種整合的能力稱之為結合力(Binding),也是目前視覺心理學研究的重心(Shipp等人,2009)。透過這個結合力,我們的世界就產生了動感,可以注意到移動的車輛以及靠近你的小狗。

還記得第 2 章章頭故事曾提過的馥華嗎?雖然她的眼睛沒有受損,大家都以為她看得見;但是因為大腦皮質區的受損導致她無法「看到」外在世界。這也說明了眼睛負責感覺,而大腦皮質區則是負責知覺。透過感覺的接收以及大腦知覺的處理,我們才能夠看到這個美麗世界。

4.2.3 色彩視覺

想像一下,如果你的世界是黑白影片,那有多無趣呢?得以分辨色彩提供了動物非常多的便利,包括偵測與判斷的能力(Sekuler & Blake, 2002)。例如,由食物的外觀顏色決定是否成熟或者適合食用。但並不是所有的動物都需要看見色彩,狗的色彩視覺就比我們的色彩視覺更簡單,反之,鳥卻可以辨識每朵花的明亮色彩。

心理學家已發現許多色彩視覺的基本原則。例如,色彩是一種神經反應型態,並不是單單只是光線的波長的影響(Shevell, 2000)。這些研究產生兩個主要理論:三原色論(trichromatic theory)與對比歷程論(opponent-process theory)。兩種理論說明我們如何察覺到不同顏色。

三原色理論由 Thomas Young 在 1802 年提出,並由 Hermann von Helmholtz 在 1852 年修正,主張色彩知覺經由紅、綠、藍三種類型的接受細胞(在視網膜上的錐狀細胞)而產生。支持此論點的為色盲研究,由於色盲很少是全部的顏色都無法辨視。主要起因於某種錐狀細胞無法作用(Shevell, 2000)。在生活中,大多數的色盲形式為綠色錐狀細胞在某方面機能失常,使得個體無法辨視綠色(圖 4.15)。透過這些天生色盲的個案,讓研究者推測我們有三種顏色的接受細胞。

在 1878 年,德國心理學家 Ewald Hering 觀察到某些顏色無法同時存在。例如,我們可以想像偏綠的藍色或偏紅的黃色,但是我們幾乎無法想像偏紅的綠色或

圖 4.14 經由大腦的視覺通路
從光線進入的視域落入對側的視網膜,視覺訊息在視覺神經與交叉神經中傳輸,大部分的視覺訊息都會送到另一邊的腦區,並傳遞到大腦枕葉視覺皮質附近。交叉傳遞代表我們左邊看見的視域(圖片中的女人)登錄到右邊的大腦中,右邊看見的視域(男人)登錄到左邊的大腦。

圖 4.15 色盲測試使用刺激

視覺正常的人會看見左邊圓圈的 16 與右邊圓圈的 8，紅綠色盲只能看見左邊的 16 或右邊的 8。完整的色盲評估需要使用 15 個刺激診斷。

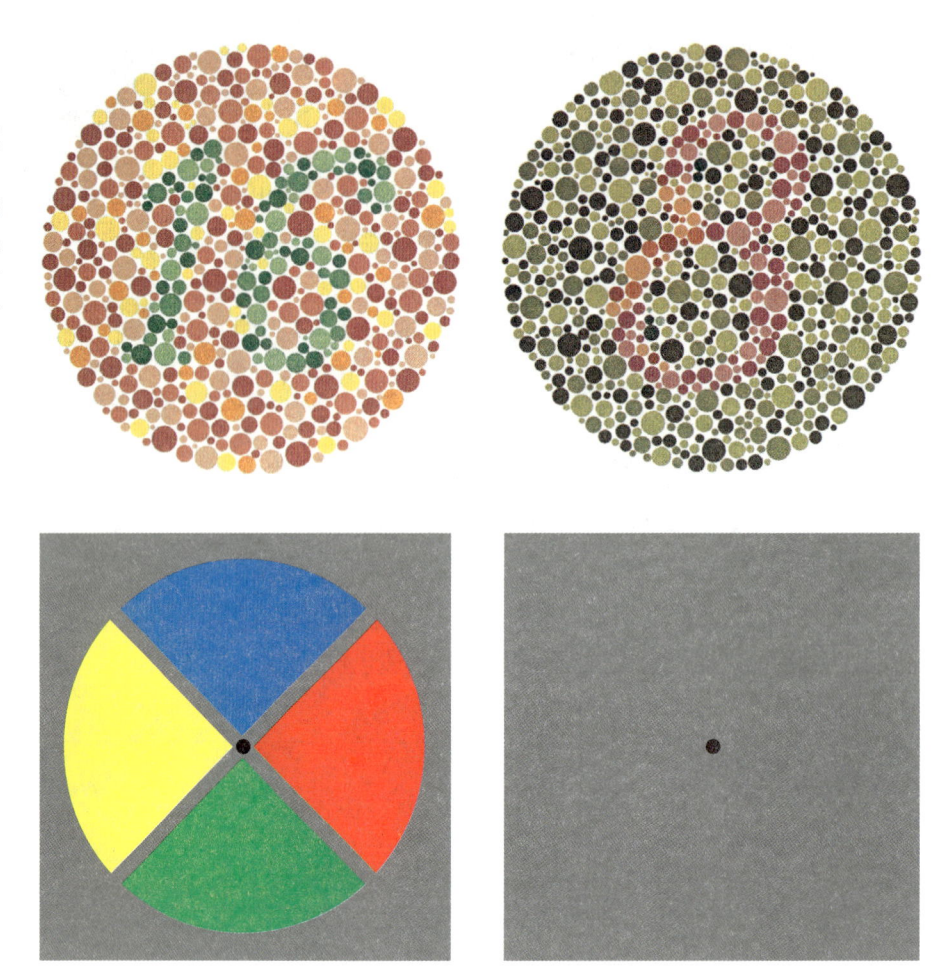

圖 4.16 負片後像：互補色彩

如果你一直盯著左邊彩色圖片的黑點，看一陣子後，移動視線至右邊灰色圖片的黑點，你會發現原來的顏色變成它們的互補色。藍色變成黃色，紅色變成綠色，綠色變成紅色，黃色變成藍色。色彩成對是因為眼睛的色彩接受細胞是成對感應：當一個色彩消失（停止盯著彩色圖片），另一個色彩就會短暫地出現。後像效果在明亮的色彩上感覺最明顯。

偏藍的黃色。Hering 也同時注意到，三原色論無法解釋後像（afterimages），也就是當刺激移走後感覺依然存在（圖 4.16，依圖進行實驗後像）的現象。色彩的後像通常都包含互補的顏色：如果你盯著紅色很久，最後會出現綠色的後像；如果你盯著黃色很久，最後會出現藍色的後像。

Hering 的觀察讓他提出一個假設：視覺系統在顏色上是互補對稱，「紅色－綠色」與「藍色－黃色」。他的對比歷程論強調，視覺系統上的細胞會對紅－綠或黃－藍反應，細胞有可能被紅色所激發而去抑制綠色；反之，另一個細胞有可能被黃色所激發而抑制藍色。研究發現對比歷程論的確可以解釋後像（Hurvich & Jameson, 1969; Jameson & Hurvich, 1989）。如果你盯著紅色，你的紅綠系統似乎會疲倦；當你看向另一處，便會反彈出綠色的後像。

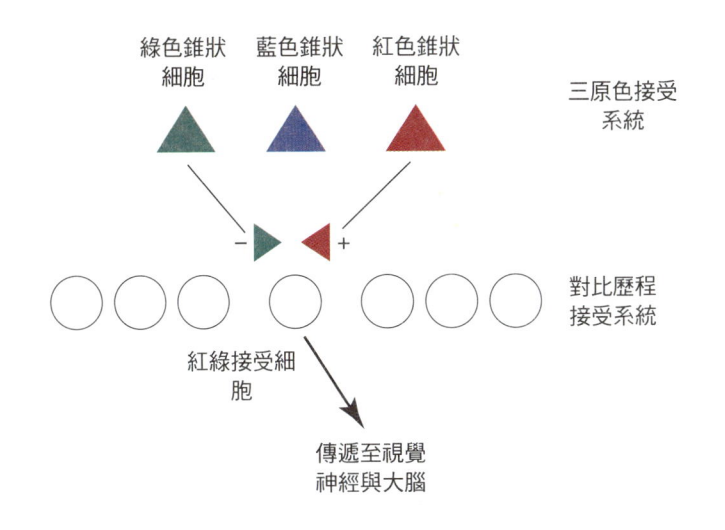

圖 4.17 三原色論與對比歷程論：顏色訊息在視網膜的傳遞

視網膜三原色接受系統的錐狀細胞對綠、紅、藍光反應，訊息朝向視覺神經傳輸，對比歷程細胞被激發。如圖所示，接受細胞被綠色錐狀細胞抑制（－）與紅色錐狀細胞激發（＋），製造紅綠色彩訊息。

整合這兩個理論，讓我們更清楚了解彩色的世界是如何產生的。藍、綠、紅錐狀細胞同時翻譯三原色進入對比歷程登錄（圖 4.17）。簡單來說，光線刺激三原色細胞，然後透過對比歷程來產生色彩知覺。例如，波長介於綠色與紅色間的黃色是如何產生的？基本上，當光波進入視網膜，就會刺激綠色與紅色的錐狀細胞，這兩個細胞的訊息就傳遞到「紅色－綠色」與「藍色－黃色」的對抗歷程。紅與綠色同時激發會讓「紅色－綠色」歷程平衡，而綠色又去活化「藍色－黃色」歷程而產生黃色。若對色彩知覺有興趣者，可以閱讀陳一平教授所著的《視覺心理學》，裡面有更詳盡的說明。

4.2.4 空間的視覺知覺

電影《阿凡達》掀起了 3D 電影的風潮。對於生活在 21 世紀的我們來說，單純的二維影像已經無法滿足我們渴望的感官體驗。然而三度空間的知覺是如何產生的呢？它是透過空間的視覺知覺，包含形狀、深度與恆定性。

★ **形狀知覺**

想像視覺世界與它們的形狀——在天空下的建築物、水平線上的帆船、書本上的字詞。我們能看見這些形狀是因為它們比較明顯，從我們所見靜止的視野中突然改變亮度（Cavina-Pratesi 等人，2010）。**圖像－背景關係**（**figure-ground relationship**）是我們用來安排知覺場域的原則——讓刺激脫穎而出（圖像）而遺漏其他部分（背景），見圖 4.18。

圖像－背景關係
圖像的辨識是來自圖像與背景的對應關係。

圖 4.18 可反轉的圖像－背景圖形

某些圖像與背景的關係非常模稜兩可，很難說出哪個是圖像，哪個是背景。請看著名的例子，你看到的是高腳杯或兩張側臉？

第 4 章 感覺與知覺 131

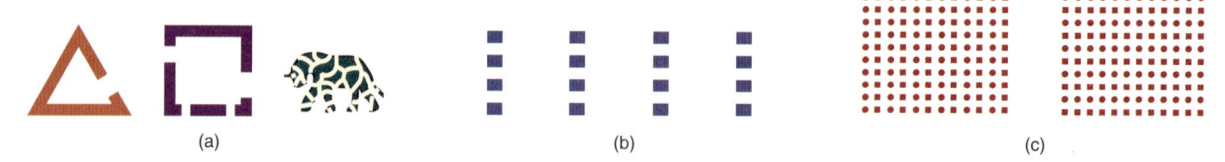

圖 4.19 閉合、相近與相似的完形原則
（a）閉合：當我們看見不連續或不完整的形體時，我們會填補空缺而看見完整的形體。
（b）相近：當我們看見物體相鄰時，會被視為一個整體，你會看見 4 個小方塊組成的 4 個行柱，而不是 16 個方塊組成的整體。
（c）相似：當我們看見相似的物體，傾向把它們視為相同，如果不仔細看你會覺得兩個方框都一樣，但近看時，你會發現左邊方框中圓形與方形是垂直的，而右邊則是平行的。

完形心理學
研究人們如何根據某種模式自然地組織其知覺。

圖像一背景關係是完形原則（圖 4.19）。根據**完形心理學（gestalt psychology）**，人們根據某種模式自然地組織其知覺（Gestalt 在德語中代表結構或形狀）。例如，當看電影時，你看見電影內的影像連續移動並不代表影片連續，當檢視影片時，你會發現影片的影像是一格一格地呈現，按照設定的秒數在銀幕前放映，所以你看見的整體影像不同於部分的影片。看看圖 4.19 的圖案，你是否發現自己自然地就會採用閉合、相近與相似等原則來組織你所看到的訊息？

★ 深度知覺

影像以二度空間的形式出現在視網膜，但我們卻能明顯地看見三度空間的世界。深度知覺是一種覺知三度空間物體的能力。我們看到有深度的影像或物體是因為使用兩種訊息當線索──雙眼線索與單眼線索。

雙眼線索
使用雙眼左右視網膜的結合影像，提供深度線索。

因為我們有兩隻眼睛，所以有兩種視野，一隻眼睛一種視野。**雙眼線索（binocular cue）**是使用雙眼左右視網膜的結合影像，提供深度線索。雙眼所看到的影像不盡相同，因為兩眼所看見的位置有細微的差異。試著將雙手在眼前 10 公分處互握，輪流閉上左右眼，用一隻眼睛觀察雙手的影像，你會發現雙手的影像來回跳動，因為影像對照到左右兩邊的視網膜位置不同。雙眼看見的圖像會在大腦中結合（Preston, Kourtzi & Welchman, 2009），雙眼視覺的不同影像是大腦判斷物體深度與距離的線索。3D 電影的效果就是透過雙眼的視差效果所呈現出來的立體世界。雙眼的聚合（convergence）也是一個深度知覺的線索。當我們注視一個慢慢靠近的物品，我們雙眼的聚焦與移動也是創造出深度知覺的線索。例如，看著一臺從遠方駛近你的車。

單眼線索
使用單眼便能提供深度線索。

除了使用雙眼線索去知道物體的最佳深度外，我們也會使用左眼或右眼的**單眼線索（monocular cue）**來提供訊息。試著閉上一隻眼睛──你對世界的知覺依然保持許多三度空間的水準。

關於單眼線索的例子如下：

- **熟悉的尺寸：**我們對於物體深度與距離的知覺，是基於之前關於相同尺寸物體的

圖 4.20 線性知覺的單眼線索
著名的風景藝術家透納（J. M. W. Turner）在其畫作《Rain, Steam, and Speed》中，使用線性透視觀點提供深度知覺。

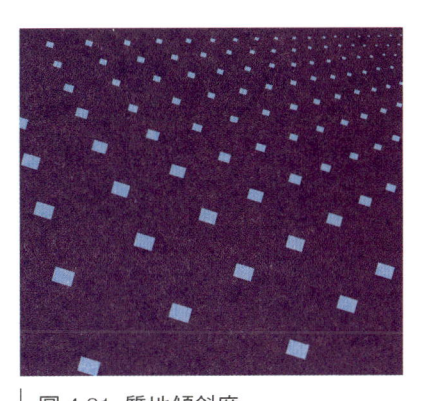

圖 4.21 質地傾斜度
質地的傾斜程度能在平面製造深度。

學習經驗。我們知道橘子的大小，所以可以知道在視網膜中，橘子距離遠近時的大小尺寸。

- **視野高度位置**：當所有的物體都相同時，位置較高的物體看起來比較遠。
- **線性透視**：比較遠的物體在視網膜所占的空間較少，如圖 4.20 所示，當物體因距離逐漸模糊，景象中的平行線會愈來愈聚集。
- **重疊**：物體有部分隱藏或重疊於另一物品，會被覺知為有前後關係。
- **明暗**：光影的位置會影響深度知覺。試著將一顆蛋放在檯燈下，並繞著蛋走一圈，你會發現蛋面有不同的光影圖案。
- **質地傾斜度**：質地從鬆散變得較為濃密，會讓人有一種漸行漸遠的感覺（圖 4.21）。

深度知覺特別吸引藝術家的注意，像是如何在二度空間的畫布上表現三度空間世界。藝術家通常使用單眼線索去賦予油畫視覺深度。回想你中學美術課的素描經驗，許多素描的技巧就是利用這些深度知覺的特性來創造出圖畫的立體感。

> **知覺恆定**
> 即使物體的感覺訊息發生改變，物體依然維持恆定與不變的一種再認歷程。

★ 知覺恆定

視網膜景象為恆定的變化。物體刺激落在視網膜，即使我們移動眼睛的位置，近觀或遠看物體，轉動方向以不同的角度檢視物體，或者變換陰暗或明亮的情境，我們的知覺依然維持穩定。**知覺恆定**（perceptual constancy）是一種物體再認歷程，即使物體在視網膜上的感覺訊息發生改變，我們對於物體的知覺判讀依然維持恆定與不變。

我們有三種知覺恆定：

- **尺寸恆定**：即使物體（如：熱氣球）在視網膜上的影像大小

圖 4.22 尺寸恆定
即使熱氣球在視網膜中的影像不同，我們仍能知曉熱氣球的尺寸相同。

第 4 章 感覺與知覺　133

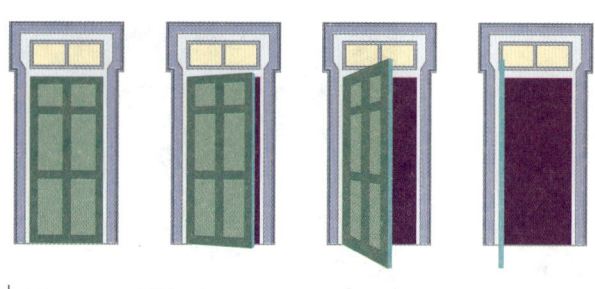

圖 4.23　形狀恆定
雖然圖片中開門的方式都不同，但我們同樣覺知其為長方形的大門。

會變，但我們還是認為這些物體維持著相同的尺寸（圖 4.22）。例如，從遠方開過來的車子，雖然在視網膜上這臺車子會漸漸變大，但我們還是覺得它是同一臺車子。

- **形狀恆定**：即使物體的角度不同，在視網膜上依然維持相同的形狀。看看四周不同形狀的物體；當你走路時，物體的形狀角度會隨著改變，但你依然覺知到物體的形狀相同（圖 4.23）。

- **顏色恆定**：即使落在物體上的光源程度不同，視網膜上的物體會有相同色彩的影像。例如，不論你在室內或室外讀本書內容，書本的白色內頁與黑色字體不會因為光源變化，而突然變白或變黑。

　　我們是如何解決視網膜上影像的差異性，以保有物體實際的尺寸、形狀或亮度呢？經驗非常重要。例如，不論你離車子多遠，你會知道車子的實際大小。在尺寸恆定中，單眼線索與雙眼線索會提供距離的線索，讓我們清楚地知道物品距離自己的位置以及它應該有的大小。

★ 物體移動

　　物體移動的知覺在生活中扮演著重要的角色（Boeddeker & Memmi, 2010）。對於許多生物而言，辨識外界移動的物體是生存的重要技能，如：快速奔來的老虎或是空中飛舞的小蟲等。以青蛙為例，牠的視網膜就可以辨視出飛舞的小蟲，透過這樣的監控來獲取食物（Baylor, 2001）。而人類對於物體移動的辨識也與其他生物有所不同（Reudies & Neumann, 2010）。

　　人類如何知覺到物體的移動呢？首先，我們有特殊的神經元來覺知物體的移動。再來，我們可以透過身體的自然轉動來發現物體的移動，例如，有球飛過來我們會轉動身體。第三，環境有許多線索可以讓我們發現物體的移動，例如，臺東的水往上流就是利用環境線索來創造出水往上流的知覺假象。許多電影也會利用我們的知覺特性來創造出物體移動的假象。

臺東知名景點——水往上流。

想一想

1. 請解釋視覺系統如何讓我們看見，如何與大腦聯繫並覺知訊息。
   - 請解釋何謂自然光，以及它在眼睛的運作歷程。
   - 請描述視覺訊息如何傳遞至大腦，並重新組合為單一影像。
   - 請討論色彩視覺的三原色論與對比歷程論。
   - 請說明為何形狀、深度、動作與知覺恆定，能讓我們把平面的影像變為立體的物體或影像。
   - 我們如何將光線刺激轉變成眼睛所看到的花花世界。
2. 如果你要設計一個安全警告或訊號，你會如何讓它吸引其他人的注意？請從本節中所學的視覺刺激、視覺歷程與色彩視覺面向去思考。
3. 水往上流是因為那種視覺歷程所產生的錯覺？

在地人的心理學

藝術與心理學的發展

我們的五感知覺是將外在大千世界的物理刺激，轉換成內在的心理世界。交通大學應用藝術研究所所長陳 平教授致力於視知覺的探索，並且深入研究我們如何透過視覺系統來知覺到外在的世界。其中，色彩的知覺更是審美的重要機制，令人稱奇人類如何透過三色知覺系統來產生生活中的花花世界。這也說明，我們的大腦利用最簡潔的知覺歷程，創造出最複雜的多彩世界。

藝術創作是將心理世界轉化成物理刺激。我們都有過藝術創作的經驗（如：繪畫、唱歌、舞蹈等）。這些創作的過程中，多多少少會表達個人內在的感受與想法，顯現出藝術創作與內在心理世界的關聯性。

藝術治療是一種結合創造性藝術表達和心理治療的助人專業，透過多種藝術創作為媒介，來達到心理治療的效果。常見的藝術治療有以視覺為主的繪畫治療、以聽覺為主的音樂治療、以動態知覺為主的舞蹈治療等。目前藝術治療已經廣泛地應用在教育系統與醫療系統。2004 年，臺灣藝術治療學會成立，更有系統地推動藝術治療，也希望能夠將藝術治療推展到社區心理健康，透過這些多元的模式，來幫助大眾擁有良好的心理健康。若你對藝術治療有興趣，可以連結到藝術治療學會的網站上一探究竟（http://www.arttherapy.org.tw/）。

很久沒有畫畫了嗎？你可以去買一盒蠟筆，拿 張紙來進行創作。在畫畫的過程中，你有哪些心理世界浮現？

> **想一想**
>
> 1. 你覺得繪畫、音樂、舞蹈可以改善心情嗎？
> 2. 藝術治療與藝術創作有何不同呢？

| 參考資料 |
陳一平（2011）。《視覺心理學》。雙葉書廊。
邱品惠、曾加蕙（2009）。〈二十一世紀的藝術治療〉。《臺灣藝術治療學刊》，1，13-29。

4.3 聽覺系統

如果生活中沒有音樂、洶湧的海浪聲、風聲、家人或朋友的聲音，會是如何呢？聲音提供我們多種訊息，像是他人正在接近、行進的車子、頑皮的兒童吵鬧等。更重要的是，聲音能讓我們經由語言或歌唱溝通。

4.3.1 我們如何感覺聲音？

聲音或聲波經由空氣的顫動傳導到聽覺系統，每個聲波就像海浪一樣有起伏，聲波變化有三種不同的特徵，圖 4.24 說明聲波的物理差異造成聲音品質的不同：

- **頻率（frequency）**：一種規律的波動。音頻（pitch）是聲音頻率的知覺解釋，也就是單位距離中所包含的聲波數。波長指的是兩個音波高峰點的距離，音頻高低就受到波長的影響。若是高音頻的聲音（如：手指抓黑板的尖銳聲音），就是波長很短的音波；反之，低音頻（如：低音鼓），就是波長較長的音波。
- **振幅（amplitude）**：標準聲音波長所產生的壓力，測量單位為分貝（decibel, dB），零分貝是人類耳朵可以偵測到最微弱的聲音。音量是我們覺知到聲波的振幅。當聽到較大的聲音時，空氣傳遞較強烈的振幅；聽到較輕微的聲音時，空氣則是傳遞較小的振幅。
- **複雜度（complex）**：不同頻率的聲音混合在一起。一個單純的聲波類似於一個單純的光波，但大多數的聲音，不論是演講與音樂，都是錯綜複雜的不同聲波混合而成。音色（timbre）是知覺的複雜度或聲音的聲調飽和度。當喇叭與伸縮長號都演奏同一音調，我們會感受到不同的音色，就像是我們可以聽見不同人說話，由於音質不同，因此我們能辨識是誰在說話。

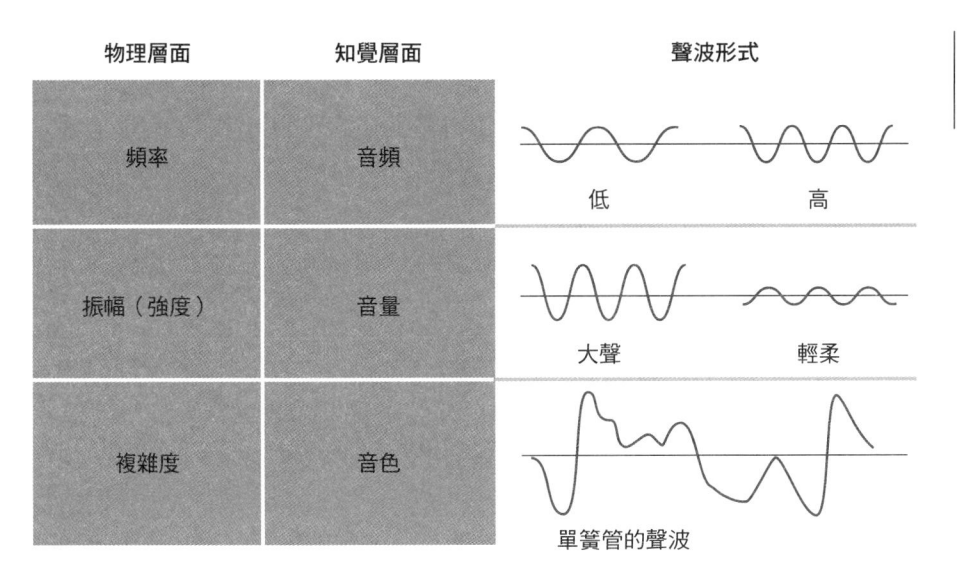

圖 4.24 聲波的物理差異與製造的聲音品質

物理層面	知覺層面	聲波形式
頻率	音頻	低　　　　　　高
振幅（強度）	音量	大聲　　　　　輕柔
複雜度	音色	單簧管的聲波

4.3.2 耳朵的結構與功能

聲波是如何進入你的耳朵呢？耳朵的結構變化是如何將聲波轉化成信號，讓大腦可以理解聽到的聲音？以功能而言，耳朵的目的是傳遞環境中高精準的聲波，讓大腦分析與解釋。

耳朵分為三個部分（圖 4.25）：

- **外耳（outer ear）**：外耳由耳廓（pinna）與外聽覺耳道（auditory canal）組成。漏斗形狀的耳廓是可看見的耳朵部分（如：大象有非常大的耳廓）。耳廓蒐集聲

外耳
由耳廓與外聽覺耳道組成。

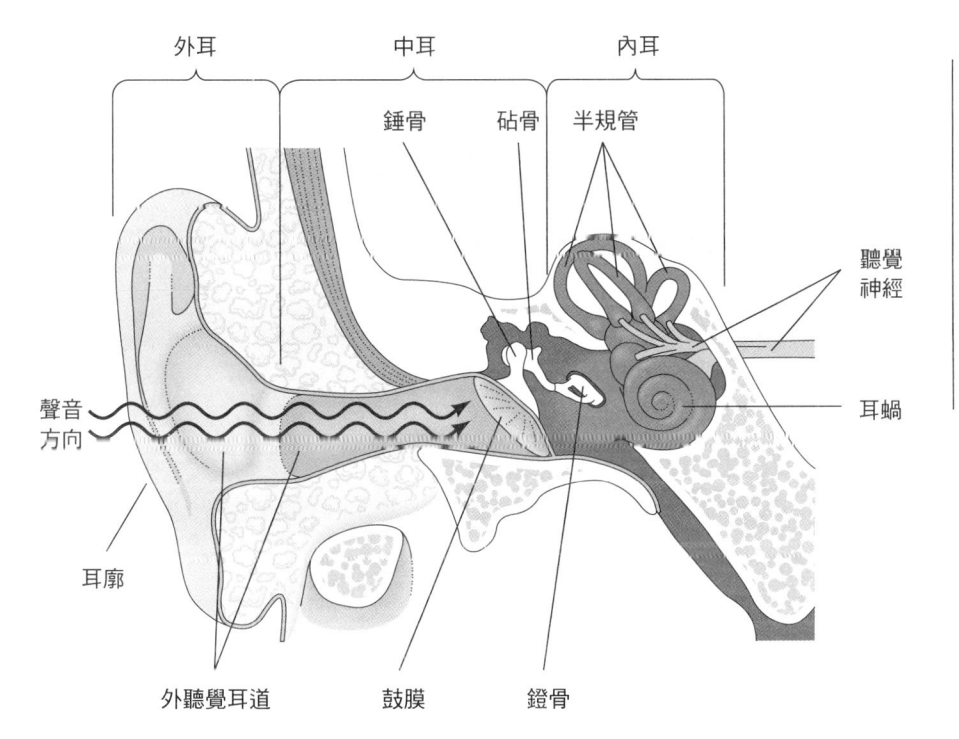

圖 4.25 外耳、中耳與內耳

在外耳時，聲波經由外聽覺耳道傳遞，並在鼓膜產生振動，這些振動經由錘骨、砧骨與鐙骨傳遞至內耳的耳蝸，並把機械振動轉換為電化學訊號讓大腦認出聲音。

第 4 章　感覺與知覺　**137**

音與讓聲音通到耳朵的內部。許多動物的耳廓是可動的，並且能鎖定聲音位置。例如，貓能把耳廓轉到新奇與有趣聲音的方向。

中耳
由鼓膜、錘骨、砧骨與鐙骨組成。

內耳
由卵圓窗、耳蝸與基底膜組成。

- **中耳（middle ear）**：在經過耳廓後，聲波朝著外聽覺耳道前進至中耳。中耳是聲音到內耳的通道。聲音接觸中耳的第一個結構是鼓膜（eardrum），就像大鼓一樣會因聲音而產生振動。而人體中耳的錘骨（hammer）、砧骨（anvil）、鐙骨（stirrup）是一系列連接的骨頭；當鼓膜振動時，會把聲音波長傳遞到內耳（Stenfelt, 2006）。

- **內耳（inner ear）**：內耳主要的功能是轉譯聲波成為神經脈衝，並傳遞它們進入大腦（Shibata 等人，2002）。中耳的鐙骨連接內耳的卵圓窗（oval window）膜，再轉譯聲波到耳蝸（cochlea），一個像蝸牛一樣的管狀結構（圖 4.26）。內耳耳蝸壁上有基底膜（basilar membrane），在耳蝸底部是狹小和堅硬，但頂部卻是寬敞而有彈性。寬敞而有彈性是為了要接觸到不同的聲音頻率，並允許基底膜在不同的位置可以強烈地振動。例如，鈴鐺發出的高頻鈴聲會刺激耳蝸底部基底膜的狹窄位置；反之，船的低頻汽笛聲則會刺激寬廣的末端。在人類與其他靈長類身上，聽覺毛細胞（hair cells）圍繞著基底膜。聽覺毛細胞是耳朵的感覺接受細胞，因為在頂端有一束束細小名為毛細胞的纖毛，可以感測耳朵內移動的聲波，並且將聲波轉換為訊號傳遞到大腦（Teague 等人，2010）。

內耳如何靠音波的振動來傳遞聲音的訊息？目前有兩個理論可解釋這個謎團：

圖 4.26 耳蝸
耳蝸是螺旋結構，充滿液狀的通道，鐙骨緊鄰卵圓窗，振動將傳遞至基底膜，基底膜在耳蝸為線狀並與不同的聲音頻率有關，振動並啟動聽覺神經的動作電位。

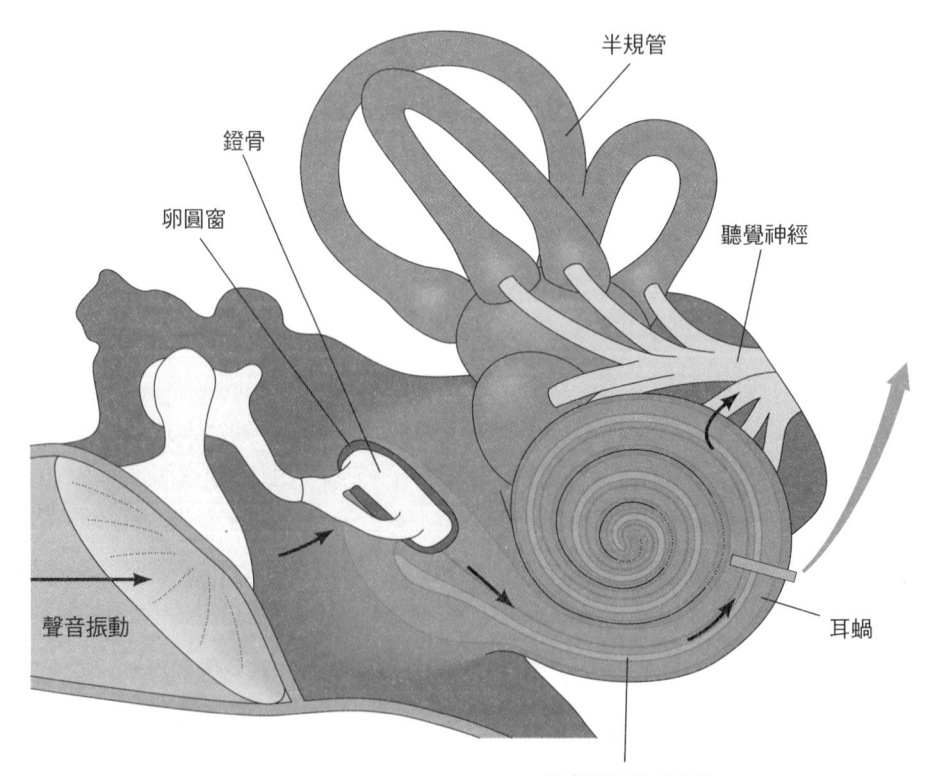

位置論與頻率論。位置論（place theory）強調每種頻率會在基底膜的特定點上製造振動，也就是說每個位置都代表著特定的聲波頻率（von Békésy, 1960）。Georg von Bekesy（1960）透過顯微技術來看聲波傳到卵圓窗時，基底膜是如何運作。聲波的傳遞就像你將石頭丟到湖裡產生的漣漪反應，沿著耳蝸這樣一條長長的管道傳遞進來。由於耳蝸的長度有限，所以波長過長的低頻波無法有效地傳遞進來。因此，我們發現高頻率（波長短）的聲音刺激可以定位於基底膜上，而低頻率的聲音卻不能。簡單來說，位置論可以清楚解釋我們如何接受高頻率的聲音，但不能解釋低頻率的聲音。從位置論來看，我們對於高音頻的聲音較為敏感。

頻率論（frequency theory）強調知覺聲音是依據聽覺神經被激發的頻率（多常被激發），因此高頻音需要更快速的神經激發狀態，而低頻音則不需要。由於我們的聽神經細胞被激發的頻率最高為每秒 1,000 次，所以單一神經細胞只能處理低於每秒 1,000 次的頻音。因此，頻率論便可以解釋覺知到低於每秒 1,000 次的聲音。所以只能處理較低頻的聲音。從頻率論的角度來看，人類對於低頻率的聲音區辨較為敏感。近期學者想克服頻率論的限制，採用齊發原則（volley principle）來解釋我們如何處理高於每秒 1,000 次的音頻，也就是聲音的接受是透過多個神經元細胞共同合作來激發。

位置說與頻率說各有其優勢與限制。目前對於聽覺的理論是整合兩者來說明人類如何有效地辨視各種頻率的聲音；簡單來說，就是讓位置論說明我們如何接受高頻的聲音，而頻率論說明低頻音。這樣的區分也突顯出人類對於高頻音與低頻音的處理歷程不同。例如，高頻聲往往和警覺與危險有關（如：警鈴），而低頻聲則與放鬆有關（如：有磁性的聲音）。這樣的區分與生活適應有關，其中的機制也是未來心理學家努力探索的課題。

4.3.3 大腦的聽覺歷程

就如有關視覺系統的討論，我們會接收環境中的能量進入我們的知覺，並且轉化進入大腦歷程進行解釋。對聽覺系統的討論也是如此。聲波流動經由內耳的聽覺毛細胞傳送到**聽覺神經（auditory nerve）**，其傳導神經脈衝到大腦聽覺區。經由聽覺毛細胞的轉譯，將物理刺激的聲波轉換為神經脈衝傳遞到大腦。

聽覺訊息經由聽覺通路移動的電化學傳遞方式，比視覺訊息經由視覺通路的移動還複雜。聽覺通路有非常多的突觸。大多數的神經束橫跨兩邊大腦皮質的中線，但某些歷程直接傳到與耳朵同一邊的大腦皮質，因此大多數的聽覺訊息由左耳傳送到右邊的大腦皮質，而某些訊息則傳送到左邊的大腦皮質。聽覺神經從耳蝸一直延伸到腦幹，聽覺神經大多集中在顳葉。與視覺訊息相同，科學家發現非常多聽覺訊息的特徵，沿著平行的通路傳導到大腦中（Recanzone & Sutter, 2008）。

聽覺神經

從聽覺毛細胞接收聲音訊息傳至大腦聽覺區的神經細胞。

4.3.4 方向的聽覺知覺

當你聽見救護車鳴笛或狗狂吠,你能知道聲音由何處傳出嗎?我們用左右兩隻耳朵來定位聲音。想像狗在你的左邊吠叫,你的左耳會比右耳更快接收到聲音,且左耳會比右耳接收到較強烈的聲音,因為:(1)聲音傳遞到左耳的距離較短;(2)右耳因為頭部阻隔而造成聲覺陰影(sound shadow),產生減低聲音強度的屏障(圖 4.27)。因此,聽到的時間(timing)與強度(intensity)的差異讓我們能知道聲音方位(同樣地,因為我們有兩隻眼睛看見不同景象,使得我們能知道物體離我們多遠多近)(Salminen 等人,2010)。如果聲音刺激在我們正前方出現,我們通常較難定位聲音位置,因為兩耳同時接收到聲音,同樣的情況也發生聲音刺激直接出現在頭頂正上方或後方。

與其他的動物相較,人類無法非常精準地定位聲音來源(Matlin, 1988)。例如,蝙蝠能在夜晚狩獵昆蟲,因為牠們發展出高度敏感的聽覺系統。蝙蝠散發聲波並感受聲波反彈,這個系統稱為回波定位(echolocation)。蝙蝠利用此系統避開狩獵者與發現獵物。因為蝙蝠是夜行動物,所以演化出精密的聽覺系統。視覺需要環境光線才能提供內在表徵的方法,對蝙蝠而言並不是有效的知覺系統。人類不需要蝙蝠的回波定位能力,因為人類不在夜間狩獵,而是在白天利用眼睛捕捉獵物。

圖 4.27 聲覺陰影
聲覺陰影是聽者頭部引起,頭部形成屏障減弱聲音的強度。當聲音從左邊傳來,聲覺陰影減低聲音在右耳的強度。

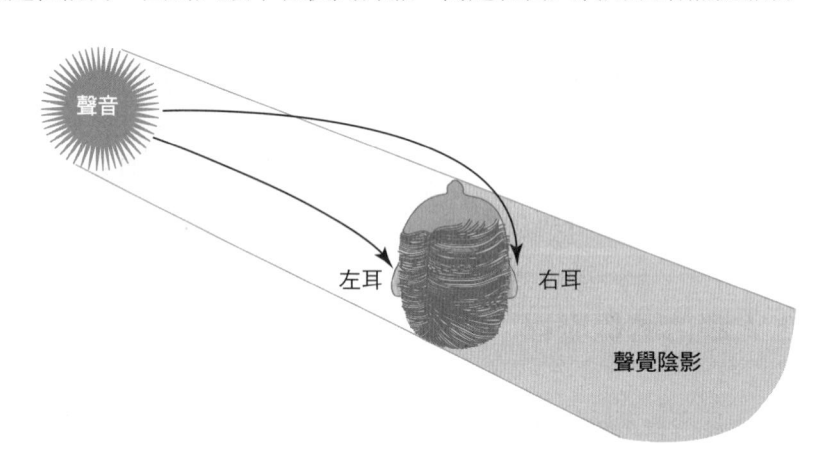

想一想

1. 了解聽覺系統如何調節聲音與如何連結大腦接收聲音。
   - 請描述我們如何覺知自然的聲音頻率?
   - 請定義耳朵的結構與功能。
   - 請解釋聽覺訊號傳到大腦的歷程。
   - 請描述聽覺定位。
2. 假設你從意外中存活,卻失去視覺或聽覺其中之一,你會選擇保留哪種感覺?為什麼?

幸福人生

聽聽美妙的聲音

你有喜歡聽的音樂或歌曲嗎？許多人在心情低落時，會聽一些療傷歌曲來撫平心情。當然，也有人會在快樂的時候高歌一曲。我們可以閉上眼睛讓自己看不見外在的世界，但卻無法關起耳朵。聽覺是人類無法關閉的五感系統，所以週遭的聲音會無時無刻地影響著我們。音樂可以透過聽覺刺激大腦的運作。利用音樂的頻率讓腦波進入到 Alpha 波（8~12Hz），可以使人的身心處於放鬆的狀態。此時人腦接受外部訊息或者內部思考都較為敏銳。

心理學家發現，聽不同類型的音樂會引發不同的情緒，如：聽悲傷的歌曲會讓人難過，聽快樂的歌曲會讓人愉悅等等（Miranda & Gaudreau, 2011）。他們也發現，與好友分享快樂的歌曲會讓人的心情更加愉快。除了情緒層面以外，音樂也與我們的抗壓與免疫功能有關，近期的回顧性研究顯示，聽音樂可以減少壓力荷爾蒙（可體松）的濃度（Fancourt, Ockelford & Belai, 2014）。所以在壓力狀態下，讓自己聽一些放鬆的音樂是可以舒緩壓力且減少壓力荷爾蒙對身體的影響。

除了音樂的特性以外，音量大小也會影響著我們的心情感受。當我們使用 iPod 等來聽美好的音樂時，記得音量不要過高，那樣會讓美好的音樂變成干擾的噪音（Zhao 等人，2010）。當週末放假的時候，試著走近大自然，聽聽大自然的水聲、鳥叫聲等等美妙聲音，洗滌一下自己的心靈。

| 延伸閱讀 |

吳幸如等譯（2008）。《音樂治療理論與實務》。心理出版社。
陳一平、林智祥與蔡振家（2013）。〈以情緒感受為基礎的音樂情緒資料庫〉。《中華心理學刊》，55，571-599。

| 參考文獻 |

Miranda, D. & Gaudreau, P. (2011). Music listening and emotional well-being in adolescence: A person- and variable-oriented study. *Revue Européenne de Psychologie Appliquée*, 61, 1-11.

Fancourt, D., Ockelford, A., & Belai, A. (in press). The psychoneuroimmunological effects of music: A systematic review and a new model. *Brain, Behavior, and Immunity*.

Zhao, F., Manchiaiah, V. K., French, D., & Price, S. M., (2010). Music exposure and hearing disorder: An overview. *International Journal of Audiology*, 49, 54-64.

4.4 其他感覺

除了與生存密切相關的視覺、聽覺以外，觸覺、嗅覺及味覺也是生活中的調味劑。接下來就來討論這些感受。

4.4.1 皮膚感覺

買了新鞋，走起路時腳趾頭是否會感到不適？皮膚是我們最大的感覺系統，覆蓋在身體上的觸覺、溫度、痛覺接受細胞（Hollins, 2010），經由皮膚可以察覺非常多的重要訊息。

★ 觸覺

在視覺上，我們偵測光能。在聽覺上，我們偵測空氣中聲波的振動。在觸覺上，我們偵測物理機械能量或皮膚壓力的改變。觸覺如何經由皮膚傳遞到神經系統？回想一下，第 2 章所提到的反射行為，當你手指碰到燙的東西時，你會透過感覺神經傳遞訊息到脊髓，然後再由運動神經傳遞訊息到手部，讓手指很快地離開火源。我們的許多觸覺都是如此地反應，皮膚接受細胞的感覺神經活化並且將訊息帶入脊椎神經系統，訊息開始在腦幹中傳遞。身體會將從一側接收到的訊息傳遞到另一側的腦中，到接力站──視丘，然後視丘會投射身體表面的訊息到大腦皮質頂葉掌管身體感覺的區域，讓我們了解身體上的感受（Hirata & Castro-Alamancos, 2010）。

就像視覺系統對於中央窩的影像會比對於邊緣視網膜的影像敏銳，觸覺的敏銳度在不同的皮膚區域也都不盡相同。由於我們經常使用手來感受這個世界，故手指的觸覺比其他部位更加敏感。因此，人類的大腦演化出更多的空間分析來自於手部的感覺訊號（回到第 2 章看看圖 2.10）。

觸覺在嬰兒發展上扮演特殊的角色。新生兒的觸覺比視覺、嗅覺、聽覺靈敏（Eliot, 2001）。新生女嬰比男嬰對觸覺更敏感，此性別差異持續一生。心理學家相信，觸覺專門幫助嬰兒去偵測與探索物質世界，並且發現嘴唇上的觸覺是能夠激發起副交感神經系統的運作，讓人感到放鬆與自在；這可以說明母親擁抱與親吻嬰兒是一件多麼美好的事情。

溫感接受細胞
位於皮膚下方的接受細胞，對鄰近於皮膚的溫度升高或下降作反應。

★ 溫度

皮膚除了需要感覺壓力，也需要偵測溫度，即使並未直接接觸。**溫感接受細胞**（thermoreceptor）位於皮膚下方，可反應鄰近皮膚的溫度升高或下降，並且透過

流汗等方式讓體內的熱能進出，以維持攝氏 37 度的身體恆溫。

溫感接受細胞有兩種類型：「熱感接受細胞」對皮膚熱的感覺作反應，而「冷感接受細胞」對皮膚冷的感覺作反應。當皮膚同時接受到外在刺激，使得熱感與冷感接受細胞同時運作時，我們會感覺非常炙熱，請見圖 4.28 的「燙」實驗。

★ 痛覺

當我們被捏時，我們對於物理壓力的轉變由觸覺變為痛覺；當灼熱的水壺把手燙傷你的手指時，你對溫度的感覺會變為痛覺。當任何一種感覺出現強烈刺激時都能變成痛覺，例如，光線太明亮、聲音太大聲、食物太辣等。**痛覺（pain）**是一種感覺，用來警告我們身體出現危機，因此是延續物種生存的能力之一。快速反應系統的功能告訴人腦中的動作系統必須行動，以減輕或將危機減至最小。例如，當手碰到高溫的火爐時會馬上抽離，當走過聲響非常大的鑽孔機旁會掩住耳朵。

痛覺接受細胞分布在全身——包含：每一吋肌膚、肌肉表面、內臟器官以及骨頭外圍（Beatty, 1995）。雖然所有的痛覺接受細胞在結構上相似，但隨著面對的刺激與功能不同，可以簡單分成：物理痛覺與熱痛覺兩類痛覺功能細胞。物理痛覺接受細胞只對壓力作反應，例如碰到堅硬的物體。熱感痛覺接受細胞只對熱覺作反應，例如，身體組織碰到灼燒。而身體中的許多痛覺細胞則是包含物理痛覺與熱痛覺兩種功能，許多痛覺細胞相當敏感，而且會產生一些痛覺相關的生化物質（Latremoliere & Woolf, 2009）。

痛覺接受細胞被激發的閾值較觸覺或溫度接受細胞更高（Bloom 等人，2001），要到達某種程度的傷害才會有痛覺，如：扭到。關節處紅腫或疼痛、肌肉拉傷時，會分泌前列腺素（prostaglandin）刺激細胞引起痛覺。藥物（如：阿斯匹靈）會經由降低前列腺素來減輕疼痛的感覺。

痛覺訊息傳遞到大腦有兩種神經通路：快速通路與慢速通路（Bloom 等人，2001）。在快速通路，神經纖維直接與視丘連接，並傳遞到感覺與動作皮質。這個通路傳遞關於形狀或位置的疼痛訊息，例如切到手指頭。在此通路中的訊息以少於 1 秒鐘的速度傳遞到大腦皮質，讓身體快速遠離傷害。在慢速通路，痛覺訊息經由邊緣系統傳遞，訊息抵達大腦皮質的旅程約 1 秒鐘。經由慢速通路的痛覺讓大腦知道傷害正在發生，然後採取後續的止痛行動（Gao & Ji, 2010）。

證據顯示大腦的化學歷程包含腦內啡（endorphin），可啟動痛覺訊息並關掉痛覺。腦內啡是一種神經傳導素，為天然的鎮定劑，它會製造愉快的感覺與痛覺，主要由慢速通路的突觸釋放（Bloom 等人，2001）。痛覺的知覺非常複雜且因人而異。有些人很少感覺痛，另一些人即使經歷微小的撞擊或擦傷也會感覺巨大疼痛。如果某人因小傷口就感覺巨大疼痛，有可能是神經傳導系統中的腦內啡製造不足。

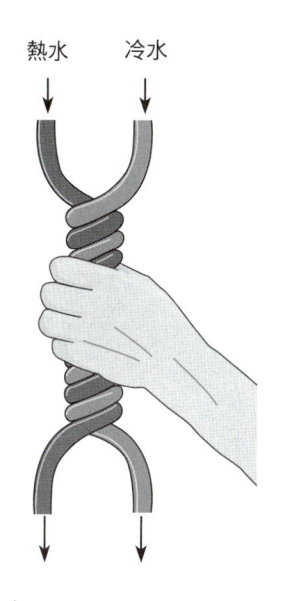

圖 4.28 「燙的實驗」
將熱水管與冷水管纏繞在一起，當人們用手碰到管子時會感覺「燙」。因為知覺到管子傳遞出強度熱量，使得我們沒辦法繼續碰觸管子。

痛覺
一種感覺，用來警告我們身體出現危機。

以下教你一些減輕疼痛的策略：

- **注意力分散**：當你受傷時，你會注意受傷的傷口，或是將注意力放在其他事物上？分散注意力通常是減輕痛覺的最好方法，例如，你可以將焦點放在你喜歡的影片上。
- **集中呼吸法**：當你碰撞到腳趾頭時，試著短促、快速的呼吸（類似分娩時的拉梅茲呼吸練習），集中呼吸法能成功地減輕痛楚。
- **對立刺激**：在割傷之後用力捏你的臉頰來減輕痛覺。在扭傷或腫脹處冰敷，不但可以減輕痛覺，也可以稍微消腫。

在韓沁林譯作（2014）《正念療癒，告別疼痛》一書中，教導讀者利用呼吸原理來減輕長期的疼痛。

除了身體上的疼痛以外，心理學家也深入探討「心痛」的感覺，稱之為社交上的痛（social pain）（Macdonald 等人，2010）。在生活中，我們常會因為人際衝突而感到受傷，這類的疼痛感受也是一種重要的疼痛訊息。許多情傷的人，就會利用一些自傷的行為來創造身體上的疼痛，然後利用腦內啡來療傷止痛。這些都是暫時性的效果，並無法真正地處理心痛的感覺。最近研究發現，心痛的感覺可透過催產素來緩和這種人際造成的傷痛感覺，透過良好的人際互動，我們體內會產生催產素（回顧第2章神經傳導素）；所以當你感到傷心難過時，別忘了找朋友聊聊，透過良好的人際互動來療傷止痛。

4.4.2 化學感覺

外在訊息以多種形式讓我們產生感覺：視覺的電磁能、聽覺的聲波、皮膚感覺的物理壓力與溫度。本節將說明兩種對環境中的化學歷程所產生的感覺（Doty, 2001）：嗅覺偵測空氣中傳播的化學分子，味覺偵測在唾液中溶解的化學分子。味覺與嗅覺常常同時刺激。當我們感冒或鼻塞影響食慾時，便會明白這兩種感覺有很強的連結。沒有了嗅覺，我們喜歡的食物會變得淡然無味。但要注意的是，即使有此連結，味覺與嗅覺事實上也是兩種不同的感覺系統。

★ 味覺

每個人都喜歡美味的東西。我們是透過味覺來選擇食物，但對於食物味覺愉快的連結，來自於身體在特定時間所需要的特定食物（Bartoshuk & Beauchamp, 1994）。例如，當我們肚子餓時，吃蛋糕會感覺非常愉悅，但當喝了一大罐牛奶後再吃一大塊蛋糕，則會感覺非常反胃。早上刷牙時，伸出你的舌頭照鏡子，仔細觀察舌頭表面的圓形突起物。這些突起物稱為**乳突（papilla）**。乳突包含味蕾，也就是味覺的接受細胞。舌頭上大約有1萬個味蕾。味覺訊息由這些接受細胞傳遞到大腦進行分析，當必要時，會產生防衛回應（例如，把東西從嘴裡吐出來）。

乳突

位於舌頭上的突起物，包含味蕾，味蕾是味覺的接受細胞。

我們所反應的味覺可以分為甜、酸、苦、鹹（Scott, 2000）。舌頭的味蕾可分辨出這四種味覺，但分布區塊有所不同。舌頭的尖端對甜與鹹的物質敏感，側邊是酸，後面是苦（圖4.29；Bloom等人，2001）。由於舌尖有許多甜味的味蕾，所以我們會習慣用舌尖來舔甜甜的冰淇淋。味蕾的味覺神經傳遞到腦部，通常反應包括多種元素的化學範圍，如：鹹與酸（Smith & Margolskee, 2001）。大腦處理這些有點含糊不清的訊號，並把它們整合為味覺知覺。當你吃鹽酥雞時，是否有感受到其中豐富的味道呢？

★ **嗅覺**

為了理解嗅覺的重要，請想像比人類擁有更精細嗅覺的動物，例如狗。狗可以偵測到的氣味濃度比人類強100倍，能利用嗅覺尋找回家的路、辨識敵友，或經由訓練去偵察隱藏於行李中的不法毒品。

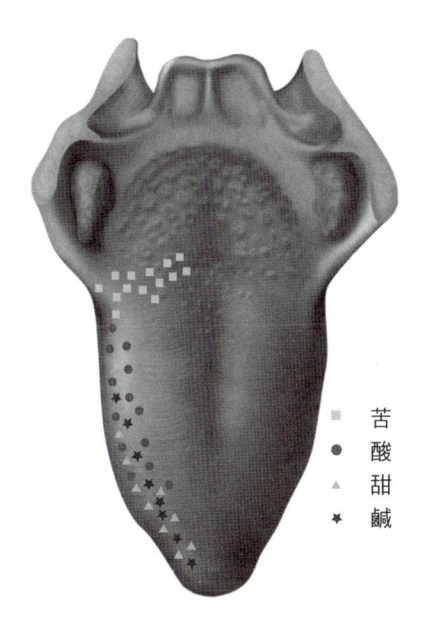

圖4.29 舌頭知覺甜、鹹、酸、苦物質的位置

我們使用嗅覺做什麼？第一，人類需要嗅覺去決定要吃什麼。我們可以區分出腐爛的水果，聞到這個食物會不舒服，並讓我們有作噁的感覺。第二，人類跟狗一樣，也會靠嗅覺來判斷環境的一些重要訊息。然後產生逃避或接近的反應。我們能聞出環境的惡臭來遠離危險，或者是他人身上的迷人香味，讓你想接近他。

就像眼睛會掃描視覺區域裡引人注意的物體，或是我們會豎起耳朵朝向想要傾聽的聲音，鼻子也會參與嗅覺。**嗅覺表皮細胞（olfactory epithelium）**位於鼻腔頂端，包含整片嗅覺接受細胞（圖4.30），所以吸氣會影響到偵測氣味的最大範圍（Doty & Muller-Schwarze, 1992）。接受細胞覆蓋百萬個細小絨毛似的觸角，會把黏液送至鼻孔上方，並與喉嚨及肺部的空氣接觸（Laurent, 2001; Yau, 2002）。

嗅覺表皮細胞
位於鼻腔頂端，包含整片嗅覺接受細胞。

嗅覺會經由神經通路，一開始經由顳葉大腦皮質的嗅覺區，然後經過許多的腦區，特別是包含情緒與記憶的邊緣系統。對許多人而言，嗅覺通常帶有記憶或情緒，這是因為嗅覺神經通路經過邊緣系統（Bloom等人，2001）。回想一下，當你聞到花香時，腦中是否會浮現出一些美好的回憶呢？在動動腦專欄中，將深入探討香氣與情緒的關聯性。

嗅覺也與人際間的吸引力有關（Hurst,

許多動物比人類擁有更敏銳的嗅覺，狗尤其擁有強力嗅覺。Watson是拉布拉多獵犬，在飼主癲癇發作前45分鐘就用腳掌提醒，讓飼主有足夠的時間移至安全的地方，為何Watson如此做？最有可能的假設是，狗聞到化學改變，知道癲癇即將發作。為何狗會演化出如此強烈的嗅覺呢？

第4章 感覺與知覺　　145

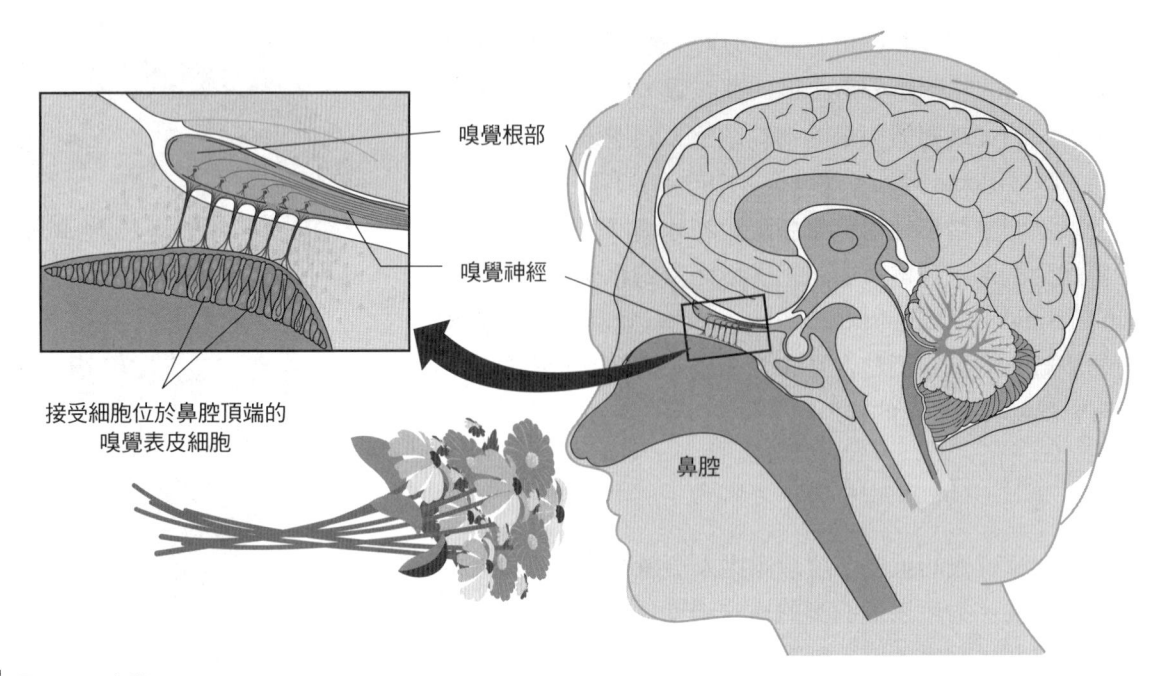

圖 4.30 嗅覺

風媒分子攜帶氣味接觸到鼻腔頂端微小的接受細胞，鼻腔黏膜的接受細胞稱為嗅覺表皮細胞，氣味訊息經由嗅覺神經往大腦傳遞。

2009），從演化的觀點來看，戀愛（擇偶）是為了能夠繁衍後代（Cosmides, 2011），透過找到一個健康又與自己基因不同的人交往，有利於未來可以生出一個健康又具有適應能力的孩子。其中，與健康最重要的指標就是免疫功能，一個人身上的味道可以反應出他的免疫功能好壞。由 Maritie Haselton（2006）的經典研究——T 恤研究，他邀請男同學將穿過的 T 恤放入夾鏈袋，然後請女同學根據衣服的味道來評分，結果發現這些女同學可以透過嗅覺來找出適合自己的另一半（身強體健的男同學）。簡單來說，眼睛是靈魂之窗，而鼻子是愛的偵測器。感受一下，你男朋友／女朋友身上的味道是否比其他人好聞呢？

動動腦

香味與心理感受——芳香療法的效果

氣味對我們的心理感受影響很大。迷人的花香會讓人感到舒服自在，垃圾的腐臭味會讓人感到不適、想逃避。你可以靜下心，細心地感受一下。現在的你感覺到哪些氣味呢？近年來流行的芳香療法，是透過植物自然的芳香氣味來調整人的心理狀態。以下是芳療師推薦在生活中用來改善心情的香味：

- 洋甘菊：平穩你的心情。
- 香蜂草：放鬆你的緊繃感。
- 鼠尾草：快樂的一天。
- 尤加利：開朗的心情。
- 茉莉花：找回熱情。
- 薰衣草：放鬆你的腦。
- 檸檬：開闊你的心胸。
- 橙花：修復你的身心。

想一想

1. 在生活中，哪些植物的氣味會讓你感到放鬆呢？
2. 在你的房間裡，是否也使用了一些芳香劑來改善氣味呢？
3. 研究發現人特別喜歡嬰兒爽身粉的香味，你相信可以用爽身粉的香氣來增進人緣嗎？

|延伸閱讀|
Gabriel Mojay 著，陳麗芳譯（2009）。《花草能量——芳香療法》。生命潛能出版。

4.4.3 動感知覺與前庭感覺

即使是最簡單的動作調節表現，例如，從書架上取書或離開座位，大腦都必須從身體各部位連續接收與調整訊息。你的身體提供兩種關於移動的感覺：**動感知覺**（kinesthetic sense，提供移動、姿勢與方向的訊息）以及**前庭感覺**（vestibular senses，提供平衡與移動的訊息）。沒有任何的器官包含動感知覺，它們位於肌肉神經與關節處。當我們伸展或移動時，接受細胞傳遞肌肉狀態。動感知覺通常不會引起注意，除非產生變化。試著趁室友熟睡時移動其雙腿，看看他有什麼反應。在生活中，你用電腦打字、投球、騎腳踏車等等的運動都是需要動感知覺。

前庭感覺告訴我們頭部或身體需要抬起、移動、減速或加速，並與動感知覺一起運作，協調回饋四肢的位置與身體各部分的關聯。當你在打籃球時，要將球傳給左後方的隊友，這時你的前庭感覺就會產生作用，讓你能夠平衡身體，轉身傳球。

半規管（semicircular canal）位於內耳。當我們的頭部傾斜或移動身體時，感覺接受細胞會偵測頭部的移動起因（圖 4.31）。半規管由三個充滿液體的圓形管組成，表示身體的三個面向——左右、前後、上下。我們可以把它們想像為三個相交的呼拉圈。當你轉動頭部時，半規管內的液體流動到不同的位置，液體流動依頭部移動的力道而有不同的速度。我們對於頭部移動與位置的知覺，決定於動作接受細

動感知覺
提供移動、姿勢與方向的訊息。

前庭感覺
提供平衡與移動的訊息。

半規管
位於內耳，包含感覺接受細胞，會偵測頭部位置與移動。

圖 4.31 半規管與前庭感覺
半規管提供體操選手頭部與身體在不同方向傾斜的回饋。（小圖）半規管位於內耳，三個管線大約與其他成垂直，成為三個平面空間，頭部任何角度的轉動都經由雙耳中一個或多個管線的聽覺毛細胞調節。

胞（Liao 等人，2010）。使用管內液體流動去感覺頭部移動位置的精密系統，不同於內耳的聽覺系統。耳蝸的液體反應卵圓窗的壓力，半規管的液體移動反應頭部或身體的物體移動。就像耳蝸的聽覺毛細胞激發聽覺脈衝至腦部，半規管的聽覺毛細胞則傳遞平衡與移動的訊息。

前庭感覺的大腦通路起於聽覺神經，並包含耳蝸神經（有關於聲音的訊息）與前庭神經（平衡與移動的訊息）。大多數前庭神經的軸突與延腦連接，一部分與小腦連接，把前庭訊息投射至顳葉皮質。當前庭不當的反應，其訊息轉到大腦皮質時，你會感到昏眩；若訊息傳到腦幹時則會產生噁心與嘔吐感（Carlson, 2001），這往往都是暈車者的痛苦體驗。若你經常感到頭暈目眩，很有可能就是前庭感覺出了問題，這時就必須到耳鼻喉科進行詳細的檢查。

想一想

1. 認識皮膚、化學、動覺與前庭感覺如何運作。
   - 請解釋皮膚如何調節觸覺、溫度與痛覺。
   - 請討論味覺與嗅覺的化學感覺與生活的關係。
   - 請討論動覺與前庭感覺的功能。
2. 為何有些人對痛覺的忍耐力比其他人強？

課堂活動

主題：盲人走路

目標：
體會失去視覺的心情。

步驟：

1. 兩兩一組。
2. 其中一人把眼睛閉上當作盲人。
3. 另一個人則是引導者。
4. 引導者牽著盲人的手去探索這個世界。
5. 走出教室，引導盲人去觸摸某個物品。
6. 然後走回教室。
7. 雙方交換角色。

回家作業

快樂生活第四週——好好吃一個水果

我們透過五種管道與外界接觸，分別是視覺、聽覺、嗅覺、味覺以及觸覺。而所有外在刺激的物理特性也透過我們的感官轉換為心理特性。本週就是練習採用五感知覺來感受這個美好的世界，每天選一個水果來專心吃！

以蘋果為例：

用眼睛看看這個蘋果的顏色（視覺）

用手感受一下蘋果光的皮（觸覺），並且仔細地洗乾淨這個蘋果

聽一下水聲（聽覺）以及感受水的溫度（溫度感覺）

然後聞聞蘋果的香味（嗅覺）

放入口中感受蘋果的味道（味覺）

本章摘要

這一章帶你進入了奇妙的感官世界，你會發現原來我們的五官知覺是這麼地奇妙。我們如何看待這個世界——以視覺、聽覺、嗅覺、味覺、觸覺等，這些感覺的產生是很奇妙的過程。

1. 感覺與知覺的基本原則。
   - 了解「感覺」與「知覺」。感覺是我們感官系統對於外界刺激的接收，知覺是我們大腦對外界刺激的解釋過程。透過感覺，我們能夠感受外在世界；透過知覺，我們可以理解外在世界。
   - 我們對外界訊息的接收有上到下與下到上兩大歷程。
   - 刺激能量需要高於絕對閾值，我們才能感受到刺激的存在；兩個刺激強度必需差異超過差異閾值，我們才會發現其中的不同。
   - 知覺受到注意力、信念與預設立場的影響；在外在環境的刺激中，我們會調適自己以適應環境。

2. **視覺的產生。**
   - 光波是主要造成視覺的能量，經由視覺刺激系統而產生亮度、色澤度以及飽和度等三大視覺特性。
   - 了解眼睛的構造，也知道眼睛就好像相機，照下你所看到的影像。
   - 我們透過錐狀細胞與桿狀細胞來接收外在的刺激。並且透過神經細胞的傳遞，由大腦來解讀這些刺激，讓我們看到這個世界。
   - 三原色理論（綠、紅、藍）與對立歷程理論（紅─綠與黃─藍）說明我們如何知覺到外在的色彩。
   - 形狀知覺讓我們可以區分主體與背景；深度知覺讓我們透過雙眼與單眼深度知覺訊息的運作，產生了三度空間的感受；動作知覺是一組特別的神經系統，讓我們發現物體在移動。

3. **聽覺的產生。**
   - 複雜度、振幅、頻率是聲波的三大特性，這個世界也因此產生了許多不同的聲響。
   - 聲音透過聲波傳遞，我們的耳朵可以接受這些聲波而產生聽覺。
   - 了解耳朵的構造，包含外耳、中耳與內耳。
   - 透過聽神經的傳遞，我們可以聽到聲音；位置論說明我們對高音頻的敏感，而頻率論說明了我們對於低音頻的敏感。

4. **其他感覺的產生。**
   - 觸覺是人體很重要的物理感覺。
   - 嗅覺與味覺是生活中化學物質的感覺，讓我們可以遠離危險，更適應環境。
   - 動感知覺與前庭感覺讓我們知道自己身體的姿態與位置。

第 5 章

意識的狀態
States of Consciousness

章節內容

5.1 意識的本質
5.1.1 意識的層次
動動腦——讀懂你的心

5.2 睡眠與做夢
5.2.1 生理週期與睡眠
5.2.2 睡眠的需求
5.2.3 睡眠階段
5.2.4 睡眠困擾
5.2.5 做夢
5.2.6 催眠
幸福人生——靜觀的效果

5.3 心理作用藥物
5.3.1 心理作用藥物的使用
5.3.2 鎮定劑
5.3.3 興奮劑
5.3.4 迷幻劑
在地人的心理學——成癮行為的研究與防治

章頭故事

氯胺酮（ketamine）俗稱 K 它命或褲子，是目前國內濫用的毒品之一。它是一種解離性的麻醉藥品，主要作用在於局部麻醉。但目前許多青少年會採用此物品來讓自己放鬆舒壓。在此毒品的作用之下，個人的意識狀態會產生改變，當使用過量時，還會讓個體進入所謂的「k世界」，那是一種失去意識後與現實脫節的狀態。雖然這個毒品具有醫療上的麻醉效果，但是不當的使用會導致個體的身心傷害（如：膀胱功能與認知功能等問題）。由於此毒品成癮性及傷害性高，在國內已被列為第三級之毒品，使用者會受到裁罰並且要接受相關的心理輔導。

過去曾有人利用 K 他命來改變個人的意識狀態，試圖從這樣的過程中來探索自我內在的世界。現在，許多人改採靜坐／冥想的方式來探索自我。那為何我們可以透過改變意識狀態來了解自己呢？本章將引導我們進入神秘的意識空間，讓我們了解自己的意識狀態，並且在最後一節將深入探討各種精神作用物（藥品／毒品）對心理狀態的影響。

5.1 意識的本質

意識
對外在事件與內在感覺的覺察，其中包含對於自我狀態與生活經驗的覺知。

意識（consciousness）是心理世界的核心（Taylor 等人，2010），我們透過自己的意識來注意到自己內在的心理歷程與外顯的行為。在 19 世紀末與 20 世紀初，心理學的先驅佛洛依德與 William James 開始探索人類的意識與潛意識，直到近期更深入探討覺察意識狀態的後設知能力（meta-cognition），來思考自己是怎麼想的（Barkus 等人，2010）。除了心理學家以外，近幾年，許多不同領域的科學家也開始研究意識這個議題（Chica 等人，2010）。心理學家定義『意識』為對外在事件與內在感覺的覺察。就外在世界而言，你會發現你的好友在討論髮型、你走在校園有隻野狗跑過來。就內在世界而言，如果你沒吃早餐，就會覺得飢腸轆轆、上到無趣的課程你會想打瞌睡。

基本上，意識還可以分成心理層面的覺察（awareness）與生理層面的覺醒（arousal）。心理層面的覺察包含對於自我概念以及對於個人經驗的想法，也就是你對自己的了解程度；生理層面的覺醒就是你對於外界訊息的覺察度，例如，專心上課者與打瞌睡者的覺醒程度就有所不同。覺察與覺醒涉及大腦不同區塊（Koch, 2011）。覺察是個體對於當下的知覺狀態，涉及許多大腦的區塊，特別是前額葉、前扣帶回與聯合區等與高認知功能有關的大腦區塊（Del Cul, 2009），例如，當你要進行自我介紹時，腦中的覺察系統就身負重任。覺醒狀態則是與腦幹、延腦以及視丘等與生存狀態有關的大腦區塊，例如，你身陷危機中時，腦中的覺醒系統就扮演重要的角色。相對地，在安全舒服的環境下，你自然就會放下警覺性，感到放鬆甚至睡著。

5.1.1 意識的層次

James 認為心理如同**意識流（stream of consciousness）**：心中的感覺、想像、想法與情感會在不同的意識層次中流動著。隨著警覺程度不同，我們的心理狀態會有五種覺察（awareness）程度：高層次意識（這是一種專注狀態）、低層次意識（這是一種自動化歷程）、意識狀態轉變、下意識狀態與無意識（圖 5.1）。

> **意識流**
> 心理學家 William James 的用語，說明心中的感覺、想像、想法與情感會在不同的意識層次中流動著。

★ 高層次的意識

掌控歷程（controlled process）是人類所有意識狀態中警覺最高的狀態。在這個歷程中，個人會投注精神來達成目標（Sibbald 等人，2009），這也就是「快思慢想」中所提到的慢想歷程。你的室友正努力地打報告，他聽不見你所哼的曲子，也不會注意到外面正在下雨。他這種專心的意識狀態就是所謂的掌控歷程。掌控歷程需要選擇性注意（selective attention），這可以讓人將注意力集中在特定的體驗上，同時忽略周遭發生的其他事件（Klumpp & Amir, 2009）。在生活中，需要費心思的活動都在掌控歷程中，如：上課抄筆記、讀書、打球、打電動等。掌控歷程比自動化歷程需要花比較多心力，需要大腦前額葉皮質區的運作（Gaillard 等人，2009）。在生活中許多活動，一開始都需要透過掌控歷程來專心學習，等到熟練後，就可以進入較不費心力的自動化歷程了，例如，騎腳踏車。

> **掌控歷程**
> 意識狀態中最警覺狀態下，個體會專注在自己的活動上。

覺察的層次	描述		
較高層次的意識	這是一種可控制歷程，在這個歷程中，個人會努力達成他的目標，是所有意識狀態中最警覺的狀態。		這名學生正在可控制歷程中，需要集中注意力。
較低層次的意識	包含只需要一點點注意力的自動化歷程，也包含做白日夢。		這名婦女是位經驗豐富的電腦操作員，她對鍵盤的操作是自動式的，只需要投入一點點的意識。
覺察狀態的改變	藉由藥物、心理創傷、疲勞產生，也可能透過催眠和感覺剝奪產生。		這些正在喝酒的人正在經歷覺察狀態的改變。
下意識覺察	下意識的覺察發生在人們清醒時，同樣也發生在人們睡眠與做夢時。		我們在睡眠中都會做夢，但是有些人做的夢卻比較多。
無覺察	佛洛依德相信某些潛意識的想法蘊藏著焦慮與其他負面情緒，這些是人們有意識時難以接受的。		躺椅上的這位婦女正在進行心理分析治療，藉以揭露潛意識的想法。

圖 5.1 覺察的層次

★ 低層次的意識

在上課時，你無法 50 分鐘內都處於高層次的專注狀態，很多時候會失神分心；這些失神分心都是處於較低層次的意識狀態。常見的低層次意識狀態有自動化歷程與白日夢這兩種狀態。

自動化歷程

你室友打好報告後，開始上網玩網路遊戲。這時，他可以邊上網邊跟你聊天。對他而言，上網玩遊戲是一種**自動化歷程（automatic process）**；也就是只需要一點點注意力的意識狀態，不會干涉到進行中的活動。自動化歷程不像掌控歷程需要刻意投入專注力（Gillard 等人，2009），它讓我們可以輕鬆地完成許多任務。在生活中，很多行動都是自動化歷程，如：騎腳踏車、滑手機、走路。這也就是「快思慢想」中的快思歷程，簡單來說就是不加思索的行動。

> **自動化歷程**
> 只需要一點點注意力的意識狀態，不會干涉到進行中的活動。

白日夢

另一個較低層次的意識是白日夢（daydreaming），它是介於主動意識與睡眠時做夢之間。我們偶爾會神遊進入做白日夢的狀態（McVay & Kane, 2010）。當我們所做的工作不需要投入全部的注意力時，往往會自動做起白日夢。做白日夢時，我們會漂流到幻想的世界，想像我們正在約會、在舞會中、在電視機前、在遠處，或是在其他時空等。有時，我們的白日夢只是普通的日常事件，如：上臺報告、安排週末活動或與室友相處。在清醒的時候（如：上課時），會半自動地湧現白日夢其實是相當有用的。例如，當你在處理其他事情時，你還是可以擬訂計畫、解決問題或想出很好的點子。做白日夢也可以提醒我們接下來要做的重要事項，讓我們的心理保持活躍，幫助我們去處理事情、進行創造與幻想（Klinger, 2000）。

★ 意識狀態轉變

意識狀態的轉變（altered of consciousness or awareness）是我們注意到自己覺察程度有所變化（Revonsuo, Kallio & Sika, 2009）。例如，你喝點酒後，會漸漸發現你的意識狀態有點變化，進入了微醺的狀態。在生活中，有時是會受到外在物質（如：藥物）或內在生理因素（如：疲勞）影響而產生意識狀態的改變。我們偶爾會使用一些物質來改變自己當下的意識狀態，例如，使用咖啡與其他含咖啡因（一種興奮劑藥物）的提神飲料可以提高警覺性，或透過喝酒來降低意識層次的作用（Fields, 2010）。

★ 下意識狀態

隨著閾下刺激的研究發展，心理學家開始注意到下意識的狀態，不論清醒或

者是睡著的狀態，我們還是會有下意識的動作（Yamada & Decety, 2009）。下意識（subconscious）就是你以為自己並未處理內外在訊息，但實際上腦中還是默默地在處理。下意識的訊息處理是採用平行處理的方式，也就是同時處理多重訊息。例如，當你看到一隻小狗在街上吠叫，你會有意識地覺察到「有隻狗在叫」，但是你不會感覺到下意識正在辨識物體的身分（一隻小狗）、物體的顏色（黑色）、物體的動作（吠叫）、物體的意圖（想攻擊你）——這時的你即使坐在汽車裡，也會不由自主地把腳抬起來。

清醒時的下意識

創造力專家 Mihaly Csikszentmihalyi 相信創意構想在浮現之前，通常會在覺察層之下「孵化」一陣子，一般不會察覺到自己在處理這些訊息。等到概念孵化成熟時，我們的大腦就會開始處理這些訊息。在生活中，經常會有這種「靈光乍現」的感覺。原先無法解決的問題，突然在腦海中閃出答案。這說明了我們的大腦默默地思考這些難題。即使當我們醒著，往往也不會察覺到大腦裡正在處理訊息。例如一位罹患神經損傷（neurological damage）的婦女，雖然她可以描述身體的感受，但無法說明所看到的物體形狀或大小（Milner & Goodale, 1995）。而當她碰到某個物體時，她卻可以準確地拿取該物體。這表示在她的下意識中，她仍具有關於物體形狀與大小的知識，只是她沒有覺察到自己具有這項知識罷了。

睡著後的下意識

做夢也可以視為一種下意識狀態，因為此時我們的警覺度比做白日夢時更低。想想德國化學家 August Kekule 在 1865 年提出苯分子是環狀的主張。他一邊看著壁爐中的火花在空中繞圈圈，一邊進入夢鄉，結果夢到苯分子可能是環狀的。如果 Kekule 一直保持清醒，他很可能不會注意到火花與苯分子形狀間的關聯。但是他的下意識卻不會壓抑此種關聯，所以當他醒來後，他注意到苯分子可能是環狀的（Csikszentmihalyi, 1995）。研究也發現，當人們睡著時，仍舊會察覺外在的刺激。例如，在睡眠實驗室中，當受試者確實睡著後（根據生理監測裝置進行判斷），仍舊對微弱的聲音有反應而按下掌上型的按鈕（Ogilvie & Wilkinson, 1988）。另一項研究顯示，聲音會活化受試者腦部聽覺處理的區域；而呼喊受試者姓名的聲音，則會活化受試者腦部的語言區域、杏仁核和前額葉皮質（Stickgold, 2001）。想一想，在生活中你是否也會有一些下意識的行動呢？例如，在疲勞的一天後，你都忘了自己是怎麼換好衣服、洗好澡上床睡覺；或者，一回家就不自主地打開電腦等等。

★ 無覺察

無覺察（no awareness）就是我們沒有注意到自己內在與外在的訊息。最早探討此歷程的就是佛洛依德（Freud, 1917）。他發展了潛意識（unconscious）這樣的

潛意識

佛洛依德提出的概念，認為在意識層面無法被接納的慾望、感受與想法被儲存在潛意識這樣的倉庫中。

概念來說明我們的心理歷程，也就是許多我們沒有注意到的資訊都被放入潛意識這樣的倉庫中。所謂的**潛意識**想法（**unconscious** thought）是那些無法被自我接納的慾望、情感與想法，都被藏在潛意識中。根據佛洛依德的說法，庫存在潛意識的想法蘊藏著焦慮與其他負面情緒，因為這些焦慮不安是現實生活所無法忍受的，所以讓人暫時無法提取到意識層面來處理。例如，電視影集《宅男行不行》（The Big Bang Theory）中的羅傑無法開口對女生說話。他可能不會意識到他對女性的恐懼是源自孩童時期，母親對他冷酷嚴厲的管教所致。跟羅傑一樣，我們都有一些目前無法面對的想法與感受隱藏在潛意識之中。在人格一章，將會討論許多投射性測驗，透過這些投射性測驗可以讓你了解自己藏在潛意識中的故事。佛洛依德用潛意識的概念來說明了個體的無意識狀態，並且廣被民眾接受，但回到意識的本質，意識包含心理與生理兩大層面，佛洛依德迷人的潛意識概念著重在心理層面的自我覺察上，若考慮生理層面的覺醒，有些心理學家還是採用無覺察（no awareness）來說明這樣的意識狀態（Weyers 等人，2009）。

這些人基於宗教的因素而練習意識狀態的改變。禪宗喇嘛們正在探索本體之中的佛性（左圖）。巴基斯坦的回教徒在齋戒月中，從黎明禁食到黃昏（右圖）。還有哪些意識狀態的改變與宗教有關呢？

想一想

1. 人的意識可以分成哪些層面？
2. 你能夠區分快思與慢想兩種意識狀態嗎？
3. 你覺得你的潛意識有儲存哪些秘密？

動動腦

讀懂你的心

在這一節，我們已經了解自己有五種不同的意識狀態，並且也發現在不同時間點我們的覺察與清醒程度有所不同。電影《全面啟動》（Inception）探討了一個人如何進入另一個人的潛意識狀態。在生活中，我們也可以入侵到另一個人的心理世界嗎？

心理學家發現我們有一種稱為「心智解讀」（theory of mind）的能力，可解讀他人的心理世界。心智解讀也就是俗稱的設身處地的觀點，也就是我們推論他人的想法、感受與對於世界的觀點等等（Bamford & Lagattuta, 2010）。透過這個能力，我們可以表達出對他人的同理與同情心，也能夠更了解他人的難處，採用更慈悲的心來善待他人（Spritz, Fergusson & Bankoff, 2010）。

心理學家採用一個小故事（稱之為錯誤信念作業）來測試設身處地的能力（Doherty, 2009）：

小美將未吃完的巧克力放在一個藍色的小盒子裡，然後跑出去玩。此時，媽媽正好回家，將巧克力移到紅色的盒子裡。當小美回來時，她會去哪個盒子找巧克力呢？你的答案會是藍色盒子還是紅色盒子？在這個實驗中，我們可以發現從小美的角度來想，你的答案會是藍色的盒子；若從你自己的角度想，你的答案會是紅色的盒子。透過這樣類似的測驗，我們可以了解自己是從自己的角度看事情，還是從對方的角度來看事情。

基本上，心智解讀這種為他人著想的能力是一種良好的社交能力（Barlow, Qualter & Stylianou, 2010），它可以讓我們與同儕相處更佳融洽（Leslie, German & Polozzi, 2005）。Simon Baron-Cohen（2008）覺得這是一種與生俱來的天性，並且發現在許多缺乏人際溝通能力的小孩身上（如：唐氏症），他們還是具有某些心智解讀的能力。雖然自閉症被認為是心理解讀有問題，但透過訓練後，他們在這方面還是可以進步。在臺灣已經發展許多有關心智解讀能力訓練的方案，可以讓這類的孩子增加相關的能力來解決原有的人際困境。

「心智解讀」這樣的能力讓我們能從他人的角度來看事情，進入他人的心理世界來了解他人的心思，也透過這樣設身處地為別人想的態度，讓我們有更好的人緣。你若想能夠好好讀懂他人的心，走入他人的心坎底時，可以讀讀一行禪師所寫的《諦聽與愛語》，這本書將教導你一些方法來了解自己與他人，並且產生有愛的人際互動。

想一想

1. 你相信我們先天就有讀心術嗎？
2. 你覺得心理學家真的可以看透他人的心嗎？
3. 你最近做了什麼為別人著想的行為？

| 延伸閱讀 |

賴隆彥譯（2014）。《諦聽與愛語：一行禪師談正念溝通的藝術》。商周出版社。
王淑娟等譯（2011）。《心智解讀—自閉症光譜障礙者之教學實用手冊》。心理出版社。

5.2 睡眠與做夢

你最近睡得好嗎？早上是自然起床，還是連鬧鐘也叫不醒呢？起床後是有精神還是想賴床？睡眠占據我們生活三分之一的時間，但很多人都因為睡眠品質不佳而深感困擾。怎樣才是正常的睡眠？為何睡眠如此重要？本節將探討這些問題的答案，並且進入夢境這個迷人的世界。若你對睡眠相關課題有興趣，可以閱讀《邊做夢邊冒險》這本書。感官的訊息整合了大腦皮質相關區域中的情緒和記憶訊息，進而產生意識（Bloom, Nelson & Lazerson, 2001）。或者是你在上課打瞌睡，然後驚醒，在這樣的過程中，大腦有許多不同的區塊正在活化。

我們一開始就談到意識可以分成心理層面的覺察與生理層面的覺醒，它們所涉及的大腦區塊有所不同。目前，大多數的神經病理學家相信，意識是由許多個別的處理系統相互連接所產生，也就是說當你醒著或者是睡著了，大腦都在辛苦地工作著。

5.2.1 生理週期與睡眠

生理週期
身體週期性的生理變化。

生理週期（biological rhythm）是指身體週期性的生理變化，包含醒／睡、體溫、血糖與內分泌等（Habbal & Al-Jabri, 2009）。這些週期都是由生理時鐘（biological clocks）所控制，包含：

- **以年或季節為週期**：例如，候鳥的遷移、人類隨季節改變的飲食習慣等。
- **28 天的週期**：例如，女性的月經週期。
- **24 小時的週期**：包含睡眠／清醒的週期，以及體溫、血壓和血糖濃度的改變。

日夜節律
每天行為或生理的週期，包含睡眠／清醒、體溫、血壓與血糖等。

24 小時的週期是指**日夜節律**（circadian rhythm），即每天行為或心理的週期。circadian 這個詞彙來自拉丁文 circa（表示「大約」）以及 dies（表示「一天」）。例如，人的體溫 24 小時的變化，在中午時的體溫最高，在清晨 2 至 5 點時的體溫最低。研究者發現，大腦中有稱之為視叉上核（suprachiasmatic nucleus）的一個小結構會監視從白天到夜晚的變化。它根據視網膜輸入的光線，讓生理週期與每天光線明暗的週期同步化（Segall & Amir, 2014）。視叉上核會將許多訊息傳到下視丘與松果體來調節我們的體溫、飢餓程度與褪黑激素的釋放，另外最重要的功能就是調整我們的睡眠狀況（Trudel & Bourque, 2010）。許多盲人因為視網膜無法偵測到光線，無法區分白天與黑夜，而一輩子都被睡眠問題所困擾（Waller, Bendel & Kaplan, 2008）。反之，若是我們在睡前看手機或者是電腦，我們的視網膜也會偵測到光線而讓大腦以為當時是白天，會抑制松果體分泌褪黑激素而影響到睡眠。

從黎士鳴與唐大崙（2009）針對大學生的研究，會發現大學生的生活作息可以分成早睡早起的晨鳥型，與晚睡晚起的夜貓型。這也反應出大學生的內在生理時鐘

狀態，每個人活躍的時間有所不同。最近的研究也發現，不同的生活作息習慣與人格特質有密切的關連性（Cavallera & Giudici, 2008），並且建議晨鳥型的人應該要增加一些人際互動，而夜貓型的人要減少網路上的人際互動，多點學業的學習，以利未來的表現。

★ 時差與生理時鐘

在生活中，我們會有所謂的時差問題，也就是生理時鐘因為外在因素而被打亂。例如，如果你從臺灣飛到紐約，到紐約後，在晚上 11 點要上床睡覺時，你會發現根本睡不著，因為你的生理時鐘還停留在臺灣時間（大約是下午 3 點）；這之間的落差就是所謂的時差。如果你在紐約停留幾天，你的身體就會適應新的時間表，產生合乎環境的生理時鐘。

生理時鐘的混亂也同樣會發生在輪班的工作者身上（Ahasan 等人，2001）。最近發生的一些飛安事故都與駕駛員無法適應新的輪班時間有關，因為輪班讓他們的效率不如以往。輪班的問題往往會影響夜班的工作者，因為他們尚未完全適應在白天睡覺，所以可能會在晚上工作時打瞌睡，這也提高心臟病與胃腸疾病的風險（Quinlin, Mayhew & Bohle, 2001）。雖然輪班會造成身心上的傷害，但有些工作是必須要輪班的，如：醫護工作、工廠工作。有些人會很快地適應輪班，而有些人則會受到干擾（如：早睡早起型的人）。輪班工作者重新

睡眠／清醒週期的突然變更（如：工作輪班的重大改變或長途飛行），往往會使個人的生理時鐘被打亂，如何重新設定生理時鐘，才能降低睡眠不足造成的負面效果呢？

設定生理時鐘的方式，包含將睡眠時間分割，在下班後的早晨小睡片刻，並在上班前的黃昏假寐，如此可以增加睡眠時間；或是提高工作場所的亮度以保持清醒，以及在完全黑暗的環境中睡覺。除此睡眠問題以外，飲食習慣也是輪班工作者需要討論的議題。在國內針對護理人員進行的調查發現，日班工作者的熱量攝取比夜班工作者高，而小夜班工作者在蛋白質、脂質等營養素的攝取比其他班別還要低（鄭慧華等人，2011）。

★ 重新設定生理時鐘

如果睡眠與清醒的生理時鐘被打亂了，要如何重設呢？以時差為例，如果你在白天到達目的地，建議你盡可能地暴露在日光下。因為白天明亮的光線能讓你保持清醒，晚上的明亮光線反而會讓你睡不著（Arendt, 2009）。褪黑激素（melatonin）是人體在夜晚分泌的荷爾蒙，目前已經有許多研究探討它能否調整時差問題（Sack,

圖 5.2 動物的睡眠

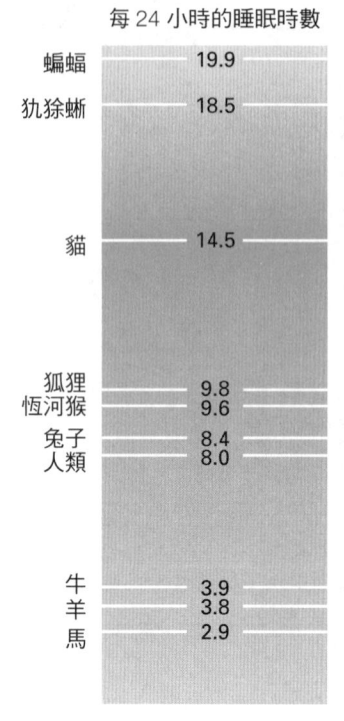

動物	每 24 小時的睡眠時數
蝙蝠	19.9
犰狳蜥	18.5
貓	14.5
狐狸	9.8
恆河猴	9.6
兔子	8.4
人類	8.0
牛	3.9
羊	3.8
馬	2.9

2010）。許多研究發現，微量的褪黑激素可調整生理時鐘，進而改善時差的問題（Arendt, 2009）。雖然褪黑激素是目前容易取得的草本藥，具有助眠效果，經常用來調整睡眠習慣，但需要適量使用，並且要避免成癮的可能性（林慧珍譯，2013）。

5.2.2 睡眠的需求

我們為何需要睡眠？大家都知道睡眠不足會影響身心狀況。基本上，睡眠有以下四種功效：

- **恢復體力**：科學家認為經過一天的活動而感到筋疲力竭時，睡眠可以讓我們的大腦與身體復原、體力恢復與重建。這個概念與我們的經驗相符：在上床睡覺前我們覺得「累壞了」，但醒來後會覺得體力恢復。在熟睡時，許多人體的細胞確實會增加蛋白質的產生，降低蛋白質的耗損（National Institute of Neurological Disorders and Stroke, 2001）。

- **適應環境**：從演化的觀點來看，動物都必須在夜間保護自己，因此發展出睡眠。例如，某些動物在白天比較容易尋找食物和水，天黑之後牠們便習慣藏匿，一方面可以儲備能量，另一方面也避免被其他動物吃掉，或避免因為視線不佳而摔落懸崖。一般而言，睡眠最少的動物會成為其他動物的食物。圖 5.2 描述多種動物每天平均的睡眠時間。

- **修復身體**：睡眠有助於嬰兒與孩童的身體成長與腦部發育。例如，深層睡眠可以使孩童身體釋出生長荷爾蒙（National Institute of Neurological Disorders and Stroke, 2001）。對成年人而言，良好的睡眠可以修復大腦神經系統（Tononi & Cirelli, 2011）。神經心理學家也發現在睡眠中，神經間的連結會增加（Aton 等人，2009）。

- **維持記憶**：研究顯示，睡眠對於長期記憶的儲存與維持扮演著相當重要的角色。REM（活動）睡眠與人類情緒記憶的訊息有關（Frank & Benington, 2006）。好好睡一覺可以幫助大腦將白天所學的儲存到記憶中（Stickgold & Hobson, 2000），並且可以強化習得的技能與相關的情緒經驗（Diekelmann, Wilhelm & Born,

2009）。也就是說，整夜熬夜的人所背誦的內容不如每晚都睡眠充足的人。所以，與其熬夜讀書，不如小睡片刻來沉澱你的記憶。

★ 長期睡眠剝奪的影響

我們需要足夠的睡眠才會有良好的表現；睡眠不足會產生壓力與身心傷害（Azboy & Kaygisiz, 2008）。那麼一個人長期睡眠不足會如何呢？學者發現，長期睡眠不足會影響到我們的注意力與問題解決能力（Mullington等人，2009）。Randy Gardner 是一位 17 歲的高中生，他想測試自己不睡覺的極限，結果是 264 個小時（大約 11 天）。這是目前發現最長的睡眠剝奪紀錄，他是在一項科學展覽計畫中進行此項測試（Dement, 1978）。在睡眠研究人員仔細的監測下，Randy 確實有恍神的時候，語言和行動也出現問題。在最後一晚，當 Randy 和睡眠研究人員 William Dement 一起玩線上電玩時，Randy 在遊戲中竟不斷地攻擊對方。之後，在儀器監測下，Randy 經過 14 小時又 40 分鐘的睡眠，體力終於完全恢復。在一般情況下，要人們整晚保持清醒是很困難的，尤其是在凌晨 3 至 6 點之間。雖然 Randy Gardner 可以 11 天不睡覺的確很誇張，但晚上只要少睡 60 至 90 分鐘，都可能讓你隔天效率不彰，無法有最好的表現（Dement, 1999）。

睡眠專家 James Maas（1998）強調，睡眠剝奪會降低我們的生活品質。當你筋疲力竭時，睡眠債（sleep debt）會快速累積，就像逾期未付的信用卡債務一樣。有一位醫療技術員試著晚上只睡 4 個小時（諷刺的是，她是睡眠醫療中心的員工），如此才能在白天照顧年幼的女兒。長期下來，她產生了心悸、暈眩、開車恐懼症以及劇烈的情緒起伏。

睡眠剝奪會降低視丘與前額葉皮質的腦部活動（Thomas 等人，2001），警覺性與認知的表現也會降低，還會導致注意力不集中（Doran, Van Dongen & Dinges, 2001）。此外，研究也說明 24 小時完全不睡覺的人，其腦部掃描顯示複雜的腦部活動開始減緩（Jeong 等人，2001）。睡眠剝奪也會影響決策，研究期刊歸納睡眠剝奪對決策的負面效果，包含無法處理突發狀況、無法創新、無法修正計畫、無法與他人

Randy Gardner 在 264 個小時馬拉松式的睡眠剝奪期間，睡眠研究者都在一旁記錄他的行為（包含伏地挺身）。多數人覺得即使一個晚上不睡覺都很困難。你何不試著效法 Gardner 睡眠剝奪的例子呢？

青少年時期出現典型睡眠模式的變化，此項發育上的變化會如何影響上課時的精神呢？

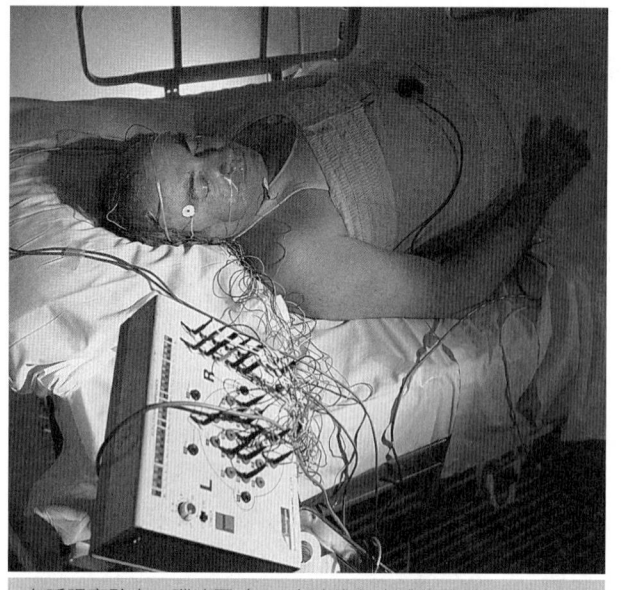

溝通（Harrison & Horne, 2000）。我們都知道睡眠很重要，但為何還是有人會睡眠不足呢？經過調查發現，大多的原因在於生活壓力與作息不正常（Artazcoz 等人，2009）。本章的回家作業—安心入夢—就提供許多策略幫助你睡個好覺。

5.2.3 睡眠階段

你是否曾從夢中驚醒，完全搞不清楚狀況？或是曾經做夢做到一半突然醒來，之後又重回夢境，彷彿腦中正播放一部電影？這兩種情況反映出睡眠週期中兩個不同的階段。使用腦波圖（electroencephalogram,

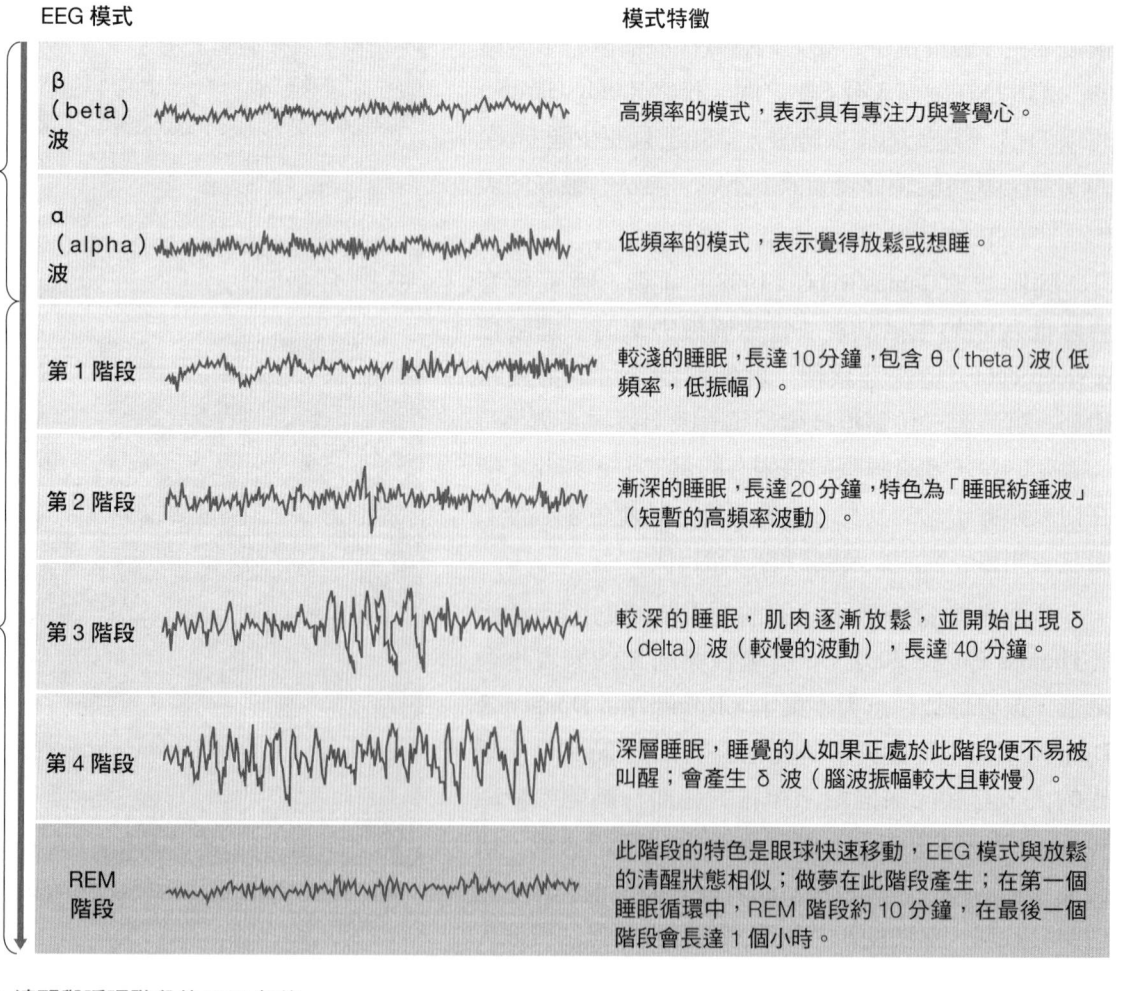

在睡眠實驗中，腦波圖（EEG）會進行人體的監測。而 EEG 究竟在監測什麼呢？

	EEG 模式		模式特徵
清醒	β（beta）波		高頻率的模式，表示具有專注力與警覺心。
	α（alpha）波		低頻率的模式，表示覺得放鬆或想睡。
睡眠	第 1 階段		較淺的睡眠，長達 10 分鐘，包含 θ（theta）波（低頻率，低振幅）。
	第 2 階段		漸深的睡眠，長達 20 分鐘，特色為「睡眠紡錘波」（短暫的高頻率波動）。
	第 3 階段		較深的睡眠，肌肉逐漸放鬆，並開始出現 δ（delta）波（較慢的波動），長達 40 分鐘。
	第 4 階段		深層睡眠，睡覺的人如果正處於此階段便不易被叫醒；會產生 δ 波（腦波振幅較大且較慢）。
	REM 階段		此階段的特色是眼球快速移動，EEG 模式與放鬆的清醒狀態相似；做夢在此階段產生；在第一個睡眠循環中，REM 階段約 10 分鐘，在最後一個階段會長達 1 個小時。

圖 5.3 清醒與睡眠階段的 EEG 紀錄

EEG）來監測腦部在清醒與睡眠狀態下的電位活動，科學家發現五個不同的睡眠階段以及兩個不同的清醒階段。人們清醒時的 EEG 模式有兩種波長：α 波（alpha waves）與 β 波（beta waves）（圖 5.3）。β 波反應著我們正在專注與高覺察狀態；它的頻率最高，振幅最低，且呈現不規則的波動。這些不規則的波動模式會隨著我們經歷的感官輸入與活動而有所不同。另一個 α 波出現在我們放輕鬆但仍保持清醒時，腦部活動會減緩，振幅不只提高且更規律。除了兩種清醒狀態的腦波，正常的睡眠會隨睡眠的深度與 EEG 偵測到的腦波模式不同而分成五個階段（圖 5.3）：

- **第 1 階段睡眠：** 此階段的特色是 θ 波（theta waves）；它比 α 波的頻率更低，但振幅更大。從放鬆身體到第 1 階段睡眠是逐步漸進的。當你上課開始產生睡意時，也就代表進入這個狀態。
- **第 2 階段睡眠：** θ 波會持續，但是第 2 階段睡眠的特色是穿插睡眠紡錘波（sleep spindles）或波頻突然上升（Gottselig, Bassetti & Ackermann, 2002; Bastien 等人，2009）。相對於其他睡眠階段，第 1 階段睡眠與第 2 階段睡眠都是較淺的睡眠階段。如果叫醒處於這兩個階段的人，他們通常會說自己根本還沒睡著。
- **第 3 階段睡眠與第 4 階段睡眠：** 這兩個階段的特色是 δ 波（delta waves），是腦波最緩慢但振幅最大的階段。這兩個階段也稱為 delta 睡眠（delta sleep）。儘管第 3 階段睡眠的特色是有一半以下的時間是 δ 波，而第 4 階段睡眠有一半以上的時間是 δ 波，但要嚴格區分兩者是有困難的。delta 睡眠是最深的睡眠階段，此時的腦波與我們清醒時的腦波大不相同。處於 delta 睡眠階段的人不容易被叫醒；如果叫醒他，他也是迷迷糊糊地與你對話。此階段的睡眠跟學習與記憶息息相關（Yordanova, Kolev & Verleger, 2009）。小朋友的尿床、還有大人的夢遊與說夢話都容易在此階段發生。
- **速眼動睡眠：** 經過第 1 階段到第 4 階段，睡覺的人會逐漸從睡眠階段開始甦醒，但他們不會重回到第 1 階段，而是會進入第 5 階段，又稱為**速眼動睡眠（rapid-eye-movement sleep, REM sleep）**。速眼動睡眠是睡眠的活動階段，夢境經常在此階段發生（Boeve, 2010）。在速眼動睡眠中，EEG 模式呈現快速的波動（圖 5.4）。此模式與放鬆的清醒狀態相似，睡覺者的眼球會快速地上下移動或左右移動。此階段時間愈長，受試者記得自己曾做夢的機率也愈高。當受試者在速眼動睡眠中被叫醒時，他們所記得的夢通常較長，較鮮明生動、具情緒性，而且跟在非速眼動睡眠期間被叫醒時所記得的夢相比，速眼動睡眠中所做的夢與清醒時遭遇的事件關聯較低（Hobson, Pace-Schott & Stickgold, 2000）。速眼動睡眠也可能有助於記憶與創造力（Cai 等人，2009）。研究者在受試者上床睡覺之前，讓他們記一些少見的詞彙（Empson &

速眼動睡眠
第 5 階段睡眠，做夢常在此階段發生。

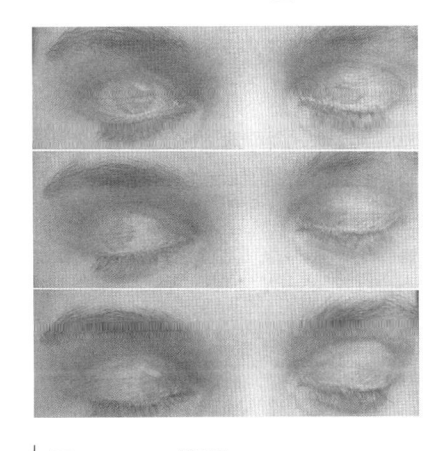

圖 5.4 REM 睡眠
在 REM 睡眠中，你的眼球會快速地移動，彷彿你在夢中觀看某個移動的影像。

第 5 章　意識的狀態　**165**

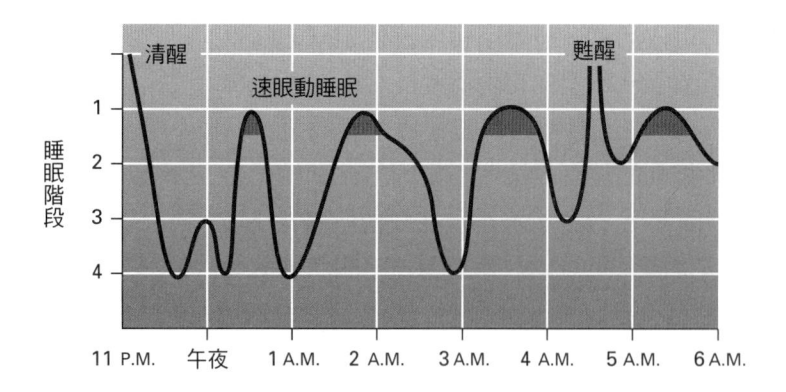

圖 5.5 一晚的睡眠循環
我們在一個晚上會經歷數個睡眠循環。睡眠深度隨著時間而遞減，但速眼動睡眠（以灰底表示）的時間卻會增加。在此圖表中，受試者在清晨 5 點清醒，之後又多睡了 1 小時。

Clarke, 1970）。若讓他們睡到隔天早上，他們能記得的詞彙較多；若在一進入速眼動睡眠時就立即叫醒他們，能記得的詞彙則較少。

此處討論的五個睡眠階段形成一個普通的睡眠循環，如圖 5.5 所示。一個循環需要 90 至 100 分鐘，而這個循環在一個夜晚會多次重複。若將一晚的睡眠分為前後兩段，則前半段的深層睡眠（第 3 階段與第 4 階段）會比後半段的深層睡眠更長。整晚的睡眠中都會產生速眼動睡眠，而且速眼動睡眠會愈來愈長。每晚的第一個速眼動睡眠只有 10 分鐘，最後一次的速眼動睡眠則可能長達 1 小時。在一晚的睡眠中，每個人一般都有 60% 的睡眠是處於淺層睡眠階段（第 1 階段和第 2 階段），20% 的睡眠是處於 delta 睡眠或深層睡眠，而有 20% 的睡眠是處於速眼動睡眠（Webb, 2000）。

我們花在速眼動睡眠與非速眼動睡眠的總時數會隨著年齡增長而改變。圖 5.6 顯示 24 小時中睡眠的總時數。嬰兒期早期的速眼動睡眠相當長（大約 8 小時），而老年人每 24 小時的速眼動睡眠時間卻少於 1 個小時。研究發現，對於嬰幼兒而言，速眼動睡眠在大腦的刺激與發育扮演相當重要的角色。我們都知道睡眠對於大腦成長與學習有關。許多大學生晚睡晚起的習慣會影響到他們的學習效果（Rao, Hammen & Poland, 2009），正在求學的學生有良好的睡眠才會有良好的學習效果。

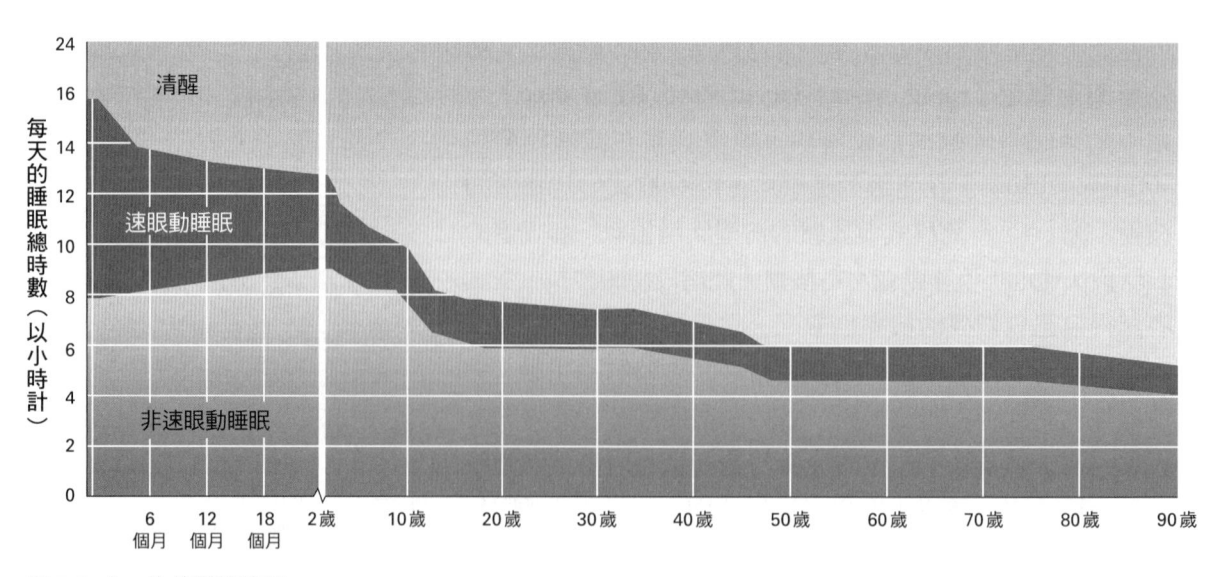

圖 5.6 人一生的睡眠時間

對於中老年人,由於睡眠需求與睡眠習慣的改變,往往會出現許多睡眠障礙問題（Wolkove 等人,2007）,我們會在下一節討論。

5.2.4 睡眠困擾

臺灣睡眠醫學學會自 2000 年起,每三年進行一次國人睡眠品質調查。在 2006 年失眠症的盛行率為 11.5%,在 2009 年失眠症盛行率提高為 21.8%,顯現臺灣人深受失眠所困擾。為了改善睡眠問題,臺灣睡眠醫學會推廣 321 新睡眠運動,包括「每天約花三分之一時間睡覺」、「心理環境要兼顧」、「提醒親友一起睡好覺」。以下整理出常見的睡眠困擾:

- **失眠（睡不著）**:有三種狀況:（1）很難入睡;（2）半夜易醒;或（3）太早起床（Harvey, 2001; Mahendran, 2001）。若是短期的失眠患者,大多數醫生會開立安眠藥的處方箋（Ramesh & Roberts, 2002）。如果每晚都服用安眠藥,幾週後將不再有明顯的效果,並且長期服用會產生一些副作用。輕度的失眠通常可以透過調整睡眠習慣來治療;而針對較嚴重的失眠個案,研究者正在研究以光照治療（light therapy）、補充褪黑激素與其他方式來改變病患的生理週期（Cohen, 2002; Kennaway & Wright, 2002; Miyamoto, 2009）。行為的改變可以讓失眠患者增加睡眠的時間,並減少在半夜醒過來的頻率。有一項研究是限制失眠患者不管多累,整天都不能打盹,而且他們必須設定鬧鐘,強迫自己在早上準時起床（Edinger 等人,2001）。結果顯示,失眠患者在白天清醒的時間愈長,晚上的睡眠品質會更好。
- **夢遊**:會發生在最深的睡眠階段。在過去幾年,專家相信夢遊患者正在表現夢境中的動作。但是夢遊是在第 3 階段與第 4 階段發生的,這時剛睡著不久,人們不太可能開始做夢（Stein & Ferber, 2001）。夢遊其實不需要大驚小怪,甚至有些人對夢遊有迷信的看法,擔心叫醒他們就會魂魄飛散。事實上,夢遊患者也可能是處於半清醒的狀態,為了避免在行走時受傷,最好還是叫醒他（Swanson, 1999）。
- **說夢話**:你是不是曾聽過室友說夢話呢?在壓力大的時期,許多人都會有說夢話的經驗。這時,說夢話的人雖然可以與你交談,而且言談還能連貫,但是醒來卻不清楚與你談過些什麼。
- **夢魘**:做惡夢（夢魘）指夢到很恐怖的情境,讓睡覺的人從速眼動睡眠中突然清醒過來。夢魘的內容都是一些危險的情況,例如,夢到被追殺、被鬼抓或摔下懸崖。3 至 6 歲這段期間是夢魘的高峰期,之後夢魘的機率會減少,至於大學生一年平均的夢魘次數為 4 至 8 次（Hartmann, 1993）。目前所知關於夢魘次數的增加或夢魘情況惡化,大多與生活壓力增加有關。

- **夜驚**：夜驚的特色是突然驚醒，並覺得極度恐懼。夜驚通常伴隨許多生理反應，例如，心跳與呼吸加速、大叫、盜汗和身體移動（Mason & Pack, 2005）。夜驚比夢魘更罕見，夜驚與夢魘的不同之處，在於夜驚通常發生在慢速波動的非速眼動睡眠階段。5 至 7 歲這段期間是夜驚的高峰期，之後夜驚的機率會減少。
- **猝睡**：坐火車時，你是否有突然睡著的經驗？猝睡是無法抗拒的睡意，這股睡意非常強烈，即使在說話或站立時都會入睡。猝睡病患會立即進入速眼動睡眠階段，而不是從前四個睡眠階段逐步進入（Mignot, 2001; Mignot & Thorsby, 2001）。這個問題很可能是源自於下視丘與杏仁核這些與環境知覺有關的大腦系統（Poryazove 等人，2009）。
- **睡眠呼吸中止症**：這是一個常見的睡眠困擾，主要原因在於睡眠時呼吸道不順暢。打呼就是其中的一種症狀，有許多人還會被自己的打呼聲吵醒。雖然大多個案無法覺知自己有打呼的狀況，但是都會反應出自己有睡眠品質不好的問題。

除了以上的睡眠困擾以外，心理學家還探討了是否要同床共眠的問題。究竟是一個人睡好還是兩個人睡比較好呢？基本上要維持良好的睡眠品質，一個人睡會比兩個人睡還要好，因為兩個人睡會有互相干擾的狀況，包含對方的入睡時間以及打呼的問題等等。當然，在一個良好的關係中（安全依附的關係），一同入眠會讓人感到安心，產生安全感；若是關係品質不好時，最好一個人睡，讓自己有良好的生活品質。

5.2.5 做夢

自從有語言開始，夢境就具個人與宗教上的意義。雖然我們都認為夢境是一種與現實脫節的狀態，但有些夢的出現也會讓我們去思考自己為何會做這些夢，如：考試前夢到被追殺、夢到親人等等。一般而言，男生比較會夢到與自我成就或攻擊有關的夢，而女生會夢到人際關係與失落的夢（Kolchakian & Hill, 2002）。有些夢好像真實事件一般，而有些夢卻如科幻電影一樣。本節將從不同角度來看夢境的意義。

★ 心理動力取向

> **願望的達成**
> 做夢是潛意識地嘗試滿足需求（尤其是性與攻擊的需求），在清醒時，這些需求都是無法表達或滿足的。

佛洛依德對夢的理論認為，我們會做夢是因為想獲得**願望的達成（wish fulfillment）**，潛意識地想要嘗試滿足需求（尤其是性與攻擊的需求）。在清醒時，這些需求都是無法表達或滿足的。他認為，一個有強烈攻擊傾向的人會在清醒時壓抑自己的憤怒，但極可能藉由做夢來宣洩暴力與仇恨。這就是所謂的「日有所思，夜有所夢」。

> **表面意義**
> 根據佛洛依德的理論，是夢表面的意義，包含了扭曲或掩飾夢之真實意義的象徵。

佛洛依德強調夢境通常包含嬰幼兒與孩童時期的經歷與記憶，尤其是與父母親有關的事件。每個夢都有為表面意義與潛藏意義。**表面意義（manifest content）**

是夢表面的意義，包含了扭曲或掩飾夢之真實意義的象徵，例如夢到蛇出現表示你面對危險。**潛藏意義（latent content）**是夢隱藏的意義，是潛意識的意義。例如，夢到蛇，代表你對男性權威者的恐懼。佛洛依德認為，如果治療師可以了解病患夢中的象徵，透過對於夢的解析來了解個案的潛意識（Scalzone & Zontoni, 2001）。

最近心理學家發現，夢境不只是反應了個體內在的潛意識，也呈現出個體的內在心理歷程。在生活中，我們會夢到許多怪異的夢境，但也會出現與現實生活經驗有關的夢（Schwartz, 2010）。我們會夢到最近面對的困境，然後在醒來的時候找到解決的方法（Domhoff, 2007），這也是所謂的「日有所思，夜有所夢」。

幾個世紀以來，藝術家們對於表現夢境既迷人又可怕的特質，技巧上已經相當熟練。（左圖）荷蘭畫家波希（Hieronymus Bosch）在他的畫作《享樂的花園》中捕捉了夢境既迷人又嚇人的特質。（右圖）夏卡爾（Marc Chagall）在畫作《我與鄉村》中描繪的夢境。你相信這些畫作中的影像都具有象徵意義嗎？又象徵什麼呢？

★ 認知理論

夢的認知理論（cognitive theory of dream）就是利用在第 8 章會談論到認知心理學的概念來幫助我們理解夢的作用。這個理論認為夢只是另一種認知歷程（內在思考歷程），經常與清醒時的思考歷程習習相關（Schredl & Erlacher, 2008）。簡單來說，夢境只是另一個更放鬆時刻的白日夢。在生活中，我們會發現有許多夢境好像自己是導演般地引導著劇情的發生與改變。

★ 活化整合理論

活化整合理論（activation synthesis theory）認為夢境是大腦進行整修的過程，這也是俗稱的「睡夢學習法」。我們的大腦無時無刻接收了很多的外在訊息（如：所聽、所見與所聞）與內在的訊息（如：內在想法與感受）。在清醒時，我們會積極地處理許多外在訊息，但許多內在訊息並未好好處理，所以就會在睡覺的時候進行訊息重整。在作夢時，大腦開始消化許多內在訊息以及白天未處理完的訊息，研究發現此時大腦皮質區也會產生活化的現象（Hobson, 2000），並且會認為這些活化有助於醒來後的功能表現（Lu 等人，2006）。睡眠的主要功能之一就是修復大腦，夢境正好反應我們的大腦正在進行修復的工作。依據這樣的理論來看，在睡前所讀的東西，在睡夢時也會進行消化吸收，所以，睡前讀點東西還是有助於你的學習效果。

潛藏意義
根據佛洛依德的理論，是夢隱藏的意義，是潛意識的意義。

夢的認知理論
採用認知心理學來說明夢的產生，認為夢只是睡著後的思考歷程。

活化整合理論
夢境反應著大腦皮質區的重整與修復。

5.2.6 催眠

催眠（hypnosis）是一種心理狀態，也可能是移轉注意力與意識的一種狀態。人們在這種狀態下，變得相當容易接收指令。從有歷史紀錄開始，就已經出現基礎的催眠技巧。催眠大多與宗教儀式、魔術、超自然有關。在19世紀末期，一位奧地利的醫師Friedrich Anton Mesmer用磁鐵劃過病人的身體，成功地治癒各種疾病。Mesmer說這些疾病是透過「動物磁性」（animal magnetism）治癒的。這股磁性是一股無形的力量，可以從治療師傳導至病人。但事實上，這也是一種催眠的形式。法國國家科學院（French Academy of Science）指派委員會來調查Mesmer的說詞。這個委員會同意Mesmer的治療確實有效，但是對於「動物磁性」的理論則頗有疑義，因此禁止Mesmer在巴黎行醫。

機器正在監測被催眠者的腦部活動。催眠與睡著有何不同呢？

催眠
由專業催眠師改變一個人的意識狀態的過程。

Mesmer的學說又稱為「催眠術」（mesmerism），雖然這個方法在過去頗受爭議，如電視節目上的催眠秀以及心理治療中催眠的不當暗示等等，但近期隨著催眠師專業認證的推展與相關研究，催眠術已經漸漸有了實證療效，也被臨床工作者接納，變成一種心理療癒的策略。由實證研究發現，個體在催眠狀態下的EEG顯示出大量的 α 波與 β 波，這表示一個人正處於放鬆的清醒狀態（De Benedittis & Sironi, 1985; Graffin, Ray & Lundy, 1995; Williams & Gruzelier, 2001）。

催眠包含下列步驟：

1. 減少分心的外在刺激及讓受催眠者感到放鬆。
2. 催眠師要求接受催眠者將注意力集中在某個特定的事物上，例如，想像一個景色或者看著一個懷錶。
3. 催眠師告訴接受催眠者在催眠狀態下即將會產生的感覺，例如，感覺放鬆或愉悅的飄浮感。
4. 催眠師告訴接受催眠者將發生或正在發生的特定事件或感覺，例如，「你的眼皮變得愈來愈沉重。」當催眠師所說的狀況發生時，接受催眠者便會認為這正與催眠師所說的相符，接受催眠者變得更容易接受催眠師的指示。

催眠已被廣泛地應用在醫學與牙醫界、罪犯的偵訊以及運動中。在心理治療中，催眠也被用來治療酗酒、失眠、自殺傾向、暴食與抽菸（Eimer, 2000; Yapko, 2001）。長期的研究與臨床經驗已經證實，催眠可以減少疼痛的感覺（Crasilneck 1995; De Pascalis 等人，2001; Langenfeld, Cipani & Borckardt, 2002）。此外，研究顯示，催眠也可以提高肌力、耐力或感覺的臨界值（Druckman & Bjork, 1994）。催眠有時會用來喚醒人們對過去事件的記憶（Coleman, Stevens & Reeder, 2001）。例

如，警察有時會安排犯罪現場的目擊者接受催眠，就是希望藉由目擊者的回憶以釐清膠著的案情。臺灣早年流行使用催眠來探索個人的前世今生，而近期也開始使用催眠來改善心理困擾。臺灣催眠研究學會的成立就是要透過專業的力量，推展催眠在心理健康的應用，並且減少不當的催眠使用。

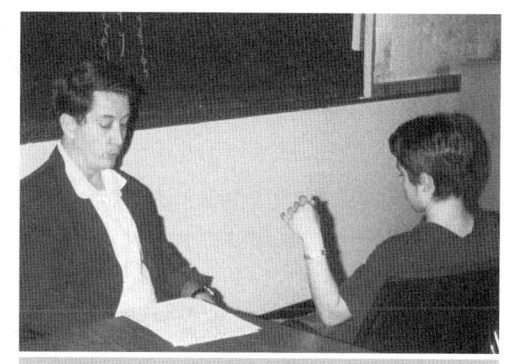

Etzel Cardena 是一位心理學教授與催眠治療師。圖片中，他正在為一位年輕人進行催眠。Etzel 最感興趣的是催眠屬於一種分離的意識狀態，可以用來協助經歷心理創傷與各種精神疾病。催眠最合適的用途為何？它的作用有何限制呢？

想一想

1. 說明睡眠與做夢的本質。
   - 說明生理週期與睡眠的關係。
   - 歸納睡眠的好處與睡眠剝奪的影響。
   - 說明五個睡眠階段，以及睡眠時腦部活動層次的變化。
   - 說出七種睡眠失調的名稱，並解釋其間為何會構成問題。
   - 歸納三種解釋為何人們會做夢的理論。
2. 你是否睡眠品質不佳呢？利用回家作業來改善你的睡眠品質。

幸福人生

靜觀的效果

近年來，國內吹起一陣禪修風，到處都可看見許多相關課程（如：正念減壓、一日禪、禪七、靜坐／冥想等等）。禪修這種充滿東方傳統色彩的活動，在目前已透過許多西方的實證科學證據證明其效果（見第2章的幸福人生——快樂的大腦），並在西方國家漸漸變成主流的心理療癒策略。

靜觀（meditation）是東方傳統的禪修策略，但東西方文化在應用上還是有些差異。在東方的佛教或印度的理論中，靜觀是一種轉化意識狀態的策略，而在西方的理論上，靜觀是一種專注力與自我調節能力的訓練（Sedlmeier 等人，2012）。基本上，這兩種核心效果透過靜觀都可達到。

人們使用靜觀（或稱靜坐）的主要原因有二：第一個是透過靜觀來減輕內在的情緒痛苦；這時

靜觀是一種穩定情緒的策略，也就是佛學所談到的「止」（平靜下來）。第二個是透過靜觀了解自己生命的意義與價值；這時靜觀是一種內省的策略，也就是佛學談到的「觀」（覺察自我）。止跟觀這兩種靜觀的策略簡單來說就是「讓心平靜下來」以及「看看最真實的自己」。

Sedlmeier（2012）等人透過後設分析來探討靜坐帶來的心理效果，結果發現每天定時進行靜觀活動，可以讓你的情緒平穩、注意力增加、思緒清晰，甚至可以改善你的人際關係。本章的課堂練習將教你一個簡單的靜觀呼吸法，回家後你可以採用這樣的呼吸法幫助你達到一些靜觀的效果。由於每個人靜觀的時間有所不同，你可以先試著從 5 分鐘開始，循序漸進地增加到 15 分鐘、30 分鐘，甚至是一小時。睡前進行 5 至 10 分鐘的靜觀呼吸也可以幫助你入眠。

| 延伸閱讀 |
石世明譯（2012）。《禪修的療癒力量：達賴喇嘛與西方科學大師的對話》。晨星。
Sedlmeier, P., Eberth, J., Schwarz, M. Zimmermann, D., Haarig, F., Jaeger, S. & Kunze, S. (2012). The Psychological Effects of Meditation: A Meta-Analysis, *Rsychological Bulletin*,138, 1139-1171.

5.3 心理作用藥物

　　非法用藥是全球性的問題，全球超過 2 億人有藥物濫用的問題（UNDCP, 2001）。藥物濫用的情況散布在社會各階層：城市裡的內行人會到鬧區的俱樂部吸食古柯鹼、農夫吸食自己種植的鴉片、青少年則在郊區的家中快樂地吃著搖頭丸（Ecstasy）。在臺灣，娛樂性用藥（搖頭丸與 K 他命等）問題也日漸嚴重。最近的調查發現，有 1.6% 的青少年曾經注射或吸食毒品，其中以高職組學生的藥物使用盛行率為 2.7%，高中組為 1.0%（周思源等人，2006）。這些非法的用藥都是心理作用藥物，一方面可以帶來某些情緒或者是心理改變的效果，但是另一方面卻會傷害身體，並且容易產生心理或身體上的依賴。你若有物質濫用（如：吸煙、拉 k）的成癮行為，可以參閱《放下執著》一書（黎士鳴主編，2013），來幫助自己解決成癮問題。

　　何謂心理作用藥物？此種藥物如何影響人的行為？有一陣子，佛洛依德嘗試用古柯鹼為病患進行治療。當時他正在尋找古柯鹼可能的醫療用途，例如，在眼科手術當作止痛藥。他很快就發現有些藥物會讓人覺得狂喜。在佛洛依德寫給未婚妻的信中，他提到只要微量的古柯鹼就能產生美好的飄浮感，但也因為後來造成的身心傷害，讓他不再使用古柯鹼。本節將為你介紹各種常見的心理作用藥物。若想對各種心理作用物有更多的了解，可以參考在地人心理學的延伸閱讀。

5.3.1 心理作用藥物的使用

　　心理作用藥物（psychoactive drug）是指在神經系統中作用的物質，可以造成意識狀態的改變、調整感覺，以及改變心情。這些物質之所以受歡迎，是因為這種物質可以幫助個體暫時性的舒壓與保持快樂。喝酒、抽菸或使用 K 他命與安非他命等違法藥物，可以放鬆身體、排遣無聊與消除疲勞，有時還能讓人逃脫殘酷的現實環境。有些人嘗試服用藥物，單純是對藥物的效果感到好奇；其他人則是基於某些社會因素而服用藥物，例如，使用搖頭丸來增進人際親和感。但為了個人滿足與暫時適應環境而服用心理作用藥物，要付出昂貴的代價──藥物依賴、生活脫序，同時也容易造成身體傷害（Zilney, 2011）。一開始覺得愉悅與適應，但是最後卻變得難過與不適應。例如，飲酒一開始可以讓人放鬆並忘記煩惱，但若是逐漸依賴酒精來逃離現實，就會造成依賴，進而威脅人際關係、事業與健康。

　　持續性地使用心理作用藥物會產生**耐受性（tolerance）**的問題，這表示必須提高藥物的使用量，才能達到相同的效果（Goldberg, 2010）。例如，有個人第一次用掉半顆的安眠藥可以幫助入睡，但是連續 6 個月每天服用此種藥丸，他便必須將用量增加到 1 顆，才能達到相同的鎮定效果。

　　不斷使用藥物會造成**生理依賴（physical dependence）**，這是指生理上對藥物的需求，因為停止藥物會導致不舒服的戒斷（withdrawal）症狀（如：身體不適與情緒低落等）。為了要消除這些不適的感受，個體會持續地使用相關的物質。**心理依賴（psychological dependence）**是基於心理因素，有一股不斷想要服用藥物的強烈慾望，例如，追求快感以及減輕壓力。不論你是有生理依賴或者是心理依賴，我們都會稱之為**成癮（addiction）**（Hales, 2011），這也就表示你被這些藥物所控制了。

　　從神經生物學的角度觀察，心理作用藥物會提高大腦報償通路（reward pathway）中多巴胺的數量（Schmitt & Reith, 2010）（圖 5.8，National Institute on Drug Abuse〔NIDA〕, 2001），但是只有大腦的邊緣系統與前額葉皮質區會受到多巴胺的影響（Hnasko 等人，2010）。雖然不同的藥物對人的行為有不同的影響方式，但每種藥物都會增加多巴胺的傳導，進而增加報償通路的活動，讓你感到樂此不疲。透過回答圖 5.9 的題目，來了解你目前是否有心理作用物成癮的問題。

心理作用藥物
在神經系統中作用的物質，可以造成意識狀態的改變、調整感覺，以及改變心情。

耐受性
必須提高藥物的使用量，才能達到相同的效果。

生理依賴
生理上對藥物的需求，不繼續服用藥物會導致不舒服的戒斷症狀。

心理依賴
基於情緒因素，有一股不斷想要服用藥物的強烈慾望。

成癮
持續使用物質的行為模式。

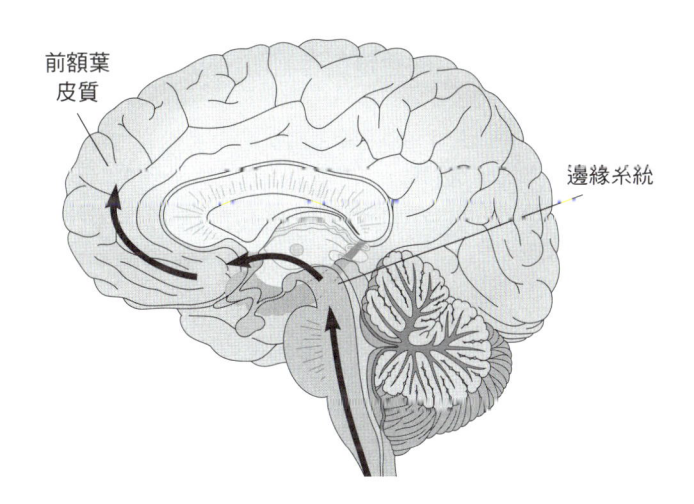

圖 5.8　人腦對精神藥物的報償通路
神經傳導素多巴胺會影響睡眠、情緒與注意力，若使用精神藥物，報償通路中的神經傳導素多巴胺會增加，然而，多巴胺只會影響邊緣系統與前額葉皮質區。

圖 5.9 你有濫用藥物的問題嗎？

請在下列項目回答是或否？
是　　　否
＿＿＿　＿＿＿　我因為使用藥物而惹麻煩。
＿＿＿　＿＿＿　飲酒或服用其他藥物有時讓我的生活很不快樂。
＿＿＿　＿＿＿　飲酒或服用其他藥物是我失去工作的主因。
＿＿＿　＿＿＿　飲酒或服用其他藥物已對我的課業表現造成危險。
＿＿＿　＿＿＿　自從我喝了很多酒或服用藥物之後，意志不如以往堅強。
＿＿＿　＿＿＿　飲酒或服用其他藥物讓我有睡眠問題。
＿＿＿　＿＿＿　飲酒或服用其他藥物之後，我感到後悔。
＿＿＿　＿＿＿　每天的某個時刻，我就迫切地想要喝酒或服用其他藥物。
＿＿＿　＿＿＿　每天早上我都想飲酒或服用其他藥物。
＿＿＿　＿＿＿　飲酒或服用其他藥物導致我喪失全部或部分的記憶。
＿＿＿　＿＿＿　飲酒或服用其他藥物已經影響我的聲譽。
＿＿＿　＿＿＿　飲酒或服用其他藥物讓我住進醫院或其他機構。

這些項目與 Rutgers 大學生藥物濫用篩檢測試的某些項目相似，回答「是」的學生比回答「否」的學生更容易成為藥物濫用的高危險群。如果你在這份篩檢測試中，有 1～3 個項目是回答「是」，建議你到大學的健康中心或諮商中心，做進一步的篩檢。

5.3.2 鎮定劑

鎮定劑
可以減緩心理或身體的緊繃感的藥物。

鎮定劑（depressant）是一種心理作用藥物，可以減緩心理或身體的活動。最常用的鎮定劑有酒精、巴比妥酸鹽、鎮靜劑與鴉片。

★ 酒精

在臺灣，曾經有飲酒習慣者占 8.3%（約 108 萬人），現在有飲酒者約 6.6%（約 94 萬人）。我們通常不會把酒精當作藥物，但它確實是一種相當有效的心理作用藥物。酒精對人體而言是種鎮定劑，它可以減緩大腦的活動。這種說法出乎很多人的意料，因為平常很害羞的人，在喝下幾杯酒後，就會開始聊天、跳舞或進行社交活動。人們喝酒後會覺得「放鬆」，是因為大腦負責抑制與判斷的區域活動減緩。人們喝愈多酒，他們抑制的能力就會降低，判斷力也會降低。喝愈多酒，愈不適合從事需要智力與運動技能的活動（如：開車）。而喝酒過量（酒醉）會造成許多嚴重的傷害（圖 5.10）。酒精除了會影響到我們的身體健康，也會造成他人的傷害，如：酒後駕車（Levinthal, 2010）以及酒後的暴力行為（Gallagher & Parrott, 2010）。

▶ 圖 5.10 狂喝濫飲的後果

經常性的狂喝濫飲對飲酒者本身以及他人都會造成困擾

對本身[1]		對他人[2]	
（承認具有以下問題的受試者百分比）		（受飲酒者影響的受試者百分比）	
忘記上課	61	造成學習與睡眠困擾	68
不知道自己在做什麼	54	必須照顧喝醉的同學	54
無計畫地發生性行為	41	受到辱罵與羞辱	34
受傷	23	遭到令人厭惡的性示好	26
在沒有使用避孕措施的情況下進行性行為	22	產生激烈的爭執	20
摔東西	22	東西被摔壞	15
與校警或地方警察發生衝突	11	受到推打或攻擊	13
一學年內涉及5次以上與飲酒相關的問題	47	上述的問題有兩項以上	87

[1] 有經常性的狂喝濫飲行為，是指在過去2週內，至少一次在至少三個場合內喝了4、5杯酒。
[2] 提供這些數據的大學，都有50%的學生有狂喝濫飲行為。

　　酒精就像其他心理作用藥物一樣，都會經過大腦的報償通路（NIDA, 2001）。酒精也會增加廣布在大腦許多區域中的神經傳導素GABA的聚合（Melis等人，2002）。研究者相信前額葉皮質這個掌管決策與記憶的區域，會記住上次飲酒時的愉悅感（放鬆、沒壓力、不會害羞），導致不斷有飲酒的念頭。飲酒也可能會影響前額葉皮質中掌管判斷與衝動控制的區域（Mantere等人，2002）。大腦中的基底核會產生強迫行為，讓人不顧一切地想喝酒（Brink, 2001）。

✴ 其他鎮定劑藥物

　　因為酒精是最廣泛使用且最容易被濫用的物質，因此前面討論許多酒精使用及其作用的問題。但還有許多其他鎮定劑藥物也可能會遭到濫用：

- **巴比妥酸鹽（barbiturate）**：例如，寧必妥（Nembutal）與紅中（Seconal），都是用來降低中樞神經系統活動的鎮定劑藥物。這些藥物一度被用來治療失眠，但如果過量，會導致記憶力衰退與決策力降低。巴比妥酸鹽若與酒精混合（如：在狂喝濫飲之後服用安眠藥）可能會致命，並且過量的巴比妥酸鹽也會致命。過去有些人就會使用巴比妥酸鹽來自殺，為了避免這類藥物濫用的問題，目前醫療界較少會使用這類的藥物來處理失眠或焦慮的問題。

巴比妥酸鹽
降低中樞神經系統活躍程度的鎮定劑藥物。

- **鎮靜劑（tranquilizer）**：是用來消除焦慮與放鬆心情的鎮定劑藥物。它與巴比妥酸鹽不同，並非是用來治療失眠問題的藥物，而是用來消除焦慮與緊張，透過放鬆讓你比較容易入眠。雖然它可以幫助我們快速地放鬆，但是停藥後的戒斷症狀（如：焦躁不安）會是一個重要的問題（Levinthal, 2010）。

鎮靜劑
消除焦慮與放鬆心情的鎮定劑藥物。

鴉片

鴉片及它的衍生物，都是用來抑制中樞神經系統的活動。

- **鴉片（opiate）**：或稱為麻醉劑（narcotics），包含鴉片及它的衍生物，都是用來抑制中樞神經系統的活動。最常見的鴉片藥物有嗎啡和海洛因，都是使用腦內啡做為神經傳導素，進而影響大腦的突觸。吸食鴉片的幾個小時後，吸食者會覺得心情愉快、毫無痛苦、對性與食物的興趣提高。但當這些藥物從大腦中消失時，突觸就失去刺激。因此，鴉片是極度容易成癮的藥物，若無法繼續吸食鴉片，會造成非常痛苦的戒斷症狀。海洛因成癮的另一項風險是暴露在後天免疫不全症候群（AIDS）病毒下的危險（Nath, 2010），因為大部分施打海洛因的人都採取靜脈注射，如果共用針具的話，針頭上的病毒便會傳染給其他人。「在地人的心理學」這個專欄將提到國內如何透過減害的觀點來改善這樣的問題。

5.3.3 興奮劑

興奮劑

提高中樞神經系統活動的心理作用藥物。

興奮劑（stimulant）是可以提高中樞神經系統活動的心理作用藥物，最常用的興奮劑有安非他命、古柯鹼、MDMA（快樂丸、搖頭丸）、MDA（另類搖頭丸）、咖啡因與尼古丁。

- **咖啡因**：是全世界最常用的心理作用藥物。它是一種興奮劑，來自植物的一種天然物質，也是咖啡、茶與可樂的主要成分。巧克力與一些不需要處方箋的藥物也含有咖啡因。咖啡因興奮的作用通常被用來提振能量與警覺性，但有許多人會產生身體不適的副作用。咖啡因中毒（caffeinism）是用來形容過度依賴咖啡因的人，出現情緒改變、焦慮以及睡眠失調等問題。每天喝下 5 杯或更多咖啡的人容易產生咖啡因中毒，而咖啡因中毒最常見的症狀是失眠、易怒、頭痛、耳鳴、口乾舌燥、血壓過高或消化問題（Hogan, Hornick & Bouchoux, 2002）。一個時常飲用含有咖啡因飲料的人，當他的飲食中缺少咖啡因時，通常會感覺頭痛、昏睡、冷淡與注意力不集中。這些戒斷的症狀通常是輕微的，幾天後就會消除。
- **尼古丁**：是所有無煙或有煙的菸草中都具有的心理作用性成分，即使已有許多公開的報告指出菸草對健康會造成危害，我們有時仍忽略尼古丁極容易成癮的本質。尼古丁會影響腦中多數的神經傳導素，如：多巴胺（增加愉悅感）、正腎上腺素（警覺度增加）、乙醯膽鹼（認知功能提升）、麩胺酸（記憶能力）、血清素（情緒改變）、腦內啡（減低焦慮）與 GABA（放鬆）等（Benowitz, 2008）。常見的行為影響包含提升注意力與警覺性、降低食慾與焦慮，並消除疼痛（Rezvani & Levin, 2001）。對尼古丁的耐受性可以從長期觀察，也可以從一天進行觀察。在一天將結束時抽菸的效果，比一早起來就抽菸的效果小。戒斷尼古丁通常很快就會產生極度不舒服的症狀，例如，易怒、渴望抽菸、無法集中注意力、睡眠失調與食慾提高。戒斷的症狀會持續數個月，甚至更久。儘管尼古丁會帶來短期的效用（如：提振能量與警覺性），但大多數的吸菸者都認知吸菸對健康的嚴重威脅，希望自己能成功戒菸。想戒菸的人，可以打電話到戒菸專線──0800-636-363，尋求專業的協助。

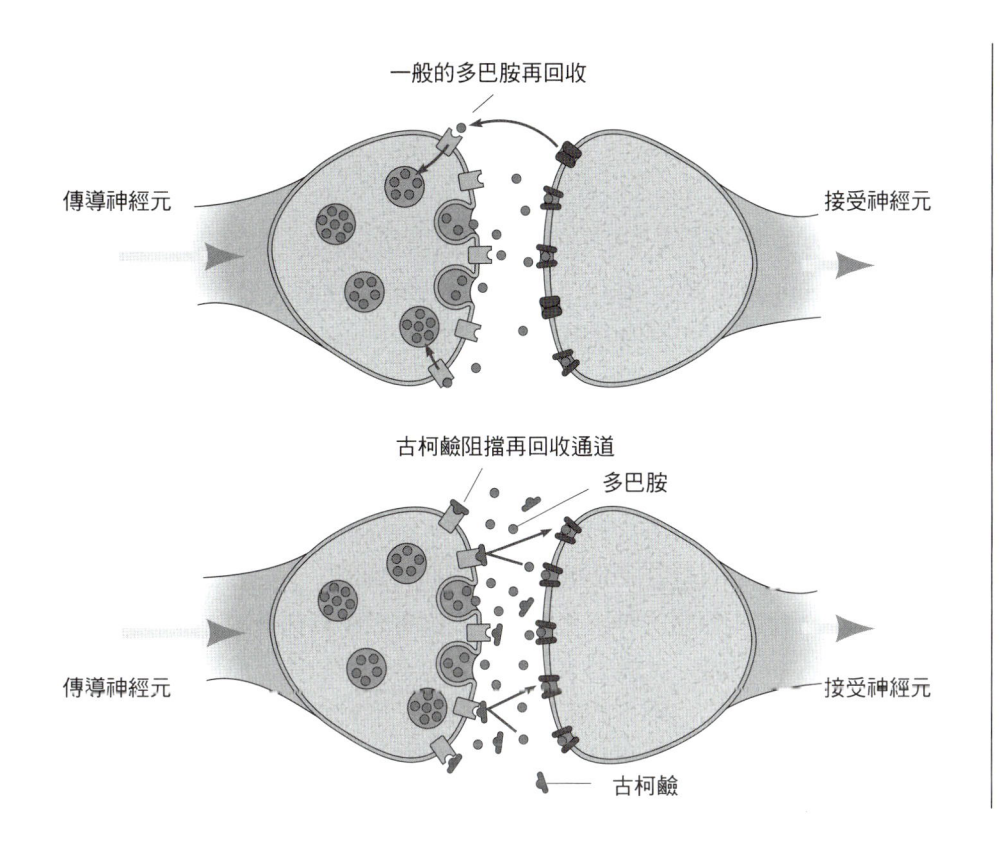

圖 5.11 古柯鹼與多巴胺

古柯鹼會聚集在腦中富含多巴胺的突觸區域。

（上圖）這是普通的運輸過程。傳導神經元釋放多巴胺，結合受體部位來刺激接受神經元。結合受體部位後，部分多巴胺會回到傳導神經元，之後再釋出。

（下圖）當古柯鹼出現在突觸時，它會結合回收幫浦（uptake pump），阻止多巴胺從回收幫浦離開突觸。結果，突觸中聚集愈來愈多的多巴胺，也刺激更多多巴胺的受體。

- **安非他命**：是一種興奮劑藥物，可以讓人提高能量、保持清醒、或達到減重的效果。過去的青少年會使用安非他命來提神，現在開始流行在聚會活動中用來增加樂趣，甚至使用在性行為上（俗稱煙 HI）。由於成癮性高並且會造成腦部永久的傷害，目前為二級管制藥品。

- **古柯鹼**：是一種法令禁止使用的藥物，它是由古柯樹（coca）製成，原產地是玻利維亞與祕魯。幾個世紀以來，玻利維亞人與祕魯人都會咀嚼古柯樹的葉子來提振精神。但是，古柯鹼一般常見的用法是做成結晶或粉末，再用吸食或注射的方式進入人體。吸食或注射古柯鹼會導致心臟病、中風或腦部痙攣驟發症。吸入或注射提煉後的古柯鹼，會快速地進入血液中，產生一陣可以長達 15 至 30 分鐘的愉悅感。因為古柯鹼會耗盡神經傳導素多巴胺、血清素、正腎上腺素的供給，因此藥效退去後會出現激動或沮喪的情緒。電影《華爾街之狼》很寫實地呈現使用古柯鹼度過人生的歷程。圖 5.11 顯示古柯鹼如何影響腦部多巴胺的多寡。

- **MDMA（臺灣俗稱搖頭丸，Ecstasy）**：是非法的合成藥物，它具有興奮劑與迷幻劑的特質。MDMA 俗稱快樂丸、衣服、糖以及愛的小藥丸（love drug）。在臺灣，搖頭丸盛行於年輕族群，主要流行在夜店文化中，透過使用搖頭丸讓自己更「high」以及增加人際間的親密感，甚至會產生性行為（俗稱 ES）。大腦影像的研究顯示，MDMA 會造成腦部傷害，特別是用血清素與其他神經元溝通的那些神經元。只使用 4 天 MDMA，即足以造成腦部傷害，而且傷害會延續 6 至 7 年（NIDA, 2001）。過度使用搖頭丸會導致認知功能的損傷（Sofuoglu 等人，

第 5 章 意識的狀態　　**177**

2009）以及因為過度釋放血清素而引發潛在的憂鬱症狀（Cowan, Roberts & Joers, 2008）。

5.3.4 迷幻劑

迷幻劑
一種心理作用藥物，可以改變人們的知覺經驗與產生不真實的視覺影像。

迷幻劑（hallucinogen）是一種心理作用藥物，可以改變人們的知覺經驗與產生不真實的視覺影像。迷幻劑常被稱為「迷幻藥」（psychedelic，表示「讓意識狀態改變」〔mind-altering〕的藥物）。大麻的迷幻效果較弱，但麥角酸二乙氨（LSD）的效果則很強。

- **大麻**：是一種名叫大麻（Cannabis sativa）植物的葉子和花製成的藥物，主要產地在中亞。目前在全世界有許多地方都種植大麻，這種植物曬乾的樹脂也稱為大麻脂（hashish）。大麻中的有效成分是 THC（四氫大麻酚），與其他心理作用性物質不同，它並不會影響特定的神經傳導素。大麻會阻斷神經薄膜，並影響多種神經傳導素與荷爾蒙的功能。大麻對人體的影響包含心跳加快、血壓升高、眼睛充血、咳嗽與口乾舌燥，而心理上的反應融合興奮、沮喪與輕微的幻覺。由於大麻隨著採收期不同，產生的效果也有所不同，所以要將其清楚的分類為興奮劑或迷幻藥有所困難。大麻會觸發自主且不相關的想法以及對時空認知的錯亂，對聲音、味道、氣味與顏色極度敏感，並且有古怪的言語行為。大麻也會造成注意力與記憶力受損。若每天都使用大量的大麻，會降低精子數量，並改變荷爾蒙的週期（Close, Roberts & Berger, 1990），也可能造成胎兒畸形。

- **麥角酸二乙氨（LSD）**：是一種迷幻劑，主要作用在血清素與多巴胺兩種神經傳導素的接受器（Gonzalez-Maeso & Sealfon, 2009），即使是很低的劑量也會造成劇烈的知覺改變。所見的物體會變換形狀並發光，顏色變化像萬花筒一般，展開美麗的影像。LSD 也會影響使用者對時間的概念。時間好像變得很慢，對物體匆匆一瞥，就像盯著它看了好幾個小時或一整天似的，好像可以透視這個物體。LSD 產生的影像有時令人愉悅、有時令人覺得詭異。使用 LSD 最糟糕的情況，是會感到極度焦慮、偏執。

在生活中，我們或多或少會接觸到一些心理作用藥物。圖 5.12 整理了常見的心理作用藥物的效果與傷害。當你有相關的困擾時，可以尋求學生輔導中心協助，幫助你度過難關。

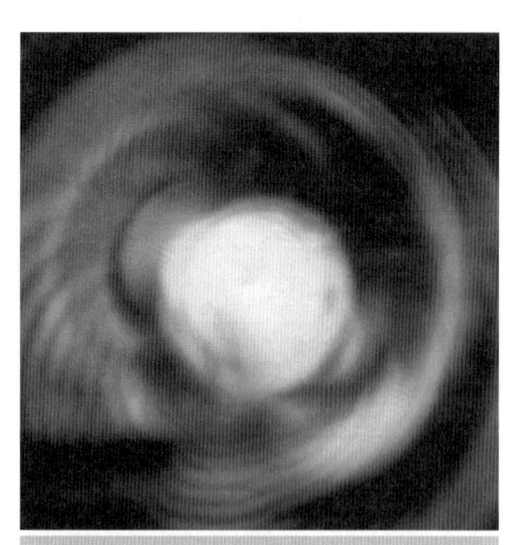

在迷幻藥（如：LSD）的影響下，許多使用者都說他們看到隧道般的影像。LSD 會產生哪些不舒服的效果來抵銷這種令人頭暈的影像？

藥物分類	醫療用途	短期功效	過量的副作用	對健康的危害	生理依賴與心理依賴的危險性
鎮定劑					
酒精	減輕疼痛	放鬆、抑制腦部活動、動作減緩、減少害羞心理	失去方向感、失去意識、血液中的酒精濃度太高時甚至會死亡	發生意外、大腦受損、肝病、心臟病、潰瘍、胎兒畸形	中度的生理依賴與心理依賴
巴比妥酸鹽	幫助睡眠	放鬆、幫助睡眠	呼吸困難、昏迷、可能會死亡	發生意外、昏迷、死亡	中度到高度的生理依賴與心理依賴
鎮靜劑	降低焦慮	放鬆、動作減緩	呼吸困難、昏迷、可能會死亡	發生意外、昏迷、可能會死亡	低度到中度的生理依賴、中度到高度的心理依賴
鴉片（麻醉劑）	減輕疼痛	愉悅感、昏昏欲睡、噁心	抽搐、昏迷、可能會死亡	發生意外、傳染性疾病如：AIDS	高度的生理依賴、中度到高度的心理依賴
興奮劑					
安非他命	控制體重	提高警覺性、變得激動、降低疲勞、易怒	極度易怒、被迫害感、抽搐	失眠、高血壓、營養不良、可能會死亡	可能會生理依賴、中度到高度的心理依賴
古柯鹼	局部麻醉	提高警覺性、變得激動、愉悅、降低疲勞、易怒	極度易怒、被迫害感、抽搐、心跳停止、可能會死亡	失眠、高血壓、營養不良、可能會死亡	可能會生理依賴、中度（用咀嚼的方式）到非常高度（用注射或抽菸的方式）的心理依賴
MDMA（快樂丸）	無	輕微的興奮與迷幻作用、體溫升高與脫水、幸福感與聯繫感	大腦受損，尤其是記憶與思考能力受損	心血管疾病、死亡	可能會生理依賴、中度的心理依賴
咖啡因	無	警覺與幸福感，但隨後會出現疲勞感	緊張、焦慮、睡眠中斷	心血管疾病	中度的生理依賴與心理依賴
尼古丁	無	興奮與壓力消除，但隨後會出現疲勞感與憤怒	緊張、睡眠中斷	癌症、心血管疾病	高度的生理依賴與心理依賴
迷幻劑					
大麻	治療青光眼	愉悅感、放鬆、輕微的幻覺、時間錯亂、注意力與記憶力受損	疲勞、不知道自己的行為	發生意外、呼吸道疾病	非常低度的生理依賴、中度的心理依賴
LSD	無	很強的幻覺、時間與知覺錯亂	精神異常、脫離現實	發生意外	不會產生生理依賴、低度的心理依賴

圖 5.12 精神藥物的分類

在地人的心理學

成癮行為的研究與防治

在本節提到許多心理作用物，這些物質都可以讓我們的心理狀態產生改變。在醫療的使用下，它們會是一種治療心理困擾的藥品，但不當的使用反而會是對心理狀態造成傷害的毒品。像是章頭故事所提到的K它命，若是用於開刀或者是醫療上，它會是一種麻醉藥，但若用於一般生活中，用它來舒壓或者是逃避問題時，它所帶來的身心傷害遠勝於舒壓效果，這就變成一種傷害大腦與心理健康的毒品了。

我們都了解生活中有許多常見的心理作用物，如合法的菸酒以及非法的毒品。我們會使用這些心理作用物來改變自己的情緒與心理狀態。但若是過度依賴這些外在物質，就會有成癮的問題。成癮不只無法有效地解決現實生活的問題，還會創造出更多的生活困擾。黎士鳴心理師邀請許多相關的實務工作者出版《放下執著》一書，透過這本書幫助有成癮問題的人擺脫成癮的習慣。該書認為成癮問題在於長期的自我逃避，只有透過面對自我才能根本地改善。除此之外，本書每週回家作業也是一種改善成癮行為的替代活動，透過每天的練習，來幫助你快樂地面對自己與未來的人生。

高雄醫學大學副校長陳宜民教授長期致力於愛滋病防治工作。有鑑於毒癮愛滋人口逐年增加，為了減少國內愛滋病的感染率，他特別成立「減害協會」來推展減害運動，在毒癮與愛滋病感染中兩害取其輕，進行針具交換站的推展工作。這幾年來，愛滋病的感染率有明顯的下降，並且透過同儕教育的活動與社區戒癮的宣導活動，國內的毒癮人口也有趨緩的現象。

由於國內網路成癮問題日趨嚴重，亞洲大學副校長柯慧貞教授特別成立網路成癮防治中心，透過研究與教育宣導等策略來預防國內學生的網路成癮問題。想一想，你是否也是低頭一族呢？你透過 Line 與人聊天的時間是否超過與人面對面聊天的時間？當你發現自己沉溺網路世界時，可以多多走到戶外參與活動。

| 參考資料 |

黎士鳴主編（2013）。《放下執著：成癮心理學理論與應用》。麗文文化。

林慧珍譯（2013）。《藥物讓人上癮：酒精、咖啡因、尼古丁、鎮定劑與毒品如何改變我們的大腦與行為》。大家出版社。

課堂活動

主題：靜觀呼吸

目標：
覺察專注於呼吸的意識狀態。

步驟：
1. 每個人輕鬆地坐在位子上。
2. 將雙眼閉上，雙手放在膝上。
3. 慢慢地深呼吸，讓自己放輕鬆。
4. 將專注力放在呼吸上。
5. 吸氣的時候，想像著空氣填飽你的身體。
6. 吐氣的時候，告訴自己將壓力吐出去。
7. 就這樣保持呼吸，然後心裡想著「願我平靜」，讓你感覺心情平靜。

回家作業

快樂生活第五週——安心好眠

想一想，現在的你是否也受到失眠所困擾呢？許多大學生半夜上網而白天睡覺，這是否也是一種失眠的困擾？有許多大學生都有睡眠不足的問題。調查發現，臺灣大學生有 66.2% 反映睡眠品質差，而有 58.6% 有中度到重度的嗜睡狀態，睡眠習慣不良的同學高達 84.6%（黃有慶、吳侖瑾、陳青浩、隋安莉，2009）。你可以試著回答下列問題，評估自己的睡眠是否充足。

你的睡眠充足嗎？

是 否
- ☐ ☐ 我需要鬧鐘才能準時起床。
- ☐ ☐ 每天起床時都掙扎很久。
- ☐ ☐ 週一到週五，我都覺得很累、很煩躁與緊張。
- ☐ ☐ 我無法集中注意力。
- ☐ ☐ 我的記憶力很差。
- ☐ ☐ 對於需要深入思考的課題，我的反應很慢。
- ☐ ☐ 我常看電視看到睡著。
- ☐ ☐ 上無聊的課會令我想睡。
- ☐ ☐ 在吃過飯後我會覺得想睡。
- ☐ ☐ 我躺在床上超過 15 分鐘後才能入睡。
- ☐ ☐ 我開車時常覺得昏昏欲睡。
- ☐ ☐ 我常在週末時睡久一點。
- ☐ ☐ 我需要午睡，才有體力撐過一天。
- ☐ ☐ 我有黑眼圈。

這是睡眠專家 James Maas（1998）所發展的問卷。如果你有三個項目（或更多項目）中回答「是」，則代表你可能睡眠不足。政治大學心理學系楊建銘教授是臺灣的睡眠專家，他致力於睡眠研究與改善人們的睡眠問題。在《失眠可以自療》一書中，他提供了許多好眠技巧，幫助我們入眠。有睡眠困擾的你可以閱讀此書，或者到學生輔導中心尋求協助。

以下幾個入眠策略，能幫助你睡個好覺：
1. 不要因為睡不好而感到有壓力。
2. 保持運動習慣。
3. 在白天保持精神奕奕。
4. 多吃水果。
5. 睡前不使用電腦或手機等科技產品。
6. 臥房保持輕鬆的氣氛。
7. 睡前採用靜觀呼吸讓思緒沉澱。
8. 視需要與學生輔導中心連絡，取得如何解決睡眠問題的建議。

| 建議閱讀 |
楊建銘（2010）。《失眠可以自療》。時報出版社。

本章摘要

這章你了解「意識」這個課題，你會知道從「清醒」到「睡著」這一天的 24 小時，都有其特別的心理歷程。

1. **意識的本質。**

   意識是對外在事件與內在感覺的覺察，其中包含對於自我的認知，以及對於個人經驗的想法。意識依據覺察程度可以分成高層次意識、低層次意識、意識轉變狀態、下意識與無覺察等五種狀態。

2. **說明睡眠與做夢的本質。**
   - 生理週期是指身體週期性的生理變化。調節每天睡眠與清醒循環的生理週期稱為日夜節律。大腦中保持生理時鐘與日夜同步化的部分是下視丘，它可以感應光線。生理時鐘會因為旅行時差與輪班而被打亂，重設生理時鐘的方式是回復正常的睡眠模式。
   - 我們需要睡眠才能恢復體力、適應、成長與記憶。有愈來愈多的研究顯示人們睡眠不好會影響到學習與工作表現。
   - 睡眠階段會對應到腦部電生理學的變化，這些變化可以透過 EEG 來評估。人們的睡眠會經過四個非 REM 睡眠階段以及一個 REM（或稱為速眼動）睡眠階段。大多數的夢都出現在 REM 睡眠中，這五個睡眠階段形成一個睡眠週期，此週期長達 90 至 100 分鐘。一般的睡眠會多次重複這個週期，愈接近睡眠的尾聲，REM 愈長。
   - 睡眠失調包含失眠、夢遊、說夢話、夢魘、夜驚與猝睡。
   - 佛洛依德主張人們之所以會做夢，是為了想獲得願望的達成。他將夢的意義區分為表面與潛藏的意義。認知理論認為夢只是另一種認知思考歷程。活化整合理論則認為夢是神經系統在進行修復的過程。

3. **評估心理作用藥物的使用與類型。**
   - 心理作用藥物是指會在神經系統中作用的物質，可以造成意識狀態的改變、調整感覺，以及改變心情。心理作用藥物之所以受歡迎，是因為這種物質可以協助人們適應不斷變動的環境。不斷使用心理作用藥物會產生耐受性，以及生理或心理依賴的問題。
   - 鎮定劑會減緩心理或身體的活動。最常用的鎮定劑有酒精、巴比妥酸鹽、鎮靜劑與鴉片。酒

精在臺灣是常見的心理作用物，而因飲酒所帶來的酒駕問題是需要被重視的。
- 興奮劑是可以提高中樞神經系統活動的精神作用性藥物，包含安非他命、古柯鹼、MDMA（搖頭丸、快樂丸）、咖啡因、尼古丁。
- 迷幻劑是一種心理作用性藥物，可以改變人們的知覺經驗與產生不真實的視覺影像。大麻的迷幻效果較弱，但 LSD 的效果則很強。

面對你的成癮行為，可以尋求專業心理師或學生輔導中心的協助。

第 6 章

學習
Learning

章節內容

6.1 學習
6.1.1 學習的型態
6.1.2 學習的生物因素
動動腦——快樂需要學習嗎？

6.2 古典制約
6.2.1 Pavlov 的研究
6.2.2 古典制約的應用
幸福人生——正向地面對壓力

6.3 操作制約
6.3.1 Thorndike 的效果律
6.3.2 Skinner 的操作制約理論
6.3.3 行為養成
6.3.4 增強原則
6.3.5 操作制約的應用
在地人的心理學——習慣心理學的誕生

6.4 觀察學習

6.5 學習的認知因素
6.5.1 目的性行為
6.5.2 頓悟學習

章頭故事

古代孟母三遷是為了讓孩子有更好的成長環境，這說明了環境對一個人的影響，其中就涉及了學習歷程。假設你今天是出生在美國，就會說著另一種語言，喜歡上不同的食物，並且習慣當地的風土民情。為什麼會這樣呢？主要是因為經歷到不同的學習經驗所造成。

觀察他人的言行是我們常用的一種學習方式。許多家長認為電視會阻礙兒童學習，不准小孩看電視；但也有家長沒時間陪小孩，就讓電視變成小孩的褓母。的確，電視對於孩子的影響力很大，若有效地利用電視的影響力來讓孩子能正面的成長，也是一種良好的教育方式。以東森幼幼臺為例，有很多節目可以教育小朋友良好的習慣。幼幼臺有很多大哥哥、大姐姐，帶著小朋友做一些運動與生活中的小遊戲，同時也教導小朋友關於語言、生活習慣等生活適應的技能。透過這些節目的教育，小朋友可以用愉快的心情展開學習生涯。學習讓我們養成新的行為、技能及知識。在本章節中，我們把焦點放在古典制約、操作制約以及觀察學習等三種重要的學習歷程上。

心理學是一門探討內在心理歷程與外顯行為的一門科學，在這一章中，我們將著重在外顯行為上，下一章的認知思考則將把重點放在內在思考歷程。在探討外顯行為的學習時，引發行為產生的外在刺激以及相關的行為反應是這一章的重點。在閱讀本章時，請將注意力放在你自己的行為反應以及誘發你行為反應的外在刺激上，你就會更容易理解行為取向的心理學家是如何思考行為的學習。由於行為主義開起了心理學的實證科學之路，所以在本章特別將一些重要的經典研究以註記的方式放入文中，有興趣者可以找出那篇文章來深入閱讀。

兒童藉由觀察節目中角色的行為及語言去進行學習。

6.1 學習

當我們學習到任何的新知識或經驗就代表了內在心理歷程的改變。就像你學習 26 個英文字母一樣，學會了就不會輕易地忘記；或是學會開車之後，就不必每次都還要思考該如何開車。透過生活經驗，你可以了解棒球比賽如何進行、交通號誌的意義、違規會被處罰等等。將上面這些特性結合在一起，**學習（learning）**的定義就是：透過經驗而造成持續性且系統性的行為改變。在第 1 章曾談到心理學的取向，行為取向就是強調行為學習與改變的一般原則（Olson & Hergenhahn, 2009）[註1]，而此取向利用對於動物的研究來類化到人類的學習行為（Domjan, 2010）[註2]，所以本節將會討論許多動物的學習行為，並且將其中的原則類化到我們的生活中。

學習
透過經驗而造成行為持續性且系統性的行為改變。

6.1.1 學習的型態

在我們日常生活的經驗中,學習有兩種型態:觀察學習與關聯學習。第一種是觀察學習,這是生活中常見的一種學習方式,我們常會透過觀察他人的行為舉止來產生自己新的行為改變,例如,看到同學的新髮型覺得很潮,自己也去剪一樣的髮型。另一種學習型態稱作**關聯學習(associative learning)**,主要是將兩個事件作連結,而習得一個新的行為,例如,「一朝被蛇咬,十年怕草繩」就是把被蛇咬的經驗與草繩做關聯學習,而連結的過程是透過制約(conditioning)的方式而產生(Chance, 2009)[註3]。由於觀察學習是日常中生活主動的學習經驗,而關聯學習則是一種潛在的學習歷程,在這一節會先讓你了解造成關聯學習的重要原素——制約。

> **關聯學習**
> 藉由古典制約或是操作制約將兩件事物作連結的學習方式。

制約可分為兩種:古典制約和操作制約(圖 6.1);「望梅止渴」就是一個古典制約的範例,而「賞善罰惡」就是一種操作制約的典範。

在古典制約中,人們所學習到的是刺激和刺激之間的連結,因此人們開始對事件產生預期效果。舉個例子,打雷的時候,雷聲(刺激 1)通常都伴隨著閃電(刺激 2)出現。所以當你看到閃電時,就知道接著會有雷聲出現。

在操作制約中,人們從行為與結果之間的連結去習得啟發。經由這種連結,就

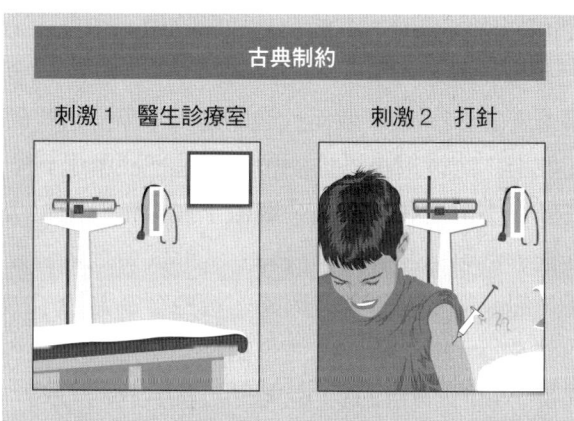

圖 6.1 比較古典制約和操作制約
(左圖)在古典制約中,小孩將兩個刺激作連結:醫生診療室和打針。(右圖)在操作制約中,參賽者將行為和結果作連結:好的表現和好的成績。

註 1: Olson, M. & Hergenhahn, B. R. (2009). *Introduction to Theories of Learning* (8th ed.). Upper SaddleRiver, NJ: Prentice-Hall.
註 2: Domjan, M. (2010). *The Principles of Learning and Behavior* (6th ed.). Boston: Cengage.
註 3: Chance, P. (2009). *Learning and Behavior* (6th ed.). Belmont, CA: Cengage.

可以用獎賞或懲罰去增強或削弱人們的行為。例如，父母親對小孩良好的行為給予鼓勵和獎賞，讓這個行為可以被保持；同樣地，父母會對小孩不良的行為給予責罵和懲罰，讓不好的行為不再重複出現。

6.1.2 學習的生物因素

愛因斯坦（Albert Einstein）擁有許多特殊的才能，他豐富的創造力以及強大的分析能力發展出許多對自然及宇宙的獨到見解，對近代科學有著無遠弗屆的影響。愛因斯坦接受嚴格的歐洲式教育，並在美國受到信任和支持。如果他是在一個開發中國家成長，他是否能夠讓自己的能力得到發展，並且作出如此貢獻？答案無法肯定。然而基因顯然給予愛因斯坦非凡的能力，讓他能夠擁有更高層次的思考。

我們的大腦神經系統與身體結構，讓我們比其他動物有更多優勢可以去學習更多的事物。舉例來說，魚不能打桌球，牛不會寫字，人的身體結構卻可以讓我們學習許多其他動物不能學習的事物。我們知道生物因素確實會對許多動物的學習產生影響。其中一個明顯的例子就是生物的**本能趨勢（instinctive drift）**，動物的學習會受其本能行為的影響，例如，楓葉鼠會跑滾輪。

本能趨勢
動物的學習會受到其本能行為的干涉。

我們來看一下 Keller Breland 和 Marion Breland（1961）的經驗。他們利用操作制約訓練動物作表演，訓練小豬把硬幣存到小豬撲滿裡，也訓練浣熊把硬幣從地上撿起來放到金屬盤子裡。雖然我們可以訓練小豬、浣熊和其他動物做一些表演動作（例如，浣熊被訓練成知道要把籃球放進籃框裡），但是過一陣子有一些動物會開始出現奇怪的行為。小豬不再把硬幣放進撲滿裡，取而代之的是，不斷把這些硬幣丟在地上，然後用鼻子推硬幣，或是把硬幣甩到空中。浣熊也不再把硬幣丟到金屬盤子裡，牠們把硬幣握在手裡，當第二個硬幣出現時，浣熊就會把兩個硬幣握在一起摩擦。因為某些因素，這些行為蓋過了訓練的強度。為什麼小豬和浣熊會出現這些奇怪的行為呢？其實小豬的奇怪行為，是牠們尋找食物的方式，也是牠們最原始及本能的行為。而浣熊會有這樣的行為出現，則反應了牠們清洗食物的本能行為。

這隻浣熊靈巧的雙手，讓牠很容易就學習到把球放進籃框裡的技能。但是因為本能趨勢的關係，牠較難去執行將硬幣放在金屬盤裡的動作。本能趨勢是如何影響動物的學習呢？

有些動物在某些環境很容易學習到某些行為，但是只要環境稍有改變，這些行為就很難學到。這種結果並不全然是環境的影響，很多時候都是來自生物的準備性（Seligman, 1970）[4]。這就是除了本能趨勢會影響動物學習外，另有一種影響學習的生物因素，我們稱為準備論（preparedness）。動物本身因物種所具備的生物天性，使其容易習得某種特殊反應。例如，

兔子對於食物味道很敏感，所以若兔子在進食後經歷低程度的放射線（radiation）會讓牠感到痛苦，因而產生嚴重的味覺嫌惡。兔子經過這次的經驗後，對於該食物味覺嫌惡的情形可能得持續至少 32 天（Garcia & Koelling, 1966）[註5]。另外一個準備論的例子就是人類怕蛇的天性，透過學習歷程中，在許多的研究中發現，透過蛇與其他相關刺激的連結會讓我們很快地也對這些刺激產生恐懼反應。

人類的身體與大腦構造比其他生物還多了學習的生物性，如：我們的手指比其他生物有更多的操作功能，所以我們可以學到更多的能力與技能，像是工具的創造與使用等等。但是也因為能夠學習的能力很多，而時間卻有限，所以會因為生存的環境不同，所強調學習的能力也有所不同。例如，數學優異的人就會花更多的時間學習數學，而國文優異的人就會花更多的時間來閱讀。心理學家 Carol Dweck（2006）提出一個心理設定（mindset）的概念，這如同生物的**準備論（preparedness）**，認為在不同文化下的個體就會事先設定好哪些是最需要學習的內容。在這樣的概念上，她認為人類的學習有兩種心理設定，一種是固定性，另一種是成長性。固定性認為人類的思考就像石頭一樣，學會了就難以更動；而成長性則認為大腦就像海綿一樣，會持續地吸收成長。基本上，大學生的大腦還在成長、可塑性高，可以透過閱讀與學習來增加可能性。她提出以下的策略來幫助我們的心理設定從固定性轉向成長性：

1. 相信你自己可以改變
2. 多花心思在課業上
3. 想一想你每天所學到的新知識
4. 開始練習每天的回家作業

你準備好要開始學習了嗎？

準備論
物種所具備的獨特的生物性，使其容易習得某種特殊反應。

想一想

1. 解釋什麼是學習。
   - 分辨觀察學習與關聯學習。
   - 討論生物天性如何影響學習。
2. 你是如何學習的？訂定一個計畫去學習一種行為，並描述你如何學習它。

註 4: Seligman, M. E. P. (1970). On the generality of the laws of learning. *Psychological Review*, 77, 406-418.

註 5: Garcia, J. & Koelling, R. A. (1966). Relation of cue to consequence in avoidance learning. *Psychonomic Science*, 4, 123-124.

動動腦

快樂需要學習嗎？

正向心理學家 Seligman 說明樂觀的態度是需要學習的，並且樂觀的人會有更好的學習效果。快樂需要學習嗎？過去會認為快樂是一種基本的情緒，但是現在發現我們變得很不快樂，不論是在學校或者在日常生活中，好像免於痛苦就是一種快樂的感受。對學生而言，不考試就是一種快樂。這似乎說明了我們只學會逃避痛苦，而沒有學會快樂。美國心理學家 Ben-Shahar 在哈佛開了一門課，稱之為快樂學。第一次開課時，沒有多少人上課，但第二次以後，就變成哈佛最受歡迎的一門課。從這些學生的反應來看，可以發現大家都需要學習一些快樂的方法。國內的李新民教授等正向心理家也將正向心理學的概念融入課程中，目的是希望能夠增加正向的學業情緒，透過正向情緒的增加來讓學生有更好的學習效果。此方案將「回想快樂」、「優勢認證」、「靜心活動」、「細數幸福」、「感恩拜訪」、「樂觀想像」等增進正向情緒的主題融入課程，希望透過這樣的過程，讓學生擁有正向的學習情緒以增加學習效能。在本章結束的課程活動中，我們將「優勢認證」融入，讓你體會到快樂的感受，也學習到如何透過讚美自己來產生快樂的情緒。

另外，若行有餘力，可以閱讀這一生的幸福計畫，開始規劃你未來的幸福人生。

想一想

1. 你的求學過程快樂嗎？你如何讓自己對於學習保持樂觀呢？
2. 你覺得快樂需要學習嗎？你用什麼方法讓自己更快樂呢？
3. 找一本延伸閱讀來看，讓自己學會一些快樂的方法。

| 延伸閱讀 |

譚家瑜譯（2012）。《更快樂：哈佛最受歡迎的一堂課》。天下文化。
洪蘭譯（2009）。《學習樂觀‧樂觀學習》。遠流出版社。
謝明宗譯（2014）。《這一生的幸福計劃》。久石文化。
李新民（2010）。《正向心理學在學校教育的應用》。麗文文化事業。
李新民（2010）。《正向心理學教學活動設計》。麗文文化事業。

6.2 古典制約

古典制約
一種學習模式，中性刺激和非制約刺激連結之後，中性刺激也能引起類似於非制約刺激所產生的反應。

這是一個晴朗的好天氣，爸爸帶著小朋友出去散步。小朋友看到一些漂亮的粉紅色花朵，忍不住靠近去摸了一下，結果被停在花瓣上的蜜蜂螫了。隔天，小孩的母親從外面帶回來一些粉紅色的花朵，哪知道小孩一看到這些花朵便開始嚎啕大哭。小朋友的這種反應就是**古典制約（classical conditioning）**的學習過程。當一個

中性刺激（花朵）和一個產生影響痛苦的刺激（蜜蜂）連結在一起，在另一個和中性刺激相似的刺激（母親帶回來的花朵）出現時，就激發起相似的反應（害怕被蜜蜂螫）。這些在生活中的自然反應（如：望梅止渴、天冷發抖、碰火縮手等等的天性反射）就是古典制約想探討的關聯學習過程，也就是自然的反應動作是如何與其他非相關情境來連結在一起，如：花朵跟害怕的反應。

6.2.1 Pavlov 的研究

在 1900 年代初期，俄國科學家 Ivan Pavlov 對唾液是如何消化食物的研究很感興趣。在實驗中，他把肉末粉放在狗的嘴巴裡以促進狗的唾液分泌。他發現到，在實驗的過程中，不只是肉末粉才會讓狗唾液分泌量增加，像是看到裝食物的盤子、看到帶食物進來的人，當食物送達門關起來的聲音，都有同樣的效果。Pavlov 認為，狗把食物和這些情形連結起來，然後產生某種的學習效果。這種學習模式，後來就被稱為古典制約。

Pavlov 想知道為什麼狗在還沒吃到肉末粉前，就會因為看到一些景象或聽到某些聲音，而增加唾液分泌量，也想了解狗是如何學會了這些聲音或景象與肉末粉的關連。他觀察了狗的行為，包括學習以及未經學習的部分。習得（古典制約）會藉由古典制約產生的學習效果；未經學習的部分也就是天生的行為，對刺激會產生自動化的反應，例如，吃到食物會分泌唾液、吃到壞掉的食物會噁心、氣溫低的時候會發抖、喉嚨不舒服會咳嗽、瞳孔遇到光會縮小等。

非制約刺激（unconditioned stimulus, UCS）是不需要學習就能產生反應的刺激，這些外在刺激可以產生我們一種自然的反應動作，如看到食物會流口水、聽到突然的巨響會恐懼。在 Pavlov 的實驗中，食物就是一種非制約刺激，可以讓狗自然地流口水。**非制約反應**（unconditioned response, UCR）就是對於非制約刺激所產生的自然反應。Pavlov 的實驗中，狗對食物產生唾液分泌就是非制約反應。在本節一開始提到的例子中，小朋友被蜜蜂螫到後哭了。哭是不用經過學習就能產生的自然反應。所以蜜蜂螫是非制約刺激，而哭則是非制約反應。

在古典制約中，**制約刺激**（conditioned stimulus, CS）是和非制約刺激連結之後能夠產生制約反應的刺激；而**制約反應**（conditioned response, CR）則是制約刺激和非制約刺激連結之後，由制約刺激所引起的產生類似於非制約之反應（Pavlov, 1927）[註6]。在實驗中，Pavlov 在讓狗進食之前會先響鈴。在這之前，響鈴並不會對狗有什麼影響，只用來叫狗起來吃飯。原先鈴聲是中性刺激，但是狗開始將食物（UCS）和鈴聲（CS）連結在一起，會在聽到鈴聲（CS）後，就開始分泌唾液（CR）。

註6: Pavlov (1927). *Conditioned Reflexes*. G. V. Anrep (Trans.) New York: Dover.

非制約刺激
不需要學習就能產生反應的刺激。

非制約反應
對於非制約刺激所產生的自然反應。

制約刺激
和非制約刺激連結之後能夠產生制約反應的刺激。

制約反應
由制約刺激所引起的反應，且類似於非制約反應。

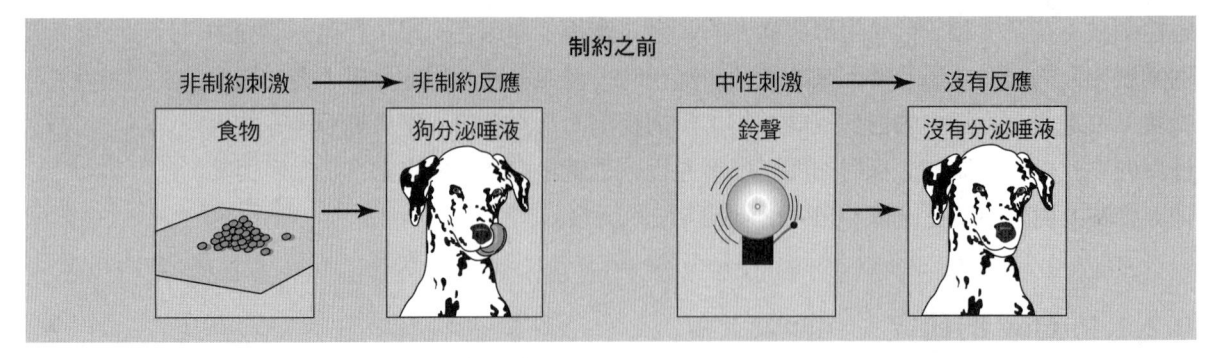

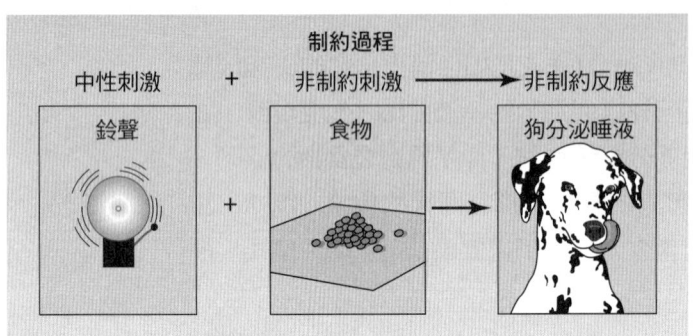

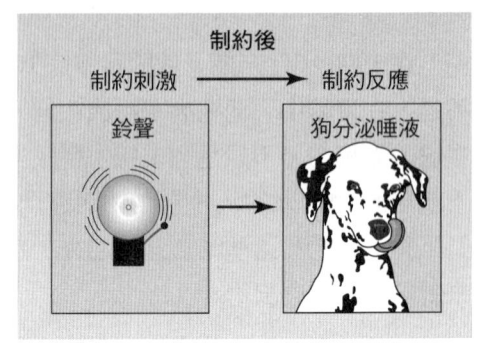

圖 6.2 Pavlov 的古典制約

在實驗中，Pavlov 在非制約刺激（食物）之前呈現一個中性刺激（鈴聲），該中性刺激和非制約刺激連結後變成制約刺激。伴隨制約刺激（鈴聲）發生的就是制約反應，造成了狗分泌唾液。

對狗而言，鈴聲變成制約刺激，因為聽到鈴聲而分泌唾液的反應就是制約反應。對小朋友而言，花跟鈴聲一樣是制約刺激，而哭就是被蜜蜂螫（非制約刺激）和花（制約刺激）配對後所產生的制約反應。圖 6.2 清楚地展現出 Pavlov 的古典制約過程。

★ 習得

習得（acquisition）是指藉由古典制約產生的學習效果：一個中性刺激和非制約刺激（UCS）（會自然引發某行為反應的刺激）連結之後，轉變成制約刺激（CS）並激發制約反應（CR）。在習得的過程中，CS 多次地跟隨在 UCS 之後，然後透過 CS 與 UCS 的關連性，讓 CS 單獨出現時也可以激起與 UCS 出現時一樣的反應。其中包含兩個重要觀點：時間性及可預測性。

在時間性上，制約刺激（CS）尾隨在非制約刺激（UCS）出現的時間差很重要（Kotani, Kawahara & Kirino, 2002; Weidemann, Georgilas & Kehoe, 1999）。當制約刺激和非制約刺激是同時出現時，所產生的制約學習效果最佳（Kimble, 1961; Wheeler & Niller, 2008）。在 Pavlov 的實驗中，如果鈴聲（CS）與食物（UCS）同時出現時，所產生的制約學習，勝過鈴聲在給予食物 20 秒之後才開始響起。

Robert Rescorla（1966, 1988, 2009）認為，除了時間之外，另一個對古典制約

習得（古典制約）

藉由古典制約產生的學習效果：一個中性刺激和非制約刺激連結之後，形成制約刺激並激發制約反應。

有著重大影響的是刺激的可預測性。制約刺激必須伴隨著非制約刺激的出現。像先前所提到打雷的例子，閃電之後都會有雷聲出現，所以雷聲是可預測的。當你看到閃電時，你就可以用手摀住耳朵以避免被雷聲嚇到。

★ 類化和區辨

類化（generalization）是指對於與制約刺激的相似刺激也會產生同樣的制約反應（Jones, Kemenes & Benjamin, 2001; Pearce & Hall, 2009）[註7]。Pavlov發現，狗除了對鈴聲，也會對於其他頻率相近的聲音產生制約反應，即使之前Pavlov沒有將這個聲音和制約刺激作連結。他還發現，鈴聲愈與原先制約好的鈴聲相似，狗兒產生的反應愈強。類化的價值在於能將學習到的行為應用至不同情況，我們學會在教室聽到火警警鈴聲會往外跑，這樣的行為也會類化到其他的相關場所。

> **類化（古典制約）**
> 對於類似的刺激會產生同樣的制約反應。

古典制約中還有另一種區辨機制，**區辨**（discrimination）可以幫助我們了解到不同的制約刺激會產生不同的反應（Murphy, Baker & Fouquet, 2001）。Pavlov給狗聽不同的聲音，但是只有在鈴響時才會給狗食物。很快地，狗兒就學會區辨和鈴聲不同的聲音。也學會了在鈴聲響起才流口水，而其他的聲響並不會引發流口水的反應。

> **區辨（古典制約）**
> 知道不同的制約刺激會產生不同的反應。

★ 削弱和自發性恢復

在制約之後，狗開始對鈴聲產生反應。接著，Pavlov在好幾次響鈴後都沒有給狗食物，結果狗兒就停止分泌唾液了，這就是**削弱**（extinction）現象——非制約刺激（食物）並未伴隨制約刺激（鈴聲）出現，會造成制約反應（分泌唾液）開始減少。

> **削弱（古典制約）**
> 非制約刺激並未伴隨制約刺激出現，造成制約反應開始減少。

削弱不一定能夠完全終止制約反應（Brooks, 2000; Urcelay, Wheeler & Miller, 2009）[註8]，有時原來削弱的制約反應，移到了一個新的環境下，原有的制約反應又重新開始。就在Pavlov讓狗產生削弱現象的隔一天，他把狗帶到實驗室並且響鈴，結果狗兒還是流口水了。這說明了制約影響力能夠**自發性恢復**（spontaneous recovery）。也就是說，即使有一段時間沒有持續制約，仍能恢復某種程度的制約反應（Gershman, Blei & Niv, 2010）[註9]。回想一位很久沒見面的好朋友，即使已經很久沒有跟他聯絡，你心中還是能夠馬上浮現曾經和他相處時的快樂景象，這就是自發性恢復。

> **自發性恢復**
> 即使有一段時間沒有持續制約，仍能恢復某種程度的制約反應。

註7: Pearce, J. M. & Hall, G. (2009). A model for stimulus generalization in Pavlovian conditioning. In D. Shanks (Ed.), *Psychology of Learning*. Thousand Oaks, CA: Sage.

註8: Urcelay, G. P., Wheeler, D. S., & Miller, R. R. (2009). Spacing extinction trails alleviates renewal and spontaneous recovery. *Learning and Behavior*, 37, 60-73.

註9: Gershman, S. L., Blei, D. M., & Niv, Y. (2010). Context, learning, and extinction. *Psychological Review*, 117, 197-209.

這種自然恢復的狀況有時會令人頭痛。以藥癮者為例，許多個案因為古典制約的關係，在特定情境下會有用藥的衝動。在住院或者是戒治所的期間，原有的古典制約反應被削弱了，個體不會有想用藥的念頭。但一回到原有的生活環境下，往往又因為古典制約的自然恢復的因素，又重新燃起用藥的念頭。所以，對於藥癮者而言，為了減少因為古典制約帶來的自然想用藥的反應，最好就是遠離原有的生活情境。

接下來參照圖6.3，整理一下你在古典制約中所學到的概念：

- **習得**：有一個小朋友很害怕（CR）去牙科診所（CS），因為他把在牙科診所裡填補蛀牙（UCS）的痛苦經驗（UCR）和牙科診所（CS）連結起來。
- **類化**：這個小孩開始害怕牙科診所（CS1）及類似的地方，包括家醫診所（CS2），或是穿著白袍的人（CS3），或是聽起來類似牙醫儀器發出來的聲音（CS4）。
- **區辨**：這個小孩的母親也是一位醫生，她常帶著孩子去自己上班的醫院。小朋友去了很多次都沒有遇到任何對他產生威脅的事物，他開始了解到醫院和牙科診所並不一樣。
- **削弱**：後來有幾次小孩陪著媽媽去看牙醫（CS），而他自己並沒有痛苦經驗（CR）產生，他對牙科診所的恐懼也就逐漸消失，至少到他下一次再去牙醫那裡補牙之前，他都不會再對牙科診所感到恐懼。

有研究指出，對於牙醫的恐懼多半是在孩提時代形成的，就是因為古典制約的關係，有些人直到長大後還是不敢看牙醫（Ost, 1991）。非常有趣的是，對於兒童害怕看牙醫的情形是有文化差異的。程度最高的是在美國，有20%左右的小孩對牙科診所感到高度的恐懼；在挪威及瑞典只有3～4%，是最少的國家（Milgram, Vigehesa & Weinstein, 1992; Neverlien & Johnsen, 1991）。這是因為在瑞典及挪威這兩個國家中，看牙醫是一項福利措施，不管牙齒有沒有問題，小朋友都會養成看牙醫的習慣。而在美國，大部分兒童都只在牙齒出了問題時去看牙醫，因此常會產生

圖 6.3 習得、削弱以及自發性恢復

在古典制約中的習得階段形成連結，當習得發生時，制約反應就會開始增強。在削弱的過程中，制約刺激不斷單獨出現，然後造成了制約反應的下降。經過一段休息時間，自發性恢復產生，但是它的反應不像制約剛形成時那麼強烈，而且在這個階段，如果還是只有制約刺激單獨出現，那麼制約反應就會漸漸轉弱以至於終止。

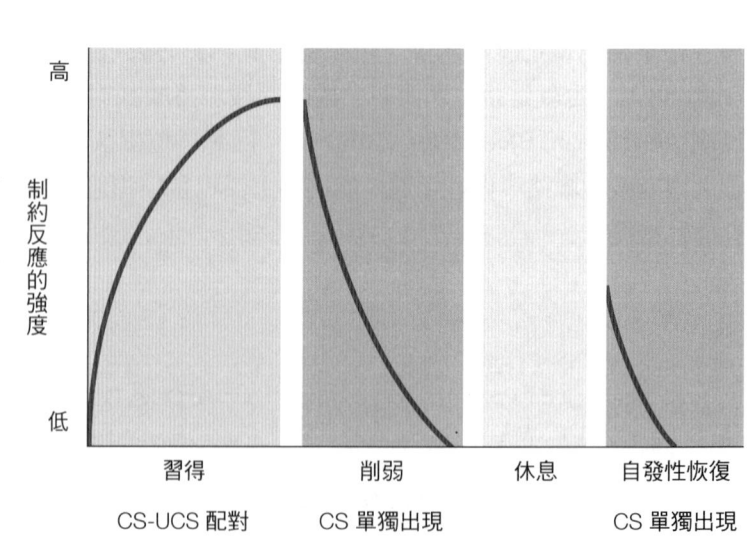

不愉快的經驗。這樣的文化差異也讓對於牙科診所而產生的制約反應有所不同。

6.2.2 古典制約的應用

古典制約對於生物生存占有非常重要的地位，特別是遠離危險情境（Powell, Symbaluk & Honey, 2009）[註10]。在生活中，因為古典制約的關係，我們會學到如何躲避一些危險。例如，看到狗靠近，我們就會不自主地躲避。也因為古典制約，我們可以藉由一段描述寧靜沙灘美景的文字而得到放鬆（想像放鬆），讓自己處於一種安適的狀態。

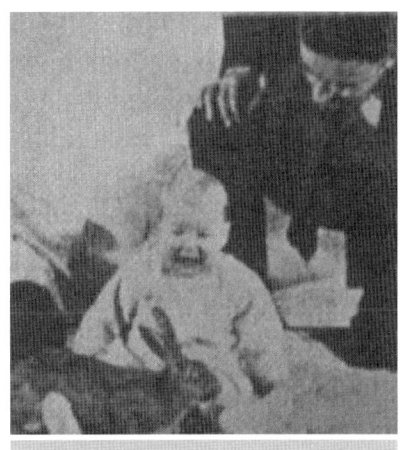

在 1920 年，Watson 和 Rayner 制約了 11 個月大的 Albert，他們把兔子和高分貝的噪音作連結，讓 Albert 對兔子產生恐懼，Albert 也會對類似兔子的東西產生恐懼，例如，一大團白色棉花。這個實驗說明了刺激類化在古典制約中的原理。有什麼其他例子可以說明古典刺激的類化呢？

★ 古典制約與身心健康

John Watson 和 Rosalie Rayner（1920）透過實驗，說明恐懼症（對某種物體特別害怕）來自古典制約。他們拿一隻兔子給名叫 Albert 的小嬰兒看，觀察他會不會怕那隻兔子，結果發現他並不會害怕兔子。正當 Albert 跟那隻兔子玩得起勁的時候，有一個巨大聲響從他的背後發出。你可以想像得到，Albert 被嚇哭了。經過 7 次配對（兔子與巨大聲響）後，即使沒有聲音出現，Albert 一樣會對兔子感到恐懼。他的恐懼也開始類化到其他的兔子、小狗，甚至是有毛邊的外套。Watson 下了一個正確的結論：我們許多的恐懼都是經由古典制約所習得。

既然我們可以用古典制約形成恐懼，同樣也可以用古典制約的方式消除恐懼[註11]。**反制約（counter-conditioning）** 就是一個策略，主要是把制約刺激和另一個非制約刺激作連結，產生了和原本制約反應不相容的新制約反應，進而削弱原本的古典制約，經常的作法就是利用一種可以產生放鬆感的非制約刺激來反制約會產生恐懼感的制約刺激。Mary Cover Jones（1924）成功消除了一名叫做 Peter 的 3 歲小孩的恐懼，Peter 害怕的東西是白兔、絨毛外套、青蛙、魚以及機械玩具等。為了消除這項恐懼，Jones 在 Peter 可接受的視線距離範圍之內放了一隻白兔（會產生恐懼感的制約刺激），並讓白兔慢慢地接近他；同時，也給予 Peter 他喜愛的餅乾和牛奶（可以產生愉悅感的非制約刺激）。之後的每一天，Peter 吃著餅乾和牛奶的同時，兔子的距離也愈來愈近。終於，Peter 可以一邊吃著點心並一邊撫摸兔子。點心所帶來的

反制約
把制約刺激和另一個非制約刺激作連結，產生了和原本制約反應不相容的新制約反應，進而削弱原本的古典制約。

註 10: Powell, R. A., Symbaluk, D. G. & Honey, P. L. (2009). *Introduction to Learning and Behavior* (3rd ed.). Bolmont, CA: Cengage.

註 11: 陳榮華（2009）。《行為改變技術》。五南出版社。

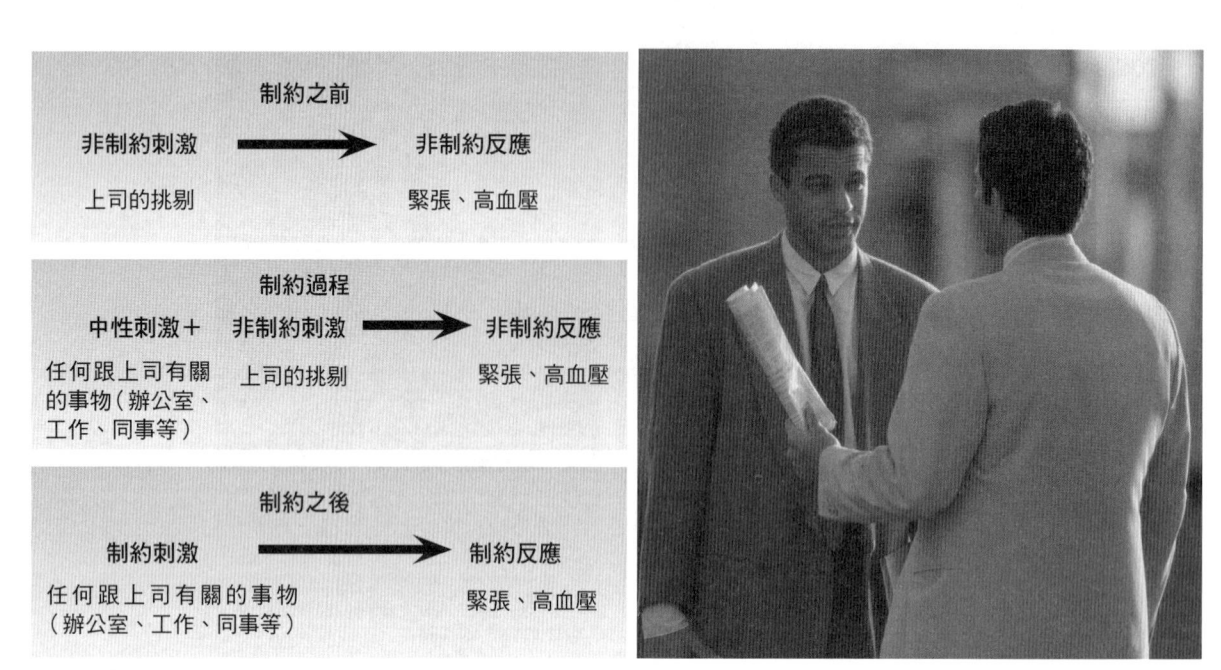

```
                    制約之前
非制約刺激  ───────▶  非制約反應
上司的挑剔              緊張、高血壓

                    制約過程
中性刺激 +  非制約刺激  ───────▶  非制約反應
任何跟上司有關  上司的挑剔         緊張、高血壓
的事物（辦公室、
工作、同事等）

                    制約之後
制約刺激   ───────▶  制約反應
任何跟上司有關的事物        緊張、高血壓
（辦公室、工作、同事等）
```

圖 6.4 健康問題的古典制約

歡娛感是用來對抗原先對於兔子的恐懼，而 Peter 的恐懼就藉著反制約的方式被消除。

在生活中，有些事物也可以因為其他美好的事物（看到美麗的彩虹、聽到美妙的音樂）而產生愉悅的制約反應。如果你有一個正向的浪漫經驗，那麼產生經驗的地點就能變成一個制約刺激，因為你把它和你的美好經驗作連結。

生理上的病症如：氣喘、頭痛、潰瘍以及高血壓，有部分可能是古典制約的結果。我們常說這類病症大多是壓力所引起的，壓力可能源自於上司的刁難或離婚的痛苦，而類似的經驗都變成了讓身體產生病症的制約刺激。時間一久，這些身體的制約反應就可能引起生理或心理的不適。像是上司挑剔的態度及行為可能造成員工的肌肉緊繃、頭痛、高血壓等症狀，因而造成任何有關上司的事，甚至於工作本身也會引起員工壓力的情況（圖 6.4）。除了壓力以外，研究也發現我們身體的免疫功能下降也會與古典制約的效果有關（Ader, 2000）。所以，在某些特定的情境之下，我們就特別容易會感冒。

習慣性的藥物使用也有可能受到古典制約的影響──藥物（UCS）、使用的場所（CS）、藥物帶來的生理反應（UCR）以及相關的生理反應（CR）。在古典制約的作用下，當我們進入制約的情境下時，身體就會產生一種準備用藥的反應（Rachlin & Green, 2009）。讓你的身體狀態有足夠的能力來吸取這些藥物，相對地在不熟悉的環境下用藥，這種反應有可能造成過度使用毒品而導致生命危險。例如，習慣使用安眠藥助眠的人，在熟悉的床鋪與時間點上，身體就會有一種要吸收安眠藥的傾向，然後讓你準備好使用藥物。在生活中，當你經過經常點飲料的飲料店時，是否比平常還會覺得口渴，這就是古典制約產生的身體準備性。

為什麼會這樣呢？假設使用者平常都是在自己房間使用毒品，就會對這個房間開始產生制約反應（Siegel, 1988）[註12]。當這個人一走進他自己的房間時，他的身體就會做好對於即將要使用毒品的準備，以降低毒品對身體產生的傷害。如果他今天是在墾丁春吶音樂季上使用毒品，那麼毒品對他產生的作用就會比平常來得大，因為身體在新環境沒有做好準備的制約反應（Siegel, 2001）。在使用海洛因導致死亡的案例中，研究者常會發現這類案例的使用者，多是在和平常不同情況下（不同時間、不同地點）使用毒品而導致死亡（Marlow, 1999）。

★ 古典制約與消費行為

　　消費者心理學主要是研究消費者的想法、感覺、消費理由，以及如何對不同廠牌的相同產品做出選擇，特別是想發展出一些新的策略來促進消費者購買商品。其中最常用的行銷策略就是採用古典制約的模式。想一想，車展是不是採用以下的古典制約策略來增加買氣呢？

- 美女（非制約刺激）→ 男性情緒激發（非制約反應）
- 美女（非制約刺激）和汽車（還不是制約刺激）配對出現許多次
- 汽車（制約刺激）→ 情緒激發（制約反應）

　　下次你看電視的時候，可以觀察一下哪些廣告運用了古典制約的手法，並找出其中的非制約刺激、非制約反應、制約刺激以及制約反應。除了廣告效果以外，在現實生活中，你會被一些餐廳的氣氛吸引就是一種古典制約的結果。

想 一 想

1. 總結古典制約的過程──包括非制約刺激（UCS）、制約刺激（CS）、非制約反應（UCR）、制約反應（CR），歷程有習得、類化、區辨、削弱、自發性恢復等。
2. 討論古典制約對於人們的恐慌症以及其他行為有什麼樣的作用。
3. 想想自己或你所知道的人，是否對什麼東西有強烈的依附感，並解釋古典制約如何形成這樣的依附感。

註12: Siegel, S. (1988). State dependent learning and morphine tolerance. *Behavioral Neuroscience*. 102, 228-232.

幸福人生

正向地面對壓力

本節說明古典制約對我們生活的影響。圖6.4 說明古典制約如何讓我們在公司習得了工作壓力。在校園中，我們也會因為古典制約的效果產生了課業壓力。以考試為例，考試時，寫考卷（UCS）本身會帶來壓力（UCR），但考試的教室（CS）卻因為考試這件事情產生了古典制約反應（CR），也就是說雖然沒有考試，但一進入教室就會感到莫名的緊繃感（CR）。這就是生活中常見的壓力經驗，跟恐懼反應一樣，壓力源自然地就會引發壓力反應，但與壓力源相關的情境刺激，也會因為古典制約的作用而激發起相關的壓力反應。

心理學家發現有許多因素與壓力有關，其中包含：可預測性、可控制性以及可改善性。我們對於不可預測（也就是說不確定的事情）會倍感壓力，例如，不定時的隨堂小考會帶給我們考試壓力。第二個是可控制性；若事情可以在我們的掌握之中，我們會比較能夠面對那樣的壓力。第三個是可改善性。我們都會犯點小錯；可以修正的錯誤往往會比較沒有壓力。

過去我們都採用被動的方式來處理問題，也就是『一種問題發生後再說』的態度。這樣的因應方式讓我們活在不可預測、不可控制以及無法改善的潛在壓力中。正向心理學家 Folkman 與 Moskowitz（2004）發展防範未然的因應概念，這是一種未來取向的因應方式，被界定成建立個人與人際資源以利未來的問題，簡單來說，就是一種儲蓄的概念。我們先存好一些心理能力，以備不時之需。而這種防範未然的因應概念包含預防性因應（針對不確定事件）以及積極性因應（針對未來可能發生的事件）。預防性因應就是一種未雨綢繆的方式，雖然心理學概論不一定會被當，但每週按照進度的閱讀就可以減少考試帶來的壓力。第二個是積極因應，也就是平常生活中累積一些能夠因應壓力的自我資源與人際資源，透過每週的回家作業練習就可以增加你的因應壓力的資源。

在本章的回家作業就是幫助你發現自己的因應資源，透過每天的記錄幫助你累積自我與人際資源。

| 參考資料 |
張傳琳主編（2013）。《正向心理學》。洪葉出版社
鄭曉楓等人譯（2013）。《別跟快樂過不去》。生智出版社。

6.3 操作制約

古典制約說明個體對於環境刺激的自然反應，但是並沒有說明個體本身的行為，以及該行為對於環境的影響。學習的另一個主題——操作制約，又稱工具制約，著重於個體的行為以及環境對其行為的回應。古典制約在於解釋一個中性刺激，如：一個聲音，如何與個體本身的自然反應形成連結；但它並不能說明有個體主動的意識行為，如：讀書、打球或買樂透，而操作制約（或稱工具性制約）就是

用來解釋這種行為的學習方式。

操作制約的概念是由美國心理學家 B. F. Skinner（1938）所建立。**操作制約（operant conditioning）**也是關聯學習的一種，討論個體的行為與行為結果之間的連結。Skinner 選擇以操作（operant）這個詞彙來描述個體的行為、個體行為對於環境的自發性的行為，以及環境的回應如何反過來影響個體的行為。舉個例子，籃球員認真比賽（行為），就可得到好名次（結果）。這鼓勵籃球隊的球員更努力地練習並且參加比賽。古典制約是對於先天反應的應用，而操作制約則是由自我意識的行為與環境作用，並得到獎賞或懲罰。簡單來說，古典制約下的我們是被環境牽著走，而操作制約下的我們則是主動地對環境反應，然後等待環境給我們的回應。

操作制約
藉由行為所產生的結果進而去改變行為的發生率；又稱作工具制約。

6.3.1 Thorndike 的效果律

E. L. Thorndike（1874～1949）曾做過一個想了解貓咪與解謎箱子的實驗。他把一隻飢餓的小貓放進經過設計的箱子，並在箱子外放了一盤鮮魚。為了吃到箱子外的食物，小貓必須學習如何離開這個箱子。第一次實驗時，小貓做了很多無效的行為。牠對踏板或抓或咬，後來意外地踏上了踏板，把門開啟。當小貓重新回到箱子裡，牠一樣隨機重複了之前無效的行為，直到牠又一次成功地踩踏板開門。在接下來幾次實驗裡，小貓無效的行為愈來愈少，直到後來牠可以迅速地把門打開（圖 6.5）。Thorndike 提出的效果律（law of effect，又稱效能法則），主要說明行為如

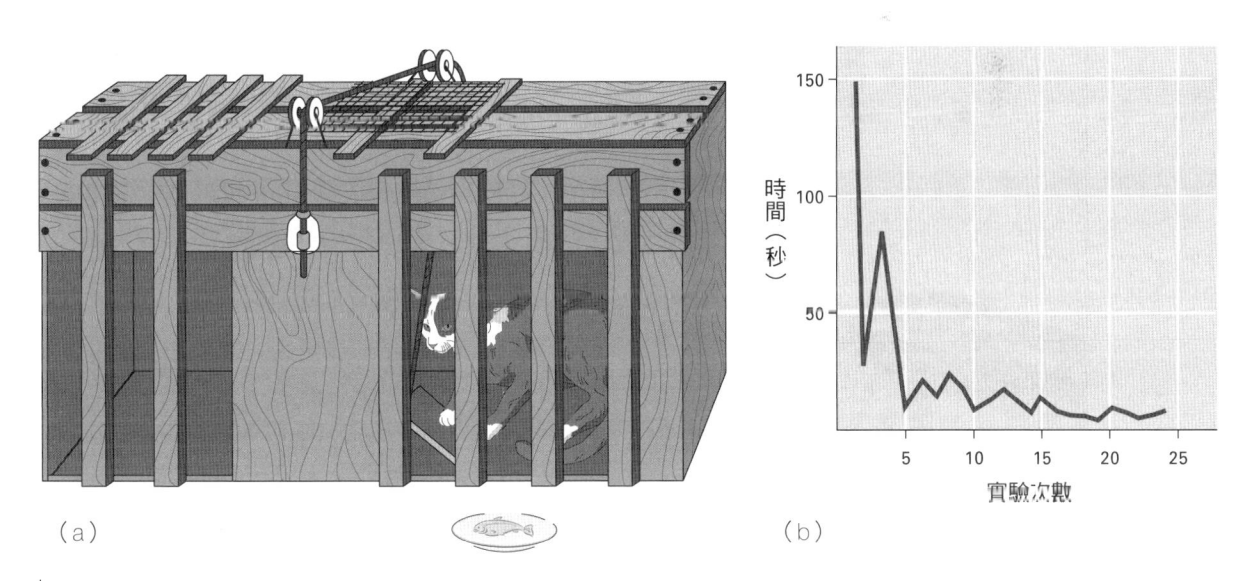

圖 6.5 Thorndike 的解謎箱子和效果律
（a）是一個 Thorndike 典型的解謎箱子，利用小貓和這個箱子來研究效果律。踩在踏板上就能打開門閂讓門開啟，小貓即可以出來吃外面的食物。在一次意外地開啟那扇門之後，小貓便學會踩踏板來開門了。
（b）是這隻小貓 24 次實驗的學習曲線。注意看，小貓在第 5 次實驗後開門的速度明顯變快了。牠已經學習到踩踏板（行為）就能開門（結果）了。

果能夠產生正向結果，該行為就會被增強；反之，如果伴隨的是負向結果，行為則會被減弱。

6.3.2 Skinner 的操作制約理論

　　Skinner 相信所有物種的學習機制都是一樣的，所以他利用動物來進行實驗，希望可以從行為模式較單純的動物身上找出學習的基本機制，並且類推到人類的學習行為。在第二次世界大戰期間，Skinner 進行了一個特別的實驗，其中包括由鴿子導引飛彈。他訓練鴿子用鳥喙瞄準螢幕上正在移動的目標。如果鴿子能夠讓指定目標一直保持在螢幕中央，就能得到食物，也就是獎賞。飛彈也使用這種方式維持正確的路線（圖 6.6）。

　　繼鴿子的實驗之後，Skinner 寫了一本名為《桃源二村》（Walden Two）[註13] 的小說，書中呈現了一個由科學管理社會的想法。Skinner 想像藉由操作制約，將社會改造成一個烏托邦的社會。Skinner 認為當時社會缺乏管理，主要是因為人們相信自由意志這個虛幻的假象。他指出人們其實也沒有比鴿子自由到哪裡去，還否認自己的行為是由環境所控制，忽略了科學以及現實。簡單來說，我們的行為不過就是受到環境的增強，而不是自由意志。

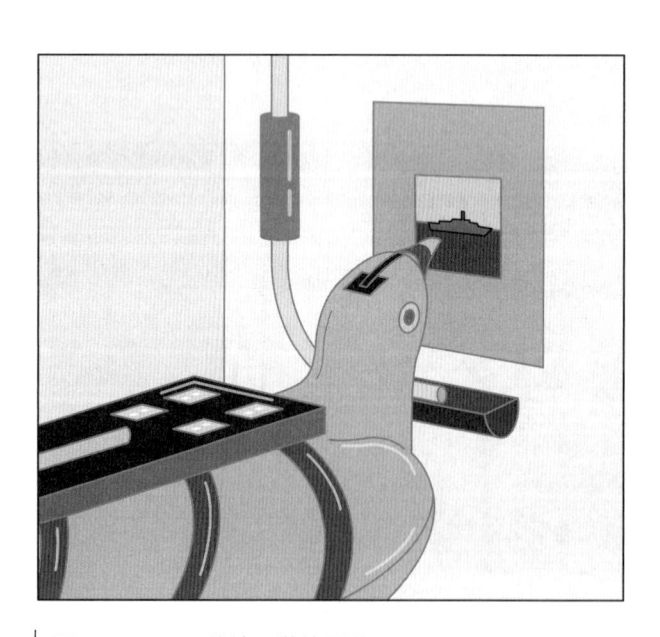

圖 6.6 Skinner 的鴿子導航飛彈
Skinner 想要藉由鴿子的追蹤行為在第二次世界大戰中幫助軍隊。有一條金色電極覆在鴿子鳥喙的尖端，並連結到可以投射目標物體的螢幕上，藉由這條電極，就能靠著鴿子在螢幕上搜尋目標並控制飛彈的路徑。同時必須偶爾給鴿子一點食物以維持牠追蹤的行為。

圖 6.7 Skinner 盒
B. F. Skinner 使用 Skinner 盒和老鼠來完成他在行為實驗室裡操作制約的研究。

Skinner 在 1930 年代的一項創舉是 Skinner 盒（圖 6.7）。盒子中有可以供給食物的裝置。當老鼠適應了盒子之後，Skinner 便在盒中安裝一個壓桿並觀察老鼠的行為。那隻飢餓的老鼠在探索盒子的過程中，有時候會不小心壓到壓桿，然後就會有食物出現。很快地老鼠就知道，壓了壓桿會有好的結果：有食物可以吃。為了避免實驗的誤差，整個裝置採消音處理，而老鼠壓桿的次數和食物的提供都由電腦來記錄及自動化分配。透過 Skinner 盒這樣的實驗器材，可以讓我們採用良好的實驗操弄來探討行為與行為後果之間的關聯性。

6.3.3 行為養成

　　行為養成（shaping） 是透過循序漸進的行為增加而達到較複雜的目標的行為（Krueger & Dayan, 2009）註 14。行為養成常被用來訓練動物，例如，訓練老鼠壓桿以獲得食物。當老鼠第一次被放進 Skinner 盒時，牠很少去壓桿。因此實驗者在老鼠待在與壓桿同一邊時給老鼠一點食物，接著只有在靠近壓桿 2 吋的範圍內才給老鼠食物，而後是當牠觸碰到壓桿，最後就是壓下壓桿才有食物。在海洋世界中，海豚聽到呼叫就跳離水面，也是運用養成訓練而來。你也可以用來訓練小狗，例如，你想教狗狗握手，你必須先說出「握手」，然後等狗兒移動一隻前腳（操作行為），這時候你就給小狗一點獎賞（結果）。隨著慢慢符合你的要求，一直訓練到狗兒聽到「握手」時，就會伸出一隻前腳，完成握手的指令。

> **行為養成**
> 藉由循序漸近的行為增強策略來接近較複雜的目標行為。

　　如果你有養過狗，我相信你也曾經透過行為養成策略，來訓練狗狗如何在適切的地方排便。對人類複雜的行為，家長也常透過養成的方式來幫助小孩產生新的行為。例如，對於一個包尿布的小孩而言，要能夠用馬桶上廁所是一個複雜的行為。一般父母常透過循序漸進的方式來養成孩子自己上廁所的行為。父母親都知道孩子在尿布溼透之後，會透過哭聲來表示他尿尿了。第一個星期，當小孩用哭聲表示他想尿尿時，他們就會給他 1 塊糖果。第二週孩子自己走到廁所門口表示自己想尿尿了才給他糖吃，第三週他自己打開廁所的門表示自己想尿尿，才有糖果可拿，第四週則必須自己使用馬桶才能

動物訓練師讓他們的明星動物做出許多令人驚豔的動作。哪種操作制約是動物訓練師最常使用的呢？

註 13: Skinner（1992）。《桃源二村》。張老師出版社。
註 14: Krueger, K. A. & Dayan, P. (2009). Flexible shaping: How learning in small steps helps. *Cognition*, 110, 380-394.

獲得獎賞。我們就是這樣訓練小朋友可以自己去如廁。

在教育中，老師也常採用行為養成的方式來協助同學完成學業任務。例如，有位學生沒有寫數學作業的習慣，他的老師採用循序漸進的行為養成方式來讓他養成寫作業的好習慣。一開始當學生完成 70% 以上的作業時會給予獎勵，接著是 80%、90%，最後是全部。養成對學習是很有幫助的，但是必須要有時間以及耐心的配合才能成功。

6.3.4 增強原則

根據操作制約的原理，我們了解行為的後果深深地影響著你是否會持續這樣的行為。以讀書為例，若你認真讀書後的結果是鼓勵，你自然就會想持續讀書；反之，若努力的結果是處罰，你自然而然就對讀書興趣缺缺。古典制約行為的持續來自於情境的誘發讓行為自然而然地產生，而操作制約又如何讓個體記著這些行為呢？神經心理學家發現，大腦有許多區塊與操作制約的行為產生有關，包含：伏隔核（nucleus accumbens）與杏仁核（Schultz, 2006），這些區塊會讓告訴我們那些行動要繼續做。除此之外，最近的研究發現，影響行為產生與否的增強與大腦中的多巴胺系統有關（Darvas & Palmiter, 2010）[註15]，這樣也讓我們了解，我們為何會持續那些會讓我們感到愉快的行為，例如，跑步、上網聊天等等。這一節，我們將討論讓行動增加的增強原則，也由於這些在行為後面的增強物加上腦部的記憶，讓我們持續讓自己感到愉快的行為。增強（reinforcement）就是行為之後產生的酬賞，由於這些酬賞的產生讓我們願意持續該行為。基本上，增強可以分成正增強與負增強兩大類，以下將分別說明。

★ 正增強與負增強

正增強
藉由正向刺激以提高行為反應的發生率。

在**正增強（positive reinforcement）**中，行為頻率的增加是因為行為可以獲得獎賞。例如，當你遇到某個人並對他說：「嗨，你好嗎？」而對方會以微笑回報。這個微笑就會增強你開啟下一個話題的意願，也就是讓你會持續與對方說話的正增強。這種增強過程就跟教狗握手是一樣的；當你跟狗說握手，在牠伸出前腳放到你手上後，你會給予一個狗餅乾進行獎賞。

負增強
藉由去除負向刺激以提高行為反應的發生率。

相反地，**負增強（negative reinforcement）**是藉由去除負向刺激以提高行為反應的發生率。例如，你的母親不斷叨念要你去整理房間，而且直到你整理好房間之前都會不斷地嘮叨，你的行為反應（整理房間）便是消除了負向的刺激（嘮叨）。頭痛時吃阿斯匹靈也是一樣的道理，為了消除疼痛，就會增強吃阿斯匹靈的行為。

註 15: Darvas, M., & Palmiter, R. D. (2010). Restricting dopaminergic signaling to either dorsolateral or medial striatum facilitates cognition. *Journal of Neuroscience*, 30, 1158-1165.

正增強與負增強都是一種增強,也就是會增加行為產生的一種方式。要注意的地方是,這裡採用的是「正」與「負」而非好與壞,來說明這兩種增強方式的不同。正增強指的就是行為之後產生了你想要的後果;而負增強則是行為之後你所不想要的後果移除了,透過這兩種增強方式,你的某種行為就會持續的增加。圖 6.8 提供一些例子,幫助你分辨正增強與負增強。

★ 初級增強與次級增強

增強物可以被分類為初級增強或是次級增強,分類的依歸則視該行為是天性或是後天習得的。**初級增強(primary reinforcement)**是指使用不需學習的而產生愉悅或滿足感的增強物,例如,你肚子餓就會想吃食物。對你而言,這是不需經過學習的天性行為,此時食物就是你的初級增強物。在生活中,食物、水與性滿足感等基本生理需求,都是屬於初級增強物。

次級增強(secondary reinforcement)是使用透過經驗習得的正增強物來進行增強。在我們的生活中,每天都會遇到數以百計的次級增強物,例如,別人的讚美、眼神交會、金錢等。如:有一名學生只要考試考滿分,父母親便給予額外的零用錢,這個零用錢就是次級增強物(錢是我們經過學習知道可以用來購物的東西,並不屬於我們天生所必要的),而它增強了這名學生繼續努力考滿分的可能性。某些東西可以被用來交換其他增強物,例如,錢可以拿來買食物,也因此增強了該增強物的價值,我們通常又稱這類增強物為代幣型增強物。錢、禮券、籌碼就是常見的代幣型增強物。

初級增強
使用不需學習的正增強物來進行增強,例如,基本生理滿足。

次級增強
使用透過經驗習得的正增強物來進行增強,例如,金錢。

正增強

行為	獎賞出現	未來行為
準時交作業	老師稱讚你	固定準時交作業
幫滑板上油	滑板速度變快	下次玩滑板前會先上油
在朋友車內的儀表板隨便按了一個按鍵	出現好聽的音樂	下次坐朋友的車就會再按那個按鍵

負增強

行為	獎賞出現	未來行為
準時交作業	老師不再挑剔你遲交作業	固定準時交作業
幫滑板上油	輪子不再卡住	下次玩滑板前會先上油
在朋友車內的儀表板隨便按了一個按鍵	一個惱人的聲音消失	下次坐朋友的車就會再按那個按鍵

圖 6.8 正增強與負增強

吃角子老虎是屬於一種變動比率的增強計畫。為什麼這種增強計畫可以為賭場帶來很好的收益？

增強計畫
用來觀察行為在何時會被增強的規劃。

★ **增強計畫**

增強計畫（schedule of reinforcement）指的是特別規畫行為產生後在何時給予增強物（獎勵）（Mitchell 等人，2010），主要分成四大類的獎勵給予時機。其中兩種是根據反應次數分類，而另外兩種是根據反應時間來做分類（圖 6.9）：

- **固定比率計畫**：當行為反應到達一定次數時才會獲得增強物。假設你玩吃角子老虎，而這臺吃角子老虎以固定比率來設計，可能是每玩 20 次都會固定得到 500 元。當你看到有人只玩了 18、19 次，沒贏到錢就不玩了後，你就應該站起來走到機器面前投入硬幣把那 500 元贏走。固定比率計畫常用在職場上以提高生產率，也就是常見的按件計酬。

- **變動比率計畫**：行為反應在達到變動比例的次數時才會獲得增強物。例如，吃角子老虎大概每 20 次左右會中獎（這是個平均值，並不能確定正確次數）。有可能你玩了 2 次就中獎，也有可能你把口袋裡的硬幣全部掏光後還是什麼也沒得到。你會在哪一次中獎是無法預測的。變動比率計畫能夠產生很高的反應率，且效果十分持久，因為無法預測哪一次行為反應可以獲得增強，所以會拚了命去做。在職場上，常用的就是獎勵金制度或抽成。

- **固定時距計畫**：當第一次行為出現之後，在固定的時間間隔給予增強。吃角子老虎每 10 分鐘就會中獎一次，那麼你會每隔 10 分鐘才開始去玩。選舉是一個很好的例子。每當選舉將近時，各候選人就會出來開始拉票，而且愈靠近投票日拉票

圖 6.9 不同的增強計畫及其反應
圖中標示了四種增強計畫。仔細看固定比率的反應次數在每次增強物出現後都有滑落的現象。變動比率則呈現高反應次數且穩定的現象。固定時距在增強物出現之前才會提高反應次數，並且在獲得增強物後又會下降。變動時距則呈現緩慢穩定的現象。

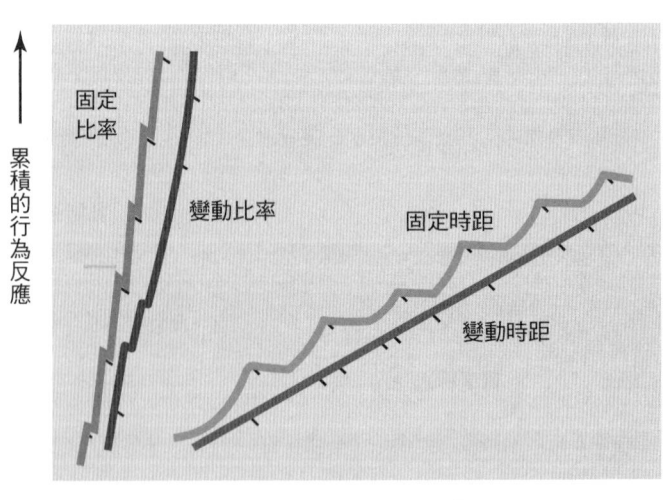

拉得愈凶。對候選人而言，選票就是增強物。選舉結束後，他們紛紛消失，直到下次選舉時才會再出現。在固定時距計畫中，行為的反應次數只有在快到特定時間時才會增加。在職場上，常用的就是月薪制或時薪制。

- **變動時距計畫**：當第一次行為出現之後，在變動的時間間隔獲得增強物。在這種計畫中，吃角子老虎不一定什麼時候中獎，有可能 2 分鐘，也有可能 20 分鐘。就如看流星，當你看到流星，也很難確定下一顆什麼時候會出現，所以你會目不轉睛地盯著天空。釣魚也是如此，你不知道魚在什麼時候會上鉤。因為無法預測增強物什麼時候會出現，所以行為反應率就會變得緩慢而持久。在職場上，常用的就是年節獎金或額外的紅利。

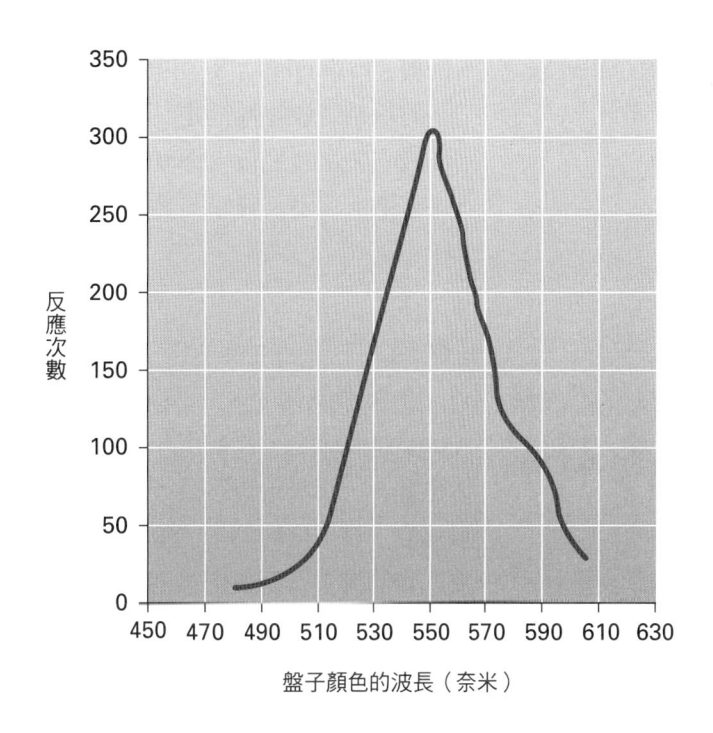

圖 6.10 刺激類化

在 Guttman 和 Kalish 的實驗中，鴿子一開始被訓練去選取特定顏色（波長 550 奈米）的盤子。當鴿子的行為被增強以後，再讓鴿子從許多不同顏色的盤子中挑選，鴿子對與波長 550 奈米相近顏色的盤子有較多次反應行為。

★ 類化、區辨與削弱

還記得古典制約中重要的類化、區辨與削弱原則嗎？對於操作制約而言，它們也擁有同樣重要的地位，但是特性卻有些不同。

- **類化（generalization）**：在操作制約中，類化是指對於類似的刺激會有相同的增強行為。例如，在 Guttman 和 Kalish（1956）的實驗中，鴿子一開始被訓練去選取特定顏色（波長 550 奈米）的盤子。當鴿子的行為被增強以後，再讓鴿子從許多不同顏色的盤子中挑選，鴿子對與波長 550 奈米相近顏色的盤子有較多次反應行為。為了確定刺激已類化，研究者在鴿子面前呈現不同顏色的圓盤，結果就如圖 6.10，鴿子會挑選與指定顏色相近的圓盤。

類化（操作制約）
對於類似的刺激會有相同的增強行為。

- **區辨（discrimination）**：在操作制約中，區辨的涵義是能夠辨別某行為是否會被增強（Carlsson & Discount, 2010）[16]。今天當你看到兩個相同材質、相同顏色的路標，分別寫著「小心落石」、「請往這邊走」，你可能會走後面這條路，因為它所呈現的字句讓你覺得走這條路應該比較安全，另外一條則讓你覺得走這條路會有危險。

區辨（操作制約）
能夠區別行為是否會被增強。

註 16: Carlsson, M. A. & Swedberg, M. D. (2010). A behavioural operant discrimination model for assessment and pharmacological manipulation of visual function in rats. *Brain Research*, 1321, 78-87.

第 6 章　學習　**205**

削弱（操作制約）
停止增強後，被增強的行為將會逐漸消退。

- **削弱（extinction）**：在操作制約中，削弱發生在增強物停止出現之後，而被增強的行為將會逐漸消退（Leslie 等人，2006）[註17]。例如，你投飲料販賣機時，發現被吃幾次錢之後，你就漸漸地不會再使用那臺販賣機；但是幾週後，你還會猜想那臺機器是否修好，然後再試一次。這種再嘗試的行為就是一種自然回復的歷程。

★ 懲罰

懲罰
行為產生的結果會造成行為發生率的降低。

在操作制約中，行為產生的結果反而會造成行為發生率的降低，稱為**懲罰**（punishment）。例如，一個小朋友開心地玩著打火機，結果不小心燒到自己的手（懲罰），那麼他以後就不太可能會去玩打火機了（行為減少）。懲罰容易與負增強搞混。接下來的例子能幫你區別懲罰和負增強的不同處。主要區辨在於懲罰會造成行為的減少，而負增強則會造成行為的增加。圖 6.11 提供了其他例子來幫你了解懲罰與負增強。

在正懲罰中，行為反應會在嫌惡刺激出現後開始消退。在負懲罰中，行為反應會在正向刺激消失後開始消退。當一個小孩子調皮搗蛋的時候，父母親處罰小孩不准看卡通。卡通這個權益（正向刺激）被移除了，小孩子就不再調皮搗蛋，這是負懲罰的一個例子。圖 6.12 也比較了正增強、負增強、正懲罰以及負懲罰，讓你更清楚這些差異。

懲罰

行為	嫌惡刺激出現	未來行為
使用藥物治療頭疼	產生嚴重過敏	避免使用藥物
用飆車向朋友炫耀	收到高額罰單	停止飆車行為

負增強

行為	嫌惡刺激出現	未來行為
使用藥物治療頭疼	頭疼沒了	增加使用藥物次數
用飆車向朋友炫耀	那個開過你罰單的警察沒有注意到你	增強飆車行為

圖 6.11 懲罰和負增強

註17: Leslie, J. C., Shaw, D., Gregg, G., McCormick, N., Reynolds, D. S., & Dawson, G. R. (2006). Effects of reinforcement schedule on facilitation of operant extinction by chordiazepoxide. *Journal of the Experimental Analysis of Behavior*, 84, 327-338.

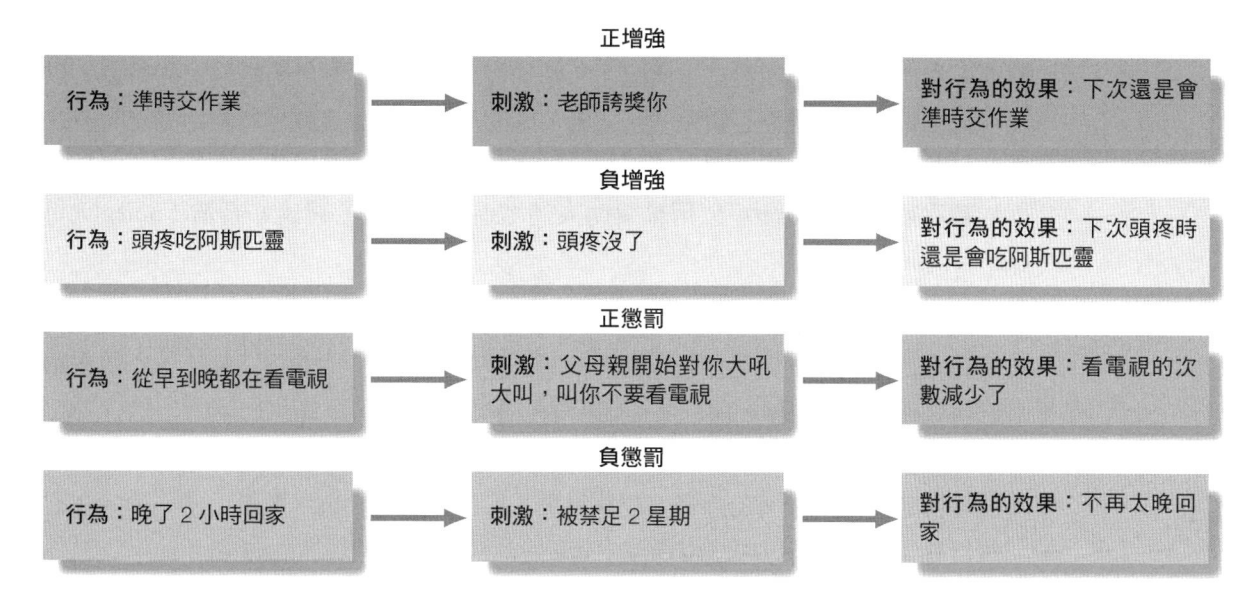

```
正增強
行為：準時交作業 → 刺激：老師誇獎你 → 對行為的效果：下次還是會準時交作業

負增強
行為：頭疼吃阿斯匹靈 → 刺激：頭疼沒了 → 對行為的效果：下次頭疼時還是會吃阿斯匹靈

正懲罰
行為：從早到晚都在看電視 → 刺激：父母親開始對你大吼大叫，叫你不要看電視 → 對行為的效果：看電視的次數減少了

負懲罰
行為：晚了 2 小時回家 → 刺激：被禁足 2 星期 → 對行為的效果：不再太晚回家
```

圖 6.12 正增強、負增強、正懲罰、負懲罰

6.3.5 操作制約的應用

行為改變（behavior modification）是運用操作制約的原理來改變人類的行為。行為改變的結果，會讓人增強正向行為而減少負面行為（張世慧，2013）[註18]。行為改變的擁護者相信，許多情緒及行為上的問題是因為不當的增強所造成（Alberto & Throutman, 1999; Petry 等人，2001）。喜歡亂丟東西的小孩，可能是因為丟東西會被媽媽注意而增強這個行為。以這個例子來看，老師及家長會被教導不要把太多注意力放在這種破壞性行為上，應該把注意力轉移到正向行為上，像是安靜做事、和其他小朋友合作等（Harris, Wolf & Baer, 1964）。目前，我們已經將行為改變技術應用到生活的許多層面，如：自閉兒（賴麗珍譯，2009）[註19]、不健康行為的改變與健康行為的增加等（詳見「在地人的心理學」專欄）。

> **行為改變**
> 運用操作制約的原理來改變人類的行為。

★ 身心健康的改善

阿山是一位 19 歲的大學生，最近因為與交往 2 年的女朋友分手而變得十分憂鬱，成績也一落千丈。他決定去找心理師幫忙。阿山學到每天監控自己的情緒，以及增強生活中的正向情緒。那位心理師訓練阿山更多有效的因應策略，並要求他簽一份行為合約，讓自己的生活步入正軌。

註 18：張世慧（2013）。《行為改變技術》。五南。
註 19：賴麗珍譯（2009）。《教養自閉症兒童—給家長的應用行為分析指南》。心理出版社。

阿美是一位住在看護之家的中年婦女。最近她開始無法控制自己的行為，必須靠別人的幫忙才能完成日常生活起居。她的行為治療包括教她監控自己的行為，以及自己上廁所，同時也必須做一些運動。她的行為改變計畫就是增強她獨立完成的行為，並且忽視需要依靠別人的行為。這樣的策略有效提升她的自主行為，並且降低依賴程度。行為改變可以用來幫助人們增進個體的身心健康好習慣（Spiegler & Guevremont, 2010）[20]。

以下是用來改善自我控制的五個步驟（Martin & Pear, 2007）[21]：

1. **量化你的問題**：首先需要量化你的問題，肥胖可以轉換成體重（公斤）、浪費時間轉換成浪費幾分鐘、關係不佳轉換成吵架次數等。
2. **下定決心**：承諾可以幫助你堅定行為改變的決心，也能增加成功的機會。
3. **記錄問題行為**：做個記錄表，記錄每天該行為產生的次數／數量。當一開始在記錄行為頻率的同時，要檢視環境中有哪些因素是造成問題產生的主因。
4. **執行計畫**：針對目標行為開始你的改善行動，並且透過好的自我增強計畫來增強自己的行動。例如，有個人的目標是一星期中有 5 天慢跑 30 分鐘。他可能會對自己說：「我從來沒有試過，可能辦不到。」他可以改變對自己的說法：「我知道這很困難，但是我一定辦得到。」在計畫進行時還可以自我鼓勵：「我做得很好，已經慢慢步上軌道了。」也可以在完成某些進度時，買一些自己喜歡的東西來犒賞自己。
5. **訂定一個維持計畫**：以減重為例，當你的減重計畫結束之後，你必須訂定一個維持計畫，例如，每星期量一次體重。如果你的體重超過訂定標準，你就得馬上回到你的減重計畫。另一種方法是去找個有相同問題的朋友，為彼此訂立一個維持的目標，可能每 2 週你們就聚在一起檢視彼此，如果兩個人都達成維持的目標，便想個方式一起慶祝。其他有關行為改變技術的運用，端視你的需求。要找出適合自己的自我控制計畫，你可以向學校輔導中心諮詢，也可以到醫院尋求協助，或是閱讀相關書籍。

★ **教育上的應用**

行為改變也可以應用在教育上（張世慧，2013）。之前已經討論過許多概念，像是正增強、忽視、合約、自我控制等方式，都已被應用到教室的學習環境中。隨著科技的發展，電腦也變成另一種行為改變的輔助工具。過去，Skinner 發展了一套機器安排學生的學習活動，測驗學生的學習效果，並且馬上給予答案正確與否的回饋。Skinner 希望這部機器能夠改革學校裡的學習，但當時並未成功。今天，這部

註 20: Spiegler, M. D. & Guevremont, D. C. (2010). *Contemporary Behavior Therapy* (5th ed). Boston: Cengage.

註 21: Martin, C. L.& Pear, J. (2007). *Behavior Modification* (8th ed). Upper Saddle River, NJ: Prentice-Hall.

機器的原理已經被運用到電腦上。研究發現,在某些領域(如:演練數學習題),電腦教育可以提供比傳統教育更好的教學成果(Kulik, Kulik & Bangert-Drowns, 1985)。

行為科學家也比較了不同增強物之間的效能,他們發現,並不是所有的兒童都對相同的增強物有反應。有的小孩喜歡被稱讚,有的小孩則想以玩自己喜歡的東西當作獎勵。自然增強物像是稱讚或某些權利,會比其他物質增強物(糖果、玩具)更受推薦(Hall & Hall, 1998)。

老師最常將活動作為增強物。以心理學家 David Premack 命名的 Premack 原則說明,可以用小朋友喜歡的活動去增強他們參與不喜歡活動的意願。對許多小朋友而言,玩遊戲一定比寫作業更有趣,所以老師會對小朋友說:「當你完成課堂作業,就可以去玩遊戲了。」這個理論不只對單獨一個兒童有效,它甚至對整個教室的小朋友都行得通。例如,老師說:「只要你們星期五之前全部都能寫完作業,我們下個星期就出去郊遊。」

想一想

1. 討論操作制約。
   - 區別操作制約與古典制約。
   - 敘述 Thorndike 的效果律。
   - 討論 Skinner 研究操作制約的方法。
   - 何謂行為養成。
   - 了解不同的增強,並解釋它們對行為的影響。
   - 解釋行為改變如何運作。
2. 描述一個你想要用行為矯正改變的行為(自己或其他人的),簡單列出計畫,如果你真的實行這個計畫,它有可能成功嗎?為什麼?你認為這個計畫需要過多的操作嗎?為什麼?

在地人的心理學

習慣心理學的誕生

古典制約與操作制約說明了我們是如何產生學習經驗，也反映出我們生活習慣是如何透過制約學習而產生。基本上，不論是古典制約或操作制約，都是依據刺激（S）會引發反應（R）──S→R這樣的基礎。古典制約著重在刺激與刺激之間的連結，操作制約則著重在反應與反應後果之間的連結學習，也透過這樣的連結學習，讓我們產生許多習慣。

臺灣臨床心理學之父──柯永河教授，花了50年的心血，建構了一個屬於臺灣本土的習慣心理學，讓我們能夠更清楚知道習慣的產生歷程。在柯教授的深入思維下，將S→R的自動化連結轉變成SHR，中間的「H」就代表著習慣（habit）。換句話說，我們的習慣就是一種「刺激」、「反應」以及「兩者間的穩定關係」。這也是過去古典制約與操作制約的立基點。透過柯教授的深入分析，我們可以了解生活習慣是如何養成的。

想一想，你是否有一些固定的生活習慣呢？如：回房間，看到電視（刺激）就打開電視（反應）；坐在電腦（刺激）前面就上網（反應）；老師一講課（刺激）就開始想睡覺（反應）。這些刺激—反應之間的習慣產生，是否能夠更清楚地說明我們的生活狀態呢？

在2010年，柯教授延續了過去的想法，從正向心理的角度出發，來思考一些「好習慣」。他統整了以下的許多好習慣，你也可以想想，這學期你要讓自己增加哪個好習慣呢？

- 思考習慣
- 時間分配
- 人際習慣
- 運動習慣
- 讀書習慣
- 睡眠習慣
- 飲食習慣
- 工作習慣

| 參考資料 |
柯永河（2004）。《習慣心理學：應用篇──習慣改變 新的治療理論與方法》。張老師出版社。
柯永河（2010）。〈走在學術與服務不斷交織的生涯路上五十年〉。《中華心理學刊》，52，345-365。

6.4 觀察學習

Albert Bandura（1986, 2000, 2010）[22] 相信，我們許多的複雜行為不只是受到環境與行為後果的影響，也可以透過觀察他人行為模式（問題解決、因應策略）之結果。Bandura最經典的研究就是兒童的暴力行為。在實驗中他發現，若孩子觀察到其他小孩打不倒翁，當他們進入實驗室時也會打不倒翁。這種**觀察學習**（**observational learning**）又稱為模仿，是藉由觀察或模仿他人行為來進行學習的方式。

觀察學習
藉由觀察或模仿他人行為來進行學習的方式。

Bandura（1986）說明四個觀察學習的主要過程：

1. **注意**：首先你必須注意你要學習的行為，例如，看到同學在跳街舞。
2. **保留**：接下來你要記住你所看到的行為，例如，記住同學的動作。
3. **產生**：然後練習相關動作，例如，回到房間來練習一下那些動作。
4. **增強**：最後完成動作後的增強是很重要的，例如，在同學面前表演被讚美。

藉著觀察他人，我們可以獲得知識、技能，並了解規則、策略、信念以及態度等抽象概念（Schunk, 2011）[註23]。就好像每個人心中都有一個想追求的典範一樣，你會觀察他的一言一行，希望自己能夠跟他一樣。想一想，你目前有哪些典範想追隨呢？擁有好的典範及好的老師，可以讓一個人藉由觀察他們的行為而激發出最好的潛質。你所敬重的人也可以成為你的好老師，他提供努力的典範而且願意幫助你達成目標。在一個名為 Quantum Opportunities 的計畫中，如果在高中階段身邊有一位良師角色，對於來自社經地位較低家庭的學生有明顯的助益（Carnegie Council on Adolescent Development, 1995）。這些良師可以給予行為上的模範，給予支持和鼓勵，並且提供導引。在擁有良師陪伴的組別之中，有 63% 的學生順利畢業，有 42% 上了大學；沒有良師的另一組，則只有 42% 順利畢業，17% 上了大學。模範角色可以是父母、老師、學長、學姐等。想一想，在你生活中有過哪些模範角色，包括現在的。他們有哪些話或是哪些行為讓你印象深刻，並且讓你向他們看齊、學習他們的作為？舉出一些你生活中最重要的典範，並描述你從他們身上學到了什麼，他們如何幫助你學習。

想一想

1. 了解觀察學習。
   - 定義觀察學習，並且描述 Bandura 有關觀察學習的四個步驟。
2. 誰是你生活中最重要的典範？你從他那裡學到了什麼？

註 22: 班度拉（2012）。《社會學習理論》。桂冠出版社。
　　　Bandura, A. (1986). *Social Foundations of Thought and Action*. Englewood Cliffs, N.J: Prentice-Hall.
註 23: Schunk D. H. (2011). *Learning Theories* (6th ed.). Boston : Allyn & Bacon (in press).

6.5 學習的認知因素

行為主義將人的認知因素當成是一個黑盒子,他們只著重在黑盒子的輸入(外在刺激)與輸出(行為反應)的關係。但許多當代的心理學家,已開始探索這個黑盒子的祕密。

6.5.1 目的性行為

E. C. Tolman(1932）[註24] 曾經強調行為之目的性(purposiveness）。他相信許多行為都是目的取向,並非只是操約制約後的結果。在教室裡用功念書的高中生,如果我們只注意到他們用功念書,便會錯過這種行為背後的理由。他們不是一生下來就用功讀書的,一定是這個行為曾經被增強。念書的目的是為了達成某些目標(學習知識、好成績),也有可能是更長遠的目標(找到理想的工作)（Schunk, 2011）。

★ 期望、訊息與學習

在研究目的性行為中,Tolman（1932）注意到古典制約與操作制約所忽略的認知機制,像是期望。在古典制約中,害怕兔子的小男孩是因為他預期那隻兔子會傷害他。在操作制約中,工人努力工作是預期月底可以領到薪水。預期是從環境中所習得。由 Leon Kamin 所提出的經典實驗說明,在古典制約中,如何提供以及何時提供訊息是很重要的。有人使用單音(CS)和驚嚇(UCS)制約一隻老鼠,只要聲音產生,老鼠就會感到恐懼。接著,單音持續和驚嚇作配對,而在每次單音出現時也同時呈現一道光(第二個 CS)。儘管這樣持續配對,但是當光單獨出現時,老鼠卻沒有驚嚇反應。可能是光在形成制約的過程被阻礙了,因為老鼠的注意力持續在單音上,因而忽略光的刺激。老鼠明顯把單音當作預期驚嚇即將出現的訊號;當老鼠已經習得單音與驚嚇配對的訊息後,光與驚嚇配對的訊息似乎就沒有什麼作用。在這個實驗中,制約並非受到制約刺激與非制約刺激之間一致性的控制,而是受到老鼠較早習得的訊息影響（Don-jan,1996）。

現今已有古典制約研究者探討注意力在個體學習中所扮演的角色,認為人類會主動組織外在訊息來進行適切的反應（Rescorla & Wagner, 2009）[註25]。Tolman（1948）認為,個體對於行為產生的預期是藉由認知地圖來形成。認知地圖是指個體對於空間結構所產生的心理知覺。老鼠走迷津的實驗,讓 Tolman 認為老鼠是以學習到食物與出發點相對位置的訊息建構出認知地圖,讓牠可以很快地在迷津中找到食物。

Tolman 的認知地圖概念沿用至今。當我們走在一個熟悉的環境中,就會發展出

認知地圖，會知道附近有什麼建築物且其坐落在何處。我們會有自己房間的認知地圖，也會有臺灣的認知地圖。試著將你常去的地方，畫出一個地圖，這就是你目前腦中對於你生活周遭地點的認知地圖。你會發現，這個地圖會與實際的狀況有所落差，主要來自於你主觀的距離與方位認定。但有趣的是，這樣失真的地圖不會讓你迷路。

★ 潛在學習

另一個支持認知地圖的證據，則出現在潛在學習的實驗中。**潛在學習（latent learning）** 指出，即使沒有增強也是能夠學習的，只是不會馬上表現在行為之中。在一個實驗中，有兩組飢餓的老鼠被放在一個迷津，而牠們必須找到終點（Tolman & Honzik, 1930）[註26]。第一組的老鼠會在終點發現食物（增強物），第二組的終點則什麼也沒放。以操作制約的觀點來看，第一組應該會學習得比第二組好，事實也是如此。Tolman 繼續把沒有被增強的這組老鼠放在迷津中，並且開始在終點放置食物作為增強物，牠們的反應開始跟之前那組老鼠一樣好。很明顯地，這群老鼠在徘徊及探索的過程中，已經對迷津有相當的了解。但牠們的學習是潛在性的，對於迷津的構造已經儲存在記憶中，只是行為還沒表現出來。當這些老鼠有了充分的原因（被食物增強）之後，在迷津中的速度也隨之提升。潛在學習也幫助牠們更快地抵達終點。在實驗室之外，動物對於環境的探索也是潛在學習的證據。學習環境的情況並不會馬上對動物帶來好處，卻是未來提供動物尋找食物或是避難的關鍵。這個道理同樣能運用在人類身上。回想剛入學的時後，你進入校園的第一天是否就開始去逛校園，試著了解這個校園的相關場所與位置呢？透過逛校園，讓你有足夠的心理準備來應付接下來的大學生活。

> **潛在學習**
> 即使沒有增強也是能夠學習的，只是不會馬上表現在行為之中。

6.5.2 頓悟學習

德國心理學家 Wolfgang Köhler 在第一次世界大戰期間，在加那利群島上花了 4 個月的時間觀察黑猩猩。他曾做兩個有趣的實驗，其中一個稱為「棍子問題」，另一個則是「箱子問題」。這兩個實驗的基本涵義是一樣的，只是問題解決的方法不同。在兩個情境中，猩猩都發現牠們拿不到的好吃食物──不是因為太高，就是因為離猩猩的籠子太遠。為了解決棍子問題，猩猩必須先用手邊的短棍子把牠拿不到的長棍子撥過來，再用長棍子把食物撥過來。在箱子問題中，猩猩必須把幾個箱子

註 24: Tolman, E. C. (1932). Purposive behavior in animals and man. New York: Appleton-Century-Crofts.

註 25: Rescorla, R. A. & Wagner, A. R. (2009). A theory of attention: variations in the associability of stimuli with reinforcement. In D. Shanks (Ed.), *Psychology of Learning*. Thousand Oaks, CA: Sage.

註 26: Tolman, E. C. & Honzik, C. H. (1930). Degrees of hunger, reward and non-reward, and maze performance in rats. *University of California Publications in Psychology*, 8, 21-256.

圖 6.13 頓悟學習
Sultan 是 Köhler 的一隻黑猩猩，牠正面對著如何拿到頭上那串香蕉的難題。牠把箱子疊起來達到足以拿到香蕉的高度，因而解決了這個問題。Köhler 將這種問題解決的學習方式命名為頓悟學習。

疊起來，疊成牠可以拿到食物的高度（圖 6.13）。

根據 Köhler（1925）的看法，這種問題解決並不包含刺激與反應連結這種關聯學習的方式。當猩猩知道自己原本的方式沒辦法幫助牠拿到食物，通常牠會坐在原地一陣子，仔細思考解決問題的方法，然後很快地站起來，彷彿靈機一動，動手解決問題並拿到自己想吃的食物。這就是**頓悟學習（insight learning）**，藉由突然的體悟或察覺到事物的新關係，進而產生認知的改變，並想出解決問題的方法。

頓悟學習
藉由突然的體悟或察覺到事物的新關係，進而產生認知的改變，並想出解決問題的方法。

想一想

1. 列出認知因素在學習中所扮演的角色。
   - 討論學習中的期望、潛在學習、訊息以及認知地圖。
   - 請解釋頓悟學習。
2. 你對學業表現如何期待？這些期望會不會對你的行為產生影響？

課堂活動

主題：優勢認證

目標：

學習給予他人正向的回饋（增強）。

步驟：

1. 每人拿出一張白紙。
2. 將白紙折成八等分。
3. 將白紙貼到背後。
4. 每個人請 8 位同學，在自己身後的白紙寫下他們看到自己的優點。
5. 每個格子只能寫一個優點。
6. 完成任務後，每個同學把背後填滿優點的白紙拿下。
7. 看看自己有哪些優點，並且感謝大家的正向回饋。

回家作業

快樂生活第六週——學習快樂

在本章討論到學習，我們也發現生活中痛苦比快樂更容易學到，我們很容易學到恐懼不安、忿忿不平，卻很難學到真實的快樂。在這一週，我們將讓自己學到一些快樂的事。很簡單，每天睡前回想自己做的一件好事，並針對那件好事進行成就感（0-10 分）與愉悅感（0-10 分）的評分。

	週一	週二	週三	週四	週五	週六	週日
成就感							
愉悅感							

本章摘要

這章討論人的學習過程，讓你了解你是如何學會一些行為與思考能力。

1. **解釋學習是什麼。**
   - 學習是透過經驗所產生永久性的行為改變。學習可以分成觀察學習與關聯學習兩大類。觀察學習是一種靠著觀察別人的行為所進行的學習方式。關聯學習則是將兩個事件由制約的方式作連結而進行學習。在古典制約中，個體學習的是兩個刺激之間的連結；而操作制約則是學習與結果之間的連結。
   - 生物因素影響個體的學習。這些因素包括本能趨勢（動物的學習易受到其本能行為的干擾）與準備論（物種所擁有的生物性，會使其容易習得某種特殊反應，特別是味覺厭惡）。

2. **說明古典制約。**
   - 古典制約刺激發生在一個中性刺激和另一個有意義的刺激配對後，激發出相同的反應，是一種刺激與刺激間的關連學習。
   - Pavlov 發現，個體可以藉由連結非制約刺激（UCS）與制約刺激（CS）來進行學習。非制約刺機會自動化產生非制約反應（UCR），當制約刺激與非制約刺激配對後，制約刺激就會激發出類似於非制約反應的制約反應（CR）。

- 習得是指藉由古典制約產生的學習效果。古典制約中的類化，是指對於類似制約刺激的刺激會產生同樣的制約反應。
- 古典制約中的區辨，則是指對於不同制約刺激會產生不同的反應。
- 制約中的削弱是：當非制約刺激並未伴隨制約刺激出現，造成制約反應開始減少。即使有一段時間沒有持續制約，仍能恢復某種程度的制約反應的現象，稱為自發性恢復。
- 對人類而言，古典制約可以被應用來消除恐懼。反制約用新的制約刺激與原先惱人的制約刺激配對，而弱化原本的制約反應。古典制約也可以用來解釋滿足情緒。我們將某些行為與健康問題或是心理困擾用古典制約連結在一起，像是藥物使用等。
- 正向心理學強調兒童的復原力，並且著眼於改善兒童的生活增加學習機會。

3. 討論操作制約。
   - 操作制約是藉由行為所產生的結果，進而去改變行為的發生率，又稱為工具制約。B. F. Skinner 說明了個體操作性的行為要素：行為操作在環境之上，接著環境反過來操作個體。不同的是，古典制約描述個體如何對環境做出反應，忽略了個體行為對環境的影響。在許多例子中，操作制約比古典制約更適合用來解釋有意志的行為。
   - 增強原則包括正增強（藉由正向刺激去提高行為反應的發生率），以及負增強（藉由去除負向刺激而提高行為反應的發生率）。正增強可以被分類為初級增強（使用不需學習的正增強物來進行增強）和次級增強（使用透過經驗習得的正增強物來進行增強）。增強計畫（用來觀察行為在何時會被增強的計畫）有四種，分別為固定比率（如：按件計酬）、變動比率（如：抽成）、固定時距（如：月薪），以及變動時距（如：紅利）計畫。
   - 行為改變是運用操作制約的原理去修正人類的行為，特別是一些好習慣的養成。當然操作制約也可以應用在一些問題行為上的改變，特別是特教系統的特殊孩子之行為。

4. 了解觀察學習。
   - 觀察學習是指一個人藉由觀察或模仿他人行為來學習的方式。Bandura 提出觀察學習包含四個步驟，分別是注意、保留、產生，以及增強。

5. 說明認知因素在學習中所扮演的角色。
   - Tolman 強調行為之目的性，並指出我們許多行為都是目的導向。在研究目的性行為時，Tolman 跳脫刺激和反應去探討認知機制。Tolman 相信，期望（從環境中習得的經驗）是學習過程中一個重要的認知機制。認知地圖是指個體對於空間結構所產生的心理知覺，包括預期達成目標所需的動作。其他支持學習認知因素的證據，像是潛在學習（即使沒有增強也是能夠學習的，只是不會馬上表現在行為之中）。
   - Köhler 發展了頓悟學習的概念，即藉由突然的體悟或察覺到事物的新關係，進而產生認知的改變，主要用來解決問題。

第 7 章

記憶
Memory

章節內容

7.1 記憶的本質

7.2 記憶的編碼
7.2.1 注意力
7.2.2 處理層次
7.2.3 精緻化
7.2.4 想像力

7.3 記憶的儲存
7.3.1 感官記憶
7.3.2 短期記憶
7.3.3 長期記憶
7.3.4 記憶的組織方式
7.3.5 記憶的儲存位置

幸福人生——美好的回憶

7.4 記憶的提取
7.4.1 序列位置效應
7.4.2 提取提示和提取工作
7.4.3 記憶提取的準確性

動動腦——是挖掘出的秘密，或是假記憶？

7.5 遺忘
7.5.1 編碼失敗
7.5.2 提取失敗

在地人的心理學——失智症的照護

7.6 記憶與學習策略
7.6.1 編碼策略
7.6.2 儲存策略
7.6.3 提取策略

章頭故事

由失智症協會拍攝的《昨日的記憶》，透過幾個案例來說明失智症家庭的生活點滴，並且深深地刻劃出一個人記憶力慢慢退化後所面對的種種問題。記憶力的退化是失智症的主要特徵，也是影響、干擾生活的重要因素之一。透過失智症，記憶力在生活中的重要性益發突顯。由於我們擁有記憶力，所以可以記錄自己的生活點滴，學習到知識。試想，若你失去了記憶力，那會是一件多可怕的事呢？現在做一個簡單的練習：回想一下，1000元的鈔票上有幾個小朋友？他們分別站在哪些位置上？

7.1 記憶的本質

假設你要辦高中同學會，你會怎麼開始著手？首先，你必須先回想所有高中同學的姓名。你必須想起所有需要的資訊，然後透過Facebook或者是Line與這些人連絡。在決定地點時，你要從腦中提取許多曾經吃過的餐廳名單，並且也透過以往的經驗來決定那家比較適合。在決定時間時，你必須回想哪些日子已經有了約定需要排開。在和同學聯絡時，除了告知同學會的訊息以外，你腦中也會勾起一些過去的回憶來與他聊天。同時，到了約定的時間，你還要「記得」這個約會，以免到時候因為忘記而爽約。想一想，我們在記憶中放入多少資訊，並得從記憶中提取多少資訊，才能應付日常生活中的活動（Martinez, 2010）？雖然我們可以透過電腦儲存很多資料，但與電腦不同的是，人們記憶的方式並非只是讀存資料，還包含很多複雜的生活功能（Schacter, 1996, 1999, 2001）。

記憶

在一段時間內，透過編碼、儲存與提取，將資訊保留在腦中。

心理學家對於**記憶（memory）**的定義是將訊息與經驗經過編碼（或稱登錄）、儲存與提取等三大階段儲存在大腦中。以上面同學會為例，你必須要知道同學會的時間（編碼），然後記在腦中（儲存），到了當天要想起來（提取）去參加同學會。在生活中，我們就是透過編碼、儲存與提取（圖7.1）這三個步驟讓自己能夠記住所接收到的種種訊息。

在生活中，我們偶爾也會忘記一些事情，例如，忘了寫作業、忘了約好的事情等等。這些偶發性的遺忘也說明出記憶系統在生活中的重要性（Schacter & Wagner,

圖 7.1 處理記憶中的資訊

當你在閱讀本章對記憶的各種介紹時,試著從這三種活動中,想想記憶是如何組織的。

編碼：將資訊放入記憶中
儲存：將資訊記住一段時間
提取：從貯藏庫中提出資訊

2011）。雖然偶爾的健忘無傷大雅，但是若在考試時，突然想不起來所讀過的內容，可能造成的影響就是會被當掉。遺忘讓我們知道記憶的重要性。記憶系統能幫助我們在生活中，不會忘東忘西，能夠記住重要的訊息，讓我們能夠生活的更好（Martinez, 2010）。

想一想

1. 何謂記憶？
2. 記憶包含哪三大階段？
3. 健忘對生活有何影響？

7.2 記憶的編碼

記憶的第一個階段就是**編碼**（encoding）。編碼（或稱之為登錄）是將外在訊息轉成可以儲存在腦中的資料，簡單來說就是「記錄」你的所見所聞。當你在聽演講、看電影或與朋友說話時，你都將這些資訊編寫進記憶裡。在生活中，有些資訊很容易記錄，但有些卻很難，就跟背英文單字一樣，有些單字很容易背起來，但有些卻怎麼都背不起來。編碼的過程看似簡單，但卻涉及了注意力、訊息處理的層次、精緻化與心像能力等等層面，這也說明了為何有些經驗容易記住，但有些事情卻很難記住。

編碼
記憶的第一階段，將資訊進行轉化，然後儲存到記憶系統的歷程。

7.2.1 注意力

花幾秒鐘看看圖 7.2 的三張個人照，然後想想你看到什麼？

第 7 章　記憶　221

這些其實是三位名人的臉龐，分別是喬治‧華盛頓（George Washington）、蒙娜‧麗莎（Mona Lisa）與老布希（George H. W. Bush），但是他們都被冠上「貓王」（Elvis Presley）的髮型。因為這個獨特的髮型，你可能無法一眼就認出這三個人。當我們試著記住某人的長相時，通常會先注意對方的某一項特徵，而忽略其他部分。因此，當你看著這些照片時，你可能先會注意到髮型，而非臉部的特徵。

我們若要開始進行資料登錄，首先需要「注意」訊息（Flom & Bahrick, 2010）。回憶一下第4章討論過的選擇性注意，它在感知方面扮演重要的角色——你必須將注意力集中在特定的訊息上，同時也需要過濾其他雜訊。因為腦部的容量有限，我們無法登錄所有資訊，必須利用有限的注意力來注意重點而忽略雜訊（Dixon等人，2009）。就像你在上課時，需要專心聽老師所說的話，而忽略教室外面的嘈雜聲。除了選擇性注意力以外，分散性注意力與持續性注意力在記憶的登錄中也扮演著重要的角色。

當一個人必須將注意力同時放在很多事情上，就會用到分散性注意（divided attention）（Brouwer等人，2002），例如邊看書邊聽音樂就使用到了分散性注意力，此時的你對於書本內容的登錄就自然會被聽到的音樂干擾。而持續性注意力（sustained attention）（或稱專注力），就是我們可以持續注意力在某個訊息上一段長時間，例如專心讀這本書30分鐘，就需要持續性注意力，這時你就可以專心地登錄書本內的訊息。

圖 7.2 編碼記憶
花幾秒鐘看看這三張個人照，接著，讓視線離開圖片，陳述你記得的照片內容。

一心多用的人經常使用分散性注意力來進行登錄（Lin, 2009）。許多大學生都過這樣的生活，同時可以進行很多事情，並且引以為傲（Pattillo, 2010）。在分散性注意的實驗中，研究者通常會要求受試者背誦一些單字或一個故事，但是同時又必須進行其他工作，目的是分散受試者的注意力（Schacter, 2001）。例如，受試者必須仔細聽著一系列的音調，並報告這些音調的高低起伏，但他們還必須同時背誦一些單字或一個故事。許多類似的研究都顯示，能夠專心背誦單字與故事的受試者，其記憶測驗的表現比那些分散注意力的受試者更好（Pomplum, Reingold & Shen, 2001; Reinitz等人，1994）。這也顯示出，一心多用的人對於訊息的處理並不比專心做事的人好，特別是經常分心在手機等3C產品的人，他們特別會被外在訊息所吸引而分心，導致需要注意的訊息被忽略（Glenn, 2010）。

雖然分散性注意力可以讓我們一心多用，但持續性注意力卻是可以讓我們專注學習的好幫手。當你感到自己容易分心時，試著專注在你的呼吸上，數數你的呼吸數，讓你的專注力增加，以達到更好的學習效果。

7.2.2 處理層次

很多時候,我們只注意到外在的刺激,並未真正地將這些訊息放入我們的心中,也就是所謂的「視而不見、聽而不聞」;事實上,整個編碼歷程不只是單純地注意到外在訊息,其中還包含對外在訊息的處理。例如,在本章你會將注意力放在「記憶」這個字詞。你會從以下三個不同的層次來處理:在最淺層,你會注意到字形與筆畫(如:記憶與紀憶的不同);其次,你會注意到這個字的發音與特性(如:記憶與回憶的不同);最深層,你可能會想到記憶的定義以及對生活的重要性。編碼的模式最早是由 Fergus Craik 和 Robert Lockhart(1972)提出。他們主張編碼是一個連續的過程,從淺層處理開始,一直到可以產生較佳記憶的深度處理為止(圖 7.3):

- **淺層處理:**分析刺激的物理特性與可觀察的特性。例如,針對「狗」這個字,我們可以觀察它的筆畫、部首,或是觀察發音的方式。
- **進階處理:**辨識刺激並貼上標籤。例如,我們將有四條腿並汪汪叫的物體,稱作「狗」。
- **深度處理:**從語義的層面處理資訊,亦即討論它的意義。在這個最深的處理層次中,我們會運用聯想。例如,我們會將狗叫聲聯想成危險訊號,也會聯想到與寵物相處的美好時光。愈多聯想,表示處理的深度愈深(Lee, Cheung & Wurm, 2000; Otten, Henson & Rugg, 2001)。

許多研究者發現,如果人們可以對刺激進行聯想與深度處理,則會記得更好(Howes, 2006)。研究指出,如果我們可以將一個人的長相轉換成有意義的編碼,再加上聯想,則較容易記住(Harris & Kay, 1995)。在「心理學概論」的課堂上,你可能會對某位女同學的長相有印象,因為她長得很像某位電視明星;而你又會將她的長相與心理學的課程聯想在一起。你對

你對事件處理得愈詳細,則你的記憶也會更深刻。如果參加一場貢寮音樂季或春吶活動,你會將哪些關於這個事件的訊息進行編碼,幫你更清楚地記住這場演唱會呢?

處理的深度	淺層處理	分析物理特性與可觀察的特性。	觀察構成一個物體(如:車子)的實體外觀,如:線條、角度與輪廓。
	進階處理	辨識刺激並貼上標籤。	辨識此物體為一部車。
	深度處理	使用語義、意義象徵的特性。	想起與「車子」相關的事情:你幻想擁有一部保時捷或法拉利,或是想起你與朋友在春假時開車到海邊玩的事。

圖 7.3 **處理的深度**
根據一項記憶的理論,對於刺激進行較深層的處理確實有助於記憶。

事件處理得愈詳細，則記憶也會更深刻。研究發現，我們若將學習的內容做深度處理，也就是把心理學的知識與自己的經驗做整合，因此會學得更好（黎士鳴等人，2005；Boatwright 等人，2009）。除了學習相關的記憶以外，情緒相關的記憶也是如此。在一個腦造影（fMRI）的研究中發現，大腦的前額葉會進行深度處理，而杏仁核則進行淺層處理（Ritchey, Labar & Cabeza, 2010）。如果參加一場墾丁春吶活動或跨年演唱會，你會將哪些關於這個事件的訊息進行編碼，幫你更清楚地記住這場演唱會呢？

7.2.3 精緻化

精緻化
在各種層次針對資訊進行廣泛的處理。

我們對於訊息的處理愈仔細與深入，也就愈能夠記住它（Craik & Tulving, 1975）。在深度處理訊息的過程中，若可以多方面的處理訊息，自然就更能夠記住它（Terry, 2009）。**精緻化（elaboration）**就是將訊息與其他刺激進行廣泛性地連結來讓我們能更容易記住。生活中精緻化過程的例子隨處可見，像是用諧音來背電話號碼，如生命線 1995 專線就是取「救救我」的諧音。另外，資訊精緻化最常用的方法就是自我參照（或稱自我關連）（self-reference）。將要記住的訊息與自己的生活事件作關連，會很容易記住，圖 7.4 說明了利用自我參照法來背單字的次數比其他方法多。例如，如果要背 win（贏）這個單字，你或許會想到上次贏得籃球比賽的事；或者，當你在背 cook（烹煮）這個字時，或許會想到上次煮火鍋時發生的事。一般而言，能將資訊深度精緻化，表示對資訊的意義進行精緻的處理，這是幫助記憶最好的方式。

精緻化有助於記憶的另一項原因，是它能增加記憶編碼（memory code）的特殊性（Ellis, 1987）。若要記得一項資訊，你必須先從長期記憶的眾多編碼中搜尋包含這項資訊的編碼。記憶編碼愈特殊，搜尋的過程愈容易（Hunt & Kelly, 1996）。這種情況就像在人潮擁擠的跨年晚會尋找自己的朋友一樣。如果你的朋友有 195 公

圖 7.4 各種形式的精緻化之效率
在一項研究中，研究者要求受試者根據字形、字音、字義或自我指涉的特質來背一些單字。研究結果顯示，當個人對單字進行自我指涉時，受試者能記住最多的單字。

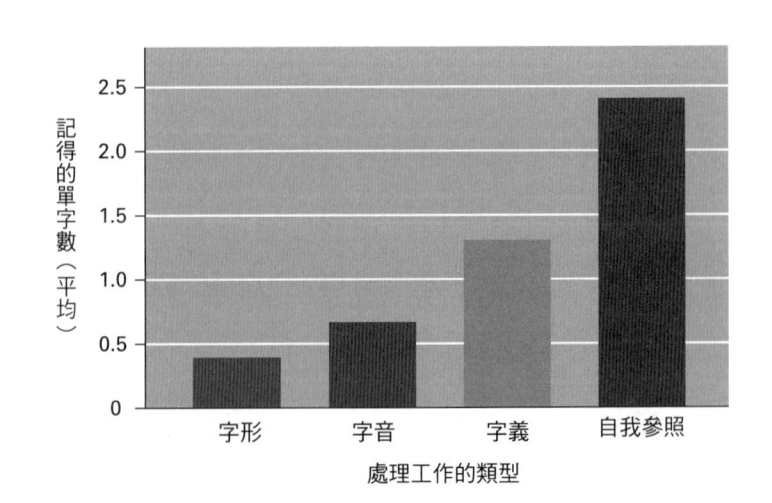

分高，而且又染著一頭金髮，便很容易被找到。如果他身高 170 公分，又是一頭黑髮，要找起來就比較困難。同樣地，記憶編碼若有高度的特殊性，則較容易與其他記憶區別。神經科學家發現，當個體以精緻化來進行登錄訊息時，大腦許多區塊會活化（Achim & Lepage, 2005），特別是海馬回的部份會特別明顯（Staresina, Gray & Davachi, 2009）。這說明了精緻化的過程往往與自己的過去回憶有關。我們也是將新的訊息與過去的記憶產生連結，來幫助我們更能夠記住這些新的訊息。

7.2.4 想像力

你對背單字感到苦惱嗎？最近正流行一種圖像記憶法，就是透過想像力來協助你背單字。Allan Paivio（1971, 1986, 2007）的研究，證實想像力可以改善記憶力。Paivio 認為記憶是用兩種方式儲存的：一種是文字編碼（verbal code，文字或標籤），一種是圖像編碼（image code），稱之為雙重編碼假說（dual-code hypothesis）。Paivio 認為圖像編碼極詳細且鮮明，比文字編碼更能幫助記憶。試想，看一幅畫與讀一篇文章，那個比較容易讓你印象深刻？由於我們對於圖畫的記憶可以儲存成文字編碼和圖像編碼，所以可用兩種方法來提取資訊。所以，在背東西的時候，轉化成圖表會比單純背文字還要容易得多。最近流行的右腦圖像英文背誦法就是採用這樣的策略來幫助你背英文單字。

7.3 記憶的儲存

編碼（登錄）的品質不是決定記憶品質的唯一因素，因為記憶經過編碼之後，仍需要適當的儲存。儲存（storage）包含這些資訊能保存多久，以及在記憶中的表現方式。有些資訊只能記住幾秒鐘，有些可以記得半分鐘，但有些卻可以記住好幾分鐘、幾個小時、幾年，甚至一輩子。Richard Atkinson 和 Richard Shiffrin（1968）是最早針對記憶的時間長度提出理論的學者。他們根據記憶的時間長度來區分以下三套記憶儲存系統（圖 7.5），稱之 **Atkinson-Shiffrin 記憶理論（或記憶三階段理論）**：

- **感官記憶**：時間只有 1 秒或數秒。
- **短期記憶**：時間不超過 30 秒。
- **長期記憶**：時間長達一輩子。

記憶三階段理論

根據資訊儲存的時間，將記憶分成感官記憶、短期記憶以及長期記憶三大儲存階段。

感官記憶　複誦　短期記憶　長期記憶

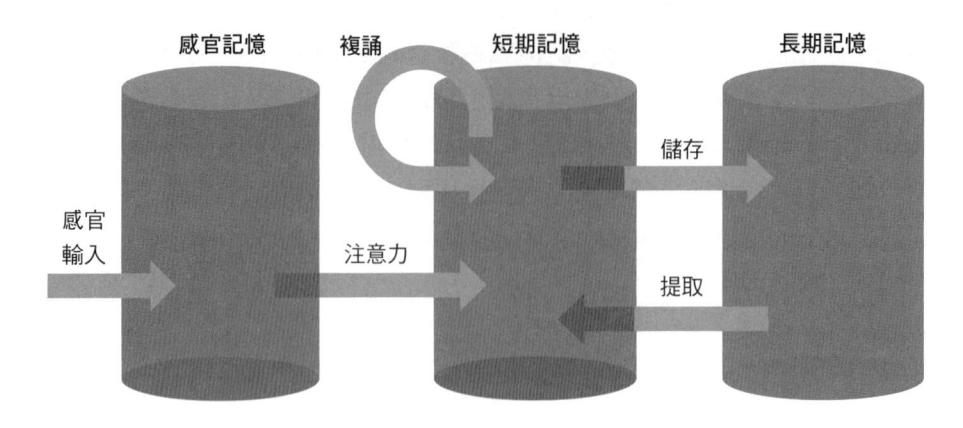

感官輸入　注意力　儲存　提取

圖 7.5 Atkinson 與 Shiffrin 的記憶理論
在這套模型中，感官輸入會先全部進入感官記憶中。經過注意力的處理，資訊會進入短期記憶，但除非不斷地複誦，否則這時的記憶不會超過 30 秒。如果資訊進入長期記憶儲存區，則一輩子都會記得。

想一想

1. 編碼的成功與訊息處理的深入度有關。你會用哪種策略來幫助你記住這門課所學的知識呢？
2. 回想一下你房間書桌的狀況，試著用語言描述或用畫出來的方式。哪一種方式可以幫助你更有效率的記住呢？

7.3.1 感官記憶

想一想，你每天早上走路上學時看到的景象及聽到的聲音。實際上有幾千種刺激進入你的不同感官，如：你踩到落葉、聽到鳥叫聲、吵雜的摩托車聲、看到藍天、幾百張臉孔。這些都透過感官系統進入你的心理世界。那又有哪些訊息被留下來了呢？

感官記憶

人們暴露在視覺、聽覺及其他感官刺激下，外來資訊以原始感官的方式進行暫時的儲存。

感官記憶（sensory memory）是指人們暴露在視覺、聽覺及其他感官刺激下，外來資訊以原始感官的方式進行暫時性的儲存狀態（Rainer & Miller, 2002）。感官記憶對於訊息的儲存相當精緻，但保留時間十分短暫，除非轉換為短期記憶或長期記憶，否則很快就會消失。對於聽覺的感官記憶，我們稱之為聽覺記憶（echoic memory），基本上是幾秒鐘或者是一句話的時間。視覺的感官記憶被稱為視覺記憶（iconic memory），往往就像照相一樣，僅為一瞬間的影像（大約為 1/4 秒），除非按下儲存鍵，要不然這些影像很快地就被下一幕所蓋過去。

在 George Sperling（1960）對感官記憶典型的研究中，他向受試者展示一組類似圖 7.6 的刺激。Sperling 讓這些字母快速地閃過受試者眼前，圖片顯示的時間大約只有 0.05 秒。當畫面閃過這些字母之後，受試者只能報告出 4 至 5 個字母。但在 Sperling 的研究中，有些受試者表示，他們感覺有一瞬間能看到全部 9 個字母，但因為報告的過程中，自己開始遺忘所看到的字母。對於這種經驗的解釋是：這 9 個字母一開始就被視覺感官記憶所捕捉，進入感官記憶的層次，但是卻忘得快；隨著報告的時間過去，所殘存的記憶也就消失。為了改善報告時間拉得過長的問題，Sperling 就利用一個高中低三種音頻的聲音，請受試者報告不同排的 3 個字母。當聽到高頻音時，請受試者報告上排的 3 個字母；聽到中頻音時，請受試者報告中排的 3 個字母以及聽到低頻音時，請受試者報告下排的字母。結果發現，受試者記得的字母數有明顯的增加，甚至可以報告所有的字母。這也證實感官記憶可以捕捉很大量的訊息，但儲存時間很短暫。

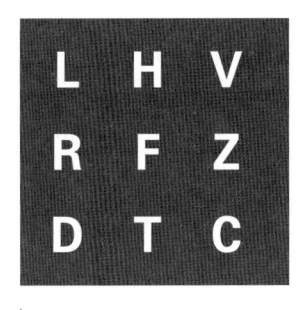

圖 7.6 感官記憶的實驗
這個刺激的陣列，與 Sperling 在感官記憶研究中，讓受試者看 1/20 秒時間的圖卡是類似的。

除了視覺與聽覺以外，嗅覺（香味）的記憶在生活中也很重要。你是否有這種經驗：經過某個攤子時，食物的香氣勾起了你許多回憶呢？為何嗅覺也可以引發一些回憶？那是因為嗅覺皮質區與杏仁核（主管情緒記憶）以及海馬迴（主管長期記憶）這兩個區塊有連結（Galan 等人，2006）。心理學家 Rachel Herz（2004）發現嗅覺引發的情緒記憶比起視覺或者是聽覺還要清晰。在生物界中，許多動物的嗅覺與生存息息相關，例如，狗就要靠嗅覺來判斷哪裡有食物，所以嗅覺本身及相關的記憶就具有其重要的生存功能。或許人類也是如此，透過嗅覺記憶來產生某些適應的能力，如：美味的咖啡與發酸的牛奶等。

7.3.2 短期記憶

許多資訊會停留在聽覺與視覺的感官記憶中，但是有些資訊卻能轉換為短期記憶，因為我們曾經注意過這些資訊。**短期記憶（short-term memory）**是容量有限的記憶系統，其中的資訊只能保留大約 30 秒，除非藉助其他策略，才能記得更多。

George Miller（1956）在他經典的研究報告中，曾測試短期記憶的容量究竟多大。這篇研究報告的標題非常吸引人：「神奇數字 7 ± 2」（The Magic Number Seven, Plus or Minus Two）。Miller 指出，人們的**記憶廣度（memory span）**為 7 ± 2，也就是指在一組數字出現一次後，個人所能記住的數字個數為 5 至 9 個。

★ 組塊化與複誦

雖然短期記憶只有 7 ± 2 的記憶廣度，但透過組塊化與複誦這兩種策略，可以讓儲存內容增加。**組塊化（chunking）**是將超過 7 ± 2 之記憶廣度的資訊分組或「打包」，成為數個具有高度組織的小單位，再形成單一的大單位。組塊化在本質

短期記憶
容量有限的記憶系統，其中的資訊只能保留大約 30 秒，除非藉助其他策略，才能記得更多。

記憶廣度
在一組數字出現一次後，個人所能記住的數字個數。

組塊化
將超過 7 ± 2 之記憶廣度的資訊分組或「打包」，成為數個具有高度組織的小單位，再形成單一的大單位。

第 7 章 記憶

上算是一種記憶編碼的形式，主要是讓大量的資訊變得更有條理。

這個例子可以讓你了解組塊化的運作方式。看看下列的單字：episodic、memory、explicit、forget、schemas、priming、implicit。試著背誦這幾個與本章有關的單字，然後寫下記得的單字。如果你能記得所有的單字（7個組塊），表示你的記憶可以一次記住50個字母。

現在試著背誦下列字串，並寫下記得的字串：

海 上 風 雨 至 消 遙 池 閣 涼

你可以馬上記住以上的十個字嗎？如果你只能記得幾個字也別洩氣，因為這句話雖然根據記憶廣度的容量來切成七個單詞，仍舊很難記。但是，你可以將這些字重新組成有意義的斷詞「海上 風雨至 消遙池 閣涼」，這樣就好記多了。在編碼時進行這種語義上的深度處理，可以提高記憶的效率。

複誦

刻意讓資訊不斷重複，以延長儲存的期間。

另一個可以改善短期記憶的方法是**複誦（rehearsal）**，即刻意讓資訊不斷重複出現在腦中（Theeuwes, Belopolsky & Olivers, 2009）。例如，你背英文單字或一個人的電話號碼時，反覆在嘴邊唸出那個單字或號碼，這就是一種複誦的過程。儲存在短期記憶中的資訊若沒有經過複誦，無法持續超過半分鐘。如果複誦的過程不受到打擾，資訊可以保留很長一段時間。

複誦通常是以言語的方式來加深印象，但複誦也可以是視覺性的方式加深印象（Ramsoy 等人，2009）。例如，你背單字 rehearsal 時，可以透過反覆地唸出這個字來背；也可以利用圖像的方式來記住這個單字，想像圖 7.5 複誦的歷程。運用視覺技巧是指在看過物件或景象的影像之後，將它記在腦海中。能用這種方法進行記憶的人，我們稱他具有「過目不忘」的記憶力（photographic memory）。一般人多少都有這方面的記憶能力，但少數人確實有超乎常人的記憶力。當他們在考試時，回想書上的內容就彷彿像「看到」教科書上某段文字的影像。許多速讀的策略都是採用這種視覺技巧來協助記憶，也就是所謂的一目十行，過目不忘的能力，近年所發展出的心智圖像記憶法也都是採用這類的圖像記憶的策略。從理論來看，這是一種複誦的記憶策略，但目前尚無系統性的研究來說明這些策略的成效。

當我們必須在短時間內背誦一列數字或項目時，複誦就特別有用。例如，你點飲料時，工讀生重述（或腦中複誦）你的糖量與冰量，這樣他就容易記住你的需求。但是，如果我們必須長時間記住一些資訊（例如，準備下週、明天，甚至是1小時後的考試），則其他的策略會比複誦更有效。為何複誦無法長時間發揮作用呢？因為複誦只是不斷重複死背一些資訊，但卻沒有賦予意義；若要長時間記住一些資訊，就必須賦予意義。這個例子再度顯示語義上的深度處理有多麼重要。

★ 工作記憶

雖然記憶三階段理論很清楚地區分記憶儲存的方式，但是處理外在訊息是一個動態的歷程。英國心理學家 Alan Baddeley（1993, 2010）提出工作記憶（working memory）的概念。這套概念性的系統可以說明人們如何動態性地處理使用認知活動來暫時儲存資訊。工作記憶是一種心智的「工作站」，可以處理與集合資訊，協助我們理解書面與口說的語言、做決策並解決問題。工作記憶並非只是一座將訊息轉向長期記憶系統的暫時性倉庫。它其實是一套主動處理訊息的記憶系統（Karlsen 等人，2010）。以電腦系統為例，工作記憶的作用就好像電腦系統中的 RAM，用來處理與組織訊息，等你按儲存後就會將資料存入長期記憶（硬碟）中。

圖 7.7 顯示，Baddeley 提出工作記憶三大要素的主張。這套模型有主管（中央執行器）、兩個助手（語音迴路與視覺空間工作記憶）來協助它正常運作。

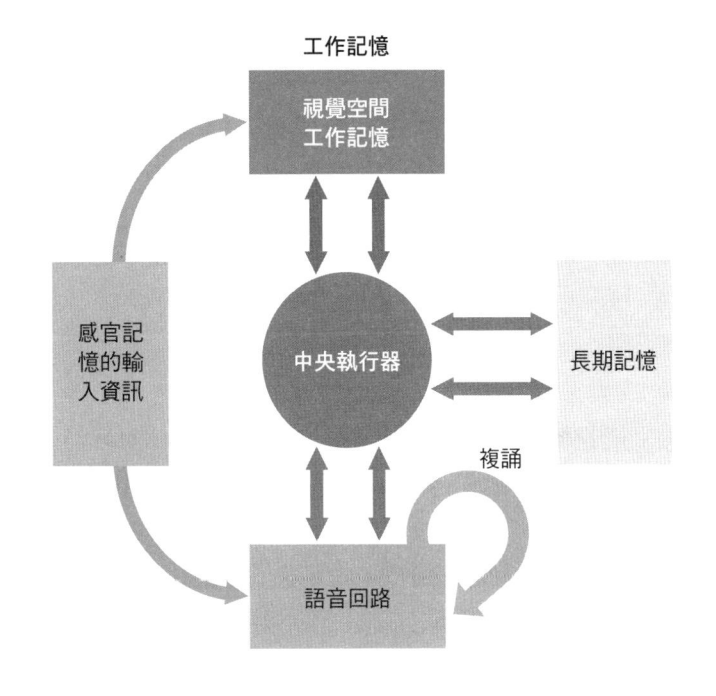

圖 7.7 工作記憶

在 Baddeley 的工作記憶模型中，工作記憶就像一座心智的的工作站，許多資訊都在此進行處理。工作記憶包含三大部分：語音迴路與視覺空間工作記憶，協助中央執行器充分運作。來自感官記憶的輸入資訊會進入語音迴路，這裡儲存言詞方面的資訊，進行複誦，再進入視覺空間工作記憶。視覺空間工作記憶儲存視覺與空間的資訊，包含運用想像力。工作記憶是容量有限的系統，資訊只會在這裡進行短時間的儲存。工作記憶也可以與長期記憶進行互動，方法是借用長期記憶中的資訊，之後再將處理過的資訊轉換回到長期記憶中進行儲存。

- **語音迴路**：專門用來暫時儲存有語言聲音的資訊。包含兩個不同的要素：一個是聲碼（acoustic code），在幾秒鐘內就會消失；另一個是複誦功能，可以讓個人在語音迴路中不斷重複單字。
- **視覺空間工作記憶**：儲存視覺與空間的資訊包含視覺想像力（Logie, 1995）。視覺空間工作記憶又稱視覺空間暫存（visuospatial scratch pad，如同語音迴路一般容量有限）。基本上，語音迴路與視覺空間記憶功能是獨立運作的（Reed, 2000）。你可以在語音迴路中複誦數字，同時在視覺空間工作記憶中進行字母的位置組合（Baddeley & Hitch, 1974）。
- **中央執行器**：不僅整合來自語音迴路與視覺空間工作記憶的資訊，也處理來自長期記憶的資訊。根據 Baddeley（2006, 2010）的主張，中央執行器的作用就像主管，負責監視哪些資訊需要給予注意力，哪些資訊可以略過。它也會選取處理資訊與解決問題的策略。中央執行器與其他兩個工作記憶的要素（語音迴路與視覺空間工作記憶）一樣，容量都有限。

工作記憶在我們處理訊息時扮演相當重要的角色，特別是許多記憶力不佳的個體都是因為工作記憶能力出問題，如失智症（Baddeley, 1998）。雖然神經心理學家還無法確認出工作記憶系統所位於的大腦區塊（McGettigan 等人，2010），但是一些實證研究已經證明，一個人的工作記憶能力可以透過某些訓練而提升（Shipstead 等人，2012）。

7.3.3 長期記憶

長期記憶

可以長時間地儲存大量資訊的記憶系統。

長期記憶（long-term memory）與其他記憶階段相比，是時間相對較長的記憶，可以長時間地記住大量的資訊。長期記憶的容量確實驚人。John von Neumann 是一位傑出的電腦科學家，他提出長期記憶的容量有 2.8×10^{20}（2.8 億的三次方）位元。簡單地說，我們的記憶儲存容量其實是無限大的。von Neumann 假設我們絕不會忘記事情，腦中能保留的資訊是大型電腦的幾百萬倍。如圖 7.8 所示，長期記憶非常複雜。由最上層看起，又分為兩個子項：外顯記憶與內隱記憶。簡單地說，外顯記憶記得人、事、時、地、物；而內隱記憶記得處理事情的方法。

透過 H. M. 這個例子，我們可以發現長期記憶的其他特性。H. M. 患有嚴重的癲癇。他在 1953 年接受手術，切除大腦的海馬回、左腦與右腦各一部分的顳葉（本書第 2 章有這些腦部區域的位置與功能介紹）。雖然 H. M. 的癲癇症狀獲得改善，但是他的記憶力卻大幅下降。最大的問題是，他的記憶時間最多只有幾分鐘，他的記憶長度不足以提供工作記憶的運作，所以無法讓他記住新的訊息。所以從 1953 年開始，生活中所發生的事情對他而言都是新奇的。他無法記住過去曾發生的事。但是，他對於處理事情的方法卻不太受到影響。例如，他可以學會全新的肢體動作。其中有項工作是要 H. M. 描出星形的圖案，但他必須透過鏡子，看著圖案與自己的手來描。到了訓練的第 2 天與第 3 天，縱使他完全不記得前一天已經練習過這項工作了（他忘記昨天練習過，表示他的外顯記憶是失敗的），他可以從前一天的基礎上做進一步的練習（也就是他記住了昨天的練習動作，表示他的內隱記憶是正常的）。

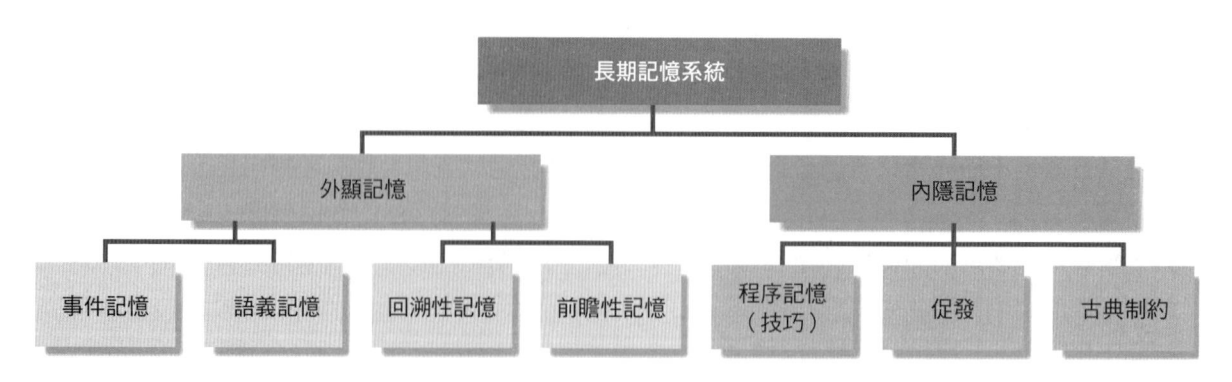

圖 7.8 長期記憶系統

★ 外顯記憶

外顯記憶（explicit memory）是刻意回憶出的資訊，像是特定的事實或事件。對人類而言，這些訊息是需要透過語言來說出來（Tulving, 1989, 2000）。生活中常見的外顯記憶範例有描述看過的電影情節，或向某人說明什麼是心理學。簡單來說，你與他人分享的生活點滴或者是專業知識都是外顯記憶。現在你所閱讀的內容也會進入外顯記憶中。而這些外顯記憶可以保留多久呢？心理學家 Bahrick（1984）進行了一個相關研究。他找了修習第二外語的同學，在學期末以及之後的 3 年到 50 年後進行追蹤，結果發現前 3 年會忘掉 50% 的單字，但是約有 50% 的單字卻可以背一輩子。回想你現在的英文，是不是有些單字你忘了，但有些單字卻持續地記得。外顯記憶就像那些你忘不了的單字一樣，會一直儲存著。

加拿大的認知心理學家 Endel Tulving（1972, 1989, 2000）首先將外顯記憶再區分為事件記憶與語義記憶。**事件記憶**（episodic memory）是對生活中發生事件的地點與時間之記憶（Fortini, Agster & Eichenbaum, 2002）。它是自傳式的，例如，你第一次約會時發生的事，以及你今天早餐吃些什麼。**語義記憶**（semantic memory）則是個人對這個世界的知識，包含你的專業知識、在學校學到的通識課程、每天都會學到的單字，以及知道一些名人軼事、重要的地點以及一些普通的事情。例如，下象棋、微積分以及知道佛洛依德與甘地是誰，這都算是語義記憶。基本上，這兩種記憶本質有所不同；事件記憶往往就是生活經驗，而語義記憶則是知識相關的記憶。

Tulving（1989）更進一步從 K. C. 這個年輕人身上發現這兩個記憶系統。K.C. 曾經因為騎摩托車而車禍受傷，失去了幾乎所有的事件記憶，即使刻意回想過去曾經發生過的任何一件事也想不起來。然而，K. C. 的語義記憶卻完好地保存著。因此，他必須將過去發生的事當成歷史事件來背誦，就像了解其他人的生平。在許多失憶症的個案中，這些人無法記住自己的相關訊息，卻可以回答專業的知識（Milton 等人，2010）。

圖 7.9 摘要整理出一些事件記憶與語義記憶的不同。雖然我們腦中有這兩種記憶系統，但 Tulving（1983, 2000）主張語義記憶與事件記憶必須共同合作，才能形

> **外顯記憶**
> 需要花點心力而提取出的資訊，如：對特定的事實或事件。這些訊息是需要透過語言來表達出來。

> **事件記憶**
> 對生活中發生事件的地點與時間之記憶，也就是日常生活經驗。

> **語義記憶**
> 個人對這個世界的知識，包含生活常識與專業知識等等。

圖 7.9 事件記憶與語義記憶之間的差異

特性	事件記憶	語義記憶
單位	事件	事實、想法、概念
組織方式	時間	概念
情緒的介入	非常重要	較不重要
提取過程	刻意的	自動化
提取報告	「我想起來了」	「我知道」
與教育程度的關聯	無關	有關
與智能的關聯	無關	有關
法律上的證詞	法庭允許	法庭不允許

成新的記憶。這種情形下形成的記憶，最後都會包含自傳式的事件資訊與語義資訊。

從時間向度來看，外顯記憶也可以分成回溯性記憶與前瞻性記憶。**回溯性記憶（retrospective memory）** 是對過去事件的記憶，有時，我們會忘了過去所發生的事情，或者是考完試才想起自己讀過那些內容，這些都是回溯性記憶受到干擾；而**前瞻性記憶（prospective memory）** 是對未來計畫的記憶（Burgess, Quayle & Frith, 2001; Kliegel 等人，2001; McDaniel & Einstein, 2000），也包含對目的與意向的記憶。許多人想必都有前瞻性記憶不管用的尷尬經驗，這種感覺確實很糟。例如，逛完賣場後才想起自己忘記採買食物、忘記與某人的約會或忘記交作業。前瞻性記憶包含時間與內容（在「何時」做「何事」），當然我們會因為「心不在焉」而造成一些失誤。

★ 內隱記憶

內隱記憶（implicit memory） 又稱非描述型記憶，使我們的行為自然受到之前經驗的影響，而不需要刻意回憶一些事情，如：打網球、騎單車與打字等活動。另一個例子是，你在超市聽到一首歌，儘管你不會刻意地聆聽音樂的內容，但在你的腦中會不斷重複這首歌，這就是內隱記憶。

內隱記憶又分為三個子系統，雖然你不會意識到這些記憶的存在，但這些記憶卻會影響你的行為方式（Schacter, 2000）：

- **古典制約**：是一種學習的形式，在第 6 章已經討論過。回想一下之前學的，古典制約是藉由建立刺激之間的關聯，在無意識的狀態下產生自動學習的方式（Schultz, Dayan & Montague, 2009）。例如，在辦公室常被主管罵的人，他一進辦公室就容易產生焦慮不安的情緒；或者是你回到經常與女友共進晚餐的餐廳，你就會有一些愉悅感。這類古典制約產生的情緒關聯也就是一種內隱記憶。

- **程序記憶（procedural memory）**：指對技能的記憶。例如，學會開車之後，自然會記得如何開車，你會自然地插入鑰匙來發動車子、轉動方向盤、踩油門、踩煞車等。生活中的許多技能都是這種程序記憶。

- **促發（priming）**：是指人們活化儲存的資訊，以便自己能以更有效率的方式記住新的資訊（Hare 等人，2009）。促發最常見的形式是讓一個人背一串字詞（如：汽笛、散步和蛋糕），然後，為了評估受試者的外顯記憶，我們會要求受試者挑出這份字詞中出現的所有字詞。例如，我們會問受試者：「你有看到汽笛這個詞嗎？你有看到房屋這個詞嗎？」接著，我們要評估受試者的內隱記憶，讓他們在空格處填下任何所知道的字：汽 __、散 __、蛋 __）。大部分的受試者會在空格處填下之前背過的單字，而較不會任意地填入其他單字。例如，受試者將汽 __ 填成汽笛的機率會比填入汽車更高。雖然在生活中我們對於汽笛的熟悉度低對汽

程序記憶
對動作與技能的記憶。

促發
內隱記憶的一種。指人們活化已儲存的資訊，以便自己能以更有效率的方式記住新的資訊。

車，但促發效果會讓受試者填入汽笛這樣較少使用的詞彙。

7.3.4 記憶的組織方式

以下有個示範。快速地回想一下 12 個月份的英文單字。你需要多少時間回想？回憶的順序是怎樣的？你有可能在幾秒鐘內就能想起，而且是以「合乎自然」且依照時間先後的順序背出（January、February、March 等）嗎？現在試著依照字首字母的順序背出 12 個月份，你會出錯嗎？需要多少時間回想？如此就能很明顯地看出你對月份的記憶是以何種特殊方式來組織的。

根據研究顯示，如果鼓勵人們將一些資料重新組織，即使我們事先並未通知他們要進行測驗，他們對這些資料的記憶還是會加深（Mandler, 1980）。另外，在登錄訊息時，若可以將資料進行組織或分類，會有助於我們的記憶（Polyn, Norman & Kahana, 2009）。想一想，你的硬碟資料是否有進行歸類呢？經過整理過的資料有助於資料的提取。長期記憶等同於電腦的硬碟，而心理學家認為裡面的資料是以階層結構、語義網絡、基模及連結網絡等四種組織方式進行整理分類。

★ 階層結構

Gordon Bower 等人（1969）很早就指出階層結構對記憶的重要性。比起將單字隨機編組的受試者，能將單字進行分類排列成不同階層的受試者確實能背下較多單字。很多例子都可以證明，當我們將一些事實組織成不同的階層時，可以記得更多（Bruning, Schraw & Ronning, 1999）。階層是指有系統地將項目由常見的類別組織成特殊的類別。最常見的例子是學校的組織架構圖，頂端是校長，下一層則是學務長等一級主管，院長則在第三層，再來是系主任。

★ 語義網絡

我們通常會使用網絡架構，將資料組織成事件記憶（外顯記憶的一種形式）。最早出現的網絡學說中，有一派主張將記憶視為一個複雜的階層網絡，而每個節點則代表一個標籤或概念。以物種為例，根據物種分類的概念，語義網絡基本上是根據階層排列的，較為抽象的概念（鳥類）之下則有更為具體的概念（如：金絲雀）（圖 7.10）。

認知心理學家直到最近才了解到，用這種階層網絡來解釋人們認知實際的運作方式太過簡單（Shanks, 1991）。例如，人們在回答「駝鳥是不是鳥類？」這種是非題時，所花的時間會比回答「金絲雀是不是鳥類？」的時間更久。記憶研究專家現在將語義網絡修改為更不規則與更複雜的形式。與非典型的鳥類「駝鳥」相比，典型的鳥類「金絲雀」更接近鳥類這個節點或核心。

圖 7.10 長期記憶組織方式中的語義網絡

語義網絡這種學說一開始是將長期記憶視為概念階層，不同階層的節點代表不同的抽象程度。當你觀看這個模型中的階層時，請注意資料是如何變得更詳細與更具體。

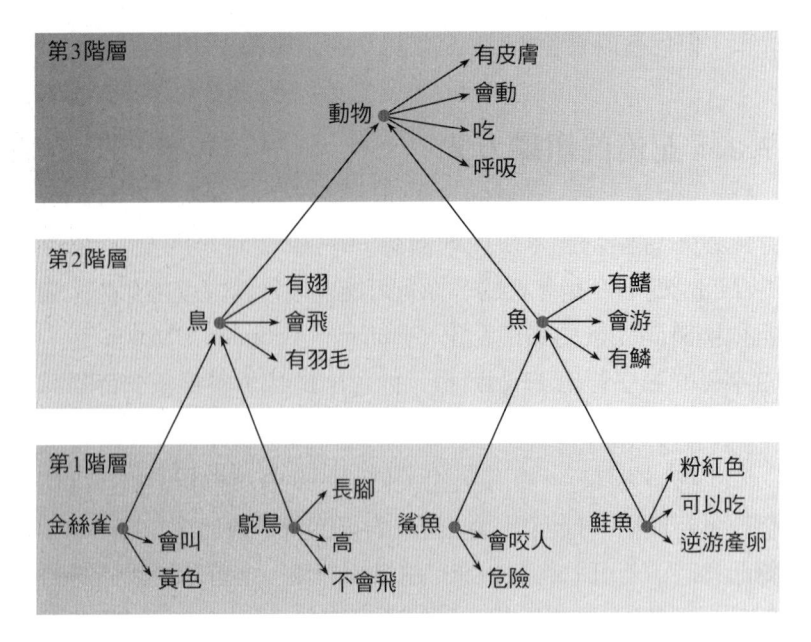

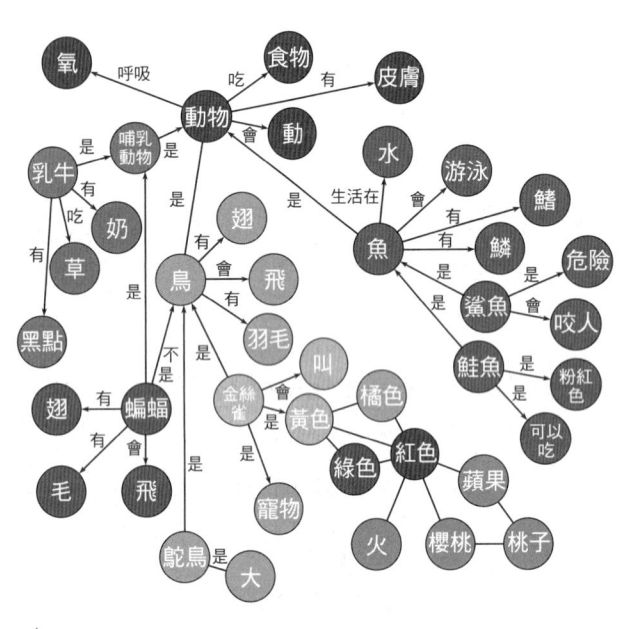

圖 7.11 從語義網絡觀點來看長期記憶

許多心理學家批評語義網絡原先的表現方式太過簡略，無法反映出記憶處理程序的複雜性，他們認為圖中的表現方式更為精確。

圖 7.11 顯示一個修正過的模型，不僅說明何謂典型的資訊，也讓我們知道這些資料是如何連在一起的。我們將新的資料放進記憶的適當位置，就表示將資料放進一個語義網絡中，新的資料會逐漸與鄰近語義網絡中的相關節點進行連結。這個模型可以解釋，你為了考試囫圇吞棗地背了一堆資料，但經過很長一段時間後卻都忘光了，因為這些新的資料並未納入長期記憶的網絡中。相反地，透過討論或撰寫報告，這些資料便可以納入長期記憶的網絡中，也可以與你既有的知識相連結。透過這個理論，我們可以了解長期記憶儲存的重點在於典型訊息，如：鳥類、車子等等；在本書邊欄所列出的關鍵字與其解釋就是這些心理學概念的典型訊息，透過強化這些字詞的記憶，就有助於你組織每一章節的心理學知識。

★ **基模**

想像一下，你在宿舍不小心聽到以下兩位大學生的對話：

小華：你訂了沒？

小明：訂啦！45 分鐘前就應該送到的啊！

小華：好吧！我要先出去一下，記得留幾片給我喔。

你知道這兩名學生在談論什麼嗎？你可能會猜他們在討論披薩，但你是如何判斷的呢？披薩這個詞並未出現在對話中，你之所以知道他們談論的內容，是因為你啟用對「披薩」或「外送披薩」的概念，藉由這些概念來理解整個情況。

在第 3 章中曾學到，當我們將資訊儲存在記憶中時，通常會將它放在現有的資訊集合中的適當位置，這道理就像你能理解外送披薩的情況。事先存在的心理概念或架構能協助人們組織和解釋資訊，這些概念或架構就稱為**基模（schema）**。從之前的環境中建立的基模，會影響我們編碼的方式、推論和提取資訊的方式（Jou, Shanteau & Harris, 1996）。簡單來說，基模就好像我們在電腦中所儲存的某個資料。我們會用一個檔名來儲存它，並且也可以打開這個檔案加以修正。

基模
先前存在的心理概念或架構，能協助人們組織和解釋資訊。

記憶的基模理論首先由 Frederick Bartlett（1932）提出。他研究人們記住故事的方式，推論出一個人所處的背景不僅會編碼成為基模，在重建故事內容時也會顯露出來（修改或扭曲）。Bartlett 編造了一個「魔鬼的戰爭」（War of the Ghosts）的故事。他將美國印地安人的傳說翻譯成英文，故事描述的事件對於來自中高收入家庭的受試者而言是完全陌生的。受試者讀兩次這篇故事，15 分鐘後再寫出背下來的故事。受試者都會以日常經驗當作基模，並用自己對恐怖鬼故事的特殊基模來重建「魔鬼的戰爭」這個故事。受試者較容易想起與本身基模類似的故事情節，但是與本身基模毫不相干的細節則往往會極度扭曲。

我們對故事、場景或空間擺設（如：海灘、浴室）以及一般活動（如：約會、打球、寫報告）都有一套基模，而**腳本（script）**就是指事件的基模（Schank & Abelson, 1977）。腳本通常包含物質特徵、人員以及出場次數等資訊。當人們想了解周遭究竟發生什麼事，腳本的資訊就相當有用。例如，你在餐廳裡正喝著餐後咖啡，這時有個穿著制服的男人走過來，將一張紙放在你的桌上。你的腳本會顯示這

腳本
事件的基模，通常包含了地點、人物與事件等訊息。

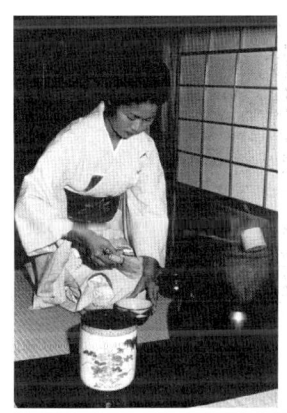

這些圖片所呈現的腳本分別是日本的茶道儀式、西式的晚餐以及衣索比亞人的飲食。哪一個腳本讓你覺得最舒適？哪一個讓你覺得最不自在？

個男人可能是位服務生,放在桌上的是帳單。想一想,當你看電視劇時,心中對於劇情的發展是否已經有了某種腳本呢?當結局與你預想的腳本不同時,你是否會有驚喜的感覺?

★ 連結論

> **連結論**
> 又稱平行分散歷程,主張記憶是透過大腦神經元的連結而儲存在腦中,要記住一個訊息需要透過多個神經元間的連繫。

以電腦資料為例,基模就像只是我們存檔的檔名。那我們是如何整理這些檔案呢?連結論正好說明了我們如何整理腦中的檔案。**連結論(connectionism)**是一種記憶理論又稱平行分散歷程(parallel distributed processing,簡稱 PDP),主張記憶透過大腦神經元的連結而儲存在腦中,要處理一項記憶可能需要很多神經元彼此合作(Janata, 2009)。回想一下第 2 章介紹的神經網絡,以及第 4 章有關平行歷程通路的概念,這個小節將繼續這些討論主題,並將這些概念應用到記憶中。

在連結論的觀點,記憶既不是語義網絡理論所主張的抽象概念,也不是基模理論所主張的大型知識結構。相對地,記憶反倒像是電脈衝,只有在神經元彼此連結與活動時才會開始組織。每一項知識都透過數以萬計的神經元連結所構成,而且不局限於某一處的神經元。圖 7.12 是語義網絡、基模與連結論這三種記憶理論的比較。

連結論是如何運作的呢?例如,要記得你養的小狗名字是小黑,神經活動會涉及大腦皮質的許多區域。神經活動進行的位置稱為節點(node)參照第 2 章圖 2.5(P51),節點又彼此連結。當某一個節點達到觸發的臨界值,就會透過突觸影響下一個節點。我們都知道人的大腦皮質有幾百萬個神經元,會透過幾億個突觸彼此連結。因為有突觸的連結,一個神經元的活動會受到許多其他神經元的影響。連結論主張突觸的連結強度是構成記憶的基礎(Canals 等人,2009)。

連結論之所以吸引人,在於它與我們熟悉的大腦功能一致。另一個原因是,透過電腦的程式設計,連結論可以順利預測某些記憶實驗的結果(Marcus, 2001)。連結論有關記憶組織的主張,有利於研究記憶在腦中的儲存位置(McClelland & Rumelhart, 2009)。

圖 7.12 語義網絡、基模與連結論的主要特徵

	語義網絡	基模	連結論
記憶單元的本質	抽象概念	大型知識結構(例如,前述在餐廳的例子)	小單元,神經元之間的連結
單元個數	幾萬個	不明	幾億個
新記憶的形成方式	新的節點	新的基模或修改舊的基模	增加神經元之間的連結強度
對大腦結構的研究	很少	很少	廣泛

7.3.5 記憶的儲存位置

　　Karl Lashley（1950）花了一輩子研究記憶在腦中的儲存位置。他訓練一批老鼠，讓牠們可以在迷宮中找到正確的路徑，之後再切除老鼠腦部的某些部位，重新測試牠們對迷宮路徑的記憶。Lashley 用幾千隻老鼠作實驗後終於發現，老鼠即使失去部分的皮質區域，對迷宮路徑的記憶卻不受影響。因此他推論，記憶並非儲存在腦部的特定區域。Lashley 之後的研究者都同意記憶的儲存是擴散式的，但也提出一些新的觀點。加拿大心理學家 Donald Hebb（1949, 1980）對於分散式記憶的觀點很有遠見；他主張散布在大腦皮質各個區域的細胞群會彼此合作以呈現資訊。

　　有許多神經科學家相信腦部的化學物質就如同墨水一般，會儲存在特定的神經元組中（Ardiel & Rankin, 2010）。例如，腦部研究人員 Larry Squire（1990, 2007）主張大多數的記憶可能是由 1,000 個神經元組成的群組所分別構成，而有些單獨的神經元同樣也可以構成記憶（Rutishauser 等人，2007）。測量單一細胞電位活動的研究員曾發現，有些細胞會對臉部長相有反應，有些則對眼睛的顏色或頭髮的顏色有反應。如果要能認出你的同學，就需要每個神經元彼此合作，將神經元提供有關頭髮顏色、身高以及其他特徵組合在一起。

　　長期增益作用（long-term potentiation）被用來說明神經如何產生記憶。這個想法與連結論一致，認為當兩個神經元同時啟動時，兩者之間的連結會增強。這兩個神經元的連結就是記憶的產生（Pujadas 等人，2010）。延續這樣的想法，我們未來可以透過藥物在神經元上的作用效果，讓神經元之間產生連結，進一步來改善記憶力退化的問題（Scgacter, 2001）。

　　近年的研究發現，不同的記憶所儲存的大腦區塊有所不同。圖 7.13 顯示與不同類型的長期記憶有關的腦部結構圖，例如，外顯記憶與內隱記憶分別位於腦部的不同區域。

- **外顯記憶**：神經科學家發現，海馬回、顳葉以及其他邊緣系統都與外顯記憶有關（Wang & Morris, 2010）。對外顯記憶而言，資訊會從海馬回傳遞到額葉，這與回溯性記憶（記得過去所做的事）與前瞻性記憶（記得未來要做的事）有關（Poppenk 等人，2010）。當我們將新的資訊編碼進入記憶時，左額葉會特別活躍；當我們之後再提取資訊時，右額葉則會變得活躍（Babiloni 等人，2006）。邊緣系統中的杏仁核，掌管情緒相關記憶（Kishioka 等人，2009）。

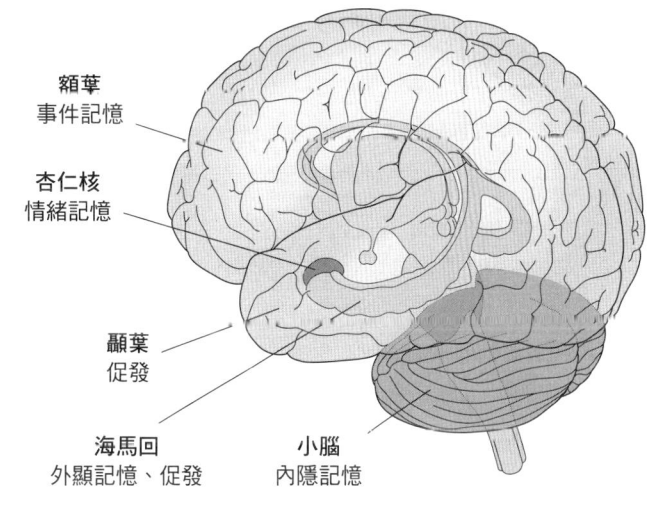

額葉
事件記憶

杏仁核
情緒記憶

顳葉
促發

海馬回
外顯記憶、促發

小腦
內隱記憶

圖 7.13 與不同類型的長期記憶有關的腦部結構圖

- **內隱記憶**：小腦與執行技能時所需的內隱記憶有關（Torriero 等人，2010）。大腦皮質中有許多區域都與促發功能有關，如：顳葉和海馬回（Gagnepain 等人，2010）。

對於記憶的研究，神經科學利用從核磁共振掃描（MRI scans）來探索在認知歷程中的腦神經運作。在一項研究中，讓受試者進入 MRI 儀器中，接著讓他們觀看室內與室外某些場景的彩色圖片（Brewer 等人，1998），但是並未事先通知他們稍後會進行有關於這些場景的記憶測驗。經過 MRI 掃描之後，詢問這些受試者哪些圖片記得最清楚、哪些印象模糊、哪些則根本忘記了。我們將受試者的記憶與腦部掃描比較，發現前額葉與海馬回的某些區域在核磁共振掃描中亮起的時間愈久，受試者對該場景的記憶也愈深刻。這也顯示出前額葉與海馬回在長期記憶中的角色。

想一想

1. 對於考前臨時抱佛腳，為何有時效果好又有時效果差呢？
2. 我們有哪些記憶系統，這些系統如何處理資訊：
   - 感官記憶的特性。
   - 短期記憶的儲存時間。
   - 長期記憶的類型與特性。
3. 讀完此節，你如何使用基模理論與連結理論來說明你對本節知識的記憶。

幸福人生

美好的回憶

記憶對我們的生活相當重要。想想失智症的患者，因為無法記住生活中所發生的事情或者學會一些生活技能，以致在生活上產生很多的困擾。我們的記憶是一種用進廢退的系統，就像讀這章一樣。當你用心閱讀與記住這些內容時，你的記憶系統也就開始活化；反之，你不用心閱讀時，這個系統就會慢慢地退化。心理學家發現閱讀書籍、定期運動以及每日攝取蔬果都有助於保健我們的大腦，並且減少記憶功能的退化（Kramer & Morrow, 2010）。

自傳性記憶（autobiographical memory）是與個人生活經驗有關的記憶，這些記憶內容與生活功能息息相關（Fivush, 2011）。基本上，根據回憶的時段，自傳性記憶可分成三層次（見下表），每個都是生活中的點點滴滴。透過這些自我經驗有關的記憶，我們可以了解自己是誰，以及記取教訓。這些自我經驗的相關記憶可以幫助我們解決生活中的難題。除了維持良好的生活功能以外，McAdams 等人（2006, 2009）認為自傳性記憶也是自我認同核心；回憶起負面的自我就會產生負面的自我認同，反之亦然。他們的研究發現，對於自己的生活經驗的描述由低潮轉成

高峰時,個體就會採用正向的自我認同來過生活,自然也會過得更快樂。敘事治療就是透過生命故事的重寫與改編,讓自己從過去的創傷記憶中走出來,然後邁向更積極健康的人生。

這週的回家作業,就是每天睡前想著自己今天發生的好事,透過勾起自己正向的自傳性記憶,讓你每天累積正向的自我認同,讓自己過得更好。

自傳性記憶的階層分類

層次	重點	說明
層次一	生活史—回憶一段長時間	高中生活
層次二	一般事件—回憶一段短時間	高中三天的畢旅
層次三	特殊事件—回憶一段事件	考試被當

| 延伸閱讀 |
周志建(2012)。《故事的療癒力量:敘事、隱喻、自由書寫》。心靈工坊。
廖世德譯(2001)。《故事・知識・權力:敘事治療的力量》。心靈工坊。

7.4 記憶的提取

長期記憶像一座圖書館,我們提取資訊的方式就像從圖書館找到書,並借出來一樣。我們如果想從心智的「資料庫」(data bank)找到東西,必須搜尋儲存的記憶,以便找到相關的資料。將記憶從儲存的位置找出來,稱為**提取(retrieval)**。通常只需要一點時間,就可以從廣大的資料庫找到我們想要的資訊。但是,從長期記憶中提取資訊的程序不像在圖書館找書一樣精準。當我們在長期記憶的倉庫中搜尋時,無法每次都能精確地找到想要的「書」,因為會影響我們記憶的因素很多,例如,我們記得的資訊類型、與記憶有關的情境,以及周圍的人與當下的情緒。有時我們可以找到想要的書,但是其中有缺頁。在生活中,你是不是有想不起來某些事的經驗呢?提取記憶其實是個複雜且不完美的歷程(Benoit等人,2009)。

提取
將記憶從儲存的位置找出來。

7.4.1 序列位置效應

要了解提取的運作方式,需要先認識**序列位置效應(serial position effect)**的概念。透過背誦清單上的一串單字,我們發現清單上一開始幾項與最後的項目較容易被想起,而清單中間的單字則較不容易被記得(圖 7.14;Howard & Kahana, 1999; Surprenant, 2001; Laming, 2010)。如果有人告訴你下列方向:「在麥當勞左轉、在

序列位置效應
在記憶清單一開始與最後的項目較容易被想起。

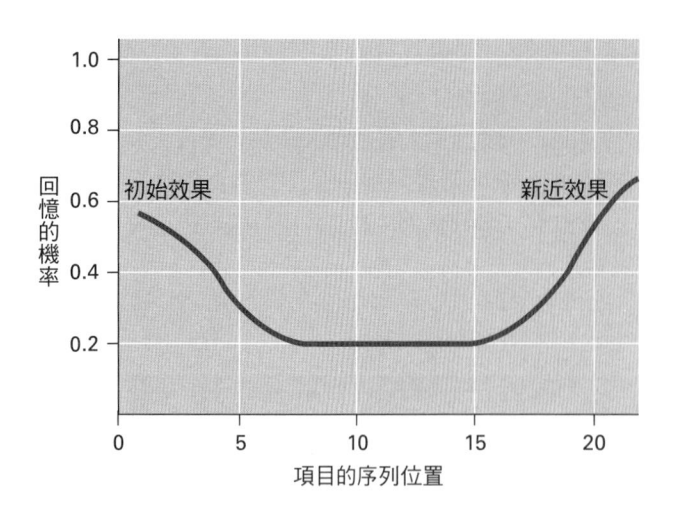

圖 7.14 序列位置效應
當我們要求某人背誦一串單字，通常最後背誦的幾個字較容易記得，其次是一開始的幾個字，中間幾個單字則是最容易忘記的。

肯德基右轉、在摩斯漢堡右轉、在 85 度 C 左轉、在 7-ELEVEN 右轉。」你大概只會記得「在麥當勞左轉」和「在 7-ELEVEN 右轉」，而對其他路名與方向印象模糊。初始效果（primacy effect）表示較容易回憶清單一開始的項目；新近效果（recency effect）則表示較容易回憶清單結尾的項目。初始效果與新近效果可以應用在求職時；一般都會建議求職者爭取當第一位面試者，要不然就當最後一位，才能令人印象深刻。

如何解釋初始效果與新近效果呢？首先，關於初始效果，清單一開始的項目較容易被記住，是因為它們比稍後的項目更常被複誦（Atkinson & Shiffrin, 1968）。輸入這些初始的項目時，工作記憶的空間是空的，因此在複誦時不會遇到太大的阻礙。此外，因為這些項目不斷經過複誦，會在工作記憶中待得較久，也更有可能順利編碼而進入長期記憶中。相反地，清單中間的許多項目則很容易在編碼進入長期記憶之前，就從工作記憶中被刪除。

至於新近效果，有許多理由可以解釋為何最後幾個項目容易背誦。首先，當我們在回憶這些項目時，它們都在工作記憶中。其次，即使這些項目不在工作記憶中，與其他項目相比，它們還是相對較新的，這讓它們更容易背誦。這兩種記憶效果深深地影響我們的生活，在一個品酒研究中發現，頭幾杯與後幾杯酒的評價都比中間出現的還高（Mantonakis 等人，2009）。

7.4.2 提取提示和提取工作

你有沒有這樣的經驗：考試時想不起來的答案，到考試結束後突然就想起來了。這就是記憶提取的問題。在考試時因為緊張而無法提取已經知道的知識，在考試壓力消失後就可以提取。對於提取腦中的資料有兩項要素是：（1）可以提示記憶的自然線索；以及（2）為自己設定的提取工作。對於嘗試回憶的事情，如果缺乏有效的提取線索時，你便必須創造提示，而這會在工作記憶中進行（Carpenter & DeLosh, 2006）。例如，想不起來一位新朋友的名字，你會先用姓氏來提示自己；當想起姓氏時，你也就可以提取出他的名字。

我們可以學習創造提取線索（Allan 等人，2001; Halpern, 1996）。一項好的策略是使用不同的次類別（資料庫）做為提取提示。例如，將你記得的國中同班同學

的名字寫下來。當想不起任何名字時，想想你在國中時期參加過的所有活動，如體育課、社團、畢業旅行等，這些提示能不能幫你想起更多同班同學的名字呢？

雖然提示有助於記憶，但是能否順利提取資訊，也取決於你為自己設定的提取工作。例如，如果只是要判斷之前是否見過某項東西，提取的時間只是一瞬間的事。如果你看到一位黑色短髮的女性走向你，你很快就能判斷她是不是住在隔壁寢室的人。但是如果要想起更細微或精確的細節（如：何時見過她），就很困難了。警察辦案也面臨相同的問題：目擊者可能非常確定某張臉孔是之前看過的，但是卻無法判斷這張臉孔是否在犯罪現場或嫌犯檔案的臉部照片中見過。

以下是會影響提取記憶的一些工作與提示：

- **回憶和再認**：進行的工作究竟是回憶或再確認，確實會影響到提取的成功與否（Nobel & Shiffrin, 2001）。**回憶（recall）**這種記憶工作表示個人必須提取之前學到的資訊，例如，回答「長期記憶有哪幾種？」這樣的問答題。**再認（recognition）**這種記憶工作表示個人只需要在看到某樣東西時，判斷（確認）之前是否學過，例如，回答「以下誰是毒物學專家？ 1. 林杰樑 2. 馬英九 3. 蔡英文」這樣的選擇題。「回憶」的測試（如：回答問答題）具有的提取提示較少，例如，要求你回憶某一類的資訊（如：太陽花學運主要的訴求為何？）。「再認」的測試（如：回答選擇題）中，你只需要判斷之前是否見過某個刺激物，亦即這個刺激物是否與你過去的經驗吻合。同樣地，有些人會說自己記性不好，總是記不住人名，但是他們不會忘記人的臉孔，或許這些人再確認的能力（自己知道之前曾經看過某張臉孔）比回憶的能力（在心裡重建某個人的臉部特徵）更強。

- **編碼的特定性**：提取的另一項考量，是編碼或學習時所掌握的資訊量多寡（可以做為提取提示）（Crescentini 等人，2010）。想像一下，你遇到了一位專業網球選手。如果你將這項資訊連同「這個人身材精壯，右手臂很粗」的觀感一起編碼到記憶中，當你下次再遇到這個人時，你就會想起他的職業了。要注意的是，這個概念與之前提過的精緻化相符。針對要回憶的資訊，如果之前的編碼過程愈精緻，你對該資訊的記憶就會愈深刻。

- **情境促發**：促發式的回憶是說，當人們以類似的資訊（提示）來回憶某些資訊時，能夠更快且更完整地想起這項資訊。如：當你在賣場閒逛，卻想不起來需要買哪些東西。這時如果你聽到走道上有兩個人正在討論水果，就會促發你的記憶，想起自己需要買些水蜜桃。亦即聽到「水果」，就會促發你對「水蜜桃」的記憶。

> **回憶**
> 一種提取訊息的方式，個人必須提取之前學到的資訊。

> **再認**
> 一種提取訊息的方式，個人只需要在看到某樣東西時，判斷之前是否學過。

7.4.3 記憶提取的準確性

我們的記憶通常是被情緒、刻板印象和其他造成扭曲的影響力所包圍，結果造

你對於 2001 年 9 月 11 日發生在紐約世貿大樓的恐怖攻擊事件是否有鎂光燈記憶呢？

要警察從排成一列的人或一堆照片中指認出某個人，通常是不可靠的。此外，人們通常不太能分辨另一種族的人究竟有何差異。要如何解釋這種記憶失誤呢？

成編碼錯誤、記憶儲存錯誤以及提取失敗。研究者對於許多記憶現象的精確性感興趣，這些記憶現象可以在大眾的生活中發現：

- **鎂光燈記憶**：是指人們對情緒上重大事件的記憶，會比日常事件的記憶更精確與鮮明（Davidson & Glisky, 2002）。如：分手的那一幕，永難忘懷。
- **個人創傷**：是另一種由情緒引發的經驗，比普通的經驗能建立更詳細且持久的記憶（Langer, 1991）。如：考試被當、摔車。
- **壓抑的記憶**：是指將記憶推向潛意識中無法觸及的角落，通常是由個人創傷所產生情緒上的衝擊所致。如：幼年時經歷家暴。

除了以上與個人生活經驗有關的鮮明或扭曲的記憶以外，目擊證人的證詞也是常見的記憶提取問題。目擊證人需要對案情提出親身的所見所聞，但是他們的證詞也會出錯（Laney & Loftus, 2009）。目擊證人可能會注意一些偏頗或扭曲的記憶（Steblay & Lindsay, 2008）。如果目擊證人的證詞不正確，就會捉錯人，結果入監或被處死的人是無辜的，真正的嫌犯反而逍遙法外。根據估計，全美國每年有二千至一萬人因為錯誤的目擊證詞而蒙受冤獄（Cutler & Penrod, 1995）。案發後經過的時間會影響目擊證人回憶的證詞準確性。一項研究指出，受試者在看過照片後 2 小時內，辨識正確率達到 100%；但是 4 個月後再要求受試者辨識照片，正確率只剩 57%，其中一半能猜對的機率也是碰運氣的（Shepard, 1967）。偏見通常也是影響的關鍵，多份研究顯示，人們通常不太能分辨另一人種的外貌差異（Behrman & Davey, 2001），例如，拉丁裔的目擊證人不太能分辨亞裔嫌犯的特徵差異。為了了解究竟有多少目擊證人的證詞是可信的，研究人員要求 64 位曾經做過目擊證人研究或以鑑定人身分出庭作證的心理學家，來評估 30 件有關目擊證人證詞的陳述（Kassin 等人，2001）。如圖 7.15 所示，被認為可信度高的問句往往是與案情有關的句子，而透過催眠或者是其他間接方式獲取的證據往往被認為是可信度低，在「動動腦」這個專欄中，將深入探討這個議題。

專家認為可信度超過 80% 之陳述		
類別	陳述	可信度 %
問題的用字遣詞	目擊證人對事件的證詞，會因聽到的問題用詞而有所不同。	98
指認犯人的指示	警察的指示對目擊證人的意向會有影響。	98
信心的強弱	目擊證人的信心會受到與指認正確性無關的因素影響。	95
嫌犯檔案引發的偏見	檔案中有臉部特寫照片的嫌犯，他若與其他嫌犯排成一排供目擊者指認時，容易被指認出來。	95
事件後資訊	目擊證人對事件的證詞，通常不會只反映目擊證人案發時所看到的，也可能摻雜個人事後才發生的經驗。	94
兒童受暗示性	年幼的兒童比成年人更容易受到面談者的提示、同儕壓力以及其他社會因素的影響。	94
態度與期待	目擊證人對事件的概念與記憶，會受到他的態度與期待的影響。	92
催眠受暗示性	催眠時被問到的問題，可能會暗示錯誤的方向。	91
酒精中毒	酒精中毒會影響目擊證人稍後回憶人或事的準確度。	91
種族偏見	目擊證人指認與自己同種族的嫌犯，會比指認與自己不同種族的嫌犯更容易。	90

專家認為可信度低於 50% 之陳述		
類別	陳述	可信度 %
年老的目擊證人	老年人的證詞不如年輕人的證詞準確。	50
催眠下的準確性	催眠會提升目擊證人報告的準確性。	45
指認的速度	愈快讓目擊證人指認排成一列的嫌犯，指認的準確度會愈高。	40
訓練有素的觀察人員	警察和其他訓練有素的觀察人員，指認的準確度無法像目擊證人一樣高於一般人。	39
事件的暴力程度	目擊證人較不易記得暴力的事件，而較容易記得非暴力的事件。。	37
可辨性	或許有辦法分辨真實與假造的記憶。	32
長期壓抑	創傷的經驗可以壓抑幾年，之後又重新被提起。	22

圖 7.15 專家對於目擊證人證詞相關陳述的判斷

想一想

1. 回顧提取記憶的幾種方式與以下的議題：
   - 說明序列位置效應。
   - 說明提取提示和提取工作所扮演的角色。
   - 討論記憶提取的準確性問題。
2. 總體而言，你認為負面情緒的事件會比快樂的事件更容易記得嗎？應如何研究負面情緒事件比快樂事件更容易記得的這種現象呢？

動動腦

是挖掘出的秘密，或是假記憶？

George Franklin 是加州人，因為在 1969 年謀殺一位年輕女子而入獄服刑 6 年。他的女兒記得這起攻擊事件，於是出庭作證。她的證詞成為起訴 Franklin 的主要關鍵。這個案例之所以特殊，是因為有人說她的記憶是長大後進行心理治療時才挖掘出來的（Loftus & Ketcham, 1994）。Franklin 成為美國第一位根據壓抑的記憶被定罪的人，但是判決之後卻被推翻，因為他的女兒在出庭作證前曾經接受催眠，證詞可能有說謊的嫌疑。

佛洛依德首先指出，兒時受虐的記憶（尤其是受到性侵害）可以完全被壓抑，但卻會導致成人期的心理異常。現今還是有很多心理治療師認為，成人心理異常（如：沮喪、自殺傾向、飲食失調、缺乏自信、性功能障礙，以及無法維持良好人際關係）都與兒時遭到性侵害有關。治療通常是將這些長期壓抑下的兒時創傷帶回意識層次，這樣才能將病患從自己都察覺不到的創傷中解放出來（Pezdek & Banks, 1996）。在 1990 年代，藉由心理治療所挖掘出的記憶，成為指控許多肢體傷害與性侵害的證據。絕大部分受到指控的父母，都會極力否認曾虐待自己年幼的孩子。1992 年，假記憶症候群基金會（False Memory Syndrome〔FMS〕Foundation）組成父母的支援團體。顧名思義，這個團體主張兒童的記憶並非是挖掘出來的，而是用其他方式植入的假記憶，而心理治療中某些暗示性的過程正是元凶。

回到提取的歷程，許多心理治療師認為會有創傷或痛苦經驗的人，會採用壓抑記憶的方法來處理這些負面得回憶，而這些被壓抑的經驗往往是目前情緒困擾的主因，因此，部分的心理師會採用催眠等方式來試圖找出這些失去的片斷記憶。但，回憶起創傷經驗真的有助於改善情緒困擾嗎？另一個問題就是這些創傷經驗會是真的存在嗎？從記憶的角度來看，這些被挖出來的記憶有可能是經過暗示而創造出來的，而從治療的角度來看，目前有相當多的心理治療策略可以改善情緒困擾，刻意地挖掘創傷經驗並不是唯一的方式。所以，從實務面與理論的層面來看，刻意去挖掘過去的經驗仍需要謹慎小心。

想一想

1. 我們的創傷記憶真的可靠嗎？
2. 在心理治療中，我們一定要回憶起過去的創傷經驗才可以改變嗎？

| 建議閱讀 |

Elizabeth Loftus & Katherine Ketcham 著，洪蘭譯（2010）。《記憶 vs. 創憶：尋找迷失的真相》。遠流出版社。

7.5 遺忘

心理學家的開路先鋒之一——Hermann Ebbinghaus（1850～1909）是第一位針對遺忘進行科學研究的人。他在 1885 年時，編出 13 個無意義的音節，如：zeq、xid、lek、vut 和 riy，並將這些音節背下來，然後評估自己在經過一段時間之後能記得多少。但是只過了 1 小時，他便發現自己記得的音節寥寥可數。圖 7.16 顯示 Ebbinghaus 對無意義音節的遺忘曲線。他根據這項研究，推論出我們往往在學到一些東西之後就立刻將它忘記了。

如果這麼快就會遺忘，我們為何還大費周章地學習事物呢？幸好，研究者發現遺忘的範圍不如 Ebbinghaus 所言那麼廣泛（Hsieh 等人，2009）。Ebbinghaus 研究的是無意義的音節，但是當我們在背誦有意義的內容（如：詩歌、歷史或這本書的內容）時，我們不會很快就忘記，而且也不會全部忘記。

Hermann Ebbinghaus 是第一位針對遺忘進行科學研究的人。他研究的主題為何？

7.5.1 編碼失敗

有時候人們會說自己忘記某些事情，但他們不是真的將事情忘了，而是一開始根本就沒有將資訊進行編碼。編碼失敗（encoding failure）是指資訊從未進入長期記憶中。

圖 7.16 Ebbinghaus 的遺忘曲線

為了解釋編碼失敗，想一想，你記得 1000 元的鈔票上有幾個男孩和幾個女孩呢？在一項研究中，研究人員將 15 種版本的 1 美分硬幣放在受試者眼前，並問他們哪一個版本才是真的硬幣（Nickerson & Adams, 1979）。看看圖 7.17 中的硬幣（先不要看圖說），你能不能分辨哪個才是真正的 1 元硬幣？很多人都會猜錯，除非你是硬幣收藏家，否則你的記憶編碼中不太可能包含許多關於硬幣的特殊細節。你的記憶編碼只能夠讓你分辨 1 元硬幣與其他幣值硬幣的差別（1 元、5 元和 10 元的差別）。這個練習說明，我們的日常經驗會經過編碼並進入長期記憶的，其實只有一小部分。因此，編碼失敗在某種程度上不算遺忘，而是根本不曾記住。

圖 7.17 哪一個是真正的 1 元硬幣？

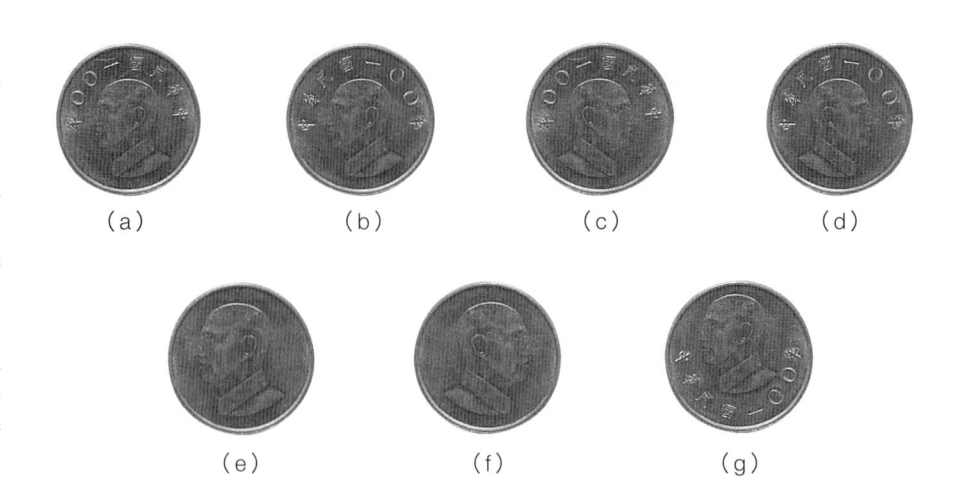

在編碼的實驗中，讓受試者看 15 種不同的硬幣版本，但只有一個才是真正的 1 元。此處只有列出 7 種不同的版本，雖然你可能可以分辨出真正的硬幣，但是要一眼認出還真是不容易呢！真正的 1 元硬幣是 (a)。

7.5.2 提取失敗

　　從記憶提取資訊時發生問題都算是遺忘（Williams & Zacks, 2001）。心理學家將提取失敗的原因歸納為以下五種：

- **干擾**：干擾是遺忘的重要因素之一（Barrouillet & Camos, 2008）。**干擾理論**（interference theory）認為人們之所以會遺忘，不是因為某項記憶真的從儲藏庫中消失，而是提取的過程中有其他資訊干擾（Altmann & Gray, 2002）。**前涉干擾**（proactive interference）表示較晚學到的資料會受到其他更早學到的資料干擾（Hedden & Yoon, 2006）。假設 10 年前，你有一個朋友名叫「曉云」，而昨晚你遇到一個人名叫「曉玲」，則你有可能會稱呼這個新朋友為曉云，因為舊資訊（曉云）會干擾新資訊（曉玲）的提取。**後涉干擾**（retroactive interference）正好相反，它表示較早學到的資料會受到其他更晚學到的資料干擾（Delprato, 2005）。想想，如果你之後又認識一個名叫慶安的人，當你要寫信給老朋友信安時，你可能會將收件者的名字寫成慶安，因為新資訊（慶安）會干擾舊資訊（信安）的提取。圖 7.18 介紹另一個有關前涉干擾和後涉干擾的例子。

> **干擾理論**
> 此理論認為人們的遺忘不是資料消失，而是提取過程被其他資訊干擾。
>
> **前涉干擾**
> 較晚學到的資料會受到其他更早學到的資料干擾。
>
> **後涉干擾**
> 較早學到的資料會受到其他更晚學到的資料干擾。

- **衰退**：造成遺忘的另一個原因是事隔太久。衰退理論（decay theory）認為在學習新事物時會形成神經化學物質的記憶軌跡，但是隨著時間流逝，這些記憶的痕跡也就會慢慢地淡化。記憶研究專家 Daniel Schacter（2001）認為隨著時間的遞移，記憶會逐漸淡忘，這稱為遺忘（transience）。雖然這個理論可以說明隨著時光流逝，我們有時會忘了一些重要的生活事件，但有時經過提醒一下，這些回憶還是可以被重新喚起（Brown & Lewandowsky, 2010）。例如，回想一下國小畢業典禮所發生的事，當下你可能會覺得時間過太久了，想不起來。但某天看到相關照片時，一切回憶又湧上心頭。

- **舌尖現象**：你要提取資訊時，確信自己知道，但卻無法說出來，就是所謂的舌尖現象，或稱為舌尖狀態（TOT state）（Hanley & Chapman, 2008）。例如，考試時，你明明知道自己讀過那個章節，應該知道答案，但卻無法立即想起正確答

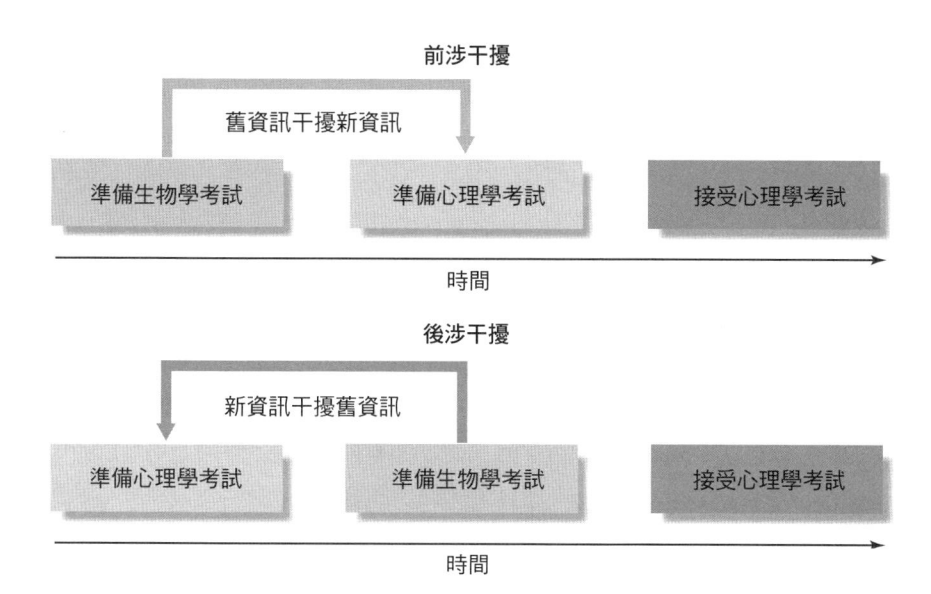

```
                        前涉干擾
              ┌─────────────────┐
              │  舊資訊干擾新資訊  ▼
        ┌──────────┐    ┌──────────┐    ┌──────────┐
        │準備生物學考試│    │準備心理學考試│    │接受心理學考試│
        └──────────┘    └──────────┘    └──────────┘
        ────────────────────────────────────────────▶
                            時間

                        後涉干擾
              ┌─────────────────┐
              ▼  新資訊干擾舊資訊  │
        ┌──────────┐    ┌──────────┐    ┌──────────┐
        │準備心理學考試│    │準備生物學考試│    │接受心理學考試│
        └──────────┘    └──────────┘    └──────────┘
        ────────────────────────────────────────────▶
                            時間
```

圖 7.18 前涉干擾（proactive interference）和後涉干擾（retroactive interference）
聲「pro-」這個字根代表「往前」，在前涉干擾下，舊資訊對於新事物的學習會構成干擾。「retro-」這個字根代表「向後」，在後涉干擾下，新資訊對於以前學到的舊事物會構成干擾。

案；或者是在路上遇到某同學，你知道自己認識他且知道他的名字，但卻突然叫不出來。

- **刻意遺忘：**人們通常會蓄意忘記某些事情，因為這些事情的記憶是痛苦或焦慮的，記得這些事情並不好受。這種類型的遺忘通常是因為某種個人的情緒創傷所造成。例如，性侵害或肢體虐待的受害者、戰後的老兵、地震、墜機及其他恐怖事件的生還者，都容易產生刻意遺忘。這些情緒創傷的陰影可能會籠罩這些人多年，除非他們能夠忘記這些細節。即使沒有經歷創傷的人同樣也會用刻意遺忘來自我保護，不受痛苦、緊張和不愉快回憶的傷害。壓抑（repression）是一種刻意遺忘的形式，之前提到提取正確記憶的困難度時已經介紹過。從心理動力學的角度來看，不愉快的記憶會壓抑在潛意識中，讓我們不會注意到它的存在。

- **失憶症：**回想一下在介紹外顯記憶與內隱記憶時提到的 H. M. 之例子。在 H. M. 的手術過程中，他腦部負責儲存新記憶的部分（海馬回和相關結構）受損，根本無法修復，結果造成**失憶症（amnesia）**；也就是記憶喪失。雖然失憶症經過一段時間會復原，但 H. M. 的失憶症卻是無法治癒的。H. M. 罹患的順進式失憶症（anterograde amnesia）會影響新資訊和新事件的記憶，而他在手術前的記憶卻不受影響。H. M. 在手術後發生的事情未曾經過編碼，因此無法進入長期記憶中。逆退式失憶症（retrograde amnesia）正好相反，它會忘記過去發生的事情，但是卻不會忘記新的事件。這種失憶症比 H. M. 罹患的失憶症更普遍（Dutton 等人，2002）。它通常發生在腦部受到電擊或重擊時，如：足球員的頭部受傷。這兩種失憶症最大的差別在於遺忘的資訊是新的或舊的，以及對病患獲得新記憶的影響程度。有時，病患會同時罹患這兩種類型的失憶症。

失憶症

喪失記憶的一種心理疾患。

在地人的心理學

失智症的照護

你看過《明日的記憶》這部電影嗎？這部感人的影片刻劃出「失智症」患者及其家人的故事。

「失智症」是一個老化與記憶息息相關的疾病，最明顯的症狀就是「漸漸失去記憶能力」。我們可以從幾個生活中的行為表現來判斷是否罹患失智症，包含：（1）判斷力變差；（2）興趣減少；（3）重複行為（如：談論主題、購物等）；（4）學習能力變差；（5）忘記日期；（6）理財困難；（7）無法記住約會日期；（8）容易迷路。當失智症病患的這些生活能力漸漸受損時，也代表其家庭即將要面對一些醫療照護上的問題。

臺灣是一個加速老年化的國家，我國老年人口將由 2010 年 248.6 萬人持續增加，至 2060 年增加為 784.4 萬人；同期間，占總人口比率則由 10.7% 上升為 45.6%。我國於 1993 年老年人人口占總人口比率超過 7%，已成為高齡化社會；預計 2017 年此比率將超過 14%，成為高齡社會，2025 年此比率將再超過 20%，成為超高齡社會。

臺灣有多少家庭受到「失智症」的影響？臺灣社區流行病學調查發現失智症於老年人盛行率是 1.7% 到 4.4%，而以阿茲海默病為最常見的類型（傅中玲，2008）。這樣的比例說明有不少的家庭正受到此疾病所困擾；經由臺灣失智症協會的研究分析發現，臺灣到了 145 年，失智症的個案將高達 62 萬，也就是在你成長的過程中，慢慢地將會面對照顧失智症老人的議題。

那我們該如何協助失智症的病患呢？簡單的方式，就是協助病患注意到當下的「自我」，讓他可以活在當下，記住當下的想法與感受，增加對生活的適應能力。Lipinska（2009）提供的策略是：（1）支持他；（2）包容他；（3）了解他；（4）給予舒適的環境；（5）提供活動。透過這樣的方式，來「關懷」這些「漸漸失去生活能力」的「失智症」家人。在《失智症居家照護指南》一書中，提供許多關懷這些病患的策略與方向。

由於大多數的失智症的患者皆為老年人，隨著國內對於臨終關懷的重視，對於失智症的安寧緩和療護也是目前重視的重點。周希誠醫師（2012）採用生命二漩渦的概念說明「善生離心旋渦」與「善終向心旋渦」，探討對於個案照護歷程。在善終的向心歷程中，醫療照護的主要三大任務為症狀控制、病情告知與提升病患與家屬的生活品質，由此可以了解，如何活地好以及好好相送會是一個重要的目標。從電影《被偷走的那五年》中，你可以清楚看到這樣的歷程。

如果你想更了解失智症的相關資訊，可以上臺灣失智症協會的網站，裡面將有許多失智症的基本知識以及臺灣目前的照顧現況。

| 參考資料 |

傅中玲（2008）。〈臺灣失智症現況〉。《臺灣老年醫學暨老年學雜誌》，3，169-181。
周希誠（2012）。〈失智症末期的安寧緩和醫療照護〉。《應用心理研究》，55，115-153。
Mace, N. L. & Rabins, P. V. 著，陳美君譯（2010）。《失智症居家照護指南》。書泉出版社。
Lipinska, D. (2009). *Person-Centred Counseling for People with Dementia*. JKP: New York.

> **想一想**
>
> 1. 回顧編碼失敗和提取失敗為何會造成遺忘。
>   - 定義何謂編碼失敗。
>   - 討論四種造成提取失敗的原因。
> 2. 想出 3～4 個例子，說明你最近努力回想某件事卻一直想不起來。你覺得哪一個造成遺忘的原因最能解釋所面臨的情況。

7.6 記憶與學習策略

許多人所面臨的記憶問題是比失憶症與壓抑更輕微的。以下簡單的記憶策略可以協助你更有效率地編碼、儲存和提取資訊。在讀書時運用這些記憶策略，可以幫你改善課業表現。

請記住，即使在最佳的讀書環境下，讀過的內容也不可能完全記住。此外，如果你有學習上的壞習慣，如：睡眠不足、飲酒或不能準時上課，這些壞習慣也會影響記憶力，使你無法好好準備考試。

7.6.1 編碼策略

改善課業表現的第一步，是有效率地將你學到的知識進行編碼，確定知識已進入長期記憶中。雖然有些類型的資訊會自動編碼，但要處理課堂上學到的知識通常需要相當大的努力。回想一下，編碼的技巧有哪些呢？它包含專注、在適當的層級處理資訊、精緻化，以及運用想像力。

★ **善於管理和規劃時間**

有效管理和規劃你的時間，讓自己有足夠的讀書時間，才能有好的課業表現。我們在第 1 章已經討論過讀書習慣。列出待辦清單是有效規劃和管理時間的方法。如果想拿高分，你勢必得在 1 個小時的上課時間以外，再撥出 2 至 3 個小時來念書（Santrock & Halonen, 2002）。因此，如果你一週有 15 個小時的課，則一週在課外讀書的時間應該是 30 至 45 個小時。善於規劃的另一個意義是運用正確的資源，並為工作預留充足的時間。當你正在準備考試時，需確定手邊有教科書和上課抄寫的筆記。如果準備寫報告，則必須計畫用充足的時間撰寫初稿，之後再進行修改。

★ 提升專注力並減少分心

一旦下定決心要在課業上花更多時間，你就必須確定自己在讀書時，不會有其他事情分散你的注意力。網路尤其是分心的來源。離開電腦讓自己在一個可以專心的地方讀書是有效的對應之道。如果想要記住某些事情，則必須投注百分之百的專注力。你可以監控自己的專注力。當你分心的時候，就用句子來提醒自己專心，如：「注意！」或「專心一點！」

★ 理解要背誦的內容，而非囫圇吞棗

如果能理解要背誦的資訊，而不是囫圇吞棗地死背或複誦，則你對這些資訊的記憶會比較持久。能夠完全複誦資訊是屬於短期記憶，但是你還需要經過編碼、儲存和提取，才表示這些資訊已經進入長期記憶。因此，複誦是較沒效率的方式。大部分的資訊都需要經過以下步驟：理解、賦予意義、進行精緻化和個人經驗化。

你可以運用認知監控（cognitive monitoring）的技巧來理解這些材料。這表示你在閱讀或準備考試的過程中，必須視察進度。例如，你可以將讀過的資料作摘要，之後再次閱讀時只要讀那些概念不清楚的部分，便可確定自己已經理解這些資訊。

★ 自問自答

自問自答的策略可以幫助你記憶。當你在閱讀的時候，每隔一段時間就必須先暫停，問自己一些問題，像是「何謂工作記憶？」、「為什麼這段話重要？」和「我剛才讀過的概念有什麼例子嗎？」當你努力針對上課學到的知識問自己問題時，表示你正在擴充對這項知識的聯想，這有助於日後提取這些知識。透過自問自答的方式，來增加處理資訊的深入度，自然也就容易記住了。

★ 作筆記

在聽課與閱讀時作筆記，同樣有助於你的記憶。關於作筆記，正確的策略應該包含下列幾點：

- **摘要：** 在聽課或讀書時，每隔幾分鐘就要將剛才講師或書本作者想要傳達的主要概念記下來。之後繼續聽、繼續讀，再將重點記下來。
- **大綱：** 將老師所說的內容列出大綱，運用條列式列出這些概念的關聯性，以及這些概念是一般性的或是特殊性的。你可以學習教科書章節的整理方式，第一層是大標題，第二層是這些大標題的子標題，而第三層則是第二層的子標題。
- **概念關係圖：** 如果你無法藉由大綱掌握整個思路過程，就試著將老師所說的與書本所述的內容整理成概念關係圖。概念關係圖的功能就像大綱，但是以圖表的方式來顯示資訊，能讓你一目了然。透過圖示化，幫助你了解這些概念間的關連性。

- **複習筆記**：養成定期複習筆記的習慣，而不是在考試前幾分鐘才讀筆記。時間充足的話，記得在聽完一堂課或讀完一節教科書的內容後，花幾分鐘讀一下筆記。如果有遺漏任何部分，還可以補上，因為此時印象仍然深刻。這項策略還能強化你的學習。

★ 使用記憶術策略

記憶術（mnemonic）是指某些視覺上或口頭上的記憶輔助，以下是三種不同類型的記憶術技巧：

- **場所記憶法**：你可以將記得的事物影像化，然後將這些影像儲存在你對類似場所的記憶中。屋子裡的每個房間或是街上的商店，都是這種策略會用到的常用場所。假設你要背誦大腦的結構圖，你心裡可以將這些腦部結構放到你熟悉的房間位置圖中。例如，將每個部分想像成大廳、客廳、餐廳、廚房等。之後，當你要提取這些資訊時，只要想像一下屋子，在心裡想一次這些房間，自然能提取大腦結構的概念。
- **關鍵字方法**：你可以將重要的字詞加上生動的想像。例如，回想一下第 2 章提到的邊緣系統（limbic system），它包含兩個主要區域：杏仁核（amygdala）和海馬回（hippocampus）。如果你要記住這三個大腦區域，你可以想像一下：兩條腿（limb，代表 limbic system）→緩慢行走（ambling，代表 amygdala）像隻河馬（hippo，代表 hippocampus）。
- **縮寫**：將要背誦項目的第一個字抽出，創造成一個新的詞。例如，要背出五大人格特質，我們會採用 OCEAN 這個單字來表示（Openness、Conscientiousness、Extroversion、Agreeableness 與 Neuroticism）；或者是良好的人際技巧（GIVE 付出）剛好是（Gentle）—和善、（Interest）—表達興致、（Validate）—肯定對方以及（Easy）—放輕鬆。

7.6.2 儲存策略

如果要改善記憶儲存的效率，最好的方法或許是確保大腦的容量夠大，對此可以參考「幸福人生」的專欄，讓你的記憶系統更活躍。此外，還可以嘗試以下的策略：

★ 整理一下你的閱讀內容

如果你在吸收資訊的同時也一邊進行整理，你會記得更快。整理資訊、重新處理資訊，再將這些資訊整理出一個架構，這套方法可以協助記憶。一種整理的技巧是畫出階層，就像列大綱一樣。你可以根據語義網絡理論，運用概念關係圖，也可以利用事先存在的基模來進行類推（就像是之前用在圖書館找書，來比喻在腦中提

取長期記憶一樣）。

★ 分散你的學習時間，並強化你的學習

如果要將工作記憶中的資訊移到長期記憶中，你就必須定期複習自己所學。將學習的時間分散在較長一段期間，會比在考前臨時抱佛腳更有效。考前臨時抱佛腳是在淺層處理資訊，而不是深層處理，因此只會產生短期記憶。如果你分散讀書的時間，就可以在考前做最後一次且專注的準備，而不是在最後一刻囫圇吞棗地死背所有資訊（Santrock & Halonen, 2002）。

★ 運用 PQ4R 方法

有許多學習系統正在開發中，就是為了幫助學生背誦更多資訊。其中一套系統稱為 PQ4R，它是六個學習步驟（P、Q，以及四個 R）的縮寫。以閱讀本書為例：

1. 預習（preview）：先把要讀的章節快速地看過一遍
2. 提問（question）：針對需要想一想的問題來思考一下
3. 閱讀（read）：仔細地閱讀內容
4. 回應（reflect）：整理一下閱讀的內容
5. 朗誦（recite）：說出每個關鍵字
6. 複習（review）：看摘要回憶內容

這套系統藉由讓你整理資訊、針對這些資訊提問、回應並思考這些資訊，複習後進而產生助益。這些步驟整合在一起，會讓你在需要提取資訊時更加快速，也可以更有效率地將資訊進行編碼。

7.6.3 提取策略

假設你已經有效地將所需的資訊進行編碼和儲存，那麼在課堂討論、接受考試或撰寫報告時要提取這些資訊就相對較容易。以下是一些可以讓你更快提取資訊的好策略，並確保所提取的資訊是正確的。

★ 運用好的提取提示

Tatiana Cooley 是 1999 年全美記憶冠軍得主，她打敗眾多參賽者，背誦數千個數字和單字、臉孔和姓名，還背出冗長的詩歌（Schacter, 2001）。她運用精緻化的編碼策略、建立視覺影像、編出與她剛學到的新資訊相關的故事和聯想。此處會提到 Tatiana 這個例子，是因為她抱怨自己每天都非常心不在焉，擔心自己會忘記許多該做的事，如：處理瑣事、赴約等。因此她會在便利貼大略記下待辦事項與記事，

當作自我提醒。她曾說過:「我的生活就靠便利貼。」你也可以學習 Tatiana,運用好的提取提示來建立前瞻性記憶。但前提是在編碼過程中有集中注意力,並進行精緻化的處理。

★ **靜心策略**

　　焦慮的情緒是影響提取的重要因素之一,所以透過靜心的策略可以減低焦慮,而增加提取的效率。如考試前,先讓自己放鬆,深呼吸幾下,然後再開始寫考題。

想一想

1. 回顧所學,根據對記憶的了解來評估學習策略。
   - 有用的學習編碼策略。
   - 好的學習儲存策略。
   - 有效的學習提取策略。
2. 和班上的 3、4 位同學一起比較彼此記筆記的方式和學習策略。你的學習策略與其他人是否相同?藉由這樣的比較以及本章的介紹,你學到哪些有效學習的方法?

課堂活動

主題：圖像記憶

目標：

了解自己的圖像記憶能力。

步驟：

1. 每人拿出一張白紙。
2. 試著畫出你今早書桌上物品的擺設。
3. 然後回房間時，對照一下你桌上的擺設狀態。
4. 看看你的記憶有多少程度是正確的。

回家作業

快樂生活第七週──感恩日記

快樂來自於記住他人對你的好！每天記住一個值得感恩的事，會讓你過的更快樂，每天睡前想一想，今天是否有要感謝的人、或者是品嚐到一個甜美的水果等等，回憶一下，讓這美好的回憶記得更清楚。

回想一下今天，是否有要感謝的人、吃到美食以及發生美好的事，若有的話在格子內畫一個笑臉。

	週一	週二	週三	週四	週五	週六	週日
感謝的人							
吃到的美食							
發生美好的事							

本章摘要

記憶是人類最有趣的心理歷程，我們為何能夠記住，但很多時候卻會遺忘？我們以幾個面向探討諸如此類的問題。

1. **記憶過程。**

   記憶是指在一段時間內，透過編碼、儲存與提取，將資訊儲存在腦中。編碼、儲存與提取分別為三個記憶的領域。編碼是將資訊放入記憶中，儲存將資訊記住一段時間，而提取則從儲藏庫中提出資訊。

2. **記憶的編碼──我們如何記住。**
   - 我們若要開始處理記憶編碼，需先接收資訊。選擇性注意是編碼時的必備要素，而分散性注意對記憶有負面影響，特別是一心多用的人，往往會忽略一些訊息。
   - 資訊的處理由淺入深會經歷三個層次。淺層處理是將物理特性與可觀察的特性進行編碼。進階處理是辨識刺激並貼上標籤。深度處理是了解刺激的意涵，以及它與其他處理過的事物的關聯。處理訊息越精緻，越能夠記住，特別是將訊息與自身經驗進行關連，那就不容易忘記。
   - 運用圖像的輔助來處理資訊，可以增進記憶力。

3. 討論記憶儲存的方式。

Richard Atkinson 與 Richard Shiffrin 將記憶視為三階段的處理過程：感官記憶、短期記憶和長期記憶。

- 感官記憶保存對外在世界一瞬間的認知，保存的時間只有人們暴露在視覺、聽覺及其他感官刺激下的短暫時間而已。
- 短期記憶是容量有限的記憶系統，其中的資訊只能保留大約 30 秒，而短期記憶的限制是 7±2 位元的資訊。組塊化與複誦是有助於改善短期記憶的兩種方法。Baddeley 對工作記憶的概念包含三大要素：一個中央主管（中央執行器）與兩個助手（語音迴路與視覺空間工作記憶）。
- 長期記憶是相對較長的記憶，可以長時間記住大量的資訊。它又分為兩個子項：外顯記憶與內隱記憶。外顯記憶是指刻意回想特定事實或事件的資訊；而內隱記憶不必刻意回想，之前的經驗就會自動影響目前的行為。外顯記憶可以進一步分為事件記憶、語義記憶，或是分為回溯性記憶與前瞻性記憶。內隱記憶同樣是多層次的，其系統包含程序記憶、促發與古典制約。
- 對於記憶的組織方式，可分成階層組織、語義網絡、基模與連結論等假設，而記憶的儲存位置，在圖 7.13 呈現出目前的研究發現。

4. 簡述記憶提取的方式。

- 序列位置效應是指在清單一開始與最後的項目較容易被想起，而清單中間的項目則較不容易記得。初始效果表示較容易回憶清單一開始的項目；新近效果表示較容易回憶清單結尾的項目。
- 記憶的提取取決於有效的提取提示和提取工作的本質。透過提示，再確認一些之前記得的資訊，會比回憶這些資訊更容易。在編碼和學習過程中的所有資訊，都可以成為有效的提取提示。「促發」同樣也有助於提取資訊，促發會啟動記憶中的連結或聯想。舌尖現象是指人們確信自己知道某件事，但卻又無法從記憶中完整地提取出來。
- 鎂光燈記憶是指人們對情緒上重大事件的記憶，雖然會隨著時間而淡忘和改變，但它終究會比日常事件的記憶更精確與鮮明。個人創傷的記憶同樣比普通的事件更能建立詳細且持久的記憶，但是隨著時間的經過，有些人會扭曲創傷記憶的細節。

5. 說明遺忘與編碼和提取的關係。

- 編碼失敗是指資訊從未進入長期記憶中，所以有些人忘記事情並不是真的忘記，而是一開始根本就沒有將資訊進行編碼。
- 提取失敗是從記憶提取資訊時發生問題，原因可歸類為干擾、衰退和健忘、刻意遺忘、失憶症。干擾又可分為前涉干擾和後涉干擾，分別為較晚或較早學習的資料受到更早或更晚學習到的資料所影響。

6. 運用關於記憶的知識成為學習策略。

- 編碼策略是改善課業表現的第一步，可以有效率地將你學到的知識進行編碼，確定知識已經進入長期記憶中。編碼策略包含善於管理和規劃時間、提升專注力並減少分心、理解要背誦的內容、自問自答、作筆記、記憶術策略。
- 儲存策略是改善記憶儲存的效率，以確保大腦的容量夠大。除了睡眠充足、營養充足外，還可以嘗試整理記憶、分散學習時間等策略。PQ4R 方法是一種有效學習的策略。
- 提取策略能夠更快提取資訊，並確保所提取資訊是正確的。提取策略如：運用好的提取提示以及靜心策略。

第 8 章

思考、語言與智力
Thinking, Language and Intelligence

章節內容

8.1 心理學的認知革命

8.1.1 電腦與人腦

8.1.2 認知心理學的應用

8.1.3 臺灣認知心理學的發展

動動腦——認知功能可以提升嗎？

8.2 思考

8.2.1 概念的形成

8.2.2 問題解決

8.2.3 批判性思考

8.2.4 推理

8.2.5 決策

幸福人生——用創意解決問題

8.3 語言

8.3.1 語言與認知

8.3.2 語言的獲得與發展

8.4 智力

8.4.1 智力測驗

8.4.2 多元智力

在地人的心理學——華人的智慧

章頭故事

Wendy Verougstraete 在 18 歲的時候，即認為自己將成為一位作家。她說：「我是一位專業的作家。我寫的書裡充滿了戲劇性、動作、刺激，是每個人都會想要閱讀的內容。我現在要去寫書了，一頁接著一頁，一疊又一疊。」Wendy 給人一種樂觀積極的印象。事實上，Wendy 在青春期就充分展現了寫作與說故事的天分。她現在25 歲，有豐富的詞彙，能創作抒情歌，並樂於寫作和說故事。你也許無法馬上猜到她的 IQ 只有49、不會綁鞋帶、沒辦法自己過馬路、不會讀或寫國小 1 年級程度的字，或者做很簡單的計算。

Wendy Verougstraete 罹患威廉氏症候群（Williams syndrome），是一種基因上的缺失，每兩萬個嬰兒裡才會有一件案例。這種症候群的特質包含了表達豐富情感的語言能力、非常低的智力商數，以及空間與動作能力不佳（Bohning, Campbell & Karmiloff-Smith, 2002; Osborne & Pober, 2001; Vicari, Bellucci & Carlesimo, 2001）。圖 8.1 說明了威廉氏症候群在口語與運動技巧上很大的差距。威廉氏症候群患者在音樂素養與人際互動上的表現很優異，不過某些特質很容易就可以辨認出來，例如，心臟方面常有缺陷，以及帶有精靈式氣質的臉部表情。

儘管威廉氏症候群患者擁有很優異的口語表達與人際互動的能力，但大部分的威廉氏症

Wendy Verougstraete 罹患威廉氏症候群。

候群患者都不能獨自生活（American Academy of Pediatrics, 2001）。例如，Wendy 就住在心智發展遲緩之家。字詞測驗顯示，威廉氏症候群的小孩喜歡使用不常見的字詞。當我們請威廉氏症候群的小朋友在 1 分鐘之內替動物們命名，他們會想出像 ibex（阿爾卑斯山上的野山羊）、chihuahua（吉娃娃小狗）、saber-toothed tiger（劍齒虎）、weasel（黃鼠狼）、crane（鶴）以及 newt（蠑螈）；而發展遲緩的小朋友則會使用較簡單的字詞，如：狗、貓、老鼠。

當威廉氏症候群的小朋友在說故事時，他的

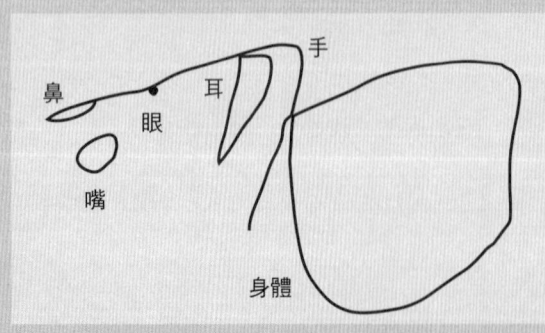

這是一隻大象，牠是一種動物，牠在做什麼呢？牠住在叢林裡，牠也可以住在動物園裡。有一對大大的灰色耳朵，好像可以用來搧風。如果牠心情不好，也會發脾氣⋯⋯

圖 8.1 這是 Wendy 對她所畫的大象的描述，很明顯地有豐富的語彙。

聲音充滿了戲劇性、情緒性，並不時用激烈的語氣詞吸引你的注意，如：gad-zooks（咒語）、lo and behold（你瞧！）；而遲緩症狀的小朋友則是傾向用普通且平淡的語調描述故事。

暫且不論基因缺陷這個有趣的議題，威廉氏症候群提供了我們對思考、語言、智力正常發展的探索。在我們生活的社會裡，語言能力通常被聯想到擁有較高的智力，不過威廉氏症候群的例子似乎說明了這兩者間並不這麼地相關。威廉氏症候群的基因缺陷讓豐富的語言表達能力被保留，但閱讀以及其他認知功能卻被破壞（Schultz Grelotti & Pober, 2001）。所以威廉氏症候群讓我們對以下的問題產生極大的興趣：語言跟思考的功能到底是什麼樣的關係？

8.1 心理學的認知革命

第1章中對於心理學的定義包含外顯行為與內在心理歷程。行為主義著重在外顯行為的探討，而認知心理學之目的則是要研究與建構我們內在的心理歷程（Sternberg, 2009）。認知心理學一詞首見於1967年Ulric Neisser的著作認知心理學（cognitive psychology）。依據書中定義：「任何外在物理刺激產生後，透過知覺轉換形成內在表徵，對此內在表徵的任何處理便是認知歷程。」簡單來說，所謂的**認知（cognition）**即是在探討意識狀態、知覺與注意力、記憶、思考、語言與決策等內在的心理歷程。有關內在心理歷程，第4章討論了知覺歷程，第5章討論了意識狀態，且第7章討論了記憶。在本章我們將深入討論更複雜的認知歷程──思考、語言與智力。

Mary Czerwinski是任職於微軟（Microsoft）的認知心理學家。她的專長在於三度空間的知覺與注意力。

8.1.1 電腦與人腦

1940年代晚期，John von Neumann發明了世界上第一部電腦，能進行簡單的邏輯操作。到了1950年代，有些研究者推測心理歷程的模式可能跟電腦的運作控制類似，也許可以從這個觀點來推敲人類的心理運作（Marcus, 2001）。認知心理學家Herbert Simon（1969）也常運用電腦的運作模式來說明認知歷程，像是把大腦比喻為電腦的硬碟，認知功能像是軟體，而感覺與知覺系統則提供一個「輸入管道」，就像將資料輸入電腦一樣（圖8.2）。東西（資訊）輸入我們腦中，運作（心理歷程）開始進行，如同電腦軟體處理輸入的資料；而轉換輸入的資料引起記憶的提取，就好像電腦的運作過程。最後，從記憶裡提取出來的資訊再「輸出」或者「顯示」出來（例如，說出口或產生行動）。電腦的比喻可以讓我們很具體化地

認知
人類內在的思考歷程，包含知覺、記憶、思考與知識建構等訊息處理歷程。

圖 8.2 電腦與認知
利用電腦來比擬我們的認知系統。

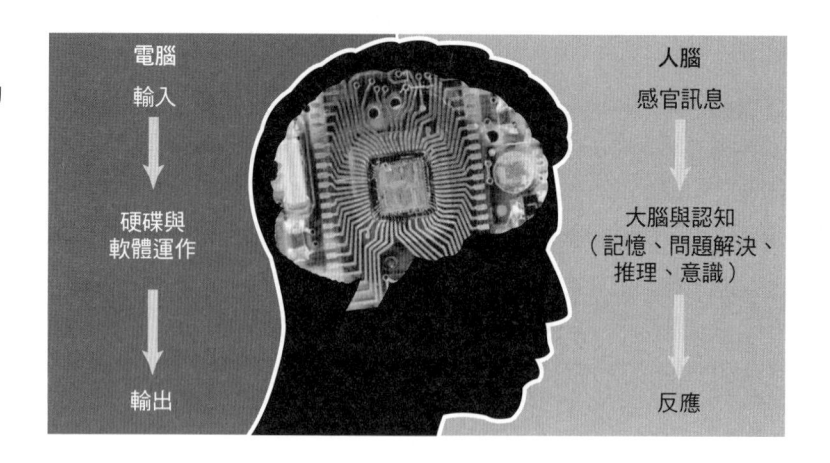

了解無法直接觀察到的內在思考歷程，方便讓我們理解何謂認知。雖然生活中有些事情，電腦運作比人腦還來得快，但事實上，我們大腦的運作遠比電腦運作還要複雜（Hudson, 2009）。

8.1.2 認知心理學的應用

人工智慧
也稱作機器智能，是指由人工製造出來的系統所表現出來的智能。

隨著電腦科技與認知心理學的發展，有關**人工智慧**（artificial intelligence, AI）的開發也隨之熱絡，希望能將認知心理學的知識應用到電腦中，以便發展能像人腦運作般的電腦系統。電影《人工智慧》中的主角是個與人完全一樣的機器人男孩，擁有許多與人一樣的能力，當然也發展出人類獨特的情感——愛。人工智慧有助於快速處理及大量儲存訊息。透過電腦的資訊協助，可以減少人腦造成的誤差，像是協助醫療診斷工作。簡單來說，電腦的發展不是用來取代人腦，而是協助我們可以更有效率地過生活。在認知心理學的應用中，除了電腦的使用外，還包含許多科技與專業產品的設計。在早期，認知心理學家的發展重點是希望將認知歷程的知識應用到高風險的相關產業，如：航空、核電與環境等，像是針對航空系統的設計與人員的徵選。除了以上的複雜產業以外，近年也開始著重在生活中的 3C 產品，希望透過更人性的設計來減少因人為因素造成的失誤或不便（汪曼穎、葉怡玉與黃榮村，2013）。

8.1.3 臺灣認知心理學的發展

在國內，2013 年臺灣心理學的重要刊物《中華心理學刊》特別在 55 卷第三期以專刊的方式來探討認知心理學近期的發展，從中可以發現國內的心理學家針對認知心理學已經進行深入的探討。以第 4 章的知覺為例，龔充文教授深入探討知覺相關的注意力歷程；以本章的語言發展為例，劉英茂教授則是深耕於語言的結構意

義。在這樣的認知心理學的演化中，神經科學測量工具的發展可以是重要的因素。透過曾志朗與洪蘭教授在認知神經科學上的推展與耕耘工作，讓我們可以透過專業的儀器（如：功能性磁振造影 fMRI）來具體地找出抽象的認知思考歷程在腦中變化的狀態。隨著成功大學、政治大學與臺灣大學分別成立以人文社會科學研究為主的三個腦造影中心，顯現出臺灣對此主題的重視程度，並且努力透過研究與良好的科學儀器來探索人類的認知歷程，讓我們更清楚內在心理歷程的腦中變化。

想一想

1. 認知心理學主要探討的主題為何？
2. 隨著電腦的發展，心理學有何變化？
3. 臺灣認知心理學的發展特性？

動動腦

認知功能可以提升嗎？

若採用電腦來比擬人腦，電腦的硬體就好像大腦的神經系統，而軟體就好像我們的認知功能。腦傷就是硬體壞掉了，而精神疾病則是軟體有問題。不論是硬體或者是軟體有狀況時，我們所展現出來的思考能力都會出問題。

認知功能復健（cognitive remediation therapy，簡稱 CRT）原先是針對認知功能出問題的精神疾病所發展出來的認知功能提升的策略（Wykes & Spaulding, 2011）。簡單來說，如果將人類的大腦用電腦來比喻的話，認知復健的作用就是針對大腦原有但因某種因素而損傷的軟體來進行重新安裝的作業。

認知功能復健可以透過許多經過設計的媒介（如：電腦遊戲），來強化個體的注意力、記憶力、推理能力與問題解決能力等等的認知思考能力。透過有系統的評估來了解一個人的認知功能程度，然後根據他的狀況來設計適合的活動以強化所缺損的能力。以投籃球為例，投籃這個動作可以訓練個體的肢體協調能力、專注力以及視覺空間的判斷能力。對你而言，投籃球可能只是一個簡單的動作，但對於一個視覺空間判斷有問題的人而言，要準確地將球投入籃框則相當困難。透過這些認知功能復健的工作，可以協助因為腦部受損或者是精神疾病所造成的認知功能退化的個案，來恢復或增強某些層面的認知功能。

測試一下你的認知能力，先想一首你熟悉的詩，如：

白日依山盡
黃河入海流
欲窮千里目
更上一層樓

然後閉上眼睛，試著倒背第三句⋯⋯
你會不會覺得很困難呢？

在《如何幫助腦傷兒童復健成天才》這本書中，將說明一些大腦復健的策略，若對此有興趣者，可以閱讀本書。若家中有需要進行大腦功能復健者，可以洽詢復健科心理師的專業協助。

想一想

1. 我們可以透過重灌軟體讓腦部功能受損的人恢復正常嗎？
2. 認知功能復健可以應用到失智症的個案身上嗎？

| 參考資料 |
Wykes, T., & Spaulding, W. D. (2011). Thinking about the future cognitive remediation therapy-what works and could we do better? *Schizophrenia Bulliten*, 37, s80-s90.
格連・杜曼（2014）。《如何幫助腦傷兒童復健成天才》。格連杜曼股份有限公司。

8.2 思考

思考
心理內在訊息處理的過程，包含概念的形成、問題解決、批判性思考、推理，以及決策。

人與其他生物不同，是一個著重在理性思考的生物。我們每天都會思考許多問題並且會透過思考來進行決策。基本上，**思考（thinking）**包括了一系列的訊息處理歷程，如：概念的形成、問題解決、批判性思考、推理，以及決策。你將會學習到之前章節所提及的歷程，例如，人們如何接收訊息（第 4 章），以及訊息如何編碼、儲存、提取（第 7 章），這些都是思考的一部分。本節將分塊剖析人類的思考能力，讓你了解平時的你如何進行思考。

8.2.1 概念的形成

概念
將物品、事件、特質組合起來的特定心理類型。

當我們在進行思考時，腦中必然會有一個思考的內容，如：我是誰？我未來想幹什麼等等。當我們在思考這些在腦中浮現的問題時，會包含了許多概念在運作，如自我概念或職業類型等。人類與其他動物不同，具有將外在物品分類而產生概念的能力，讓我們將接收到的訊息變得有意義（Hemmer & Steyvers, 2009）。**概念（concept）**是將物品、事件、特質組合起來的特定心理類型。我們了解蘋果和橘子

莫內（Claude Monet）《威尼斯的水岸》

米開朗基羅（Michelangelo）的西斯汀教堂拱頂裝飾壁畫《利比亞女先知》

都是水果，即使它們的味道與顏色不同。由於我們對「水果是什麼」有明確的概念，所以也知道「香蕉」、「芒果」都是水果。透過這些概念的產生，可以讓我們的思考更快速且更有深度。

關於概念的重要性有以下推論：

- 概念讓我們能夠歸納資訊。如果沒有概念的形成，那麼世界上的任何東西對我們來說都是獨一無二的。如：具體的概念「車子」或抽象的概念「幸福」，若沒有這些概念的產生，我們的大腦就會被相當多的訊息所淹沒。
- 概念使我們對所見的事物與經驗做連結。籃球、冰上曲棍球、慢跑都是運動項目。運動項目這個概念讓我們對上述活動有了對照與比較。
- 概念潤滑了記憶的輪子，讓它變得很有效率。例如，當我們每天看報紙看到有關自殺的新聞，由於我們已經有「自殺」這樣的概念，就能夠幫助我們理解那些會結束自己生命的人。
- 概念提供我們如何回應特殊事物或經驗的線索。例如，我們看到一盤餅乾或水果，概念告訴我們這是可以吃的食物。

克利（Paul Klee）《Dance You Monctor To My Soft Song》

圖 8.3 畫風

比較不同的畫風，你可以發現風格上的差異。米開朗基羅的畫風是如實地呈現，莫內畫出我們如何觀看外界，克利則是畫出內在感覺。

在看畫展時，透過「美術學派」或「畫風」這個概念，幫助我們更深入感受「美」的經驗（圖 8.3）。

在閱讀心理學時，由於許多心理學的概念都是抽象的，本書會將主要的心理學

第 8 章　思考、語言與智力　**263**

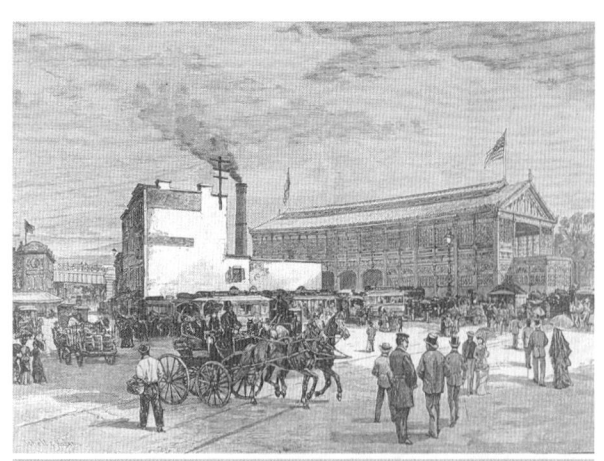

19世紀，紐約的交通十分混亂，馬車跟行人在道路上交錯。身為心理學家的你，該如何改善這個交通問題？

概念用關鍵字方式呈現於內文側邊，幫助你快速地形成概念，然後有助於思考。

8.2.2 問題解決

概念讓我們知道自己所想的內容，也就是回答這「是什麼」（what）的問題，如：什麼是快樂（Patalano, Wengrovitz & Sharp, 2009）；當知道何謂快樂時，我們就要找到一些讓自己快樂的方法，這個尋找快樂方法的過程就是一種問題解決的歷程。問題解決（problem solving）是嘗試找出一個適當的方法來達成不易完成的目標，而概念是「問題解決」這項認知技能的基礎，所以沒有概念架構就無法解決問題。例如，William Eno 出生在 1858 年的紐約市。他很擔心當時可怕的交通壅塞問題，馬車的出現也讓路上的交通更加危險。於是 Eno 發表了一篇關於交通改革的文章，提出建立新概念的解決方案，如：設立停止符號、單行道、行人專用道，而這些都是沿用至今的重要交通概念（Bransford & Stein, 1993）。

★ 解決問題的步驟

心理學家提出解決問題時的思考歷程，有下列四個步驟：

1. **設定問題**：首先要有想要解決的問題（Mayer, 2000）。Fred Smith（聯邦快遞〔Federal Express〕創始人）曾經有個疑問：為什麼沒有一種今天送件明天到達的郵遞服務呢？Godfrey Hounsfield（電腦斷層造影〔CAT〕掃描的發明人）也問：為什麼一定要透過解剖才能看到人體內部呢？Fred Smith 在耶魯大學所做的論文裡提出了聯邦快遞的構想，結果被老師評分為 C 等；Godfrey Hounsfield 的 CAT 掃描也曾經被批評為不切實際。這些原來看似好笑的想法，到現在都成就了偉大的事業。現在就先想想你的疑惑何在，並且具體地設定好要解決的問題，例如：我想要過一段快樂的大學生活。

2. **培養良好的問題解決策略**：有效的策略包含設立子目標、規則系統與捷思。子目標（sub-goal）是一個中間的目標，讓你能夠以更適當的位置達成最終的目標（解決問題），像是蒐集資料、分析資料以及撰寫文章。設定好子目標後，就要開始解決問題。另一種解決問題的策略是**規則系統（algorithm）**，即一種確保能解決問題的策略，如：公式、一組指令、嘗試錯誤法（Bocker, Briesemeister & Klau, 2009）。我們通常在烹調（按照食譜）或開車（參照路標指示）時運用規

規則系統
一種運用系統規則來確保解決問題的一種策略。

則系統這個策略來達成目標。然而，試驗所有可能答案的這種規則系統，通常只能使用在少部分簡單的問題。另一種有效率的解決策略是**捷思（heuristic）**，它提供解決問題的捷徑，但不保證能夠解決問題（Cranley 等人，2009）。例如玩圈叉井字遊戲，第一個人通常習慣把叉放在正中央。雖然先填入正中央贏的機會大，但不代表一定會贏。針對想要過快樂的生活這個問題，從捷思的角度出發，找個最近會讓我感到快樂的方法；從規則系統的角度出發，則是閱讀相關書籍（如：《這一生的幸福計劃》）來從中找到讓自己快樂的方法。

> **捷思**
> 它提供解決問題的捷徑，但不保證能解決問題。

3. **評估決策**：解決問題時，我們通常都不太清楚哪種方法才是正確的，直到用對了方法使問題解決。評估決策使我們對於問題的解決，有一個大概的思考方向與準則。例如，對於有效完成心理學報告，你會如何訂標準呢？是及格就好，還是要得到好成績？針對快樂的方法，心理學家 Sonja Lyubomirsky（2014）採用適合你的不快樂來源、適合你的強項、適合你的生活型態等指標來評估適合自己的快樂策略。

4. **隨時重新思考及定義問題與解決方法**：解決問題的最後一個步驟便是重新思考與定義問題（Bereiter & Scardamalia, 1993）。問題解決能力較強的人，比一般人更能將過去的表現加以改善，這使他們自身解決問題的能力有創新的貢獻。回到快樂的主題，當你嘗試了一些快樂的方法，如：持續的運動、發現生活中的好事、感恩他人等等，當發現有些活動並無法讓自己感到快樂時，那就要思考如何改變策略，重新界定問題，並且找到更適合的方法。這也就提醒我們，生活環境一直在改變，並不會有一種方法適用於各種狀況，我們需要經常調整自己找到更適切的方法來解決重要的生活問題。

★ 解決問題時的障礙

如同上一段所言，我們在解決問題時需要做一些調整與變通，以適合當下的情境。**固著（fixation）**是指我們使用先前的策略來解決新發生的問題而導致失敗，也就是我們採用過去習慣性的做法來解決當下的問題，而產生了失敗。常見的固著為**機能固著（functional fixedness）**，因為工具本身的功能而影響到你解決問題的彈性。比如說，你習慣用鐵鎚來鎚釘子，當手邊沒有鐵鎚時，你就不知道可使用石頭或磚頭來代替鐵鎚；反之，你用磚頭來替代鐵鎚釘釘子就是跨越了功能性的固著。

> **固著**
> 使用先前解決問題的策略來處理新發生的問題而導致失敗。

> **機能固著**
> 個體固定解決問題的策略。

心理設定（mental set）也是使問題解決失敗的其中一個原因。它也是一種固著類型，個體試著使用以前成功過的特殊方法來解決問題，但並不見得適用在新遇到的問題上。每個人偶爾都會運用已在心中成形的老舊策略，來解決新遇到的問題。特別是在生活的情境中，我們常會用慣有的人際互動策略來與他人互動，有時這些策略可以增進人際關係，但有時確會產生阻礙。圖 8.4 可以讓你發現固著對問題解決的影響。

> **心理設定**
> 一種固著類型，個體試著使用以前成功過的特殊方法來解決問題。

第 8 章 思考、語言與智力　265

蠟燭問題
你如何將蠟燭固定在牆壁上呢?

9 個點
你如何一筆連好這 9 個點呢?

6 根火柴棒
你如何使用這 6 根火柴棒排出 4 個三角形?

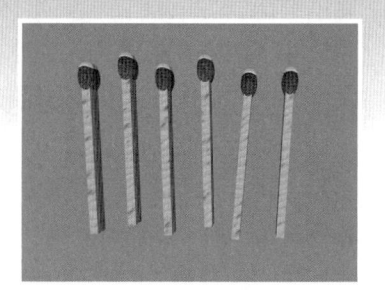

圖 8.4 固著阻礙問題解決的範例

問題解答請見本書第 286 頁。

8.2.3 批判性思考

具批判性思考的人,對想法會有更深一層的探究,面對問題保持開放的心胸,接受不同角度的透視與方法(Halpern, 2002; Kamin 等人,2001)。我們在接觸某些議題時,常只用一個角度去思考,沒有深思熟慮地評估,或者用不同角度去思考。人們通常不曉得要去觀察一個議題的不同角度,或是反向證明他們原本深信不疑的道理(Slife & Yanchar, 2000)。如同蘇格拉底(Socrates)所言,去了解你所不知道的事情,有時才是得到真實智慧的第一步。第 1 章曾建議要對心理學的知識具有批判性思考。心理學知識如此廣泛的原因,是因為心理學家深入地思考具爭論性的議題、大肆研究這些議題、找出支持的證據,並且對研究結果保持開放的態度(歡迎各界討論,提出不一樣的聲音)。

正念
無評價地注意每日的生活經驗。

開放心胸
接納不同的觀點與想法。

正念(mindfulness)與**開放心胸(open-mindedness)**是批判性思考的重要兩大原素;正念所指的是專注、無評價地看待當下的經驗;而開放心胸則是用開放的態度來聽聽多方的想法與意見;透過這兩種思考上的態度,可以讓你如大海般地廣納百川,傾聽多方訊息,然後消化吸收,而產生更深入的思考。

8.2.4 推理

歸納推理
由許多單一案例統整為一般性原則。

推理是一種轉換所得資訊以整理出結論的心智能力運用,這是一種與批判性思考緊緊相連的思考能力(Kemp & Tenenbaum, 2009)。推理有兩種形式——歸納或演繹(圖 8.5)。**歸納推理(inductive reasoning)**是一種由單一案例推論到一般性的推論歷程(Tenenbaum, Griffiths & Kemp, 2006),也就是觀察一些推論的要素,然後再藉由這些要素去建構(形成概念)一個可能的結論。心理學研究會歸納參與者所表現出來的結果而建構一個結論,並將人們依此研究結果歸類。如愛情類型理論就是透過訪談與愛情故事分析,將愛情歸納成:浪漫愛、伴侶愛、現實愛、見人

愛、神經愛與奉獻愛等六大類型。

演繹推理（deductive reasoning）利用一般性推論來類推到特殊狀況（Demeure, Bonnefon & Raufaste, 2009）。當你學到一個一般性的規則後，接著能夠了解某些情況才適用某些一般性規則，這便是演繹推理。心理學家發現愛情可以分成激情、親密與承諾等三大原素，透過這些原素的組合可以類推不同的愛情類型。如：擁有這三大原素的愛稱之為完滿的愛、三個原素都沒有則是無愛、只有激情的愛則是肉慾的愛、只有承諾的愛則是空虛的愛等等共八種愛的模式。

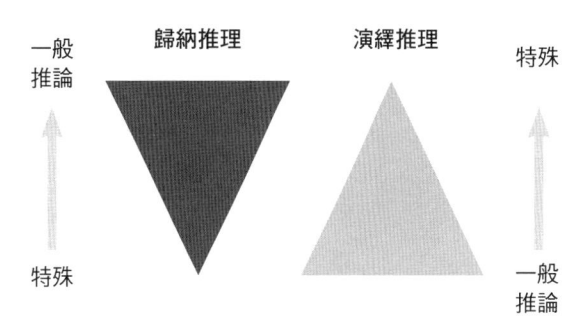

圖 8.5 歸納推理與演繹推理

當心理學家或科學家使用理論與直觀的感覺去預測某件事情，並利用長遠的觀察來驗證自己的預測，這些科學家們使用的就是演繹推理。演繹推理常常令人感到可靠。如果一開始的規則或假定是真的，接下來的結論便會依照著邏輯推理而來。例如，你知道狗會「汪汪叫」、貓會「喵喵叫」這種一般的通則（以及假定它們通常為真），便可藉由叫聲推論住家隔壁那隻長相奇特的寵物是貓或是狗。當一位心理學家利用既定理論的通則中推論出一個特殊的假設，如果既定的理論是正確的，那麼推論出來的特殊假設也同樣為真。

演繹推理
由一般性規則推論至特殊狀態。

8.2.5 決策

想想這一生中你所下過的決定。我要住在學校宿舍還是住外面？我應該在大學畢業後念研究所，還是先找工作？我應該要買一棟房子，還是用租的？決策就是從許多個可以選擇的項目中挑選一個，以作為最後的決定（Galotti, 2002）。

作決策（decision making）是一個複雜的歷程。上一節所提到的推理過程是一個單純且理性的歷程，但作決定的歷程過程牽涉到許多無法掌握的因素（Palomo 等人，2008）。回想意識那一章，在覺察程度上可以分成高層次與低層次兩種自我覺察狀態。作決定也是一樣，可以分成自動化歷程（或稱一號系統，快思歷程）與掌控歷程（或稱二號系統，慢想歷程）（Stanovich & Strack, 2000）。

自動化歷程就是採用捷思或者是直覺性的判斷，也就是用「我覺得」來進行決策，是一種感性的決策歷程。相對地，掌控歷程（慢想歷程）則是一種深思熟慮的過程，透過理性的分析來進行決策。雖然慢想歷程可以更有效地幫助我們做正確的決定，但是所花的心力較多。我們無法每件事情都採用這種理性的慢想過程來做決定，常常還是採用快思的直覺來下判斷與決定（Kahneman & Klein, 2009）。

想一想，在生活中，你有哪些決定是用慢想的掌控歷程來做出的，又有哪些是採用快思的自動化歷程來做出的呢？以下列出幾個生活中常見的快思決策歷程；這

些策略有時靈光，但有時卻是一種障礙：

- **認證偏誤（confirmation bias）**：我們會傾向找一些支持自己想法的證據而忽略了其他的可能性（Cook & Smallman, 2008）。我們宣稱對某件事情已經有一個假設的解決路徑，接著找了很多證據來支持原先的假定。最後便會下一個結論——我們的假設一定比其他的方法好，其他的不一定適用。而這樣的決定會助長認證偏誤，因為我們傾向於尋找和傾聽能堅定我們觀點的人，而且避免接觸跟我們意見相左的人。例如，政論節目的「名嘴」往往只找支持自己的證據。

- **自負認知或稱基本率謬誤（base rate fallacy）**：下決定時過度依賴自己的主觀經驗而忽略了一般性的原則。人們對於重症病人的存活時間、哪些企業即將破產、被告是否真的有罪、哪些學生在畢業後有好的成就等，都會過分相信自己的評估（Kahneman & Tversky, 1995）。相較於使用統計作為基礎的決策判斷，人們還是比較相信自己的判斷與決策（Flannelly, 2001）。想像一下，如果這門課的老師說期中考有一半的同學不及格，這時要你猜旁邊那位每次都有來上課的同學是否及格時，你會怎麼猜測呢？

- **後見之明（hindsight bias）**：我們傾向於在知道了正確結果後，便說我們之前的預測是正確的（Nestler, Blank & von Collani, 2008）。想想看，電視上的命理學家是否也常出現這種後見之明呢？

- **可利用的捷思（availability heuristic）**：利用某事件在過去發生的頻率所做的預測（McDermott, 2009）。回想可利用的捷思是一種經驗法則，它建議了一個問題的解決方式但不保證正確。而錯誤的思考很有可能出現在這樣的捷思運用之中。當有一項事件最近很常發生，我們則傾向高估它未來發生的次數（McKelvie & Drumheller, 2001）。例如你認識一個聲稱自己在醫院工作的女孩，你會傾向認為她是護士而不是醫師。

- **代表性的捷思（representativeness heuristic）**：有時候決策的缺陷或不完美，端看事件相較於我們心中的典型（最能代表某事件的例子）的差異程度，而不是參照本來可能發生的機率（Nilsson, Jislin & Olsson, 2008）。如果告訴你，待會兒將遇見一個人，他會木工、精通摔角、養了一隻蛇當作寵物、知道如何改造跑車。這些特徵大部分都符合你對一位男性的認知典型，所以大概有九成的機率會估計他是一名男性。這樣的典型讓你在下判斷時很方便，因為符合這種典型的男性遠多過於女性，不過我們的典型原則通常沒有考慮到事件占整體人口的比例。最常用的例子就是，搭乘飛機與坐客運，那一種出意外的可能性較高？

思考是一個理性與感性兼具的歷程。雖然我們都想要透過理智的分析來進行思考與判斷，但在現實的人生中，我們經常受到情緒的影響。當然，我們都了解自己在負面情緒的影響下，很容易不經大腦地產生衝動性的決策。而最近也發現，正向情緒讓人容易產生創意性的問題解決能力（Isen, 2007）。在正向情緒下，我們可以擺脫慣性，產生許多創意性的思考。所以在思考時，最好保持正向的情緒才能發揮

創意；而當你心情不好，最好讓自己放鬆一下，不要想太多以免鑽牛角尖。在「幸福人生」的專欄中，將深入探討創意思考，讓你變成一個更有創意的人。

想一想

1. 何謂概念？概念在生活中的重要性為何？
2. 我們有哪兩種推理歷程？
3. 下決定有快思與慢想兩種過程。何時需要仔細思考而何時則可以採用直覺？

幸福人生

用創意解決問題

創造力（creativity）就是用新穎的想法或特殊的方法來解決問題。一個有創造力的人表示他有能力採用與創新的方法來解決問題（Abraham & Windmann, 2007）。有創造力的人具有彈性思考、內在動機、面對困境與客觀判斷等能力。對於創造力或創意性的思考可以分成分散性思考（divergent thinking）與收斂性思考（convergent thinking）兩大類。分散性思考是可以針對一個問題想出許多種解決方法，而收斂性思考（convergent thinking）是找到最佳的解決方法。這兩種思考方式可以幫助我們創造出更多解決問題的策略。同時，近期研究也發現正向情緒可以提升你的問題解決能力（Isen, 2008），在你有正向情緒時，你會發現自己的創造力也就會提升，並且可以想出許多過去意想不到的解決方案（Gasper, 2004）。

Mihaly Csikszentmihalyi（1996）認為創造性思考有下列五個步驟：

1. 準備：當遇到一個令你感興趣的問題時，你的好奇心會被喚起。如：為什麼大家會流行吃某種東西。
2. 醞釀：在腦中攪動許多思考點子，你就會產生許多突發奇想的念頭。如：你會想出許多可能的原因，包含趕流行、時代變遷、媒體影響等等。
3. 頓悟：在這個過程，當你的思考拼湊出一個很接近的結果，你會經驗一種「啊哈！」的頓悟開竅，這就是你找到一個可以說服你的解答。
4. 評估：現在你必須選擇哪一個點子或想法值得你繼續思考。這個點子真的是新穎的嗎？或者只是個顯而易見的答案？
5. 闡述想法：要將你的想法說給他人聽並且讓別人清楚了解是最難的一部分。在生活中，我們會有許多好點子，但是要將這些好點子實踐會遇到許多的阻礙。最直接的阻礙就是沒有人懂你的想法。所以可以讓別人懂的想法才是真正可以實踐的想法。

Mihaly Csikszentmihalyi（1996）發現，要成為有創造力的人，可以先從豐富的生活開始。以下策略可讓你有豐富的生活：

1. 對日常生活中的事情感到好奇。
2. 每天發現一件新奇的事。
3. 記下每天讓你驚喜的事。
4. 探索讓你感到興趣的事。
5. 每天為自己設立一個目標。
6. 做好時間管理。
7. 留點時間給自己發揮創意。

準備好過有創意的生活了嗎？

想一想

1. 你如何讓生活更有創意呢？
2. 今天，有什麼讓你感到驚喜的事嗎？

| 建議閱讀 |

Anna Craft、Howard Gardner、Guy Claxton 著，呂金燮等人譯（2010）。《創造力、智慧與信賴：教育可以做什麼》。心理出版社。

8.3 語言

語言
一種溝通形式，無論說話、書寫或符號，都是以象徵系統為基礎。

想一想，語言在我們生活中占了多麼重要的地位？我們需要利用語言與他人交談、傾聽他人、說與寫（Berko Gleason, 2009）。**語言（language）**是一種溝通形式，無論說話、書寫或符號，都是以象徵系統為基礎。我們所使用的語言包含了聲符（發音）、形符（字形）與文法等層面。回想一下你學英文的過程，在學過發音、記字母、背單字以及學文法等等的知識以後，你才可以用簡單的英文與他人溝通。雖然我們現在可以很流利地用中文與朋友溝通，可是在這樣的說話過程中，我們大腦需要運作多少的訊息。本節將探討語言與認知的關係，並且讓我們更了解說話這件事情對生活的影響。

8.3.1 語言與認知

語言是一種溝通表達想法的系統，最特別的就是文字的發明（Allan, 2010）。想一想，人與人的溝通若沒有語言將會如何？這樣子我們只能用比手畫腳來過生活。若沒有文字的發

猩猩也有「語言」嗎？牠們之間也以語言溝通嗎？

不同國度有不同的語言，這些語言的差異也反映著內在思考的認知不同。想想在臺灣我們很少看到雪，我們對雪的語彙就比愛斯基摩人少；同樣地，我們對沙的語彙也比中東人少。

明，像過去結繩記事的年代，我們的思考將會變得非常貧瘠。語言幫助我們思考、推論、應付困難的決定，以及解決問題（Horst 等人，2009），並且我們可以透過語言來展現自己的想法（Kovacs, 2009）。

語言學家 Benjamin Whorf（1956）發展了語言相對假說（linguistic relativity hypothesis），他認為，語言不只是用來溝通而已，更主導了我們的思考方式。Whorf 跟他的學生 Edward Sapir 皆是美洲原住民語言研究的權威。他們認為使用不同語言的人對世界的解讀會有所不同。例如，阿拉斯加的 Inuit 原住民對於雪的質地、顏色、結晶狀態有多達十二種解釋，但是英語卻相對只能用較少的言詞來形容雪。在 Whorf 的見解裡，英語使用者較無法體會 Inuit 人對雪的了解。美國霍皮族印地安人沒有過去式與未來式的用詞，所以 Whorf 便推論他們生活中所著重的部分只有現在。根據此假說，在生活中，我們知道英文有時態性（過去式、現在式與未來式），而中文缺乏時態性，因此我們與西方人對於時間觀的思考有所差異。

然而，Eleanor Rosch（1973）的研究指出，對較缺乏文字描述的事物，並不影響一個人對這樣事物的感覺與思考。他進行一項關於語言對色彩知覺影響的研究。Dani 是新幾內亞人；他對顏色只有兩個文字可以描述，有一個幾乎等於我們說的白色，另一個幾乎等於黑色。如果語言相關性假設是正確的，那麼 Dani 便缺乏了對顏色的辨認能力，例如，他不能感覺綠色、藍色、紅色、黃色和紫色。但是 Rosch 發現 Dani 的顏色知覺能力與一般人並無二致，就像我們所知道的，對於顏色的知覺是屬於生物的層次，視網膜上不同的細胞接受器接收不同顏色頻率的訊息。Dani 對於顏色的判斷並不會受限於他所學的語言。

8.3.2 語言的獲得與發展

1799 年時，在法國境內發現了一名年約 11 歲的赤裸小男孩，獨自在森林中生

第 8 章 思考、語言與智力　271

活。他被命名為亞維農野男孩（Wild Boy of Aveyron），專家認為他至少在森林裡面生活了 6 年（Lane, 1976）。在他被找到的時候，一開始在溝通上極為困難，即使幾年之後，在學習有效溝通方面仍然失敗。這個「野男孩」的案例，讓我們不禁提出一些問題：人們如何獲得語言？人類發展語言規則，進而衍生無限多文字的能力，是否為生物因素或演化的結果？或者語言的學習與影響是受環境影響？能否精確地說出語言何時發展？如何發展？如你所見，這些問題的答案都是非常地複雜，且依然被持續研究中。

Noam Chomsky 是著名的語言心理學家，他認為語言是一種先天的能力展現。

★ **影響語言的生物因素**

科學家們相信，語言早在 10 萬年前就已經開始發展，漸漸地，語言已經成為人類的基本能力。無論如何，不少專家認為，生物演化在語言發展之前就已經種下了人類的語言因子（Chomsky, 1975）。我們祖先的大腦、神經系統、發音器官經過了長久的演化。智人（homo sapiens，現代人種）除了嘀咕及喊叫，已發展出抽象的語言。而語言的發展也使人類與其他動物之間有極大的差異，語言溝通提高了人類存活的機率（Lieberman, 2002; Pinker, 1994）。

語言心理學家 Noam Chomsky（1975）認為，語言的生物因子使人類在特定的時間與特定的情境下習得語言。根據 Chomsky 以及其他語言專家的觀點，語言之生物基礎最有力的證據，在於全球兒童習得語言的時間與情境都相當接近，即使他們接觸到語言的環境差異相當大。例如，在某些文化裡，成人在嬰兒足歲以前是不教導學習語言的，但這些嬰兒仍能成功獲得語言的技能。除了先天的生物因素之外，沒有其他原因能夠解釋為何兒童學習語言極為快速（Sterponi, 2010）。Chomsky 認為，只靠生物因素雖然可能無法學會所有的文法規則，但人類天生就擁有某些一般性文法來幫助日後的語言學習以及運用。例如，你可以很自然而然地使用中文與人對話，而不需要特別地去學習中文文法，這就是一種生物的天性，幫助你可以有效地使用語言。

腦神經科學提供許多學習語言有生物因素的基礎的證據。關於神經系統的研究顯示，大腦有特定的區域行使語言功能（Tremblay, Monetta & Joanette, 2009），例如語言的處理主要發生在大腦的左半球（Hornickel, Skoe & Kraus, 2009）。利用大腦成像技術，我們可以發現嬰兒在 9 個月大的時候，儲存與索引各種記憶的功能已經發展完整（Bauer, 2009），這也剛好是嬰兒開始能夠將單字賦予意義的時間。這顯示出語言、認知和大腦發展之間的連結。回顧第 2 章，我們可以知道大腦中的 Broca 區與語言的產生有關，而 Wernicke 區則與語文理解有關。

★ 環境對語言的影響

行為學家反駁語言學習是由生物因素決定的觀點，他們提倡環境才是影響語言學習的主要因素。B. F. Skinner（1957）表示語言就是一種行為，跟坐、走或跑一樣，其學習同樣受到強化（reinforcement）的影響。Albert Bandura（1977）更強調語言的學習是透過模仿。從行為主義的學習觀點來看，環境要給與小孩足夠的語言刺激以及適切的增強，孩子才有能力學好語言。

Roger Brown（1973）花了很多時間觀察父母與孩子，尋找兒童學習語言規則時父母所給予的增強行為（微笑、擁抱、輕拍背部、糾正性的回饋）。他發現父母有時以微笑與稱讚來鼓勵小孩說出他們喜歡的句子，但同時也增強了不正確的用法，所以 Brown 認為兒童語言的發展不只是行為增強的結果。在一個經典的語言學習研究中，研究者仔細地檢驗母親與嬰兒對話的水準（Huttenlocher 等人，1991），研究發現如圖 8.6 所示。如果母親與嬰兒互動時使用較高水準的語言，則嬰兒將學習到較多的語彙，1 年之後的語彙差距是很明顯的。有關語言發展最令人感興趣的是：孩子與父母或其他既定規則在語言上的互動（MacWhinney, 1999）。

兒童在年幼時習得語彙與概念，也學習句子是怎麼組成的。由上述概念，Jean Berko（1958）測量一位學齡前兒童與一位國小 1 年級兒童對於圖 8.7 卡片的判讀。兩位兒童皆被要求看著卡片，當主試者大聲地說出卡片上的意義時，兒童要提供空格處該有的答案。「wugs」是這題填空的正確答案，回答 wugs 是輕而易舉的，但是需要理解它為複數形式。這個實驗讓人印象深刻的原因是 Berko 虛構了單字，wugs 其實只是為了實驗而被創造出來的單字，所以兒童不可能用以前的經驗來回答，因為以前根本沒有可能聽過；而他們的回答便傾向參考過去所習得的某些規則（複數要加 s）。

★ 語言學習的關鍵時期

在 1960 年代，Eric Lenneberg（1967）提出了一個觀點：

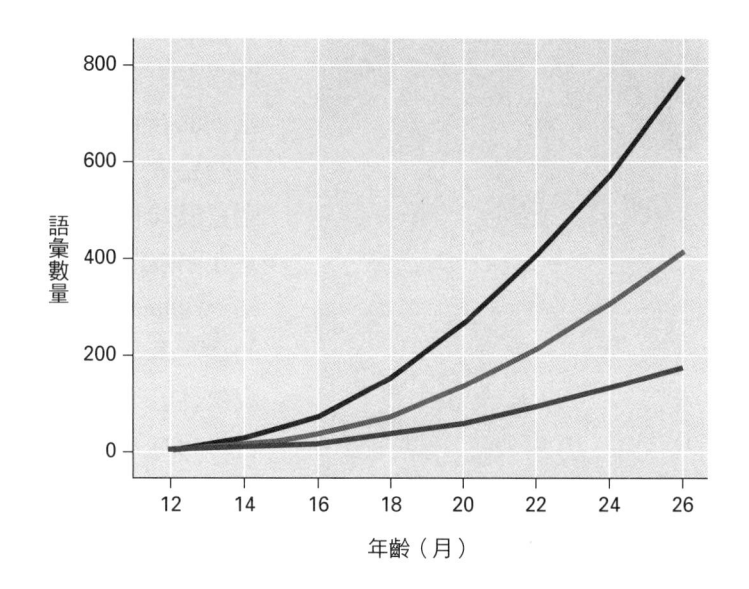

圖 8.6 母親與小孩說話量與小孩語彙量
由圖表可以發現，母親跟小孩說話愈多，小孩會的語彙也就愈多。

圖 8.7 兒童的語言規則
Jean Berko 的經典實驗，利用動物的圖片以及名稱，讓兒童來反應空格部分，確定他是否能夠理解這個語彙。

Genie 童年失去很多應有的經驗，她還可以跟其他小孩一樣學會語言嗎？

學習第一種語言的關鍵期在於 18 個月大到青春期之間，而且此語言的文法規則也必須在這段期間獲得。為了證明此一關鍵期的存在，Lenneberg 進行了左半球腦傷的兒童與成人、失聰兒童、心智發展遲緩兒童，以及其他沒有按照典型學習語言模式者的研究（Tager-Flusberg, 1994, 1999）。他發現兒童在關鍵期之前都還有習得語言的可能，而成人已經沒有辦法。Lenneberg 相信兒童的大腦具有可塑性，能夠將學習語言的功能再次分配到未損壞的區域。由於成人的大腦架構已經成熟且已不易改變，所以他們的腦神經無法具有再次學習語言的能力。

有個類似亞維農野男孩語言學習受阻的個案。研究發現，這樣的例子在學習語言時仍然依循「關鍵期」的觀點。在 1970 年，一名加州社工人員發現一位 13 歲小女孩 Genie，自幼兒開始便完全與外界隔離。Genie 幾乎不能站立，也不會說話。每當 Genie 發出聲音的時候，她的父親便毆打她。父親從未用語言、單字與她溝通，取而代之的是大聲咆哮。Genie 經過了長久的恢復治療，如：物理治療、語言教導（Curtiss, 1977; Rymer, 1993），最後終於學會了辨認單字以及簡單的語言結構。然而，與一般正常小孩不同的是，她不能分辨代名詞，或是區分主動式與被動式之間的差異。相較於一名正常成年人，她使用的句子簡短且不完整，如：爸爸打腳、大木頭、Genie 痛等。她不幸的故事，也證實了學習語言規則的時間點應該是在兒童期，如果錯過即無法完全精通此種語言。

幸好，大多數的人都可以在童年時清楚理解語言結構，也習得大量字彙（美國成年人認識的單字大約為 5 萬個）。這方面的研究數量非常豐富，透過眾多的研究，我們對語言發展的認識，已經可以制定一個語言發展的里程碑。

★ 語言的學習

在嬰兒說第一句話之前，他們是喃喃自語，模糊不清地發音（Hollich & Huston, 2007）。3 至 6 個月大的時候，常喋喋不休地發出像 bababa（巴巴巴）或 dadada（達達達）的聲音。這些聲音的發出是基於生物發展因素，而非增強行為或者經常聽見的模仿行為（Menn & Stoel-Gammon, 2009）。即使失聰的嬰兒也會在這個時期發出聲音（Lenneberg, Rebelsky & Nichols, 1965）。而喋喋不休的主要因素是要訓練聲帶，並發展發出不同聲音的能力。

早在嬰兒開始學習單字以前，他們就可以歸類聲音，並且讓聲音具有一點意義。Patricia Kuhl（1993, 2000）提出，新生兒至 6 個月大以前是「廣博的語言學家」。他們可以區分各種構成人類語言的聲音；而 6 個月大之後，他們便開始專

注於母語的發音。小孩的第一個字會在 10 至 13 個月時說出，命名重要的人（爸爸）、熟悉的動物（小貓）、車輛（車）、玩具（球）、食品（牛奶）、身體部位（眼睛）、衣服（帽子）、家庭用品（鐘），以及問候語（再見）。50 年前的嬰兒是這樣開始學習說話，現在的嬰兒依然如此（Clark, 1983）。

當孩子到達 18 至 24 個月的時候，他們通常會說出 2 個以上的字彙，迅速地掌握表達概念、了解語言在與他人溝通裡扮演的角色，以及其中的重要性（Schafer, 1999）。為了使用 2 個字表達意思，小孩極為倚賴手勢、聲調以及文句的前後關係。儘管如此，小孩仍能用 2 字表達大量的意思，例如（Slobin, 1972）：

辨認：狗狗。
位置：這邊。
重複：要要（還要牛奶）。
不存在：莫莫（沒有，不見了）。
否定：不是。
擁有：我的。
歸因：車車（大臺車子）。
代替行動：媽媽（叫媽媽幫他做某事）。
直接行動：壞壞（直接打狗狗）。
間接行動：爸爸，給給（請爸爸給他東西）。
問題：球球？

每一種語言裡，小孩在初步的語言合併中，都會出現這種簡化的童言童語。當小孩度過了這個簡化語句的時期後，他們將會相當快速地發展出更長的句子（3 個字、4 個字，甚至 5 個字），如「給我糖糖」。小孩與父母，以及其他家族成員的非正式互動，是語言發展中重要的一環。不過，正式的學校教育也很重要。孩子在學校可以學到更多複雜的語言架構，增加詞彙的量，並且用語言技能學習更多的觀念。語言能力的發展是一個長期的過程（Obler, 2009）。圖 8.8 顯示出我們語言發展的過程，每個年齡都有其語言任務。想一想，你現在學習英文的過程，這樣的學習過程就好像小孩學習母語一樣，先從發音、單字詞、簡單語句到複雜語句這樣的過程。

年紀	能力
0～6 個月	發出聲音。
6～12 個月	開始發出與母語相關的音。
12～18 個月	開始會說一些常用字。
18～24 個月	會講出完整的字詞。
2 歲	快速發展，愛說話。
3～4 歲	開始說簡單的句子。
5～6 歲	開始創造句子。
6～8 歲	開始學習良好溝通。
9～11 歲	改善溝通策略。
11～14 歲	了解語法，使用譬喻法。
15～20 歲	了解成人的語言。

圖 8.8 語言發展的里程碑

第 8 章 思考、語言與智力

由於語言學習對於兒童的成長很重要,那家長該如何教孩子說話呢?以下是主要的原則(Baron, 1992):

1. 主動與孩子說話。

2. 相信孩子聽得懂你說的話。

3. 用你最溫柔的口氣與孩子說話。

雖然先天生物性引導著我們的語言發展,但後天的培育過程能讓我們語言能力變得更加豐富,所以透過主動的對話可以增加我們的口語能力(Pan & Uccelli, 2009)。

> **想一想**
> 1. 根據圖 8.8,你目前的英文能力發展到達幾歲的階段?
> 2. 語言與認知息息相關。有那些語言能力會影響你的思考?
> 3. 隨著使用的語言不同,思考的方式是否有不同?

8.4 智力

你聰明嗎?根據美國最新版的精神科診斷標準(DSM-5),智力功能包含推理、問題解決、計畫能力、抽象思考能力、判斷力、學業學習能力以及日常經驗的學習能力等。從這幾個向度,我們可以了解一個人的聰明程度。我們並不能打開一個人的腦來直接測出他(她)的智力有多少,所以只能透過智力測驗得知一個人的智力高低。隨著文化的不同,所著重的智力也有所不同(Sternberg & Grigorenko, 2008)。例如,歐美人重視推理與思考能力,而肯亞人重視家庭與社交能力。「在地人的心理學」這個專欄中將討論華人的智力概念。本節將探討許多心理學家常討論到的智力理論與測驗的介紹。若想了解你的智力狀況,可以到學生輔導中心尋求心理師的協助,透過相關的智力測驗來幫助你了解自己的能力。

8.4.1 智力測驗

英國心理學家 Frances Galton 被譽為智力測驗之父。19 世紀末,Galton 證明了人在各種心理歷程上有系統性的個別差異。雖然他的研究很少提供令人確信的結果,但 Galton 提出了有關智力的重要議題——智力應該如何測量、組成智力的元素

是哪些、智力遺傳的程度。

★ 比西測驗

1904 年，法國教育部要求心理學家 Alfred Binet（1857～1911）設計一個方法，測量哪些學生沒有受益於現有的教學課程。教育工作者想藉著安置無法受益於現有教學課程的學生（到特殊學校），來降低學生過多的現象。Binet 和他的學生 Theophile Simon 便發展了一種智力測驗以達到其目的。這個測驗由 30 個項目組成，包括辨識耳朵或眼睛、畫出記憶中的事物、定義抽象概念等能力。

Binet 發展了**心智年齡**（mental age, MA）的概念，是個體與其他人比較下的心智發展程度。Binet 解釋心智遲緩的兒童，所測得的心智年齡將會等同於年紀較小的兒童。他藉由 50 位 3 至 11 歲不等的兒童建立起一個標準，讓被懷疑為智力發展遲緩的兒童做試驗，以與同年齡正常兒童相比較。結果顯示，一位聰明的兒童，平均心智年齡（MA）高於實際生理年齡（chronological age, CA）；換言之，一位智力較低的兒童，他的 MA 便會低於 CA。

現在常談到的**智力商數**（intelligence quotient, IQ）是在 1912 年被 William Stern 訂定出來，計算方法是一個人的心智年齡除以實際生理年齡再乘以 100：

$$IQ = \frac{MA}{CA} \times 100$$

如果心智年齡與實際生理年齡相同，他的 IQ 是 100（平均）；如果 MA 大於 CA，IQ 便會大於 100（平均以上）；如果 MA 小於 CA，那麼 IQ 便會小於 100（平均以下）。例如，一個 6 歲的小孩擁有 5 歲的心智年齡，則他的 IQ 便是 83。

比西測驗（Binet-Simon intelligence scale）經由 Lewis Terman 做了很多次修正，主要是 Stern 的 IQ 概念加入測驗裡，訂立廣泛的準則，並對於每個測驗上的問題，提供精細且清楚的解釋。1985 年，此測驗更名為比奈測驗（Stanford-Binet test，因為最後的修正是在史丹佛大學完成的），將個人的反應分析歸納出四個主要的領域：文字推理、數學推理、抽象推理、短期記憶。這四個領域的分數綜合起來，便表示了一個人的智力表現。

現今比奈測驗多提供給 2 歲至成年人使用，它包含多種項目，有些需要語文回應，其他則是非語文回應。例如，一個描述 6 歲兒童智力的題目是辨認 6 個字母以上的單字，如 orange 以及 envelope，以及非語文題目，如：找出迷宮路徑。另一種用來反映一般人智力的題目為分辨兩組文句的意義，如：相反詞、解釋諺語、相似詞的比較（如：idleness 和 laziness）。

Alfred Binet 發展出智力的概念與測量方法。

心智年齡
個體與其他人比較下的心智發展程度。

智力商數
一個人的心智年齡除以實際生理年齡再乘以 100。

圖 8.9 智力的常模

智力表現是一種常態曲線，大多數的人都集中在 100 分上下。

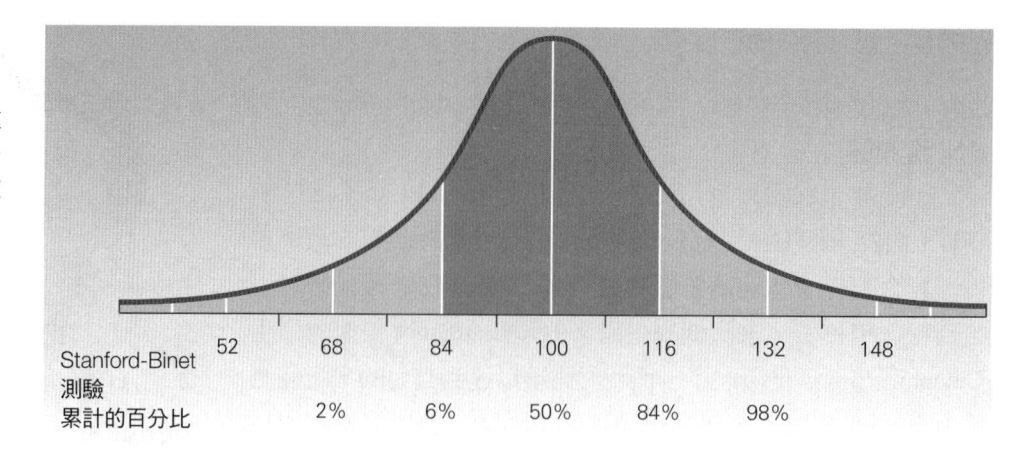

Stanford-Binet 測驗　　52　68　84　100　116　132　148
累計的百分比　　　　　　2%　6%　50%　84%　98%

比奈測驗藉由對美國各地不同年齡層的小孩至成人施測，記錄下每個人測驗的結果並製成分布圖表，發現其分布圖接近常態分布（圖 8.9）。**常態分布（normal distribution）** 為一條對稱的鐘型曲線，且大多數的人分布在較中間的區域，少數人落在兩旁較極端的區域。比奈測驗便成為最廣泛使用的智力測驗之一。

常態分布
一條對稱的鐘型曲線，且大多數的人分布在較中間的區域，少數人落在兩旁較極端的區域。

★ 魏氏智力量表

1939 年，David Wechsler 發展出第一個專門使用於成人的智力量表（Wechsler, 1939）。現在**魏氏成人智力量表**（Wechsler Adult Intelligence Scale-III, WAIS-III）已發展到第四版，主要是了解你的認知思考能力的狀況。而**魏氏兒童智力量表**目前國內也發展到第四版（Wechsler Intelligence Scale for Children-IV, WISC-IV），主要是為 6 至 16 歲的小孩所設計，**魏氏幼兒智力量表**（Wechsler Preschool and Primary Scale of Intelligence, WPPSI）則針對 4 至 6 歲半的小孩施測。

魏氏智力量表不僅提供一個綜合性的智力分數，更有 6 種語文以及 5 種非語文測驗的分數。測驗者可以分別查看語文以及非語文的 IQ 分數，以便快速了解個人在哪一方面的表現水準位於平均附近，或者高／低於平均。魏氏智力量表的非語文測驗，在語文以及非語文的表現上較比奈測驗更具代表性（圖 8.10），並且透過各分測驗的計算可測量到個體的語言理解能力、知覺組織能力、處理速度能力等等在生活中常會應用到的認知能力。

8.4.2 多元智力

心智年齡與 IQ 的概念認為「智力」是一般性認知的能力，重點在於採用一個分數指標來表示一個人的認知能力高與低。雖然早期的比西測驗測量了一些不同的認知技能（如：記憶力與理解能力），但仍然將各方面表現統整為個人表現的分

語文測驗
以下是語文測驗的範例。

相似性測驗
請說說這兩者相似的地方。例如，火車跟船？

理解力測驗
評估你對於生活事件的了解狀況。例如，為何我們要買手機？

非語文測驗
以下是非語文測驗的範例。

圖形排列測驗
以下的圖被打散了，請根據你的想法來排序。

圖形設計測驗
這裡有幾個方塊，請用這些方塊排出最右邊的圖案。

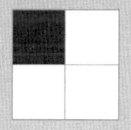

圖 8.10 魏氏智力量表
常用的智力測驗之一，包含 11 個子測驗，可以評估語文與非語文的智力。若你對自己智力有興趣，可以到學生輔導中心進行測試。

數。而魏氏智力量表不但提供了不同技能的智力，也綜合性地做出評斷。

　　Charles Spearman（1927）提倡智力應該分成兩個向度：一般智力（稱作 g），以及特殊能力（稱作 s），Spearman 認為這兩種向度才是智力測驗所需要測得的個人表現。Spearman 藉由分析大量的智力測驗來發展他的論點。L. L. Thurstone（1938）則認為智力測驗應該分成多種特別的因素，而非一般智力。Thurstone 解釋智力的組成，甚至包含主要的心理功能：語言理解能力、數理能力、文字流暢程度、空間概念、聯想記憶、推理，以及知覺的速度。而近期的 Stenberg（2009）發展出的三元智力理論（triarchic theory of intelligence）認為，智力包含分析智力（分析與判斷的能力）、創造智力（創意、設計與組織能力）以及實用智力（應用想法於生活中的能力）。目前許多心理學家都採用多元智力的概念，認為智力不只是一個單一分數所能代表。當然，智力會包含那些層面目前還是一個持續發燒的議題。圖 8.11 簡單地比較以下常見的多元智力理論。

圖 8.11 多元智力理論的比較

Gardner	Sternberg	Mayer/Salovy/Goleman
語文數理	分析	
空間動作音樂		
人際自我理解	實踐	情感
自然		
	創造	

★ Sternberg 的智力三元論

三元
Sternberg 的理論中，智力的三個主要型態為：分析、創造、實踐智力。

Robert J. Sternberg（1986, 2002, 2009）認為智力是**三元的**（triarchic），由三種成分組合：

- **分析智力**：Latisha 在傳統智力測驗（如 Stanford-Binet 測驗）得到很高的分數，並且專精於分析思考。Sternberg 稱 Latisha 的抽象思考能力為分析智力，很接近傳統智力測驗中被稱為智力的部分。在 Sternberg 的觀點裡，分析智力是由數種訊息處理能力所組成，包括獲得與儲存訊息的能力、保留或重新取得訊息的能力、傳遞訊息的能力、計畫決策和解決問題的能力，以及表達想法的能力。

- **創造智力**：Todd 並沒有很高的測驗得分，但卻擁有極具洞察力與創造力的心。Sternberg 稱 Todd 這類型的思考能力為創造智力。根據 Sternberg 的說法，具有創造智力的人能夠快速解決新問題，但他們也必須學習如何解決類似的問題，才能在遇到新問題的時候發揮洞察力與創造力。

- **實踐智力**：Emanuel 是一位懂得如何在陌生環境中生存的人，雖然他的 IQ 測驗分數很低。讓 Emanuel 能夠適應陌生環境與實踐所學生活技能的這項能力，Sternberg 稱為實踐智力。實踐智力包含遠離困難的能力、與人相處的能力。

Sternberg（1999）認為很少有事情是單純地只需要分析智力、創造智力或實踐智力的運作，大部分的任務皆需這三者的合作。例如，當學生在寫一份閱讀報告時，可能要先分析此書的主題（分析智力），設想一個新的點子能讓此書寫得更好（創造智力），以及考慮書上的主題如何應用到日常生活中（實踐智力）。

★ Gardner 的多元智力理論

試想一位擁有傑出音樂技能，卻在數學或者英語表現拙劣的人──貝多芬（Ludwig van Beethoven）。你會說貝多芬是個智能低下的人嗎？

Howard Gardner（1983, 1993, 2001, 2002）認為智力有八又二分之一種型態，以此方式來評定音樂或其他方面的天才，而不用傳統的智力理論進行判斷。Gardner 的智力型態以職業類別舉例詳述如下（Campbell, Campbell & Dickinson, 1999）：

- **語文技巧**：用語文思考與表達意思的能力。職業：作家、記者、發言人。
- **數理能力**：完成數學運算的能力。職業：科學家、工程師、會計師。
- **空間概念**：思考三維空間的能力。職業：建築師、藝術家、水手。
- **運動技能**：熟練運用器具或運動能力。職業：外科醫生、工匠、舞蹈家、運動員。
- **音樂技能**：對音調、節奏、聲音敏感的能力。職業：作曲家、音樂家、聽覺敏銳的人。
- **知人智能**：理解他人以及與他人互動的能力。職業：教師、心理健康專業人員。
- **知己智能**：了解自己的能力。職業：神學家、心理學家。
- **知天智能**：觀察與理解大自然以及人造系統的能力。職業：農夫、植物學家、生態學家、地理學家。
- **知道智能**：了解人生的意義、掌握生命價值的能力。職業：哲學家。

音樂家貝多芬擁有音樂大賦，但數學能力差。

★ 情感智力

傳統的智力只著重在學習相關的思考能力，隨著時代的演進社會智力也是一個目前重要的課題。Gardner 與 Stenberg 的智力理論都包含了社會智力。Gardner 理論包含知人智力與知己智力等社會智力，而 Stenberg 的理論裡則採用實踐智力這顯現出學者對於社會智力的重視。Peter Salovy 和 John Mayer（1990）將**情感智力**（emotional intelligence, EI）定義為為察覺自身以及他人感覺與情緒、區辨這些感覺與情緒，並利用此資訊來引導個人思考與行動的能力；現在為了方便對照於 IQ 的概念，一般都會將 EI 稱之為 EQ。心理學家丹尼爾·高曼（Daniel Goleman）特別以專書《EQ — 十週年紀念版》來說明這個與生活習習相關的社會智力——情感智力（俗稱 EQ），也強調我們在這個年代不只是重視 IQ 的能力，更需要強化我們的 EQ，並且他在最新著作《情緒競爭力，UP!》（The Brain and Emotional Intelligence: New Insights）裡，也提供了我們更多強化情緒智力的技能。

在電影《雨人》裡，達斯汀·霍夫曼飾演一個一般認知功能不佳，但卻擁有天才般的數理能力。

情感智力

指察覺自身以及他人感覺與情緒、區辨這些感覺與情緒，並利用此資訊來引導個人思考與行動的能力。

丹尼爾·高曼（2014）認為情感智力（EQ）應包括下列四項能力：
- **自我覺察**：自我情緒認知，能夠覺察自己的情緒狀態。
- **自我管理**：自我情緒控制、適應能力、創造成就感、正面的人生觀。

- **人際管理：**團隊合作、衝突管理、發揮影響力。
- **社會意識：**同理心、組織意識。

在最新的研究中，Mikolajaczak、Brasseur 與 Fantini-Hauwel（2014）[註]更進一步地將 EQ 分成個人內在與人際間的兩種 EQ 能力：

- 個人層面的能力，包含：內在情緒辨識與覺知、個人的情感表達與調整、以及了解情緒對自己的功用。
- 人際層面的能力，包含：他人情緒的辨識與覺知、傾聽他人心聲、協助他人調整情緒以及了解情緒在人際中的功用。

以往我們很強調 IQ 的發展，會希望自己能夠比別人聰明，考試成績可以更好。但是現今社會認為除了 IQ 以外，EQ 這樣的情緒管理能力更需要被重視。所以，擁有好的 EQ 會是一個重要的課題。下一章將深入討論情緒與動機這個主題，並且會探討如何增加你的情緒管理能力，強化你的 EQ。

註：Mikolajczak, M., Brasseur, S., & Fantini-Hauwel, C. (2014). Measuring intrapersonal and interpersonal EQ: the short profile of emotional competence (S-PEC). *Personality and Individual Differences*. 65, 42-46.

在地人的心理學

華人的智慧

每個文化對於智力的看法有所不同（Zhang & Sternberg, 2009），歐美人強調推理與思考能力，而肯亞人則著重在家庭與社交生活，而華人對於智力的看法則是採用「智慧」這個詞眼。對於我們所稱的智者，也就是有智慧的人，其代表的內涵為何呢？

暨南大學楊世英教授（2007）特別針對「智慧」這個主題進行系列研究。她在訪談 66 名被公認有智慧的人之後，發現智慧的展現包含三個層面：統整、行動實踐以及正面影響。一位有智慧的人可以統整資訊，並且將知識轉為行動，最後可以化行動為力量，對他人與社會產生正面的影響力。致力於和平運動的一行禪師、推展社會關懷的證嚴法師，以及促進社會教育的聖嚴法師等人都是近代有智慧的人，他們將生活經驗以及習得的知識，進行統整然後透過許多行動來影響這個社會，如：一行禪師的生活禪、證嚴法師的慈濟功德會以及聖嚴法師的心六倫運動。

「智慧」對一個人也有相當多層面的功能，包含幫助他人、改善環境、對自己感到滿意、有成就感、可決定人生方向、解決生活的難題，以及個體的抗壓性。由此看來，智慧可以幫助一個人過得更好。雖然隨著年紀增長，我們的大腦會漸漸的退化。對於年紀大的人，學習新的事物自然會比年輕人慢，但是隨著生命的歷練，年長者會粹練出許多智慧。在洪蘭教授的新譯作《腦到中年照樣靈光》一書中，提到了持續運動有助於保有你的智慧，這說明了透過運動可以增長我們的神經細胞，並且可以讓我們更加適應多變的生活環境。

想一想

1. 你認識有智慧的人嗎?
2. 你覺得怎樣的人才算有智慧?

|參考資料|
楊世英(2007)。〈日常生活中智慧的形式與功能〉。《中華心理學刊》,96,185-204。
洪蘭譯(2014)。《腦到中年照樣靈光》。遠流出版社。

課 堂 活 動

主題：合作創作

目標：

了解概念在思考的重要性；學習概念是如何組織的。

步驟：

1. 五個人一組。
2. 每個人想一個代表自己的物品或動物。
3. 拿出一張圖畫紙。
4. 將這些重要的物品當做圖畫中的物件，完成一幅有主題的畫。

回 家 作 業

快樂生活第八週——設定學習目標

你現在有什麼目標？
為什麼你想要達成這個目標？
你開始做些什麼來達成目標？
在你開始做些什麼的時候，有遇到什麼樣的困難呢？
遇到困難的時候，你該怎麼辦？

人們都想要變得更好，我們會設定目標，並且達成它。這也是為何我們會日益進步的原動力。我們不會只被動地對環境做反應，而是會不斷地改變自己，創造生活的主動者。讓我們來做做以下的練習。

- 請在下述的四個領域中選擇一個領域：
  健康／工作與個人成長／人際關係／休閒

1. 回答你在此領域中，想要的理想狀態。
   我想要 ＿＿＿＿＿＿＿＿＿＿＿＿＿＿＿＿＿＿＿＿ 。

2. 檢視現在的你。
   假設完全正中目標就是在 10 分的位置，距離靶心愈遠，表示你距離目標愈遠。

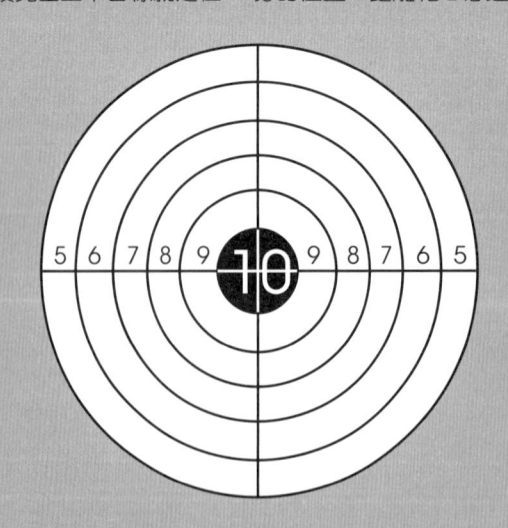

現在的你在什麼位置？

3. 如果要往靶心再向前走一步，你要做什麼行動？
   我要做：＿＿＿＿＿＿＿＿＿＿＿＿＿＿＿＿＿＿。
4. 想一想，現在你做的哪些事會使你距離靶心愈來愈遠？
5. 我要做哪些修正以排除這些困難，朝向靶心？

本章摘要

認知心理學是當代心理學進步最快速的學科，國內在此也有相當程度的發展，透過本章的學習，你會發現認知心理學的特性與生活應用。

1. **心理學「認知革命」的特色。**
   - 認知是指利用記憶、思考、了解等技巧來操作與運用訊息。認知革命起始於 50 年前，著重於心理功能的研究與如何運用訊息。電腦在這場革命中扮演了很重要的角色，使心理學家發展出訊息處理系統的模型。
   - 認知心理學的應用範圍包含複雜系統（如：航空安全等）到簡單系統（如：3C 產品）的人性化，主要目的在減少個人的疏失。
   - 臺灣認知心理學因為引進了大腦相關測量工具（如：fMRI）而有顯著的進步，目前在知覺、語言、人因工程等領域有相當的研究成果。

2. **基本思考因子。**
   - 概念是將事物、結果、特質組合起來的特定心理類型。概念幫助我們歸納與改善記憶，也讓我們持續學習。
   - 問題解決是嘗試找出一個適當的方法來達成不易完成的目標，解決問題時的思考歷程，有四個步驟：（1）設定問題；（2）培養良好的問題解決策略；（3）評估決策；（4）隨時重新思考及定義問題與解決方法。在這些策略之間，可以先設定一個子目標（一個中間的目標，讓你能夠有更適當的位置達成最終的目標），使用規則系統（一種確保問題解決的策略）或捷思（一種解決問題的策略或方針，但不保證可以解決問題）。解決問題時的障礙包括固著，固著是指我們使用先前的策略來解決新發生的問題而導致失敗。
   - 推理是一種轉換所得資訊，整理出結論的心智能力運用。歸納推理傾向由特殊推論到一般性；演繹推理傾向由一般性推論至特殊。
   - 決策就是從多個可以選擇的項目中挑選一個作為最後的決定。影響我們決策的偏誤包括：認證偏誤（傾向支持現有的想法）、自負認知（根據自己所相信的訊息來判斷某個結果）、後見之明（在知道正確結果後，使說我們之前預測的是正確結果）、可利用的捷思（利用某事件在過去發生的頻率所做的預測）、代表性的捷思（使用共同或具有代表性的例子來決定某些事情）。

3. **解釋人類語言發展的重要性。**
   - 語言是一種溝通形式，無論說話、書寫或符號，都是以象徵系統為基礎。思考與想法都是用文字串起來的。語言不完全決定想法，但會影響一個人的想法。例如，英文的思考與中文的思考有所差異。語言在認知活動裡扮演了重要的角色，如：記憶與思考。
   - 雖然從 Chomsky 的理論認為我們有基本的生理基礎來學習語言，而環境的刺激對於語言學習也扮演著重要的角色，在教導孩子語言學習時，主動與孩子說話、相信孩子聽得懂你說的話、用你最溫柔的口氣與孩子說話是重要的基本原則。

4. 描述何謂智力，評估其測量方法。
- 智力被解釋為解決問題的能力，或適應能力以及學習經驗的能力。
- Spearman 提倡智力應該分成兩個向度：一般性智力（稱作 g），以及特殊能力（稱作 s）。
- Thurstone 提出七種主要的心理功能。
- Gardner 的多元智力理論認為智力有八又二分之一種型態：語文技巧、數理能力、空間概念、運動技能、音樂技能、知人智能、知己智能、知天智能和知道智能。Sternberg 的智力三元論提出三項主要的智力型態：分析智力、創造智力、實踐智力。情感智力（EI/EQ）是指察覺自身以及他人感覺與情緒、區辨這些感覺與情緒的能力，主要包含：情緒覺察、情緒管理、察顏觀色與處理關係等四大能力。

把火柴盒釘在牆上即可。　　只要把線條跳出 9 個點的範圍即可。　　跳脫平面，改成立體即可。

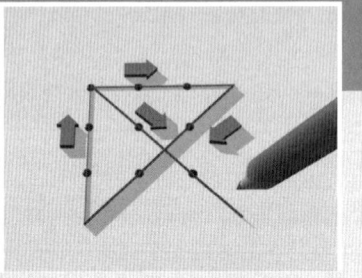

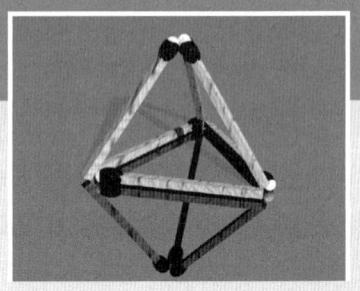

第 9 章

動機與情緒
Motivation and Emotion

章節內容

9.1 認識動機
9.1.1 生理層面的動機理論
9.1.2 心理層面的動機理論

9.2 飢餓
9.2.1 飢餓的生理機制
9.2.2 飲食疾患
動動腦——怎麼吃才健康

9.3 性
9.3.1 性的生理機制
9.3.2 性的非生理機制
9.3.3 性取向

9.4 成就需求
9.4.1 成就的認知因素
9.4.2 成就的社會文化因素
幸福人生——享樂或追求自我實現

9.5 情緒
9.5.1 情緒的生理機制
9.5.2 情緒的心理及社會機制
在地人的心理學——微笑是世界共通的語言
9.5.3 情緒的分類
9.5.4 情緒的功能
9.5.5 情緒管理

章頭故事

臺灣有許多迷人的小吃，如：珍珠奶茶、鹹酥雞等。在你享受這些美食時心情會大好，但吃了以後，往往又會覺得有罪惡感。七情六慾是指人類與生俱來的一些心理反應，而我們對美食的追求以及情緒的反應都是七情六慾的展現。這一章，將探討我們在生活中無時無刻都存在的七情六慾。在中醫觀點中，七情指的是「喜、怒、憂、思、悲、恐、驚」等七種情緒反應，若這些情緒反應掌握失當的話，會導致許多身心疾病。本章將從心理學的角度出發來探討情緒的產生與因應之道，讓你學會如何掌握每天都會出現的情緒反應。在「六慾」上，將探討「食慾」、「性慾」兩大生理層面的動機與心理層面的主要動機「成就感」，而另一個重要的心理層面動機「愛」將於第 15 章深入討論。

你是否會克制不了誘惑而買了一塊雞排呢？

9.1 認識動機

> **動機**
> 一種讓個體產生行為、想法與感覺的動力。

動機（motivation）就是我們一般所稱的「慾望」或「驅力」，也就是是引導我們產生行動的原動力。在《香醇的紅酒比較貴，還是昂貴的紅酒比較香？》一書[註1]說明了我們滿足自己的慾望不只是生理層面的滿足，也不只是產生快樂的起源，其中還涉及了許多心理層面的抉擇歷程。由此心理學家的動機理論可以分成生理層面的動機理論與心理層面的動機理論，本節將介紹主要的動機理論，讓你更清楚了解當你滿足口腹之慾與性慾時，你的心理產生了那些變化歷程。

9.1.1 生理層面的動機理論

> **本能**
> 天生的（未經學習的）、生理的行為模式，在跨種族間具有普遍性。

我們有許多動機都是來自於生理的驅動力。心理學家試著從遺傳演化機制、內在慾望機制與生理反應來探討動機的存在：

- **演化觀點：本能**（instinct）就是我們的天性，也就是一種天生的行為模式，例

註1: 保羅・布倫（2014）。《香醇的紅酒比較貴，還是昂貴的紅酒比較香？》。商周出版社。

如，小嬰兒不需要經過學習就會吸允靠近他嘴巴的物品。演化心理學家主張性、攻擊、成就和其他的本能都是我們的天性（Buss, 2000; Cosmides 等人，2003）。演化心理學家認為我們的行為都是透過基因遺傳而來，特別是著重在生存的本能，在這些本能之下我們會有許多跨文化的共通行為，這些行為都可增加我們在環境中的生存機會。以擇偶為例，男性傾向選擇年輕的女性，而女性會選擇有資源的男性（Cosmindes, 2011）。人類有些行為的動機的確與適應環境有關，但有些行為則是比適應環境還要複雜，為了了解這些行為，心理學家發展了其他的理論來說明動機。

- **驅力減低理論**：**驅力**（drive）是在心理需求之下產生的激發狀態，**需求**（need）則是透過增加驅力來消除和減弱匱乏狀態。如，身體需要食物因而產生飢餓感，飢餓激起你去做某些事（如吃個便當）而減少驅力和滿足需求。減少驅力的目標是達成**體內衡定**（homeostasis），一種保持平衡或穩定狀態的身體趨勢（Ramsay & Woods, 2014）。我們的體溫、血糖、含氧量等等的生理現象都需要維持在某種穩定的範圍內，例如，你在炎熱的夏日中，就會流汗來降低過高體溫；而跳入冰冷的水池中，則會心跳增加以提升較低體溫。驅力減低理論就是說明，當生理處於不衡定的狀態時，透過驅力的運作來讓我們產生某些行動，如：喝水、吃飯、流汗等等，讓身體維持在正常的衡定狀態。

- **最適激發理論**：在生活中，我們偶而會興奮、偶而會感到無聊，這就是我們激發狀態的高或低的表現。心理學家認為激發狀態會影響到我們的工作表現。例如，你會覺得洗碗很無聊，但參加球賽就很緊張，這都牽涉到你內在的激發狀態，隨著激發狀態不同，你的參與動機也就不同（Keeley, Zayac & Correia, 2008）。根據 Yerkers-Dodson 定律，對於大多數的作業來說，在中度的興奮（或激發）狀態會表現較佳，如圖 9.1 所示。在適度的壓力下，我們對於大多數的作業表現會很好。有些人是**刺激尋求者**（sensation seeker），樂於追求刺激且享受高風險行為之下的興奮感。Zuckerman 等人（Zuckerman and colleagues 1994, 2000; Zuckerman 等人，1993）發現，高刺激尋求者比起低刺激尋求者更可能從事高風險性運動，

驅力
心理需求之下產生的激發狀態。

需求
透過增加驅力來消除和減弱匱乏狀態。

體內衡定
一種保持平衡或穩定狀態的身體趨勢。

圖 9.1 激發和表現
最佳表現是在中度激發狀態時；對於熟練或簡單的作業，需要較高的警覺度；另外，對於新且困難的作業，較低的警覺度則有益於表現。

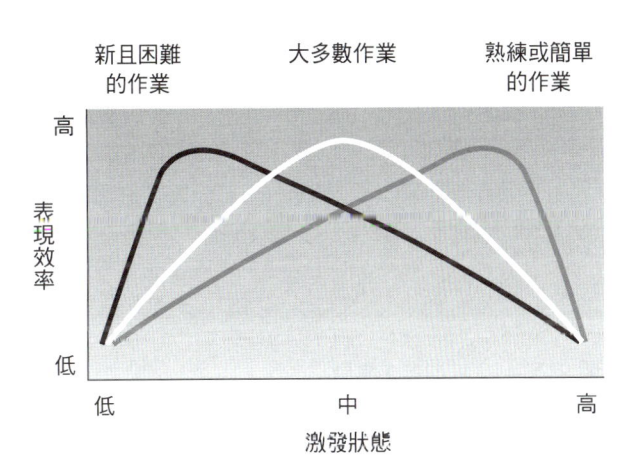

如：登山、跳傘、滑翔翼、潛水、汽車或摩托車競賽和滑雪，也可能受危險性工作吸引，如：消防員、急診室工作。

9.1.2 心理層面的動機理論

內在動機
以內在因素（如：自主、好奇心、挑戰性和成就）為基礎的動機。

外在動機
以外在刺激（如：獎勵與處罰）為基礎的動機。

需求階層
Maslow 認為，人類主要的需求漸進式獲得滿足：生理、安全、愛與歸屬、自尊，以及自我實現。

自我實現
Maslow 需求中的最高階層，企發揮人類所有的潛能。

除了基本的生理層面的動機以外，人類的心理層面也與動機息息相關。以下將介紹常見的心理層面的動機理論。

- **認知觀點**：了解行為背後的原因也是探索動機的一個方向，認知觀點對於行為背候的動機主要可分成**內在動機**（intrinsic motivation）——基於內在因素（如：自主、好奇心、挑戰性和成就）與**外在動機**（extrinsic motivation）——基於外在刺激（如：獎勵與處罰）。某些學生認真上課是因為內在的激勵（如：喜歡學習），所以在課業上有更佳的表現（內在動機）；而有些學生用功是因為想要獲得好成績或避免父母的責難（外在動機）。許多成功者的行為同時受到內在動機（如：個人的成就感）與外在動機（如：與他人的競爭性）的雙重影響（Schunk, 2011），如許多運動選手參與比賽即是受到成就感（內在動機）與獎金（外在動機）雙重的影響（Ciani & Sheldon, 2010）。然而，心理學家認為內在動機才是持續讓一個人努力向前的動力（Blumenfeld, Kempler & Krajcik, 2006; Ryan & Deci, 2009）。

- **Maslow 的人類需求階層理論**：人本理論家 Abraham Maslow（1954, 1971）提出，我們的基本需求必須在更高階層的需求形成之前獲得滿足。圖 9.2 呈現 Maslow 的**需求階層**（hierarchy of needs），說明人類主要的需求是漸進式獲得滿足。根據這個階層，人類會先滿足食物的需求（生理需求），接著滿足安全的需求，再來滿足愛的需求，以此類推。**自我實現**（self-actualization）是 Maslow 需求階層理論中的最高階層，企圖發揮人類所有的潛能。目前有些學者對於需求階層提出新的見解，認為個體的需求不一定完全會照著 Maslow 的階層走。在現實生活中有些人放棄了愛情而著重在學業，這也顯現出這

圖 9.2 Maslow 的需求階層
Abraham Maslow 認為人類的基本需求必須在更高階層需求形成之前獲得滿足。

些人尚未滿足愛與需求的階層，就透過投注在學業中來達成自尊的需求。
- **自我決定理論：** 延續 Maslow 的需求階層理論，Edward Deci 與 Richard Ryan 發展了**自我決定理論（self determination theory）**。此理論認為，我們若可以適切地滿足內在的核心心理需求，就會產生生理與心理層面的幸福感（Ryan & Deci, 2009）。此理論認為人類有自主（autonomy）、能力（competence）與人際關係（relatedness）等三大心理需求。在能力層面上，個體會追求自我效能感（self-efficacy——認為自己有信心完成某個任務）以及精熟度（mastery——對於某些技能的熟悉度）。在關係層面上，個體會與他人建立溫暖的支持性關係，著重在人際間的歸屬感。在自主層面上，個體著重在對於自己生活的掌控性。此理論融合集體主義（collectivism）所重視的人際親和以及個體主義文化（individualism）所重視的成就自我，可以說是一種跨文化的人類基本動機理論（Sheldon 等人，2001）。

> **自我決定理論**
> 認為人類有自主、能力與關係等三大需求。

想・想

1. 心理學有哪些理論說明動機的產生？
2. 根據自我決定理論，你目前在追求哪種需求的滿足？
3. 根據 Maslow 的需求階層，你目前在哪個階段？
4. 你修這門課是因為內在動機還是外在動機呢？

9.2 飢餓

子曰：「食色性也」。接下來的兩節將探討「吃」與「性」這兩種基本生理層面的動機。首先，先來介紹與吃息息相關的「飢餓」問題。

9.2.1 飢餓的生理機制

感到肚子餓是受到多種生理因素所影響。這也可以說明，為何有時早起你會感到到肚子餓，而有時卻不會。

★ **胃部訊息**

在 1912 年，Walter Cannon 和 A. L. Washburn 進行一個實驗，揭露了胃收縮和

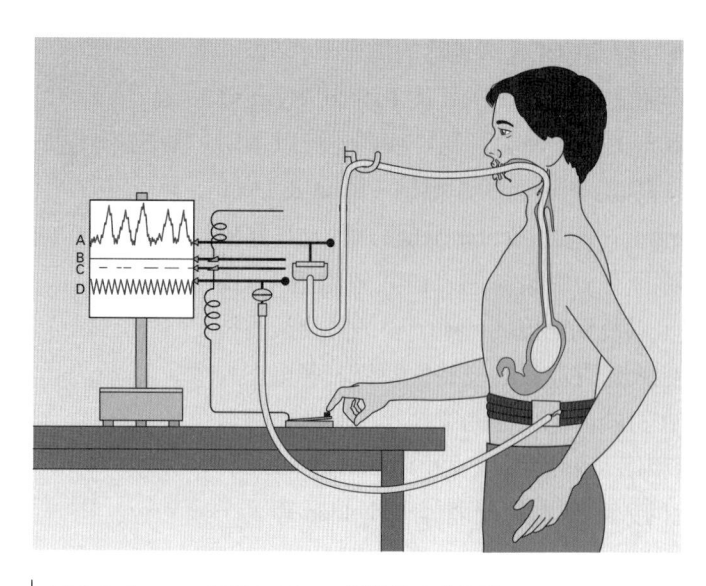

圖 9.3 Cannon 和 Washburn 飢餓的古典實驗

在這個研究中，證實胃的收縮可由氣球內氣體壓力的變化偵測出來。伴隨著飢餓的感覺，圖表 A 曲線記錄受試者胃裡氣球的體積增加或減少；B 曲線記錄時間；C 曲線記錄受試者對飢餓感的按鈕訊號；D 曲線記錄纏繞在受試者腰部的腰帶以偵測腹部的變化，確認這變化不是胃部體積改變所造成的。

飢餓的關聯性。程序上是把一個膨脹的氣球透過管子插入 Washburn 的嘴巴，進入到胃裡（圖 9.3），以一臺連結到氣球的機器偵測空氣壓力來監控 Washburn 胃的收縮，每次 Washburn 報告感到飢餓疼痛時，他的胃同時也在收縮。簡單來說，當你胃空空的時候，你就會感到肚子餓。

除了胃部的充實感影響著我們的食慾以外，我們所吃的東西也會影響到飢餓的感受，例如，喝大量的水與吃一個便當。後者的飽足感一定比前者高。這說明胃部也會傳遞一些訊息告知大腦我們是否攝取足夠的養份。其中，膽囊收縮素（cholecystokini-CCK）就會傳遞訊息到大腦，告知胃中的養份是否足夠（Nefti 等人，2009）。

★ 血液裡的化學物質

除了空腹以外，還有三種化學物質的因素影響飢餓感：

- **葡萄糖（glucose，血糖）**：血糖是我們的活力來源，特別是大腦極度需要血糖產生能量才能有效地運作，所以大腦裡的血糖接受器能偵測體內的血糖濃度，當血糖濃度太低時將引發飢餓感。而另一套血糖接受器位於肝臟，用來儲存過剩的血糖，當有必要時會再將血糖釋放回血液裡。當其所能供給的血糖降低時，這些肝臟裡的血糖接受器會傳訊告知大腦，會使你感到飢餓，產生想吃東西的慾望。
- **胰島素（insulin）**：胰島素是一種體內控制血糖濃度的荷爾蒙，它可以將多餘的血糖儲存成脂肪和碳水化合物（Dominquez Coello 等人，2010）。心理學家 Judith Rodin（1984）曾經研究胰島素和葡萄糖對於飢餓和飲食行為所扮演的角色。她指出，當我們吃下複合碳水化合物（如：麵包）時，胰島素濃度會上升後漸漸降低；當食用單醣類（如：可樂），胰島素濃度會上升然後突降。簡單來說，食用單醣類會讓你容易事後感到飢餓，也會讓你不小心攝取過量的血糖而導致肥胖問題。
- **瘦蛋白（leptin，源自希臘文 leptos，意指「瘦的」）**：瘦蛋白是一種脂肪細胞分泌的蛋白質，用來減少食物的攝取和增加能量的消耗（Kaiyala 等人，2010）。瘦蛋白強烈影響新陳代謝和飲食習慣，猶如一種抗肥胖的荷爾蒙（Misra 等人，2001）。這個蛋白質的發現來自於一隻因為基因突變的癡肥老鼠。牠因為脂肪細

圖 9.4 瘦蛋白和癡肥

左邊是未接受治療的癡肥老鼠，右邊是已經接受注射瘦蛋白的老鼠。

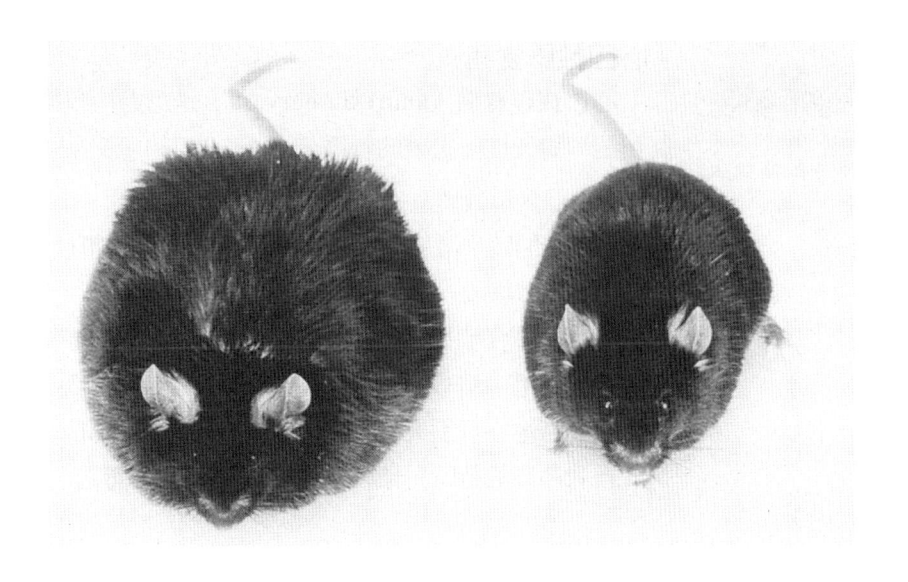

胞沒辦法製造瘦蛋白而變得相當肥胖（圖 9.4 左邊的老鼠）。由於瘦蛋白可以當作一種抗肥胖的賀爾蒙（Friedman, 2009），當癡肥老鼠每天被注射瘦蛋白後，牠的新陳代謝速度增加，變得有活力，而且吃得比較少，也變瘦了（圖 9.4 右邊的老鼠）。瘦蛋白的效果不只是在老鼠身上有用，人體內的瘦蛋白濃度也與體重、飲食行為有關（Lee & Fried, 2009），目前我們正努力地研發相關的治療方式來改善肥胖的問題（Adam, 2010）。

★ 腦部歷程

第 2 章描述下視丘是調節身體功能的重要角色，包括飢餓感，主要是靠下視丘的兩個區域。側下視丘（lateral hypothalamus）與促進攝食有關，當它被電擊刺激時，動物會開始進食，而且假如下視丘這區塊受損，動物即使飢餓也會對食物沒興趣。中腹側下視丘（ventromedial hypothalamus）與減少飢餓感和停止進食有關，當動物腦內這塊區域受電擊將停止進食，而當這塊區域受損時，動物則會大量進食而且快速變胖。雖然我們了解下視丘與飲食行為的關係，但是其中的神經傳導素與神經迴路如何運作也是重要的考量因素（Fulton, 2010）。以瘦蛋白為例，它就是藉由抑制側下視丘製造神經傳導素而影響飲食（Cowley 等人，2001; Sorensen 等人，2002），其中神經傳導素的血清素部分是負責飽足感，所以阻斷血清素回收的藥物通常被用來治療人類的肥胖（Zhang 等人，2010）。

9.2.2 飲食疾患

「化悲憤為食量」，你是否在心情不好的時候特別想大吃一頓呢？你是否跟電影《戀上愛情》的主角一樣，大吃一頓後會催吐呢？接下來將討論兩個與「吃」有關的心理困擾。

★ 心因性厭食症

心因性厭食症（anorexia nervosa）是透過持續挨餓來追求瘦身的飲食疾患，最終可能導致死亡，主要的特徵如下（APA, 2013）：

- 過度地節食導致體重過輕。
- 強烈地害怕體重增加，並且努力地控制自己的體重。
- 扭曲的身體意象──認為自己過胖。

大多數厭食症患者是年輕的女性，受過良好的教育，來自中高收入具競爭力和高成就的家庭。變成厭食症的女性常常設立高標準，因為往往無法達成而變得有壓力，且強烈地在意別人的眼光（Striegel-Moore, Silberstein & Rodin, 1993）；當無法達成自我的高期待時，便轉向她們可以控制的體重。

★ 心因性暴食症

心因性暴食症（bulimia nervosa）是一種持續地採用狂食和嘔吐模式的飲食疾患。暴食症患者飲食過量後，會以催吐或使用瀉藥來清除食物。如同厭食症患者，大多數的暴食症患者全神貫注於食物，強烈害怕變得過重，而且感到憂鬱或焦慮（APA, 2013）。

暴食症典型開始於青春期後期或成年期早期（Levine, 2002）。很多暴食症的女性發病前是體重稍微過重的，而且常在減肥期間狂食，如同心因性厭食症患者，大約70%的暴食症患者最終是可以恢復的（Keel等人，1999）。由於厭食症與暴食症常見於青春期與成年期初期（大學生階段），曾美智等人（2001）特別發展中文版的飲食障礙問卷，用以評估大學生的飲食障礙程度。若你或者周遭朋友有這方面的困擾，可以到學生輔導中心進行相關的評估。

除了常見的心因性厭食症以及心因性暴食症以外，2013年出版的美國精神科診斷標準（DSM-5）還提到了亂食症（Pica）（如：吃迴紋針等）、反芻症（rumination disorder）（將咀嚼過後的食物吐出來再咀嚼）等潛藏心理問題的飲食行為。這也反應出許多人在飲食上產生了很多心理困擾，「動動腦」這個專欄將從東方的禪修角度出發，來探討怎麼吃會更好。

想一想

1. 哪些身體上的訊息會告知你肚子餓了該吃點東西？
2. 身體是如何告訴我們已經吃飽了不要再多吃？
3. 在什麼樣的狀況下，你會吃太多或者是節食呢？

動動腦

怎麼吃才健康

中華美食文化聞名國際，特別是國內的夜市小吃更是令人垂涎三尺。吃是生活中的大事，美食更是一種迷人的誘惑。但是不當的飲食會導致肥胖的問題，而過度限制的飲食則會產生本節所提到的飲食疾患（曾美智等人，2001）。肥胖的問題有一部分與先天遺傳有關，而另一個部分則是與基礎代謝率（basal metabolism rate, BMR）有關。所謂的基礎代謝率即是我們在休息的狀態下使用的最低能量。從圖9.5來看，隨著年齡的增加，我們的基礎代謝率就開始下降。也就是說，年紀越大時，吃的東西雖然跟年輕人一樣多，但若缺乏良好運動習慣的話，所吃的熱量將會一直儲存在身體裡，然後導致體重增加。

面對這些美食與體重間的衝突，其中的平衡該如何拿捏呢？佛學大師一行禪師與營養學家一同出了一本《蘋果禪》，裡面採用東方佛學的概念來引導我們如何吃的快樂以及吃的健康，其中最重要的就是帶著快樂與感恩的心情專心吃飯。透過這樣的專心飲食，讓我們的身體只攝取足夠的營養，而不會產生過多的體重。

我們就先從開心地吃一顆蘋果開始：

首先，拿一顆蘋果，用手感受一下它的重量

然後仔細地洗這顆蘋果，感受水在手上的感覺以及觸摸蘋果的感覺

洗乾淨以後，看看這個蘋果的色澤

然後用鼻子聞聞蘋果的香氣

最後好好地品嘗這顆蘋果

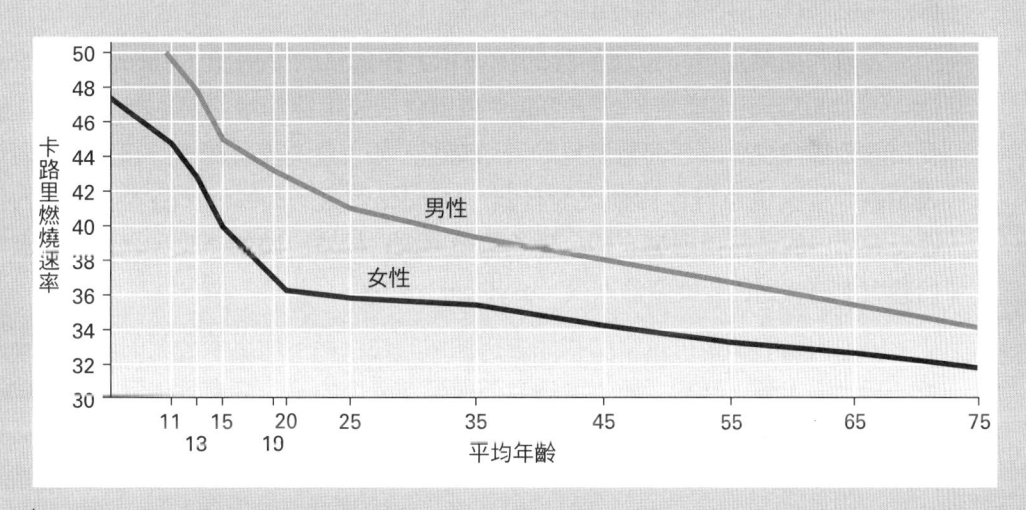

圖9.5 基礎代謝速率隨年齡而改變

基礎代謝速率隨著年紀變化，因性別亦有不同，男性的速率通常較高，且兩性皆隨年紀成比例地下降。

|參考資料|

曾美智、柯慧貞、李明濱（2001）。〈中文版飲食障礙問卷之信度和效度研究〉。《臺灣醫學》，5，379-388。

一行禪師（2013）。《蘋果禪》。晨星出版社。

9.3 性

性很重要嗎？壯陽祕方、藥物性愛、一夜情等等的盛行，說明了大家對於「性」的需求。但是我們對性又有多少了解呢？晏涵文教授針對年約 20 歲的大學生進行一個橫跨 3 個世代的分析研究，結果發現男性有性經驗者在 1979 年為 29.3%，到了 2007 年為 40.3%，而女性由 1979 年的 5.3% 提升到 2007 年的 35.7%。這顯現出性行為在大學生的族群中已經不是檯面下的活動，而是逐漸浮上檯面的課題。本節將從心理學的角度來探討「性」這個基本動機，並且讓你了解如何聰明地性愛。

9.3.1 性的生理機制

★ 性和大腦

掌管性行為的中樞位在下視丘（Carter, 1998），而且就像其他動機的區域一樣，腦部功能有關於性的部分，向外擴散連結到邊緣系統和大腦皮質。電極刺激下視丘某區域會增加性行為（如電極刺激男性下視丘可以導致 1 小時內多達 20 次的射精）；反之，手術切除下視丘某區域會產生性抑制。另外，電極經過下視丘的邊緣系統可以造成男性陰莖勃起和女性高潮。

人類的顳葉皮質可以調節性的激發和選擇適當的性對象（Cheasty, Condren & Cooney, 2002）。同樣地，公貓的顳葉損傷會造成選擇適當伴侶的能力喪失；顳葉受損的公貓會試著跟任何看得見的東西交配，如：泰迪熊、椅子，甚至研究者等。人類顳葉的損傷也與性活動改變有關（Mendez 等人，2002）。基本上，性的正向感受與腦中的神經傳導素有關，性的愉悅感來自於多巴胺的產生，性之後的深度放鬆感與幸福感則與荷爾蒙催產素（oxytocin）有關。

由於大腦的顳葉可以幫助我們選擇適切的性伴侶，所以談戀愛的時候需要多思考一下。用大腦來談戀愛才不會讓我們像顳葉受傷的貓一樣有性無愛。在下一節將從心理層面來探討性的課題，也就是說如何用大腦來產生性行為。

★ 性荷爾蒙

性荷爾蒙是強效的化學物質，由腦中的腦下垂體所控制。兩種主要的性荷爾蒙是雌激素和雄激素，它們會影響兩性的性動機。女性以**雌激素（estrogen）**為主，由卵巢分泌；男性以**雄激素（androgen）**為主，由男性睪丸和（男女皆具有的）腎上腺分泌，睪固酮就是一種雄激素。

性荷爾蒙的分泌是由回饋系統所調節，腦下垂體監控荷爾蒙濃度和發號施令給睪丸或卵巢製造性荷爾蒙，然後腦下垂體透過與下視丘的交互作用，察覺出理想的荷爾蒙濃度點並維持濃度。

雌激素
可以讓人有人際親和的一種女性荷爾蒙。

雄激素
可以讓人有成就感的一種男性荷爾蒙。

遍及所有動物的領域，性行為都有其表現的時刻，昆蟲在半空中交配、雄孔雀開屏展現亮麗的羽毛、雄海象有一夫多妻的性生活等。經驗在人類的性行為上扮演重要的角色，我們可以透過與他人討論性，或閱讀書報雜誌、看電視或電影。非生理因素是否使得人的性行為與其他動物有所不同？

★ 感覺、知覺和性

感覺／知覺的因素也包含在性行為之內；在嗅覺層面，**費洛蒙（pheromone）**在某些動物裡是非常具吸引力的氣味物質（Beckman, 2002; Savic, 2002）。正值排卵期的母天竺鼠的尿液裡存在費洛蒙，用來吸引公天竺鼠；當公貓聞到費洛蒙的氣味，就知道附近有母貓正在發情。以人類為例：香水的發明也就是透過嗅覺來增加對他人的吸引力。

費洛蒙
一種由動物釋放出有顯著氣味的物質，具有強烈的性吸引力。

★ 人類性反應模式

人類在經歷性活動時的生理有什麼變化？為了回答這個問題，婦產科醫師 William Masters 和研究夥伴 Virginia Johnson（1966）小心地觀察和測量 382 位女性和 312 位男性自願者在手淫或性交時的生理反應，辨識出組成**人類性反應模式（human sexual response pattern）**的四個階段（圖 9.6）：

人類性反應模式
由 Masters 和 Johnson 辨識出的結果，包含四個階段：興奮期、高原期、高潮，以及恢復期。

1. **興奮期**：持續從幾分鐘到幾個小時，端視性挑逗的情形。生殖器的血管充血和血流加速，以及肌肉的緊繃是興奮期的特徵。在這階段最常見的現象是陰道溼潤和陰莖部分勃起。
2. **高原期**：從興奮期開始連續不斷地增加刺激。原本增加的呼吸、脈搏和血壓更加強烈，陰莖勃起和陰道溼潤更加完全，最後到達高潮。
3. **高潮**：持續大約只有 3 至 15 秒。高潮包含神經肌肉爆發性收縮將體液排出，以及強烈的愉快感。然而，高潮並非完全相同。舉例來說，女性呈現三種不同的高

第 9 章 動機與情緒　　**299**

男性 / 女性性反應模式圖

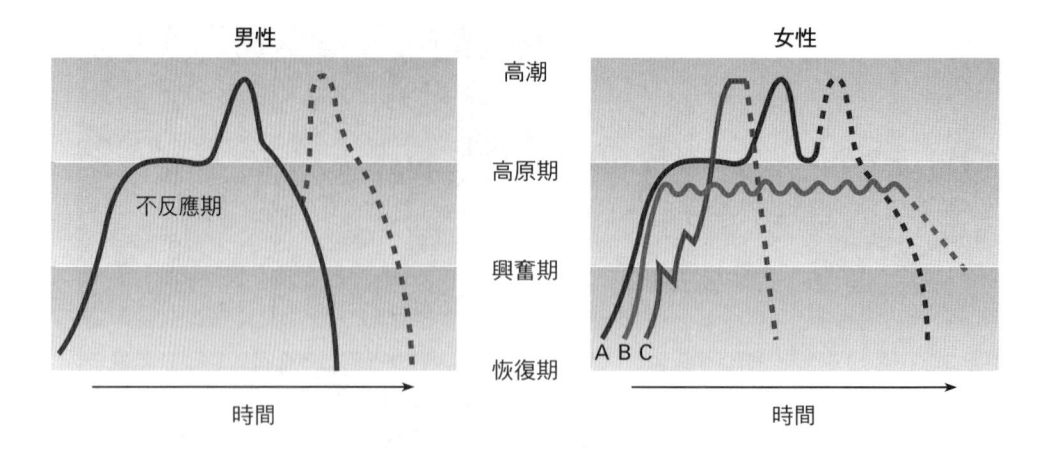

圖 9.6 Masters 和 Johnson 提出的男性和女性的性反應模式
（左圖）男性進入到不反應期，持續時間從幾分鐘到一整天不等，此時不能再出現高潮。（右圖）女性有三種性反應模式：A 模式有點像男性的模式，除了它有多次高潮的可能性（第二個高峰）而沒有掉到高原期之下；B 模式沒有高潮的出現；C 模式呈現強烈的女性高潮，似乎像男性的模式有強烈的高潮及快速回復到原狀。

潮模式，如圖 9.6 所示：（A）複合式高潮；（B）沒有高潮；（C）快速興奮到達高潮，跳過高原期。第三個模式非常符合男性的模式。

4. **恢復期**：血管恢復成正常狀態。男女在這時期的不同點是女性可能馬上再被刺激達到高潮，男性則進入到不反應期（refractory period），持續幾分鐘到一整天不能夠馬上有另一次高潮。不反應期的長度隨著男性的年齡增加。

9.3.2 性的非生理機制

性行為從生理的層面來看只是為了繁衍後代，但對於現代人而言，性行為不只是為了生小孩，還包含了心理的愉悅感以及社會層面的關係緊密度。基本上性行為受到許多因素的影響，從生理的感官知覺到心理的思考層面（Crooks & Baur, 2011），以下將探討性行為的心理社會層面。

★ 性的心理因素

回想一下你上一段戀情，你是如何看到對方、喜歡他、然後愛上他？在其中，你會發現你的一些想法深深地影響著自己（Kelly, 2006）。回想到第 8 章認知與思考，我們許多行為都與生活腳本有關，性行為在我們的腦中也有**性行為的腳本（sexual script）**（Stulhofer, Busko & Landripet, 2010）。每個人都有自己喜歡的菜，也會有自己的偏好，在親密關係中也有自己的一個愛的腳本。一般而言，男性的腳本往往著重性交與射精；而女性則是著重在擁抱與親密的互動感覺（van Lankveld, 2008）。在傳統宗教腳本裡，性關係只有在婚姻之下才被接受，婚外性關

> **性腳本**
> 一種心理既定的性行為模式。

係是被禁止的。在羅曼蒂克腳本裡，假如我們和某人發展出人際關係並墜入情網，不管有沒有結婚，發生性關係是可以被接受的。

對性活動的認知解釋也包含與我們發生性關係對象的感受，以及他或她對我們的感受（Miller, Perlman & Brehm, 2009）。我們在察覺性行為上充滿著疑惑：他對我忠心嗎？未來我們的關係會變得怎樣？性對她有多重要？萬一她懷孕了怎麼辦？在荷爾蒙對性活動的催化過程中，認知能力是可以去控制、推理和理解這個行為的。

雖然每個人的性愛腳本有所不同，有人因愛而性，有人則由性生愛。雖然都是一種性愛的過程，但其中的心理腳本差距甚大。在《聰明性愛》註2這本書中，提到性在於心而不在於行，也就是說性愛不只是一種生理性的衝動，而是兩個人的心理互動歷程。所以，性愛不只是肚臍以下的生理衝動，還包含了脖子以上的心理交流，若可以好好地享受對方的全部，這樣的性愛腳本將是一場浪漫的愛情劇碼。在第15章兩性心理學中，將深入探討兩人如何好好相愛。

★ 性的文化因素

我們的行為深深地受到文化的影響，特別是性行為的課題。有些文化認為，性的滿足是「正常的」或「必需的」，有些文化則認為性的滿足是「神祕的」或「不正常的」。研究發現，愛爾蘭沿海 Ines Beag 小島的居民是世界上性壓抑最嚴重的族群。他們不知道舌吻或手淫，而且厭惡裸露。對男女來說，婚前性行為是不可能的，男性會避免性行為，因為他們認為性交會耗損能量，而且有害健康。在這些限制的情況下，性交只發生在晚上，愈快愈好，而且要穿衣服行房。就如預期，這種文化下的女性達到高潮的機會十分稀少（Messinger, 1971）。相對地，在南太平洋的 Mangaian 文化似乎是男女雜交的情況。年輕男孩被教導手淫，而且被鼓勵愈多次愈好。男孩在13歲經歷成年儀式時即對性有初步了解。首先，長輩教導他們一些性交技巧，包括如何增加女性伴侶的高潮；兩星期後，每個男孩和一位經驗豐富的女性交歡，她會抑制男孩射精直到雙方可以一起達到高潮為止。青春期結束後，幾乎每天都做愛，Mangaian 的女性達到高潮的機會就相當頻繁。隨著時代的演進，我國文化性的態度也從保守漸漸轉向多元開放，在2013年多元成家法案的推動過程中，也激發了國內許多性與兩性相關議題的討論，這也顯現出我國已將檯面下的性議題檯面化，面對這樣的性議題，我們必須學習一種尊重他人的性態度。

9.3.3 性取向

如同前面所言，性行為已經不只是生理層面的因素，還包含了心理與社會層面

註2: 馬特・克雷恩（2013）。《聰明性愛：性愛在乎心，而不在乎行》。晨星出版社。

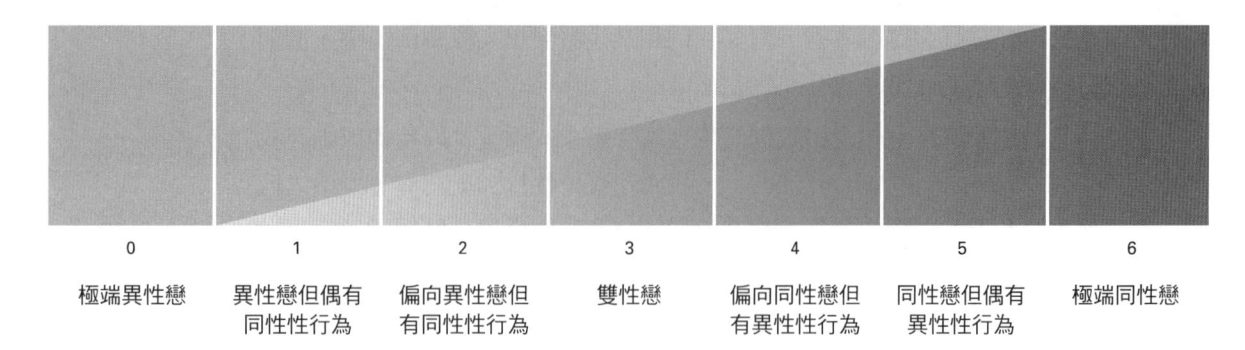

0	1	2	3	4	5	6
極端異性戀	異性戀但偶有同性性行為	偏向異性戀但有同性性行為	雙性戀	偏向同性戀但有異性性行為	同性戀但偶有異性性行為	極端同性戀

圖 9.6 性取向的連續向度

Kinsey 等人描述性取向連續向度從極端異性戀（標記為 0 分）到極端同性戀（標記為 6 分），有些人是雙性戀，同時吸引兩種性別的人，標記 2～4 分。

的課題。當你與某人發生性行為時，性已經不是唯一的因素，雙方的心理交流更是一個重點。在過去以生理為決定因素的性行為時代，性取向會是一個重要的議題，我們會直覺地以你跟同性或異性發生性行為來判斷你是同性戀或者是異性戀。但隨著時代的演進，性取向不再只是分成同性戀或是異性戀這樣的二分態度，而是採用一連續向度的觀點。Kinsey、Pomeroy 與 Martin（1984）描述連續向度的記分範圍從 0（極端異性戀）到 6（極端同性戀；圖 9.6），而有些人是雙性戀，同時吸引兩種性別的人。在 Kinsey 的研究裡，接近 1% 的個案報告是雙性戀（1.2% 男性和 0.7% 女性），大約 2 至 5% 的個案報告是同性戀（4.7% 男性和 1.8% 女性）。簡單來說，我們只能說你傾向喜歡男生還是傾向喜歡女生，而不是武斷地覺得你是同性戀或者是異性戀。當荷蘭將同志婚姻合法化後，許多國家也陸續跟進，我國也在努力地推動多元成家方案。這些行動都告訴我們，親密關係應該是一個跨越性別的態度，而是好好地與一個人相愛。若從人的觀點來看，你應該喜歡的是這個人，而不只是他的性別。2014 年蘋果執行長庫克公開出櫃後，再度引發大眾對性取向這個議題的重視，我們將在兩性心理學這一章針對同志心理議題作深入的探討。

想一想

1. 你如何定義性行為？你對性關係的態度為何？
2. 當要發生性行為時，你會做怎樣的保護措施呢？
3. 你的性腳本為何，你會如何經營一個浪漫的夜晚？
4. 你覺得性別會是愛情的主要考慮因素嗎？

9.4 成就需求

在前兩節中，我們討論了吃與性這兩個生理層面的動機。本節將深入探討心理層面的動機——成就感。

成就需求（need for achievement）是一種想要實現某些事、達到優秀的標準和努力勝出的渴望。每個人的成就需求有所不同。就像這門課一樣，有人想得高分，而有人只想求過關。心理學家 David McClelland（1955）透過模稜兩可的圖片來評估成就動機。請參與者看圖說故事，就依故事內容中反應成就主題給予動機強度評分。研究者發現，從故事中反映出有強烈成就動機的人，比較希望成功而不害怕失敗。而且當測驗變得困難時，會持續努力下去（Atkinson & Raynor, 1974）。McClelland（1978）也想知道，增加成就動機是否可以鼓勵人們更努力追求成功。為了證明這一點，他訓練印地安村莊的商人更具成就取向，鼓勵他們增加成功的希望，減少對失敗的害怕，而且更堅強地面對困難。相較於附近村莊的商人，McClelland 所訓練的商人在其後 2 年之內，開始有較多的生意，而且僱用更多新的員工。

> **成就需求**
> 一種想要實現某些事、達到優秀的標準和努力勝出的渴望。

9.4.1 成就的認知因素

如同動機的認知理論所言，動機可以分成內在動機與外在動機：內在動機是基於內在的因素，像是自我決心、好奇心、挑戰性和努力；外在動機包含外在的刺激，像是獎勵和處罰。成就動機也是受到這兩個認知因素的影響，而你對成就的歸因就決定了你的成就動機是根據內在因素還是外在因素。想一想，你要在這門課得高分是因為怕被當？還是為了獲得知識呢？

★ **歸因**

歸因理論（attribution theory）認為人像是直覺式的科學家，探索事情發生的背後原因。個體行為表現的原因有一個基本的區分標準——內外歸因：內在原因——人格特質或動機；外在原因——環境、刺激因素，如：獎賞或測驗的困難度（Heider, 1958）。假若學生考試沒考好，他們會歸因成績不好是因為老師題目出得不好、太難（外在因素），或者自己沒有用功準備（內在因素）？這問題的答案會影響到他們怎麼看待自己。若學生認為他們的表現是老師的問題，就不會在表現差時感覺不好，即使是自己沒有花時間在念書上。

成就的內在因素中，一個相當重要的面向就是努力。不像其他的外在因素，努力是可以由人來掌握控制、也可以做修正的，努力在成就中的重要性就連小孩子也

> **歸因理論**
> 人有動機去發掘行為的根本原因，並致力於理解它。

知道。在一個研究中，3 至 6 年級的學生會感覺到，努力是獲得優秀學業表現最有效的策略（Skinner, Wellborn & Connell, 1990）。

★ 自我調節：成功地達到自己的目標

我們每個人都會有自己的夢想，為了達到夢想，我們會開始設立一些小目標然後逐步地實踐之，最後達成夢想。心理學家會用一些字眼來陳述這些目標的設定，如：生命任務、最佳的自我、個人使命等等（King, 2008）。設定目標可以幫助個體達成夢想（如：我想當工程師、我想當企業家、我想環遊世界等等）、增加自律和保持努力的一個重要因素。將夢想或目標實踐於生活中是一個複雜的歷程，其中包含設定一個具體的目標（如：每週按時完成課後練習），然後規劃時間來實行，最後還要監控自己的實踐狀態；當我們的目標越具體，自然在計畫與監控上越容易（Schunk, 2011）。

> **自我調節**
> 個體努力掌控自己的行動以達成設立的目標

自我調節（self regulation）這樣的概念就說明了個體如何設定目標，然後努力地去達成目標（Carver & Scheier, 2009）。在自我調節的歷程中，設立目標、計畫和自我監控是成功的關鍵（Pintrich & Schunk, 2002）。有清楚的目標，就會有動力前進，然後有良好的計畫與監控機制則是達成目標的關鍵，如電影《美麗的聲音》中，主角有了想要放假與孩子一同出遊的目標，然後突破萬難成立了合唱團，最後獲得特別假可與孩子一同出遊。

研究發現，當個體設立的目標有三項特點時，將會增進成就表現（Bandura, 1997; Schunk, 2011）：

- **明確性**：模糊不明確的目標是「我想要成功」。具體明確的目標是「我想要得到平均 80 分的學期成績」。
- **短期性**：設立長期目標是可以的，像是「我想成為一位熱心助人的心理師」。但是如果你這麼做，則要確認你也設立了可以一步一步達成的短期目標。「我想在下一次心理學考試拿到 90 分」就是一個短期目標的例子，或者「我將在每週日下午 4 點研讀這本書」。
- **挑戰性**：目標具挑戰性將激勵起強烈興趣和熱忱投入。目標太簡單只會引起一點點興趣和努力而已。相對地，不符實際的高目標可能帶來失敗和削弱自信心。

計劃如何才能達成目標並監控朝向目標的歷程，是成功的關鍵（Eccles, Wigfield & Schiefele, 1998）。研究發現，高成就者比起低成就者較會自我監控學習，而且有系統地評估朝向目標的進展（Schunk, 2011）。想一想，我們每個人都會有一個夢想，而如何逐夢踏實地達到自己的夢想，則需要成就動機來驅動，並且透過自我調節的過程，逐步地朝向夢想來邁進。在「幸福人生」這個專欄中，將深入探討我們該如何追求夢想而讓自己過得更快樂。

9.4.2 成就的社會文化因素

我們所生活的社會文化脈絡也有助於我們追求成就的動機（Wigfield & Eccles, 2002）。每種社會對於成就表現的需求不同，在個體主義的社會，會著重在個人的榮譽感；而集體主義的文化，如臺灣，會重視「光耀門楣」、「光宗耀祖」。

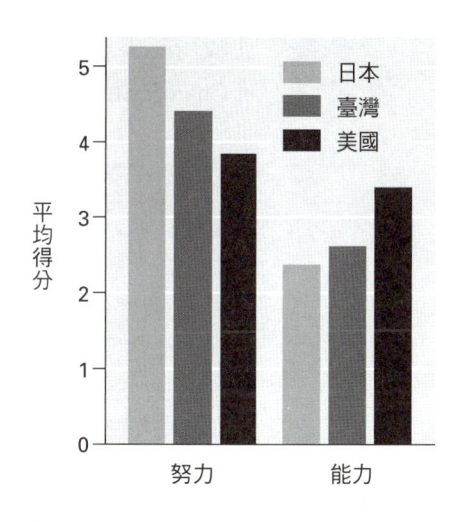

★ 跨文化比較

Harold Stevenson 等人（1992, 1995, 1997, 2000）針對美國、中國、臺灣和日本的學生，進行五項跨文化研究。研究中，亞洲學生的表現一致勝過美國學生；而且在學校的時間也較長，差距範圍從 1 年級最少、到 11 年級（高二）最大。為了要了解為什麼跨文化間的差距這麼大，Stevenson 等人花了很多時間在教室做觀察，而且還面談並訪察老師、學生和家長。他們發現亞洲的老師花較多時間在教數學，例如在日本，1 年級有超過四分之一的時間花在教授數學，相對於美國只花費十分之一的時間；同樣地，亞洲學生 1 年平均有 240 天在學校，相較於美國只有 178 天而已。

Stevenson 等人也發現亞洲家長和美國家長的不同。美國家長對小孩在教育和成就上有較低的期待，而且美國家長很可能相信小孩的數學成績跟天生能力有關；相對地，亞洲家長較相信小孩的數學成績是努力和訓練的結果（圖 9.7）。亞洲學生比起美國學

圖 9.7 比較三個國家的母親對小孩數學成績表現的看法

在這個研究中，日本和臺灣的母親較相信小孩的數學成績是努力後的結果，而不是天生的能力。相對地，美國的母親較相信小孩數學的成績是因為天生的能力（Stevenson, Lee, & Stigler, 1986）。

來自洛杉磯加州大學的心理學家 Sandra Graham 正和年輕男孩們談論動機。她的研究發現，非裔美國人和白種人裡中產階級的小孩同樣有高成就期待，而且歸因失敗是因為缺乏努力，而不是運氣不好。

亞洲學生的數學成績相對地高於美國學生，有什麼可能的理由可以解釋這個現象？

生較可能去寫數學作業，而且亞洲家長也比美國家長更可能去協助小孩做數學作業（Chen & Stevenson, 1989）。

想一想

1. 對於目前的你，作哪些事會讓你產生成就感？
2. 在生活中，有哪些活動是立基於你的內在動機呢？
3. 在生活中，有哪些活動是立基於你的外在動機呢？
4. 你未來想要過怎樣的生活？你會如何讓自己慢慢地達到該目標？

幸福人生

享樂或追求自我實現

享樂主義(hedonic)與完善主義(eudaimonic)是兩種快樂的原則。享樂主義認為快樂來自於趨吉避苦的物質享受；而完善主義追求的是個人的成長與生命的意義。簡單來說，享樂主義是追求脖子以下生理層面的慾望滿足，而完善主義是完成脖子以上心理層面的理想目標。過去會認為這是兩種不同的快樂方式，但若能透過脖子來連結身體與大腦之間所追求的目標，一方面可以讓自己享樂，另一方面讓自己活得有意義會是目前所探討的重點。正向心理學家 Waterman（2013）發現，當一個人遵循完善主義來追求個人目標時，自然就可以達到享樂主義所追求的愉悅感。也就是說，當你在追求自我實現的同時，你也可以擁有快樂的人生。

正向心理學家 Fredrickson（2001）採用正向情緒的觀點來說明。當個體處於愉快的情緒下，更有能力自我成長以及實踐目標。根據她所提到的拓建理論（broaden-and-build theory），正向情緒可以讓個體有更寬拓的視野以及更佳的學習能力，由此可以了解，快樂的學習確實會產生更好的學習效果。Fredrickson（2008）進一步說明個體在正向情緒之下，會有一個正向的向上攀升歷程。在正向情緒感受下，你的視野會開拓，會學習到新的知識及參與新的活動，透過這些知識的獲取以及活動的參與，你的個人資源也就會增加，透過個人的資源增加後，你的正向情緒與幸福感也會不斷地提升。我們就在這樣的正向循環中不斷地往上攀升。

回想過去的求學過程，你是快樂多還是痛苦多呢？若是痛苦多於快樂的人，現在就要開始學習如何快樂地生活，透過正向情緒的增加讓自己學得好，產生正向的向上攀升循環。你可以看一下《幸福的魔法》這本書，每週讀一課將其應用到生活中，讓你找到自己的幸福人生，並且朝向夢想邁進。

心理學家 Sonja Lyubomirsky 與她的同事致力於發展追求快樂的課程，他們發現了許多讓自己快樂的方法。在她所撰寫的新書《這一生的幸福計劃》中，特別提供了快樂的保鮮方法：正向情緒保持、良好的時間安排、增加社會支持、全

心投入生命目標、養成健康習慣等等五種保鮮的方法，有興趣讓自己過得更快樂的人，可以參閱此書的課程來做練習，或者好好練習本書的回家作業，這都可以讓你過得更快樂。

| 參考資料 |
Waterman, A. S. 主編（2013）。*The Best Within Us: Positive Psychology Perspectives on Eudaimonia*. APA: USA.

| 延伸閱讀 |
鄭曉楓等譯（2013）。《別跟快樂過不去：給你九堂課，成就拔尖人生》。生智出版社。
李芳齡譯（2013）。《幸福的魔法：更快樂的 101 個選擇》。天下文化。
謝明宗譯（2014）。《這一生的幸福計劃》。久石文化。

9.5 情緒

動機（motivation）和**情緒**（emotion）都來自拉丁文 movere，意指「移動」。也就是說，我們的七情六慾會觸發我們的行動。仔細想一想，我們的一舉一動是否都跟我們的情緒與動機有關呢？前面的章節談到了動機，接下來，我們將深入探討情緒。對於心理學家而言，情緒是一種複雜的心理歷程，其中包含感受、想法、生理上的反應、表情以及行動等等。對於每天所產生的心情與感受簡單的區分就是可以分成心情與感受（feeling）這兩大類，心情往往指的是我們的生理與行為等外顯的層面，而感受則是個人內在的私密經驗，也就是內在心理歷程。當有人問你今天好嗎？而你回答我很開心時，這時你就會有開心的表情、愉悅的生理反應以及藏在心裡面那種讓你開心的小秘密。由於情緒是每天都會發生的心理經驗，並如同《其實大腦不懂你的心》一書[註3]中所提到的，情緒是一個涉及先天基因、神經生理以及後天環境交互影響的複雜經驗。為了方便你理解，本節將分別從生理、心理與社會文化等層面來探討情緒。

情緒
一種感覺或情感，牽涉到生理激發、認知判斷和行為表現。

9.5.1 情緒的生理機制

你今天的心情如何？一大早鬧鐘把你叫醒，你從床鋪上跳了起來，很擔心會錯過今天早上的「心理學」。回顧這段歷程，你的心情是如何變化的？或許，你無法清楚地掌握到你的心情，但你很明顯知道，整個早晨就像打仗般的緊張。

註 3：林肇賢與劉子菱譯（2014）。《其實大腦不懂你的心》。商周出版社。

★ 生理激發

回顧第 2 章，我們知道自主神經系統分成交感神經系統和副交感神經系統（圖 9.8）。交感神經系統牽涉身體的激發，負責壓力的快速反應，有時候稱為戰或逃的反應（fight-or-flight response）。交感神經系統直接造成血壓增加、心跳加速、呼吸急促讓更多氧氣攝入，還有高效率地流動血液到大腦及主要肌肉群，所有的改變就是讓我們準備好去行動；同時，體內停止消化，因為對於直接行動沒有必要性（這可以解釋為什麼學生在考試前不會覺得餓）。副交感神經系統可以鎮定身體和促進放鬆及恢復，當副交感神經系統開始活躍時，心跳和血壓會下降、胃部活動和食物消化增加、呼吸變緩慢。

回想一下早上出門時，你的交感神經系統正在迅速地運作著，讓你進入備戰狀態。等到進了教室，你放鬆了，開始打瞌睡。這時，你的副交感神經系統正在運作。

面對生理的激發狀態與情緒的關係，心理學家開始發展許多理論。首先是 James 與 Lange 提出的生理激發理論（James, 1890/1950; Lange, 1922）。這個理論認為，每一種情緒的產生都來自於身體不同部位變化的知覺，如：心跳數、呼吸狀態、流汗和其他生理反應，也就是生理反應決定你的情緒。回想一下，你踩空階梯時的狀況，是否先感受到心跳加快後，才產生「害怕」的感覺。延續著生理激發理論，Walter Cannon（1927）認為情緒的生理反應應該是一種非特定性的反應，也

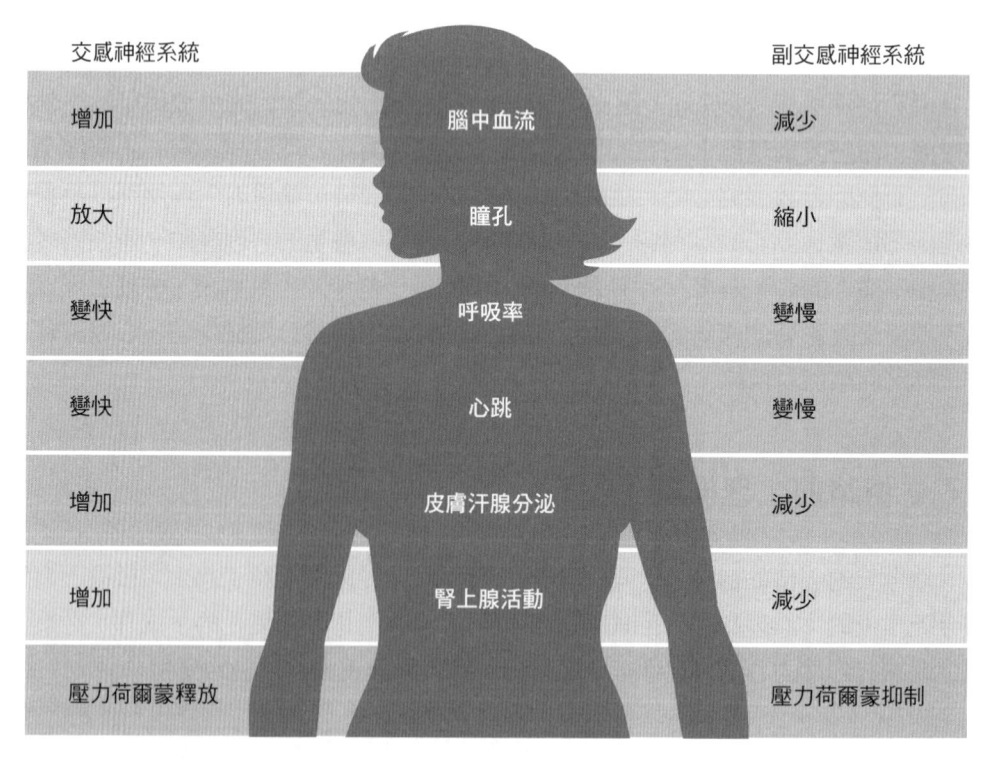

交感神經系統		副交感神經系統
增加	腦中血流	減少
放大	瞳孔	縮小
變快	呼吸率	變慢
變快	心跳	變慢
增加	皮膚汗腺分泌	減少
增加	腎上腺活動	減少
壓力荷爾蒙釋放		壓力荷爾蒙抑制

圖 9.8 自主神經系統和它在激發及鎮定身體的角色

就是說生氣、興奮等等情緒的生理反應應該是一樣的，而我們對於情緒的解讀還是要來自於大腦皮質區。這也就是說，當你上課打瞌睡時，一方面是副交感神經在運作，而另一方面則是大腦皮質區在解讀這種狀態是無聊。此理論稱之為 Cannon-Bard 理論，認為情緒反應涉及了生理與認知兩個層面（在情緒的心理層面會更深入探討認知層面）。

★ 神經迴路和神經傳導素

近年來，心理學家開始深入探討神經迴路與神經傳導素在情緒中的角色（Kindt, Soeter & Vervliet, 2009）。其中最重要的是杏仁核與邊緣系統，它們涉及到許多負面情緒的產生。以恐懼或害怕這個情緒為例，Joseph LeDoux（1996, 2009）深入研究恐懼的神經迴路，發現杏仁核會偵測環境中的危險訊息，然後會讓身體轉為備戰狀態，安排大腦的應變能力以保護個體不受到傷害。杏仁核接收來自所有感官的訊息：視覺、聽覺、嗅覺、觸覺，透過這些感官訊息的傳入來覺察到環境的危險，然後讓我們可以遠離危險安適地活在當下。

腦部牽涉到恐懼情緒的通路有兩條：一條直接通路從視丘到杏仁核，另一條間接通路從視丘經過感覺皮質再到杏仁核（圖 9.9）。直接通路不會傳遞有關刺激的詳細訊息，但它會立即牽動生理反應，這種立即反應有利人類的生存，如：看見蛇會直覺式的避開。間接通路夾帶感覺器官（如：眼或耳）的神經衝動到視丘，再從視丘把神經衝動傳送到視覺皮質，之後傳遞適當的訊息到杏仁核。

回想到記憶那一章，杏仁核也與情緒記憶有關，LeDoux（2000, 2001, 2009）說

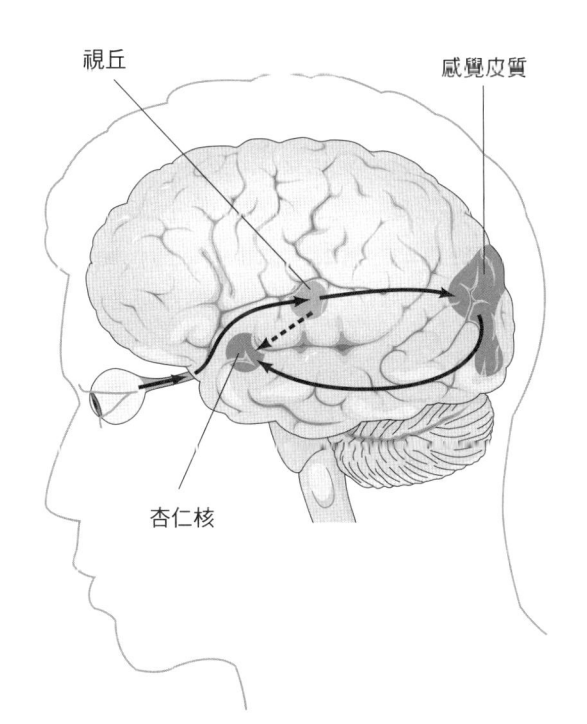

圖 9.9 恐懼情緒在腦部的直接和間接通路

恐懼訊息在腦中有兩種通路，直接通路（虛線）快速地從視丘傳遞訊息到杏仁核，間接通路（實線）緩慢地從視丘傳到感覺皮質再到杏仁核。

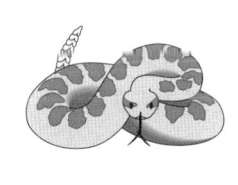

明杏仁核所儲藏的回憶很難忘記。這對我們是一種保護機制，讓我們很快地就學會地遠離可能的危機；相對地，我們也很難忘記一些讓自己受傷的經驗。由於杏仁核和主司思考和決策的大腦皮質連結（Rauch, Shin & Phelps, 2006），讓我們可以根據過去的經驗來立即下決定。因為杏仁核基本的逃避危險的生存能力有關並且它傳送到大腦皮質的連結比起接收到的還要多，這可以解釋為什麼我們很擺脫恐懼的陰影，例如，一朝被蛇咬，十年怕草繩。

杏仁核除了是我們恐懼的中心以外，它也是許多正向情緒的來源（Hurleman 等人，2010）。最近研究發現，以杏仁核為主的邊緣系統中，多巴胺的產生與快樂息息相關（Koepp 等人）。回到 Cannon-Bard 的理論，恐懼與快樂的生理反應都是心跳加快等備戰狀態，那我們會將杏仁核接收到的訊息解讀成恐懼或者是興奮則端賴於皮質區的判斷。Richard Davidson 等人（Reuter-Lorenz & Davidson, 1981，Light 等人，2009）已經發現趨吉情緒（approach-related emotions），像是快樂，與左半腦活躍強烈有關；相對地，避凶情緒（withdrawal-related emotions），像是厭惡，與右半腦活躍強烈有關。也就是說當杏仁核的訊息傳到左腦時，你會感覺到正向的情緒，但傳向右腦時則會感受到負面的情緒，對於這些情緒品質的判斷則端賴認知的解讀，在下一段將探討認知的因素。

除了繪製大腦結構裡的情緒神經通路，研究者也好奇於神經傳導素在這些通路中所扮演的角色。腦內啡和多巴胺與正向情緒（如：快樂）有關（Koepp 等人，2009）；正腎上腺素的功能則在於調節激發狀態（Greeson 等人，2009）等。在第 5 章所提到的許多精神作用物，就是利用大腦中的神經傳導素來讓我們產生許多不同的情緒反應。

9.5.2 情緒的心理及社會機制

回想我們對情緒的定義不只包含生理因素，也包括認知、行為和社會文化的因素。例如，一個不安的感覺可能解釋為焦慮或愉快。根據 Cannon-Bard 的理論，我們的情緒還受到大腦皮質區的影響，以下將探討情緒的認知因素。

★ 情緒的認知因素

情緒只取決於我們的生理反應嗎？「微笑」決定了「開心」嗎？情緒的認知理論假設情緒總是有認知的成分（Derryberry & Reed, 2002; Ellsworth, 2002）。認知學者認同大腦和身體在情緒上的角色，但是他們認為認知歷程才是最主要的。

情緒二因論
說明情緒是由兩個主要的因素所決定：生理激發和認知辨識。

根據 Stanley Schachter 和 Jerome Singer（1962）所發展的**情緒二因論（two-factor theory of emotion）**，情緒是由生理激發和認知辨識所決定的（圖 9.10）。他們說明為什麼當我們遇到外在刺激之後，情緒便會激發出來。舉例來說，假如某人對你有好的評論，你感受不錯，便會標示這個情緒為「快樂」；假如你做錯事之

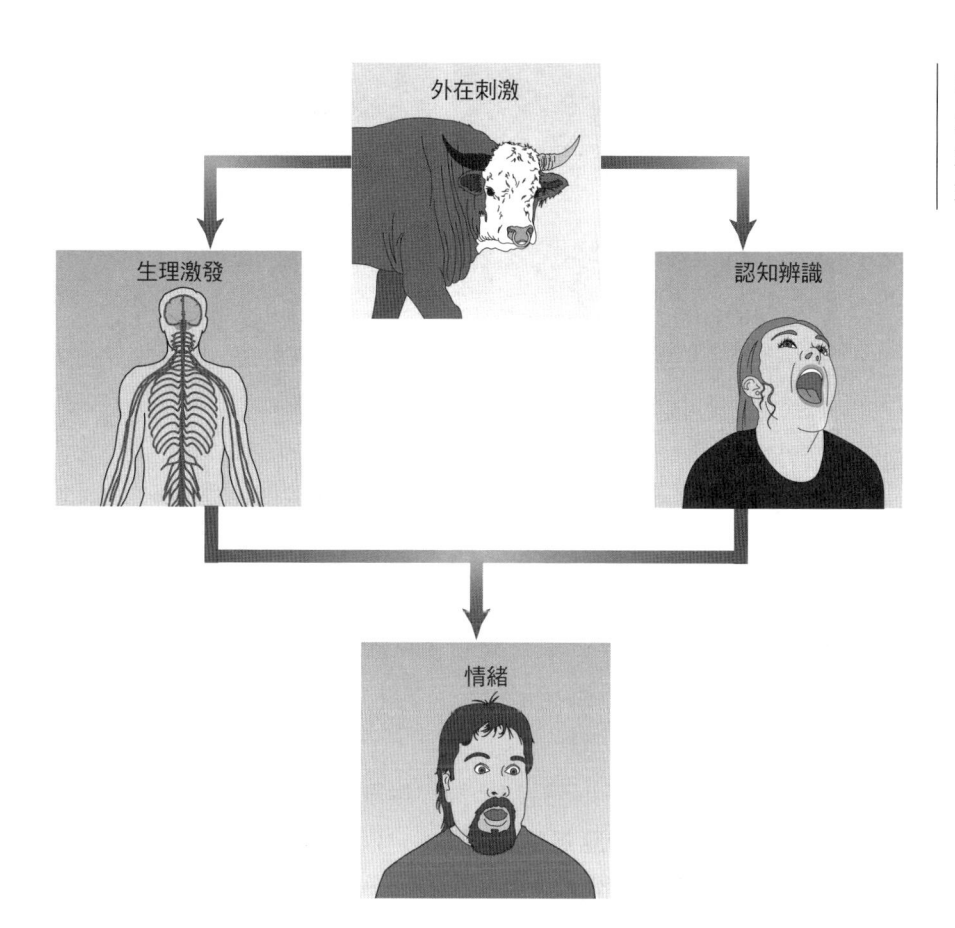

圖 9.10 情緒二因論
根據 Schachter 和 Singer 理論，情緒同時包含生理和認知因素。

後感覺不好，可能就標示為「厭惡」。

為了驗證這個理論，Schachter 和 Singer（1962）對受試者注射腎上腺素，這是一種會產生高度活躍的藥物，然後這些受試者觀察其他人的行為，一種是心情愉快的行為（投紙球到竹簍裡），另一種是生氣的行為（在房間裡踱步）。就如預期，愉快和生氣的行為會影響到受試者對自己激發狀態的認知解釋。當他們和愉快的人在一組時會說自己是開心的，跟生氣的人在一組時就會說情緒是生氣的。但是這個結果只出現在受試者未被告知注射後的真實效果時。當他們被告知這個藥物會使心跳加速和焦慮不安時，他們就會說激發狀態是因為藥物關係，而不是受其他人行為的影響。

Dutton 和 Aron（1974）以一個有趣的研究證實這個結論。在實驗中，一位具吸引力的女性會接近沒有女伴的男性，一起經過加拿大卑詩省卡皮蘭諾河的一座橋。在超過 200 英尺高度、搖晃不定的卡皮蘭諾河橋上（圖 9.11），這位女性邀請男性編造一則短篇故事來協助她完成一項與創造力有關的研究；而這位女性訪談者也在較低和較安全的橋上，對其他男性做同樣的要求。研究發現，在卡皮蘭諾河橋上的男性比起在較低和較安全橋上的男性，較會讚賞這位女性訪談者很吸引人。

Richard Lazarus（1991）相信認知活動先於情緒。他認為，我們會先認知評估自己和社會環境，然後在這脈絡之下發展情緒。人們會感到快樂是因為有虔誠的宗

第 9 章　動機與情緒　**311**

圖 9.11 卡皮蘭諾河橋上的實驗

（左圖）英國哥倫比亞省裡搖晃的卡皮蘭諾河橋。

（右圖）實驗進行的過程。一位具吸引力的女性接近正要過橋的男性，並要求他們編造一則小故事來完成她的創造力研究。她也在較低和較安全的橋上，對其他男性做同樣的要求。研究發現，卡皮蘭諾河橋上的男性說出較多性方面的故事，原因可能是在這座又高又搖晃的橋上感到害怕而被激發，他們把這激發解釋成是受到女性訪談者的性吸引。

教信仰，憤怒是因為沒有如預期獲得加薪，或者害怕是因為預期考試會失敗。

Robert Zajonc（1984）則認為情緒是最初始的，然後才有自己的想法。到底誰說得對？兩者都有可能，有些情緒反應幾乎是瞬間的，而且可能沒有涉入到認知評估，像是看到蛇即尖叫。其他的情緒情境，特別像是那些維持長時間憂鬱或者對某人懷有敵意，則可能涉入認知的評估。

★ 感覺和想法（認知）之間有什麼關係呢？

你知道你的想法改變，心情也跟著改變嗎？有一個老故事：老婆婆有兩個兒子，一個賣傘，一個種稻。當她遇到下雨天時，她就產生矛盾的心情。當想起賣傘的孩子，她就想到「下雨天真好，孩子可以多賣點傘」，而感到開心。但若想起種稻的孩子，她就想到「下雨了怎麼辦，孩子不能曬稻穀」，因此而感到焦慮。我們的心情就這樣深深受到想法的影響。

Erber 和 Erber（2001）表示我們時常透過想法來調節情緒，例如，我們可以有意識地選擇獨處或聽悲傷音樂來保持難過的心情；同樣地，我們也可以試著看一場喜劇電影來保持開心的心情。有時候，我們決定跟朋友去海邊紓解煩悶的心情；相對地，我們心無旁鶩地準備考試來平穩快樂的心情。一般來說，我們傾向轉移注意力到無關的事物來隔離情緒。在一項研究中（Erber & Tesser, 1992），受試者觀看悲劇或喜劇電影；緊接著，部分受試者解困難的數學題，部分受試者解簡單的數學題，另一些受試者則只是等待。過了 10 分鐘後，所有的受試者評分他們自己的心情。先觀看悲劇電影的受試者，解困難數學題的人比起解簡單數學題或是等待的人，表現難過的心情較少；觀看喜劇電影的受試者，解困難數學題的人比起解簡單數學題或等待的人，表現愉快的心情較少。

根據推測，解困難數學題者的認知想法舒緩了情緒的強度。這項研究發現可以解釋，為什麼當人感到難過時會埋頭於工作之中，或者當他們心情好時會試著避開工作。Erber 和 Erber（2001）同時也指出社會約束（social constraints）可以緩和心情，換句話說，往往是我們在想到什麼人時，而不是在想到什麼事時會導致我們調整自己的情緒。我們可能需要在朋友的慶生會中隱藏心裡的不愉快，或者當我們傳遞壞消息給某人時要抑制自己開心的感覺。Erber 和 Erber（2001）指出這是冷靜效果（coolness effect）。

　　一項研究探索社會約束可能造成人們調整他們的情緒。Erber、Wegner 和 Therriault（1996）讓受試者聽愉快或悲傷的音樂，然後請所有的受試者先等一會兒，再繼續第二項測驗。在這個等待的過程中，受試者可以選擇要看什麼性質的報紙，有幽默、災難或中性的文章。一些受試者被告知他們將獨自做第二項測驗時，這些受試者偏好與心情一致的文章：聽過悲傷音樂的受試者選擇災難文章；相對地，聽過愉快音樂的人就偏好幽默的文章。其他的受試者被告知要與一位陌生人一起做第二項測驗，這些受試者即偏好與情緒不一致的文章：聽過悲傷音樂的人則偏好開心的閱讀素材，反之亦然。顯然地，做出與情緒不一致抉擇的受試者，是要在與陌生人碰面之前先緩和自己的情緒。

　　即使受試者被告知另一個人與他們有相同的情緒時，他們仍會選擇緩和自己的情緒。一個有趣的例外是，心情愉快的受試者被告知將要和有些許憂鬱的人碰面之前，會選擇閱讀幽默的文章。這些受試者可能是想在與憂傷的人碰面前先緩衝一下，好有個心理準備；同樣地，假如受試者知道另一個人是個熱情的夥伴，而不是陌生人時，他們會選擇保持原來的情緒，顯然地，他們想在接觸這位熱情的夥伴之前敞開心胸，而不是壓抑情緒。簡單來說，當你要面對一個有難過情緒的人，你會讓自己保持愉快的心情以面對即將而來的悲傷；相對地，若你有負面情緒時，常而對到熱情的朋友，你就會選擇表達自己的負面情緒；這種狀況有點類似於情緒間的平衡，也就是我們採用自己的正向情緒來平衡對方的負面情緒。

★ 情緒的行為因素

　　情緒的行為表現可以是口語的或非口語的。口語部分，可以罵髒話來表現憤怒；非口語部分，則可以是微笑、皺眉、害怕的表情、低頭或者垂頭喪氣。情緒研究者好奇於如何從一個人的臉部表情來判斷情緒，在一個典型的研究中，受試者呈現如圖 9.12 的情緒，通常都可以辨識出這六種表情：快樂、憤怒、悲傷、驚訝、厭惡和恐懼（Ekman & O'Sullivan, 1991）。

　　臉部回饋假說（facial feedback hypothesis）說明了臉部表情不只是會反映出你當下的心情，也會影響著你的情緒（Davos, Senghas & Ochsner, 2009）。臉部的肌肉會傳送訊息到大腦，來協助辨識現在正經驗的情緒（Keillor 等人，2002）。例如，當我們微笑時會感到快樂、當我們皺眉時會感到悲傷（可以回顧一下「在地人的心

臉部回饋假說
臉部表情會影響情緒，反映出情緒表現時的表情。

圖 9.12 辨認臉部表情的情緒
在閱讀文章之前，先看這六個表情並判斷他們各自所代表的情緒。（上排左起）快樂、憤怒、悲傷；（下排左起）驚訝、厭惡、恐懼。

理學」專欄）。心理學家 Paul Ekman（1983）邀請專業演員來扮演出不同的情緒表情，結果發現他們臉部的表情會影響到他的情緒反應，也就是說當他們演出笑臉時，他們的心情就是愉快的；相對地，演出生氣的表情，他們就會感到生氣。從這樣的研究中發現，透過臉部表情的回饋，只要你每天帶著微笑出門，你就會感到心情愉快；相對地，如果你擺臭臉，你自然就會覺得今天真是糟糕的一天。

★ 情緒的社會文化因素

電腦科學家 Fahlman 在 1982 年創造出表情符號，如 :D（表示愉快）、:-(（表示悲傷）、;P（表示驚嚇）、QQ（表示哭泣）等等。隨著時代演進，我們使用 Line 時又產生更多的表情符號。基本上，情緒的行為層面（包含表情與行為反應）都與我們所處的社會文化息息相關。雖然每個人都有喜怒哀樂等情緒，但不同的文化對於情緒的表達方式各有不同的規則（Matsumoto 等人，2008）。例如，日本學生會用 (-.-)Zzzzz 表示自己上課想睡覺，而美國學生則是用 l-)Zzzz 來表示。另外 d(^_^)b 這個符號在東方社會表示豎起大姆指，而西方人則是覺得你在表示有大耳朵。快樂是這個世紀所追求的共同情緒，但隨著文化的不同，對於快樂的表達也有

所不同（Sauter 等人，2010）。

★ 情緒的多樣性

在心理學家 Davidson 與 Begley 共同撰寫的《情緒大腦的秘密檔案》（The Emotional Life of Your Brain）一書中[註4]，認為情緒狀態可以分成以下的六個向度：

回彈力（回復快慢）：你多快或多慢可以從困境或負面情緒中恢復

展望（正向／負向）：你能保持正向情緒多久

社會直覺（白目／善解人意）：你能夠了解別人怎麼想的能力

自我覺知（不自知／敏銳）：你能夠了解自己心情的能力

情境敏感度：你能夠調節自己心情並且適切反應的能力

注意力（聚焦／分心）：你的專注能力的程度

透過這六大向度，可以讓我們更清楚自己所處的情緒狀態，也能了解情緒不只是好心情與壞心情這兩大類，其中還包含了情緒知覺、情緒表達與人際互動等等層面的議題。

註4: 洪蘭譯（2013）。《情緒大腦的秘密檔案》。遠流出版社。

在地人的心理學

微笑是世界共通的語言

在《人類和動物的情緒表達》（The Expression of the Emotions in Man and Animals）裡，達爾文（Darwin, 1872/1965）說明人類臉部表情是天生的，而不是學習來的。世界上所有文化都有一致性，而且演化自動物的情緒。達爾文比較了人類憤怒的咆哮和狗吠叫及貓嘶叫聲的相似性，也比較了黑猩猩腋下被呵擾所發出的咯咯笑和人類的笑聲。

心理學家 Paul Ekman（1980, 1996）經過仔細的觀察，發現很多情緒的表情在跨文化裡沒有顯著差異。舉例來說，Ekman 等人拍攝人類情緒的表達，如：快樂、恐懼、驚訝、厭惡和悲傷。當他們呈現照片給來自美國、智利、日本、巴西和婆羅洲（在西太平洋上的印尼島嶼）的人看時，所有人傾向在相同表情中標示出相同的情緒（Ekman & Friesen, 1968）。另一個研究找出新幾內亞過著石器時代生活的原住民來配對臉部表情的情緒類型（Ekman & Friesen, 1971）。在 Ekman 探訪之前，大部分原住民並未看過白種人的臉。新幾內亞和美國人相似的臉部情緒表情呈現在圖 9.13。Paul Ekman 到世界各地去了解各種種族情緒表達的方法。經過數十年的努力，他

整理出了世界共通的一些表情,並且發展一些辨識的技巧,以下整理出我們常有的表情,試著做做看,看你是否也因此產生這樣的心情:

驚:凝視前方、抬高眉毛。
怒:眼睛睜大、眉毛下壓。
哀:張嘴下垂、嘴角下拉、緊皺眉頭。
樂:開口微笑。

對於基本情緒的研究,卓淑玲等人(2013)以 Ekman 等人以臉孔表情辨識所提出——快樂、悲傷、生氣、害怕、驚訝以及厭惡的六大基本情緒為基礎,來探討我們的情緒用語與這些基本情緒的穩合度,結果發現,這六大基本情緒無法涵蓋完整的華人情緒用語,這也顯示出在我們文化脈絡下,還是有一些特有的情緒反應。對於國人的情緒反應與特性,國科會人文處心理學門於 97 年推動「情緒標準刺激與反應常模的基礎研究」計畫,建立臉孔、圖片、詞彙、隱喻、笑話、聲調、音樂、與影片等 8 種標準情緒刺激,評估其正負向價、激動水準與自主程度,並測量其相關之生理與神經反應,製成「臺灣地區華人情緒與相關心理生理資料庫」,公布於「情緒網站」(http://ssnre.psy.ntu.edu.tw)供學術界使用。參與各計畫之研究者針對刺激製作過程與認知評估結果等部分撰成學術論文,發表於中華心理學刊第 55 卷第四期。

雖然隨著國情的不同,每個文化都有其所屬的基本情緒,但還是有一些情緒是跨文化的情緒反應,在其中,「微笑」(smile)應該會是一種普世的情緒語言。不論在任何國家與場域,微笑是一種建立良好人際的一種表情,心理學家也發現面帶微笑的人身心健康狀態也比較好(Harker & Keltner, 2001),並且可以感染週遭的人讓他們感到愉快。所以,別忘了多多微笑,用笑來感染這個社會,也就是說——你笑,世界就會跟著你笑。

思考一下

心理學家發現一種真正發自內心的微笑,稱之為「杜鄉式微笑」(Duchenne Smile):這笑容動用了兩組肌肉:一為顴肌(讓臉頰抬高、嘴角上揚),二為眼輪匝肌(讓眼睛瞇起、眼尾出現魚尾紋);這樣的笑可以讓自己的身心健康提升。

讓自己嘴角上揚、瞇起眼睛,發自內心好好地微笑吧!

想一想

1. 你如何辨識他人的表情?
2. 如果你無法察言觀色的話,對你的生活會有什麼樣的影響?
3. 你是否常微笑呢?你是否發現笑容可以感染週遭的人呢?

| 建議閱讀 |

梁庚辰、廖瑞銘、孫倩如（2013）。〈臺灣地區華人情緒刺激常模資料專輯序言〉。《中華心理學刊》，55，I-XV。

卓淑玲、陳學志、鄭昭明（2013）。〈臺灣地區華人情緒與相關心理生理資料庫—中文情緒詞常模研究〉。《中華心理學刊》，55，493-523。

| 參考資料 |

Paul Ekman 著，易之新譯（2006）。《心理學家的面相術：解讀情緒的密碼》。心靈工坊。

圖 9.13 美國人和新幾內亞人的情緒表達

左邊兩張圖是兩位美國女性，右邊兩張圖則是兩位來自新幾內亞原始部落的男性。注意到他們表現厭惡和快樂表情的相似處，心理學家相信臉部的情緒表達，在所有文化裡都是相同的。

9.5.3 情緒的分類

「喜、怒、哀、樂」是我們在生活中常提到的情緒類別，那心理學家是如何進行情緒分類呢？Robert Plutchik（1980）提出的模式，認為情緒有四個軸向：（1）正向或負向；（2）簡單的或複雜的；（3）兩極、對立的，（4）不同強度。例如，想像你在一次考試中意外得到 100 分的那種驚喜感覺，或者對於週末夜唱的熱衷，這些都是正向的情緒；相對地，想一想負向的情緒，像是你摯愛的人過世了那種悲痛，或者某人用言語攻擊你的那種憤怒。正向情緒會提升我們的自尊，負向情緒降低我們的自尊；正向情緒會增進人際關係，負向情緒反而會削弱關係品質。Plutchik 認為情緒就像顏色一樣，光譜上的每一個顏色可以被基礎顏色所混合，快樂、厭惡、驚訝、悲傷、憤怒和恐懼皆是基礎情緒，結合悲傷和驚訝會產生沮喪，忌妒是由愛和憤怒所組成。圖 9.14 是 Plutchik 發展的情緒羅盤，用來呈現基礎情緒以及和鄰近情緒結合而形成其他情緒，注意，有些情緒是對立的：愛與自責、樂觀與沮喪。認同 Plutchik 的學者們認為情緒是天生反應，僅需採演化觀點認知解釋。

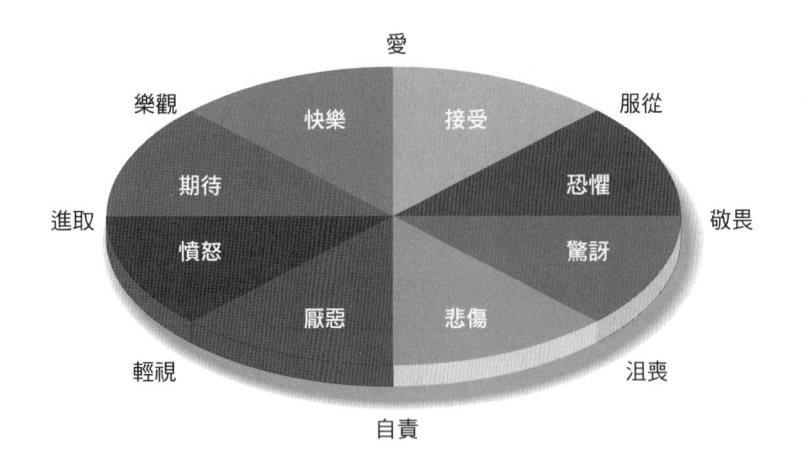

圖 9.14 情緒分類的羅盤
Plutchik 理論說明人們經驗八種基礎情緒，由線條區隔出八個區塊，交界線的情緒呈現在圓盤外側。

從情緒二元理論出發，情緒可以從生理層面的激發狀態（arousal level）以及認知層面的評價（Value）狀態來進行情緒分類。在生理層面的激發狀態，反應著個體交感神經系統的活躍狀態，興奮與忿怒都是屬於高活躍的狀態，而平靜與鬱悶則是低活躍的狀態。在認知評價的層面上，主要是個體主觀認知此情緒狀態為正向或負向的感受，如：快樂、愉悅、高興等為正向的情緒感受；反之，悲傷、生氣與焦慮則為負向的情緒感受。

在國內，鄭昭明等人（2013）的研究中，發現我們經常使用的情緒用語約 305 個，並且可以分成 30 個類別，再經由「情緒的評價性」、「激動程度」、「愛慕的對象」、「威脅的種類」與「情緒反應的對象」等特徵而分成為「思念」、「驕傲」、「欲求」、「愛慕」、「憂慮」、「懼怕」、「悲哀」與「厭惡」等八大類別。

目前最簡單的分類方法是把情緒分成兩大類：正向和負向。**正向情感（positive affectivity, PA）**是指正向的情緒，像是喜悅、快樂、喜愛和好奇；**負向情感（negative affectivity, NA）**是指負向的情緒，像是焦慮、憤怒、罪惡和悲傷。正向情緒會促使趨近的行為（Cacioppo & Gardner, 1999; Davidson, 1993; Watson, 2001; Watson 等人, 1999）。換句話說，正向情感增加個體與環境的互動、從事適合個體或種族的活動、擴大個人視野，以及建立應變能力。例如，喜悅會增進表演慾和挑戰極限，好奇會增加探索的動機、吸收新知和經驗並拓展自己的視野以增加創造能力（Csikzentmihalyi, 1990; Ryan & Deci, 2000）。負向情緒（像是恐懼）有益於在威脅生存的情境中，促使逃脫的行為及立即性的適應，但是，相對於正向情緒拓展個人注意力，負向情緒——像焦慮和憂鬱——會使我們的注意力狹隘，即便是在沒有威脅性的環境中（Basso 等人, 1996）。

過去相當多的研究在探討負面情緒對生活的影響，如：生氣、焦慮等；隨著正向心理學的發展，研究者愈來愈好奇正向情感在幸福感中所扮演的角色（Frederickson, 2001）。例如，正向情緒似乎有助於因應能力。在一項研究中，正向情緒經驗愈多的人，愈能發展出廣泛的應變技巧，像是用不同的思考方式來解決問題和分析情境，且更加客觀（Frederickson & Joiner, 2000, 2002）。在一些個案中，正向情緒像是喜悅、快樂、喜愛和好奇心，或許可以撤銷或移除像悲傷、憤怒和絕望的負

正向情感
指正向的情緒，像是喜悅、快樂、喜愛和好奇。

負向情感
指負向的情緒，像是焦慮、憤怒、罪惡和悲傷。

向情緒感覺（Diener, 1999; Frederickson, 2001），例如，輕微的喜悅和滿足感被發現可以消除影響心血管的負向情緒，像是悲傷（Frederickson & Levenson, 1998）。總而言之，正向情緒很可能提供個體在適應、成長及社會連結上重要的功能，藉由建立個人和社會的資源，正向情緒可以促進人們的幸福感。

9.5.4 情緒的功能

心理學家 Paul Gilbert（2010）[註5]從演化心理學與神經心理學的角度出發，發現情緒涉及了三大類的神經傳導素系統與其適應功能，第一個系統面對威脅與生活壓力所產生「避苦」的適應系統，常見的因應反應為打或跑反應，其涉及的神經傳導素為腎上腺素，相關的情緒為恐懼、焦慮與忿怒等等；第二個系統是「趨吉」的追求成功系統，常見的行為反應為投注心力於任務之中，其涉及的神經傳導素為多巴胺，相關的情緒為愉悅、欲求與驕傲等；第三個系統為「滿足」系統，主要的反應為活在當下與放鬆，其涉及的神經傳導素為腦內啡與催產素，相關的情緒為平靜、愛慕與幸福。基本上，我們每天都用這三個系統來適應我們的生活，前兩個系統為「趨吉避凶」的適者生存的適應歷程；而第三個系統則是與現代人際息息相關的「仁者生存」系統。對於適者生存的相關負面情緒課題，我們將在第 11 章心理疾患中深入探討，而以下將探討 21 世紀最重要的發現——正向情緒的生活適應功能，也就是仁者生存系統的重要意義。

根據正向心理學家 Fredrickson（1998, 2009）的正向情緒拓建理論（broaden-and-build model），情緒本身有其適應環境之功能。正向情緒主要的功能在於拓展視野與學習能力，而負面情緒的功能主要在於遠離危險增加生存的機會（Garland 等人，2010），如：恐懼感可以讓你快速地遠離危險、悲傷則可以獲取社會支持、忿怒可以抵抗敵人等等；同時，也發現人在負面情緒下對於現實的判斷力會增加，並且可以增進一些人際資源來因應生活的困境（Parrot, 2014）[註6]。在面對創傷經驗時，負面情緒可以讓我們避免再受到傷害，而正向情緒則是與復原力有關。心理學家 Michelle Tugade（2004）等人發現，復原力高的人會採用正向情緒來安撫自己內在的心理創傷。

透過正向情緒，我們可以保持愉快的心情，並且能夠學習到新的知識與能力；在負面情緒中，我們可以發現自己的困境並且試著遠離危險。透過同理心，我們可以產生一種互相體諒與互助的動力。這些都反應出情緒在生活中的重要性。在《其實大腦不懂你的心》一書中，更深入探討悲傷、忿怒、焦慮等負面情緒的功能，並且還探討了喜悅、同理與愛等正向情緒的功用。

註 5: Gilbert, P. (2010) *The Compassionate Mind: a new approach to life's challenges*. New Harbinger Publications.

註 6: Parrot, W. G. ed. al. (2014). *The Positive Side of Negative Emotions*. Guilford. U. S. A.

在這個新世代,「快樂」是大家所共同追求的正向情緒,如同前述,快樂可以帶來許多正向的功能,那為何有些人還是不快樂呢?中樂透大獎的人真的快樂嗎?我們發現中獎的人,往往只有得到短暫的快樂,很快地又回到生活的原點;這就是所謂的快樂水車理論(hedonic treadmill),就是說當一個人在生活中獲得相當大的快樂經驗後,很快地又會回到生活的原點(Diener, Lucas & Scollon, 2006)。這也說明我們往往誤以為快樂的來源是生活中所發生的大事(如:中大獎等等)或者完成自己的重大目標(如:完成論文)。事實上,快樂是無所不在的。在每天的生活中,我們都有許多「小確幸」,只要你用點心思就可以發現生活中的快樂。本書的回家作業會教導你一些發現快樂的方法,讓你可以快樂地過生活。

9.5.5 情緒管理

在生活中,如何適切地表達出自己的情緒是一個重要的課題。在上一章,特別提到了情緒智力(EQ),這個部分就反應著個體是否能良好掌控自己的情緒。情緒管理就是一個重要的課題。心理學家高曼著有暢銷書《EQ》(Emotional Intelligence)、《EQ (2):工作 EQ》(Working with Emotional Intelligence)與《SQ:I-You 共融的社會智能》(Social Intelligence),這些書籍都教導民眾如何在生活與職場中保持良好的情緒管理能力。在他最近的著作《情緒競爭力,UP!》中,更從新的腦神經科學出發來探討情緒的產生與情緒管理的策略,以及在《快墜機了,為什麼沒人敢告訴機長?:動腦不動氣的 EQ 帶人術》這本書中教導你如何成為一個高 EQ 的領導者。目前有相當多的情緒管理課程,你可以到學生輔導中心去參與相關課程,當你無法抽出時間來學習情緒管理時,最簡單的方法就是保持微笑,用微笑來面對你的每一天。

在人際的層面上,同理心可說是一個重要的生活適應能力(仁者生存),也是一種人際層面的情緒管理策略。同理心可以分成認知同理心(指的是我知道你如何看待事情以及我能夠接受你的看法)、情感同理心(指的是我可以感受到你的心情)與行為同理心(指的是我知道你需要幫忙而且我也願意幫忙)(Goldman, 2013)。透過同理心這樣的情緒能力,可以讓我們增加正向的人際資源與關係,在本章的課堂活動裡,將教你一些簡單的同理心技巧,幫助你培養更多的好人緣。

> **想一想**
> 1. James-Lange 的情緒理論與 Cannon-Bard 理論有何異同?
> 2. 臉部回饋假說對你生活的重要性?
> 3. 我們的基本情緒有哪幾種?
> 4. 正向情緒與負面情緒在生活中扮演的角色?

課 堂 活 動

主題：同理心
目標：
學習使用同理心。
步驟：
1. 解釋同理心：同理心是設身處地、感同身受地表達你對對方的感受。
2. 說明同理心的步驟。
　　（1）準備同理對方——告訴自己要使用同理心。
　　（2）站在對方當時的立場（設身處地）。
　　（3）感受對方當下的感覺（感同身受）。
　　（4）表達你感受到的感覺：感覺上你現在……。
3. 分組：兩兩一組，一個說說最近的心情，另一個用同理心回應對方。
4. 回到班上，分享感覺。

回 家 作 業

回家作業第九週——快樂讀書法
讀書對許多人而言都是件有壓力的事，特別是過去不愉快的經驗會讓你更不喜歡讀書。這一週就是要利用古典反制約的效果，讓你可以更輕鬆地讀書。
想一想，你在哪些情境會感到愉悅與放鬆？如：樹下、湖邊、咖啡廳。
選一本你想讀的閒書或者是教科書。
走到讓你舒服的地方，愉快地讀這本書。

如果你目前沒有特別想讀的書，可以選擇下列的某一本書來看：
想要處理身體不適的你：韓沁林譯（2014）《正念療癒，告別疼痛》。天下文化出版社
想了解情緒的你：林肇賢與劉子菱（2014）《其實大腦不懂你的心》。商周出版社
想要學習與人溝通的你：一行禪師（2014）《諦聽與愛語》。商周出版社
想要增加情緒管理能力的你：丹尼爾・高曼（2013）《情緒競爭力，UP！》。時報出版社
想要增加專注力的你：丹尼爾・高曼（2014）《專注的力量：不再分心的自我鍛鍊，讓你掌握APP世代的卓越關鍵》。時報出版社

本 章 摘 要

本章讓你了解人類的七情六慾（動機與情緒）。
1. 動機理論。
   - 動機驅動了我們的行動。
   - 本節以幾個動機理論來說明動機的產生與運作：演化觀點、趨力減低理論、最適激發理論、認知觀點，Maslow 的人類需求階層理論以及自我決定理論。每個理論各有其特色，幫助你更了解人類為何會有這些「慾望」。

2. 口慾——吃的動機。
   - 本節讓你了解，由胃部訊息、血液裡的化學物質，以及腦部歷程等生理機制，會讓你感覺到飢餓與飽足。
   - 心因性厭食症和心因性暴食症是兩個主要的飲食疾患，分別為透過持續挨餓或持續採用狂食和嘔吐模式來追求瘦身。

3. 性慾——性的動機。
   - 性慾是人的本能，當你感受到有性慾時，是大腦、性荷爾蒙在驅動這些慾望。人類性反應模式呈現興奮期、高原期、高潮、恢復期四個階段。
   - 每個人心裡都有一個屬於自己的性腳本，在這個腳本中，我們要增加一些尊重他人的成分。

4. 成就動機。
   - 成就需求是一種想要實現某些事、達到優秀的標準和努力勝出的渴望。每人的成就動機皆不同。
   - 自我調節說明了我們如何設立目標、監控行動以及調整行動以實踐心中的夢想。

5. 情緒。
   - 我們每天都會經驗到不同的情緒感受。情緒包含三個成分——生理激發、認知反應以及行為表現。本節讓你了解情緒產生的過程以及功能。
   James-Lange 理論認為情緒源起於我們的生理反應，而 Cannon-Bard 理論則認為情緒與生理反應共同發生。
   - Schachter 與 Singer 的認知理論認為情緒的產生有兩個成分——生理激發以及認知標籤。
   - Robert Plutchik（1980）提出的模式，認為情緒有四個軸向：（1）正向或負向；（2）簡單的或複雜的；（3）兩極、對立的；（4）不同強度。在此模式中我們有快樂、期待、憤怒、厭惡、悲傷、驚訝、恐懼以及接受等八種基本情緒。
   - 情緒可以根據評價與激發兩個向度進行分類，透過這兩個向度，我們可以將生活中情緒經驗做分類整理，主要可以分成兩大類別——正向情感與負向情感。
   - 不論是正向情緒或者是負面情緒都有其生活的適應功能。在生活中，擁有良好的情緒管理能力有助於增進你的身心適應能力，而負面情緒則可以讓你遠離危險增加生存的能力。
   - 快樂是這個時代重要的情緒，透過每週的課後練習，讓自己增加快樂的原素。
   - 保持微笑與同理心是一種最簡單也最直接的正向情緒管理策略。

第 10 章

人格
Personality

章節內容

10.1 人格的生理基礎
10.1.1 腦神經系統與人格
10.1.2 增強敏感理論
幸福人生——身強體健的人格特質

10.2 心理動力論
10.2.1 佛洛依德的精神分析論
10.2.2 心理動力論的後起之秀
動動腦——誰投射了什麼？

10.3 行為與社會認知論
10.3.1 Skinner 的行為論
10.3.2 Bandura 的社會認知論
10.3.3 Mischel 的理論

10.4 人本論
10.4.1 Rogers 的理論
10.4.2 Maslow 的觀點
10.4.3 自尊

10.5 特質論
10.5.1 特質論
10.5.2 五大人格因素
10.5.3 特質—情境交互作用
在地人的心理學——華人的人格特質與幸福感

章頭故事

2014 年 5 月 21 日下午 4 點 26 分，臺北捷運行經江子翠站時，發生大學生持刀隨機攻擊事件，造成 4 死 21 傷的慘劇。除了飆車族等任意砍人案件外，臺灣也曾發生過多起類似案件，在令人悲傷和震驚之餘，也不禁省思究竟此類案件是如新北市長朱立倫所說，「行凶動機恐與個人因素有關」，還是社會出現問題的警訊？

從個人因素的角度出發，大家都在思考是什麼樣的性格因素讓他產生這樣的行為反應？而他的性格又是因為怎樣的因素而養成？從社會層面的角度出發，許多民眾也在自我反思，在搭乘大眾運輸工具時，自己不要再當低頭族了，會注意一下周遭環境，保持一些警覺性。在這樣的反思中，許多人也會思考自己為何會變成低頭族，而又有那些因素會讓自己養成低頭滑手機的習慣呢？

我們許多的行為習慣，背後都說明了我們的個性或人格特質，在這一章，將從心理學的角度出發，來探討自己內在深層的人格特質。

大學階段（18-25 歲）是人格養成的重要階段。透過自我人格特質的分析，來了解自己的優勢以及需要改善的缺點，讓自己變成一個更加成熟的人。

想想自己的特質，並且寫下 7 至 8 個你認為最能描繪自己人格特質的形容詞。對你相當熟悉的人會用什麼樣的詞彙來描述你？是認真或是隨性？害羞或是平易近人？自信或是自卑？和善或是具有敵意？

在編寫這個清單的時候，你會選擇自己認為最具代表性的特質。舉例來說，假如你認為自己是一個內向的人，想想在高中時，你是否為內向的人？在大二、大三，甚至畢業後，你都會是一樣內向的人嗎？

人格的概念說明了我們每個人都有自己獨特的風格，是一致且持續的核心特質型態。這一章的主題就是從不同角度來看人格。表 10.1 將這章主要的人格理論（觀點）做了統整性的說明。

取向	主要主張	重要觀點	心理測量方法
生理取向	人格與腦神經生理系統有關	行為抑制與行為活化兩大生理系統	腦照影
心理動力	人格由本我 自我 超我等三個成份所所組成	人格是受到潛意識的影響	自由聯想 投射測驗
行為與社會認知	人格是個體固定的行為模式	人格是由外在環境所養成	行為分析
人本	每個人都是獨立的個體，都有其發展的潛能	良好的環境可以讓個體有效的發展	訪談法
特質論	生活中的個性用語可以反應個體的人格特質	有跨文化的核心特質如大五理論	問卷

表 10.1 心理學重要的人格理論之統整

「我的個性很急躁」、「我是一個外向的人」、「他很機車」……這都是生活中常用的人格描述。在這一章，我們將人格（personality）定義為個人用以適應世界的穩定且獨特的想法、

情緒和行為模式（在生活中，我們經常用個性、性格等詞彙來說明「人格」。為了撰寫上的統一與專業性，本章以「人格」這個詞彙貫穿全文）。

人格心理學想知道為何「一樣的米養百樣人」，為什麼個體面對同樣的情境有不一樣的反應，也對此現象各自有不同的解答。有些理論認為生物以及基因是主要的因素，另一些則認為生活經驗是更重要的原因。有一些學者聲明，我們思考自己的方式對了解人格是關鍵的因素，又有另一些學者認為我們與他人互動的方式對探究人格來說也很重要。這一章將呈現有關人格的五種不同觀點——生理觀點、心理動力觀點、行為與社會認知觀點、人本觀點，以及特質觀點——這些觀點其中都包含許多不同的人格理論，每個理論都聚焦於一個特定的人格議題，所以當你想要深入了解一個人時，需要從多個角度來看，以有全面性的看法。

當探討到這些有關人格的課題時，你將會注意到它們通常包含四個重要的問題：

- 人格是先天形成或是後天學習來的呢？人格受遺傳以及生物因素影響較多，還是受學習與環境經驗影響較多？舉例來說，如果一個人自我中心又不負責任，是因為遺傳自父母的性格，還是從其他人的身上學到這種特質呢？之後你將會看到，心理動力論有著強大的生物基礎。一些採取心理動力論來研究的學者認為，環境經驗和文化在決定人格上也扮演了重要的角色。行為與社會認知論、人本論皆認為環境是決定人格的重要因素。人本論相信人有天生的能力可以發展出自己的全部潛能。特質論對遺傳與環境的強調則自有獨特之處。

- 人格到底是在意識或是潛意識層面運作？一個人到底可以察覺到多少有關自己的特質，像是自私、龜毛、有愛心？又能察覺自己為何會變成這樣嗎？許多心理動力論者認為我們大部分無法察覺自己的個人特質是如何建立的。行為論者則認為，個人存在意識與潛意識的想法對人格的決定並沒有太大的影響。社會認知論者相信，意識層面與環境共同形塑出我們的人格。而人本論者強調人格的意識層面，特別是自我概念的部分。特質論者則並不太注意意識或潛意識方面的議題。

- 人格受內在因素或是外在因素影響？人格在各個情境中的表現是經過個人內在的處理還是情境使然？一個自私又驕傲的人是因為某些因素存在他內心、遺傳特質，還是因為周遭的人影響著他，使他表現出這些性格？生理取向、心理動力論、人本論以及特質論者皆強調人格的內在層面，也就是他的本性。行為論者強調人格的外在因素以及情境條件，養成他自私的行為模式。社會認知論者則認為外在以及內在因素皆會影響著人格。

- 人格是否可以改變？「江山易改，本性難移」即指一個人的人格是無法改變的，但心理治療／諮商可以修正一個人的個性或習性。人格能否改變的課題也是人格心理學家重視的重點。特質觀點與心理動力學者認為人格是穩定不變，而人本與行為觀點則認為人格是一個不斷成長與改變的歷程。原則上，一個人的本性是不會變的，但是隨著年齡的成長會愈來愈成熟與負責。

以上四個論點只是從不同角度思考「我是誰」這個問題。第一個主題是來討論我這個人的人格養成歷程，第二個主題是我對我自己的了解程度，第三個課題是探討我是否為自己的主人，最後一個課題就是思考我是否能夠改變。人格就是人的統整表現，本章的理論取向只是從不同角度來幫助你更客觀地了解自己。

10.1 人格的生理基礎

人格
個人用以適應世界的穩定且獨特的想法、情緒和行為模式。

在西元前 400 年，醫學之父希波克拉底（Hippocrates）以人體的內分泌狀態將人類的特質分成四種型態：血液型（樂觀活潑）、黏液型（冷漠）、黑膽汁（憂鬱）、黃膽汁（易怒）。他將生理狀態與人格特質進行關聯分析，並且開啟了一系列體型與人格關聯性的研究。本節將探討我們人格的生理基礎。

10.1.1 腦神經系統與人格

Hans Eysenck（1967）是第一個從腦神經系統探討人格的心理學家。他從網狀活化系統（reticular activation system, RAS）來看內向與外向的課題。腦中的網狀組織（reticular formation）與我們的清醒與警覺度有關（網狀活化系統就是網狀組織與相關連結的統稱）。我們都知道外向的人會比較活潑有活力，內向的人就會比較安靜與被動。研究發現，起床時，外向者的網狀活化系統會處於低活化的狀態，而內向者反而會是高活化的狀態。也由於外向者處於低活化的狀態，所以他們會參與許多活動來讓自己保持清醒；反之，內向者應為網狀系統過度活化，於是他們就會採用被動的方式來穩定自我狀態；表 10.2 說明這內外向者的差異。

	內向者	外向者
人格特質	安靜 被動	活潑 愛社交
網狀系統活化程度	高於適切狀態	低於適切狀態
典型行為反應	獨處 安靜地閱讀	樂於社交活動 愛聽熱門音樂

表 10.2　Eysenck's 內外向人格特質比較：內外向的人會採用典型行為來調節網狀系統達到適切的活化狀態。

除了腦神經系統以外，神經傳導素也與人格息息相關。特別是快樂的原素多巴胺，會讓我們產生愉悅的情緒，讓我們的行為透過這樣的正增強而持續產生。從這個角度來看，人格若是一種穩定的行為模式，多巴胺必然在其中扮演著重要的角色。研究發現，早年溫暖的親子關係以及正向經驗有助於大腦多巴胺系統的活化，讓你變成容易一個快樂的人（Munafo 等人，2008），使你展現外向的人格特質。除了多巴胺與外向的關連性以外，最近研究也發現血清素與神經質這樣的人格狀態有關，特別是在視丘的血清素（Gonda 等人，2009）。當一個人體中的血清素過低時，他會產生負面的情緒；當個體使用血清素回收抑制劑（SSRI- 目前常用的抗憂

鬱劑）時，他的情緒就會提升並且會有更多的社交行為（Ksir, Hart & Ray, 2008）。

10.1.2 增強敏感理論

生物有趨吉避苦的本能，Jeffery Gray 由這樣的生物本能發展出增強敏感理論（reinforcement sensitivity theory）。這個理論說明人類的兩種行為系統，一種是追求快樂的行為活化系統（behavioral activation system，簡稱 BAS），另一種是逃避痛苦的行為抑制系統（behavioral inhibition system，簡稱 BIS）（Gray & McNaughton, 2000）。行為活化系統會使人注意到環境中的獎賞，進而產生快樂的感受；相對的，行為抑制系統則會使人注意到環境中的危機，有助於人們逃避危險。我們就是透過這兩個本能的系統來達到「趨吉避苦」的作用，然後安適地活著。心理學家發現人格基本上也可以分成這兩大類。有些人是以行為活化系統為主，會主動地追求快樂的感受；這些人會特別重視獎賞。另外有些人則是以行為抑制系統為主，會特別注意環境中的危險刺激；這些人會特別害怕處罰（Scheichel 等人，2010）。你認真地讀這本書是因為害怕被當，還是想得高分呢？表 10.3 說明了這兩種系統與人格的狀態。

行為系統	聚焦	行為	情緒特性	人格特質
行為活化	環境中的增強	追求鼓勵	正向情緒	外向性
行為抑制	環境中的處罰	避免處罰	負面情緒	神經質

表 10.3 Gray 的增強敏感理論

> **想一想**
> 1. 你覺得體型和血型會與個性有關嗎？
> 2. 你的個性是追求快樂還是逃避痛苦呢？

幸福人生

身強體健的人格特質

在 1950 年代，心臟科醫師 Meyer Friedman 與 Ray Roseman 在診間發現心臟病的病人會很匆忙地就診與急著離開。經過系統性調查後發現，這類的人有某種行為特徵，稱為 A 型人格（Type A behavior pattern）。這類的人喜歡競爭、趕時間並且具有敵意，其中敵意這樣的人格特質與心血管疾病的產生息息相關（林宜美，Chida & Steptoe, 2009）。相對於 A 型人格，放鬆、好相處的特性被 Friedman 和 Roseman 稱之為 B 型人格（Type B behavior pattern）。除了 A 型人格與 B 型人格以外，還有所謂的 C 型人格。這類的人具有外向、完美主義等特質，但也與癌症（Cancer）的發生有關，故稱為 C 型人格。近期研究更發現了 D 型人格（type D, detressed personality）。這類的人負面情緒高、人際較為退縮，容易產生痛苦感受（Distress）（Armon, 2014）。我們現在知道 A 型人格與心臟血管疾病有關、C 型人格與癌症有關，而 D 型人格則活在痛苦中。除此之外，還有那些人格特質與健康息息相關呢？

心理學家發現與健康有關的人格特質為：

1. 深思熟慮的人會遠離危險，活得更健康（Roberts 等人，2009）。許多研究發現，深思熟慮的人會注意自己的飲食習慣，並且會有運動的習慣，而且不會有抽煙與喝酒等不健康的行為（O'Connor 等人，2009）。他們可以持續健康行為就是保持身體健康的良方。

2. 自制力：自制力也是影響健康生活型態的因素。研究發現，自制力高的人比較容易持續健康的好習慣（Baumeister & Alquist, 2009）。當一個人自制力高時，面對困境所產生的壓力會比較少，並且會有良好的問題解決能力（Taylor, 2011）。研究也顯示，自制力高的人罹患癌症與心血管疾病可能性也較低（Sturmer, Hasselbach & Amelang, 2006）。

3. 自我效能感：自我效能感是指個體在執行某種行動上的信心程度，也就是相信自己能夠做到的程度。在許多健康的行為上，如：健康飲食、規律運動、戒菸、減重等等的成功都與自我效能感有關。以心臟病為例，研究發現，自我效能感高的人，其心臟病復發率明顯地較低（Sarkar, Ali & Whooley, 2009）。

4. 樂觀：無庸至疑地，樂觀的人會活得比較健康也快樂（Carver & Connor-Smith, 2010）。保持樂觀的態度就會讓你身心健康。正向心理學家 Martin Seligman（1990）認為，樂觀的人就是在負面事件發生時，可以採用正向的態度來看待這樣的事情，會將生活中的痛苦經驗當成只是一種意外而不是常態，也不會將這些痛苦歸因於自己的問題。透過樂觀的態度，可以讓我們跨過困境邁向有希望的未來。

| 延伸閱讀 |
鄧伯宸（2011）。《你何時要吃棉花糖？時間心理學與七型人格》。心靈工坊。
洪蘭譯（2009）。《學習樂觀，樂觀學習》。遠流。

10.2 心理動力論

心理動力論（psychodynamic perspective）認為人格主要來自潛意識（也就是沒有察覺到的層面），也就是說我們的行為受到自己無法覺察到的潛意識影響。大部分的心理動力論皆強調早期與父母相處的經驗是人格養成的主要因素。心理動力論認為外顯行為不過是人格的表象；如果我們要真實地了解一個人，深入探索內在心理歷程，透過分析行為所隱藏的意義才能進入個人內在世界（Levin, 2010）。在生活中，我們對於潛意識或夢的解析這些心理動力的專業術語的熟悉，主要是因為心理動力的理論是由佛洛依德（Sigmund Freud）透過臨床經驗的觀察而產生，雖然沒有科學化的實證，而這些理論知識會讓人覺得貼近現實生活。

> **心理動力論**
> 認為人格主要受到潛意識與早年經驗的影響。

10.2.1 佛洛依德的精神分析論

佛洛依德是大家耳熟能詳的心理學大師，他透過自己的臨床經驗而發展出精神分析理論（psycho-analysis）。在他的治療所中，出現了許多轉化症的個案（過去稱之為歇斯底里 hysteria），也就是他們的心理困擾用身體上的不舒服來展現。從這些個案的身上，我們可以發現他們心中都有潛藏的心理困擾，但因為無法言說，所以透過看不見、聽不到或者是無法動等身體疾病的方式來展現這些困擾。佛洛依德發現，這些受苦的個案往往都有潛藏的性的課題或者關係上的衝突，因此，他就深入了解這些個案的內在衝突與性的課題，並且發展出適合的治療策略，來讓這些人的心理困擾得以緩解而重生。

佛洛依德是精神分析論發起者。

根據佛洛依德的想法，潛意識影響我們外顯行為的關鍵因素。我們生活與內心世界充斥著矛盾與衝突，為了要減低衝突帶來的情緒緊繃感，我們會將難以處理的內在衝突或生活經驗放在潛意識裡。佛洛依德相信人受到潛意識所驅使，即使是瑣碎的舉動也有特別的意義；一個隨手塗鴉、一個冷笑話、一個笑容，其呈現都可能隱藏著潛意識的因素。舉例來說，小偉到宜蘭的小牛家玩。小牛對媽媽說：「這是我同學小偉。」媽媽就說：「你帶男朋友回來玩啊！」事實上小牛媽想說的是：「你帶男同學回來玩啊！」小牛媽把男同學說成男朋友，就是佛洛依德指的「說溜嘴」（指不經意間將潛意識的想法給說了出來），也就是說男朋友這句話不小心透露出小牛媽對自己兒子的性取向想法。

佛洛依德的理論將我們的意識分成意識與潛意識兩大層面。他將人格比做一座冰山，大部分都是存在於不可以察覺到的層面之下，就像冰山的大部分都潛藏在水的表面之下一般。如同圖 10.1 所示，我們大部分的人格都是冰山下的潛意識所主

第 10 章 人格　331

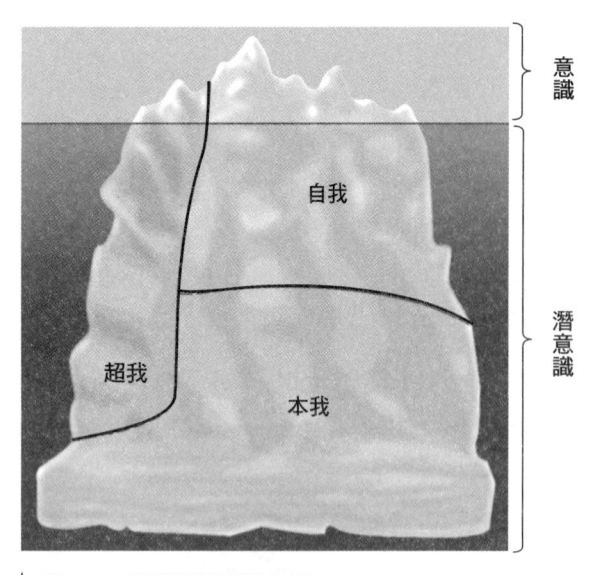

圖 10.1 意識與潛意識心靈
意識心靈是冰山在水面上的部分，而潛意識心靈則是存在水面下。注意本我完全是潛意識的，而自我與超我可以在意識與潛意識層面運作。

導，對於自己的認識也只是浮在水面上的冰山一角。基本上，夢境也是我們潛意識反應；我們透過夢境緩解潛意識下的衝突與矛盾。若要了解一個人的人格，我們需要深入潛意識。佛洛依德就發展了許多深入潛意識的策略，如：夢的解析與自由聯想等等。

★人格結構

佛洛依德（Sigmund Freud, 1917）相信人格有三種結構：本我、自我、超我（圖10.1）。**本我（id 或稱之為「本能」）**包含了生物的本能，特別是性與攻擊的本能，並且是人儲藏心理能量的地方。在佛洛依德眼中，本我存在潛意識裡；它是人類的生物本能代表，也是我們活力的來源。從圖10.1可以看出，本我潛藏在潛意識之中，代表平時的你無法真正地覺察到這些本能對自己行為的影響。本我的運作遵循著享樂原則，佛洛依德認為本我總是在尋求快樂，並且逃避痛苦（趨吉避苦）。

當小孩長大後，開始經驗到現實的要求與約束，就會產生一種新的人格結構——**自我（ego 或稱之為「我」）**。佛洛依德認為自我是專門處理現實層面的人格結構。根據佛洛依德，自我遵守著現實原則，嘗試在環境限制下帶給個人快樂的感覺。自我幫助我們測試現實，去探索我們可以做到什麼程度，不會惹麻煩且不會傷害到自己。相較於本我全部存在潛意識之下，自我有某部分是在意識之上的，它穩固了我們更高層次的心靈功能——推理、問題解決，以及做決定。

超我（superego 或稱之「凌駕在自我之上的我」）是佛洛依德設想出來的第三個人格結構，是人格的道德層面，也就是我們常常提到的「良知」。就像本我一樣，超我不會去顧及現實層面，它只會考量高尚的道德標準。例如，在無車的鄉間小路上還是會依照規矩停等紅燈。

想一想，當你早上被鬧鐘叫起床時，你的人格是如何運作呢？這時本我可能會說：「再睡一下吧！」而超我會說：「翹課不好。」最後自我會做出決定來：「這門課老師不會當人，就繼續睡吧！」

★防衛機轉

自我會利用許多策略解決個體在現實生活、本我的慾望以及超我的約束中所產生的衝突，而衝突會產生焦慮。這些用來處理焦慮的策略稱為**防衛機轉（defense mechanism）**。防衛機轉就是藉著在潛意識中扭曲現實的方式來降低焦慮感，減少

本我
佛洛依德人格理論的結構之一；其中包含了潛意識中的本能，並且是人儲藏慾望的地方。

自我
佛洛依德人格理論的結構之一；專門處理現實層面的要求，與外在環境互動的人格狀態。

超我
佛洛依德人格理論的結構之一；專門處理道德層面的行為內在評價，也就是良知。

防衛機轉
一種自我保護的策略，藉著在潛意識中扭曲現實的方式來降低焦慮感。

防衛機轉	運作方式	例子
壓抑	最主要的防衛機轉，自我將不能接受的衝動拋出可意識的範圍之外，讓它進入潛意識的心靈層面裡。	一名年輕女孩遭到叔叔的性虐待，當她長大後，她完全記不得那些有關痛苦經驗的任何事情。
合理化	自我利用一個較能被接受的動機去取代原先不能被接受的想法。	一名大學生無法進入校隊。他告訴自己：課業太重，參加校隊會浪費時間。
轉移	自我將想要發洩的情緒從一個較具威脅的客體轉移到較安全的客體上。	無法對老闆發脾氣，於是回家後把氣都出在太太或小孩身上。
昇華	自我將一個無法被接受的衝動轉化成一個社會大眾較能接受的形式。	一位具有強烈性衝動的男性成為裸體畫的藝術家。
投射	自我將自己的短處、問題以及錯誤，認為是其他人所擁有。	一名強烈想要出軌的男性指責他的妻子紅杏出牆。
反向操作	自我表現出與原本不能被接受的相反行為。	一位母親害怕面對自己討厭孩子的事實，於是她表現出極為溺愛自己的孩子。
否認	自我拒絕承認引發焦慮的事件。	一名男性在醫生診斷出他罹患癌症的時候，不願意承認。
退化	當面對壓力的時候，自我尋求早期發展階段的安全感。	一名女性在每次跟老公吵架後，就跑回家找母親。

圖 10.2 防衛機轉
防衛機轉利用許多方式減少焦慮，但都是以扭曲現實的方式。

個體的內在不安。

　　心理防衛機轉第一個特性也是最根本的機制就是壓抑衝動。它的目標是壓制衝動回到潛意識的層面，減少個體面對現實困境的壓力。佛洛依德認為許多早期的童年經驗都和性的課題有關。要在意識層面解決這些經驗會太具威脅及壓力，所以在幼年時期，我們會壓抑性的衝動以減少壓力。第二個特性是，防衛機轉都是在潛意識狀態中運作，我們無法知覺到自己正在使用它們；也就是說這些防衛機轉是自動產生的保護機制。第三個特性是適度採用防衛機轉可以幫助我們減低內在焦慮，但過度使用則是會脫離現實產生負面影響（Cramer, 2008）。舉例來說，防衛機轉中有一個是否認。當你面臨一個痛苦經驗時，當下的否認可以幫助你度過危機。需要注意的是，如果讓防衛機轉完全控制我們的行為，會讓我們無法面對現實生活。圖 10.2 描述許多佛洛依德提到的防衛機轉。你也可以想想，在生活中你常用哪些防衛機轉來減低內在焦慮？

★ 人格發展階段

　　佛洛依德認為人格可以區分為五個階段，每個階段都可以在身體的不同部位找到愉悅的感覺──慾望區。根據佛洛依德的說法，在發展的每個特殊階段裡，身體的某些部位擁有特別強烈的愉悅感；隨著年齡增長，自己內在慾望（特別是性）可透過不同區域來滿足，而不同時期有不同的區域。人格的成長就是這些區域慾望滿足的過程。以下就是佛洛依德界定的五個發展階段：

1. **口腔期（出生至 18 個月）**：咀嚼、吸吮以及嚙咬是口腔的主要功能。嬰兒透過口腔的運作來滿足內在的慾望，也消除內在的緊張感。
2. **肛門期（18 至 36 個月）**：孩童最大的愉悅感來自肛門或是跟排便有關的行為。在佛洛依德的眼中，肛門肌肉的運動可以減少孩童內在的緊繃感。這是如廁訓練的重要時期，孩童就會透過如廁行為來控制父母親。
3. **性蕾期（3 至 6 歲）**：性蕾（phallic）源自拉丁文 phallus，代表的意義是「陰莖」。這時快樂的感覺主要來自生殖器，許多小男生會在這個時期喜歡觸碰生殖器。佛洛依德認為性蕾期對人格發展非常重要，尤其是**伊底帕斯情結（Oedipus complex）**。這個詞源自希臘神話：伊底帕斯在不知情的情況下殺死了自己的父親，並且娶了自己的母親。在大約 5 至 6 歲的年紀時，男孩會特別黏媽媽並且會仇恨父親。為了減少這種亂倫的衝突，男孩會慢慢轉向認同自己的父親。
4. **潛伏期（6 歲至青春期之前）**：兒童壓抑所有跟性有關的興趣，並且建立社會與智能的技巧。這時兒童已經入學，學校生活正好疏通了兒童的旺盛精力。轉換成較安全的形式，幫助兒童忘記在性蕾期的高壓迫感衝突。
5. **兩性期（青少年時期與成年期）**：性感覺重新覺醒的時期，可以得到性愉悅感受的資源可能變成是家庭成員以外的人。佛洛依德相信和父母未解決的衝突在青少年時期會再度出現，而一旦這個衝突解決後，個體就會變得像個成年人般，有能力獨自發展成熟的親密關係及功能。

> **伊底帕斯情結**
> 在佛洛依德的理論中，幼兒會發展出一種強烈想要取代相同性別父母的慾望，並且享受不同性別父母給予的情感。

佛洛依德相信人都有可能會因為在任何一個階段中，無法解決衝突而變得固著。固著是一種心理上的防衛機轉，發生在個體是因為需求沒有被滿足或是過分被滿足，而滯留在較早的發展階段。例如，父母也許會讓小孩太早斷奶，或是太嚴格要求他們的如廁訓練，或是因為手淫而懲罰他們，或是太多的關注而讓他們感到窒息。圖 10.3 描述了一些可能跟口腔期、肛門期、性蕾期有關聯的成年人格特徵。

10.2.2 心理動力論的後起之秀

在佛洛依德理論之後，有三位重要學者——Karen Horney、榮格（Carl Jung）以及阿德勒（Alfred Alder）——對心理動力論有特殊的影響力。他們成功地從佛洛依德的理論中發展出更創新的解釋，並且對於佛洛依德的經典理論做出以下的修正：

階段	成人固著情形	昇華	反應方式
口腔期	抽菸、飲食、親吻、口腔衛生、嚼口香糖	追求知識、幽默、睿智、諷刺、成為食物或酒類的專家	咬文嚼字、老饕、禁酒主義者、不喜歡牛奶
肛門期	注意自己的消化系統、喜歡廁所幽默、極端的髒亂	對繪畫或雕刻有興趣、樂於付出、對統計很有興趣	對排泄物極端厭惡、害怕汙物、一本正經、易怒
性蕾期	喜歡手淫、輕佻的、表現出男子氣概	喜歡詩文、對愛渴求、追求成功	對性的態度十分禁慾、過度的謙虛

圖 10.3 發展階段的固著與昇華

1. 人類潛在的慾望不只是性的本能。
2. 人格的型塑不只是在出生的第一年。
3. 自我功能會是成熟人格狀態的重要角色。
4. 除了內在衝突以外，社會文化也對人格養成有所影響。

★ Horney 的社會文化論

Karen Horney（1885～1952）認為需要注意社會文化對人格發展的影響力。她以佛洛依德的其中一個概念「陽具欽羨」為例：佛洛依德將一些女性病患的行為解釋成她們對陽具深刻的渴望。Horney 指出，在佛洛依德的時代，男性扮演著主導的角色，女性就成為「疾病」的樣本。在人格成熟的論述中，大多是以男性的觀點出發。她對陽具欽羨抱持著相反的假設：性欽羨會同時發生在兩性身上，男生也會妄想著女性的生殖功能。她也表明了對陽具欽羨的女性，也只是渴望男性在許多社會中擁有的地位而已（Gilman, 2001）。

Karen Horney 是女性精神分析師。

Horney 也相信，相較於性與攻擊，從人際角度來看，人都有對安全感的渴求，那是人類存在的最原始動機。她認為人通常從三種策略中建立起自己對焦慮的一套因應方法：有些人會轉移到別人身上，尋求愛與支持；另一些人也許會遠離別人，變得較獨立；而還有一些人會對人產生抵抗，較具競爭性且盛氣凌人。安全的人會善加利用這三種策略，而不安全的人通常只固定使用一種策略，以致變得太依賴、太獨立或是太具侵略性。對於人際層面的需求，Nancy Chodorow（1978, 1989）強調，女性比男性更傾向以她們的人際關係來定義自己，而且女性會比男性更加覺察到自己的情緒變化。

★ 榮格的分析論

與佛洛依德同一個時期的榮格（Carl Jung, 1875～1961）對精神分析論有一番不同的見解。榮格贊同佛洛依德對潛意識的詮釋，但是他認為佛洛依德過度重視人類的生物本能，而不夠重視人類的心靈層面在人格中扮演的角色。事實上，榮格相信人格的根基應該回溯到人類存在的初期，也就是人類的基本本質。他提出**集體潛意識（collective unconscious）**這樣的概念，認為在個人潛意識的最深處，潛藏著人類從祖先身上延續而來的一些共通的經驗，也就是人類共通的人性。

集體潛意識是透過榮格所謂的**原型（archetype）**表現出來，它代表的人類共通的情感經驗，每種都有其豐富的生命意義。榮格相信這些原型存在於藝術、宗教以

發展集體潛意識的榮格。

集體潛意識
榮格學派的專業術語，深藏於潛意識深處，原自於人類祖先的共同文化經驗。

原型
榮格對集體潛意識中，在情感上具有豐富和象徵意義的想法和意象所下的定義。

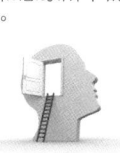

第 10 章　人格　**335**

及夢境中（Kradin, 2009）。他利用原型這個詞彙來幫助人們了解本性（Urban, 2008）。阿尼瑪（anima，女性特質）和阿尼馬斯（animus，男性特質）是兩個典型的原型。榮格認為任何一個人（不分性別）皆有其溫柔面，也有其陽剛面。另一個原型人格面具（persona），這就是公開展現出來的自我，也就是在社會情境下的帶著面具的自己；而面具背後就是屬於心理的黑暗面，經常是不被當下環境接受的一些想法與慾望。

在許多電影中（如：《星際大戰》或者《魔戒》），就會有光明面與黑暗面的兩個角色，來說明人類心理世界的光明與黑暗兩種原型，也因這些電影刻劃出我們心理世界的原型，才會如此地引人入勝。曼陀羅（mandala）也是一種原型的展現，為圓形的型態，榮格引用此意象表現人類的自我（圖 10.4），許多藝術治療師就會採用曼陀羅來探索個人的內在心理世界。

這個豎立在巴黎盧森堡花園中的雕像，正好可以說明榮格學派的人格面具的意義。就是說我們都有許多因適應環境而產生的面具，隨著情境不同而需要帶上不同的面具。

★ 阿德勒的個體心理學

阿德勒（Alfred Adler, 1870～1937）是另一位與佛洛依德同時期的人。在阿德勒的**個體心理學（individual psychology）**裡，人為了目標和意圖而產生動力，是自己生活的創造者，不像佛洛依德如此相信潛意識有著壓倒性的力量。阿德勒認為人類還是能帶有意識地監控自己的生活。他也相信，對於人格的塑造，社會因素比性更為重要（Silverman & Corsini, 1984）。

個體心理學

阿德勒的基本理論，認為人為了目標和意圖而產生動機，是自己生活的創造者。

電影《星際大戰》的角色正好反映了原型，包含光明面與黑暗面。

圖 10.4 曼陀羅就是一種自我的原型
在榮格探索神話的過程中，他發現自我時常以曼陀羅的形式出現，他相信這是自我統合的表現。

阿德勒認為每個人為了追求卓越表現而竭力奮鬥，尋找適應、改善和控制環境。我們在嬰兒及幼童與其他比自己年紀大且具有力量的人互動時，會產生自卑感。為了排解自卑帶來的不舒適感，我們會想要力求卓越。補償（compensation）是阿德勒對個體行為解釋的另一個詞彙，代表個體企圖克服想像或是真實的自卑感及軟弱，於是建立了其他能力。阿德勒相信補償是正常普遍的現象，例如，一位平凡普通的學生藉由在運動上的優異表現，來補償在學業上的不突出。

阿德勒又認為當個體企圖否認一個真實情境，或是誇大成就以隱藏自己的脆弱時，就是過度補償（overcompensation）。阿德勒描述兩種過度補償的狀況：自卑情結（inferiority complex）是將自我不如他人的劣勢過度誇大；卓越情結則是藉由誇大自我的重要性，期望去掩飾自卑的感覺。

雖然心理動力論與佛洛依德原始的精神分析論已背道而馳，然而它們都共同擁有一些核心概念：

- 人格是受到早年經驗與當下的經驗共同影響。
- 人格是一個發展的過程，透過身體、認知與社會情緒的發展歷程，可以更清楚看到人格的養成。
- 我們轉化生活經驗，並且將之融入人格狀態中。
- 我們的行為不是完全被意識所掌控，許多令人匪夷所思的行為是受到潛意識的影響。
- 個體的內心世界時常與外在現實的需求衝突，並且這些衝突產生的焦慮感不易解決。
- 適應歷程是在研究人格上的重要議題。

目前對於心理動力論批評主要集中在它的主要概念難以採用實證研究來進行驗證（Cramer, 2008），許多用以支持心理動力論的資料都是來自臨床醫生對臨床病例的個案報告。在研究策略上，這些個案報告都是由臨床醫生根據自己的理論來進行資料收集與分析，這自然就容易產生合乎理論的成果報告。在資料收集上，由於許多資料來自於患者回憶（特別是從早期童年經驗），在記憶那一章提過，我們有時候的記憶會有扭曲的現象，所以這些資料的精確度無法考證。

另一些對心理動力論的批評，則認為它在描繪一個人的時候太過負向和悲觀。例如，這些概念將太多的比重放在早年的家庭經驗以及這些經驗對人格的影響，而不承認我們仍然保有改變及適應生活的能力。有些心理學家相信佛洛依德和榮格太過信任潛意識心靈對控制行為的能力；另一些反對者則認為佛洛依德過於強調性對了解人格方面的重要性。我們生在這世上並不只是帶有性與攻擊本能的束縛，而現實的要求也不總是與我們的生物需求衝突。雖然心理動力論在理論實證與概念上有其限制，但是它還是一個淺顯易懂的人格理論。

想一想

1. 聽到佛洛依德這個人,你會想到些什麼?
2. 你有慾望嗎?最常出現的慾望是哪一種?你如何適切地處理慾望?
3. 從精神分析的角度出發,人格可以分成哪些部分?

動動腦

誰投射了什麼?

在每年數百萬種被使用的測驗中,Rorschach 墨漬測驗是使用頻率最高的一種。根據一項調查顯示,82% 的臨床心理學家有時會提供 Rorschach 測驗,而 43% 報告時常使用此項測驗(Watkins 等人,1995)。不過,Rorschach 測驗也長期因分析結果因人而異以及缺少效度受到攻擊(Lilenfield, Wood & Garb, 2001)。

有些心理學家認為,Rorschach 測驗雖然有一些計分方法,但因計分結果會因人而異,故臨床使用上還是必須小心(Lilenfield, Wood & Garb, 2001)。舉例來說,假如兩個臨床心理學家提供 Rorschach 測驗給相同的人,並且對其結果提出完全相反的解釋,可能代表這兩位心理師是將自己的想法投射在病患的 Rorschach 測驗結果上。換句話說,測驗的解釋受到心理師個人風格的影響,而不是反應出受測者自己的潛在人格。

使用 Rorschach 測驗的一個重要目的是想要發現潛在的心理疾患,像是精神分裂症或是憂鬱症(Weiner, 1997, 2001)。因此一種測試 Rorschach 診斷效度的方法就是對兩個不同的團體進行施測,一個團體是正常人,另一個團體是被診斷出來有某項疾患的人,如精神分裂症患者。假如 Rorschach 測驗有助於診斷精神分裂症的話,精神分裂症患者與正常人在 Rorschach 的反應上有所不同。這時,也讓人懷疑這個測驗是否能夠真正地探索正常人的人格特性。

藉由標準化計分系統來促進信度的想法持續已久(Exner, 1974)。測驗的答案被代表性地以位置(受試者的回答是以墨漬的整體性或特殊部分?)、性質(受試者的回答有沒有牽涉到顏色、形狀或是知覺的運動?)、內容(受試者覺得是動物、人還是物體?)以及慣例(受測者的回答如何與平均的答案做比較?)來做計分。這些系統的目標包含了標準化測驗的程序,以及促進測驗解釋的信度與效度,並且隨著時代的演進而有不同的修訂以合乎時代背景(Choca, 2013)。

在實務工作上,心理師經常是將結構化的訪談和其他的人格衡鑑工具所得到的訊息結合在一起,並透過投射測驗來獲取額外的資訊,以有助於了解他人人格特質的全貌。

> **想一想**
>
> 1. 請諮商中心的心理師幫你進行投射測驗,讓你發現自己內在的特質。
> 2. 你覺得投射測驗可以如實地反映出你的內在人格嗎?
> 3. 你在圖 10.5 中看到了些什麼呢?

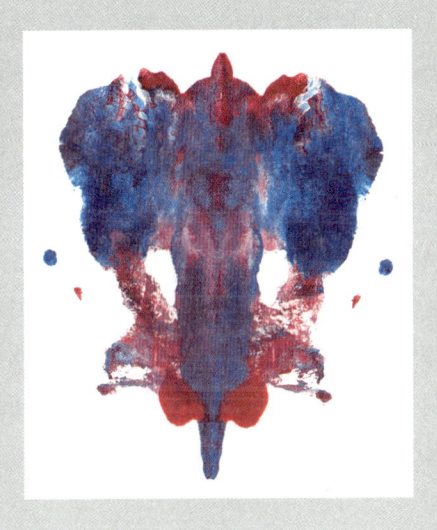

| 建議閱讀 |
赫爾曼・羅夏(2002)。《心理診斷法》。昭明出版社。
陸雅青、劉同雪(2008)。《心理診斷與人格測驗手冊》。心理出版社。
Choca, J. P. (2013). The Rorschach Inkblot Test: an interpretive guide for clinicians. APA.

圖 10.5 在 Rorschach 墨漬測驗中使用的刺激類型

10.3 行為與社會認知論

　　偉明與淑美即將結婚。他們兩人皆有善良且溫和的人格,並且都很重視與對方相處的時光。心理動力觀點學者會解釋這兩人的人格是來自於長時間與其父母相處的結果,特別是從早期的童年經驗而來,也會說偉明與淑美的互相吸引是受到潛意識的影響,也就是他們愛上對方只是愛上自己心中理想的父親或母親而不自知。但是以行為與社會認知論觀察偉明與淑美,則對某些方面會有不一樣的看法。他們會檢視兩人的生活經驗,特別是最近的相處過程,去了解偉明與淑美互相吸引的原因。

　　行為與社會認知論(behavioral and social cognitive perspectives)強調環境經驗和人類可觀察到的行為,對人格養成的重要性。在這個前提下,行為論將焦點放在行為本身,社會認知論則研究認知因素對人格的影響。

行為與社會認知論
強調環境經驗在人格中的重要性。

Albert Bandura 是社會認知論的發起者之一。

10.3.1 Skinner 的行為論

從 Skinner 行為主義的觀點來看，我們只可觀察到行為反應，這些行為主要是透過操作制約而產生，並無屬於自己獨特的人格特性。行為主義者不重視個人的內在心理歷程，只透過觀察到人們做了些什麼，來說明一個人的行為表現特徵或行為模式。舉例來說，觀察阿山之後，會發現他擁有害羞、成就取向及善於照顧人等的行為；根據 Skinner 的說法，這些行為模式就是他的人格。更甚者，阿山的這些行為是受到他所處環境的獎賞與懲罰而來，使他被塑造成為一位害羞、成就取向且善於照顧人的人。因為與家人成員、朋友、老師和其他人的互動，阿山學習到產生這些行為會受到歡迎。雖然我們的行為會受到當下環境的影響，但是固定的行為模式則是一種穩定的狀態。而 Skinner 論者相信，行為的穩定性是構成人格的一個重要條件。假如一個行為受到恆常的獎賞，它就會變得穩定。

行為主義者相信人格（行為模式）是學習而來，並且會時常地因環境經驗及情境而改變。因此，當經驗及情境重新整理時，個體的人格就可以被改變。對行為主義者來說，害羞的行為可以變成外向的行為；攻擊行為可以變成助人行為；懶散、無趣的行為也可以變成熱情、有趣的行為。

10.3.2 Bandura 的社會認知論

社會認知論

行為、環境以及個人／認知因素是了解人格的重要因素。

社會認知論（social cognitive theory）認為，行為、環境以及認知因素是了解人格的重要因素。Bandura 認為行為論太過簡化一個人，他從行為論延伸加入了內在思考歷程，並且相信觀察學習是我們學習的關鍵。透過觀察學習，我們對其他人的行為形成內在認知概念，並且可能內化這些行為，這些行為就是我們的人格表現（Bandura, 2010）。例如，一位小男孩可能看到自己的父親與別人互動的方式十分具攻擊性又有敵意，當這名男孩和他的玩伴在一起時，他也會以高攻擊性的方式與人相處，表現出和父親行為一樣的特質。

社會認知論者相信，我們藉由觀察別人的行為而學到各式各樣的行為、想法和感覺，這些觀察內容將成為我們人格中重要的一部分，也就是所謂的典範學習。社會認知論在行為的掌控上也跟行為論不同，它強調我們不只是被動地被環境影響，還可以主動地管理與控制自己的行為（Metcalfe & Mischel, 1999; Mischel & Shoda, 2001; Mischel, Shoda & Mendoza-Denton, 2002）。想像有同學想說服你修某一門課，你在評估自己的興趣與時間後決定不修該門課。在這個例子中，你的認知（你的想法）引導你控制自己的行為，並且抗拒環境的影響（同學的說服）。由此更加

突顯出內在認知的重要性，以下就說明與環境適應有關的幾個內在認知。

★ 自我效能

自我效能（self-efficacy）是指個體對自己可以掌控情境，並且形成正向結果的信念。Bandura（1997, 2000, 2001）和其他人認為自我效能與一些人類生活中的正向發展有關聯，包括解決問題、變得較社會化、開始節食或是運動計畫並持之以恆、戒菸等（Bandura, 2010; Schunk, 2011；圖 10.6）。自我效能對我們不管是試圖建立健康習慣，或是需要花費多少努力來因應壓力，以及我們面對阻礙時可以堅持多久，甚至是經驗多少壓力等都有極大的影響（Sarkar, Fisher & Schilliger, 2006）。自我效能高者的人較會尋求心理治療的協助，並且能夠有效地解決問題（Longo, Lent & Brown, 1992）。研究者也發現到，自我效能與就業成功及工作表現有關（Tay, Ang & Van Dyne, 2006）。

> **自我效能**
> 個體對自己可以掌控情境，並且產生正向結果的信念。

自我效能藉由鼓舞而讓人們相信自己可以成功地度過令人不滿的情境（Rose 等人，2002）。過重的人若是相信自己可以控制飲食，他們便更容易在節食上成功。吸菸者若堅信他們不可能打破自己的習慣，可能甚至不會試著想要戒菸，雖然他們知道吸菸很有可能會使身體不健康並且縮短壽命。

> **控制源（控制感）**
> 日常生活中行為增強的因素，可分成外控與內控兩大部份。

你要怎麼增加自己的自我效能呢？下面的幾種策略可以幫助你（Watson & Tharp, 2002）：

- 列出一個待解決問題清單，這些清單裡包含有你認為最困難以及最不困難的部分。從較簡單的任務開始完成，在你已建立了一些自我效能之後，再開始著手較困難的部分。
- 將過去的表現和現在的計畫做區隔。你應該提醒自己過去的錯誤已經過去了，現在你可以透過新的計畫來擁有自信心以及成就感。
- 記錄每天的成功經驗，這樣你就可以具體地注意到自己的成功之處。

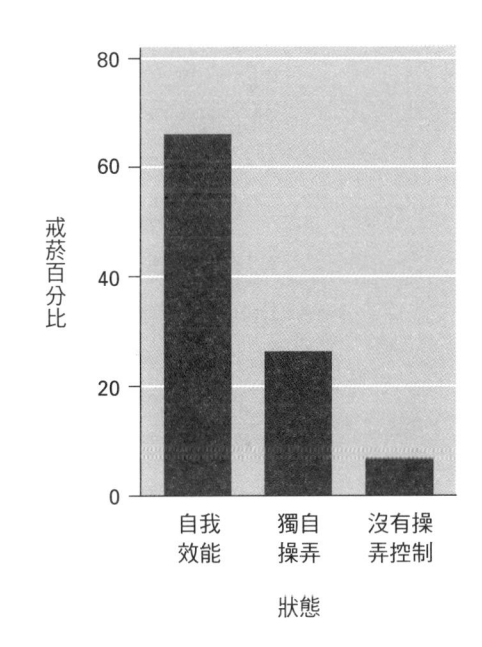

圖 10.6 自我效能和戒菸
在一項研究中，吸菸者被隨機地分配到三個組別的其中之一裡。在自我效能組裡，告知個體被選進這個研究裡是因為他們有很大的可能性會戒菸，接著他們參加了一項 14 週的戒菸計畫。在獨自操弄的組別裡，個體也參加了 14 週的戒菸計畫，但是告知他們是被隨機地選到這個組別裡。在沒有操弄控制的組別裡，個體沒有參加戒菸計畫。14 週後的結果顯示，在自我效能組的個體與其他兩組比較，較能夠成功地戒菸。

★ 控制感

心理學家將行為的控制權簡單分成來自於個人本身或者來自於外在環境，這就是所謂**控制源**或稱**控制感（locus of control）**的概念——內控與外控。Rotter 主張人們對日常生活中所獲得的增強作用有兩種：（1）有些人認為增強作用的產生是由於本身行為的因素，或由於本身所具備某種人格特質、能力或行為所造成（內控）；（2）另一種認

第 10 章 人格　341

為增強作用的發生不是自己本身內在的因素，而是基於自己無法控制的外在作用，如：機會、命運或其他權威人物等（外控）（Rotter, 1966）。內在控制感的人認為自己的行為與舉動對發生在他們身上的事情是有責任的；外在控制感的人則相信不管他們怎麼行動，仍然受到命運、運氣或其他人的控制。

我們已經就控制感在生理與心理健康兩個層面上做特別的探討。最近研究發現，自我控制感與成就表現、幸福感以及身體健康有關（Bandura, 2009）。擁有內在控制感的人，知道較多有關如何引導良好的生理與心理健康的條件，而且很可能會採取一些正向的策略來增進健康，像是戒菸、避免藥物濫用、規律的運動（Lindquist & Alberg, 2002; Powell, 1992）。外在控制感強的人較容易順應權威並且對權威毫不懷疑（Singh,1984）。他們常常在解決問題的時候運用防衛策略，而不積極地尋找解決方法，因此也較常失敗（Lester, 1992）。

★ 樂觀

Martin Seligman（1990）的研究引起心理學領域對於樂觀的興趣。他認為樂觀的人在面對挫敗事件時，會將失敗的原因解釋成是外在的、不穩定的、特殊的，也就是會將失敗當成是人生中的意外；悲觀的人則會將挫敗事件歸論為內在的、穩定的、普遍的法則，也就是將失敗當成是人生的主旋律。

Seligman 說服一間保險公司僱用一些銷售人員。這些人可能不符合求職者的資格，但是他們十分地樂觀。在 130 位雇員中，有一位被認定為是樂觀主義者──Bob Dell 是 45 歲的包裝員，育有兩子並且肩負房貸。他在一個肉製食品包裝工廠工作 25 年之後突然被解僱。只有國中學歷的他情況看起來非常糟糕。當保險推銷員聯繫上他，想要賣給他一份保險時，他告訴那位推銷員他正在待業中。推銷員告訴 Bob 他的公司最近在僱用推銷員，並且建議他或許可以去應徵。Bob 從來沒有賣過任何東西，但是憑著樂觀的態度，他決定去試試看。在不到 1 年的時間裡，他從一個肉品包裝人員變成一位超級保險業務員，薪資是以前在肉製食品包裝工廠的 2 倍。當 Bob 從雜誌上的文章得知有關他之前曾經參與過的實驗計畫，憑著自己樂觀的特質，他拜訪 Seligman 且做了自我介紹，最後還賣給他一份退休保險。

Seligman 會對樂觀產生興趣是來自於習得無助（learned helplessness）的研究。此研究最初聚焦在當動物經驗到不能控制的負向事件後，牠們會變得不反抗且沒有反應（1975）。在他的觀點裡，悲觀較容易習得無助且相信外在控制感；樂觀的人則是較具有自我效能且內在控制的。

許多的研究都顯示，樂觀主義者普遍產生較有效率的運作，且比悲觀主義者更健康：

- **身體健康：** 在一項研究裡，在 25 歲時被歸類為樂觀主義的人，當他們到了 45 至 60 歲的時候，比那些被歸類為悲觀主義的人還要健康（Peterson, Seligman & Vaillant, 1988）。另一項研究裡，悲觀的人容易有較無效率的免疫系統功能，

且健康狀況比較糟。樂觀的人也被發現血壓比悲觀者較低（Raikkonen 等人，1999）。

- **心理健康：** 一項研究發現，樂觀者在自我效能方面，較有能力去避免陷入憂鬱（Shnek 等人，2001）。另一項研究則發現，癌症患者若保持樂觀的態度，心理會較健康（Cohen, de Moor & Amato, 2001）。又有一項研究指出，在老年人中，樂觀與較良好的心理健康以及較低的疼痛知覺有關（Achat 等人，2000）。

在不切實際的狀態下保持樂觀對自己不會有太大幫助。例如，某人認為自己一定會中大獎，因此每天都在買刮刮樂或樂透彩（Clarke 等人，2000; Peterson, 2000; Schneider, 2001）。但是當你腳踏實地工作去面對未來人生時，樂觀會是一個好的生活態度。

10.3.3 Mischel 的理論

Walter Mischel 是一個社會認知觀點的心理學家，他強調人格與環境中的互動關係，並且著重在個體內在的認知與情緒對於行為的影響。他早期研究滿足延宕這樣的議題，在實驗室中，他在桌上放了許多餅乾，他觀察小朋友忍住不動手拿餅乾的時間，發現有些小朋友會馬上拿起餅乾來吃，而有些小朋友會忍了一段時間才拿起來吃。這樣的忍耐時間就是小朋友滿足延宕的時間（Mischel, 2004）。在後續的追蹤後，他發現滿足延宕時間較久的小朋友到了高中成績較佳。這也說明了，人格是跨情境的一致性反應，在兒童期對於外在誘惑會滿足延宕的孩子，到了青春期也是一樣。因此，這樣的人格特性，讓他們在青春期可以抵抗誘惑而專心讀書得到較好的成績。

延續社會認知的觀點，Mischel 認為人格是認知與情緒的交互影響歷程，稱之為**認知情緒歷程系統（cognitive affective processing system）**（Mischel, 2009）。從這個取向來看，我們對於自己的想法與感受以及對於外在世界的想法與感受，會共同運作來產生我們的行為反應。這個理論著重在我們行為產生的歷程，而不是探討如何將人格進行分類。從這個觀點來看，我們會探討一個人如何表現出他活潑的一面，而不是定位他是一個外向的人。這樣的理論就會觀察一個人在不同情境下的行為反應，然後從中找到共通的行為反應機制，這些行為的共通點就是他的人格，也就是我們在生活中常說的「處事風格」。

> **認知情緒歷程系統**
> 個體的內在認知與情緒對於行為的影響。

行為與社會認知取向著重在個人的行為反應以及相關的認知成份。這個取向很貼近生活地探討個體與環境之間的互動過程，並且很清楚地觀察到個體的行為反應，可透過一致的行為反應來定位一個人的人格。這個取向有以下的限制：

1. 過度強調環境的影響，而無法確切地說明人格的本質。
2. 忽略了人的天性。
3. 將人格過度簡化成行為反應模式。

> **想一想**
>
> 1. 從行為的角度來看，你有那些行為習慣可以代表你這個人？
> 2. 在生活中，你對哪些事情會有自我效能？
> 3. 你是一個樂觀還是一個悲觀的人呢？

10.4 人本論

記得偉明與淑美這對情侶嗎？人本主義者會說偉明與淑美善良、溫和的人格特質是內在自我的反映。他們強調要了解偉明與淑美之間的互相吸引，彼此對對方的正向感受是關鍵因素。偉明與淑美並不試著控制對方；相反地，他們早已決定了自己行為的方向，並且雙方皆是自由地選擇結婚。根據人本論，未開化的生物本能（性衝動）以及潛意識想法都不是他們互相吸引的原因，主要吸引雙方的原因就在於對方對於自己的態度以及對方是自己想要的真命天子（女）。

人本論（humanistic perspective）注重人類在個人成長方面的能力、選擇自己命運的自由，以及正向的人類品質。人本主義者相信每個人都有能力因應壓力、控制生活以及達到我們所渴望的（Cain, 2001; Smith, 2001; Cooper 等人，2010）。我們每個人都有能力克服並了解自己和世界。

> **人本論**
> 注重人類在個人成長方面的能力、選擇自己命運的自由，以及正向的人類品質。

人本論對心理動力論提出了清楚的對照。心理動力論的論點時常根據衝突、破壞性的趨力，並對人的天性悲觀。人本論也和極端視人為獎賞與懲罰下的傀儡的行為論相反；但是它確實和社會認知論有一些相似，特別是那些強調人格中個人控制以及樂觀成分的理論。

10.4.1 Rogers 的理論

Carl Rogers（1920～1987）從實務工作中，透過觀察病人來研究人格特質。他（1961）注意到這些焦慮不安的個案，好像有什麼阻礙著他們發揮自己的潛能。Rogers 認為大部分的人因為成長的環境有許多批評與阻礙，讓我們無法完全地接納真實的自我，也使我們遠離了這些正向的感覺。當做錯事情時，我們時常聽到父母、兄弟姐妹、老師和其他同伴說：「不行這麼做！」、「你犯錯了！」和「你怎麼可以這麼愚蠢？」我們常常受到懲罰與限制。父母甚至利用剝奪他們的愛來強逼我們順應他們的標準，這樣的結果往往讓我們更加遠離自我。這些強迫以及負向回饋在我們的成人生活中持續發生，結果就是我們的人際關係因為衝突帶來陰影，或是我們順從別人的想法。當我們努力地依照社會的標準生存時，也扭曲且貶低了真

實的自我。我們也有可能為了要成為別人想要的樣子，而失去了對自我的感覺。

熱愛園藝的 Rogers 用種植植物比擬於人生的成長。他認為每個人就像一顆小小的種子，只要有溫暖的陽光、足夠的雨水以及肥沃的土壤，這些小小的種子終會開出美麗的花朵。他認為每個人都會發揮自己潛能與追求正向自我的動力，端賴個體是否能夠在一個良好的環境中成長。自我就是我們人格的種子，無條件的正向關懷、同理心與真誠一致的態度就是良好的環境，最後我們就會成長成一個具有良好功能的人。以下分別說明這三大概念：

- **成長的種子──自我**：自我概念（self-concept）是個體對自我狀態的覺知。每個人都擁有一個獨特的自我概念，這個屬於個人的自我概念就是成長的種子；而每個種子都有其成長的方向，也就是「理想的自我」（代表我們想要成為的樣子）。而隨著種子成長的過程，因著環境的不同與限制，而產生「真實的自我」（代表經由生活經驗所形成的自我）。每個人都希望朝向理想的自我而成長，在良好的環境下（有成長的養份），「真實的自我」自然就會與「理想的自我」一致；但大多狀況，如同種植植物一般，隨著氣候、水分與養份的不足，真實的自我會無法接進理想的自我，這時就需要補充一些成長的養份，讓我們更正向地成長以朝向理想的自我邁進。

> **自我概念**
> Rogers 和其他人本論者的中心思想；是指個體對自己能力、行為和人格的所有知覺。

- **成長的養份──無條件正向關懷、同理心、真誠一致**：Rogers 提出三種幫助別人建立更多正向自我概念的方法，也就是讓真實的自我成長為理想的自我的方法。他說我們都需要被他人所接受，不管我們做了些什麼。**無條件正向關懷**（unconditional positive regard）就是對一個人的基本態度，採用接納與正向的態度來面對一個人。Rogers 相信無條件正向關懷會提高個人的自我價值。他也認為，假如我們富有同理心且真誠一致，就可以幫助別人建立更正向的自我概念。同理心的意思是設身處地與感同身受地回應對方的感受。真誠一致則是指敞開我們的感覺，除去掩飾以及外表。對 Rogers 而言，無條件正向關懷、同理心、真誠一致是人類關係的關鍵要素。它們幫助人們認為自己是好的，並且幫助我們與別人相處得更好（Bozarth, Zimring & Tausch, 2001; La Vigna 等人，2002）。

> **無條件正向關懷**
> Roger 發展的概念，認為我們每個人都需要被接納、付予價值與正向肯定的需求。

- **成長的結果──充分發揮功能的人**：Rogers（1980）強調成為一個充分發揮功能的人是個對經驗開放、不會過分防衛、對自我及外在世界覺知且敏感，最重要的是與他人擁有和諧關係的人。Rogers 相信我們充滿彈性，有能力成為一個完全發揮功能的人──不管是否經驗到「真實自我」與「理想自我」之間的差異，不管是否遇到試圖控制我們的人，也不管是否接受太少的無條件正向關懷。他相信人類最基本的傾向就是去實行、維持和增進自己的生活。他認為對實現的傾向──朝向實現一個人基本的天性與獲得潛能──對每個人而言都是天生的。

10.4.2 Maslow 的觀點

Abraham Maslow（1908～1970）是心理學領域人本運動的重要人物之一。他

第 10 章 人格　345

認為人本論為心理學的「第三勢力」——意思是說，它對心理動力論以及行為論的勢力是一重要的替代。Maslow 認為心理動力論太過強調心理失常的人以及他們具有的衝突，行為論則是忽略了人的本質。回到 Maslow 的動機理論，Maslow 相信作為一個人，我們會想要發揮自己全部潛能，並且認為「自我實現」是人類想追求的終極目標。圖 10.7 描述了自我實現的個體擁有的主要特質，包含了創造力、自主性、善待他人等等的正向特質，如：科學家愛因斯坦、人權醫師史懷哲等。想想看，你是否朝向自我實現而努力呢？觀察你身邊正在追求夢想的人，他們是否有這些自我實現者的特質呢？

10.4.3 自尊

Rogers 和 Maslow 對自我（self）的重視，也相信自尊是人格中重要的一部分。**自尊（self-esteem）**是指一個人對自我價值或自我意象的全面評價。自尊的測量、建立與提升一直都是心理學所重視的課題（Hewitt, 2001; Scarpa & Luscher, 2002; 羅婉慈與葉光輝，2014; 蔣秀容等人，2014）。簡單來說，自尊就是自我的溫度計，它可以表示一個人自我狀態的高或低，以下探討自尊的穩定性與多元性（Baumeister, 1997）：

自尊
一個人對自我價值或自我意象的整體性評價。

- **自尊是天天變動或是保持穩定嗎？**許多研究發現自尊是穩定的，至少 1 個月或是

Maslow 對自我實現的個體所做的特徵分析

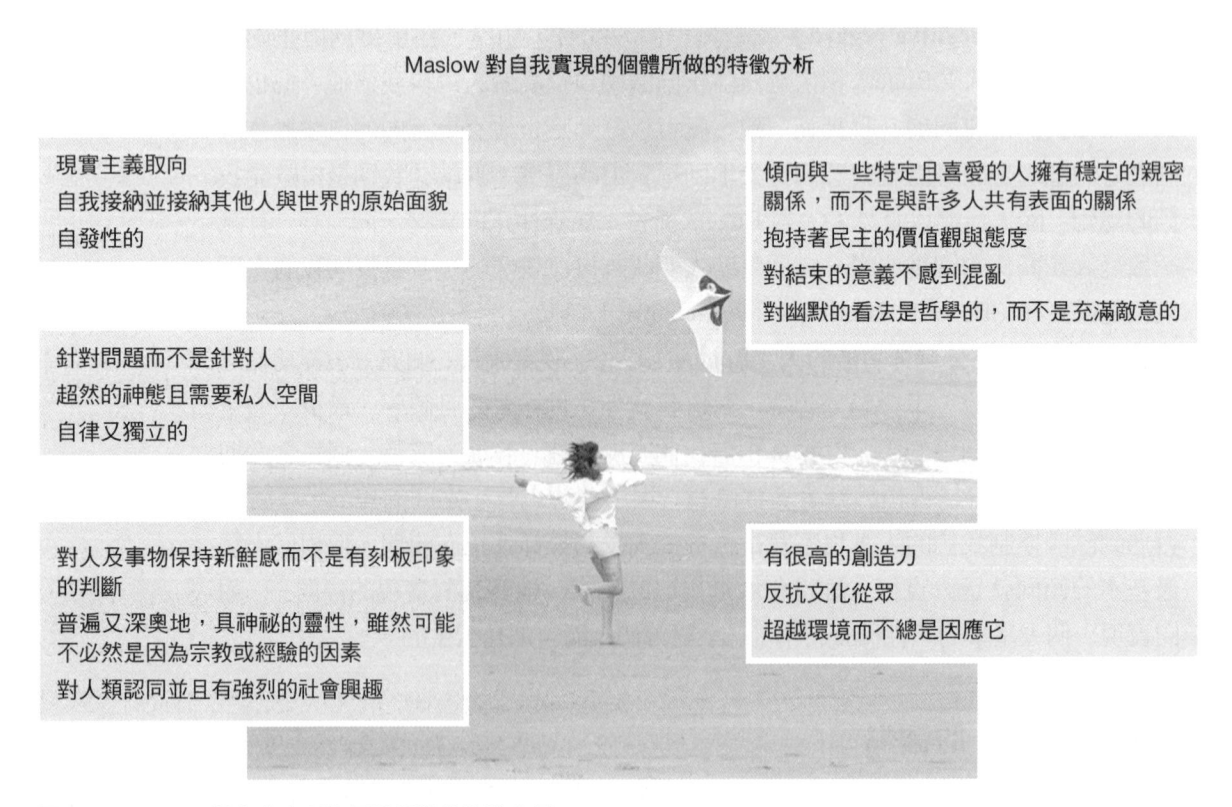

現實主義取向
自我接納並接納其他人與世界的原始面貌
自發性的

針對問題而不是針對人
超然的神態且需要私人空間
自律又獨立的

對人及事物保持新鮮感而不是有刻板印象的判斷
普遍又深奧地，具神祕的靈性，雖然可能不必然是因為宗教或經驗的因素
對人類認同並且有強烈的社會興趣

傾向與一些特定且喜愛的人擁有穩定的親密關係，而不是與許多人共有表面的關係
抱持著民主的價值觀與態度
對結束的意義不感到混亂
對幽默的看法是哲學的，而不是充滿敵意的

有很高的創造力
反抗文化從眾
超越環境而不總是因應它

圖 10.7 Maslow 對自我實現的個體所做的特徵分析

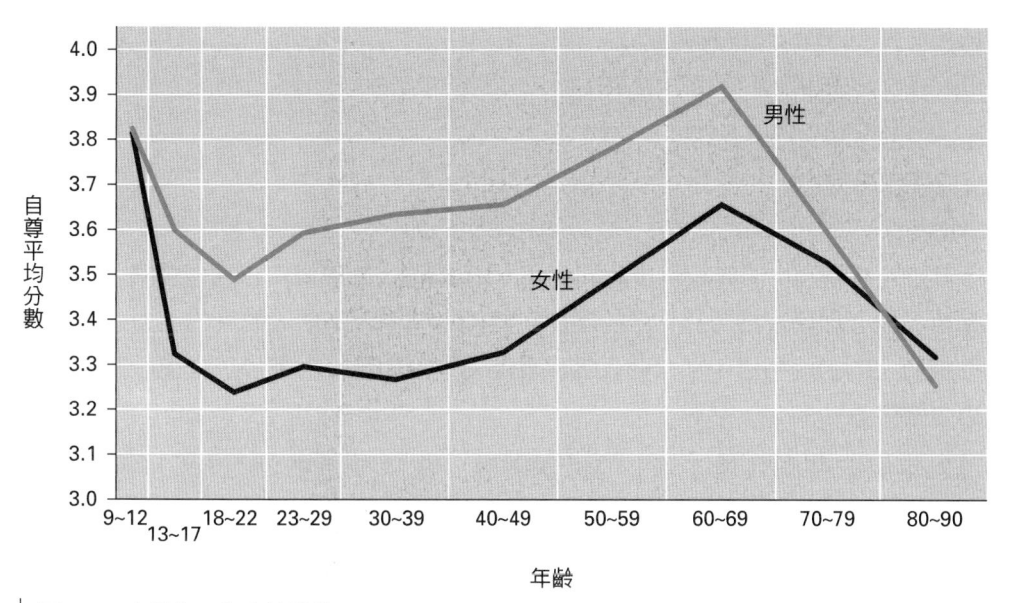

圖 10.8 自尊在一生中的變化
一項請超過 30 萬人以 5 點量表來評量自尊程度的研究，5 分代表「非常同意」，1 分則是「非常不同意」。自尊在青春期和成年期晚期較低。女性的自尊一生中普遍都比男性低，特別在青春期是最低的。

更久（Baumeister, 1991）。自尊也會產生改變，特別是對生活中的過渡事件（像是從國中畢業或是要上大學了）和生活事件（像是得到或失去一份工作的一種適應性的反應）。最近研究發現，自尊在兒童期是高的，青春期下降，成年期又增加，直到晚年，自尊又下降（Robins 等人；圖 10.8）。在這項研究中，歷時一生的時間裡，男性的自尊普遍比女性要高；在青春期，女孩的自尊比男孩降低得更多。

- **人的自尊是單一指標還是多向度指標？** 傳統的自尊測量，所採用的是 Rosenberg 自尊量表，它所測量的自尊就是一個單一分數指標，分數高者代表自尊高，反之則是自尊低。根據楊國樞教授（2008）的華人自我四元論來看，自尊可以分成個人取向自我、關係取向自我、家族取向自我，及他人取向自我四大層面；認為自尊是多向度而不只是單一指標，也就是說我們的自尊是多重指標，你會在某些領域的自尊高一些；但也會在某些領域的自尊低一些，最好的狀態，當然是在各領域中保有良好的自尊。

- **自尊有文化差異嗎？** 文化與自尊的差異一直都是心理學家好奇的課題。在一個最新的跨文化比較的研究（Becker 等人，2014），他們比較了 20 個國家的青少年，他們從掌控生活、安份守己、社會地位與利他等四個基本自我評價歷程，來看不同文化其自尊的反應狀態；結果發現在不同的文化脈絡下，每個人自尊的來源有所不同。特別是重視他人的集體主義的文化下，社會地位以及利他會是重要的自尊來源。

臨床與教育心理學發現，以下四種主要的策略可以促進自尊（Bednar, Wells &

Peterson, 1995; Harter, 1998）：

- 找出低自尊的原因。
- 經驗情感上的支持以及認同。
- 設立與達成目標。
- 培養及保有成功的因應能力。

其中經驗情感上的支持以及認同，和 Carl Rogers 的無條件正向關懷概念一致，但是有一些心理學家卻認為，最能增加自尊的方式是促進個人成就的能力，以及因應的技巧。Rogers 相信，當一個人的成就能力以及因應技巧進步了之後，個體的自尊也會獲得滿足。

人本取向強調人性本善，並且探討讓一個人成長的動力為何（Schneider, 2009）。但有些學者認為人本取向對人性太過樂觀，並且過度強調個體的自由與理性，甚至有學者認為這個取向會讓個體過於自我中心，繼而產生自我感良好的自戀問題。不論如何，人本取向強調的成長動力與成長原素是值的被重視的，而個體要追求怎樣的自我狀態則是需要更具體的目標與方向，自我決定理論就提供了這樣的思考。

想一想

1. 從人本取向來看，你的人格會是怎樣的狀態？
2. 在你的成長經驗中，是否曾感受到 Rogers 所提到的成長元素呢？
3. 我們該如何達到自我實現的狀態？

10.5 特質論

討論到一個人的特性，我們就會很自然地採用特質來說明一個人的人格。根據**特質（trait）**理論，人格就是一種特質，反應著你固定的行為模式。想想你會如何介紹自己以及你的朋友，你也許會說你是外向又活潑的人，而你的一位朋友是害羞又安靜的。當你想起某位朋友的時候，你可能描述他有穩定的情緒，而另一位朋友則是有點輕浮。日常生活的一部分即包含了利用特質來描繪自己以及其他人。

特質
反應著一個人固定行為模式的人格特徵。

10.5.1 特質論

特質論說明了人格包含廣泛地、穩定且持久地引導行為表現的傾向。換句話說，可以利用自己行為的基本形式來描繪自己的人格，例如，是否外向和友善，或

是否較具支配性和獨斷。人們若是在某方面行為上有強烈的傾向，便會被形容為這些特質是較高的；而那些在特定行為上顯示微弱傾向的人，則會被形容為這些特質較低。雖然特質論者在某些時候對人格的組成特質抱持不同的看法，但是他們都同意特質是人格的基本組成（De Pauw & Mervielde, 2010）。在生活中，採用形容詞描繪一個人就是一種特質論的做法（Larson & Buss, 2002; Matthews & Dreary, 1998），如：我是一個外向的人。

★Allport 對特質的看法

Gordon Allport（1897～1967）強調每個人都是獨一無二的個體，並且有其適應環境的能力。Allport（1937）從詞典中找超過 4,500 個人格特質辭彙，並且將這些辭彙分門別類，然後將特質分成三種主要的類別：

- **首要特質**：是最具力量且最普及的。當它們出現的時候，會支配著一個人的人格。然而根據 Allport 的說法，只有一些人確實擁有首要特質。我們可能藉由首要特質來描繪一些名人的特質（希特勒對權力的渴望、泰瑞莎修女的利他主義、一行禪師的慈悲、證嚴法師的大愛等等）。但是大部分的人並不能只用一或兩種特質來描繪。
- **核心特質**：受限於特質數量。Allport 相信大部分的人有約 6 至 12 個核心特質，時常可以適當地用來描繪他們的人格。舉例來說，某個體的人格可能會被形容成是友善的、冷靜的、寬容的、幽默的、守時的、懷舊的。
- **次要特質**：受限於發生頻率，具個人特色但無法完整地表現出這個人的一般特性。它們包含特殊的態度或是嗜好，像是一個人喜歡的食物或是音樂類型。

★Eysenck 對人格的看法

Hans Eysenck（1967）認為在解釋人格的時候，我們需要用到三個面向：

- **內向／外向**：一個內向的人安靜、不善交際、被動且小心翼翼；一個外向的人主動、樂觀、善交際且直率（Thorne, 2001）。
- **穩定／不穩定（以神經質面向為人所知）**：一個穩定的人冷靜、沉穩、無憂無慮、有領導能力；一個不穩定的人情緒化、焦慮、靜不下來、敏感。
- **精神病性**：這個面向反映了一個人接觸現實、控制自我衝動，以及對別人殘忍還是關懷的程度。

圖 10.9 顯示 Eysenck 視為人格兩個基本面向之內向／外向、穩定／不穩定的交互作用。

10.5.2 五大人格因素

由於特質的相關字眼很多，特質論者一直想找到人格的核心特質。許多學者採

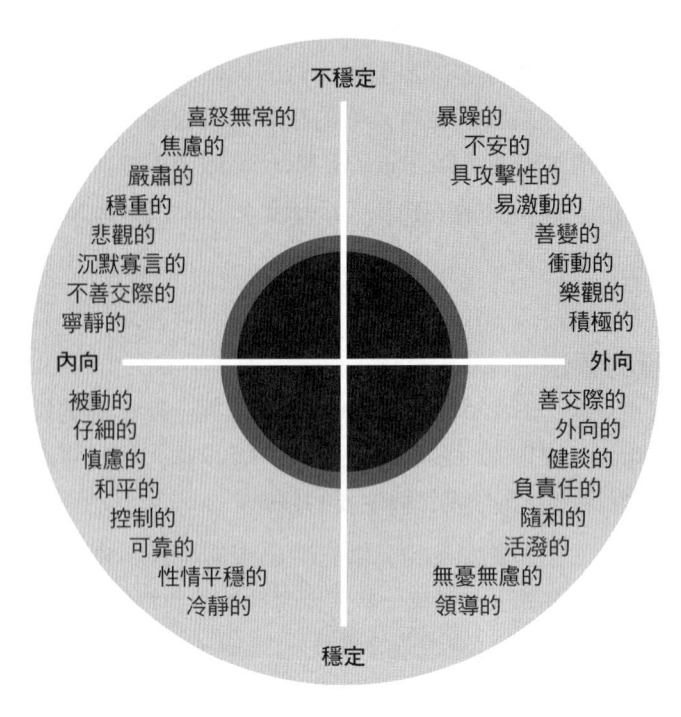

圖 10.9 Eysenck 對人格面向的分析
Eysenck 認為排除精神病態的個體，人格包含兩種基本的面向：內向／外向以及穩定／不穩定。

用因素分析的策略來探索最重要的特質有那些，最常用的就是大五人格理論。長期的研究發現可以用五種特質來囊括所有的人（Costa & McCrae, 1995, 2006）。這**五大人格因素（big five factors of personality）**簡稱大五（big 5）人格理論，其描述如下：

五大人格因素
包含了對經驗的開放性、嚴謹性、外向性、同意度和神經質（情緒穩定度）。

- **開放性（openness to experience）**：心胸開放，廣納經驗（McCrae & Sutin, 2009），並且具有創造力（Silvia 等人，2009）。開放性高的人，認知思考能力佳並且願意終身學習，喜歡增長見聞。

- **嚴謹性（conscientiousness）**：這是人格重要核心因素，主要是一個人的理性思考能力與自制力的展現。嚴謹性高的人學業成績高（Noftle & Robins, 2007），並且人際關係的品質也比較高（Jensen-Campbell & Malcolm, 2007），也較不會有成癮行為等不良習慣（Walton & Roberts, 2004）。

- **外向性（extraversion）**：外向的人喜歡參與社交活動（Emmons & Diener, 1986），並且會追求生命的價值（King 等人，2006）。除此之外，他們對他人也會心存感激且會寬恕他人（Thompson 等人，2005）。有研究發現，外向性高的業務員，他們的銷售量也高（Blickle 等人，2010）。最近研究中更發現，外向性可以預測個體的幸福記憶（高旭繁，2013）。

- **友善性（agreeableness）**：這是指好的人際關係，也是一般人所謂的「個性好」，這類的人喜歡幫助別人（Caprara 等人，2010），親密關係的滿意度也高

（Donnellan 等人，2005）。他們傾向用正向的態度來看待他人（Wood 等人，2010），在與人互動中他們會善待他人也比較不會去欺騙他人。

- **神經質（neuroticism，或情緒穩定度）**：神經質高的人在生活中負面情緒比正面情緒多，也會覺得自己的生活比一般人還苦（Widiger, 2009）。也因如此，神經質高的人也比較會有健康的問題（Carver & Connor-Smith, 2010）。在一個縱貫性研究中發現，神經質高的人死亡的比率也偏高（Fry & Debats, 2009）。

如果你將這些特質的英文單字首字母集結起來，便會得到一個字——OCEAN（海洋，圖 10.10），這樣就有助於你對大五理論的記憶。這個簡明扼要的大五理論就可以清楚說明我們的人格嗎？以下說明此理的特性：

- **文化共通性**：不論在那個國家都可以用這五大人格特質來說明一個人的個性嗎？研究者已經發現，五大人格因素的版本可以應用在不同文化，像是加拿大、芬蘭、波蘭、中國以及日本（Zhou 等人，2009）。在「在地人的心理學」專欄中，將探討華人的人格特質理論。

- **人格穩定性**：它們是否不隨著時間改變？在 Paul Costa 和 Robert McCrae（1995）發明的五大人格測驗中，他們研究了將近 1,000 位受大學教育的男女，年齡為 20 至 96 歲，評估同一個個體超過幾年的時間，蒐集從 1950 至 1960 年代中期的數據。Costa 和 McCrae 表示，目前為止開放性、嚴謹性、外向性、同意度以及神經質都合理地保持穩定。舉例來說，一個被測量出來有高友善性的人，傾向在一生中都保持這個特質。

- **健康相關性**：它們可以幫助我們預測身體與心理的健康嗎？人格特質是否會影響健康的議題一直受到研究者的注意。五大人格因素結構對了解什麼類型的人較容易保持健康以及能快速地從疾病中復原，提供了一致的架構。如：神經質這個特質就與身心健康有關。

對於特質論而言，研究者最大的目標就是找出最能夠代表人格共通性的人格特質。雖然許多研究支持大五人格理論是人類共通的特質，但有些研究覺得還有許多其他重要的特質，特別是不同文化脈絡下的重要特質。除此之外，人格的道德層面

開放性 Openness	嚴謹性 Conscientiousness	外向性 Extraversion	同意度 Agreeableness	神經質 Neuroticism（情緒穩定度）
• 有想像力的或實際的 • 對變化有興趣或按照慣例 • 獨立的或遵守的	• 有組織性的或無組織性的 • 細心的或粗心的 • 有紀律的或衝動的	• 善交際的或靦腆的 • 喜歡樂趣的或個性嚴峻的 • 溫柔親切的或沉默寡言的	• 和藹的或無情的 • 信任的或多疑的 • 樂於助人的或不合作的	• 冷靜或焦慮 • 安全感或不安全感 • 自我滿足的或自我憐憫的

圖 10.10 五大人格因素
任何一個廣泛的超特質均包含更細小的特質和特徵。利用每個字的字首字母得到 OCEAN，可以幫助我們記得五大人格因素。

也是一個重要的特性，如：誠實／人道關懷這樣的向度也可能被考慮在內，成為人格的第六個向度（Ashton & Kibeom, 2008）。

10.5.3 特質──情境交互作用

今天，許多人格領域的心理學家相信在了解人格的時候，特質（個人）以及情境皆需要被考慮（Ackerman, Kyllonen & Roberts, 1999; Block, 2002; Edwards & Rothbard, 1999; Mischel, Shoda & Mendoza-Denton, 2002）。想像你要去評估內向的小楊與外向的阿雅兩人的快樂程度，根據特質─情境交互作用理論，如果我們不知道有關他們所處的環境，也就不能預測誰會比較快樂。想像你有機會在兩個情境中觀察他們，在夜店以及圖書館裡，外向的阿雅有可能較喜歡夜店；而內向的小楊則較可能喜歡在圖書館裡。特質─情境交互作用論闡明了特質與情境之間的關聯（Martin & Swartz-Kulstad, 2000; Walsh, 1995）。舉例來說，研究者發現：（1）若一個特質較精細、有較多的限制，它愈有可能可以去預測一個行為；（2）有些人在某些特質上較穩定一致，而其他人則是在另一些特質上較穩定一致；（3）人格特質對人類行為有強烈的影響，而情境的影響則較沒有這麼強烈。

跨文化心理學家做了更深遠的研究。他們相信即時的環境狀況以及廣泛的文化脈絡都很重要（Kitayama, 2002; Oyserman, Coon & Kemmelmeier, 2002; Triandis & Suh, 2002）。舉例來說，假如他們正在調查人格以及宗教的特定層面，則可能會在禮拜堂裡（即時的環境狀況）觀察一個人的行為，也會將此觀察擺放到社會習俗的脈絡下，而社會習俗可能是關心誰應該要去教堂、什麼時候、跟誰去，以及這個人應該在教堂裡有什麼樣的舉動（文化角色）。

確認一個人的特質讓我們可以更了解這個人，而所擁有的特質也會影響到健康、思考的方式、職業取向，以及人際互動方式（Larson & Buss, 2002; McCrae & Costa, 2001）。然而，如果只利用人類的特質來看待一個人，可能只會提供部分的人格訊息。Walter Mischel（1968）在他具代表性的著作《人格與衡鑑》（Personality and Assessment）中提出，內在特質在情境以及時間的轉換上都會保持一致，但人格會時常在情境中轉變。這個看法和 Mischel 的社會認知論相符合。

Mischel 走在人格理論的前端。他重新檢視了一系列的研究，並且做出以下的結論：他們測量出來的特質在預測真實行為上常常無法成功。舉例來說，假設小虹被形容為一個充滿攻擊性的人，但是當我們觀察她的行為，發現她只有在對待男朋友的時候才會暴力相向，而面對她的新老闆時，她總是服從的、柔順的。Mischel 的觀點被稱為情境論，意思是人格時常在不同的情境脈絡下改變。很多特質論的心理學家並不願意拋棄所有有關一致的、持久的人格特質觀點，但是 Mischel 的情境論為檢視人格需要以特質─情境交互作用的觀點做了一些鋪路。

想一想

1. 整理特質論的觀點。
   - 描述 Allport 與 Eysenck 的特質論。
   - 定義人格中的五大因素。
   - 解釋特質—情境交互作用。
   - 對特質論做一些評論。
2. 在什麼時候你會相信五大因素決定了你的人格？看看圖 10.10 中五大人格因素列出的特質，你如何排列這些因素？選擇其中一個因素，像是外向性或是對經驗的開放性，然後舉例說明你的生活中，在什麼情境下可能會影響這些特質的表現。

在地人的心理學

華人的人格特質與幸福感

我們的人格特質與西方人一樣嗎？楊國樞教授採取「基本語彙取向」（fundamental lexical approach）策略發現七項華人基本性格向度如下：

1. 「精明幹練—愚鈍懦弱」
2. 「勤儉恆毅—懶惰放縱」
3. 「誠信仁慈—狡詐殘酷」
4. 「溫順隨和—暴躁倔強」
5. 「外向活躍—內向沉靜」
6. 「豪邁直爽—計較多疑」
7. 「淡泊知足—功利虛榮」

徐功餘教授以楊氏所得之七項華人基本性格向度為基礎，比較 1,441 位臺灣與中國大陸兩地之男女社會人士與大學生在此七項華人性格向度上的強弱差異。結果發現：（1）就臺灣與大陸地區的差異而言，臺灣地區華人在「淡泊知足」上高於大陸地區華人；（2）就大學生與社會人士的差異而言，社會人士在「勤儉恆毅」上高於大學生。在七項華人基本性格向度之高低順序上，不論是臺灣與大陸地區、男女兩性，或者大學生與社會人士，皆有相似的順序：以「誠信仁慈」最高，而「外向活躍」與「豪邁直爽」最低。

那種人格特質與幸福感有關呢？也就是說那一種人活得最幸福？心理學家認為主觀的幸福感（subjective well-being）為個體對於自己正負向情緒與整體生活狀況的滿意度評估（Diener, 2000）。在這樣的概念之下，許多學者採用大五人格理論來探討那種人格特質與幸福感有關，結果發現神經質的人幸福感低，外向的人幸福感高（Steel, Schmidt & Schultz, 2008）。從楊國樞與徐功餘的研究發現，我們的人格特質可以分成七個向度。那這七個向度與幸福感的關係又是如何呢？在國內，高旭繁老師（2013）採用華人性格量表與華人幸福感量表來進行資料分析，結果發現精明幹練、勤儉恆毅以及淡泊知足與幸福感有正向相關，而內向沉靜則呈現負相關。由這樣的研究可以發現，古人所說的「知足常樂」正是我們的幸福之道。

想一想

1. 華人的人格特質會與西方的五大特質不同嗎？
2. 在華人七大特質中，你是什麼樣的性格向度？
3. 你有哪些人格特質可以讓你更加快樂與幸福？

| 參考資料 |

許功餘、王登峰、楊國樞（2001）。〈臺灣與大陸華人基本性格向度的比較〉。《本土心理學研究》，16，185-224。

高旭繁（2013）。〈通往華人幸福之路：性格特質與文化價值的雙重作用〉。《本土心理學研究》，39，165-214。

課　堂　活　動

主題：主題統覺測驗（thematic apperception test, TAT）
目標：
探索自我潛在人格。
步驟：
1. 看看下圖，說說看這張圖片所發生的事，之前發生什麼事，現在怎麼了，接下來又會發生什麼事？
2. 整理一下自己的答案，說說看你會給自己的故事一個怎樣的主題？
3. 將同樣主題的人放在一組，並討論同一組人有什麼一樣的人格特性。
4. 學者認為 TAT 主要探討個人成就、人際與權力等核心需求，看看你的故事反應著那種需求呢？

圖 10.11 主題統覺測驗（TAT）中使用的圖片

回　家　作　業

快樂生活第十週　　幸福自傳
今晚回家寫一篇自傳，然後思考以下的問題：
- 你可以在自傳中發現多少個正向特質（如：善良、樂觀等）？
- 你在自傳呈現出多少件過去的快樂經驗（如：得獎紀錄、參與活動經驗等）？
- 你在自傳中寫到哪些與你有關的人（如：父母、朋友等）？
- 你在自傳中是否寫到人生的轉捩點（如：讀大學、失戀等）？

你的人格就是從這些因素所建構而成。替你的自傳下一個屬於自己的標題吧！

本　章　摘　要

你知道你的個性嗎？本章就是幫助你更加了解自己的個性。
1. 定義人格和研究人格的主要議題。
　　人格是指我們用以適應這個世界的穩定且獨特的想法、情緒和行為模式。

2. 人格的生理基礎
   - Eysenck 認為大腦網狀系統是人格的生理根源,並且可以說明內／外向的人格差異。
   - Gray 發展了增強敏感理論,說明人格可以分成行為活化與行為抑制兩種系統。
   - 研究發現多巴胺與外向有關,而血清素則與神經質有關。

3. 心理動力論
   - 佛洛依德相信我們的行為是受到潛意識深深地影響。他的精神分析論將人格定位成三個結構:本我、自我和超我。這些人格結構產生的衝突會帶來焦慮感。防衛機轉保護自我並減低這些焦慮。佛洛依德主張心理問題的產生是來自於早期經驗。他認為人格成長會經歷五個心理性階段:口腔期、肛門期、性蕾期、潛伏期和性器期。
   - Horney 從人際關係的角度出發,認為人不只是有性與攻擊的本能,還有安全感的需求。Jung 發展了集體潛意識的概念,說明了人類的共通性。Adler 的個體心理學,則說明了我們要超越自己的自卑情結。

4. 行為與社會認知論
   - Skinner 的行為論指出認知在人格中是不重要的因素;人格是可觀察到的行為,而這些行為是可以藉由環境中的獎賞和懲罰來影響。以行為論來看,人格常常隨著情境而產生變異。
   - 社會認知論認為要了解人格,行為、環境和個人／認知因素皆是重要的因素。Bandura 認為這些因素會互相作用。社會認知論有三個重要的概念:自我效能、控制感和樂觀。自我效能是指個體對自己可以掌控情境,並且產生正向結果的信念。控制感可分成內控與外控兩種,內在控制感的人認為自己的行為與舉動對發生在他們身上的事情是有責任的;外在控制感的人則相信不管他們怎麼行動,仍然受到命運、運氣或其他人的控制。樂觀的人將失敗當成是意外,悲觀的人則將失敗當成是常態。樂觀也包含期望未來較有可能發生好的事件,而較少可能發生壞的事件。許多研究揭露了由自我效能、控制感和樂觀所塑造的個體,普遍地表現出正向的功能和適應力。
   - 行為與社會認知論強調環境經驗對了解人格的重要性,在廣泛的架構內,行為學家聚焦在人類可觀察的行為,社會認知學家分析了人格中的認知因素,這些觀點包含他們強調環境的決定性和以科學的趨勢來研究人格。另外,社會認知論聚焦在認知歷程和自我控制。行為論被批評將「人」從人格中移除且忽略了認知,這些觀點也以較忽略的方式看待恆久的個體差異、生物因素和人格整體。

5. 人本論
   - Rogers 認為自我如果沒有符合其他人的標準就不具價值。自我是人格的核心,我們會追求理想的自我與現實的自我的一致性。他表示,我們可以藉由三種方式幫助其他人建立更正向的自我概念:無條件正向關懷、同理心、真誠一致。他也強調每個人都有天生的、內在的能力,以變成一個充分發揮功能的人。
   - Maslow 認為人本運動是心理的「第三勢力」。他建立了需求的階層,而自我實現是人類需求的最高層,並且我們會發揮自己的最大潛能達到生命目標。
   - 自尊是人對自我價值或是自我意象的全面評價。可以幫助人增加自尊的四個主要方式:找出低自尊的原因、提供情感支持以及認同、幫助個體達到有價值的目標,以及幫助個體學習到成功因應挑戰的方法。

- 人本論強調人類在個人成長方面的能力、選擇自己命運的自由，以及正向的品質。這些觀點讓我們覺知到主觀經驗、意識、自我概念、思考一個完整的人，以及我們內在、正向天性的重要性。人本論的弱點在於避開了實徵的研究、過於樂觀，並且會鼓勵過度的自戀。

6. **特質論**
   - Allport 相信每個人都有一系列獨特的人格特質，集結起來形成三個重要的類別：首要的、核心的、次要的。Eysenck 將人格的基本面向分成內向／外向、穩定／不穩定（神經質面向）和精神病性。
   - 最近對人格研究的興趣，放在被形容為過度延伸至超特質的五大人格因素：對經驗的開放性、嚴謹性、外向性、友善度和神經質（情緒穩定度）。也有學者提出誠實／人道關懷與道德層面有關的人格向度。

第 11 章

心理疾患
Mental Illness

章節內容

11.1 何謂心理疾患？

11.1.1 心理疾患與心理健康

幸福人生——心理健康的推展

11.1.2 了解心理疾患

11.1.3 異常行為的分類

11.2 焦慮與壓力相關疾患

11.2.1 廣泛性焦慮症

11.2.2 恐慌症

11.2.3 恐懼症

11.2.4 強迫症

11.2.5 創傷後壓力症候群

在地人的心理學——談解離性疾患

11.3 情緒性疾患

11.3.1 憂鬱症

11.3.2 躁鬱症

11.3.3 情緒性疾患的成因

11.3.4 自殺

11.4 思覺失調症（精神分裂症）

11.4.1 思覺失調症的類型

11.4.2 思覺失調症的成因

動動腦——心理治療對思覺失調症（精神分裂症）有幫助嗎？

11.5 人格疾患

11.5.1 A類型人格疾患

11.5.2 B類型人格疾患

11.5.3 C類型人格疾患

11.5.4 健康的人格

章頭故事

「卡奴燒炭自殺」、「XX 中學某學生壓力過大自殺」、「XXX 得了憂鬱症」……這些是媒體上經常出現的話題。他們為何會這樣呢？是生活壓力？行為不當？還是……？事實上，每個人一生中都有憂鬱、焦慮、憤怒或自殺意念的時候。生活壓力愈大，遭遇到心理困擾的人就愈多。我們需要對心理疾患有更多的了解，才能幫助自己也幫助他人。根據調查，大學生生活痛苦來源有家庭、社會、兩性、未來、人際、政府、休閒與課業等八大層面（黃蘊臻與林淑惠，2010），這顯現出目前大學生的壓力來自多個層面，壓力會產生痛苦，而這些痛苦的累積會導致許多心理疾患。相對於生活痛苦經驗，大學生也有自我效能感、希望、復原力與樂觀等四大心理資本（余民寧、陳柏霖與湯雅芬，2012），可以讓大學生活更快樂與更自在。本章將深入探討大學生常見的心理疾患。如果你發現自己有相關的心理困擾，可以求助於學校的輔導中心，透過心理師的協助來幫你渡過難關。

11.1 何謂心理疾患？

美國精神醫學學會（American Psychiatric Association, 2013）將「心理疾患」視為一種臨床症候群（症狀的集合），是因為個體在心理、生理或發展歷程中產生的內在心理功能問題，而產生個體在認知、情緒調節與行為層面的困擾；這些困擾會造成個人主觀的痛苦、社會角色的失能以及生活重要活動的減少（DSM-5 p.20）。回到第 1 章，我們對於心理學的定義是研究個人內在思考歷程與外顯行為的一門科學，也就是說心理包含內在思考歷程與外顯行為。因此藏在心理世界的心理疾患是透過**異常行為**（abnormal behavior）來展現。為了能夠了解心理疾患，我們先來探討明顯易見的異常行為。

異常行為
偏差或不適應的行為模式，經常會導致個人或他人的痛苦。

不同的專業對異常行為的看法及採用的名詞不同。例如法院會採用心智耗弱，宗教會使用「神靈附身」，而一般民眾會用「瘋子」來看待某些異常行為。事實上，很多行為很難去區分正常或異常。一個人在馬路上邊跑邊吼叫，這是正常還是發瘋呢？以下幾個標準可以幫助我們判斷個體的行為是否異常：

- **是一種偏差（deviant）的行為**：指與眾不同的行為。這種行為往往被大家認為是怪異，並且要跟個人的特別習慣作區隔。例如，我們可以分出愛乾淨與每天「一定」要洗「7 次」澡這兩種行為的不同；愛乾淨是個人的習慣，而後者則是偏差行為。

- **是一種不適應（maladaptive）的行為**：當個人的行為已經嚴重干擾日常生活時，就是一種異常行為。例如，覺得別人的呼吸會讓他中毒，於是躲在家裡不敢出門（Gorenstein, 1997）。
- **導致個人的痛苦（personally distressful）**：異常行為最重要的是會導致個人的痛苦，不論是對行為者本身或是其周遭的人。這些痛苦也是促使個體會求助於專業人員協助的一種動力。

除了客觀的行為觀察以外，國內也發展出一個簡式精神症狀量表[註1]，從個人的痛苦程度出發，透過個體主觀的評估來看個人的心理困擾程度。此量表主要從「容易緊張不安」、「容易苦惱或動怒」、「感覺心情低落」、「感覺比不上別人」、「睡眠困難」等五大常見的心理困擾來評估困擾程度。有兩項以上者，可以到學生輔導中心找心理師談談。

11.1.1 心理疾患與心理健康

在第 1 章的章頭故事曾提到，目前專業心理師的主要工作是在解決個體的心理困擾問題，並且也提到了「心理健康」城市的建立，世界衛生組織認為「健康應是生理、心理與社會的安適狀態，沒有心理健康就不能稱之為健康」（WHO, 2005）。心理健康與心理困擾（或稱心理疾患）之間的關聯性究竟為何？

早期，對於疾病與健康的概念通常是：沒有疾病即是健康。而根據世界衛生組織的觀點，健康不只是沒有疾病，還包含了許多正向的健康行為。那心理疾病與心理健康呢？根據 Keyes（2005）的經典研究發現，心理疾患（mental illness）與心理健康（mental health）是兩個獨立的概念，也就是說一個真正健康的人必須要沒有心理疾患並且擁有心理健康，才是真正的心理健康狀態。在 2013～2020 年的世界心理健康行動方案中，所宣告的四項主要行動計畫，則特別強調政府需提供社區為基礎的全面性、整合性和回應性心理健康方案和社區照護服務，並執行心理健康促進和疾病預防策略，且需加強對心理健康政策或方案的有效領導與管理，以及強化心理健康的資訊服務系統與實證研究（WHO, 2013）。國內衛生福利部現有心理及口腔健康司來提供全國民眾之心理健康相關政策制定與實務推展。由於心理健康的促進不只是心理疾病的消除，還包含更積極的正向心理健康的推展，在本書的回家作業練習中，就是採用心理健康的推展為基礎來進行，希望透過快樂生活習慣的建立來讓你活得更健康。

註 1：王裕庭、楊延光、陳高欽、葉宗烈與陸汝斌（2008）。〈五題簡式精神症狀量表在綜合醫院住院病人的效度〉。《臺灣精神醫學》，22，316-321。

幸福人生

心理健康的推展

Keyes（2005）採用 DSM-IV 的診斷方式來建構心理健康的診斷標準，主要核心特性為正向感受（hedonia: a condition of pleasure）與正向功能（positive functioning）。正向感受主要為快樂與滿意的生活；正向功能則包含自我層面（如：自我接納、個人成長、自主性生活目標）、人際層面（正向人際）與社會層面（社會接納、社區融合、奉獻社會、適應環境、社會認同、社會實踐）等三大層面的能力。

2014 年張珏老師與謝佳容老師專文探討心理健康主流化這個課題，其中認為心理健康在個人層面是一種安適狀態，個體能了解自己的能力、可以處理一般生活壓力，在工作上更有效率、有生產力，對於所屬的社群有所貢獻；且在社會層面，是指營造與建構一個支持家庭、社區群體預防與接受精神疾病的環境。也就是說心理健康包含了個體的主觀安適感（或稱幸福感）以及環境對他人的接納與無歧視。在心理健康的促進上可以分成以下三級：

初級：促進個人更有效處理日常生活能力與政策或實務

次級：促進心理健康與預防心理疾病的大眾教育

三級：促進心理疾病健康照護與場所心理健康促進的政策與實務

許多研究深入大學生的心理健康狀態（許崇憲，2008），頁面下方是黎士鳴與謝素真（2009）所編制的大學生生活滿意度量表。透過此量表，你可以了解你自己的心理健康狀態（特別是正向情緒層面的心理健康狀態）。

在延伸閱讀《智慧的心》這本書中，就提到許多增進心理健康的方法。你可以針對自己目前尚不滿意的生活層面，透過此書所提供的方法來增進你的心理健康。例如，你對自己的休閒活動還不滿意的話，可以先試著多在校園內散步，假日到戶外走走等接近大自然的策略來增進休閒的感受。

以下有個簡單的問卷讓你作自我檢測，看看你是否有良好的復原力：

		全不滿意 1	不太滿意 2	有點滿意 3	大都滿意 4	完全滿意 5
1	我對我的工作（學業）感到	☐	☐	☐	☐	☐
2	我對我的休閒生活感到	☐	☐	☐	☐	☐
3	我對我的人際關係感到	☐	☐	☐	☐	☐
4	我對我的家庭感到	☐	☐	☐	☐	☐
5	我對我的親密關係感到	☐	☐	☐	☐	☐
6	我對我的生活感到	☐	☐	☐	☐	☐

| 參考資料 |

Keyes, C. L. M. (2005). Mental illness and/or mental health? Investigating axioms of the complete state model of health. *Journal of Counseling and Clinical Psychology*, 73, 539-548.
張珏與謝佳容（2014）。〈心理健康主流化—促進與復元〉。《護理雜誌》，61，18-25。
許崇憲（2008）。〈大學新生心理健康影響因素的性別差異〉。《中華輔導與諮商學報》，23，45-80。
黎士鳴與謝素真（2009）。〈大學生生活滿意度量表之信效度〉。《長庚護理》，20，192-198。

| 延伸閱讀 |

傑克‧康菲爾德（2010）。《智慧的心：佛學的心理健康法》。張老師出版社。

11.1.2 了解心理疾患

我們對於身體疾病（如：感冒）目前已經採用生理（如：病毒、免疫功能）、心理（如：人格、生活習慣）、社會（如：社會階層與文化）多元模式來探討其病因與加以治療。心理疾患也是如此，所以必須從各種層面對一個人做全面性的了解。心理學家 Engel 所提出的生理—心理—社會模式（bio-psycho-social model）是目前主要解釋心理疾患成因（Scheid & Brown, 2010）的模式。以憂鬱症為例，要了解一個憂鬱症的患者需要從以下的角度來看：生理——憂鬱的大腦；心理——憂鬱的想法；社會文化——憂鬱的環境。以下分別說明這些取向的重點。

★ 生理取向

醫療模式（medical model） 採用生理取向。此模式認為異常行為是心理疾患（mental illness），但是跟身體生病一樣，心理疾患也是一種生理性的問題，並且可以透過醫師採用藥物治療來矯正。對心理疾患的成因，主要有三種生理取向觀點（Nolen-Hoeksema, 2001）：

- **結構觀**：腦部結構上的異常導致心理疾患。
- **生理化學觀**：神經傳導素或內分泌異常導致心理疾患。
- **基因觀**：異常的基因導致心理疾患。

醫療模式
認為心理疾患源自於生理性的問題。

★ 心理取向

心理取向主要著重在內在的心理歷程。第 10 章所讀到的人格理論，可以用來了解心理疾患產生的原因。以下列出常用的觀點：

- **心理動力論**：潛意識下的衝突與焦慮是導致異常行為的主因。
- **行為與社會認知論**：行為論認為異常行為是不當的增強或處罰所致；社會認知論則著重在個體對於環境刺激的錯誤解釋而導致異常行為。

疾患	常見的文化	特徵
抓狂（Running Amok）	馬來西亞、菲律賓、非洲	一位好好先生突然受到某個刺激，而開始攻擊、傷害他人；事發後，他對此部分的記憶消失。
心因性厭食症	西方文化，特別是美國	一種飲食疾患，在吃後開始催吐，讓自己保持好身材。
縮陽（Koro）	東方文化，特別是中國	擔心陰陽失調造成，性徵縮進體內（陰莖及乳房）。

圖 11.1 文化特殊性的心理疾患

- **人本論**：人本論強調個人的成長。當個人成長受到阻礙時，個體就會產生異常行為。

★ 社會文化取向

個人所處的環境對其行為有很重要的影響（Nolen-Hoeksema, 2001）。社會文化取向主要著重在生活脈絡（包含：性別、種族、社經地位、家庭與文化等）與異常行為之間的關係。環境不只會塑造異常行為，也是誘發異常行為發生的主因。例如，隔壁房間的同學天天把音響開得很大聲，影響你的心情讓你無法讀書，甚至失眠。社會因素包括了家庭、社經地位、貧窮、社會環境、性別等都與異常行為有關（Schwartz & Corcoran, 2010）。許多心理疾患都是因為經濟壓力相關問題所引發（South & Krueger, 2010）。由此看來，社會、經濟、科技發展、宗教等社會文化因素與心理疾患的發生率與形態有關（Shiraev & Levy, 2010）。圖 11.1 呈現出一些文化特異性的心理疾患（Marsella, 2000）。

對於心理疾病的預防與一般疾病一樣可以分成以下三級：

- **初級**：著重在預防疾病的發生，針對心理疾患，臺灣許多單位會進入社區進行心理衛生教育（如：精神健康基金會）。
- **次級**：著重在早發現早治療，特別是針對高危險群（如：自殺高風險群的關懷）進行預防性的輔導，另外還強化心理衛生門診提供方便性的服務（如：衛生局的心理衛生中心），來減少心理疾病的發生。
- **三級**：主要是針對已經生病的個體，提供長期治療及社區復健（如：醫院住院治療），以提升生活適應功能及減少惡化的機會。

11.1.3 異常行為的分類

將一群可能有共同特性的異常行為放在同一類，目的是為了提供診斷、研究成因以及治療的有效依據（First, 2011）。同時也讓各種專業人員方便溝通。目前最新的分類系統是 DSM 分類系統，本章將以目前常用的與最新的診斷系統來說明各種心理疾患（異常行為）的特性。圖 11.2 統整了常見的心理疾患。

★ DSM-IV 分類系統

美國精神醫學學會於 1952 年發展出第一版的精神疾病診斷與統計手冊（精神疾病診斷與統計手冊第一版（DSM-I），然後一直改版到 1994 年發展出精神疾病診斷與統計手冊第四版（DSM-IV），在 2000 年發展出 DSM-IV-TR，然後到 2013 年發展到最新的 DSM-5。

這個 DSM-IV 將心理疾患分成 17 大類，包含超過 200 種不同類型的異常行為（First & Pincus, 2002; Widiger, 2000）。DSM-IV 以及改版的 DSM-IV-TR 是根據研究的證據來進行診斷分類，讓診斷更合乎實際狀態。DSM-IV-TR 系統是採用多軸向度的診斷（multiaxial system），採用整體性的臨床考量，根據五個向度分類人的異常行為。（Gelder, Mayou & Geddes, 1999）。這五軸分別是：（1）臨床症狀之診斷，排除人格與智能問題；（2）人格疾患與智能障礙；（3）一般醫療問題；（4）心理社會與環境問題；（5）一般功能評估。

★ DSM-5 分類系統

《精神疾病診斷與統計手冊第五版》（Diagnostic and Statistical Manual of Mental Disorders, 5th edition, DSM-5）是美國精神醫學學會在 2013 年發行的精神疾病分類系統最新版本[註2]。此分類系統採用三個角度來看心理疾患，第一個角度是疾病的特性，也就是各種心理疾患的行為、認知與情緒等臨床的特徵；第二個角度是個體所處的心理社會與環境特徵；第三個角度是個體的失能狀態。DSM-5 對於失能狀態的評估採用國內目前所推展的國際健康與功能分類系統（簡稱 ICF）。也就是說要判斷一個人是否有心理疾患，必須從其臨床表現、社會環境因素以及功能表現等三大角度來判斷。由於 DSM-5 直到 2013 年才發行，國內的許多醫療人員還是採用 DSM-IV 系統，但在未來的幾年內，DSM-5 將會是主要的診斷依據。

我們將心理疾患跟身體疾病一樣處理，都採用系統性的分類方式。雖然透過分類系統可以幫助我們了解一個人是罹患了哪種心理疾患，以及該採用何種方式來治療，但是這樣的分類系統會將患者貼上某種診斷的標籤，雖然有利於醫療上的溝通，但也會有疾病汙名化的風險。

心理疾患	特性
神經發展性疾病	發展階段中所產生的心理疾患，常見發生於學齡前或國小時期，如：自閉症、過動症、語言問題、學習障礙等等，這些心理疾患需要特教與心理師的長期協助。
思覺失調症（精神分裂症）	扭曲的思考與知覺歷程，經常會有一些怪異的行為產生。

註 2: American Psychiatric Association (2013). *Diagnostic and Statistical Manual of Mental Disorder, Fifth Edition, DSM-5*. American Psychiatric Association: U. S. A.

心理疾患	特性
躁鬱症	情緒起伏不定，會有衝動性的行為產生。
憂鬱症	長期處於情緒低落與空虛的狀態，甚至會有一些身體上的症狀。
焦慮症	過度焦慮與恐懼不安而導致生活上的困擾。
強迫症	會有固著的行為或想法。
創傷與壓力相關疾病	因為外在壓力或創傷經驗而產生的心理困擾。
解離症	意識狀態或者是自我認同狀態改變。
體化症	心理的困擾轉化成身體症狀。
飲食疾患	飲食行為問題，常見的為厭食症與暴食症。
睡眠疾患	睡眠困擾，如：失眠或嗜睡症。
衝動性問題	暴怒、衝動控制問題與品性問題。
物質使用問題	菸癮、酒癮、藥癮、網路成癮等成癮行為。
人格疾患	不成熟的人格發展問題，固著性的人格特質展現。

圖 11.2 DSM-5 常見的心理疾患

★疾病標籤（汙名化）的風險

汙名化（stigma）源起於希臘人在奴隸、罪犯或叛徒身上所加諸的烙印記號，這些烙印記號就會伴隨著它過一生。心理疾病的診斷，如：「精神分裂症」，「躁鬱症」等，就如同一個烙印記號一樣伴隨著病患。雖然精神疾病的診斷分類有助於專業人員給與病患適切的醫療服務，但由於精神疾病是一個高度汙名化的疾病（有關汙名化問題將於第 13 章社會心理學一章做深入討論），所以在使用診斷時需要特別小心謹慎，以下說明診斷可能需注意的事項：

- **貼標籤**：對於特定族群所具有的刻版印象，如：原住民愛喝酒；在這類貼標籤的過程中，往往會帶來額外的偏見與歧視將當事人汙名化。雖然大眾對心理疾患的接受度慢慢提升，但是「瘋子」這樣的汙名化標籤仍存在。當一個人被標示為「有精神疾病」時，多數人還是不免將「瘋」或「不定時炸彈」這類負面的標籤串在一起。
- **自我認定**：DSM 系統所羅列的症狀很容易讓人對號入座。你讀完本章後，搞不好會懷疑自己是不是罹患了哪種疾患。
- **忽略潛在個案**：診斷系統的問題在於需要達到診斷的標準才會列為疾患，症狀未達到診斷標準的個體可能就會因此被忽略。所以有些處在「臨界」的個案──有症狀卻未達到診斷標準者──常會求助無門。
- **錯誤標籤**：當你被診斷出有憂鬱症時，這個診斷將隨著你進入醫療系統，讓你成為「憂鬱症」患者。被貼上「憂鬱症」的標籤後，醫療人員就容易只注意到你的憂鬱症卻忽略了其他的問題。

為了避免汙名化的問題，現在很多心理衛生單位都已將門診改成「身心醫學科」或「心理衛生科」，以避免「精神科」帶來的負面印象。對於疾病的診斷，也儘量減少使用「憂鬱症」、「躁鬱症」、「精神分裂症」等名詞，而改用「自律神經失調」、「思覺失調症」等生活化的用語。因為我們自己都可能有過情緒困擾或有困境的時刻，使用這些較中性的名詞可以讓我們以同理心來看待求助者，並且教育大眾——當個人有情緒困擾時，去尋求協助是很正常的。

11.2 焦慮與壓力相關疾患

　　想一想，在面對期中考時，你是否會感到壓力與焦慮呢？你可能是因為自己有信心考好而有考試壓力，或者是害怕被當而產生了焦慮感。在這一節將深入探討與生活息息相關的焦慮與壓力相關疾患。首先，先介紹因為過度焦慮而產生的焦慮問題；然後再介紹與壓力有關的創傷後壓力症候群。

　　恐懼（fear）是人類的天性，也是基本情緒之一。在生活中，我們都會有害怕的事物（如：死亡、蛇、考試），在恐懼中，我們會產生焦慮反應。而適度的焦慮反應可以幫助我們遠離危險；但焦慮過度時，卻會影響到正常的生活（Cisler 等人，2010）。**焦慮性疾患**可以分成認知層面（過度擔憂）——廣泛性焦慮症；生理層面（焦慮反應）——恐慌症；行為層面（逃避反應）——強迫症，以及情緒層面（害怕與恐懼）——恐懼症。

焦慮性疾患
不當處理內在恐懼的心理疾患。

11.2.1 廣泛性焦慮症

　　廣泛性焦慮症（generalized anxiety disorder）主要的問題是持續地焦躁不安至少一個月，並且無特別理由地擔心小事情（DSM-5, 2013）。有廣泛性焦慮症的人經常處於緊繃狀態，並且一直擔心一些生活瑣事，如：課業、打工、朋友、居住環境、健康等，基本上可說是什麼事情都會擔心。主要的**生理**成因是神經傳導素 GABA 的缺乏、交感神經系統過度活化等（Fisher, Granger & Newman, 2010）。**心理及社會**成因則是對自己有較高的要求。這種要求通常來自早期成長時父母經常採高度批評的教養方式，使得當事人在面對外在壓力時容易負向思考，認為自己沒有能力處理外在壓力。

廣泛性焦慮症
主要特徵是持續地不要及過度擔心小事的一種焦慮狀態。

11.2.2 恐慌症

恐慌症
主要特徵是突發性的強烈恐懼感的一種焦慮疾患。

　　恐慌症（panic disorder）的特徵是突發性的強烈恐懼（焦慮）感，患者突然感

第 11 章　心理疾患　367

到心悸、呼吸急促、胸痛、冒汗、手腳發麻、頭暈以及無助感。這是一種相當可怕的感覺，好像自己快死掉或快發瘋了，並且會失控。大部分恐慌症的發作與近 6 個月的生活壓力有關（Battaglia, 2002; Otte 等人，2002）。另一個常與恐慌症共同出現的疾患是**懼曠症（agoraphobia）**，是一種擔心自己會因困在人潮或公共場合中而無法逃離的焦慮性疾患（Fava 等人，2001; Yardley 等人，2001）。所以懼曠症患者特別害怕一些可能無法逃脫的情境，例如，擁擠的環境、出遠門、搭火車或公車等。因為恐慌症者常害怕如果在公共場合恐慌發作時會無法逃脫，所以導致最後都不敢出門。

恐慌症在**生理**成因方面，包括遺傳（Battaglia 等人，2009）、自主神經系統過度敏感（Durand & Barkow, 2010）、神經傳導素中的正腎上腺素與 GABA 失調（Johnson 等人，2010）。在**心理**層面，害怕即將發生的恐慌發作（fear-of-fear）是主要的心理因素。在**社會文化**方面，性別是一個重要的因素，女性的罹患率大約是男性的 2 倍（Altemus, 2006）。在印度或女性足不出戶的中東國家，反而較多男性罹患恐慌症（McNally, 1994）。

著名的畫作《吶喊》，能夠表現出恐慌發作的感受。

懼曠症
一種擔心自己會因困在人潮或公共場合中而無法逃離的焦慮性疾患。

恐懼症
個體非理性地、過度地、持續地害怕某種物品或情境。

11.2.3 恐懼症

我們多多少少都有害怕的東西，例如，蛇、蟑螂、蜘蛛等。當你過度害怕某個東西並因此而影響到正常生活時，你可能就有**恐懼症（specific phobia）**。恐懼症的個體會有明確的恐懼對象（Schienle 等人，2009）。恐懼對象的形式很多，常見的有高度、動物、社交、飛行等，如圖 11.3。

社交焦慮症（social anxiety disorder/social phobia）是恐懼症中常見的一種，主要是在社交情境中會感到不自在（Carter & Wu, 2010）。黎士鳴、羅信宜與余睿羚（2007）研究發現，在臺灣的中學生中，有接近 50% 的青少年對於社交情境感到焦慮。一般的狀況是怕上臺，而嚴重者則不敢在教室吃午餐、不敢上廁所。罹患社交恐懼症的人會逃避社交場合，因此而減少社交活動（Erwin 等人，2002; McLean & Wood, 2001），漸漸習慣躲在家裡變成宅男宅女。如圖 11.4 所示，大多恐懼的場域是上臺演說。

基因遺傳在恐懼症的**生理**成因扮演重要的角色（Reich, 2009）。另外，視丘、杏仁核與大腦皮質等與恐懼情緒有關的腦神經系統的功能過度反應（Damsa, Kosel & Moussally, 2009）以

診斷	特性
Acrophobia	怕高
Aerophobia	怕搭飛機
Ailurophobia	怕貓
Algophobia	怕痛
Amaxophobia	怕交通工具
Arachnophobia	怕蜘蛛
Astrapophobia	怕打雷閃電
Cynophobia	怕狗
Gamophobia	怕婚姻
Hydrophobia	怕水
Melissophobia	怕蜜蜂
Mysophobia	怕髒
Nyctophobia	怕黑
Ophidiophobia	怕蛇
Thanatophobia	怕死
Xenophobia	怕陌生人

圖 11.3 各種恐懼症

知名運動員 John Madden 曾經有恐飛症，害怕搭乘飛機。

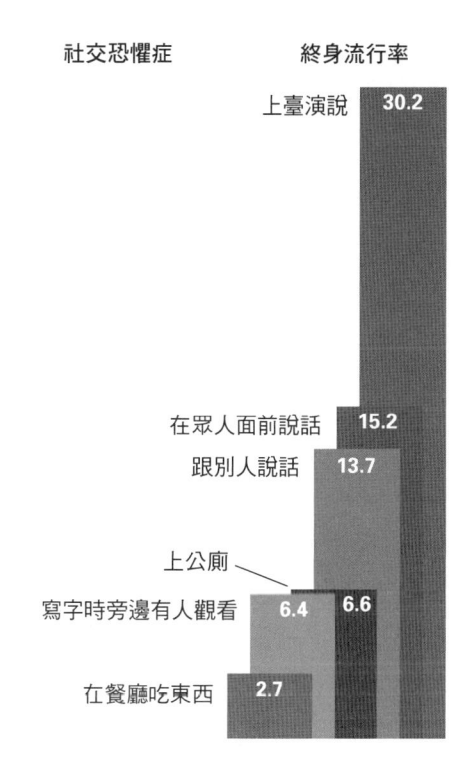

及血清素的濃度（Chrostensen 等人，2010）都與恐懼症有關。在**心理**成因中，心理動力論者認為恐懼症是因為個體無法處理內在衝動。例如，懼高的個體是因為怕自己無法控制往下跳的衝動。**行為與社會**認知論者認為恐懼症是透過學習而來的（Clark 等人，2006）。

圖 11.4 美國社交恐懼症調查

社交恐懼症 終身流行率
- 上臺演說 30.2
- 在眾人面前說話 15.2
- 跟別人說話 13.7
- 上公廁 6.6
- 寫字時旁邊有人觀看 6.4
- 在餐廳吃東西 2.7

11.2.4 強迫症

寶哥發現自己會遵循某些規則來生活，穿衣服一定會依循某種順序，先穿左手、再穿右手……。如果某個階段次序錯誤，他會一切重頭開始。也因為這樣，他經常會花多餘的時間在更衣上。洗澡也是一樣，有時他會重複洗 4 至 5 次，以達到心中所想要的洗澡順序（Meyer & Osborne, 1982）。

著名電影《愛在心裡口難開》，說明了強迫症患者的心聲。

強迫症（obsessive-compulsive disorder, OCD）是一種焦慮性疾患。患者有一種無法擺脫的念頭（強迫思考），以及無法抑制的衝動（強迫行為），兩者都會讓他們感到相當焦慮。強迫思考是腦中會反覆出現一些念頭或是影像，例如腦中不斷出現「死亡」的字眼；強迫行為則是無法抑制的做某些動作，想停也停不了，如：反覆洗手。

常見的強迫行為有檢查、清潔與計算。例如，家庭主婦反覆檢查瓦斯是否關好、青少年會反覆洗手、有些人鎖門一定要鎖 7 次等，甚至有人會一天檢查上百次

> **強迫症**
> 種焦慮性疾患。患者有一種無法擺脫的念頭（強迫思考），以及無法抑制的衝動（強迫行為）。

第 11 章 心理疾患 369

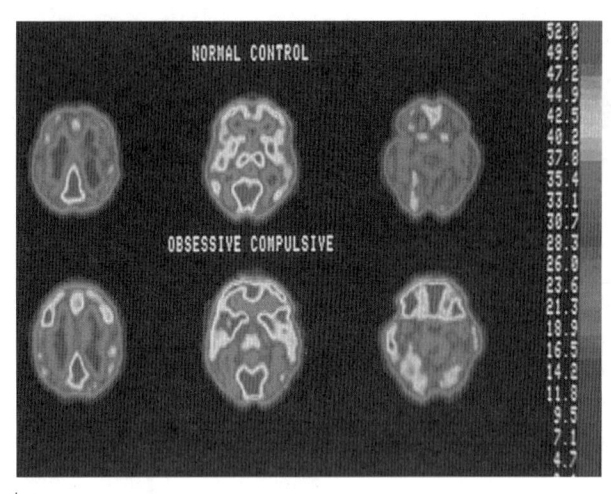

圖 11.5 強迫症患者的腦造影
上面是正常的腦，下面是強迫症患者的腦。很明顯地，強迫症患者在額葉皮質的激活狀態比正常人高。

（Abramowitz, 2009）。有時，我們不放心是否鎖好門窗而再去檢查一次，檢查後我們就會覺得安心了，這樣是一種正常狀態的檢查；但如果你反覆檢查了4、5次，就可能是強迫行為。有強迫症的人其實都對自己這樣的行為感到困擾不已，明知已經做過了，但還是忍不住繼續去做。

強迫症的**生理**成因包括：（1）基因遺傳因素（Gelernter & Stein, 2009）；（2）腦神經系統因素，患者腦部顯現出生理結構上的改變（Nakao 等人，2009），主要在額葉皮質、基底核與視丘的過度反應（圖 11.5；Rotge 等人，2009）；（3）神經傳導素，主要是血清素的濃度也與強迫症有關（Olver 等人，2009）。**心理**成因與外在生活壓力有關，如：小孩誕生、換工作、離婚（Uguz 等人，2007），以及內在認知歷程，特別是個體無法忽略這些強迫想法（Salkovskis 等人，1997）。在**社會文化**層面上，我們發現強迫症通常發生在成長轉變最大的青春期後期與成年期早期，這可能與整體環境的適應狀況有關。

11.2.5 創傷後壓力症候群

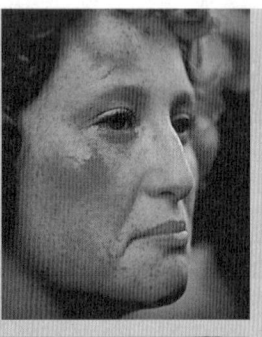

創傷後壓力症候群
個人在遭遇到極度的創傷事件（如：戰爭、天災、人禍、暴力等）後所產生的心理困擾。

創傷後壓力症候群是常見的一種問題，各種天災（地震、水災）、人禍（戰爭、911 恐怖攻擊）與人為傷害（強暴、虐待）都會導致這個問題的產生。

生活在一個高壓力時代的我們，不時都會有壓力／焦慮反應（在下一章健康心理學會深入探討此主題）。在平時，我們可以找到一些方法來紓解壓力，但當無法有效紓解壓力時，就會產生相關心理疾患，如：創傷後壓力症候群。

在臺灣，只要提到創傷後壓力症候群，一定會聯想到 921 大地震與 88 水災，還有近期的高雄氣爆。沒錯，這些災難的確讓我們開始注意到這個疾患。**創傷後壓力症候群（post-traumatic stress**

disorder, PTSD）是指個人在遭遇到極度的創傷事件（如：戰爭、天災、人禍、暴力等）後所產生的心理困擾，主要有三大類症狀：

一、創傷經驗重現，如腦中反覆重現創傷事件等。

二、持續性的逃避行為，如遠離相關情境等。

三、情緒與認知上的改變，如：無法感受自己的感覺、麻木不仁等。

事實上，在遭遇重大創傷事件之後，並非每個人都會演變成 PTSD。過去的研究發現，有較好因應能力的人產生 PTSD 症狀的機率會比較小。PTSD 也不一定都在創傷發生之後立即產生，有些是在創傷事件的 1 年之後才出現症狀（McFarlane, 2010）。大多數人在遭遇到創傷事件時，當下的反應都是焦慮，等過一陣子後，PTSD 的症狀才會慢慢浮現（National Center for PTSD, 2006）。研究發現 PTSD 跟許多創傷經驗有關，包含：戰爭（Kennedy 等人，2010）、性侵害（Mouilso, Calhoun & Gidycz, 2010）、天災（Irmansyah 等人，2010）與意外（Hall 等人，2010）。PTSD 的發生直接與外在創傷事件有關，但個人的特性（如過去的生活經驗）與遺傳的特質，會影響個體在此疾病中的表現。

想一想

1. 欣賞日劇《交響情人夢》，放鬆一下，並且想一想男主角害怕些什麼。
2. 看電影《愛在心裡口難開》，感受一下強迫症患者的痛苦。
3. 你有特別害怕什麼嗎？你的恐懼有達到心理疾患的程度嗎？

在地人的心理學

談解離性疾患

類似於本節討論到的許多因為焦慮或壓力所引發的心理疾患（如：恐慌症與 PTSD 等），**解離性疾患（dissociative disorder）**也是心理疾患其中之一。由於它深富戲劇性，因此經常成為小說與電影的題材，例如，《24 個比利》（The Minds of Billy Milligan）這本小說敘述一個有 24 種人格的人；經典電影《三面夏娃》（The Three Faces of Eve）呈現了有三重人格的女性。兩者都是一般人所謂的多重人格（臨床診斷為**解離性認同疾患〔dissociative identity disorder, DID〕**）。在電視劇《泡沫之夏》中，男主角因為車禍而失去了一段記憶，所反映的就是解離性失憶。另外，在報紙的報導中，也有出現**解離性迷走（dissociative fugue）**的案例（個體突然到另一個地方換個身份過生活）。

基本上，解離性疾患與壓力息息相關；當個

體面對自己無法因應的龐大壓力時，很容易就會產生解離的症狀（如：感覺失真、覺得自己不像自己等）。在期末考期間，有些大學生在起床之時會有一些失真感，這些都是在壓力狀態下會發生的解離症狀。

有些同學會懷疑自己好像有多重人格，在不同情境下自己會有不同的個性展現。什麼是真正的多重人格呢？在臺灣，心靈之美心理治療所的張艾如院長，她的專長就在處理這些解離性疾患，她協助了許多個案漸漸找回自己，讓生活回歸正軌。她針對多重人格發展出一個「葡萄理論」（The Grapes Theory），此理論對於自我看法與華人自我四元論一樣採用的是多元觀點，也就是說我們的自我概念是多元的，並且需要完整的組合。她以葡萄作比喻，認為我們的自我狀態就如同一串葡萄，裡面有很多顆小小的葡萄。每顆小葡萄負責不同的分工，有著不同的想法、情緒和行為的人格特質的功能。由於這是一串緊緊的、完整的葡萄，所以一般情況下，「我」是一致與完整的，我們是以整串葡萄為單位來呈現自我狀態。

一般人的小葡萄互相連繫著，緊緊的形成一串葡萄，也就是說，我們一般是一致而整合的，所以只感覺到一個「我」，而每顆小葡萄都盡忠職守、默默地負責著自己的工作。面臨壓力或創傷的人，就好像被風雨吹過的一串葡萄，可能有些小葡萄散落、掉下了。而這些掉下來的小葡萄，可能就會慢慢地成長成一個獨立的自我，被我們稱為「人格」。**解離性認同**的朋友就是葡萄散落、再沒法組合成一串完整葡萄，而產生許多個獨立的小葡萄來代表多個自我。從這個理論出發，我們可以了解每個人本來就都具有多種人格特徵，只是在一般時間，這些人格會統整成一個完整的大人格。而多重人格只不過是小小人格獨立輪流當主人，所以治療主要的目標就是幫助這些人格重新組合成為完整的葡萄。

解離性疾患
一種心理疾患，主要的特性是個體失去了某段特別的記憶或者是自我認同改變。

解離性認同疾患
或稱多重人格，主要特徵是個體有兩個以上獨立的自我認同狀態。

解離性迷走
個體失去原有的記憶，產生一個新的角色來過生活。

《三面夏娃》是著名的解離性認同疾患案例。

> **想一想**
> 1. 在面對壓力時，你會採用哪種方式逃避現實的反應？
> 2. 在生活中，你是否發現自己在不同情境下會扮演著不同的角色？
> 3. 若人格是由多個人格所組成，哪個人格最能夠代表你自己？

|參考資料|
Steinberg, M. & Schnall M. 著，張美惠譯（2004）。《鏡子裡的陌生人──解離症：一種隱藏的流行病》。張老師出版社。

11.3 情緒性疾患

情緒性疾患（mood disorder）就是以情緒困擾為主的心理疾患，主要特徵是長期的情緒困擾，包含認知、行為、身體症狀以及人際困擾。本節將探討兩種常見的情緒困擾，一種是憂鬱症，另一種是躁鬱症。另外，我們將討論與情緒困擾息息相關的自殺議題。

情緒性疾患
以情緒困擾為主的心理疾患。

11.3.1 憂鬱症

憂鬱症是現代文明病，常常被掛在嘴上，但真正了解的人其實不多，所以有時心情低落會被亂貼上「憂鬱症」的標籤。**憂鬱症**（depressive disorder）主要的特徵是心情低落、對外在事物的興趣缺缺。根據嚴重度可簡單分成重鬱症與輕鬱症（Ingram, 2009）。

憂鬱症
以悲傷為主的情緒困擾。

維凱心情低落好一陣子了。他每天晚上翻來覆去都睡不著，往往到天亮小睏一下又醒了；而且常常覺得食慾不振，提不起勁，甚至偶爾會覺得人生沒意義，有輕生的念頭。朋友看到他，都覺得他好像烏雲罩頂一樣，找他去打球，他也興趣缺缺。

維凱就是典型的**重鬱症**（major depressive disorder）患者，發作時會持續 2 週

重鬱症
嚴重的憂鬱且影響到生活功能。

第 11 章 心理疾患 **373**

以上，出現心情低落、無望感等憂鬱症狀，整個人的功能變差，本來會做的事情都做不好。

當持續 2 週，有超過以下五種症狀時，就要找學輔中心的老師談談了：

- 每天都感到心情低落。
- 對任何事情都感到興趣缺缺。
- 體重或食慾改變。
- 睡眠困擾。
- 身體動作變得緩慢或焦躁。
- 全身無力沒勁。
- 感到自己沒價值或無希望感。
- 無法專心。
- 想自殺。

輕鬱症
一種長期的心情低落。

輕鬱症（dysthymic disorder）的嚴重度沒有重鬱症那麼高，但是症狀持續時間較長，通常會持續 2 年以上的情緒低落，並且有超過以下兩種症狀：食慾異常（吃太少或太多）、睡眠困擾、疲憊、低自尊、無法專心、難下決定、無望感（DSM-5, 2013）。雖然我們不像維凱的狀況那樣嚴重，總是或多或少會不時感到心情低落。尤其是在現代這種高科技、高壓力的時代，憂鬱症已經相當普遍。大家面對憂鬱症有如面對感冒一般，這算是一種心理上的「感冒」。

11.3.2 躁鬱症

麗娜來學生輔導中心主要是因為發現自己心情低落，吃不下、睡不著，相當痛苦。她很討厭現在的自己。她回憶起大一時的自己相當有活力、參加多個社團與活動，總是覺得時間不夠用，而且每天只睡 3 至 4 小時就夠了。那時的她人緣相當好，每天過得很快樂。現在麗娜大二了，她突然覺得心情變差，脾氣很暴躁，每天都悶悶不樂，再也找不到過去那個快樂的她。

躁鬱症
一種情緒性疾患，主要的特徵是情緒起伏很大，個案會有躁症發作。

躁鬱症（bipolar disorder）也是一種情緒性疾患，主要的特徵是情緒起伏過大。與憂鬱症不同，除了憂鬱的低潮期以外，個案還會有躁症發作（mania，一種過度愉快的狀況）（DSM-5, 2013）。躁鬱症的個體會經驗到憂鬱與躁症發作兩種極端的狀態。躁症與憂鬱的症狀相反（Last, 2009）。個體會感受到心情愉快、充滿活力、信心滿滿，彷彿處在天堂的狀態。這種非常正向積極的感覺雖然令人陶醉，但過度愉快的狀態卻會帶來後患，如：衝動、亂花錢、性關係混亂等。躁症發作後常伴隨憂鬱發作，此時，個體才開始感到痛苦，所以個案通常在憂鬱期發作時才會尋求協助。此時必須要非常小心地區分──個體是單純的憂鬱症，還是躁鬱症。

11.3.3 情緒性疾患的成因

情緒性疾患主要包含憂鬱症與躁鬱症兩大類。憂鬱症主要的問題在於「快樂不起來」,而躁鬱症則是「情緒波動過大」。這些情緒上的困擾,經常令人感到相當痛苦。情緒疾患的成因如下,主要研究還是著重在讓人感到人生低潮的憂鬱期:

★ 生理因素

- **遺傳:**很多情緒性疾患的個體都有相關的家族史,也就說明遺傳在情緒性疾患中扮演的重要角色(Shyn & Hamilton, 2010)。其中發現,基因對於躁鬱症的影響大過於憂鬱症(Craddock & Forty, 2006)。研究發現雙胞胎中,如果其中一個有躁鬱症,則另一個也有躁鬱症的機率為60%,目前也有研究開始找躁鬱症的遺傳機制(Zhou 等人,2009)。

- **腦神經系統失常:**憂鬱症患者經常會有睡眠困擾,他們的速眼動睡眠出現得比一般人早(Benca, 2001),因此不難理解為何憂鬱症患者會出現睡眠困擾──入睡困難、淺眠易醒、清晨起床等(Cosgrave 等人,2000)。腦部的結構發現,憂鬱症患者大腦皮質的活動量比一般人低(Roy 等人,2010),而躁症發作時,腦部則過度活躍(Baxter 等人,1995)。雖然憂鬱發作時,腦部活動力會明顯地降低,但杏仁核的活動量有時反而增加(Posner & Raichle, 1998; Van Elst, Ebert & Trimble, 2001),這也反映出個體在憂鬱時,對於與負面情緒相關的事件記憶會特別地鮮明。這也是為何憂鬱時經常只會想起痛苦的「回憶」,這種情況也讓憂鬱的人腦中一直盤旋著揮之不去的痛苦記憶而無法走出來。另外,憂鬱症患者在於與知覺環境增強物有關的皮質區反應與非憂鬱症患者不同(Tye & Janak, 2007),這樣的發現也說明了憂鬱症患者無法知覺到環境中的愉悅經驗。由於大腦結構的問題,讓憂鬱症患者容易陷入負面的經驗中,並且也無法注意到正向的經驗。如圖11.6顯示,躁期與憂鬱期的腦部代謝有所不同。

- **神經傳導素異常:**與情緒性疾患相關的神經傳導素主要是血清素、多巴胺、正腎上腺素等(Stahl, 2002)。在憂鬱發作時血清素與正腎上腺素會明顯地減少(Bobo & Shelton,

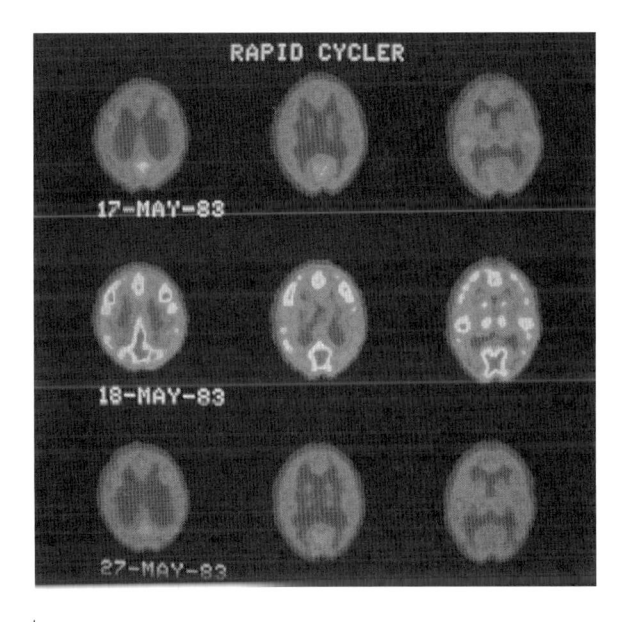

圖 11.6 躁症期與憂鬱期的腦部代謝
這是一個躁鬱症患者的腦部造影圖,最上排與最下排是鬱期的影像,中間則是躁期的影像。很明顯地,這兩個時期腦部的活躍度不同。

2010），而躁鬱症者則呈現高正腎上腺素與低血清素的狀態（Singh等人，2010）。目前藥物治療主要都是幫助個體的神經傳導素恢復平衡。

- **荷爾蒙**：在壓力的情境下，憂鬱個體的壓力荷爾蒙比一般人還高（Young & Korzun, 1998），顯現出憂鬱症患者對於外界壓力的適應能力降低。另外，女性的性荷爾蒙也與憂鬱情緒有關；在經期前後或更年期停經前後，女性都較容易產生憂鬱情緒。

★ 心理因素

情緒狀態與心理狀態有密切的關係，心理動力取向、行為取向以及認知取向對於情緒性相關疾病有相當多的研究，以下說明常見的解釋：

- **心理動力取向**：主要由於童年期缺少讚許，加上不當的管教，導致無法形成正向自我概念（Nolen-Hoeksema, 2001），並且過度在意他人看法（Blatt & Zuroff, 1992）。此外，佛洛依德（Freud, 1917）認為，憂鬱症是因為無法對失落表達憤怒，因而將憤怒轉向自己。

- **行為取向**：壓力會讓生活中原有的正增強物減少而使人無法快樂（Lewinsohn & Gottlib, 1995; Lewinsohn, Joiner & Rohde, 2001）。當我們面對壓力時，立即的反應就是逃離壓力情境，若做不到就會感到無助，慢慢地轉成無望，最後就會因為無望而產生了憂鬱（Wellen, 2010）。在生活中，我們也就會因為持續的挫敗經驗，而產生了無望感，最後就變成了憂鬱狀態（圖11.7）。

- **認知取向**：對於情緒相關心理疾患的認知理論目前主要著重在憂鬱症的產生。認知取向主張情緒困擾來自於思考的問題，除了負面想法本身外還包含如何思考的過程（Mathew等人，2010）。對於憂鬱的認知模式主要有以下重要的發現：首先，憂鬱的人常常在腦中重複撥放過去負面的經驗或感受，讓自己一直沉溺在憂鬱的情緒中（Nolen Hoeksenma, 2011）。還有悲觀的生活態度；憂鬱的人缺乏正向思考，對自己、他人、外在環境甚至是未來都抱持著負面的看法（Gilbert, 2001）。第三個是大家所熟悉的Beck憂鬱理論；他認為憂鬱的人習慣以錯誤的推論思考方式來解釋事情，圖11.8是常見的錯誤推論。第四種是歸因理論；憂鬱症的人會將生活中的小失誤認定為通則（因為心理學概論這次小考不及格，所以我每次都會不及格）、內在（都是我很笨，所以我心理學概論被當）以及廣泛性的

圖11.7 習得無助與憂鬱

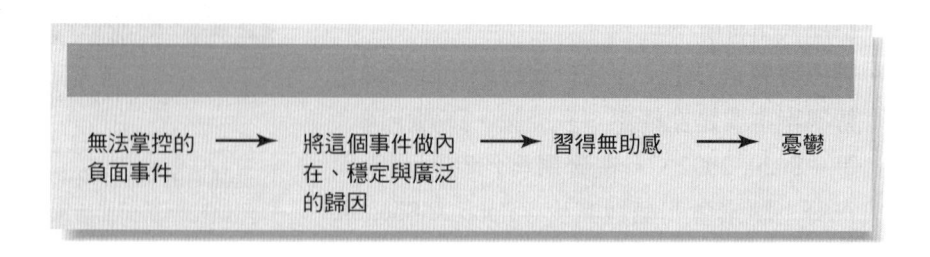

無法掌控的負面事件 → 將這個事件做內在、穩定與廣泛的歸因 → 習得無助感 → 憂鬱

看看你有哪些想法跟以下測驗一樣呢？

有	病毒想法	說明
□	非黑即白	用非黑即白的方式看待這個世界，不是成功就是失敗。例如，考試不及格，就覺得自己能力不好，是失敗的人。
□	以偏蓋全	遇到一件生活挫折（負面事件），就認為自己的人生完蛋了。常用「總是」、「每次」這些武斷的語言。
□	過度篩選	只注意事情壞的一面。例如，只注意到別人對你的批評，卻沒注意到別人的關心。
□	悲觀	覺得人生悲觀，再怎麼努力都沒用。
□	妄下結論	沒有任何證據就下判斷。例如，朋友沒有跟你打招呼，就覺得他討厭你。
□	誇大	將缺點（錯誤）誇大。
□	情緒化推論	憑感覺做事情，根據自己的心情來做事。
□	應該	你告訴自己事情應該是你想像的這樣。你是否常用「應該」這個字眼呢？
□	貼標籤	對別人或自己已經有了既定的刻板印象。
□	自責	責怪自己的錯誤，卻沒有改變自己。
□	責怪他人	責怪他人的錯誤，卻沒有反省自己。

圖 11.8 與憂鬱有關的認知扭曲

大錯誤（我這科被當，其他科一定也會被當）。這種錯誤的歸因方式，就容易讓人因為生活中的小小挫敗而陷入憂鬱的情緒中。

★ 社會文化因素

- **人際關係**：憂鬱症與人際關係的困境有密切關係（Segrin, 2001）。過去不當的人際經驗與近期的人際衝突都會誘發憂鬱症發作。從研究中可以發現，不安全的依附關係容易產生憂鬱症（Roberts, Gottlib & Kassel, 1996）。
- **社經地位**：社經地位（經濟與教育程度的指標）的確會影響憂鬱症的發生。低社經地位的人生活比較苦，自然也就容易感到憂鬱（Bryant-Davis 等人，2010）。
- **文化因素**：東西方在憂鬱症的表現上有相當大的不同，西方人會以情緒層面為主述問題，而東方人則以身體症狀為主述問題。另外引發憂鬱症狀的因素也有文化差異：強調個體主義（individualism）的西方文化，特別容易在個人成就受挫時感到憂鬱；而著重集體主義（collectivism）的東方文化則更容易因為人際因素而憂鬱（圖 11.9）。
- **性別因素**：女性比男性容易感到憂鬱（Yuan 等人，2009）。從跨國研究中可以發現，女性憂鬱的比例比男性高，特別是單身女性、已婚年輕女性（Whiffen & Demidenko, 2006）。

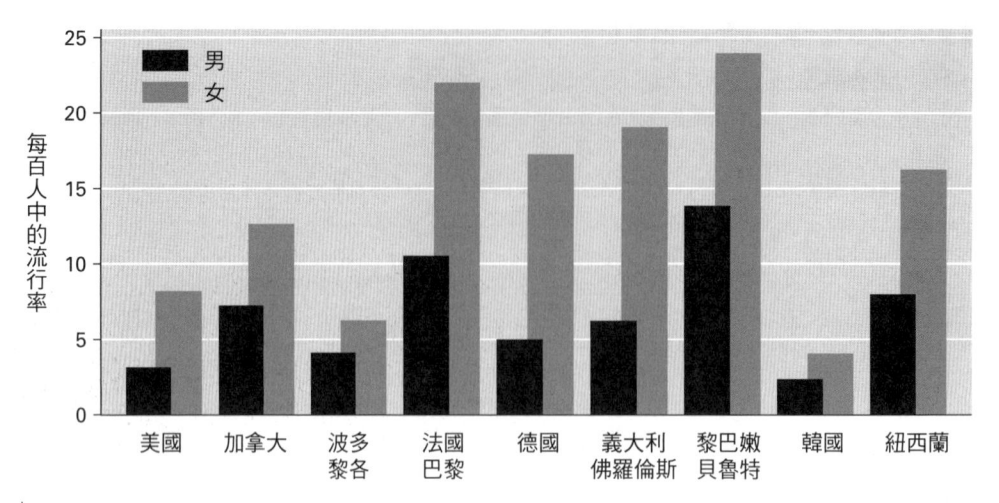

圖 11.9 憂鬱症的文化與性別差異
由圖中可發現各國的流行率不同，歐洲的流行率比較高，同時也可發現女性的流行率高於男性。

11.3.4 自殺

「自殺」這個問題一直都是大眾注目的焦點，有人燒炭、有人跳樓、甚至有人開車衝撞總統府。在學校中，偶爾會出現因為感情、學業、家庭等因素而產生自殺的念頭。雖然自殺不是一種列入診斷系統的心理疾患，但它往往反映的是焦慮以及憂鬱的情緒（Black 等人，2010），並且會帶來無可彌補的傷害。臺灣近年來自殺的比例有逐年增加的趨勢。顯現出社會愈進步，生活環境的壓力也愈大。當你身邊有朋友感到心情低落，產生輕生念頭時，別忘了陪他到輔導中心或各地心理衛生中心尋求協助。

造成自殺的因素有很多，以下從生理—心理—社會文化模式來看自殺的成因：

- **生理因素：**研究發現自殺會發生在同個家庭中（Brezo 等人，2009）；很多父母親有自殺行為，其小孩成年後也很容易有自殺的舉動，代表遺傳因素在自殺行為中的可能性。除了遺傳因素以外，血清素也在自殺行為中扮演著重要的角色（Pompili 等人，2010）。解剖自殺身亡者的腦部發現，其腦部的血清素明顯地比一般人低。另外，血清素低的個體，多次自殺的機會是一般人的 10 倍以上（Courtet 等人，2004），所以攝取多血清素的健康飲食（如：水果）應可有效預防自殺。健康問題也是自殺的因素之一；長期臥病的個體，其自殺機率比正常人高。

- **心理因素：**與自殺最有關係的心理困擾是憂鬱症（da Silva Cais 等人，2009）。憂鬱的人常常會興起自殺的念頭；失戀、學業問題、失業等生活壓力都是引發自殺的因素（Videtic 等人，2009）。有物質濫用的人也往往會有自殺的衝動（Britton & Conner, 2010）。最近的研究發現，自殺身亡的人往往都覺得自己孤立無援且是

應該如何	不能這樣
1. 直接詢問：「你怎麼了？」 2. 傾聽——用耐心與關心，來了解對方的痛苦。 3. 了解自殺的危機程度：詢對方當下的情緒、是否有朋友陪伴、是否決定自殺的方法。 4. 鼓勵個案尋求專業協助。 注意——不要怕、不要急，關心與傾聽可以幫助對方度過難關。	1. 不要忽略自殺的警訊。 2. 不要避談自殺。 3. 不要恐慌、害怕。 4. 不要提供錯誤的安慰，例如，「事情會過去的！」、「事情沒這麼嚴重。」 5. 不要遺棄他，若感到沒辦法幫他，就轉到其他專業單位。

圖 11.10 自殺危機處理

他人的負擔（Selby 等人，2010）。所以當面對有自殺意念的人時，多多傾聽與陪伴會是一個預防自殺的好方法。

- **社會文化因素**：生離死別（Heikkinen, Aro & Loennqvist, 1992）、生活困苦、經濟壓力（Rojas & Stenberg, 2010）都是生活中的重大的壓力，也與自殺有密切的關係，像是很多卡奴因為經濟困境而選擇輕生。文化也是重要的因素。每個文化對於自殺會有不同的解釋。在我們的文化中，自殺者會下地獄，所以自殺經常變成一種不可談論的禁忌，也會讓想輕生者更不敢告訴別人，而失去獲救的機會。在國內，有愈來愈多的機構致力於自殺的預防。每個縣市的生命線（電話號碼1995）與自殺防治中心（安心專線：0800-788-995）都是重要的自殺預防機構，透過關懷員或志工的努力，讓很多想自殺者再度重新思考人生，回到現實的生活中。圖 11.10 提供了一些方法，讓你協助想輕生的朋友，走出生命的低潮。

★ 預防自殺
- **每天吃顆水果**

血清素在憂鬱症與自殺行為中扮演重要的角色。在飲食上，最重要的調整就在於「蔬果類」的攝取。如果每天可以進行「健康五蔬果計畫」，也就是每天攝取五份蔬果類（每份是你一個拳頭的大小），這樣就可以強化體內血清素的量。以下整理常用的蔬果表格（表 11.2），每天若能食用五種顏色的蔬果，你的人生也充滿了色彩。

顏色	營養成分	功用	代表食物
紅色	茄紅素	抗氧化、預防癌症、抗過敏	番茄、西瓜
	辣椒紅素	抗氧化、增強良性膽固醇	辣椒、甜椒

第 11 章　心理疾患　379

顏色	營養成分	功用	代表食物
橙色	維生素A原	抗氧化、調整膽固醇	胡蘿蔔、南瓜、柑橘類
	玉米黃素	抗氧化、調整視力	木瓜、芒果、青花菜
黃色	葉黃素	抗氧化、預防癌症、預防心臟病	玉米、菊花
	類黃酮	抗氧化、預防高血壓、抗過敏	洋蔥、檸檬
綠色	葉綠素	抗氧化、預防癌症、調整膽固醇	青花菜、秋葵
紫色	花青素	抗氧化、預防高血壓、保護肝臟	茄子、黑豆
黑色	綠原酸	抗氧化、預防癌症、調整膽固醇	牛蒡、馬鈴薯
	兒茶素	抗氧化、預防癌症、調整血壓	茶葉
白色	異硫氰酸鹽	抗氧化、預防癌症、預防腸胃疾病	蘿蔔、高麗菜
	二丙稀基硫化物	抗氧化、預防癌症、預防高血壓	大蒜

表 11.2 常見蔬果的營養成分

想一想

1. 你是否常常提不起勁、常常翹課呢？從憂鬱症的診斷來看，你是否有憂鬱的症狀呢？
2. 當朋友有想輕生的念頭時，你會如何協助他呢？

11.4 思覺失調症（精神分裂症）

「瘋子」、「神經病」是大家經常用來罵人的詞彙。你或許曾看過一些人，服裝不整、外表怪異，偶爾會對著空氣說話。這些人在早期可能會被家人用鎖鏈鎖在家裡。臺灣南部過去有個龍發堂，住的都是大家俗稱的「瘋子」。這些瘋子，到底是怎麼回事呢？

精神分裂症

嚴重的精神疾病，其特徵為混亂的思考歷程。

精神分裂症（schizophrenia）是一種嚴重的精神疾病，特徵為錯亂的思考歷程。患者會出現言語怪異、情緒反應不適切、動作異常以及逃離人群的症狀。Schizophrenia 是一個複合字，本意為「分裂的心智」──也就是說個體腦中感知到的世界與現實世界分離。精神分裂症主要的症狀可以分成正性症狀（一般人沒有而病患有的行為，如妄想與幻覺）、負性症狀（一般人有而病患缺乏的行為，如：面無表情、缺乏興趣等）以及解構行為（如：混亂的語言與行為），由於這些症狀讓個案變得明顯地與眾不同，所以常常受到民眾的排斥。為了減少大眾對於病患的汙名化以及讓病名與疾病症狀更為貼切，目前國內力推將此疾病更名為「思覺失調症」。

一半以上的思覺失調症（精神分裂症）者都需住院治療，長期住院的機會相當高。目前臺灣對於精神分裂症的治療仍然相當地被動與消極。大多數的病患往返於醫院與住家之間。許多病患因為症狀的反覆發生，導致被家人放棄。社會需要有更完善的醫療與社區復健模式，幫助病患回歸生活（Tandon, Nasrallah & Keshavan, 2010）。最近的研究中也發現，思覺失調症患者的自殺危機是一般人的八倍（Pompili, 2007）。

11.4.1 思覺失調症的類型

思覺失調症主要的特徵如下（DSM-5, pp87-88）：

- **妄想（delusions）**：就是一種固著且無法根據現實狀況來改變的一種信念。常見的妄想有被害妄想（認為有人要害他）、關係妄想（認為他人的一舉一動都是針對他）、誇大妄想（認為自己與眾不同）等。有妄想的人往往都會活在自己認為的世界，而無法融入現實世界。
- **幻覺（hallucinations）**：就是沒有外在刺激卻有相關的知覺感受，如：幻聽、幻視等。
- **解構思考（disorganized thinking）**：一種思考混亂的狀態，可以從個體的說話內容來發現這種問題，常見的就是說話跳題、詞不達意等。
- **怪異行為（abnormal motor behavior）**：特別的行為舉止，如：莫名的傻笑或僵直的動作。病患往往會因為這些怪異的行為而被社區排斥。
- **負性症狀（negative symptoms）**：顧名思義就是個體缺乏一般人有的能力，像是情緒表達困難以及缺乏行為動機。思覺失調症患者也會因為這些負性症狀讓人覺得他們呆若木雞，對環境刺激沒有反應。

根據DSM-IV的診斷標準，思覺失調症分成三種不同的類型，又稱為亞型，各有其特殊的症狀與行為反應：

- **混亂型思覺失調症（disorganized schizophrenia）**：這類病患主要是行為混亂。他們會出現混亂的思考、情緒及行為反應。所妄想的內容基本上都是無意義的主題，同時說話的語句沒有組織，並且會忽略自己的衛生習慣。他們少與人接觸，出現社會退縮的現象，並且經常一個人傻笑。
- **僵直亞型思覺失調症（catatonic schizophrenia）**：這類的病患主要是動作的問題。他們會把自己的動作固定在某個姿態上。
- **妄想型思覺失調症（paranoid schizophrenia）**：這類是典型的思覺失調症，主要的症狀是妄想及幻覺。妄想是一種怪異的想法，例如，覺得自己被神明控制、認為別人要害他等。即使在現實生活中沒有證據證實他們的想法，他們還是堅信不疑，而幻聽是主要的幻覺。這些特殊的想法或感官知覺，經常會造成患者在生活、人際等層面的問題。

> **混亂型思覺失調症**
> 一種思覺失調症，個體會產生一些與現實脫離的怪異行為反應。

> **僵直型思覺失調症**
> 這類的病患主要是動作的問題，他們會把自己的動作固定在某個姿態上。

> **妄想型思覺失調症**
> 這類是典型的思覺失調症，主要的症狀是妄想及幻覺等正性症狀。

11.4.2 思覺失調症的成因

思覺失調症跟其他心理疾患一樣有多種可能的成因，以下分別深入討論。

★ 生理因素

思覺失調症相當傾向生理性的疾病，在病患身上，有明顯生理上的問題。

- **遺傳**：思覺失調症的家族遺傳相當高（Paul-Samojedny 等人，2010）。與罹患思覺失調症的親屬之血親愈近，罹患的機率也就愈高（Tsuang, Stone & Faraone, 2001）。目前的研究開始找思覺失調症的 DNA 定位（Duan, Sanders & Gejman, 2010）。

- **腦部結構異常**：在腦照影的技術下，我們發現思覺失調症患者的腦室比一般人大（Acer 等人，2010），這顯現出這些患者的腦神經系統產生結構性的退化。另外也發現思覺失調症患者的前額葉皮質區的活化程度比一般人低（Smieskova 等人，2010）。在第 2 章曾談到前額葉與思考、計畫能力以及決策能力有關，當思覺失調症患者在這部分功能不彰時，也可以反應出他們在思考能力上的困境。

- **神經傳導素異常**：目前思覺失調症的研究一致認為，病患的多巴胺濃度明顯地比一般人高，目前的藥物治療就是透過減少病患腦中的多巴胺來減少精神症狀（van Os & Kapur, 2009）。目前研究發現，不只是多巴胺的濃度與精神症狀有關，其相關的通路與回收方式也與思覺失調症症狀的發生有關（Howes 等人，2009）。

★ 心理因素

雖然很多研究都說明了思覺失調症與病患的生理因素有密切關係，但也不可否認壓力在病患病程中的角色。壓力主要會誘發病患的症狀，若處於高壓力的環境下，病患的預後狀態會更差。目前是採用**潛質壓力模式**（diathesis-stress model）來說明環境壓力加上個體本身的體質，這樣的雙重影響下讓個體產生思覺失調症。

潛質壓力模式
認為思覺失調症的發病是因為生理性的特質加上環境壓力雙重影響所造成。

★ 社會文化因素

思覺失調症的症狀反應很明顯地有文化差異，例如，臺灣病患的妄想內容，大多都與民俗宗教有關，而西方世界則是與外星人有關。另外，大多患者都是來自低社經地位的家庭（Schiffman & Walker, 1998），需要社會的福利補助，協助病患就醫與生活問題。西方國家認為良好的婚姻與伴侶關係品質與思覺失調症患者的康復有關（Rosen & Garety, 2005），但國內的看法卻不盡然。也就是說，婚姻對於患者而言是助力還是阻力，在國內尚無定論。但是良好的社會支持環境，的確可以增加病人的環境適應能力以及預防病情惡化。

動動腦

心理治療對思覺失調症（精神分裂症）有幫助嗎？

隨著時代的演進，對於思覺失調症的病理機制的了解與治療策略也有大幅度的改變。過去會認為思覺失調症是大腦神經系統為主的心理疾患，所以大多採用藥物治療。在藥物治療的發展上，早期以多巴胺系統為主要藥物，到近年則發展以 GABA 系統為主。這顯現出，我們隨著有關思覺失調症患者的腦神經系統功能缺損的發現，而發展出更多不同的抗精神症狀的藥物。

除了藥物治療以外，心理治療的策略也有明顯的改變（Tandon, Nasrallah & Keshavan, 2010），從過去的行為治療，到現在強調採用系統地治療介入，包含：認知功能復健、認知治療模式、社會適應模式、園藝治療模式等。甚至連對於藥物治療療效不佳負性症狀，也有許多心理治療的策略可以有效地改善（Elis, Caponigro & Kring, 2013）。由此可知，對於早期只以藥物治療為主的思覺失調症患者，在近年來已經發展出許多良好的心理治療策略來協助他們能夠更佳適應現實生活。

由於思覺失調症如其名是在思考與知覺系統（也就是認知系統）上出了問題，所以過去會採用認知行為治療模式（黎士鳴與陳秋榛，2014）來處理病患的妄想、幻覺、負性症狀與解構行為等；對此已經有許多實證研究證明其療效；而隨著認知行為治療取向的發展，許多學者也將新近的治療模式應用到思覺失調症的治療中，包含：正念模式、接納與承諾治療、正向心理治療、慈悲中心治療等等（Wright 等人，2014）。這顯現出隨著心理治療模式的演進，許多治療模式也開始應用到過去認為心理治療助益不大的思覺失調症了。

由於思覺失調症的好發年齡為大學生時期，在生活中你也可能會遇見疑似有精神症狀的同學。對他們最好的協助就是給予其支持，並且在適當時機幫他尋求專業的協助。當你的室友或朋友有以下的徵兆時，可以協助他到學生輔導中心求助：

1. 睡不安穩。
2. 容易感到不安。
3. 無法專心。
4. 易怒。
5. 生活作息明顯改變。

想一想

1. 思覺失調症患者就是俗稱的瘋子，這是一種生活型態還是生病了呢？
2. 你覺得思覺失調症患者有就業能力嗎？
3. 你會如何協助這些思覺失調症患者呢？

| 參考資料 |

Tandon, R., Nasrakllah, H. A., & Keshavan, M. S. (2010). Schizophrenia, "just the facts" 5. Treatment and prevention past, present and future. *Schizophrenia Research*, 122, 1-23.

Elis, O., Caponigro, J. M., & Kring, A. M. (2013). Psychosocial treatments for negative symptoms in schizophrenia: current practices and future directions. *Clinical Psychology Review*, 33, 914-928.

Wright, N. P., Turkington, D., Kelly, O. P., Davies, D., Jacobs, A. M.,& Hopton, J (2014). *Treating Psychosis: a clinician's guide to integrating acceptance & commitment therapy, compassion-focused therapy & mindfulness approaches within the cognitive behavioral therapy tradition*. NewHarbinger. U. S. A.

| 建議閱讀 |

黎士鳴、陳秋榛（2014）。《精神分裂症：認知理論與治療》。心理出版社。

E. Fuller Torrey 著，丁凡譯（2011）。《精神分裂症完全手冊：給病患、家屬及助人者的實用手冊》。心靈工坊。

11.5 人格疾患

人格疾患

長期且不適應的認知行為模式，完全整合到個體的人格中。

人格疾患（personality disorder）是長期且不適應的認知思考與行為模式。這些特質往往是一種固著且不易更動的人格狀態，經常是在青春期或成年初期開始展現（DSM-5, 2013）。對於人格疾患的問題可以從以下四個角度來判斷。第一是認知思考；患者對自己或對他人會有一個固著但不合乎現況的信念；第二是情緒狀態；患者往往會有不穩定或者是過度的情緒反應。第三是人際狀態；他們在人際關係上往往會有某種程度上的問題。第四是衝動控制；他們往往會有一些衝動控制上的問題，如：自傷或者是成癮行為。第 10 章「人格心理學」討論了許多人格的理論。簡單來說，我們身體就好像一個房間，而我們的人格就像房間的主人，可以決定房間的擺設與整潔度（或是決定如何與外界互動及如何生活）。人格疾患就是一個功能不好的主人，沒有好好整理房間而導致生活適應不良。根據 DSM-5 診斷標準，人格疾患可以分成 A、B、C 三大類共十種不適應之人格。本節將簡單說明這十種不適應人格，並且說明成熟的人格特性。

11.5.1 A 類型人格疾患

A 類型人格疾患（cluster A personality disorder）主要的特性是有一些特別的想法與行為，讓人覺得這群人「怪怪的」。這類型的人格疾患可大約分成三種：

- **妄想型（paranoid）**：不相信他人，對人抱持懷疑的態度，總是覺得別人要害他。

- **類分裂型（schizoid）**：孤僻，不喜歡接近人群，喜歡一個人生活。
- **精神病型（schizotypal）**：想法怪異，例如，覺得自己有神通的能力。

此類型的人在人際關係上大都有困難，生活中經常被稱為「怪人」。也因為與他人互動不佳，所以這些人都喜歡宅在家裡過屬於自己的生活。在生活中最常見的就是離群索居的類分裂症人格疾患，這類的人喜歡與世隔絕的生活，疏離人群、獨來獨往，他們對於人際互動沒有興趣，也很少人會與他們有深入交往。在生理層面上，他們的多巴胺明顯地比一般人低；在心理層面上，他們情緒表達少、表情冷淡且不與人互動；在社會層面上，他們傾向獨處、沒有良好的社交技巧並且不願意與他人建立長久的親密關係。簡單來說，這類的人就是一個獨行俠，獨自地活在這個世界上。由於 21 世紀是講求人際合作的時代，這種與人疏離的人格特質就會適應不良，因此需要透過社交技巧訓練來幫助他們與他人產生合作性關係，增加其適應能力。

11.5.2 B 類型人格疾患

B 類型人格疾患主要的問題在於情緒穩定度不夠，喜歡操控人際關係。此類型者基本上讓人覺得「壞壞的」；俗話說「男人不壞，女人不愛」，這是此類型人格疾患的寫照。這類型的人格疾患可大約分成四種：

- **戲劇性型（histrionic）**：情緒反應有如演舞臺劇般地誇張，就像藝人般地希望成為眾人矚目的焦點。
- **自戀型（narcissistic）**：過度地看重自己，覺得自己是非常優秀的個體，有如水仙花般地孤芳自賞。
- **邊緣型（borderline）**：情緒反應相當不穩定、經常會有衝動的行為產生。一直擔心會被遺棄，所以會不斷地測試自己的親密關係，而導致人際關係愈來愈差。
- **反社會型（antisocial）**：無法服從社會常規，一切都以私利為考量，因此經常因為觸法而進出監獄。

B 類型的人格往往都有較好看的外表與迷人的優點，讓人很容易與之親近，但也因為一些情緒與人際控制的特質，讓他人受到傷害。這四種人格中有兩種可能會在戀愛的過程中變成所謂的「危險情人」：一個是會傷害他人的反社會型人格疾患，另一個會自我傷害的邊緣性人格疾患，以下詳細說明兩者特性。

反社會人格疾患，顧名思義就是他們會做出一些違反社會常規的事情。正向的反社會人格可以為了追求大眾利益而對抗政府的不公不義，而負向的反社會人格則是追求個人的利益而傷害他人。由於這種人的反骨特質很容易吸引活在社會規範下的你我，因此會讓我們覺得這類的人很有個性或膽識。這種人經常出現於媒體，不論是群眾抗議或者是凶殺案件，主角往往都是屬於這種人。在生理層面上，他們體中的皮質區活化度較低，所以需要追求刺激的生活來保持適切的腦部活躍程度；在

心理層面，他們只對獎賞有反應，對於處罰較不會有反應，因此無法從處罰中學習到行為的改變；在社會層面上，這類的人往往在犯罪的家庭中成長，也因此無法有效地學習到社會常規。若欲進行改善，可以透過同理心與利他行為的訓練，幫助他們把反社會的負面特質轉成正向的改革力量，讓這個社會變得更美好。

另一個危險情人是邊緣型人格疾患。這類的人往往外型佳，富吸引力，但是因為內在自我空虛，在長期相處後，別人會覺得自己在與一個沒有靈魂的人互動。邊緣型人格的人長期處於一種內心空虛的狀態，為了填補這種狀態，他們喜歡建立人際連結來填補他心中的空虛，同時也因為他們常有不錯的外型，自然很容易與他人產生親密的人際互動。在生理層面，他們的行為抑制能力較差；在心理層面，他們的情緒波動大、衝動性高且容易有自傷行為；在社會層面，他們在幼年往往會有創傷經驗。簡單來說，邊緣性人格疾患就好像一個主人經常不在家的房間，所以與其互動者就會覺得很難了解這個人而感到痛苦，而他們也會因為找不到自我而產生痛苦。最常使用的治療方式就是辯證行為治療，包含了了分明（讓我們可以活在當下，找到自我）、人際效能（學習有效的人際互動方式）、情緒調節（學習良好的情緒管理）以及痛苦耐受（增加自我的抗壓性）。這些策略都可以協助一個人找回自我，並且增加生活適應能力。

11.5.3 C 類型人格疾患

C 類型個案的核心問題在於長期處於焦慮的情緒狀態。此類型者會讓人覺得他們都「怕怕的」。C 類型的三種問題人格如下：

- **逃避型（avoidant）**：害羞，很想要接近人群，但又怕被拒絕，所以選擇逃避人群。
- **依賴型（dependent）**：覺得自己沒有能力，所以一切的決定都要詢問他人的意見，這樣的無主見，時常會導致人際關係上的問題。
- **強迫型（obsessive compulsive）**：完美主義，會過度注意小細節而做事缺乏效率。

在生活中，我們最常見的就是依賴型人格，他們的特性就是小鳥依人、無法作決定。這種人會讓別人覺得他們楚楚可憐，很想幫他一把，但長期下來會覺得是一種負擔。在生理層面上，每個人在小時候都是需要被照顧的；在心理層面上，他們在小時候可能曾經有過被忽略的經驗，而變得害怕被遺棄；在社會層面，他們從小被教育要避免衝突。這類的人需要進行一些自信心與自我肯定訓練，來幫助他們可以更獨立的生活。

我們每個人都有特有的人格特質。由於成年期初期是人格成熟的過程，當人格狀態不成熟時，我們可能就會展現出以上某種問題人格。但是只要保持身心健康，讓自己的人格健康成熟，自然就可以從不健康的人格狀態轉向健康的人格狀態。

11.5.4 健康的人格

大學生是人格發展的重要關鍵期。過去 DSM 系統只說明了人格發展不成熟後所導致的人格疾病，卻較少著墨在何謂健康的人格。如同上一節所提到的，我們都是自己房間的主人，因此要如何當個好主人呢？新版的 DSM-5 特別說明了成熟的人格特質的特性，將健康的人格分成自我狀態（self）與人際關係（interpersonal）等兩大層面（DSM-5, 2013），也就是所謂的「成就自我」（agency）與「人際親和」（communion）兩大核心人格特質（黎士鳴，2010）。

還記得發展心理所那一章所提到的心理社會發展嗎？根據 Erikson 的發展理論，我們的發展事實上分成八大階段，而各階段所發展的核心特質正好建構出成熟的成就自我與人際親和（Luyten & Blatt, 2013）表 11.3，並且由此表中可以發現青春期是人格成熟的重要關鍵時期，在此時期，個體在成就自我層面上追求個人的自我認同，並且在人際親和層面上會對於自己所屬團體產生歸屬感。在健康的自我認同與正向的支持同儕團體中，個體就會產生正向且健康的人格。

	嬰兒期	幼兒期	學前期	學齡期	青春期	成年期	中年期	老年期
成就自我		意志	目標	能力	忠於自己			智慧
人際親和	希望			合作	忠於團體	愛	關懷	

表 11.3 健康人格成長歷程

在「成就自我」的層面上，我們可以從**自我認同**與**自我調節**等兩方面說明一個人的人格成熟度：在自我認同中，我們需要有一個清楚的自我概念以及良好的自尊狀態；在自我調節中，我們需要有清楚的人生方向以及達成人生目標的策略。在「人際親和」的層面上，我們可以從**同理心**與**親密感**兩個人際優勢，來與他人建立穩定且親密的人際關係，藉此增加自己的正向人際資源，也就是俗話說的廣結善緣。在情緒那一章的課堂練習中，我們學習到了同理心的基本技巧，而本章的課堂練習，將學習傾聽技巧，透過聽聽他人的心聲來增加你與他人之間的心理親密感。

青少年與成年初期（大約是高中到大學的時期），正是人格發展的時期。若在這個時期可以正向地發展出良好的成就自我與人際親和能力，我們自然就會有一個健康的人格，不會演變出本節所提到的人格相關的心理疾患。

| 參考資料 |

黎士鳴（2010）。〈人際動機取向之團體諮商模式〉。《輔導季刊》，46，1-4。

Luyten, P., & Blatt, S. J. (2013). Interpersonal Relatedness and self-definition in normal and disrupted personality development. *American Psychologist*, 68, 172-183.

課堂活動

主題：傾聽他人的心聲

目標：

學習聽聽別人說話。

步驟：

1. 兩人一組，一個人當說話者，一個人當聽話者。
2. 說話者說說最近的心情，聽話者專心傾聽。
3. 說話者根據聽話者的正向特性給予回饋，如：專注的眼神、認真的態度等。
4. 聽話者專心聽人說話 10 分鐘，再跟說話者分享自己內在的感受。

回家作業

快樂生活第十一週──用微笑面對心理困擾

本章談到了許多心理困擾。在生活中，常見的心理困擾症狀有焦慮、失眠、生氣等。這次的回家作業就是當你發現有困擾時，利用呼吸微笑法來面對這些困擾。

想想看，自己目前有哪些困擾呢？利用呼吸微笑法來面對：

吸氣──我注意到我失眠了，吐氣──我對著失眠微笑。

吸氣──我注意到我焦慮了，吐氣──我對著焦慮微笑。

吸氣──我注意到我生氣了，吐氣──我對著忿怒微笑。

吸氣──我注意到我了，吐氣──我對著自己微笑。

本章摘要

本章說明了一些常見的心理疾患，當一個人面對無法適應的環境時，就很容易產生心理困擾。當你有心理困擾時，別忘了去輔導中心求助。

1. **心理疾患的定義。**

    我們經常會有一些心理困擾，當這些困擾造成生活上的問題或者是個人的痛苦時，你就很有可能患有心理疾患了。簡單來說，就是你的「心靈」生病了。通常我們使用以下的標準來評估異常行為：(1) 是一種偏差 (deviant) 的行為、(2) 是一種不適應 (maladaptive) 的行為以及 (3) 導致個人的痛苦 (personally distressful)。

2. **心理健康的定義。**

    主要核心特性為正向感受 (hedonia) 與正向功能 (positive functioning)。正向感受又可從心情是否愉悅與是否擁有滿意生活來判斷。正向功能則可以從個人功能在自我、人際及社會層面發揮狀況來判斷。

3. **焦慮與壓力疾患。**

    以焦慮為主的疾患，主要在於個體的焦慮反應過度，造成生活上的困擾。

    - 廣泛性焦慮症：持續且沒有特別理由的擔心生活瑣事，為期至少一個月。成因可能為父母家中教養方式採取高度批評，導致當事人面對壓力時容易有負向思考。

- 恐慌症：突然地恐懼不安（生理症狀有：心悸、呼吸急促、胸痛、冒汗、手腳發麻、頭暈以及無助感），持續擔心還可能再發生（心理層面：害怕再度發生的害怕及產生負面心情），以至於工作、人際等生活層面受影響（社會層面）。
- 恐（畏）懼症：特別害怕某些人、事、物及情境，以致於有類似上面恐慌的生理症狀發生，並且會逃避上述有出現這些物件的地方。基因、腦神經系統（視丘與杏仁核）的過度反應及血清素濃度都與恐懼症有關。但行為與認知論者告訴我們很多害怕及恐懼是後天學習來的。
- 強迫症：必須重複地執行做某些動作或產生某些念頭（儀式化的行為及插入性想法），因而造成個人的困擾及社會生活功能受損。基因遺傳、腦神經系統（額葉皮質、基底核與視丘）的過度反應、神經傳導素、生活壓力及成長期間的生活適應可能都與疾病有關。
- 創傷後壓力症候群：在遭遇到創傷事件後，個體持續生活於恐懼中。症狀有（1）創傷經驗重現、（2）持續性的逃避行為及（3）情緒與認知上的改變。

4. **情緒性疾患。**
以情緒反應為主的疾患，包含憂鬱症與躁鬱症。
- 憂鬱症：個體過度悲傷與失去樂趣。發病時血清素與正腎上腺素低，而壓力荷爾蒙過高，腦部活動量過低，但杏仁核可能活動量增加。目前治療模式以藥物及認知心理治療為主。認知治療主要是修正個案負面且不合理的認知。
- 躁鬱症：情緒起起伏伏且波動過大。基因遺傳與該疾病有關。發病時腦部過度活躍，正腎上腺素過高，血清素少。目前治療方式以藥物恢復腦中神經傳導素平衡。

5. **思覺失調症（精神分裂症）。**
有妄想、幻覺等正性症狀以及缺乏動機與社會退縮等負性症狀的重大精神疾病。主要的成因在於神經傳導激素之不平衡（GABA 及多巴胺）和腦功能受損的問題，而環境壓力是促使發病的外在因素。治療以藥物治療、認知、社交及職業復健為主。

6. **人格疾患。**
- 錯誤的個性養成過程，造成成年期不適應的人格型態。
- 主要可以分成以怪異想法為主的 A 類問題人格，以情緒及人際困擾為主的 B 類問題人格，以及以焦慮反應為主的 C 類問題人格。每個人都有許多人格特質，當人格特質產生不適應的狀態時就容易產生人格疾患，當你發現自己適應不良時，別忘了請求專業協助以修正不適應的人格。
- 健康的人格養成是在追求健康的「成就自我」與良好的「人際親和」。

第 12 章

健康心理學
Health Psychology

章節內容

12.1 健康心理學與行為醫學
12.1.1 身體與心理的關係
12.1.2 生理—心理—社會模式
在地人的心理學——健康心理學的發展

12.2 壓力與壓力源
12.2.1 人格因素
12.2.2 環境因素
12.2.3 社會文化因素

12.3 壓力反應
12.3.1 壓力的生理反應：一般適應症候群
12.3.2 壓力的內在思考歷程
12.3.3 壓力的外顯行為反應

12.4 壓力與疾病
12.4.1 與壓力相關的疾病
12.4.2 正向情緒、疾病與健康

12.5 因應策略
12.5.1 問題焦點與情緒焦點的因應
12.5.2 積極與正向的思考
12.5.3 社會支持
12.5.4 有效的衝突處理
12.5.5 宗教信仰
12.5.6 壓力管理課程
動動腦——正念舒壓法

12.6 健康的生活
12.6.1 健康行為理論
12.6.2 規律的運動
12.6.3 吃得健康
12.6.4 戒菸
12.6.5 健康的性
幸福人生——快樂的休閒生活

章頭故事

小馬今年 52 歲，在機場擔任塔臺控制員已經 15 年。小馬是一個容易激動的人，他形容塔臺控制的工作就像是活在籠裡一樣，在尖鋒流量時段，他常常感受到令人難以忍受的緊繃。在這些慌亂的時刻中，小馬的情緒混雜了憤怒、害怕以及焦慮。除此之外，這樣的緊繃還延續到家庭生活中。他說：「回到家後，我的緊張仍持續地在沸騰，常常會把這些情緒發洩在我最親近的人身上。」妻子在 2 年前告訴他，如果他不學會用更有效的方法處理自己的壓力、控制情緒，她就要離開他。妻子建議小馬換一個壓力較少的工作，但他不聽妻子的建議，最後雙方還是訴請離婚。

上週六晚上，塔臺的電腦突然故障，就在這個時候，小馬心臟病發緊急送醫，進行了繞道手術後才挽回生命。

小馬的醫師與他討論生活壓力，以及如何減少壓力的方法。小馬很少有足夠的睡眠、體重過重，又常常沒吃正餐、不運動、每天抽 2 包菸、每天晚上喝 2～3 杯的威士忌。他沒有任何宗教興趣，自從離婚後也很少有約會，而且沒有親戚住在附近。他說，從來沒有足夠的時間做自己想做的事，也很少在一天中有安靜的時刻，只有每 2 週做一些娛樂。

醫師給了小馬一張如圖 12.1 的量表，評估他的壓力易感性。小馬得到 68 分，表示他有很高的壓力易感性，已接近極高的壓力範圍。你也可以評量一下自己的分數。

請依照你的狀況，填答以下題目：

1 = 幾乎總是　　2 = 常常　　3 = 有時候　　4 = 很少　　5 = 從來沒有

_____ 1. 我每天至少吃一餐均衡的飲食。
_____ 2. 我每週至少 4 天有 7～8 小時的睡眠。
_____ 3. 我經常給予或得到愛的感覺。
_____ 4. 至少有一位我可以依靠的親戚住在方圓 50 英里內。
_____ 5. 我每週至少做 2 次有流汗的運動。
_____ 6. 我每天抽少於半包的菸。
_____ 7. 我每週喝少於 5 杯的酒。
_____ 8. 我有適當的體重。
_____ 9. 我的收入足夠應付基本的開銷。
_____ 10. 我有可以帶給我力量的宗教信念。
_____ 11. 我常常去教會。
_____ 12. 我有朋友及舊識的社會網絡。
_____ 13. 我有一位以上可以信賴的朋友。
_____ 14. 我的健康狀態良好（包括視力、聽力、牙齒）。
_____ 15. 當我生氣或擔憂時，可以開放地對我的朋友表達。
_____ 16. 我常常與同住的人談論家庭問題（如：雜務、金錢和生活議題）。
_____ 17. 我每週至少會做一些娛樂活動。
_____ 18. 我能夠有效率地組織我的時間。
_____ 19. 我每天喝少於 3 杯的咖啡（或茶或可樂）。
_____ 20. 我每天都有一些安靜的時間。

總分：_____

計算你的總分，然後減掉 20。超過 30 分，表示有壓力易感性；如果分數在 50～75 分之間，就有很高的壓力易感性；超過 75 分，則有極高的壓力易感性。

圖 12.1 你的壓力有多少？

12.1 健康心理學與行為醫學

2012 年臺灣民眾十大死因，前 3 名分別是惡性腫瘤（癌症）、心臟病以及腦血管疾病，其中癌症連續第 31 年蟬聯十大死因之首，占所有死因死亡人數的 28.4%。平均每 12 分 2 秒就有一個人死於癌症，其中口腔癌與食道癌成長快速，男性死亡率高於女性 10 倍以上。在今日，主要造成死亡的疾病大多是與身心相關的疾病，而絕大部分的身心疾患，例如高血壓、糖尿病，都與生活習慣及型態有關。所以如何利用心理學來促進與維持健康開始受到重視。強調預防與治療疾病的**健康心理學**（health psychology）以及整合行為與生物醫學以促進健康及降低疾病的**行為醫學**（behavioral medicine），也變成了兩門重要學科。這兩門學科都是從心理學的角度來看待生理疾病的預防與發生：健康心理學著重在生活型態、社會與認知因子在疾病中的角色（Brannon & Feist, 2010），而行為醫學則是著重在行為、社會因子與生物醫學在疾病中的角色（Mann 等人，2009）。

> **健康心理學**
> 強調心理學在促進與維持健康，以及預防與治療疾病中的角色的學科。

> **行為醫學**
> 一個跨領域的學科，焦點在於發展並整合行為與生物醫學的知識，用以促進健康及降低疾病。

12.1.1 身體與心理的關係

健康心理學與行為醫學基本的假定是人的身體與心理會相互影響。我們都知道心情會影響到身體健康，並且生病也會讓我們心情不好；在生活中，我們也常採用身心一元論的觀點來看待身體健康與心理的關係。健康心理學家或行為醫學專家更是深入地探討心理與疾病之間的關係，例如，生活型態、壓力等議題（Holsboer & Ising, 2010）。

健康心理學與行為醫學重視健康促進（health promotion）與公共衛生（public health）的相關議題。健康促進就是協助個體建立良好的生活習慣，進一步達到身一心一靈三層面的平衡，以增進個人的生活品質。公共衛生注意的是大眾的疾病與健康議題，特別是一些重大疾病的發生與預防，如：癌症與愛滋病。在國內，對於癌症的照顧與預防特別發展出的心理腫瘤學（psycho-oncology）[註1]，有專業的心理師與醫療團隊來協助個體渡過抗癌歷程。

12.1.2 生理—心理—社會模式

事實上，健康或疾病的起因是結合了生物、心理以及社會因素的影響。我們曾在第 11 章心理疾病中介紹生理—心理—社會模式（bio-psycho-social model）；此

註 1: Holland, J. C. et. al., (2010). *Psycho-oncology*. Oxford. New York.

第 12 章　健康心理學　393

模式也可以應用在身體疾病中（Mihashi 等人，2009）。在國內，成大醫學院行為醫學研究所整合了生理、心理與社會學三大領域的專家，來培育相關的人才，希望能夠透過科際整合的方式來促進民眾的身心健康。

以考試壓力為例。我們可以將之前所學的心理學知識應用到考試壓力的生理—心理—社會模式。在生理層面，我們可以從第 2 章所談到的腦神經系統來看一個人的壓力反應。我們可以了解在面對考試時，你的自主神經系統就會活化了起來，讓你感受到壓力。在心理的層面，在第 5 章的意識狀態中，你可以覺察到自己感受到考試壓力，並且也在考前一天影響到了睡眠。在第 7 章的記憶中，你可以了解自己面對考題而寫不出來的窘境，說明了記憶系統。第 8 章中所提到的思考歷程可以反映你如何解讀面對考試這件事情，是一個學習的檢視還是一個自我評價的歷程。其中的解讀也就會影響到你對考試這件事情的動機以及考試時的心情（第 9 章）。在社會層面，考試是一個學習的評價歷程，成績的好壞也反映出你在班上的角色與位置。對於這樣的議題，社會心理學也提出了許多有趣的說明。

我們都了解壓力與我們的身心健康息息相關，而從上面考試壓力這個例子來看，可以知道壓力涉及了生理—心理—社會等多個面向。下一節將深入探討壓力與壓力對生活帶來的影響。

運動是一種良好的健康行為，每週固定的慢跑，可以保持良好心肺功能，維持健康的身體。上圖是肯亞人每天的活動，身體健康狀態良好；下圖是美國人為維持健康而運動。

想一想

1. 描述健康心理學與行為醫學的領域。
   - 何謂健康心理學與行為醫學，這些學科如何減少疾病的發生？
2. 你目前的生活壓力有多大？你覺得壓力會影響健康嗎？有什麼徵兆？

在地人的心理學

健康心理學的發展

臺灣大學心理系吳英璋教授致力於健康心理學的發展，他啟發了許多學生投注在該領域。他在 1999 年《應用心理研究》的〈健康心理學〉專文中特別提到臨床心理學研究的三大主題：（1）慢性病的生理—心理—社會取向研究（如：林宜美老師在以敵意為基礎於心臟血管疾病的探

索);(2)醫生與病人關係之研究(如:醫病溝通的相關研究);以及(3)病患生活品質的研究(如:姚開屏老師在臺灣版 WHO 生活品質之系列研究)。這樣的宏觀思維也為臺灣的健康心理學開啟了一個研究系統,讓後進學者可以為自己找到研究定位。在專業的培育上,成功大學行為醫學研究所與健康照護研究所,正是此專業培育的搖籃。

在本土化方面,鄭逸如博士(2008)在臺大家醫科默默耕耘,發展出身心壓力特別門診、家庭醫學普通病房、安寧及緩和醫療病房以及社區身心健康教育等四大服務主題。這些服務發展出本土化的身心壓力衡鑑以及介入模式,顯現出健康心理學在臺灣的發展潛能。

近年來過勞死的案例漸增,職場的身心健康問題也漸漸被重視。2005 年,陸洛教授與陳禹教授主編了〈職場健康心理學〉,深入探討職場壓力、工作耗竭以及工作與家庭衝突等議題,點出現在就業人口中的身心健康問題。

健康是掌握在自己的手上。在生活中,健康心理學可以從個體的生活型態著手,強化良好的健康習慣(如:健康五蔬果、運動 333 計畫)以及減少不良的危險行為(如:不安全性行為與危險駕駛),透過這些介入模式來增進國人的身心健康與生活品質。

想一想

1. 你平時的飲食有考量「健康五蔬果」嗎?
2. 你平時是否養成良好的運動習慣?
3. 在生活中,你有哪些不健康的生活習慣需要改變?
4. 健康心理學與臨床心理學有何不同?

| 參考資料 |

吳英璋、陳慶餘、呂碧鴻、翁嘉英、陳秀蓉主編(1999)。〈健康心理學〉。《應用心理學研究》,3,35-217。

陸洛、陳禹主編(2005)。〈職場健康心理學:挑戰與實作〉。《應用心理學研究》,27,41-166。

陳秀蓉、鄭逸如(2008)。〈臺灣臨床健康心理學的過去、現在與未來〉。《應用心理學研究》,40,99-119。

12.2 壓力與壓力源

21世紀是一個高壓力的時代,「壓力」這樣的概念借用於物理學,如:金屬,可抵抗某種程度的外在力量(稱之為壓力),但在更大的外力下則會斷裂。人類就如同金屬一樣,面對外力會產生某些抗壓性,但過度的壓力卻會把我們擊垮;當然人類不像金屬會斷裂,而是可以思考和推理以及調適自己的生物,所以心理學中壓力的定義就比物理學上的定義複雜得多(Hobfoll, 1989)。試著完成以下的句子:「我希望_____可以暫停一下」,你會在空格中填下些什麼呢?空格中的內容是否是你感到壓力的事件或者是想改變的行動呢?

以心理學來看,**壓力(stress)** 可以被定義為個體對環境及外在事件(稱之為壓力源)的反應,它會對人們的因應能力造成負擔。根據美國家庭醫師學會(American Academy of Family Physicians)統計,有三分之二的就診者是因為壓力相關的症狀求助家庭醫師。壓力被認為是造成美國六大死因——冠狀動脈心臟病、癌症、肺部問題、意外傷害、肝硬化、自殺——的促成因素。這些結果都顯現出生活壓力與身心健康的關聯性,也讓我們注意到自己面臨的壓力,以及該學習如何處理這些壓力。

> **壓力**
> 個體對環境及事件(稱為壓力源)的反應,它會威脅並且對人們的因應能力造成負擔。

12.2.1 人格因素

同樣是面對期末考,有些人會感到有壓力但有些人卻不會。目前發現與壓力相關的人格特質有三種:A型/B型行為型態、堅毅性格,以及個人控制。以下分別說明這些會促發壓力或者是抑制壓力反應的人格特質。你也可以看看自己的人格特性是否與壓力有關。

★ A型/B型行為型態

在1950年代,兩位加州的心臟科醫師 Meyer Friedman 和 Ray Rosenman 發現了冠狀動脈心臟病男性的共同人格特質,也就是著名的 **A型行為型態(Type A behavior pattern)**。此特質常可以在心臟科的病人身上發現,這種人總是缺乏耐心,通常會很準時地到達,看完醫生後就匆忙地離開。這種高度競爭、過度努力、缺乏耐心和敵意等特徵與心臟疾病的發生率特別相關。另一個與 A 型行為型態相對的是 **B型行為型態(Type B behavior pattern)**,這些人通常是放鬆且隨和的。

在 A 型行為的元素中,與冠狀動脈問題呈現最一致關聯的是敵意(Markovitz, Jonas & Davidson, 2001; Pickering, 2001; Räikkönen 等人,1999)。那些向外表現敵意或容易生悶氣的人,比少生氣的人更容易發展出心臟病(Allan & Scheidt, 1996;林宜美,2008, 2009)。這種人被稱為「壓力敏感者」,因為他們對壓力有強烈

> **A型行為型態**
> 一組人格特質,包括高度競爭、過度努力、缺乏耐心和敵意。A型行為型態與心臟病的發生率有關。

> **B型行為型態**
> 與A型行為型態相反,為一種放鬆且隨和的人格特質。

的生理反應：心跳加速、呼吸急促，而且肌肉張力上升。行為醫學家 Redford Williams（1995, 2001, 2002）相信，藉由指導這些人控制生氣，並且發展出對他人的信任感，可以降低他們罹患心臟病的危險。

★ **堅毅**

堅毅（hardiness）是一個以承諾感（而非無關緊要）、控制感（而非無能為力），以及視問題為挑戰（而非威脅）為特徵的人格型態，在籃球場中，我們可以發現許多球員會堅持到最後一秒，然後投出逆轉勝的一球；這類的球員就是有堅毅性格。著名的芝加哥壓力計畫（Kobasa, Maddi & Kahn, 1982; Maddi 等人，2006）發現，有多個保護因素可降低嚴重疾病的產生，堅毅性格是其中一個因素，其他還包括了運動以及社會支持。芝加哥壓力計畫比較那些發展出疾病的主管（小從感冒，大到心臟病發作）與那些未曾發生疾病的主管（Kobasa 等人，1982），結果發現，較少生病的主管很可能擁有堅毅的性格。此研究也探討堅毅、運動及社會支持是否能緩衝壓力並減少疾病（Kobasa 等人，1986）。當一個主管擁有堅毅、運動，以及社會支持等三項緩衝壓力的因素時，生病的機會也明顯降低許多（圖 12.2）（Maddi, 2008）。

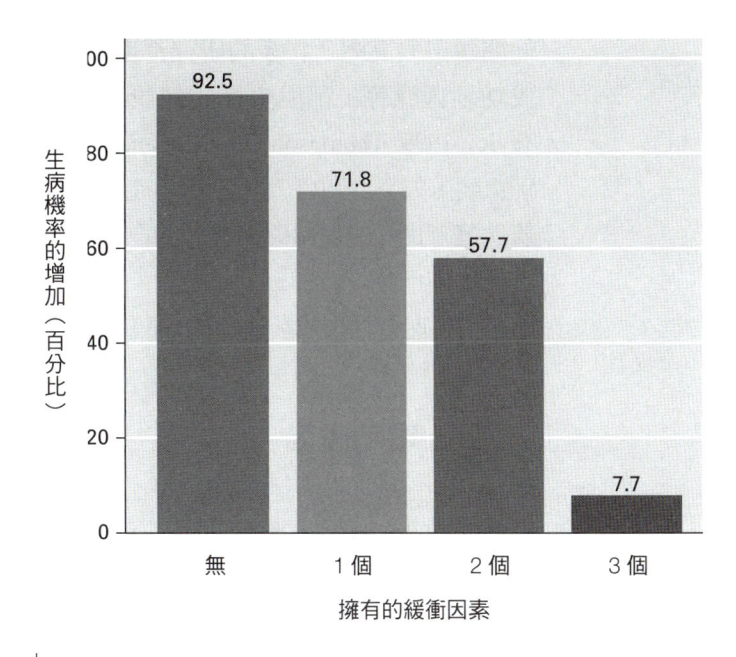

圖 12.2 高壓力企業主管的疾病

一項研究針對高壓力的企業主管（他們在一整年的研究中都高出平均壓力），缺乏 3 個緩衝因素──堅毅、運動，以及社會支持，有很高的機率至少會生一種嚴重的疾病（Kobasa 等人，1986）。然而，擁有 1 個、2 個或 3 個緩衝因素，則可以降低至少一種嚴重疾病的發生。

堅毅
一種人格型態，特徵是承諾感（而非疏離）、控制感（而非無能力），以及視問題為挑戰（而非威脅）。

★ **個人控制**

一個人是否可以做一些事情來控制或減少壓力，以及他對控制感的知覺，也是影響壓力是否或產生的因素（Taylor, 2003; Thompson, 2001; Wallston, 2001）。如同第 1 章動動腦中所提到的習得無助的狗，可以應用在面臨壓力時；如果個體對於外在環境的壓力缺乏控制感，會造成習得無助的狀況，然後產生無望感，最後演變成憂鬱症（Seligman, 1975）。相較之下，擁有一般性的控制感可以幫助我們減輕壓力，並且有能力解決問題。以期末考為例，老師採用交報告方式而不是考試時，同學感到的考試壓力會明顯地比直接考試要低，這就是因為面對期末報告的個人控制感高於考試。

想一想，面對你不可以掌控的問題，它所帶來的壓力感受是否明顯地比可掌控

第 12 章 健康心理學　397

的問題還要高呢?許多的研究都顯示,個人對壓力事件的控制感,情緒的安適、成功地因應等,都與良好的健康有關(Decruyenaere 等人,2000; Pickering, 2001; Taylor, 1999; Thompson & Spacapan, 1991)。控制感對容易罹患健康問題的人來說特別重要,如:內科病人(包括癌症病患)。當這些生病或者是疾病的高危險群者,若他擁有良好的控制感,在面對自己的健康問題時可能會說:「如果我現在停止吸菸,我將不會得肺癌。」或者說:「如果我能規律地運動,我將不會得到心血管疾病。」進而會採用戒菸與運動來讓自己更健康。

12.2.2 環境因素

★ 生活事件與日常瑣事

生老病死、分離、畢業、失業等是我們認為的人生重大事件,也是壓力主要來源。事實上,一些我們平常沒注意的生活瑣事,累積起來往往帶來的的壓力更大。這也是為什麼有時候我們會覺得「最近也沒什麼重要的事,怎麼還是很悶」。想想看,對於正處學生生活的你,什麼是最惱人的事情呢?研究顯示,大學生最主要的三大壓力來自學業、家庭與人際關係(王春展與潘婉瑜,2006)。多數大學生害怕在成功導向的社會中失敗,而這在大學生的憂鬱中也扮演了相當重要的角色。同樣地,大學生活中的小事件,如:聚餐、郊遊、看電影、打掃共同衛浴,以及完成作業等,也都是生活中的壓力來源。

Thomas Holmes 和 Richard Rahe(1967)所編訂的社會再適應量表(social readjustment rating scale)將事件的壓力從配偶死亡(100點)到違規(11點)加以排列,測量一群事件可能造成的累計作用。你可以由圖 12.3 來評估過去一年中,你因個人生活事件而經驗到的總壓力量。

★ 內在衝突

生活的另一類刺激就是內在衝突,常發生在我們要做決定,或碰到兩個或兩個以上無法比較的選項時。Neal Miller(1959)提出三大衝突的型態:

雙趨衝突
個體必須在兩個都很有吸引力的刺激或情況中做選擇時所出現的衝突。

雙避衝突
個體必須在兩個都不想要的刺激或情況中做選擇時所出現的衝突。

趨避衝突
發生在同時擁有正向及負向特徵的單一刺激或情境時的衝突。

- **雙趨衝突(approach/approach conflict)**:必須在兩個都很有吸引力的刺激或情況中做選擇。例如,跟氣質美女還是運動辣妹約會?要吃鹽酥雞還是滷味?在三類衝突中,雙趨衝突的壓力最小,因為做任何一個選擇的結果都是你喜歡的。

- **雙避衝突(avoidance/avoidance conflict)**:必須在兩個都不想要的刺激或情況中做選擇。例如,期末是要考試還是交報告?這兩個都是不想要的,但是必須從中選擇一個。顯而易見地,這個衝突的壓力比較大。所以,我們在做雙避衝突時,多半都會拖延到最後一刻才決定。

- **趨避衝突(approach/avoidance conflict)**:發生在同時擁有正向及負向特徵的單一刺激或情境時的衝突。例如,想吃提拉米蘇,但可能會變胖;或抽煙可以讓我

以下列出大學生活經常出現的事件。檢查過去 12 個月中是否發生以下所敘述的事件。最後核對過去 12 個月所有發生過的生活事件，把括號中的數值加總。

(100) ___ 親密家人死亡	(40) ___ 與家人的爭吵	(20) ___ 轉系
(80) ___ 坐牢	(30) ___ 個人習慣的重大改變	(18) ___ 睡眠習慣改變
(63) ___ 大學的第一年或最後一年	(30) ___ 生活環境的改變	(15) ___ 幾天的假期
(60) ___ 懷孕（妳，或你造成的）	(30) ___ 開始或結束工作	(15) ___ 飲食習慣改變
(53) ___ 嚴重的疾病或受傷	(25) ___ 與老闆或教授的問題	(15) ___ 家庭團聚
(50) ___ 結婚	(25) ___ 突出的個人成就	(15) ___ 休閒娛樂的改變
(45) ___ 任何人際問題	(25) ___ 某些課程失敗	(15) ___ 輕微的生病或受傷
(40) ___ 經濟困難	(20) ___ 期末考	(11) ___ 輕微的觸犯法律
(40) ___ 親密朋友死亡	(20) ___ 約會增加或減少	
(40) ___ 與室友爭吵	(20) ___ 工作改變	生活事件總分 ___

你的總分可以預測未來一年經驗嚴重疾病的可能性。如果你的生活事件分數高於 300 分，你有 80% 的機會在未來一年中會生病。如果分數在 150～299 分之間，則有 50% 的機會在未來一年中會生病。如果分數少於 149 分，未來一年內生病的機會則降低至 30%。

記住，此表只記錄你的生活事件總分，但沒有計量你因應這些事件的程度。某些人雖然經歷這些生活事件，卻可以因應得很好，有些人則不行。

圖 12.3 生活事件的衝擊：生活再適應量表

放鬆，但對身體有害。我們的世界總是不時地充滿這類的趨避衝突，它會給人帶來相當大的壓力。

★ 長期負荷

有時候日常生活中持續的小困擾，經過長期的負荷就會大到令我們難以承受，例如，悶熱的宿舍、吵雜的環境等。在這個資訊爆炸的時代，我們常常覺得腦袋根本不夠用，長久下來，這種生活方式會導致身心俱疲的狀態；也就是所謂的**耗竭**（burnout），這是一種身體及情緒都消耗殆盡的狀態，包括無望感、慢性疲倦以及沒有活力等（Leiter & Maslach, 2001）。

耗竭通常並非由一或兩個重大創傷事件造成，而是由每日漸進式的壓力累積而成（Demerouti 等人，2001; Leiter & Maslach, 1998）。除了生活上的瑣事以外，耗竭也很容易出現在需要時常處理他人的負面情緒，但又需要善待他人的職業上（如：客服人員、社工及護理師）（Alexander & Klein, 2001; DiGiacomo & Adamson, 2001）。

許多學生在半工半讀的狀態下，也會有耗竭的狀態，許多學生都是因此而決定休學。面對這些想休學的學生，校方可能會轉介學生輔導中心，來協助他們紓解生活壓力。大多數的心理師會建議一些舒壓的策略來幫助這些蠟燭兩頭燒的學生，如何舒緩工作與學業壓力，並且找到更適合的生活方式，讓自己度過難關。

耗竭
一種超出負荷的感受，包括了心理及身體的消耗殆盡，通常是因每日且漸進式的壓力累積所造成的。

★ 與工作相關的壓力

與過去 10 年相比，今日的工作壓力比過去高，我們需要花更多的力氣及時間

第 12 章　健康心理學　**399**

才能維持一般的生活水準。低自主性，高外在控制的工作、沒信心解決問題，以及對失敗的自責，這三種工作狀況都會增加員工生病的機率。在職場心理學中，我們將深入探討工作壓力以及相關的舒壓方法。

12.2.3 社會文化因素

不同於個人及環境因素，社會文化因素可以決定個體會遭遇到何種壓力源（例如外來移民會遇到涵化壓力、貧窮有經濟上的壓力），不論個體是否主觀地覺得有壓力。

上班族有哪些壓力呢？

★ **涵化壓力**

遷移到一個新的環境是有壓力的，尤其是由一個文化遷移到另一個不同的文化時，壓力更大。**涵化壓力（acculturative stress）**是兩個不同的文化團體互相接觸時所造成的負向結果。離鄉到外地讀書的人或目前臺灣的新移民族群都會有這樣的涵化壓力。

涵化壓力
因兩個不同的文化團體互相接觸時所造成的負向結果。

加拿大跨文化心理學家 John Berry（1980）認為，當人們經驗到文化的改變時，主要有四種適應方式：

- **同化**：個人放棄原有的文化認同。非主流團體就會被已經建立好的主流社會所吸收，如：原住民被漢化的過程。
- **整合**：各種族群團體在更大的社會系統中互相合作，如：客家族群融合的漢文化。
- **分離**：指的是自願脫離更大的文化，而保有自己的文化。分離會變成隔離，人們可能會因為想要保留傳統生活方式而獨立地存在（如：獨立運動），或是主流文化想要以權力排除其他非主流文化（如：種族隔離制度）。

美國華人協會協助新移民適應環境。在臺灣的新移民也需要協助！

Vonnie McLoyd（右）探討貧窮對個體的影響。你覺得「貧窮」可怕嗎？

- **排斥**：個人文化的本質喪失，也沒有被其他更大的社會所替代。因此排斥會同時有疏離感以及失去自我認同感。

排斥是涵化中最不適應的反應。雖然分離在某些情況下是有利的，但只要有個體想要尋求分離，而團體中其他人想要尋求同化時，都會產生壓力。整合及同化都是在面對涵化壓力時較健康的適應方式。對大多數的人而言，在處理涵化時，擷取兩文化系統中最有利的特徵是最好的因應方式。

> **想一想**
> 1. 定義壓力與壓力源。
>   - 解釋人格因素在壓力中的角色。
>   - 辨識壓力的環境因素。
>   - 評估社會文化因素對壓力的影響。
> 2. 你生活中有哪些主要的壓力源？你可以將它們分類為人格因素、環境因素或社會文化因素嗎？

12.3 壓力反應

當我們面臨壓力時，會趨動壓力反應，其中包含生理、認知思考與外顯行為反應，以下分別說明之：

12.3.1 壓力的生理反應：一般適應症候群

面臨壓力時，身體會快速地做好準備，以對壓力做出因應。Hans Selye（1974, 1983）是壓力研究的始祖。他觀察遇到失親、失業等重大變故的人發現，這些人都有共同的壓力反應，並因此發展出一般適應症候群（general adaptation syndrome, GAS）的理論，用來說明在面臨環境壓力時身體所做出的反應，其包含三個階段：警覺期、抗拒期，和耗竭期（圖 12.4）。

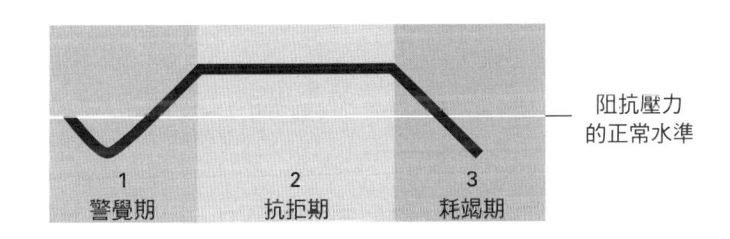

圖 12.4 Selye 的一般適應症候群
一般適應症候群描述個體對壓力一般性反應的三個階段：警覺期，動員身體資源；抗拒期，持續抵抗壓力；以及耗竭期，身心開始受損。

★ **警覺期**

因應壓力的初期作用，身體會在很短的時間內釋放一些對免疫系統的功能有不利影響的荷爾蒙，使得處於警覺期的人很容易被感染或傷害。所幸警覺期很快就會過去。

許多科學家都同意，有兩條主要從大腦到內分泌系統的生物通路負責警覺期的壓力反應（Anderson, 1998, 2000; Anderson, Kiecolt-Glaser & Glaser, 1994; Sternberg & Gold, 1996）。如圖 12.5 所示，第一條是神經內分泌免疫系統通路（通路 1），即下視丘→腦下垂體→腎上腺（hypothalamic-pituitary-adrenal axis，簡稱 HPA 軸），最後再由腎上腺釋放可體松。可體松短期的釋放對身體是有利的，可以提供細胞足夠的燃料——葡萄糖——使肌肉運動。但長期釋放高濃度的可體松對身體有害；它會抑制免疫系統，並且壓抑大腦系統的功能。太多的可體松也會使食慾上升，造成體重增加，這也說明為何一個人在處於長期壓力之下會變得肥胖。在壓力之下，每個人的 **HPA 軸**的反應有所不同，這個可能就來自於遺傳因素（Kjaer 等人，2010）。由於 HPA 軸在壓力與疾病間扮演重要角色，目前學者正在深入探討。

第二條是交感神經系統通路（通路 2），由下視丘到交感神經系統（而非腦下垂體）。當交感神經的訊號到達腎上腺後，會使腎上腺釋放腎上腺素與正腎上腺素（而非可體松）。交感神經系統可對壓力做出快速的反應（通常是「戰或逃」的反

HPA軸
壓力反應的生理歷程之一，其途徑為下視丘到腦下垂體到腎上腺，透過此途徑來產生壓力的因應反應。

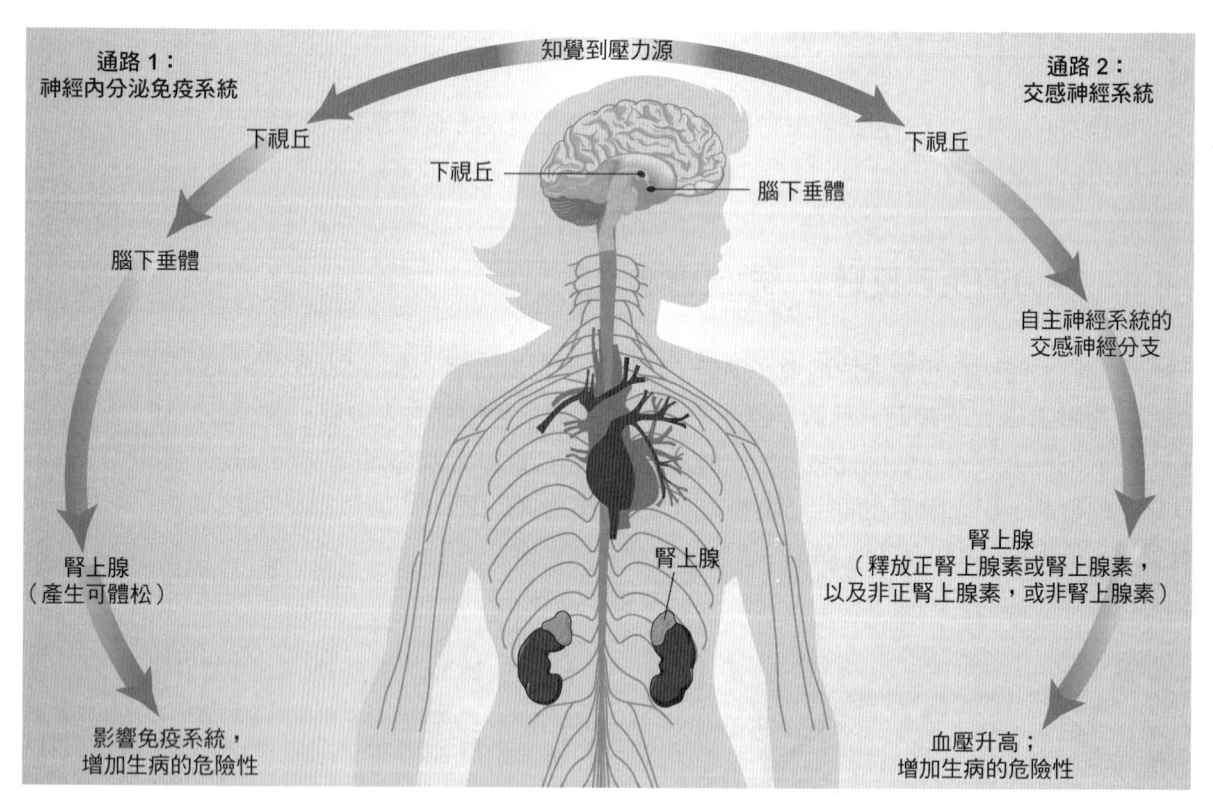

通路 1：神經內分泌免疫系統
知覺到壓力源
下視丘
下視丘 — 腦下垂體
腦下垂體
腎上腺（產生可體松）
影響免疫系統，增加生病的危險性

通路 2：交感神經系統
下視丘
自主神經系統的交感神經分支
腎上腺
腎上腺（釋放正腎上腺素或腎上腺素，以及非正腎上腺素，或非腎上腺素）
血壓升高；增加生病的危險性

圖 12.5 壓力的兩大生物通路

應），包括血壓上升。如果長時間處於這樣的狀態下，升高的血壓可能會增加生病的機會，如：心血管疾病。

★ 抗拒期

一般適應症候群的第二階段是抗拒期，此時全身的許多腺體開始製造多種荷爾蒙以保護個體。內分泌及交感神經系統的活動不會像在警覺期時那麼高，但還是處於升高的狀態。在抗拒期中，身體的免疫系統可以有效地擊退外來的病毒或細菌。這些荷爾蒙會促進傷口附近的血液循環，進一步緩減傷害。

★ 耗竭期

如果身體使盡全力去對抗壓力卻不成功，且壓力仍持續地存在，個體就會進入耗竭期。在此時，身體不斷受到磨損，並且消耗掉個體的資源，可能會因此使人崩潰，罹患疾病的機率也會增加。在耗竭期所造成的某些嚴重傷害可能是不可逆的，甚至會導致死亡，例如，媒體曾報導竹科工程師的過勞死。

12.3.2 壓力的內在思考歷程

不是每個人碰到相同事件都會有相同的反應。這取決於我們如何看待並解釋我們所遭遇的事件。例如，如果你把考試當作自我評價，你就會感到很有壓力，但如果你把考試當作學習檢核，你的壓力就會小很多。Lazarus 使用**認知評估（cognitive appraisal）**一詞，來說明個體是否會把事件解釋為有害、威脅或挑戰的，並且決定自己是否有足夠的資源對事件做出有效的因應。

以 Lazarus 的觀點，我們用兩種方式評估事件：初級評估與次級評估（圖 12.6）。初級評估是指你如何解釋目前面臨的事件。次級評估則是進一步評估所擁有的資源，並且決定這些資源可以被有效地用來克服事件的程度。以面對考試為例，初級評估就是你是否認為這個考試會是個具有威脅性的事件，次級評估則是評估你是否有足夠的能力來應付考試。若你覺得考試只是檢核你的學習效果，並且你有足夠的準備來面對它時，你就不會覺得考試有壓力。反之，你覺得考試是個威脅且認為你沒有足夠的準備來因應時，你就會產生考試壓力。

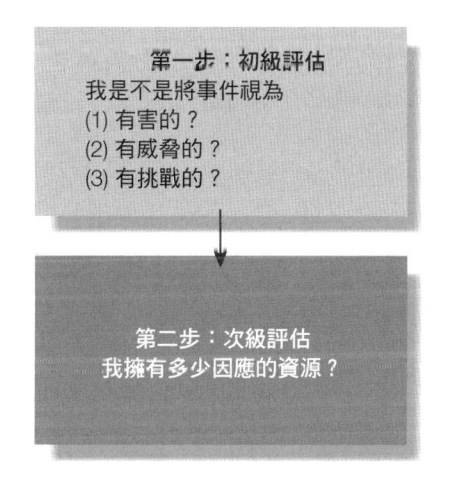

> **認知評估**
> 由 Lazarus 提出的名詞，說明個體是否會把事件解釋為有害、威脅或挑戰的，並且決定自己是否有足夠的資源對事件做出有效的因應。

第一步：初級評估
我是不是將事件視為
(1) 有害的？
(2) 有威脅的？
(3) 有挑戰的？

↓

第二步：次級評估
我擁有多少因應的資源？

圖 12.6 Lazarus 對壓力的認知評價觀點

如果將壓力源視為有害的、威脅的（第一步），而且只有很少的或沒有因應的資源時（第二步），會有高度壓力。如果將壓力源視為一種挑戰（第一步），並且有足夠的資源做良好的因應（第二步），則可以減輕壓力。

12.3.3 壓力的外顯行為反應

面對壓力的行為反應,有兩大類別的策略,一種是直接面對壓力或問題而產生的「戰或逃」反應;另一個則是與連結社會資源有關的「親近與友好」反應。基本上,我們直接面對壓力採用的「戰或逃」反應與 Selye 的警覺期一致,此時身體快速地動員生理的資源,使生物準備好去處理威脅,並保全生命。並非只有威脅到生命的情境才會產生「戰或逃」的反應。事實上,任何威脅到個人重要動機的事件,都會引發這些反應。而「親近與友好」反應則是與催產素的產生機制有關,主要是可以產生人際連結,創造出更多的社會支持來因應壓力。

面對壓力時的因應的反應基本上還是有性別差異,女性在面臨壓力與威脅情境時,較少做出「戰或逃」的反應(Shelley Talor 等人,2000, 2005),而會有比男性有更多的「親近與友好」(tend and befriend)反應。女性在面臨壓力情境時,會透過養育行為來保護自己與年輕的子代(親近/照顧),並且與一個更大的社會團體形成同盟,特別是與其他女性形成的團體(友好)。在 921 與 88 風災等大型災難發生時,我們可以看見受災戶會聚在一起,一起生活互相照顧對方而度過難關。

Shelly Taylor 發展了照顧及與他人友好模式。目前的健康心理學家大多來自臨床心理學的領域。以碩士及博士學歷為主。

想一想

1. 人們如何回應壓力。
   - 說明一般適應症候群。
   - 討論戰或逃反應,與照顧及與他人友好反應的差異。
   - 解釋認知評價。
2. 當面臨考試壓力時,你的身體及認知思考會如何反應?

12.4 壓力與疾病

上一節已經探討過壓力的生理與認知反應,也了解在長期的壓力之下,我們的身體會進入耗竭期,然後生病。此節我們將回顧一些與壓力相關的特殊疾病,討論有哪些因素可以幫助我們打擊疾病,並且維持健康。

12.4.1 與壓力相關的疾病

一、壓力與免疫系統

上一節提到,當我們面對壓力時,身體中的 HPA 軸會開始運作。處於警覺期時,HPA 軸會讓我們進入備戰狀態來對抗壓力,但在長期的壓力下進入耗竭期的人們,會由於 HPA 軸的過度反應而抑制了免疫功能。在這些階段中,病毒及細菌都更有可能會增加或引發疾病。Sheldon Cohen 等人(1998)的研究發現,面臨人際或與工作相關壓力至少 1 個月的成人,比那些壓力較少的成人更容易感冒。但如果你有來自朋友及家庭的正向社會聯繫,則可以保護你免於感冒(Cohen 等人,1997)。

心理神經免疫學(psycho-neuro-immunology) 是一門專門探討心理因素(如:態度與情緒)及神經系統與免疫功能之間關聯性的新興學科(Kiecolt-Glaser, 2010)。在此領域中,有相當多的研究已經發現壓力與免疫功能間的關係(Ho 等人,2010)。急性壓力(突然發生的壓力事件)會立即地影響到我們的免疫功能;不論是 HIV 感染者或者是癌症患者,他們都會因為生活中所發生的一些突發事件而導致免疫功能下降(Pant & Ramaswamy, 2009)。另外,慢性壓力(持續且長期的生活壓力,如:經濟壓力)則會影響到整個免疫系統的運作狀態。目前這個領域還在發展中,主要是想找到影響免疫功能的心理與神經系統因素,並且進一步採用心理學的方法來強化免疫功能。如同 Sheldon Cohen 的研究團隊一樣,許多研究也發現人在面臨壓力時,更要好好地照顧自己,以強化自己的免疫功能,減少生病的可能性(Doyle 等人,2010)。以下章節,將會教你一些壓力管理與抒壓的策略,幫助你渡過壓力時期,增進你的免疫能力,以對抗外來的生理疾病。

> **心理神經免疫學**
> 一個新興學科,主要探討心理因素、神經系統與免疫功能的關係

二、壓力與心臟血管系統

心血管疾病也是與壓力相當有關的疾患(Kibler, 2009)。已有許多證據顯示,重大的生活改變及慢性的情緒壓力與高血壓、心臟病及死亡有關(Schulz, 2007)。當人面對一個重大變故時(如:喪親、失業等),他們有很高的可能性會罹患心臟血管疾病(Taylor, 2011)。長期的慢性壓力不僅影響個體的生理狀態,也會透過不良行為及生活型態(如:吸菸、過度飲食,以及運動不足等),而進一步導致心血管疾病的發生(Patel 等人,2009)。

三、壓力與癌症

壓力會讓人產生一些不健康的生活型態(如:抽菸),而這些不良的習慣也與癌症有關(Hamer, Chida & Molloy, 2009)。壓力會影響到我們的自主神經系統、內分泌、免疫功能。其中,免疫系統可以幫助身體清除不健康的細胞,減緩癌症細胞的發生與惡化。研究發現,免疫功能差的癌症患者體內的殺手細胞活力比較

低（Bagnara 等人，2009），因此容易產生惡性腫瘤，同時縮短存活時間（Cho & Campana, 2009）。

壓力與免疫功能、心臟血管疾病及癌症有關。若個體擁有正向的健康行為（如：定期的運動習慣）與壓力管理能力，可因此增進免疫力及內分泌系統功能（Phaneuf & Leeuwenburgh, 2001）。這也是健康心理學家目前想深入探討的主題（Faul 等人，2009），透過良好的生活習慣與壓力管理能力來讓個體身體更加健康。

12.4.2 正向情緒、疾病與健康

我們過去總是把焦點放在負向因子上，如：情緒壓力與生氣。但近期的研究興趣已轉向正向心理學，並且探索正向情緒的好處（Salovey 等人，2000）。舉例來說，正向情緒與免疫球蛋白 S-IgA（此抗體是感冒時的第一道防線）的釋放有關（Stone 等人，1994）。研究也發現，回復並維持正向心情時，比較不容易生病，在面臨有壓力的生活經驗時，也較少使用到醫療服務（Goldman, Kraemer & Salovey, 1996）。

再者，開心的人比悲傷的人有更多的健康行為，對於緩解病痛也有較高的自信心（Salovey & Birnbaum, 1989）。擁有正向情緒的人也有較多樣化的因應策略（Frederickson & Joiner, 2000）。

社會支持是另一個與壓力及因應有關的重要因素（在下一節將討論）。正向的社會支持可以改善個人的情緒狀態，也會舒緩壓力帶來的傷害。快樂的人也比較容易獲取正向的社會支持。

正向情緒的確有助於降低疾病，並且促進健康（圖 12.7），目前已經有相當多的研究來探討如何透過正向情緒來增進身體健康。

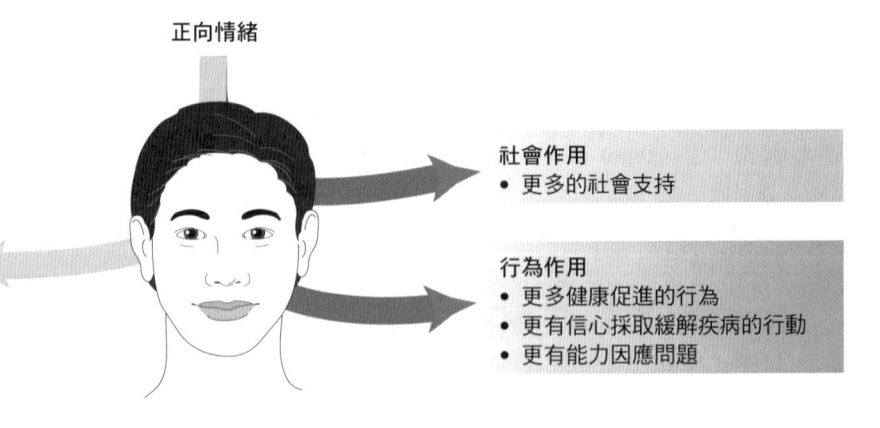

正向情緒

生理作用
- 增進心血管健康
- 增加免疫功能
- 高 S-IgA（攻擊感冒的抗體）
- 面臨壓力時，較不會生病，也較不會使用到醫療資源

社會作用
- 更多的社會支持

行為作用
- 更多健康促進的行為
- 更有信心採取緩解疾病的行動
- 更有能力因應問題

圖 12.7 正向情緒與健康的關係

> **想一想**
>
> 1. 討論壓力與疾病的關聯。
>   - 摘要壓力與疾病的關聯性。
>   - 說明正向情緒、疾病,以及健康三者之間的關係。
> 2. 回想你最近幾次的生病經驗。在生病前你有感覺到任何壓力嗎?這些壓力是造成生病的原因嗎?

12.5 因應策略

成功的**因應**(coping)與幾個因素有關,包括個人的控制感、健康的免疫系統、個人資源,以及正向情緒。

因應
管理複雜的情境、花時間去解決生活上的問題、尋求專家的協助,或者減少壓力。

12.5.1 問題焦點與情緒焦點的因應

Lazarus 認為人們大致有兩類型的因應型態:問題焦點的因應,和情緒焦點的因應。**問題焦點的因應**(problem-focused coping)是直接面對並試著解決問題的認知策略。舉例來說,如果在課業上有問題,你可能會問同學或者找助教。這種方式就是直接面對問題,並且嘗試做些什麼事去解決它。在最近的一個後設分析研究中發現,採用問題焦點因應問題的人,他們的焦慮、憂鬱、成癮行為等心理困擾較少(Aldao, Nolen-Hoeksema & Schweizer, 2010)。

問題焦點的因應
Lazarus 提出的名詞,指直接面對並試著解決問題的認知策略。

情緒焦點的因應(emotion-focused coping)則是以抒發情緒的方式回應壓力,特別是使用防衛機轉。採用情緒焦點的因應時,我們可能會逃避一些事情、合理化發生的原因、否認它已經發生、一笑置之或者使用宗教的信念來支持自己。以上一個例子為例,如果你採用的是情緒焦點的因應,可能就乾脆不去上課(逃避壓力),或說認為上課根本沒用(合理化)、不面對學習的困境(否認),或者去拜文昌君求個心安(追求靈性)。

情緒焦點的因應
Lazarus 提出的名詞,指以情緒的方式回應壓力,特別是使用防衛機轉。

情緒的因應可能不是一個直接面對問題的好方法,但它可帶來一些主觀上的控制感,並且可以暫時讓我們免於負面情緒的傷害。但長期看來,比起當個縮頭烏龜或自我欺騙,直接面對問題還是比較好。對重大變故所帶來的壓力,如失戀或喪親,暫時性的情緒抒發有助於度過難關(Coifman 等人,2007),但無法真正解決問題。所以長期來看,問題焦點的因應還是比情緒焦點的因應有效(Nagase 等人,2009)。

12.5.2 積極與正向的思考

處理壓力時,試著使用正向的思考是一個好的因應策略。相較於悲觀思考,正向思考可以產生正向的情緒及積極的行為反應,不僅可以提高自尊,也更能有效地處理問題。積極的態度也可以讓我們對環境有更高的控制感。

★ 認知重建與正向自我對話

Martin Seligman(1990, 2001)相信,克服慢性悲觀最好的方式就是使用認知治療法。認知治療法鼓勵個案改用正向思考,以更積極的方式去回應負向思考,並且限制個人的自責以及負向推論。許多認知治療師都相信,認知重建的歷程——修正維持個案問題的主要思考、想法以及信念——可以讓個人更正向並且更積極地思考。圖 12.8 舉例說明以正向自我陳述取代負向自我陳述。

在重建想法之前,你需要能夠發現自己的想法。有一些方法可以幫助你監控自我對話。你可以每天不定時自問:「我剛剛跟自己說了什麼話?」然後,假如可

情境	負向自我陳述	正向自我陳述
有一件冗長又困難的任務要在後天完成	「我不可能在明天完成這個工作的。」	「如果我很努力地做,明天也許能夠完成。」 「這是一件困難的事,但還是有可能完成的。」 「如果我真的做不完,就去問老師可不可以讓我延長時間。」
失業	「我不可能再找到其他工作。」	「我只是需要再努力一點找其他工作。」 「接下來可能會有一段辛苦的日子,但我過去也經驗過困難的時刻。」 「也許有一些就業輔導員可以協助我找工作。」
離開家人和朋友	「我會失去一切!」	「我會想念每個人,我們還是會保持聯絡!」 「我會認識新朋友!」 「到新環境也是一種挑戰。」
與心愛的人分手	「他/她是我的全部,如果沒有他/她,我就沒有活下去的理由了。」	「我真的希望我們的關係能夠維持,但不能維持也不是世界末日。」 「也許在未來我可以再試一次。」 「我可以試著讓自己忙碌一點,不要讓這件事困擾我。」 「如果我能夠遇到他/她,沒有理由我以後就遇不到其他人。」
沒有得到大學入學許可	「我真是一個笨蛋。我真不知道我到底會做什麼事。」	「下學年再申請一次就好了。」 「除了上大學,人生中還有其他的事可做。」 「我想一定有很多好學生被刷下來,這次競爭一定很激烈。」
要參加課堂討論	「每個人都懂得比我多,我說的話有什麼用。」	「我在課堂上可以說的跟其他同學一樣多。」 「也許我的想法是很特別的,但他們仍然是對的。」 「有一點小緊張是 OK 的,我會在開始說話前試著放鬆一點。」 「我可能會說一些話,如果說的不好,那又怎樣?」

圖 12.8 以正向自我陳述取代負向自我陳述

以，在紙條上寫下你碰到事情時的想法和心情（事件—想法—情緒）。剛開始時，請不加思索地記下你的想法。最後，試著讓你的自我對話更正確、更正向。

你也可以利用不舒服的情緒或心情作為線索來找出你的自我對話，如：壓力、憂鬱以及焦慮等。盡可能精確地辨識出你的感受，然後問自己：「在我有這個感覺之前，我跟自己說了些什麼話？」或者「在我有這樣的感覺時，我跟自己說了什麼話？」

當你預想到一件困難的事情時，也是一個評估自我對話的好機會。寫下將要發生的事件，然後問自己：「我對這件事情的想法是什麼？」假如你的想法是負向的，就試著用你自己的力量去將這些破壞性的心情轉為正向的，並且試著把可能的失敗經驗轉為成功的經驗。

★ 自我效能

早先曾提到控制感是壓力議題中的一個重要因素。與控制感有密切關係的就是**自我效能（self-efficacy）**，即是一個人相信自己可以勝任某情境並產生正向結果的能力。自我效能可以促進個人的因應能力與心理健康（Bandura, 2001）。在心理治療中，個案的自我效能與參與治療的動機及障礙的克服有強烈的關係（Longo, Lent & Brown, 1992）。

> **自我效能**
> 一個人相信自己可以勝任某情境並產生正向結果的能力。

12.5.3 社會支持

現代人的生活孤立。雖然像手機、Facebook、Line 這類的溝通媒介讓我們能夠方便地與他人連繫，但實際上，人與人之間的距離卻變得更遠。這樣的高科技發展，讓我們很快地在虛擬世界找到人的陪伴，卻也減少真正與人互動的機會。**社會支持（social support）** 指的是關心我們的人給予我們實質或情緒上的協助。對於群居的我們，缺乏社會支持會讓我們在生活困境中感到孤立無援。家人、朋友以及同事的支持可幫助我們緩衝生活壓力並且渡過困境。

> **社會支持**
> 他人對個體的協助。

社會支持有三大類（Taylor, 2011）：

- **實質協助（tangible assistance）**：在有壓力的情境下，家人及朋友可提供我們實際的物質及服務。舉例來說，在家人喪禮結束後的聚餐，可讓家庭成員在體力跟動機都低落的時候，好好地與親戚們相聚。
- **訊息提供（Information）**：提供特殊行動及計畫的建議，以協助個人有效地處理壓力。當你注意到同學被課業壓得喘不過氣時，也許可以建議他一些時間管理或減少外務的有效方法。
- **情感支持（emotional support）**：壓力通常會帶來憂鬱、焦慮等情緒負荷，並且降低自尊。朋友及家人可以讓你感覺到自己仍然是有價值且被愛的人。來自他人的照顧提供我們更多的安全感，讓我們可以去面對並且克服壓力。

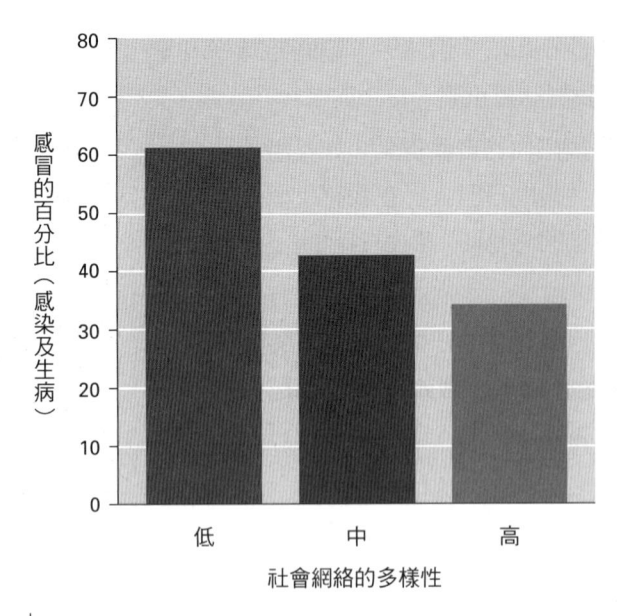

圖 12.9 社會角色的多樣性與感冒
一項研究發現，個人社會網絡中的社會角色（多樣性）愈多，在受到感冒病毒感染後，較不會發展成感冒（Cohen 等人，1997）。低＝1～3個社會角色，中＝4～5個社會角色，高＝6個以上的社會。

不論是接受社會支持或給予社會支持的人，都可以有效地減緩壓力帶來的身心傷害。一個追蹤性研究發現，在 423 對夫妻中，有提供或者是給予另一半社會支持者，五年後的死亡率明顯地比沒有提供者低（Brown 等人，2003）。由此可證明社會支持對身體健康中的重要性，可能是因為透過幫助他人或者是接受幫助，自己的壓力反應明顯下降，進而改善了心臟血管與免疫功能（Norman 等人，2010）。研究者持續發現，社會支持可以協助個人因應壓力（Taylor, 2001）。舉例來說，憂鬱症患者比那些不憂鬱的人更少有支持性關係，包括家人、朋友及同事（Billings, Cronkite & Moos, 1983）。其他研究也發現，癌症、精神疾病與自殺的復元狀況，與家庭的支持度有關（Thomas, 1983）。多樣化的社會聯繫在因應壓力時也特別重要。擁有多種社交網絡的人們——例如，與伴侶、家人、朋友、鄰居、同事的緊密關係，或屬於某社會或宗教團體——比只有一些社會關係的人們活得更久（Berkman & Syme, 1979；Vogt 等人，1992）。多樣的人際關係也與罹患感冒的易感性有關（Cohen 等人，1997）。某實驗參與者評估自己的十二種人際關係。參與者都被投予感冒病毒，並且監控是否出現感冒。結果發現，有愈多樣人際關係的人較不會感冒（圖 12.9）。最新的壓力回顧性研究發現，良好的社會支持可以促使個體內在催產素的產生，並且可以調節 HPA 軸的運作，進一步減緩壓力所帶來的負面影響（Hostinar, Sulliva & Gunnar, 2014）。

12.5.4 有效的衝突處理

一般人主要有四種處理衝突的方式：

1. **攻擊行為**：時常採取攻擊行為的人，對他人的權益也比較不敏感。
2. **操縱行為**：操縱他人，製造對方的罪惡感以得到自己想要的。他們不對自己的需求負責，反而操縱別人，而自己扮演受害者的角色，假裝自我犧牲以博得他人同情，讓他人替自己做事。他們用間接的方式滿足自己的需求。
3. **被動行為**：被動的人以非自我肯定的、順從的方式行動，他們容許別人冷酷地對待自己。被動的人也不會表達自己的感受，也不讓別人知道自己想要什麼或需要什麼。

4. **自我肯定行為**：自我肯定的人會表達自己的感受，提出他們想要的，並且在不想要的時候適時地說「不」。表現出自我肯定的人，能夠為他們的興趣做最好的行動，並且以合法的方式保障自己的權益。

以上四種衝突處理策略中以自我肯定的表達最有助於關係衝突的處理。以下說明如何進行自我肯定表達（Bourne, 1995）：

- **設定好一個你想要進行討論的時間**：找一個雙方都方便的時間交談。假如你要馬上面對，也可以省略這個步驟，直接要求討論。
- **列出問題以及它對你的影響**：讓對方能更清楚你的立場。盡可能客觀地描述問題，而不去責備或評價他人。例如，你可能要告訴室友或家人：「我有一個關於音樂播放得太大聲的問題。因為我要準備明天的考試，聲音太大會讓我無法專心。」
- **表達你的感覺**：開放地表達你的感受——但不要殺氣騰騰的。你需要讓對方知道這件事對你來說有多重要。壓抑你的感受只會拖延這個問題。
- **提出你的要求**：自我肯定的一個要點是直接提出你想要的是什麼。

另外在親密關係中，衝突的處理更是影響關係滿意度的核心因素之一，在兩性心理學中，將說明如何使用「和好契約」來處理親密關係的衝突。

12.5.5 宗教信仰

有正向的宗教信仰與維持健康生活型態與身心健康有關（Sapp, 2010）。規律地參與宗教活動，可以促進一些健康行為的產生，例如，運動、戒菸、健康飲食等（Hill 等人，2006）。固定有參與宗教活動者的壽命也比較長（Campbell, Yoon & Johnstone, 2010）。宗教活動的參與不單與健康行為有關，它同時可以增加個人的社會支持系統（Taylor, 2011），許多宗教團體的溫暖氣氛可降低個體焦慮及憂鬱，並且有助於預防孤立與寂寞（Ross 等人，2009）。

宗教信仰本身就與個人靈性的發展有關，它不只是提供了一個社會支持的系統，還讓個體了解生命的意義。個人可以透過對於生命意義的探索渡過生命中的難關，減緩生活中的壓力（Park, 2009）。最重要的是，正向的宗教可以給予我們對未來的希望感與生命的熱情，例如，AIDS 患者如果有了宗教信仰，他們在生病的過程中就會有新的寄託，並且可以緩和病程的發展（Ironson 等人，2006）。對於一般人而言，有了信仰或者發現生命的意義，面對工作的壓力也比較容易調適，且能夠把生命的難關當成是一種挑戰，會將危機變成轉機（Park, 2009）。

簡單來說，宗教信仰或靈性發展可以透過建立健康生活型態、良好社會支持、發現生命意義以及調節壓力反應等層面來促進身體健康而減少疾病的發生。所以，找到屬於自己的生命價值觀（在職場心理學一章將探討工作價值觀）或宗教信仰有助於你過得更健康。

世界各地都有自己的宗教信仰,如:佛教、伊斯蘭教、天主教、基督教。想想生病的人是否都會尋求宗教的協助?

12.5.6 壓力管理課程

壓力管理課程

教導個人如何評價壓力事件、如何發展壓力的因應技巧,以及如何將這些技巧運用在日常生活中的課程。

壓力管理課程(stress management program)是根據心理學的理論發展出的舒壓策略,教導個人如何評價壓力事件、如何發展壓力的因應技巧,以及如何將這些技巧運用在日常生活中,透過有效地因應生活壓力,保持良好的身心健康狀態

冥想也是一種身心安頓的方法。

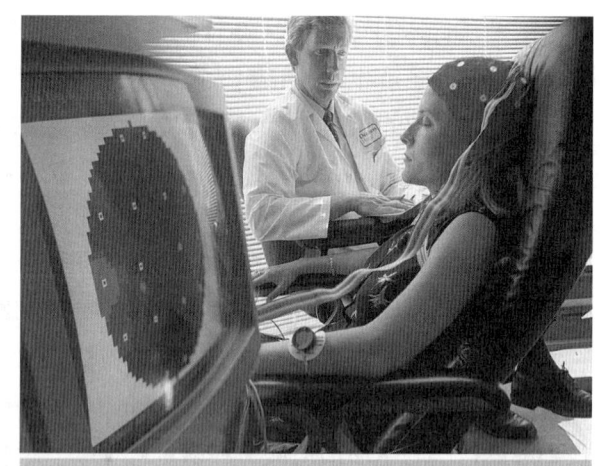

生理回饋是一種監控自己生理狀態的方式,是目前健康心理學常用的方法。

（Lim, Bogossian & Ahern, 2010）。當我們可以有效地因應生活壓力時，也就比較能採用更健康的方式來過生活，壓力也自然就減少了（Kodama 等人，2009），所以，學習壓力管理會是保持身心健康的第一步。以下是常用於壓力管理課程的技巧：

- **禪修／靜觀（meditation）**：禪修的練習有助於強化身心的控制，達到幸福感和頓悟（Gillani & Smith, 2001; Tassi & Muzet, 2001）。「動動腦」這個專欄將介紹目前正夯的正念減壓課程，讓你了解如何透過靜觀來幫助你抒解生活壓力。
- **生理回饋（biofeedback）**：是藉由儀器來監控身體活動的過程，而儀器所顯示的訊號，即是一種回饋，使個人增進對生理活動的自主控制，是一種操作制約的形式。

> **禪修／靜觀**
> 一套實踐性及系統性的整合系統，禪修的練習有助於得到身心的控制，達到幸福感和頓悟。

> **生理回饋**
> 藉由儀器來監控身體活動的過程，而儀器所顯示的訊號，即是一種回饋，使個人增進對生理活動的自主控制。

想一想

1. 整理本節所提及的壓力因應策略。
   - 評價問題焦點與情緒焦點的因應。
   - 了解積極與正向思考的重要性。
   - 描述因應策略中社會支持的角色。
   - 解釋自我肯定行為與其好處。
   - 討論宗教與健康的關係。
   - 概述壓力管理課程。
2. 回想過去一年所發生的壓力情況。你是如何有效因應的？現在你已經學習多種因應策略，你覺得如果使用不同的方法，結果會不會比較好？請解釋原因。

動動腦

正念舒壓法

「正念舒壓法」乃於 1070 年，由美國麻州大學醫學中心（University of Massachusetts Medical Center）附屬「減壓門診」（stress reduction clinic）的 Jon Kabat-zinn 博士所創立，其目的乃在教導病患運用自己內在的身心力量，為自己的身心健康積極地做一些他人無法替代的事——培育正念。

「正念」（mindfulness）視為「專注當下的時刻與經驗」，並且透過以下四種態度來讓自己真正地活在當下：

1. 不評價自己（non-judging）：不對自己的情緒、想法、病痛身心現象作價值判斷，只是純粹地覺察它們。
2. 保持耐心（patience）：對自己當下的各種身心狀況保持耐心，有耐性地與它們和平共處。
3. 完全信任（trust）：相信自己的智慧與能力。
4. 接受現狀（acceptance）：願意如實地觀照當下自己的身心狀態。

在第 1 章回家作業中，我們選擇了一個呼吸微笑法：

吸氣時，面帶微笑

吐氣時，讓自己放鬆

這個方法就是一種簡單的正念減壓策略。每天在等待時、停紅燈時、聽到電話鈴聲時、傾聽他人說話時，或其他不同時刻，只要想到就採用這個方法，你就可以更加輕鬆自在的過生活。

目前正念減壓除了應用到生活中以外，還應用到有慢性疾病個案身上。在臺灣，許多癌症團隊或者是身心醫學科，都採用這樣的策略來協助病患舒緩生活或者是疾病帶來的壓力。

想一想

1. 第 1 章回家作業的呼吸微笑法對你的幫助？
2. 在生活中你利用那些線索來提醒自己要呼吸微笑呢？
3. 保持呼吸微笑可以增進你的身心健康嗎？

| 建議閱讀 |

Jon Kabat-Zinn 著，雷淑雲譯（2008）。《當下，繁花盛開》。心靈工坊。
吳茵茵譯（2011）。《正念：八週靜心計畫，找回心的喜悅》。天下文化。
胡君梅譯（2013）。《正念療癒力：八週找回平靜、自信與智慧的自己》。野人出版社。
陳厚凱譯（2014）。《正念減壓，與癌共處》。心靈工坊。
韓沁林譯（2014）。《正念療癒，告別疼痛：找回身心平衡的八週靜心練習》。天下文化。

12.6 健康的生活

健康的生活——建立健康的習慣、評估並改變干擾健康的行為——有助於避免壓力帶來的傷害（DiMatteo & Martin, 2002）。健康的生活型態中，基本的要素就是規律的運動以及良好的營養，並且避免危險，例如，避免吸菸或不良的性行為。

12.6.1 健康行為理論

健康的行為與預防疾病的發生息息相關。當代健康心理學家或醫療人員都在努力地推展健康的生活模式，希望我們可以活得更好、更健康。所謂的健康行為（health behaviors）就是可以改善身體健康減少疾病發生的好習慣，如：規律的運動、健康的飲食等，不過對很多人來說，往往知易行難。

心理學家發現，要讓我們產生行動須透過幾個重要的心理歷程。依**理性行為理論（theory of reasoned action）**，一個人要養成良好的健康習慣必需要先有意願去做這件事，而意願的產生來自於他對於此行為的正向態度以及週遭人的鼓勵（Fishbien & Ajzen, 2010）。**計畫行為理論（theory of planned behavior）**延伸了理性行為理論，認為行為改變還需要個人認為自己可以掌握該行為（Ajzen, 2002）。目前已經有許多研究採用這兩個理論來探討個體是否願意執行健康行為，如：癌症篩檢（Ross 等人，2007）、運動（季力康等，2005; Park 等人，2009）、休閒活動（戴友榆等，2012）、戒煙（王郁雯等，2013）。

另外還有一個**改變階段理論（stage of change model）**；這個理論認為一個人的行為改變是經過懵懂期（pre-contemplation）、矛盾期（contemplation）、準備期（preparation）、行動期（action）與維持期（maintenance）這幾個循序漸進的階段來產生改變。以運動為例，對於一個沒有運動習慣的人，他就處於懵懂期的狀態；他不知道運動對自己的好處。然後在閱讀本節以後，開始知道運動對身體有好處了，他就開始進入了矛盾期，在想要運動與不想運動中衝突。當想運動的念頭多時，他就開始思考要從事何種運動來幫助自己過的更好，此時就進入了準備期。然後他就開始跑步或者是打球，這時進入了行動期。若這個習慣可以持續半年以上，他即進入了維持期，也就養成定時運動的健康生活習慣了。由這些理論可以發現，要讓人產生一個健康行為是受到多種因素的影響。這也是為什麼我們都知道定時運動、早睡早起對自己有幫助，但做起來卻很困難。

理性行為理論
此理論認為一個人的行為意圖受到自己以及週遭人對該行為的態度所影響。

計畫行為理論
是理性行為理論的延伸，認為行為的意圖除了受到態度的影響以外，還受到個人對於該行為的掌控能力所影響。

改變階段理論
健康行為的養成是經過五個循序漸進的改變階段而產生。

12.6.2 規律的運動

由於生活愈來愈便利，讓我們在日常生活中的活動愈來愈少，也間接地造成健康的問題（Carnethon 等人，2010）。大多數的我們，仍然以騎車代替走路、坐電梯而不爬樓梯，並且僱用一些人來替自己做一些生活上的勞動。絕大多數人的假日都是在電視機或電腦前渡過。運動不但可強化肌肉及骨骼、增加彈性，有助於保持體重，也可使我們避免心臟病。許多健康專家建議採有氧運動。有氧運動（aerobic exercise）是一長時間可使心跳加快並持續的活動，像是慢跑、游泳或騎腳踏車，都可以刺激心肺功能。規律且勤奮運動的人，罹患心臟疾病的危險性較低，相對於那些長期久坐的人，在成年期中期的存活率也較高（Lee, Hsieh & Paffenbarger, 1995;

中度	劇烈
快走（每小時 3～4 英里）	上坡或負重快走
騎腳踏車兜風或載東西（≤每小時 10 英里）	快騎或競賽（＞每小時 10 英里）
游泳，中度費力	游泳，快速游
一般體操	階梯運動，跑步機
球拍運動，桌球	球拍運動，單打網球，壁球
划獨木舟，休閒（每小時 2.0～3.9 英里）	划獨木舟，快速（≥4 英里）
做家事，一般清潔	搬家具
草機除草	手動除草
整理家務，油漆	修理工程

圖 12.10 中度與劇烈的身體活動

Paffenbarger 等人，1986）。圖 12.10 列出了中度與劇烈的有氧運動。

以比較合乎現實的目標來說，最好每天至少有 30 分鐘的健康運動（如：快走、慢跑等等）。國民健康局建議國人每天總運動時間至少 30 分鐘，可以分次分段，累積運動量的效果與一次做完一樣，不過每次至少要連續 10 分鐘。例如每天的運動可以拆成 2 次 15 分鐘，或 3 次 10 分鐘完成，共 30 分鐘。其實運動並不一定都要汗流浹背才有效果；規律的中度運動即可為生理及心理帶來好處。

建立運動習慣不容易，以下有幾個幫助你養成運動習慣的策略：

適度運動有益身心健康。

- **減少看電視與使用電腦的時間**：長時間看電視的大學生，身體健康較差（Astin, 1993）。你可以用運動來取代看電視的時間，或者邊看電視邊做一些簡單的運動。
- **為你的計畫繪製記錄表**：記錄表可以有系統地記錄你的運動訓練，這個策略有助於長久地維持運動計畫。
- **丟掉藉口**：人們對於運動總是可以說出無數個藉口，最常見的藉口就是「我沒空」。當你有時間找藉口時，其實你一定有時間做運動。
- **思考替代的選擇**：問自己是否太忙而疏於照顧自己的健康。如果失去健康，你的生活會變得如何？
- **了解運動**：對運動有更多的了解，你就愈會想去開始一個運動計畫，並且持續地進行。

12.6.3 吃得健康

儘管現代食品如此多樣，大多數人仍然吃得不健康。我們攝取太多糖類，太少富含高維生素、礦物質和纖維的食物，如：水果、蔬菜及穀類。我們選擇那些會增加脂肪及膽固醇的食物，吃太多速食以及太少營養均衡的餐點，這些都會造成長期的健康問題。最近國民健康局倡導「健康五七九」，小孩每天要攝取五份蔬果，女性每天要攝取七份蔬果，男性則每天需要攝取九份蔬果，這些都在提醒我們每日蔬果的攝取量。營養不佳的飲食選擇，在動物及跨種族的研究中都得到負向的結果。例如，攝取高油脂食物的老鼠比攝取低脂肪食物的老鼠更容易得到乳癌。跨種族的研究也發現，女性的脂肪攝取量與乳癌的死亡率有強烈的正相關（圖 12.11；Cohen, 1987）。基本上，均衡的飲食除了可以讓你更有活力以外，還可以降低血壓與減少癌症等慢性疾病的發生（Wardlaw & Smith, 2011）。

12.6.4 戒菸

許多研究都強調吸菸的危險性（Millis, 1998）。吸菸與 30% 的肺癌死亡、21% 的心臟病死亡，以及 82% 的慢性肺部疾病死亡有關。每年也有將近 9,000 人因為吸二手菸而死於肺癌，吸菸者的小孩更是呼吸道及中耳疾病的高危險群。大多數的吸

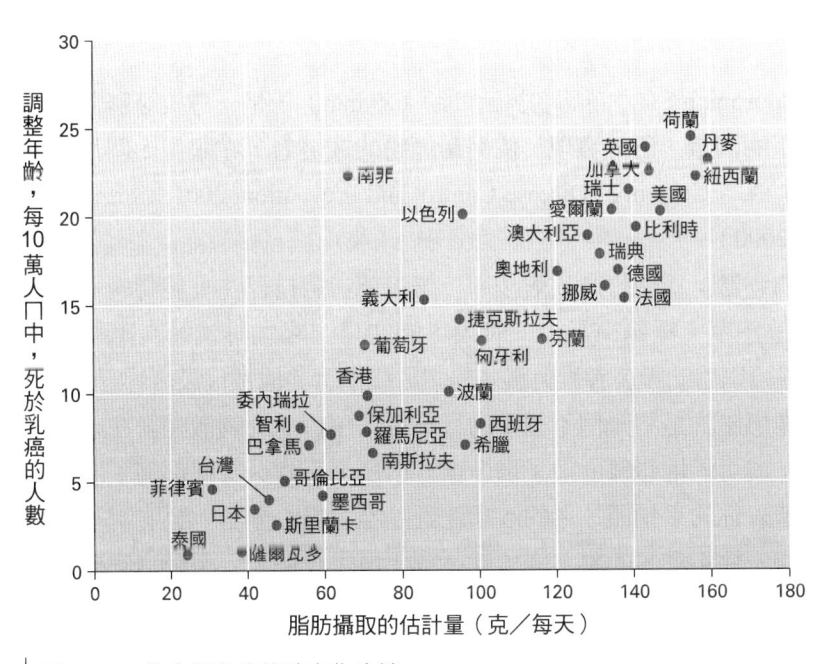

圖 12.11 飲食與乳癌的跨文化比較
每日攝取較低脂肪量的國家，乳癌的罹患率也低（如：泰國）。而每日攝取較高脂肪量的國家，乳癌的罹患率也高（如：荷蘭）。

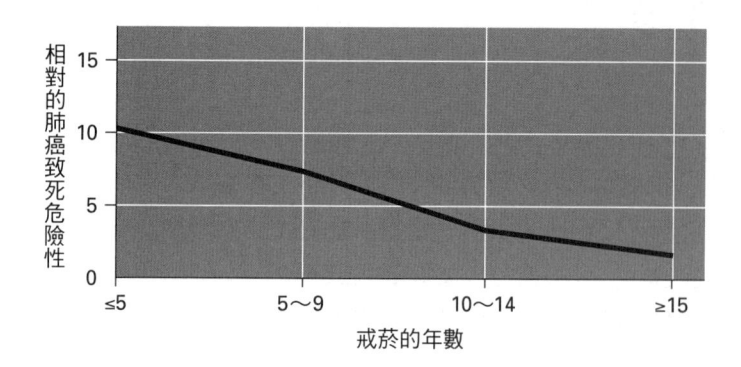

圖 12.12 戒菸的年數與肺癌的致命率
一項研究比較 43,000 位吸菸男性與 60,000 位從未吸菸的男性（Enstrom, 1999）。為了方便比較，縱軸的零點是指從未吸菸男性的肺癌致死率。隨著戒菸時間的增加，相對危險性也有相當的下降，但是即使在戒菸 15 年後，仍然高於從未吸菸者。

菸者都想要戒菸，但對尼古丁的成癮使得戒菸變成一大挑戰。尼古丁是香菸中的主要物質，具有興奮效果，可以提振能量及精神，帶來愉悅和增強的經驗（Payne 等人，1996; Seidman, Rosecan & Role, 1999）。尼古丁同時也刺激神經傳導素，讓人冷靜或止痛。吸菸有負增強效果，即使所有人都知道吸菸是一種「慢性自殺」，但因為吸菸可以得到立即的滿足，以致讓人難以克服它。然而，努力戒菸還是值得的。圖 12.12 顯示，人一旦戒菸後，罹患肺癌的危險性會隨時間下降。

吸菸者可使用以下五種有效的方法來擺脫這個壞習慣：

- **使用尼古丁的替代物**：尼古丁口香糖、貼片、吸入器，以及噴霧，都可以提供微量的尼古丁，減輕戒斷症狀（Eissenberg, Stitzer & Henningfield, 1999）。尼古丁替代物的成功率令人振奮。有 18% 的尼古丁貼片使用者與 30% 的尼古丁噴霧使用者，在 5 個月後仍恢復吸菸（Centers of Disease Control and Prevention, 2001）。近年衛生署大力推動戒菸門診，各大醫院或診所都有提供尼古丁替代療法或心理治療的戒菸服務。
- **服用抗憂鬱劑**：Bupropion SR，商品名為耐煙盼（Zyban），是一種抗憂鬱劑，有助於控制對尼古丁的渴望。研究發現，使用耐煙盼的戒菸者，在服用 5 個月後，平均有 30% 的成功率（Centers of Disease Control and Prevention, 2001; Gonzales 等人，2001; Steele, 2000）。
- **控制與吸菸有關的刺激**：這個行為改變技術，讓吸菸者對自己在吸菸時的一些社會線索有更高的敏感度。舉例來說，一般人可能在早上喝咖啡或社交應酬時吸菸，刺激控制策略可以協助吸菸者避免這些線索，或學習其他替代吸菸的行為。
- **進行嫌惡制約**：嫌惡制約是將一個不想要的行為與一個嫌惡的刺激配對在一起，降低行為的獎賞。盡可能地想像你抽了很多很多根菸，直到菸灰缸都滿了出來，香菸汙垢的氣味植入你的手指頭、你的喉嚨乾到沙啞，噁心極了。嫌惡制約的概念就是使吸菸變成一件不舒服的事，這樣就不會想再去吸菸了。不過這個技術的有效性並不穩定。
- **當個直截了當的人**：有些人並沒有做出生活的重大改變就能成功地戒菸。一旦決定戒菸，就去做了。菸癮輕的人比菸癮重的吸菸者較容易因此成功。

戒菸的確困難，不是單一種方法就可以達到戒菸的效果，所以合併使用這些方法是最佳的選擇。而且，真正的戒菸成功通常需要多次的嘗試。想戒菸的你可以參

照黎士鳴（2013）《放下執著》一書，裡面就有提供一些有效的戒菸方法。

12.6.5 健康的性

第 9 章已討論過性行為。本節主要是幫你做出有關性生活的重要健康決定。

★ 性知識

臺灣對於性的課題往往著重在禁慾的性教育而非健康的性教育，所以我們對於性行為與避孕的相關知識，往往會受錯誤的經驗所誤導，造成許多親密關係上的問題。所以應該透過增加性知識來改善親密關係，進而減少性相關的問題，如：非預期懷孕、性病傳染等等。在臺灣杏陵醫學基金會的家庭生活與性教育中心，致力於性教育的推廣。你若對於性好奇或者不了解，可以上杏陵官網或者是參與相關課程來了解健康正確的性知識。另外，《聰明性愛》[註2] 這本書介紹了許多良好的性行為與性健康知識，可以讓你了解兩人的親密行為不只是生理上的激情，還包含心理層面的交流，第 14 章的兩性關係，將教你如何建立快樂且健康的親密關係。

★ 避孕

正確的避孕知識很重要。但對於避孕知識的不足，伴隨著不一致地使用有效的避孕方法，進而帶來許多傷害。沒有任何一種避孕方法是適用所有人的（Hyde & DeLameter, 2003）。在選擇避孕方法時，需要考慮伴侶雙方的需求，如：身體及情緒的感受、避孕方法的有效性、關係的本質、價值觀與信念，以及避孕方法的方便性。

★ 性病

性病（sexually transmitted diseases, STD）是主要由性行為（包括性交、口交或肛交）接觸而感染的疾病。主要的性病通常是細菌感染引起，如：淋病及梅毒，或病毒感染，如：生殖器疹及 HIV/AIDS。沒有任何一種性病如同 AIDS 一般，對性行為造成如此大的衝擊。

後天免疫不全症候群（acquired immune deficiency syndrome, AIDS）是由人類免疫不全病毒（HIV）造成，是一種會破壞身體免疫系統的性病。HIV 帶原者因此容易受到一般正常免疫系統就能破壞的細菌所感染，一旦感染到 HIV，康復狀況都不佳。新的「雞尾酒」藥物，可以控制 HIV，加上健康的生活習慣可以讓個體穩定的生活，讓 HIV 感染變成一種與高血壓一樣的慢性疾病。臺灣有許多愛滋病的相關機構，如：希望工作坊、露德之家等，提供感染者相關的協助。

性病
主要由性行為接觸而感染的疾病，包括性交、口交或肛交。

後天免疫不全症候群
由人類免疫不全病毒（HIV）造成，是一種會破壞身體免疫系統的性病。

註2：王復云（2013）。《聰明性愛：性愛在乎心，而不在乎行》。晨星出版社。

2013年減害國際研討會在高雄醫學院舉辦。主辦人高雄醫學大學副校長陳宜民教授致力於愛滋病的防治與相關研究，也針對臺灣的毒癮愛滋問題而成立了減害協會，透過減害計畫的推展明顯地降低了臺灣愛滋病的感染率。

要記住的是，疾病傳染不會區分族群，不是某一類的人特別容易感染疾病（如：性生活豐富者），而是我們做了什麼，使自己陷入 HIV 與性病的危險。以下是感染性病或 HIV 重要的途逕（Kalichman, 1996）：

- 不安全的性交。
- 傷口或黏膜直接接觸到血液或分泌物。
- 皮下共用針頭。
- 輸血（過去數年已被嚴格監控）。

任何從事不安全性行為或靜脈注射藥物者都有感染危險，因此僅詢問對方之前的性史，無法保證可以避免傳染 HIV 及其他性病。一項調查中，詢問 655 位大學生有關說謊及性行為的問題（Cochran & Mays, 1990）。422 位回答他們性行為活躍的受訪者中，有 34% 的男性及 10% 的女性曾經欺騙他們的性伴侶；有更高的比例——47% 的男性以及 60% 的女性——曾被可能的性伴侶欺騙過。當詢問到過去有哪些部分是最常說謊的，超過 40% 的男性及女性表示，他們會低報過去性伴侶的數目；而且有 20% 的男性，以及 4% 的女性會謊報他們 HIV 抽血檢查的結果。

你該如何保護自己不受 HIV 及其他性病的感染呢？研究得到的結論是：

- **了解你的危險狀態以及你的伴侶**：任何有過性行為的人，都可能在不知情的情況下接觸到性病。花一些時間了解你的伴侶過去的性經驗。先坦白告知對方你的性病狀態，並且詢問對方。記得嗎？許多人都會謊報他們的性行為狀態。
- **進行醫學檢查**：許多專家都建議想要開始性關係的伴侶，需要先接受醫學檢查以排除性病。如果有費用的問題，則可以聯絡社區的健康中心或健康診所。
- **從事性行為時做好保護措施**：如果能正確地使用保險套，可以避免許多性病的傳染。保險套對於避免淋病、梅毒、披衣菌（chlamydia）及 HIV 的感染是最有效的方法。對疱疹傳染的有效性則比較低。
- **絕對不要同時擁有多位性伴侶**：得到性病的最佳預測因子之一就是同時性伴侶的數量。超過一位以上的性伴侶會大大地增加你碰到帶原者的機率。

想一想

1. 如何促進健康。
   - 評解釋運動對健康的重要性。
   - 評估營養在健康中的角色。
   - 說明為何戒菸很重要,該如何達成。
   - 討論明智的性決定。
2. 你是否有維持規律的運動計畫、吃得健康營養、不吸菸,並且從事明智的性決定?在這些領域的生活型態及行為如何影響你的健康?它會影響你未來的健康嗎?請解釋。

幸福人生

快樂的休閒生活

心理學家 Roger Walsh 深入研究生活型態與身心健康的關係,發現促進心理健康的八大生活型態的改變:運動、飲食調整、接近大自然、休閒活動、舒壓放鬆、宗教與靈性參與、良好人際關係、參與志願服務工作。上一節討論了舒壓放鬆(壓力管理)、宗教參與以及社會支持等主題,以及這些行為與壓力管理的關係。這一節也會深入探討運動與飲食調整這兩個重要的健康行為。而本專欄將探討休閒活動這個概念與相關的議題,希望透過這樣的討論可以讓我們健立良好的休閒活動習慣。

所謂休閒(recreation)就是再(re)- 創造(creation)的意思,也就是一種充電的狀態。在謝坤霖(2013)等人的調查中發現,我們的休閒活動可以分成體育、消費、文藝、旅遊、網路、健行與都會等七大類。在都會中的人(如高雄市民)最常從事的休閒活動為看電視、聽音樂、閱讀、睡覺、上網、散步、吃、聊天和喝茶,多數為室內、靜態及社交活動。以下整理國人常參與的休閒活動,看看有那幾項是你未來可以增加的休閒活動,讓你的生活品質可以提升。

休閒活動是生活的調劑,看看你最近一年來這些休閒活動進行的狀況。

		從來沒有	偶而	有時	經常	幾乎大天
		0	1	2	3	4
1	球類運動(如:籃球、桌球、排球、羽球、網球等)	□	□	□	□	□
2	體健活動(如:游泳、慢跑、腳踏車、健身、舞蹈等)	□	□	□	□	□

	從來沒有	偶而	有時	經常	幾乎天天
	0	1	2	3	4
3　心靈探索（如：瑜珈、靜坐、太極拳、成長團體等）	□	□	□	□	□
4　興趣活動（如：下棋、攝影、種花草、玩樂器等）	□	□	□	□	□
5　靜態放鬆（如：看電視、發呆、聽音樂、看漫畫等）	□	□	□	□	□
6　動態放鬆（如：散步、逛街、逛夜市等）	□	□	□	□	□
7　社交活動（如：聚餐、班遊、社團、連誼、網聚等）	□	□	□	□	□
8　科技使用（如：上網、玩手機等）	□	□	□	□	□
9　宗教活動（如：教會聚會、神明進香、禱告、拜拜等）	□	□	□	□	□
10　旅遊活動（如：踏青、旅遊、爬山等）	□	□	□	□	□
11　學習活動（如：閱讀、讀書會、學習課程等）	□	□	□	□	□
12　藝文活動（如：看展覽、看表演、參加演出等）	□	□	□	□	□

想一想

1. 哪些活動是會帶給你快樂的活動：
   □球類運動 □體健活動 □心靈探索 □興趣活動 □靜態放鬆 □動態放鬆
   □社交活動 □科技使用 □宗教活動 □旅遊活動 □學習活動 □藝文活動
   □其他：

2. 哪些活動是會帶給你成就感的活動：
   □球類運動 □體健活動 □心靈探索 □興趣活動 □靜態放鬆 □動態放鬆
   □社交活動 □科技使用 □宗教活動 □旅遊活動 □學習活動 □藝文活動
   □其他：

| 參考文獻 |

Jopp, D. & Hertzog, C. (2010). Assessing adult leisure activities: an extension of a self report activity questionnaire. *Psychological Assessment*, 22, 108-120.

Walsh, R. (2011). Lifestyle and mental health. *American Psychologist*, 1-14。

謝坤霖、許義忠、葉智魁與 Garry Chick（2013）。〈高雄市居民之休閒活動型態—採用臺灣本土休閒活動量表〉。《大專體育學報》，15，257-268。

| 延伸閱讀 |

約漢瑞提醫師與艾瑞克‧海格曼（2009）。《運動改造大腦：IQ 和 EQ 大進步的關鍵》。野人出版社。
葉雅馨（2012）。《大腦喜歡你運動：臺灣第一本運動提升 EQ, IQ, HQ 的生活實踐手冊》。大家健康雜誌。
姚巧梅譯（2013）。《樂活之森：森林療法的多元應用》。張老師出版社。

課堂活動

主題：接近大自然
目標：
放鬆心情，找到一個讓自己放鬆的角落。
步驟：
1. 全班同學一同走出教室，到校園內散步。
2. 在散步的過程中，注意學校的花草植物。
3. 回到班上討論，校園中哪個角落最能夠讓人感到放鬆。

回家作業

快樂生活第十二週──舒壓呼吸
1. 發現你的壓力
　找一件讓你光是去想就覺得有壓力的事情，可能是一件你不想面對的工作、一個讓你喘不過氣的人，或甚至是某件你很想得到的東西。請盡可能巨細靡遺地回想整個細節。
2. 專注你的呼吸
　吸氣，我將我的注意力放在我的腹部；吐氣，我感受到腹部的起伏。
　吸氣，我讓我的腹部凸起；吐氣，我讓我的腹部慢慢地凹下。
　吸氣，我感覺到全身充滿空氣；吐氣，我讓全身的壓力釋放。
　吸氣，我注意到我的問題；吐氣，我對我的問題微笑。
　吸氣，我感受到自己心情平靜；吐氣，我對這個世界微笑。

本章摘要

本章讓你發現心理學的應用層面，並從心理學的角度來探討「健康」與「幸福感」。

1. **健康心理學與行為醫學。**
   - 健康心理學與行為醫學是新興學科，這兩個學科所探討的就是如何透過心理學來幫助個體活得更健康，並且透過心理學來協助病患有更好的生活品質。
   - 健康與疾病的起因是結合了生理—心理—社會等三層面的因素所致，所以在探討健康議題時，需要多層面的考量。

2. **壓力何處在。**
   21世紀是充滿壓力的時代，人格因素（如：A型行為型態、堅毅性格、控制感等）、環境因素（如：生活瑣事、內在衝突）、社會文化因素（如：涵化壓力與貧窮）都會導致個體的壓力與身心耗竭。想想看，目前你有哪些壓力？

3. **壓力反應。**
   當你面對壓力時（如考試），你的身體與心理有何反應呢？一般適應症（GAS）候群說明壓力的生理反應，包含：警覺、抗拒與耗竭等三階段；戰或逃、親近與友好則說明了我們的因應壓力的行為反應；認知評價則說明了我們的心理反應。你可以發現，在壓力之下，牽一髮而動全身。

4. 壓力與疾病。

當你長期處於壓力之下,就很容易生病。如同考試時容易感冒一樣的道理。壓力會影響到我們的免疫系統、心臟血管系統以及癌症的發生。為了減少生病的可能性,我們保持正向情緒以及增加健康行為

5. 因應策略。
- 因應策略可以分成問題焦點與情緒焦點兩大類,情緒焦點主要是讓我們暫時離開情緒的困擾;而問題焦點則是面對壓力來處理壓力相關問題。
- 除了基本因應策略以外,我們還有正向的自我對話、社會支持、自我肯定行為、宗教、正念減壓等策略,幫助我們增加抗壓能力,且度過危機。

6. 健康的生活。
- 健康行為理論,認為要產生健康行為受到許多心理因素的影響,包含理性行為理論所談到的個人的態度與他人的影響、計畫行為理論所談到的自己掌控的能力、以及改變階段理論所提及的改變五大階段:懵懂期、矛盾期、準備期、行動期與維持期。
- 健康的生活很重要,規律的運動、健康的飲食、停止不健康的行為以及安全的性行為,都讓我們活得更健康。

第 13 章

社會心理學
Social Psychology

黎士鳴　林川田

章節內容

13.1 社會認知
13.1.1 歸因
13.1.2 社會知覺
13.1.3 態度

13.2 社會影響
13.2.1 從眾
13.2.2 服從
動動腦——電醒這個世界的人——研究倫理的思考
13.2.3 團體互動
13.2.4 領導統御

13.3 團體間的關係
13.3.1 團體認同
13.3.2 汙名化
13.3.3 增進族群間關係的方法
在地人的心理學——疾病的汙名化與改善方案

13.4 人際關係
13.4.1 吸引力
13.4.2 愛情
幸福人生——感恩的力量

13.5 社會互動
13.5.1 攻擊
13.5.2 助人

章頭故事

1989 年，在北京的中國學生展開了一場訴求民主的大規模示威遊行，但遭受政府武力鎮壓。2012 年，洪仲丘事件在國內激起了一系列活動，來探討軍中的霸凌問題。這些自發性的公民行動顯示人民對於社會正義的重視程度正在提升。2014 年的太陽花學運在臺灣公民不服從行動中突顯出的文化素養，更顯現出臺灣大學生不再是一群對於社會議題冷淡的族群。這些社會行動使我們更了解人與社會之間的關係。本章主題是**社會心理學（social psychology）**——一門研究人們如何知覺他人、影響他人以及與他人相處學科。社會心理學和社會學的不同點，在於前者著重於個體在社會裡的角色，而後者則是著重對於社會層面的分析。

13.1 社會認知

社會心理學
一門研究人們如何知覺他人、影響他人以及與他人相處的學科。

社會生活中的許多人事物都讓心理學家十分熱衷，其中最能引起興趣的就是人們如何思索（看待）這個社會。這個領域的心理學家以社會認知（social cognition）這個概念來說明這個課題，此課題包含了人們如何選擇、解釋、記憶和使用社會訊息（Spaulding, 2010; Maddux, 2010; Strack & Forster, 2009）。當然，每個人的生活經驗有所不同，故都有其獨特的想法、記憶和態度。儘管如此，人們依然會遵循某些通則（Bordens & Horowitz, 2002; Forgas, 2001; Moskowitz, 2001），來理解這個世界。在理解外在世界的過程中，其中最重要的就是人們如何對行為做出歸因——當人們接收到來自別人和自己的訊息後，如何將此訊息與態度和行為相連結在一起。

13.1.1 歸因

人是有好奇心的，面對問題都會想找出原因。就如同電影《真愛無全順》所呈現的課題：為何一個亮眼正妹會跟一個其貌不揚的宅男在一起？為何不讀書的小牛會考上研究所？我們可以看到、聽到他人的一言一行，但是不見得會了解行

為背後的原因。為何我們想要了解這些原因？了解原因對我們很重要嗎？**歸因（attribution）**顧名思義就是推測一個人會產生某個行為之根本原因。歸因理論認為，如果我們能了解一個人行為背後的原因，可以讓我們更能夠準確地預測他未來可能的行動（Gaunt & Trope, 2007; Krueger, 2007）。歸因理論認為，我們之所以會去了解個人行動背後的原因，其中一部分的原因在於我們想讓觀察到的行為更合乎常理（Heider, 1958; Kelley, 1973; Weiner, 2009）。

歸因
推測為何個體產生某行為之原因。

常見的歸因大抵可分為三個向度（Jones, 1998）：

- **內在／外在因素**：Fritz Heider（1958）認為這個內在／外在向度是歸因的核心，也就是最常出現的歸因方式。如考試被當這件事，你可能會歸因於老師太機車或者是自己不夠認真。想想以下這個情境會怎麼歸因：偉強和麗珍在交往了數個月後，麗珍提出分手。當我們去推敲原因的時候，可能會發現麗珍是因為父母不喜歡偉強（外在歸因）所以才提分手；但我們也可能這麼猜測：這是分手的真正原因嗎？也許活潑的麗珍拋棄了偉強，是因為她已經厭倦了偉強太內向的個性（內在歸因）。人們會對其成就表現或人際互動做出重要歸因，不論是來自外在因素（external attribution，像是壓力、社會觀點、氣候以及運氣），或是內在因素（internal attribution，像是人格、智能、態度和健康）。

- **穩定／不穩定因素**：無論我們知道的因素是屬於恆久不變的或是瞬息萬變的，都會在我們歸因時納入考慮。例如，考試被當這件事只是偶然發生的意外（失常）還是你本來的宿命（能力表現）？如果麗珍知道偉強的內向個性是不會改變的，她便會認為這個行為因素是穩定的；相反地，如果麗珍相信，偉強現在的內向只是不熟悉產生的害羞行為，之後他還是可以變得活躍、外向，她便會認為這是不穩定的因素。以上兩者都是內在因素。如果麗珍的父母反對她這時候談戀愛，這就是外在穩定因素；而如果父母是不喜歡偉強，但是接受麗珍交往其他的對象，則成了外在不穩定因素。

- **可控制／不可控制因素**：無論是可控制或不可控制因素，都算是另外一個向度（Weiner, 1986）。以考試這件事來說，你可以掌握的因素為自己的努力，而不能掌握的因素則是當天考試的天氣。在麗珍與偉強這對情侶的例子中，兩人關係可以掌握的因素為是否一起經營關係，但不能掌握的則是生活中的意外事件。這個向度可以和內在／外在、穩定／不穩定等向度合併討論。內在、穩定因素如努力，被認為是可以控制的；而外在、不穩定的因素如運氣，則會認為那是在我們能控制的範圍之外。

Weiner 相信，我們會更注意那些可控制因素的歸因，是因為個人的努力會反映在其中。當我們將失敗歸因於可控制因素時，往往會感到罪惡感、羞恥和丟臉；相反地，當我們覺得失敗是自己不能控制的時候，便不會責難自己。當他人的失敗是歸因於可控制因素，我們可能會對他感到生氣，但若是因為受環境的影響，而非自己所能控制時，我們可能會同情他。舉例來說，一樣是摔破杯子，我們會較輕易原諒一個行動不便的人，而較不能原諒一名發脾氣的人。

圖 13.1 基本歸因錯誤
當事人和旁人對當事人的行為，常會有不同的解釋。

當事人
傾向使用外在因素來解釋自己的行為。
「我遲交報告是因為別人一直要求我幫忙他們的工作。」

旁人
傾向使用內在因素來解釋當事人的行為。
「他遲交報告是因為不能專心於自己的工作上。」

★ 基本歸因偏誤

理想上，歸因是一種邏輯的、理性的思考歷程；但從生活上我們還是會因為個人的因素而有偏誤。從歸因理論來看，產生行動的人被稱為行動者，觀察行動的人被稱為觀察者，而兩者對於行為的歸因有所不同。歸因理論已有提及，行動者常常會把自己的行為歸於外在因素；相反地，觀察者則會覺得這樣的行為應該歸類於內在因素。因此，當我們想要去解釋別人的行為時，會高估他們內在特質的重要性，並低估了外在環境的影響，這就是**基本歸因偏誤（fundamental attribution error）**（Jones & Harris, 1967; Kressel & Uleman, 2010; Ramsey & de C. Hamilton, 2010）。（圖 13.1）。實際上來看，情境因素（例如上級給的命令與要求）往往對人們的行為有很大的影響力（Haney & Zimbardo, 2009）。

有關基本歸因偏誤的文化差異，西方（個人主義）文化與東亞文化（集體主義）的人，誰較可能出現基本歸因錯誤？Morris 與 Peng（1994）分析英文報紙與中文報紙對於謀殺案案情與兇手的描述，發現無論兇手是東方人或西方人，中文報紙都比較不會將事件歸因於兇手性格，顯示東亞文化的人們傾向情境歸因。但連韻文（2006）註1 等人研究卻發現，華人只是對情境因素較西方人敏感，並非有基本歸因謬誤。東方人真得比西方人還容易有基本歸因謬誤嗎？這個議題還要需要更多的研究來探討。

基本歸因偏誤
我們在解釋別人的行為時，會高估他們內在特質的重要性，並低估了外在環境的影響。

★ 利己偏誤

我們可以發現，行為者和觀察者對某事件中行為產生的因素有不同的想法和判斷，而偏誤（bias）常常是導致歸因不同的主要原因（Krull, 2001）。我們會用**利己偏誤（self serving bias）**及傾向解釋自己的行為，用利己傾向，且常常強化自己所確信的看法（Pittman, 1998; Sedikides 等人, 1998）。我們常常相信自己比其他人更

利己偏誤
在進行歸因時，會採用對自己有利的方式，傾向將成功歸因於自己的內在因素，將失敗歸因於外在因素。

註1：連韻文、朱瑞玲、任純慧、吳家華（2006）。〈華人沒有基本與終極歸因偏誤嗎？對 Morris 與 Peng（1994）的回應〉。《中華心理學刊》，48 卷，2 期，163-181。

可信任、更有道德，而且外貌也很有吸引力。我們也傾向相信自己是屬於中上的學生、父母，以及領導者。當個人自尊受到威脅時出現，利己偏誤就會產生。我們會把成功歸因於內在因素，而把失敗歸因於外在因素。換言之，我們會把成功攬在自己身上，而把失敗責怪給別人或是環境問題。在麗珍和偉強分手的個案中，偉強要接受麗珍的外在因素比較簡單——「她會提分手是因為她父母的關係」，而要接受自己的內在因素較困難——「自己個性太內向」。偉強的偏誤能讓自己免於受到強烈的自責或自貶。

13.1.2 社會知覺

社會知覺（social perception）則是透過社會線索來產生對於自我與他人的觀感的認知，其中包含我們建立對他人的印象，且在和他人比較之後有了自我認識，並用著希望別人感受到的樣子來表現自己。

★ 建立對他人的印象

最近流行一句話：「人帥真好……」。一個人的外型會影響與他人的互動。個人知覺（person perception）指的是我們使用一些社會線索來形成對他人的印象（Smith & Collins, 2009），特別是外表更是一個重要的影響因素（Berneberg 等人，2010; Olivola & Todorov, 2010; Rule 等人，2010）。以選舉為例，候選人的外觀會影響他的得票率（Todorov 等人，2005; Mattes 等人，2010）。李承達與駱明慶（2008）[註2] 以 2004 年臺灣立法委員選舉為例，發現相貌水準愈高的候選人得票率愈高。

最近的研究發現，好看的人會被認為能力也比較好，並且會獲得更多社會資源。怎樣才算好看？想一想，你所認為的帥哥美女外觀如何？心理學家 Langlois（1994）進行型男與美女調查，結果發現，好看的臉最重要的是對稱與大眾臉的平均值。

所謂「人要衣裝，佛要金裝」。面對一個陌生人，我們首先會注意到他的外觀與打扮，並且會依此對他產生第一印象（first impressions）。我們都知道給別人的第一印象是非常重要的事情，例如：Facebook 上的大頭照就是一個重要的印象指標。為何第一印象會如此重要？主要原因在於初始效應（primacy effect）。回想記憶那一章，我們會記得剛記著的事情（Anderson, 1965），也就是我們會對初次見面有更多的注意力，而較少注意隨後得到的訊息（Ambady & Skowronski, 2009）。最近的研究發現，面對陌生人，我們只要有一面之緣就會產生對他的印象（Willis & Todorov, 2006）。

註2: 李承達、駱明慶（2008）。〈美貌對候選人得票率的影響—以 2004 年立委選舉為例〉。《經濟論文叢刊》，36（1），67-113。

當對他人形成印象時，我們以兩個重要的方式組織資訊：

- **我們會把印象連在一起**：我們會在記憶裡把特色、姿態、外觀，以及對這個人的其他訊息緊密地連結（Brown, 1986）。
- **我們會把印象結合為一**：我們從一個人得到的訊息可能不是前後一致的，於是我們會增加、操弄、修飾訊息，來形成一個完整的印象（Asch, 1946）。

> **人格內隱理論**
> 個人專屬的對人格分類的方法。

人格內隱理論（implicit personality theory）是指一般人會從生活經驗中，所建構出的人格概念並將之應用在生活中（Bruner & Tagiuri, 1954）。例如，像是「個性外向的人都很樂觀」的這種人格內隱理論，其思考歷程可能是因循著一種相似度：「因為我絕大多數外向的朋友都很樂觀，所以我認為所有外向的人必定也很樂觀。」

我們會以一些可評價的向度來衡量他人。Norman Anderson（1974, 1989）認為最常用的向度是好的／壞的。除了好／壞以外，力量（強壯／虛弱）和行動力（積極／消極）是我們常用來分類的向度（圖13.2）。想一想，你一般都用哪些向度來看待他人？

我們也會把他人歸類到某個團體成員，或是某個和他相似的類別，來簡化我們對一個人的認識（Cook, Cusack & Dickens, 2010; Wegener, Clark & Petty, 2006）。比起把他人歸類到特定的團體，要好好地為這個人的個性分類很費心力，因此，我們常常會基於刻板印象對一個人進行分類。想像一下，當你遇到一個銷售員向你推銷，你心中對他的印象已有了一個「推銷員」的基模；如果沒有再去挖掘其他更多的訊息，你會認為他是一個想賺你錢的人。

但我們不會永遠用這樣粗糙的分類法來對待別人。當你和這位銷售員有更多的互動，你可能發現他這個人很有趣、很謙虛、很陽光，且可以信賴，之後便會修訂你對他的印象，認為他是很不一樣的。當我們發現接收到的訊息和分類有出入，或是更用心地對待他，我們便把這個人看待成獨特的個體，而不是用印象來分類。

★ 比較自己和他人

你是否自問過「我有小傑那樣聰明嗎？」、「阿水比我好看嗎？」或「我的品味有傑偉那樣好嗎？」這類的問題？我們會從自己的行為來

圖13.2 我們用來將人分類的三個向度
我們常常會將周遭的人分成好的或壞的、強壯或虛弱、積極或消極。這樣的印象會維持很久，但是也可能會隨著未來的互動而改變。

獲得自我了解，也會透過把自己和別人做社會比較（social comparison）來認識自己，比較自己和他人的想法、感覺、行為和能力的優劣。社會比較幫助我們衡量自己、挖掘自己獨特的個性，並建立自我的認同（Dijkstra, Gibbons & Buunk, 2010; Mussweiler, 2009）。

社會心理學家 Leon Festinger（1954）發表了社會比較理論。他強調，沒有一個客觀的方法可以評斷我們的價值和能力，我們得把自己和他人做比較。Festinger 相信，我們較會和與自己相似的人比較，而較少和那些與自己差很多的人比較。和別人比較能讓我們發展更精確的自我知覺，例如，比較別人的社區和自己居住的地方、和有相似家庭背景的人比較，以及和自己有相同性別或性傾向的人比較。這些年來，社會比較理論經過多次修正與發展，來說明我們如何透過社會比較來更認識自己（Michinov & Michinov, 2001; Mussweiler, 2009）。

Festinger 的社會比較理論研究我們和相似的人做比較，而其他的研究者則著重在我們和較自己差的人做社會比較——向下比較。人在威脅之下（例如，面對負面評價、低自尊、憂鬱和病痛等），會試著和那些比自己差的人來比較，以獲得自己心理的幸福感（Gibbons & McCoy, 1991; Wayment & O'Mara, 2008），讓自己可以舒緩地跟自己說：「很好，至少我沒有比那些人慘。」，這也就是俗話說的：「比下有餘。」

華人會因為不同的人際關係而對社會比較的向度與方向有著明顯的偏好。當華人在與自己人的比較中，會特別偏好對等比較而且壓抑向下比較（林以正，1999）[註3]；而跟外人比較時，就偏好向上比較。也就是俗話所說的比上不足（與外人比），比下有餘的狀態（與自己人比）。

★ 呈現自己

在我們形成對他人印象的同時，別人也對我們產生印象。當然，我們都希望呈現自己最好的一面給他人看，所以會用不少時間和金錢來打理我們的頭髮、身材、外貌和社交技巧，甚至透過閱讀來增加談吐深度。

印象管理（impression management），或稱**自我呈現**（self presentation），指的是我們對希望別人接收到的印象所做的努力，不管那印象是真正的自己或是裝出來的。特別是面對我們不熟識的人，或是那些我們有「性」趣的人，我們往往會用印象管理（Leary 等人，1994）。

非語言線索是印象管理成功的關鍵因素。某些臉部表情、眼神的接觸，以及身體的姿態或動作，都會是某人喜歡或不喜歡他人的部分理由。另外三種印象管理的技巧，分別是符合情境規範（例如，和其他人穿同樣風格的衣著、有同樣的語言和

印象管理（自我呈現）
呈現我們希望別人接收到的印象，不管那印象是真正的自己或是裝出來的。

註3: 林以正（1999）。〈華人的社會比較：比較什麼？與誰比較？為何比較？〉。《本土心理學研究》，11，93～125。

禮儀）、讚賞別人，以及合宜的行為（做與他人行為相符的事，例如，在別人緊握自己的手時，也同樣地緊握住對方的手）。

　　工作面試是我們特別想要呈現出好印象的情境，而且有許多意見告訴你該怎麼做。例如，為了讓你在面試時盡可能地留下令人喜歡的印象，總會有人建議你要正確地使用非語言線索：保持微笑、身體前傾、更多的眼神接觸、在同意面試官的話時多點頭。一般來說，研究者發現使用印象管理技巧的人，會比沒有使用者獲得他人更多的好感（Riggio, 1986）。有些人使用諸如此類的非語言線索十分地自然，但即便你平常與人互動時沒有這種習慣，你依然可以靠著意志力去控制你的非語言行為。

　　就如同大部分的包裝一樣，過度的印象管理也會產生不良的後果。如果你過度使用正向的非語言線索，別人可能會感覺你很不誠懇。研究發現，只有當面試者確實具有所需求工作能力的時候，那些頻繁的非語言線索才有好的結果（Rasmussen, 1984）。所以，適度地展現自己的特性，比過度包裝更能夠吸引人。

　　有些人很在意自己所表現出來的形象（Snyder & Stukas, 1999）。**自我監控（self monitoring）**是指會注意自己所給予別人的印象，並且視情況微調自己的表現，以保持完美形象（圖13.3）。律師和演員就是最佳的自我監控者。對自我監控十分熟練的個體，會找尋能適當表達自己的方法，並且會用很多的時間，試圖去「讀」別人的心或了解別人（Simpson, 1995）。這種行為沒什麼好與壞，畢竟在家族內或社群中，沒有人可以完全不在意別人的期待和評價，卻做人很成功。麻煩的

自我監控
會注意自己所給予別人的印象，並且視情況微調自己的表現。

　　以下的狀況為視個人在各種情況下會如何做反應，每個狀況都不大相同，所以回答前請好好考慮後再決定。如果該狀況對你來說是符合或接近的，選「是」；如果不符合、不類似你的情況，則選「否」。

	是	否
1. 我覺得要去模仿別人是很難的。	□	□
2. 我想我是在演戲給人看、娛樂別人。	□	□
3. 我大概可以當個好演員。	□	□
4. 我常常對人表現出的情緒超過我真實的感受。	□	□
5. 我很少成為團體中注目的焦點。	□	□
6. 在不同的情況、面對不同的人，我的表現會判若兩人。	□	□
7. 我只能為自己所相信的事情辯護。	□	□
8. 為了和睦相處且被喜歡，我會做出符合他人期待的樣子。	□	□
9. 遇到我不喜歡的人，我也會裝得友善。	□	□
10. 我並不總是像我看起來的那種人。	□	□

計分：
　　第1、5、7題回答「否」者，每題1分。其他題回答「是」的加1分，最後把分數加總。
　　如果你對自己有好好審視，並得分在7分或7分以上，你有很高的自我監控傾向；若得分在3分或3分以下，你的自我監控傾向偏低。

圖13.3 自我監控檢視表

是，若將能量全放在自我監控上，可能會缺少能量去好好地認識真正的自己。

13.1.3 態度

態度（attitude）是對人事物的看法和意見。我們對所有的事情都會持有態度，像是「人不為己天誅地滅」、「金錢萬能」及「電視讓家人彼此更疏離」等。人們都在試著影響別人的態度，就像是政客希望得到選民的支持、刊登廣告的人希望讓消費者相信他們的產品是最好的。人們也常常言行不一，例如，在民意調查的時候表示要投給某候選人，最後卻把票投給了另一人。雖然如此，態度還是可以預測行為以及一個人的言行（Bohner & Dickel, 2011; Jost, Federico & Napier, 2009; McGuire, 2004; Schomerus, Matschinger & Angermeyer, 2009）。

> **態度**
> 對人、物和想法的看法和意見。

態度與行為的一致性是一個重要的議題。過去的研究發現，在某些情境下，態度與行為是相當一致的（Eagly & Chaikin, 1998; Smith & Fabrigar, 2000）：

- **堅定的態度會直接影響行為（Azjen, 2001; Petty & Krosnick, 1995）**：例如，對於總統的態度是「高度贊同」的人，比起「中度贊同」的人更會投票去支持他的政策。
- **身體力行的態度會穩固你的行為（Fazio & Olsen, 2007; Fazio 等人，1982）**：例如，坐捷運上班的人自然會對「使用大眾運輸工具」的態度較為正向，並且更願意搭乘捷運。
- **當態度和行為之間的關聯愈強，愈能預測行為**：例如，研究發現，對於避孕抱有一般態度的人，與未來 2 年內會使用避孕藥之間並無關聯；而對於服用避孕藥抱有特定態度的人，則與 2 年內會實際服用避孕藥的關聯性大大地提升（Davidson & Jacard, 1979）。
- **投注心力越多，態度越正向**：美國有個經典研究，在探討將合法飲酒年齡從 18 歲提高到 21 歲。雖然大多美國大學生都不同意這樣的法案，但是被要求參與法案推動的學生而言，他們事後會相當支持這個限制自身行為的法案（Sivacek & Crano, 1982）。想一想，參加太陽花學運的同學們，是否因此對服貿的態度更加堅定呢？

很多時候，行為會比態度更早改變（Bandura, 1989）。假如你參與一個反毒活動，你可能會對使用 K 他命產生負向的態度；如果你參與一個運動計畫，當有人問起運動的好處時，你可能會讚美運動對心血管健康的益處。

為何行為會直接影響態度？第一個觀點認為，我們有很強的需求去維持認知的一致性，並改變態度來使得自己的行為相符（Carkenord & Bullington, 1995）。第二個觀點認為，我們其實無法完全清楚地知道自己的態度，於是會觀察自己的行為並試著推斷，從中來決定自己的態度應該是怎樣的狀態。以下將會闡釋這兩個理論。

★ 認知失調論

認知失調（cognitive dissonance）的概念是由社會心理學家 Leon Festinger（1957）所發展出來，是指當個體想法與行為不一致時會感到不適（失調）（McConnell & Brown, 2010）。為了消除這種不適（失調）的情況，個體會產生一些行動（改變行為或修正想法）來減少這樣的不一致。

> **認知失調**
> 當個體面對想法與行為不一致時（失調）會產生不適反應，為了消除這種不適（失調）的情況，個體會產生一些行動（改變行為或修正想法）來減少這樣的不一致。

此理論最經典的研究由 Festinger（1959）所進行，他邀請大學生參與一個無聊的活動，然後在活動後要這些大學生去說服其他同學來參加這個活動，然後告知對方這個活動很有趣及好玩（產生認知失調）。他隨機將參與活動的大學生分派到獎金美金 1 元組與美金 20 元組。然後，在整個實驗結束後，請他們評估活動的有趣程度。結果發現，對於拿到 1 元美金且要說服同學參與這個活動者，他們對於活動的評價高過於 20 元組。這個實驗說明了，這些同學對於原來活動的態度因為自己的行為而改變了，他們為了讓自己行為（告知同學活動很有趣），而調整了自己的態度（將活動的有趣度評估調升）。而對於 20 元組，他們可以很清楚地告訴自己是為了錢而說了與自己態度不一致的小小謊言。

常用來減緩認知失調的方式有兩種：改變態度或改變行為。例如，大部分的菸槍知道抽菸有害健康，但仍不停止點菸。這種態度和行為的不一致會造成不舒服的感覺。為了減少這樣的不一致，這些菸槍要不是停止抽菸，要不就是強調抽菸的好處——「飯後一根菸，快樂似神仙」、「老王抽了 20 年都沒事」是他們常用來安慰自己的想法。

「集體主義文化」與「個人主義文化」中的人，哪一方比較容易出現認知失調？Triandis（1995）進行跨文化比較研究顯示，日本人與華人展現出的認知失調現象，比美國或加拿大人低。同樣地，Heine & Lehman（1997）也發現，日本人無論接收到正向、負向的性格測驗回饋，皆未出現認知失調的效果；但是加拿大人接收到負向性格測驗回饋後，則出現較大的認知失調效果。

★ 自我知覺論

Daryl Bem（1967）認為個體會覺察自己的行為，並為自己的態度做推論，於是，便會對態度形成自我知覺（self perception）。舉例來說，想想這兩種狀況「我每次都準時來上心理學概論，我一定很喜歡這門課！」或「上心理學概論，我都會打瞌睡，代表我不喜歡這門課！」Bem 相信，當我們並不清楚自己的態度時，我們會去看自己做了什麼樣的行為，也就是我們從自己的行動來反推自己內在的態度。

圖 13.4 比較認知失調論和自我知覺論。哪個理論是正確的？研究認知失調者認為人們會改變他們的態度，以避免覺得自己的行為很低俗、愚蠢、或有罪惡感。但此時用 Bem 的自我概念理論解釋也是令人信服的，人們在做出行為之前，並不會很強烈地堅信自己的態度，而似乎是知道自己的行為暗指著其真正的想法（Aronson, Wilson & Akert, 1997）。

	認知失調理論	自我知覺理論
理論者	Festinger	Bem
理論本質	我們有動力把不協調的行為和態度變得一致。	我們透過自己的行為與所處情境來推論自己的態度。
舉例	「我討厭我的工作,我需要一個更好的態度來適應它,要不就是辭職算了。」	「我用了所有的時間來思考我有多麼恨這工作。我一定很討厭它。」

圖 13.4 兩個把態度和行為連結的理論

★ 態度改變

我們一生中會花很多的時間去說服別人做某些事情（Perrin 等人，2010）。例如，你應該曾說服你的朋友和你去看電影，或是和你一起打球。想想看，購物臺的購物專家是如何讓你改變態度而購買某個不必要的東西呢？

要有效地改變態度，其中一個重要因素是訊息的來源——傳播者。如果你要競選系學會會長，你會告訴共事的夥伴說，你會盡全力讓系上活動變得更好！你覺得他們會相信你嗎？這就端看你的某些個人特質。我們是否會相信一個人，大部分的原因都來自這個人的專業知識或可信度。如果你曾經參與過系學會，則同學們會比較相信你有足夠的專業勝任系學會會長。可靠、有能力、討喜、吸引力以及相似性等特質，都會讓說服者更可以信賴，更能改變人們的態度或說服他們。以太陽花學運為例，穩重的林飛帆配上敢衝的陳為廷，這兩個人的個性與特質相輔相承地吸引著大家參與學運。

另一個說服的因素，則是用媒介或方法讓訊息被理解。想想看，觀看總統候選人的辯論轉播和閱讀報紙報導兩者之間的差異。電視讓我們看到不只候選人想要表達的理念，還有他們的個人特質，像是外貌和習性等。因為呈現的是生動的影像，電視被認為是改變態度的有力媒介。一項研究顯示，我們可以用媒體曝光的總量來預測許多政治初選的贏家（Grush, 1980）。在太陽花學運中，學生們利用網路的立即聯播讓大家更快速地收到訊息。

就像傳播者是一個很重要的因素，聽眾或接收訊息的人也很重要。聽眾的年紀和態度的強度是兩個很重要的特質，會左右訊息是否有效。年輕人較年長者容易改變態度。倘若聽眾的態度較弱，態度改變就很容易；相反地，當態度很堅定時，則不易去改變。以太陽花學運為例，配合參與者與大眾的需求，採用懶人包的方式來快速地傳遞訊息。

當然，訊息本身的特質也會影響說服力。有一系列的研究專門探討是理性說服還是感性說服策略比較有效。就如同汽車廣告一樣，有些訴求親情，而有些訴求汽車的效能。想想看，是哪一種汽車廣告最能夠打動你的心呢？

我們從訊息的主題得到的愈少，愈可能對感性訴求有反應。然而，絕大多數的人都要在理性和感性訴求同時作用時才會被說服。感性訴求引起我們的興趣，而事實才會讓我們把合乎邏輯的理由和訊息連結。試想某個新手機廣告，我們的情緒可能會隨著廣告中主角使用手機求救的情節起伏，或是深深地被某人所吸引；但之後是這支手機的實際狀況形成我們的購買訴求，也許是價格合理，或是它的設計能抗靜電防斷線，或是具備了手機上網的功能。

思考可能性模式（elaboration likelihood model）可用來解釋感性訴求和理性訴求之間的關係。它提出兩條說服路徑：中央路徑和邊緣路徑（DeMarree & Petty, 2007; Petty & Brinol, 2008; Petty & Cacioppo, 1986; Petty, Wheeler & Bizer, 2000）。中央路徑使人深思也是認知歷程中的慢想歷程；邊緣路徑則是周邊訊息，像是來源的可信度、吸引力或情緒訴求等，也就是採用認知歷程中的快思歷程（Brewer, Barnes & Sauer, 2010）。當人們並未專注於訊息傳達者所說的話時，邊緣路徑是有用的。你大概會這麼猜，電視裡的商業廣告常以邊緣路徑來說服你，因為它假定你在廣告期間不會用全心注意著螢幕；但是，當人們有能力、有動機，且注意事實的時候，中央路徑則是更有說服力（Lammers, 2000; Sparks & Areni, 2008）。

13.2 社會影響

社會心理學家另一個感到興趣的主題是：人的行為如何受到他人的影響（Cialdini, 2001; Judd & Park, 2007; Monin, 2007; Perrin 等人，2010）。在前一節，我們已討論如何表現自己來影響他人的看法，以及我們如何影響他人的態度和行為，而這一節將呈現另一些社會影響的觀點：從眾、服從、團體互動和領導統御。

13.2.1 從眾

從眾
行為的調整和團體行為標準接近一致。

你是否會覺得人類是一種盲從的生物？**從眾（conformity）**，即調整自己的行為與團體的行為一致。從眾有不同形式，並多方面影響人們的生活。它可左右納粹對猶太人的大屠殺、紅衛兵的文化大革命，也可影響目前的時尚流行。在停紅綠燈時，若有人闖紅燈，你是否也有一起闖的經驗呢？這就是一種常見的從眾。雖然從眾會有令人討厭或不吸引人的地方，但它並不全然是負面的，例如，人們對規則和條例的服從，可以讓社會運轉得更順暢。想像一下，如果人們都不遵守社會規範，像是開車開錯邊、上班上學不規律、任意打別人的臉等，那會有多混亂啊！

★ Asch 的從眾實驗

想像你處在這種情況：你進入一個房間，有五個人正圍在桌子旁邊，之後進來

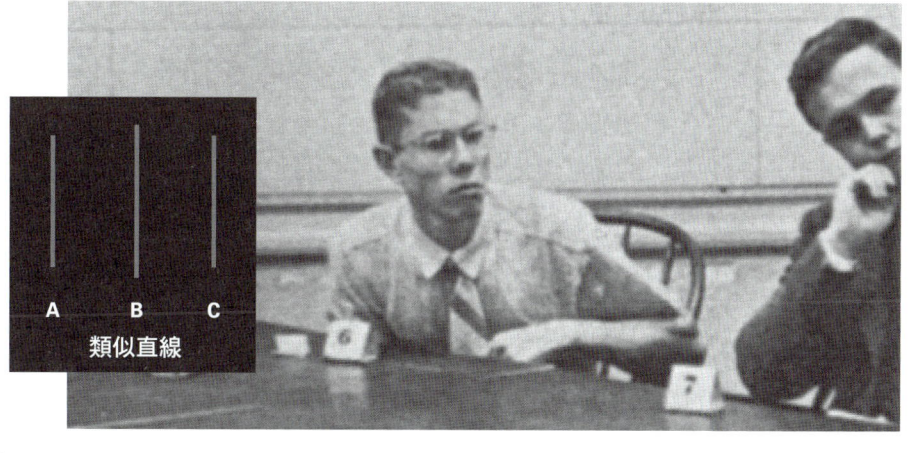

圖 13.5　Asch 的從眾實驗
上圖左是 Asch 從眾實驗用的紙板，上圖右可以看到第二張紙板中 3 條類似的直線。照片中，在 5 位實驗者同謀都選了一個錯誤的直線後，受試者滿臉困惑地看著紙板。

一位穿著白色研究服的人，告訴你參與的是一項知覺正確性的研究。在研究中，你和其他五人須看兩張紙板，第一張紙板上面只有一條直線，而第二張則有三條不同長度的直線。你被要求要去判斷第二張紙板上面的三條直線中，哪一條和第一張紙板上面的直線一樣長。你看到紙板時心裡會想：「這答案太明顯了！」（圖13.5）。其實你不知道的是，這房間的其他人早就和實驗者組成同謀了；他們是根據實驗者的指示來演這場戲的。在起初的數個實驗中，每個人都選同一條和第一張紙卡上一樣的線；然後，到了第四個實驗時，其他所有的人都選了一個錯誤的答案。而你是最後一個要做選擇的人，現在便陷入一個兩難的局面：你要根據自己眼睛看到的答案來回答，還是要遵循前面的人所說的答案？你覺得你會怎麼回答？

Solomon Asch 在 1951 年領導這個經典的研究，他當時認為只有很少的自願受試者會屈服於團體的壓力。為了驗證這個假設，Asch 指導實驗者同謀在 18 個實驗中，有 12 次回答錯誤的答案，結果出乎他的意外。Asch（1951）發現每一次約有 35% 的自願受試者會遵從大家錯誤的答案。後續研究也發現這種從眾的壓力是非常強大的（Pines & Maslach, 2002）。即使知道清楚的訊息，就像 Asch 實驗中的直線，我們也會依循大家的反應來做判斷，因為不想與眾不同或者被他人排擠。

★ 促成從眾的因素

有許多因素會影響一個人的從眾與否（Cialdini & Trost, 1998），但一般來說，人的從眾不是受到規範性社會影響就是訊息性社會影響。**規範性社會影響（normative social influence）** 是因為希望受到他人的認可或避免他人的非難，而影響我們去做跟大家一樣的行為（Hewlin, 2009）；**訊息性社會影響（informational social influence）** 是因為希望不要犯錯，而影響我們去聽從大家的建議（Taylor, Peplau & Sears, 1997）。基於訊息性社會影響而去從眾，主要有兩個特別的因素：

規範性社會影響
希望受到他人的喜歡，而讓自己與他人做一樣的行為。

訊息性社會影響
希望自己正確決策，而讓自己去聽從大家的意見。

第 13 章　社會心理學

我們對自己的獨立判斷擁有多少信心，以及我們從他人身上接收到什麼樣的訊息。

研究人員亦發現了一些影響從眾與否的因素：

- **全體無異議**：在 Asch 的畫線紙卡實驗中，除了受試者外，團體的意見是一致的話，從眾壓力會很大。一旦團體意見分歧，從眾壓力就會降低很多。
- **優先表態**：若你沒有優先行動，就可能會受到他人影響；倘若你已公開對一個意見或行動表態，則更不會去從眾他人。
- **人格特質**：低自尊且懷疑自己能力的人更可能從眾（Campbell, Tesser & Fairey, 1986）。
- **團體成員特質**：若團體成員很優秀、很吸引你，或和你相似，則你更可能會從眾。
- **文化價值觀**：一個涵蓋 14 個國家的實驗研究發現，在個人主義的國家中，人們從眾的比例較低；例如在美國，人們傾向去追求他們想要的東西。而集體主義國家的人則較為從眾；例如在中國，人們會試著去促成團體的成功（Bond & Smith, 1994）。集體主義文化（東亞社會）比個人主義文化（美國社會）更重視團體目標與和諧，可能會更讚許從眾與服從的行為。Bond & Smith（1996）[註4] 針對 17 個國家的線段判斷研究資料作整合分析，發現集體主義文化參與者的確表現較高比例的從眾行為。

13.2.2 服從

服從
個人遵從權力者所明確要求的行為。

在從眾的情境中，人們會改變自己的想法或行為，讓自己和他人更相似，但對方並沒有明確地要求人們去從眾。這和服從的不同之處在於，**服從（obedience）** 是個人遵從權力者所明確要求的行為（Blass, 2007）。當權力者要求我們做某些事情，而我們去做，這就是服從。第二次世界大戰中納粹仇視猶太和其他人，以及美軍在梅萊大屠殺中殺害越南平民，都是服從的殘忍範例。千萬人服從並執行這些顯而易見的錯誤行為，在歷史比比皆是。

Stanley Milgram（1965, 1974）主導了一系列經典的研究，對服從提供了很好的洞察。想像一下，你現在同意參與一項研究，主題是有關懲罰對記憶的效果，你的角色是「老師」，當「學生」犯錯之後，要逐次增強電擊以懲罰他。事前你會先接受 75 伏特的電擊，來了解被電擊的感受。

之後有人會介紹學生與你認識——一位 50 歲左右的紳士。他被綁在椅子上時，嘴裡還咕噥著自己有心臟方面的疾病。你將待在隔壁房間，透過內部通信系統與學生聯繫，以及一個有 30 個刻度的電閘開關，上面標示著 15 伏特「輕微」到 450 伏特「危險、電擊危險度：死亡」。隨著實驗的進行，學生很快地就感到苦惱，而且

註 4: Bond, R., & Smith, P. B. (1996). Culture and conformity: A meta-analysis of studies using Asch's (1952b, 1956) line judgment task. *Psychological Bulletin*, 119, 111–137.

沒有辦法回答出任何正確答案；電擊到了 150 伏特時，學生說他很痛苦，要求停止實驗；到了 180 伏特，他哭喊著再也受不了了；直到 300 伏特，他喊著說心臟有問題，並以此為由希望放過他。若是你猶豫不決、不知道是否要再繼續電擊下去，實驗者會告訴你沒得選擇，實驗必須繼續。

順道說明，這位 50 歲的男人是實驗者同謀，他並沒有受到任何電擊，當然老師完全不知道學生是假裝被電擊的。

你應該可以想像，這個實驗裡的老師其實也很為難。在 240 伏特的時候，有個老師這樣說：「240 伏特電擊！哇嗚，不！你說我得繼續下去？不，我並不想殺了他——我不想給他 450 伏特的電擊。」（Milgram, 1965）。當電擊開到很強的強度時，學生放棄抵抗了，此時老師問實驗者該怎麼辦時，實驗者只是輕描淡寫地要老師繼續，並告知完成工作是老師的職責。

有 40 位精神科醫師分別被問到他們認為人們在這情形下會如何反應？他們推測，絕大多數的老師不會操作超過 150 伏特，而在 25 個人中，操作到達 300 伏特的不會超過 1 人，且 1,000 人中，只有 1 人會電擊到最高的 450 伏特。最後的結果，卻遠遠超過精神科醫師們的預測：大多數的老師都服從實驗者，而事實上，有三分之二的老師都電擊到最高的 450 伏特。圖 13.6 列出 Milgram 的研究結果。在其後的研究中，Milgram 在康乃狄克州的 Bridgeport 設立店面，並在報紙上刊登廣告招募自願者。Milgram 希望能在更貼近真實生活的環境下實驗，並希望招募各種不同層級的自願者。在這些研究裡，亦有接近三分之二的人用最大電量來電擊學生。在後續的實驗中，Milgram 也發現在某些情境下有更多的人會拒絕服從：當看到其他人也拒絕服從時、當權力者不再合理且不在旁邊時，以及當受害者看起來更有人

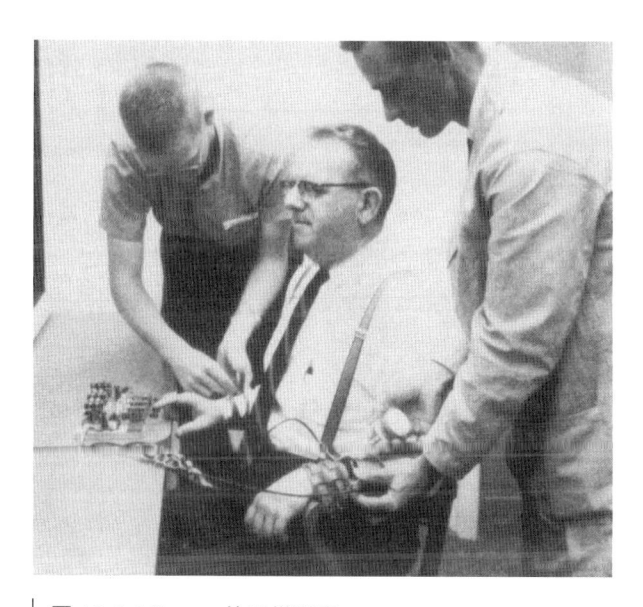

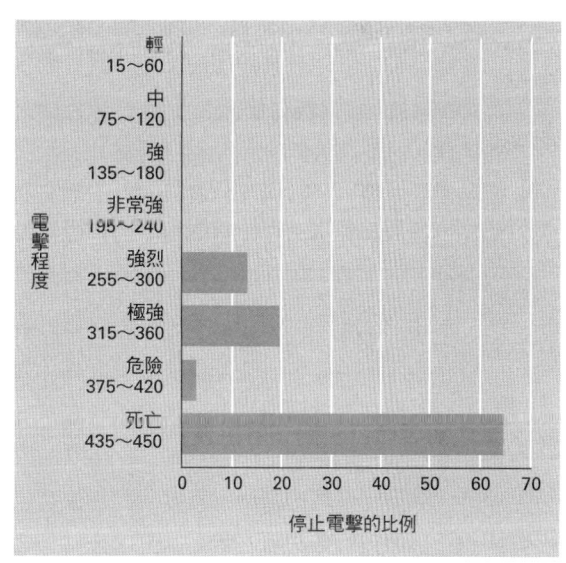

圖 13.6 Milgram 的服從研究
一名 50 歲的男士扮演被綁在椅子上的「學生」。實驗者在他身上貼許多電極，看起來像是連接著電擊器。上圖右顯示「老師」（受試者）最後停止電擊學生的電壓等級（圖示以百分比計算）。

性時。這顯現出，在一般的狀態下，我們很容易服從權威者，並且依照權威者的指示行動；但某些特殊的狀況下，我們還是可以擺脫權威者的要求，拒絕服從。

在重視上下關係的華人家族與華人社會裡，下位者面對權威的服從至為重要。楊國樞（1992）註5 就直接指出華人社會典型的社會規範就是順從長上與服從權威，並提出華人社會是個權威取向的社會，主要特徵為權威敏感、權威崇拜、權威依賴。目前，在重視平等的現代社會中，還是可以發現華人權威取向存在於臺灣社會，且具有習慣性。在人際場合中，權威覺察是普遍存在的。權威覺察後，若有權威在場，人們會立即展現恭敬的行為反應（如：起立），是一種自動化的習慣反應（簡晉龍，2013）。

註5: 楊國樞（1992）。《中國人的心理與行為：理念與方法篇》，87-142。臺北：桂冠圖書公司。

動動腦

電醒這個世界的人──研究倫理的思考

Milgram 的實驗顯現服從權威的可怕，不免讓我們懷疑這些人的道德感是否消失了呢？在 Milgram 的實驗裡，自願的老師都感到十分苦惱，有些人甚至因為怕「傷害」了別人而心神不寧。在實驗結束後，他們都被告知學生不是真的受到電擊。Milgram 認為在研究顯示出很多有關人類的本性，尤其是人們會服從到什麼樣的地步。之後訪談受試者，有超過五分之四的人說很開心能夠參加這項研究，而且沒有一個人對參與研究感到遺憾。

不過，以目前的研究倫理原則來看，Milgram 的實驗根本無法執行，因為他涉及到欺瞞（未告知研究參與者真實狀況）以及釋懷（沒有有效處理研究參與者的情緒）。但即便 Milgram 的服從研究受到研究倫理的限制，其實我們在生活中常遇到服從問題。想想看，當上司要求你做一個你自認的不當行為時，你會怎麼做？

- 你會服從。
- 你會陽奉陰違。
- 你會公開表示自己的懷疑與反對立場，但仍會遵從指示去做。
- 你會公開地忽視命令並拒絕服從。
- 組織一群同意你的人來增強你的論點。

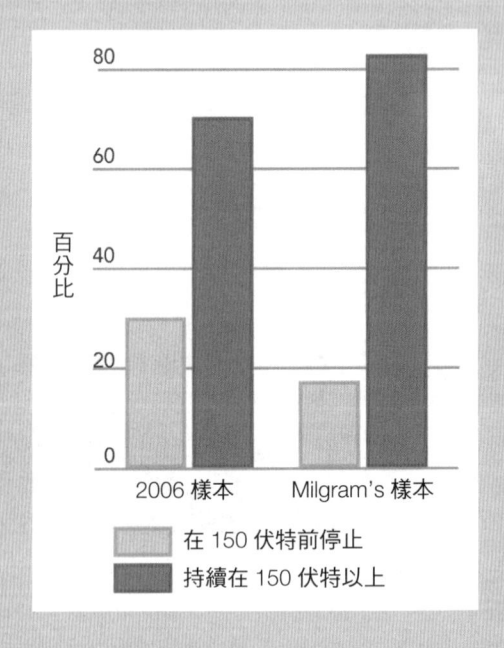

由於服從的實驗涉及研究倫理的議題，這個研究就因此而結束嗎？社會心理學家在 2006 年複製了 Milgram 的實驗（Burger, 2009），其中一個差別就是當電極到 150 伏特時，並說明實驗在 150 伏特時就結束，受試者可以自己決定停在 150 伏特或者是增加電擊量；結果很令人訝異的是，持續電擊超過 150 伏特的人數比率只是比 Milgram 的實驗還要少一些（如左圖）。面對這樣的實驗結果，你有怎樣的想法呢？受試者只是單純地受到主試者的影響嗎？為何這樣看似殘忍的電擊實驗在近期還可以進行呢？多了這個研究，可以讓我們更清楚知道些什麼新的訊息嗎？在追求真理的過程中，我們需要犧牲少數人的權益嗎？這些都是心理學研究需要深思的議題。

> **想一想**
> 1. 你覺得進行心理學研究時，需要考慮哪些研究倫理原則？
> 2. 以你的角度來看，Milgram 這樣的研究可以持續進行嗎？
> 3. 在生活中，你會因為個人原則而違反上司的命令嗎？

| 建議閱讀 |
Thomas Blass 著，黃擇洋譯（2006）。《電醒世界的人》。遠流出版社。

13.2.3 團體互動

全家團圓吃年夜飯、參加社團活動、中秋與系上同學烤肉——這些情境都是我們活在群體的寫照。三人以上即是一個群體，某些團體是我們所選擇的，而某些則否。像是我們可能會選擇加入某個社團，也可能都是某個族群的人（如：都是客家人而組成客研社）。我們會加入一個團體，可能是因為覺得加入後會很好玩、很刺激，且可滿足交友的需求；加入的原因也可能是可以得到物質的或心理的獎賞。例如，我們到一家公司上班，不只是為了賺錢，也想得到公司的認同和聲譽。團體亦是資訊的重要來源；例如，當聽到其他成員討論減肥團體時，我們也會學到一些減肥的方法。我們更是許多團體的成員，如：家庭、大學、公司、民族。這些都會給我們一種認同感——當別人問「你是誰」時，我們常會在回答裡說明自己屬於某一個團體。

★**團體元素**

團體第一個重要元素是常規（norm）。每個團體都有獨特的規範且適用於所有

成員。規範有正式的,像是上下班要打卡、上課不能滑手機;和非正式的,像是上某堂課時,你會固定坐在某個座位。

第二個元素是角色(role)。每個人在團體中都有不同的角色,各有其責任與義務,例如社團中的社長、副社長等不同的職務角色。在生活中,你有學生的角色、工讀生的角色、男(女)朋友的角色等等。

社會助長
當在他人面前時,會有增進個人表現的傾向。

社會懈怠
由於個人在團體裡減少了應負的責任,於是每個人在團體裡傾向用較少的努力。

★團體中的個人表現

人在團體中的表現比較好?還是獨自一人時的表現比較好?假設你是籃球隊員,當比賽期間遇到罰球時,是有人在旁邊加油或是一個人專心投籃,哪一種狀況會讓你表現比較好呢?Norman Triplett(1898)發現,自行車選手在與他人競速時的表現,比起個人計時賽的表現來得好。Triplett 用釣魚線捲軸打造了一臺「競賽機器」,這個機器可以讓兩個人並肩一起轉動捲軸;在觀察 40 個孩子後,他發現數個孩子一起轉捲軸的速度比獨自轉動時還快。在 Triplett 之後一個世紀的今天,有些研究顯示出我們在團體中的表現較佳,另一些則認為獨自工作的表現更有生產力(Paulus, 1989; Mojzisch & Schulz-Hardt, 2010; Nijstad, 2009)。我們可以藉由團體中的三個效應,來了解這看似矛盾的結果:

- **社會助長(social facilitation)**:此現象是指當在他人面前時,會增進個人的表現(Mendes, 2007)。Robert Zajonc(1965)認為當他人在場時可以激勵我們,但若被激勵過了頭,反而不能有效地學習新事物或完成困難的工作。所以,社會助長可以增進我們對熟悉工作的表現,而對於新的或困難的工作,自己獨自完成會比在團體中的表現還要好。
- **社會懈怠(social loafing)**:此現象是指由於個人在團體裡減少了應負的責任,於是每個人在團體裡便傾向用較少的努力。社會懈怠效應會降低團體的整體表現(Latané, 1981)。當團體愈大,個人愈可能因為不會被發現而表現得愈懈怠。要減少社會懈怠,可以增加個人對團體的認同及個人對團體貢獻的獨特性,讓這些貢獻很容易進行評價,並使作業變得更有吸引力(Karau & Williams, 1993)。但在某些情境下,與人共事時還是會增加個人的努力,

你在團體中的表現較好還是個人表現時較好?當情況不同的時候,你會更改你的答案嗎?

而不是減少（Levine, 2000）。例如，當一個人很重視團體作業，而他並不期望其他的團體成員會對團體充分貢獻，他便可能比平常更努力。社會懈怠也與性別和文化有關；男性比女人更可能懈怠（Karau & Williams, 1993）。為何會這樣呢？因為女性比較會關心團體中其他人的福祉，以及團體共同的表現，而男性則比較個人主義，較專注在個人的需求和表現（Wood, 1987）。哪種社會中較容易出現社會懈怠？其實各文化社會都有社會懈怠現象，但在如美國這種西方個人主義的文化裡，比重視團體目標的東方集體主義文化（如中國和日本）更為嚴重（Karau & Wolliams, 1993）。

- **去個人化（deindividuation）**：發生在個體屬於團體的一部分時，便減少了個人認同，也隨之減少了個人的責任（Dodd, 1995; Levine, Cassidy & Jentzsch, 2010; Zimbardo, 2007）。早在 1895 年，Gustav LeBon 即觀察到，個人處於團體之中會培養出不受拘束的行為，範圍從狂亂的慶祝到暴民運動。三 K 黨（Ku Klux Klan）的暴力、狂歡節（Mardi Gras）的暴動，和春吶的喧鬧，都可能是導因於去個人化行為。去個人化的其中一個解釋是，團體給予我們匿名性：可以不受拘束地行動，因為我們相信當權者或受害者都很難指認我們的罪行。

> **去個人化**
> 當個體屬於團體的一部分時，便減少了個人認同及個人責任的傾向。

★團體極化

我們有許多決定都是在團體中完成，如：家庭、班會、系學會等等。有時決定的結果會讓人跌破眼鏡，為何一群人的決定會如此匪夷所思呢？數以百計的研究指出，團體決策受到一開始決定的方向所影響（Moscovici, 1985），**團體極化效果（group polarization effect）** 指的是個體為了穩住自己在團體中的角色，一味地支持團體的決策，而更加穩固團體的決策。這往往讓團體成為一言堂，以致於無法聽到其他的聲音。在團體討論中，你會在團體中聽到一個新的或者是比你還要好的意見，這時你較不會堅持己見，而會朝向大家認同的意見走。另外，也有可能是你的觀點沒有他人的突出，以致於你的意見被淡化了，大家就朝向突出的觀點前進。

> **團體極化效果**
> 更凝聚加強團體討論的結果。

★團體迷思

在團體中，有時你會不會覺得大家共同在做一個蠢決定呢？心理學家 Irving Janis（1972）認為這個問題的答案是**團體迷思（group think）**，意指團體成員為了要維持團體和諧而削弱了理性的決策力，並逃避對真實的評估。團體迷思包括成員為了想要提升其他人的自我而促成從眾，特別是面對壓力時（Degnin, 2009）。這種為了和諧及全體一致同意的動機，終會導致悲慘的決定。想一想，在決定班遊的地點時，你是否會因為團體的潛在壓力而無法表達自己的反對意見呢？

以下有數個策略來避免團體迷思：

- **減少孤立**：邀請非相關決策團體的成員來參與討論，鼓勵他們給予不同的想法與意見。

> **團體迷思**
> 團體成員為了要維持團體和諧，而削弱了決策力並逃避對真實的評估。

- **讓領導者公正**：鼓勵多方意見與想法，領導者應為傾聽與意見統整者，而非主要決策者。
- **外聘專家**：由外聘的專家提供不同的想法。
- **與可信任的人討論**：在進行決策前，聽聽可信賴成員的真實想法與意見。
- **需要會前會**：在進行決策前，需要招開會前會，讓不同的聲音浮現，並有充分的討論空間。

13.2.4 領導統御

在系上，誰會是優秀的系學會會長？是什麼讓某些人在團體裡那麼具有影響力，使其他人都願意跟隨他在艱困中、甚至是危險中努力？這是因為人格特質的關係或環境而使得領導者浮現，或是兩者皆有？

偉人論（great person theory）說明有些人的某些特質非常適合於領導地位。領導者常被認為有決斷力、樂於合作、果斷、有支配力、有自信、能容忍挫折、願意負責、有外交手腕，且圓滑並有說服力。英國首相邱吉爾（Winston Churchill）有一次說到他自己：「我不是那個需要被批評的人，事實上，我最有資格給他人指教。」這就是偉人論的典型。想一想，《賽德克・巴萊》中的莫那魯道，他有哪些領導特質呢？

領導的環境論（situational view）認為時事造英雄。時空背景的變化創造出不同的時代英雄。想一想，不論在三國時代或是在臺灣的日據時代，這樣的時空背景下，有多少領導者嶄露頭角？權變模式（contingency model）說明了人格特質和環境共同影響來決定領導者，這也為領導者和追隨者的互動方式提出說明。這種領導者有兩種基本風格：他們指示成員努力地完成一件工作（任務取向），或者幫助團體成員相處（關係取向）（Fielder, 1978）。如果工作狀況起伏不定，任務取向的領導者會比較好；但若工作環境穩定，則關係取向的領導者較為適合。

不同領導風格的想法對於社會心理學家研究性別和領導統御很有用。男性似乎比較像是指導性的、任務取向的領導者；而女性則比較偏向民主的、關係取向的領導者（O'Leary & Flanagan, 2001）。一位男性也許會指示別人怎麼做，而女性大概會一同討論並廣徵博見。用這種採納共同參與合作的風格，女性領導者較能不讓人們抗拒她的領導、贏得他人的接納、獲得自信，並且更有效率（Lips, 2003）。有些女性也證明了她們是更有效能的領導者。在新近的研究裡，由部屬和同儕來評定9,000位女性及男性主管，而研究結果指出，女性被認為比男性更有效能（Center for Leadership Studies, 2000）。也就是說，女性要比男性更有能力才能當上主管。

華人組織中具特色的的領導風格為家長式領導，遍佈在臺灣家族式的企業組織中（鄭伯壎，1995）。家長式是一種包含強烈的紀律性和權威、包含父親般的仁慈和德行的領導行為方式，並包含三類組成要素：威權、仁慈、德行領導（樊景立、鄭伯壎，2000）。這個議題會在職場心理學做深入的討論。

13.3 團體間的關係

生活中常面臨團體衝突（Stevens & Gielen, 2007），如系際盃的比賽與政黨衝突。此外，我們對於其他族群會產生汙名化的問題，包含刻板印象（原住民愛喝酒）、偏見（精障者是不定時炸彈）以及歧視（排斥愛滋感染者）。除了負面的群體關係以外，我們也有正面的群體合作，如：日本福島核災後的各國援助。

13.3.1 團體認同

社會認同（social identity） 指的是我們會用團體成員的觀點來認同自己（Deaux, 2002; Dovidio, Gaertner, & Saguy, 2009; Wenzel, 2009）。比較起來，個人認同有較高度的個人化，社會認同則假定我們和他人有些共同特徵。認同團體不意味著會認識或和團體內的所有成員互動，而這也意指我們相信自己和團體的其他成員共有許多特徵。社會心理學家 Kay Deaux（2001）分辨出五種不同的社會認同：族群和宗教、政治、職業和副業、個人關係，以及汙名化團體。每種類別的例子見圖 13.7。

> **社會認同**
> 我們會用團體成員的觀點來認同自己。

根據社會認同理論，我們會不斷地拿自己的團體（內團體，in-groups）和其他團體（外團體，out-groups）比較，且會著重在這兩個團體的差異，較少重視其相似性。想像兩位職業棒球隊的球迷，一個支持義大犀牛隊，一個支持中信兄弟象隊，當這兩位球迷聊天時，他們很少會提到彼此有多愛棒球，而是質疑對方球隊的優點。當他們想要增進彼此的社會認同時，很快地就會開始沾沾自喜地討論自己的球隊，並且汙衊對方球隊。簡言之，聊天的主題就變成「我的球隊好，而我也好；你的球隊差，而你也差。」這種情況也會發生在性別、族群團體、國家、社會經濟團

族群和文化衝突會比其他團體間的衝突來的更劇烈，綜觀歷史和現今的世界就是最好的例子。近年來族群間的衝突，有中東地區以色列—巴基斯坦的戰爭（左圖），以及在北愛爾蘭的天主教徒—新教徒間的衝突（右圖）。為何族群和文化的衝突會如此激烈？要如何減少衝突？

族群和宗教
亞裔美國人
猶太人
南方浸信會
西印度群島人

政治參與
女性主義者
共和黨員
環境保護者

職業和副業
心理學家
藝術家
運動員
陸軍後備軍人

關係
母親
雙親
青少年
寡婦

汙名化認同
AIDS 患者
遊民
肥胖者
嗜酒者

圖 13.7 社會認同的種類和範例

種族中心主義
和其他團體相比，我們有偏袒自己所隸屬文化或族群團體的傾向。

體、宗教、婦女會、兄弟會，以及其他數不盡的團體。這種比較常常導致對立，甚至歧視其他團體。

社會心理學家 Henry Tajfel（1978）證明了要讓人們去想「我們」和「他們」是多麼地簡單。在一個實驗中，先在螢幕上出現許多光點，接著 Tajfel 將高估光點數量的人分為一組，而低估的人分為另一組。然後 Taijfel 指派作業給這兩組：受試者需送錢給其他的受試者。果不其然地，每個人都只把錢送給與自己同組的成員。如果人們在這種微不足道的分組上都有所偏愛，更不用說我們會偏愛那些比這種分組都重要的團體了（Jussim, Ashmore & Wilder, 2001）。

文化比較研究發現，東西文化的內團體偏失之對象有所不同。李美枝（1993）[註6]研究發現，美國與臺灣大學生對陌生人都有不公正之處，但臺灣大學生對家庭內的關係表現出明顯的偏失，而美國大學生則表現出自我中心偏失反應。在華人社會中，當對方被劃入我們的內團體，成為自己人時，內團體偏失就更為彰顯。楊國樞（1993）指出，在華人社會中自己人是可以享有特殊待遇的；若做錯了事，可以通融、講情面、甚至掩飾，互盡義務與責任可以不求回報；但對待外人卻是錙銖必較，不講情理，較嚴峻的差別對待。

和其他團體相比，我們有偏袒自己所隸屬文化或族群團體的傾向，這稱為**種族中心主義**（ethnocentrism，見 Gormley & Lopez, 2010; Hall, Matz & Wood, 2010）。種族中心主義正向的一面，是能在團體裡培養榮譽感，滿足人們對自我形象的需求；而負向的一面，則是會鼓勵我們有內團體／外團體及我們／他們的思維（Brewer, 2007; Smith, Bond & Kagitchibasi, 2006）。族群團體內的人藉著慶祝傳統和文化，來證明自己對他人沒有差別待遇，像是非裔美國人的行動主義者 Stokely Carmichael 在 1966 年曾說：「我是為了黑人，我不是在對抗任何事！」然而在現實中，族群團體的成員卻常強調著人我的不同，而不是單純地重視自己團體的榮耀。內團體的榮耀並不總是反映著種族中心主義。屬於弱勢團體的成員，如非裔美國人、拉丁美洲人、女性、同性戀者⋯⋯等，常常宣稱內團體的榮耀，以對抗有關社會所傳出對他們團體的負面消息（Crocker, Major & Steele, 1998）。

13.3.2 汙名化

汙名化（stigma）或稱烙印，源自於希臘人在奴隸、罪犯或叛徒身上所加

>> 註 6: 李美枝（1993）。〈內團體偏私的文化差異：中美大學生的比較〉。《中研院民族所集刊》，73，153-190。

諸的記號，現在則是對他群（other group）所進行的標記效果，其中包含三大成分：認知成分（刻板印象）、情緒成分（偏見）以及行為成分（歧視）（Dovidio, Hewstone, Glick & Esses, 2010）。在韓國電影《美麗的聲音》中，我們可以清楚地看到監獄管理階層對於受刑人的刻板印象，也可以看到家人的偏見以及警務人員表現出的歧視行為。

★ 刻板印象

刻板印象（stereotype）是汙名化的認知成分，即對一個團體特質有概括性的想法（認知），而這個判斷並沒有考慮每個人之間個別差異（Kite, 2001）。舉個例子，「原住民愛喝酒」、「臺客愛改車」這樣的想法就是一種刻板印象。研究發現，我們會較少去察覺「其他」團體的人與自己不同之處。

為何我們會看見自己團體成員的不同處，且會認為其有可取的特性，但看其他團體的成員就變得每個人都一樣，且有共通的特性。像是我們在第 8 章討論過的，當我們思考這人或這團體來自某一群體時，就會開始用分類或基模，因此，便已開始用刻板印象而不自知（Greenwald & Banaji, 1995）。最大的問題不是我們開始分類，而是侷限了自己對他人的覺察，只用基模粗糙地勾勒出人的輪廓，卻不對其個人特質增加特別的訊息。

★ 偏見

偏見（prejudice）是汙名化的情感層面，是一種因為某人是其他團體的成員，於是對他有一種負向的感受。這種團體可能是由一些特別的種族、性別、性傾向、年紀、宗教或國家的人所組成，或是懷有偏見的人認定這些人有其他共同的特點（Brandt & Reyna, 2010; Graziano & Habashi, 2010; Jefferson & Bramlett, 2010; Jones, 1997, 2002; Nelson, 2002, 2009）。偏見是一種普世可見的現象（Baker, 2001），它在人類歷史上已經點燃無數憎恨的火花，例如大家對於同性戀都會有性行為上的偏見。

為何人們會有偏見？總括社會心理學家的理由如下（Monteith, 2000）：

- **個人人格**：數年前，社會心理學家 Theodor Adorno 和研究夥伴（1950）描述一種對權力服從的人格（authoritarian personality）——一絲不苟地遵循傳統、死板、對破壞傳統規範的人感到憤怒、對權力過分地服從。他相信有這類人格的人很可能會有偏見，但不是所有有偏見的人都有這種人格。
- **因缺乏資源而產生團體間的對抗**：社會裡沒有足夠的工作、土地、權力或地位，或其他物質和社會資源，導致人們產生敵意和偏見。某些團體也許彼此會開始競爭，因此更可能會對對方產生偏見。例如，移民者常和社會裡低收入者競爭，導致兩團體間的衝突持續不斷。
- **欲增加自尊的動機**：根據 Henry Tajfel（1978）的研究，人們會透過身為一個特殊團體的成員，獲得這個團體的認同而得到自尊；而他們的自尊，會讓自己更覺得喜歡這個團體勝過其他的團體。

刻板印象
對一個團體特質有概括性的想法，而這個判斷並沒有考慮每個人之間都有所不同。

偏見
因為他人是某個團體的成員，於是對他有一種負向、不公平的態度。

團體成員常常會為他們的族群團體展現榮耀。
（上圖左起）墨西哥裔美國人慶祝 Cinco de Mayo、印地安人的傳統慶祝、波蘭裔美國人的文化慶祝。
（下圖）非裔美國人慶祝馬丁・路德・金恩日。為什麼這樣的慶祝被認為是正向的，而其他的則否？

- **因為認知程序而會有分類和刻板印象的傾向**：人類有限的能力讓我們很難仔細且完整地思考（Allport, 1954; Cook, Cusack & Dickens, 2010; Wegener, Clark & Petty, 2006）。我們以有限的訊息歷程能力來處理複雜社會環境的結果會導致藉由分類和刻板印象來過分簡單化這個社會環境。當有了刻板印象，偏見很快就會跟著出現（Amodio & Mendoza, 2010; Brigham, 1986; Stangor, 2009）。
- **文化學習**：家庭、朋友、傳統規範，以及約定俗成的歧視，提供了大量的機會讓人們對他人有偏見。在這種類別中，別人的偏見信念系統會併入自己的系統內。孩子的偏見，甚至會出現在他們有認知能力或有社會機會去發展自己的態度之前。

★ 歧視

歧視

一種對團體成員有不公平、負向的或有傷害性的行為，且只因為這人屬於該團體。

歧視（discrimination）是一種對團體成員有不公平、負向的或有傷害性的行為，也就是汙名化的行為層面，最常出現的就是排斥與社會距離的展現。歧視融合了負向的刻版印象（認知層面）與帶有負面情感的偏見（情感層面），並轉化到行為表現（Bretherton, 2007; Major & Sawyer, 2009）。早期對歧視的研究著重在公開

的形式,對象(人或團體)、行動,以及行動者的強度都清楚可辨。行動者藉著自己是特殊團體的成員,而不當地欺壓女性或屬於少數民族的人,從中得以維持自尊。如今我們開始透過很多方式來改善歧視的問題,公民權的立法與態度的改變藉著大眾媒體廣泛地傳播出去,如兩性平權法的制定。公然歧視已是「政治不正確」的行為。

13.3.3 增進族群間關係的方法

數十年前,社會心理學家 Muzafer Sherif 和研究夥伴(1961)在美國奧克拉荷馬州一個名為海盜營(Robbers Cave)的夏令營裡,對兩群 11 歲男孩灌輸了「我們／他們」的概念。其中一組是響尾蛇隊(Rattlers,一個因粗暴又滿口惡言而著名的團體,襯衫上飾有蛇的標誌),而另一隊是老鷹隊(Eagles)。

Sherif 把自己打扮成管理員,採用參與觀察的方式進行研究。他先為兩隊安排棒球、橄欖球,以及拔河比賽等,然後很巧妙地操縱競賽的判決,讓兩隊都認為對方在比賽中投機取巧。最後發現他們會突襲對方的地盤、燒掉對方的隊旗,還大打出手。響尾蛇隊和老鷹隊更進一步地嘲笑對方,經過對手身邊時會扮鬼臉取笑對方。響尾蛇隊認為同隊的人都是勇敢、強壯且善良的,而把老鷹隊說成卑鄙又自傲的小鬼;老鷹隊則回擊說響尾蛇隊都是愛哭鬼。

「我們／他們」衝突已讓響尾蛇隊和老鷹隊變成敵對的「軍團」。Sherif 試著用許多方法來減少兩隊間的仇恨,而其中唯有要求兩隊偕同合作解決問題時,他們才建立起正向的關係。Sherif 設計了需要兩隊一起努力的任務:一起修理營隊唯一的供水器、一起合資租電影、一起把卡車拉出水溝等。圖 13.8 顯示競爭活動和合作活動是如何改變對外團體的觀感。

另一個打破汙名化造成藩籬的可行策略是親密接觸(intimate contact)分享個人的憂慮、困難、成功、失敗、個人抱負和因應策略(Brislin, 1993)。雖然單純接觸——在同一個學校讀書、在同一家公司上班、在同一個社區生活——可以增進族群間的關係。但當人們在自我揭露、說些有關自己的事情後,他們更可能被視為一個獨立的個體而非某個分類下的成員。在分享私人的事情時,常會發現其他人也可能有同樣的感覺、希望,以及有共同關心的人事物,

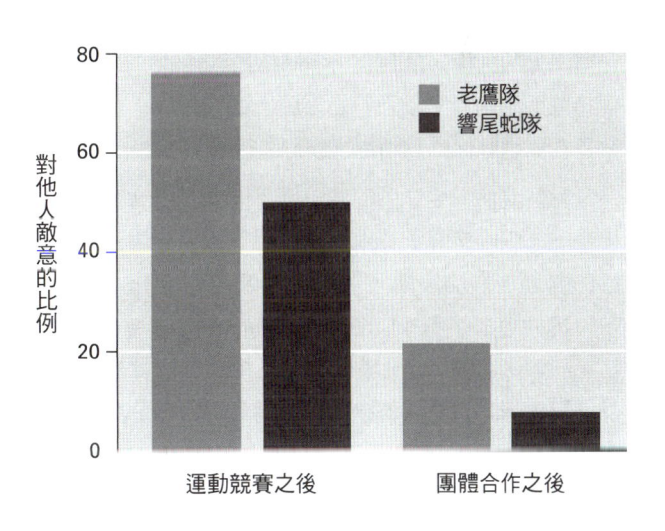

圖 13.8 外團體在競爭和合作活動中的態度
在 Sherif 的研究中,敵意在一個運動競賽之後達到高點,意指響尾蛇隊和老鷹隊在競賽過後就厭惡對方。然而在團體合作並達到目標後,他們敵對的態度便漸漸下降。

更有助於打破「內團體／外團體」、「我們／他們」的藩籬。當彼此有相等的地位時，親密接觸會更有效果（Devine, Evett & Vasquez-Suson, 1996）。

最初對族群間接觸的調查研究之一，是在一個針對非裔美國人和白人居民於無種族隔離的住宅計畫中展開（Deutsch & Collins, 1951）。這些居民住在同一個公寓社區並共用一些設施，像是洗衣間和兒童遊戲場。這些居民發現彼此聊天還滿愉快的，好過洗衣服時只死盯著那堵牆；而當看著孩子玩在一起的時候，非裔美國人和美國人會開始有些交談，不會在乎皮膚顏色的問題。一開始他們的話題圍繞在一些毫無親密感的瑣事上，像是洗衣機的品質等，但最後也觸及屬於私人的事情。白人和非裔美國人發現，他們的分享中有很多相似的想法，如：工作、孩子讀書的情況、納稅等。分享親密的訊息後，會讓自己對來自不同族群的人更友善，而且更能忍受對方、彼此都能抱持更少的偏見（Brewer & Gaertner, 2001; Pettigrew & Tropp, 2006）。在「在地人的心理學」這個專欄裡，將探討國內透過人際接觸來消弭群體間的歧視議題。

在地人的心理學

疾病的汙名化與改善方案

汙名化是族群間衝突與歧視的展現，當你對其他族群（如：精神病患、愛滋病患者等）有認知層面上的刻板印象（如：「他們都是可怕的」）、情緒層面上的偏見以及行為層面上的歧視時，你就是在對這些你感到陌生的族群進行「汙名化」。

對於疾病汙名化的問題，臺東大學特殊教育學系陳志軒老師等人特別專文探討健康研究中的烙印議題，該文說明了許多族群深受汙名化之苦，其中包含了第 11 章所提到的心理疾患者、第 12 章所提到的愛滋病患者以及生活中常見的身心障礙者。這些族群在面對被他人排斥等汙名化的問題時，往往會更退縮且產生許多心理困擾，這樣又更加深了社會大眾對於他們的汙名化問題。由於汙名化的問題源自於民眾對於這些群體的刻版印象，認為他們對自己可能會帶來傷害或威脅，所以如何讓社會大眾了解他們並且如何去汙名化會是一個重要的課題。

汙名化可以分成自我汙名化與公眾汙名化兩個課題。公眾汙名化所探討的是一般社會大眾對於某個族群的汙名化現象，特別是歧視行為的產生。而自我汙名化所指的是被汙名化的個體（如病人或犯人）是如何受到他人汙名化所影響，進一步地產生對自己的汙名化。

對於公眾汙名化，作者黎士鳴發展了社會距離量表來測量社會大眾對於某特定族群的公眾汙名化程度。以精神疾病為例，該量表可以了解在各種社會情境下，社會大眾對於精神病患的接受／排斥程度。在透過統計分析後，發現共同進餐會是一個關鍵性的人際互動情境（Su, Li & Tsai, 2013），也就是說共同用餐這樣的情境正好可以反應出大眾對於精神疾病患者的汙名化狀態。為了改善此問題，作者黎士鳴就採用人際接觸可減

少群體間距離的概念，發展出民眾（大學生）與精神病患共進午餐的活動，從該活動中，可以發現大學生對於精神病患的排斥有明顯的下降，並且也可以修正他們原有對精神疾病的刻板印象。

臺北醫學大學韓德彥老師，特別針對國內知覺失調患者進行內在（自我）汙名化的研究，結果發現這些精神疾患者的主要內在汙名化有自設負面標籤、他人排斥貶抑、婚姻阻礙等三大層面的汙名化。作者黎士鳴等人，針對愛滋病感染者進行質性訪談，結果發現病患感受到的汙名化有四大層面，包含：自我層面、人際層面、家庭層面以及社會層面（黎士鳴等人，2010）。臺大職能治療系潘璦琬老師發展了一個社會衝擊量表（social impact scale）來評估病患因為疾病而產生汙名化感受，他們選取了憂鬱症、思覺失調症以及愛滋病等三大易受到社會汙名化的族群，發現病患會受到社會排斥、經濟不安感、內化羞愧感以及社會疏離等四大層面的影響（Pan, Chung, Fife & Hsiung, 2007）。從這些研究可以發現，自我汙名化是多個層面地影響到個體的生活狀態。

由於接觸頻率是影響造成社會距離的重要因素（Li & Ho, 2009），也就是說，「汙名化」來自於不熟悉。如同上一節所言，透過群體間的接觸可以減低汙名化的問題。黎士鳴與韓德彥老師共同發展人際接觸的介入活動，結果發現病患透過與大學生一起參與旅遊活動時，可以減少他人排斥貶抑這個人際層面的自我汙名化。另外，黎士鳴在信安醫院進行一系列的去汙名化活動，結果發現，透過社區民眾與大學生參與病房活動，可以減少社會大眾對於精神疾患的社會距離。由此更可以證實，透過大眾與受汙名化族群間的人際接觸與可以減少雙方的社會距離並且可以減少汙名化的問題。

想一想

1. 你是否討厭某個族群呢？你討厭的原因是否來自於不熟悉呢？
2. 找個假日，去某個社福機構當志工，試著接觸你所不熟悉的族群。
3. 將心比心，當同學因為你某種特性而排斥你時，你會有怎樣的感受與反應呢？

| 參考資料 |

陳志軒、徐畢卿、李靜妹、黃建豪（2012）。〈健康研究中的烙印議題〉。《臺灣醫誌》，16，84-92。
黎士鳴、邱淑美、彭偉智、畢敦傑、許若魚（2010）。〈接納與排斥：HIV感染者之汙名化感受〉。《愛之關懷》，73，37-43。
Han DY, Chen SH. Psychometric properties of the Perceived Psychiatric Stigma Scale and its short version. *Formosa J Mental Health*, 2008; 21: 273-90.
Li, S. M. & Ho, C. Y. (2009). Contact Theory and Social Distance in Schizophrenia. *Taiwanese J. Psychiatry*, 23, 223-229.
Pan A. W., Chung, L., Fife, B. L. & Hsiung, P.C. (2007) Evaluation of the psychometrics of the social impact scale: a measure of stigmatization. *Int J Rehabil Res*, 30, 235-8.
Su, Y. H., Li, S. M., & Tsai, Y. A. (2013). Applying Rasch analysis to assessing the social distance scale in patients with schizophrenia. *Taiwanese J. Psychiatry*, 27, 329-333.

13.4 人際關係

親密關係幾乎涵蓋了我們生活中的所有重要事項。有時這些關係非常正向，但有時它也可能是高度衝突的（Harvey, 2001）。社會心理學家已經探究出社會關係中的許多面向，其中，吸引力、愛情和親密是關鍵主題。

13.4.1 吸引力

是什麼原因讓我們覺得他人很有吸引力，而且會讓我們想和他在一起？只因為和那人相處的機會增加就能夠建立起關係了嗎？還是我們比較會和與自己相似的人建立關係呢？而物理吸引力在關係的初始階段又有多重要？

★ 熟悉和相似

社會心理學家發現，熟悉度對親密關係的建立是必要的條件。絕大多數的朋友和情人，彼此之間都已經相處了好一段時間，不論是一起成長、上學、工作，或參加同樣的社交場合（Brehm, 2002）。但你也曾與某人短暫邂逅，又是什麼讓你們產生友情，甚至是愛情呢？對於親密關係的研究，有一個最普及與最有影響力的主題：我們喜歡和自己相似的人交往（Berscheid, 2000）。一般而言，我們和朋友或情人比他人更相似，有相似的態度、行為模式、個人特質、時尚品味、智力、性格、共同朋友、價值觀、生活風格、外表吸引力等。在少數特例中，互補反而有吸引力，像是一個內向的人會想和外向的人在一起、一個沒錢的人可能想和一個有錢的人在一起。但總括來說，相似性還是比互補性對人們更有吸引力。

共同認可（consensual validation）這個概念可以解釋為何我們會受相似的人吸引。我們的態度與行為能受到有相似態度與行為的人支持——他們的態度和行為認可我們的態度與行為。另一個理由是，人們傾向躲避不熟悉的事物；所以我們會比較喜歡和行為與態度較可以預測的朋友相處。而相似性亦暗示著，我們和相似的人在一起時，可以好好享受共同喜歡的事物和興趣。在一項研究中顯示，兩人的相似度，對於成功的婚姻來說特別重要（Swann, De La Ronde & Hixon, 1994）。

★ 外表吸引力

外表吸引力（physical attraction）和熟悉及相似一樣重要，或更甚之；它可以解釋為何能激起戀愛關係的火花。許多廣告公司都希望我們相信它是建立並維持關係的最重要因素，但心理學家並不認為外在的美麗和吸引力之間是可以清楚劃分的。舉例來說，心理學家已確信異性戀男性和女性在找尋伴侶時，對於外表看中的部分並不相同。女性偏愛的特質是體諒、誠實、可依靠、仁慈、具同情心，而男性則偏

愛外表好看、會煮飯、儉約（Buss & Barnes, 1986）。對美的標準也會隨著時間和文化的不同而改變（Harris 等人，1993）。我們常會找外表特性以及態度都和自己差不多的人。雖然我們會想要找個夢中情人般的對象，但在現實生活中，最後通常還是選擇和自己相近的人（Kalick & Hamilton, 1986）。許多對外表吸引力的研究都著重在初次見面或短暫相遇，研究者對吸引力的評估很少超過數月甚至數年的。然而關係一旦長久，外表吸引力便不那麼重要了。人與人之間的熟悉，甚至能夠勝過一開始的壞印象。

對於社會心理學家來說，促進兩人互動的基本因素為：

- **物理空間的接近性：**所謂「有緣千里來相會」，透過某些機會上的碰面（如：聚餐、同修一門課）等，可以拉近雙方的距離。物理空間的接近也反應出心理空間的親近度。
- **與對方的熟悉度：**我們喜歡熟悉度高的人事物，所以對於曾經認識過的人，我們的喜好度也會高過完全陌生的人。想一想，在大一的時候，你是否會加入一些高中的校友會呢？透過與這些過去熟悉的人互動，讓你可以較適應新的環境。
- **雙方的相似性：**我們喜歡與自己態度、想法、行為一樣的人。想一想，你是否喜歡跟同個社團的人一起互動呢？討論共通的話題是否可以促進你們之間的感情？

除了外表的吸引力以外，透過以上三個原素的運作，可以讓你與他有更多的互動機會。

13.4.2 愛情

有些關係可能不會超越吸引的階段，但有些關係會比友誼更深，而且可能以愛情的樣貌出現（Harvey & Weber, 2002）。社會心理學家描繪出三種愛情的種類：

- **浪漫愛（romantic love）：**又稱為熱烈的愛（passionate love），含有強烈的性慾和迷戀，這在愛情的一開始占了絕大部分。知名的愛情研究專家 Ellen Berscheid（1988）認為，浪漫愛就是我們常說的「陷入愛河」，且性慾是浪漫愛中最重要的成分。在我們的文化裡，浪漫愛是結婚的主要理由。超過一半的美國男性和女性認為，若沒有浪漫，婚姻即可結束（Berscheid, Snyder & Omoto, 1989）。浪漫愛也混合多種複雜情緒：恐懼、憤怒、性感、愉悅、妒忌等；很明顯地，有些情緒是痛苦的來源。有項研究發現浪漫愛的情侶比朋友更可能引起憂鬱（Berscheid & Fei, 1977）。
- **深情愛（affectionate love）：**又稱為友伴愛（companionate love），這種愛希望能和對方多接近，更深地去愛對方。我們愈來愈相信，愛情的初期階段充斥著許多浪漫的成分，但是當愛漸漸穩定成熟，熱情也漸漸地轉成溫情（Berscheid & Reis, 1998; Harvey & Weber, 2001）。
- **完美的愛（consummate love）：**根據 Robert J. Sternberg（1988），這是最堅定、

浪漫愛
又稱為熱烈的愛，含有強烈的性慾和迷戀，剛開始戀愛時，這種感覺最強烈。

深情愛
又稱為友伴愛，這種愛是希望能和對方多接近，更深地去愛對方。

完美的愛
熱情、親密和承諾等三成份所組成的真愛。

圖 13.9 Sternberg 的愛情三角理論
Sternberg 把我們所說的愛分析出三個向度：熱情、親密和承諾；不同的成分組合就會形成不一樣類型的愛，而最高等級的愛就是 Sternberg 所說的「完美的愛」。

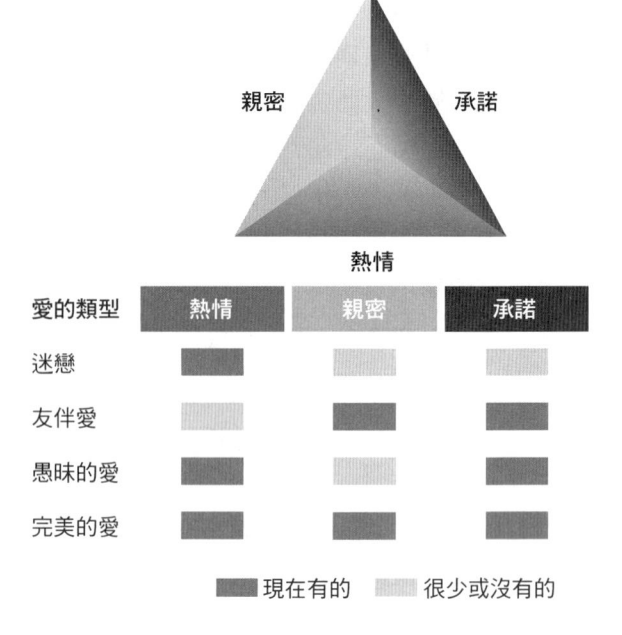

愛的類型	熱情	親密	承諾
迷戀	現在有的	很少或沒有的	很少或沒有的
友伴愛	很少或沒有的	現在有的	現在有的
愚昧的愛	現在有的	很少或沒有的	現在有的
完美的愛	現在有的	現在有的	現在有的

最圓滿的愛情類型。Sternberg 認為，完美的愛是由三個向度：熱情、親密、承諾，構成愛情的三角形（圖 13.9）。熱情（passion）是感受對方的性吸引力和物理吸引力。親密（intimacy）是指關係中，有溫暖、親近以及能分享的情緒感受。承諾（commitment）是我們對關係的認知評價，以及維持關係的意願，即使有許多問題要面對（Rusbult 等人，2001）。如果在關係中只有熱情這個成分（親密和承諾都很少或沒有），則僅是迷戀（infatuation）。外遇和一夜情有親密，但很少承諾。友伴愛就有親密和承諾，卻少了熱情，這樣的關係模式常在已婚多年的伴侶間見到。若是有熱情、有承諾，卻獨缺親密，Sternberg 稱這種關係為愚昧的愛（fatuous love），就像是愛慕著一個遠方的人那般。當兩個人可以共有這三個向度——熱情、親密和承諾——就會經驗到完美的愛。

對於愛情的類型研究可以從 Lee（1976）所發展的六大愛情類型為起點。他統整過許多訪談與愛情故事，進行愛情的分類，他將愛情分成浪漫之愛、遊戲之愛、友誼之愛、佔有之愛、現實之愛與利他之愛等六類。在國內，卓紋君等人（2013）延續愛情風格研究，發現國內的大學生的愛情風格可以分成以下八大類型。想一想，你是那種愛情風格呢？

- **執守奉獻型**：對於愛情無怨無悔的付出以及專一的投入是這個類型的特色。
- **不安佔有型**：對於愛情有強烈的焦慮與擔憂，以對方為中心深深地害怕失去對方。
- **悲觀保留型**：對於親密關係有自我保護意識，不敢投注太多情感於其中。
- **真情投入型**：此類型包含愛情的熱情與友誼的穩定性。
- **婚姻目的型**：抱持談戀愛就是要以結婚為目的的想法。
- **游移手段型**：此類型的人認為關係會隨時變化，因此會涉入多角關係以滿足追求愛情的新鮮度或填補寂寞。

- **肉體感官型：**透過肢體的親密來表達愛的感受。
- **浪漫表達型：**堅信浪漫是愛的主要原素。

幸福人生

感恩的力量

有沒有一種神奇的力量，可以讓我們不再憂鬱焦慮，活得更快樂，而且變得熱愛運動、樂於助人？心理學研究告訴我們：有的！感恩（gratitude）就有這種神奇的效果。近年來興起的正向心理學（positive psychology）認為，本世紀心理學工作的重點應該是創造一門關於人類長處（human strengths）的科學。心理學應該探尋並建立新的知識，幫助人們強化正面特質，追求幸福的人生，甚至能在逆境中突圍、從挫敗中得到成長。簡言之，正向心理學的目的是把「建立長處」放進心理疾病的治療和預防的前線（Seligman, 2002）。

感恩是建立長處的關鍵之一。感恩是怨懟（resentment）、悔恨（regret）、與嫉羨（envy）的反面（Roberts, 2004）。對感恩的實徵研究（McCullough, Emmons & Tsang, 2002）顯示，經常感恩的人在生理、心理、社會、甚至靈性方面都有較高的生活品質。Emmons & McCullough（2003）以系列實驗探究感恩情緒對身心健康的影響，在三個研究中依次發現，相較於「困擾組（每週記錄一次前一週發生的五件令人不高興的瑣事）」與「中立組（每週記下五件影響他的事）」，「感恩組（每週記錄五件令人感恩事件）」比較常經驗到感恩情緒，而且寫感恩週記的成人生理症狀比較少，接受他人幫助時更傾向以感謝作反應，做運動時數更多，對整體生活史滿意。

練習感恩還有一項特別的好處：練習感恩的人會覺得與他人更親近，更傾向熱心助人，且連他社交網絡中的朋友群也有同樣的感覺。這些人的親友都說，他們看來比以前快樂許多，且更容易相處。我們也發現，一個人若有較強的感恩心，平常較能知福惜福，人際關係較佳，比較會維護人際關係，感情較穩定，也較少感到孤單。最後這一點尤其重要。佛洛伊德說，人生最大的恐懼是孤單與孤立。當代的社會評論家稱此時代為「孤單世代」；歷史上從來不曾有這麼多人獨居，與家人分隔遙遠，家庭規模如此地小。知所感恩的人比較不覺得缺少伴侶或沒人瞭解自己。只要能感受並表達衷心的感恩，內心的隸屬感多能獲得強化。

為何感恩心可促進人際關係？北卡羅萊納大學研究員 Fredrickson 是研究正向情緒的先驅。她認為正向情緒能讓人心胸變寬大，建立持久的個人資源。這些資源可當作存糧，在需要時發揮作用。而從其拓建理論模式（broaden-and-build model）來看，感恩確能建立心理、社會、精神的資源，進而提升幸福感。感恩心能激發利益社會的互惠行為（prosocial reciprocity），甚至被視為互惠利他（reciprocal altruism）背後的主要心理機制之一。此外，多想別人的好會讓你產生被愛、被照顧的感覺，有助建立友誼與其他社會連結。這些是很重要的社會資源，在需要時能發揮重要的社會支持。你甚至可將感恩視為一種愛，既是情感的表現，也是形成新感情連結的催化劑。高麗雯（2005）以國內大學生為對象進行調查，亦發現感恩心越高的人，有越多的知覺社會支持。

你也想體驗看看這種改變生活的神祕力量嗎？你並不孤單。臺灣有很多人已開始透過練習感恩改變自己的生命。你可以參考回家作業的「感恩」練習來創造自己的幸福人生。

第 13 章　社會心理學

13.5 社會互動

此節將討論人際互動中兩個重要的面向,一個是攻擊,另一個是助人。

13.5.1 攻擊

攻擊(aggression)的危險性在電影《帝國大反擊》(The Empire Strikes Back),由尤達大師(wise Yoda)生動地演出:「留意那黑暗的角落啊!憤怒、恐懼、攻擊!它們是如此輕易地竄流著,只要你一次落入這黑暗路,它會永世地左右你的命運,耗弱你的意志!」這樣的黑暗面是源於先天生理基礎,抑或是後天學習而來?

★ 生理因素對攻擊的影響

人類的攻擊行為早已不是什麼新聞了。從我們靈長類祖先、遠古的人類,一直到近代,彼此間的戰鬥不斷發生,而歷史和文學也都充斥著攻擊。在臺灣,校園霸凌的問題已經是教育的重要課題;另外,家庭暴力、械鬥等暴力與攻擊行為都是我們在生活中可遇到的攻擊問題。

生態學家表示,攻擊的確有其生理基礎:有些刺激會釋放內在攻擊反應(Lorenz, 1965; Tinbergen, 1969)。舉例來說,當雄性知更鳥看到其他雄鳥胸前有紅色斑點時,便會發動攻擊;但若沒有這紅色斑點,則不會有任何攻擊動作。基因是用來了解攻擊之生理基礎的重點,而被選來育種的動物提供了證據。在養育一群具有攻擊性的動物,和一群溫馴的動物之後,可看到牠們的後代分別有具惡意和膽小的血統。具惡意血統的後代會攻擊眼前任何能看到的事物,膽小血統的後代即便是被攻擊了也鮮少打鬥。儘管這種攻擊的基因基礎難以對人類進行研究證明(Brennan, Mednick & Kandel, 1991),在一個對 573 對雙胞胎的調查中,同卵雙胞胎的攻擊行為較異卵雙胞胎更為相似(Rushton 等人,1986)。

佛洛依德(Freud, 1917)也論證過攻擊是有生理基礎的。他認為人有一個自我毀滅的架構,稱為死的本能(death instinct)。因為和自我保護的生的本能相互衝突,死的本能因而會以攻擊的形式轉向他人。絕大多數的心理學家認為,用本能來討論人類行為不太容易,但卻還是支持這種見解:人們因有攻擊的本能,所以普遍地有攻擊的行為(Barber, 2009; Cosmides, 2011)。而在本能以外,人類的神經肌肉系統也和攻擊交纏相繞。研究指出,天生又聾又啞的小孩,也能做出攻擊模式——用腳跺地、咬牙切齒、雙拳緊握——這些都是他們沒有辦法觀察到的行為(Eibl-Eibesfeldt, 1977)。

神經科學家的研究證明人腦內含有攻擊的生理歷程(Niehoff, 1999)。我們

雖不明白腦內是否有特殊的攻擊中樞，但我們用電流刺激腦內較低階、較原始的部分時（如：邊緣系統），常會表現出攻擊行為（Herbert, 1988）。神經傳導素亦與攻擊行為高度相關（Filley 等人，2001）。一位患有憂鬱症而想以激烈手段自殺（如：用槍）的人，被發現其神經傳導素血清素較一般人更少（Van Winkle, 2000）。在一項研究中，血清素低於其他同年齡者的年輕男子，更可能犯下暴力罪（Moffitt 等人，1998）。同樣地，一個血清素濃度較低的小孩，相較於其他的小孩，也有更多的攻擊行為表現（Holmes, Slaughter & Kashani, 2000）。在最近的整合性研究中，更加證實了血清素與攻擊行為的關聯性（Duke, Begue, Bell & Eisenlohr-Moul, 2013）。這也說明了當一個人不快樂的時候，就容易產生攻擊行為。

酒精在腦中作用時，會產生去抑制效果，這也跟暴力和攻擊有很大的關聯。人在酒精的影響之下，會比清醒時更容易說粗話、動拳腳（Dougherty, Cherek & Bennett, 1996），特別是酒品不好的人，常在喝醉後變得更加暴力（Seto & Barbaree, 1995）。

★ 攻擊的心理因素

攻擊含有許多心理因素。許多年前，John Dollard 和研究夥伴（1939）提出一個解釋：挫折（frustration）——阻擋個體達成目標——會引發個體的攻擊。不久之後，心理學家接著發現挫折不僅僅會引起攻擊，有些人在經歷了挫折後亦會變得消極（Miller, 1941）。隨後更進一步發現，除了挫折，廣義的不愉快經驗也會引起攻擊，包括生理上的疼痛、被人侮辱，以及不愉快的事件（如：離婚）。環境心理學家已經證明，像是噪音、天候以及擁擠等因素也會激發出攻擊行為（Englander, 2006）。謀殺、強姦、施暴等犯罪案會隨氣溫升高而增加（每年夏季）（Anderson, 1989; Anderson & Bushman, 2002）。例如，在盛夏悶熱的臺北街頭，經常會出現交通糾紛。我們每天都要面對其他人，也可能會產生不愉快的經驗，進而觸發攻擊反應（Schwartz, 1999）。舉個排隊買票的例子，若前面有人插隊，我們便可能對那個人充滿敵意（Milgram 等人，1986）。

我們是否會對不愉快事件反應出敵意、攻擊，端看我們如何解釋情境（Baumeister, 1999; Berkowitz, 1990; DeWaal 等人，2009）：

- **預期**：在一輛滿載乘客的公車上，你預期到會發生推擠；但當你身在一輛只有5、6個人的公車內，你不會預期有人會撞到你。因此比起在擁擠的公車內，若在空曠的公車中有人碰撞到你，會讓你更為火大。
- **公平**：如果你遇到不公平的事而感到不舒服，也可能會有攻擊反應（Dupre & Barling, 2006）。例如，如果你有門課被當掉了，要是你覺得這分數不公平，就可能會去說教授的壞話。
- **意圖**：當認為有人故意絆倒你，會比你認為那只是不小心而更易感到憤怒。
- **責任**：當你覺得對方要為失敗或令人不快的舉止負責時，你會對他更有敵意。例

如,同樣是在大賣場被手推車衝撞,一個是 8 歲小孩,一個是 20 歲的大學生,你會對哪個比較生氣?比起小孩,你會覺得這位大學生應為自己的行為負責,所以你對他會更有敵意。

行為和社會認知理論指出,人會透過增強的歷程和觀察學習以學到是否要表達出攻擊行為。尤其在人們得以獲得金錢、關心、性、權力和地位時,攻擊會被增強。舉個例子,一位青少年怒視同學而得到他想要的座位後,必會食髓知味地再行同樣的手段;但他若失敗了,他便得知攻擊並不是好方法。攻擊亦能由觀察別人表現的攻擊行為來習得(Bandura, 1989),而我們最常有機會看到攻擊行為的來源是電視。

★ 攻擊的社會文化因素

攻擊不僅含有生理和認知因素,也包括了社會因素。在人類的歷史中,攻擊和暴力的發生率不時地變化;而在某些文化中,攻擊和暴力較其他文化更常見(Bellesiles, 1999)。在美國被謀殺的危險較其他國家為高,約是加拿大的 3 倍、歐洲的 6 倍(United Nations, 1999; U.S. Bureau of Justice Statistics, 2001);南非、哥倫比亞、墨西哥和菲律賓的凶殺率則比美國更高。一個國家的犯罪率會因貧富差距拉大而增加(Triandis, 1994)。攻擊和暴力的社會差異也和人們所處的社會現況有關。飢荒、擁擠、乾旱和衝突等,都可能導致族群和道德價值的重大動亂,並透過暴力行動來獲致足以生存的水和食物。

另一個可能的文化因素是大眾媒體中的暴力:電視新聞、電視節目、電影、電玩遊戲,以及歌詞。歹徒殺人或被殺,警察和偵探維持或破壞社會秩序,體育解說員讚揚勇猛好鬥的運動員,無論他們是展現運動家精神或是對團隊有貢獻,我們都可以輕易地發現,這些攻擊和暴力行為深嵌在社會裡——事實上,這甚至是較被偏愛的行為模式。

對兒童來說,出現在電視上的攻擊數量更是另一個特別的問題。在 1990 年代的美國,兒童平均每週看 26 小時的電視(National Center for Children Exposed to Violence, 2001),孩子生活裡的每一天幾乎都可以看見有人被傷害或被殺。一個有關電視暴力的早期研究將孩子隨機分派至兩組,其中一組觀看 11 天富含暴力的週六卡通節目,另一組也看同樣的節目,但已移除了暴力成分(Steur, Applefield & Smith, 1971),之後觀察這些學齡前兒童玩耍的情形。比起那些沒有看含暴力卡通的小孩,看暴力卡通的小孩更會踢打、推擠,甚至掐其他玩伴的喉嚨。有極多的證據指出,電視上的暴力情節會導致孩童有攻擊和反社會的行為(Anderson & Huesmann, 2007; Bushman & Huesmann, 2001; Comstock & Scharrer, 2006; Dubow, Huesmann & Greenwood, 2007; Perse, 2001; Singer & Singer, 1998)。

兒童所觀看的電視內容,不只與攻擊有關,也和認知技能及學業成就有關。在一個縱貫性研究中,學齡前兒童觀看教育性節目,和其成長到青少年時的許多

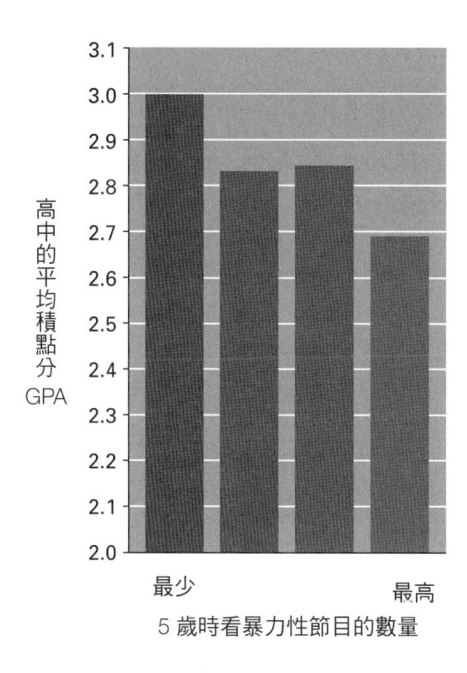

圖 13.10 觀看電視暴力與女孩的學業成就
當女孩在 5 歲時看愈少的暴力性節目，則其高中的平均積點分（grade point average 譯注：美式計分法，優等 5 分，甲等 4 分，以此類推），比起 5 歲時看愈多暴力性節目的分數來的高。圖中最左邊的柱狀，代表全部女孩中，5 歲時看最少暴力性節目的 25%，第二條代表次少看暴力性節目的 25%，以此類推。

特質有關：分數更高、看更多書、重視成就、更有創意，且更少攻擊行為（Anderson 等人，2001）；而學齡前女孩若看了較多的暴力性節目，則到了青少年時期，會比不大看暴力性節目的女孩分數更低（圖 13.10）。當然，電視暴力不是引起攻擊的唯一原因。攻擊如同其他的社會行為，都有多個決定因子（Donnerstein, 2002）。成人不會單獨地受到電視暴力所影響，而是同時受到其他因素，如婚姻問題和工作壓力這般的攻擊傾向影響。同樣地，電視暴力和孩子攻擊行為之間的關係，也受到孩子的攻擊傾向所影響，如對暴力的態度，以及孩子從電視中接收到的內容。研究者對媒體暴力感興趣的其他論點，還有關於看色情圖片是否會導致對女性的暴力。

★ 攻擊與性別

我們的刻板印象明確地在男孩和男性身上貼上了愛好攻擊的標籤。一般來說，研究結果亦支持這個觀點。在孩子之間，男孩更會玩打仗的遊戲，而在其中彼此有更多肢體上的打鬥。到了青少年時期，男生更可能加入幫派且會投入暴力行動。而被診斷有品行疾患（conduct disorder）的兒童和青少年，是攻擊行為的典型，常會去冒犯他人基本權利，且男孩比女孩高出 3 倍（Cohen 等人，1993）。在成人之中，男性比女性更可能長期懷有敵意，並且犯下謀殺或強姦罪（Barefoot 等人，1987）。在兩性心理學一章，將深入討論攻擊行為上的性別差異。

★ 減少暴力的方法

許多減少憤怒的方法都適用於改善攻擊傾向，這些方法統稱發洩（catharsis）。這些對憤怒的釋放都是直接介入憤怒或攻擊。根據心理動力論和動物行為學，憤怒的舉止或看到他人憤怒的舉止，都能減少隨之而來的憤怒和攻擊。但社會認知理論強烈地表達不同的意見，這些學者相信人們表現出攻擊是因常在其中得到回饋，且看到別人的攻擊行為會使自己學會擁有攻擊性。對於減少攻擊的研究發現也支持社會認知論的觀點，而非心理動力論及動物行為學的觀點（Bandura, 1986, 1997）。可

以選擇減少攻擊行為的回饋和少看攻擊行為來有效減少攻擊。

父母是能幫助孩子減少攻擊的特別對象（Leaper & Friedman, 2007），因他們對孩子的生活有相當的影響力。推薦的養育策略包括從小鼓勵孩子發展出對他人的同理心，及在青少年時期多留意小孩的行為（Denham, Bassett & Wyatt, 2007; Eisenberg 等人，2009）。Gerald Patterson 和研究夥伴（1989）發現，缺少父母關注與青少年的犯罪之間有正向關聯。

許多學校也試著教導學生減少攻擊的方法，像是教導衝突管理的技巧，以及讓學生作同儕的諮商者。同學間會討論真實的或假設性的問題，並能合作找出正向、非攻擊性的解決方式。在這些方法之中，孩子被教導去分析自己的想法，並思考除了攻擊以外的方法。

13.5.2 助人

臺灣是一個溫暖的社會，在每個小角落都有一些默默助人的行為。我們一定都曾經對他人或小動物伸出過援手。心理學家（如 Cialdini, 1991; Eisenberg 等人，2009; Maner 等人，2002）將助人行為分為利他主義（altruism）——無私地樂於幫助他人，和**利己主義（egoism）**——有目的地助人。以捐款為例，若捐款是為了可以抵稅、增加自尊、顯露能力、表現出稱職或照顧，或是為了逃避社會或自我的譴責而得以符合社會期待，這就是利己主義的助人。反之，只是單純地為了讓他人得益，並且不求任何回報時，這種助人就是利他主義。

> **利己主義**
> 有目的地助人。

★ 助人的心理及社會文化基礎

心理學家如何說明人類的助人行為？一個主要概念為互惠（reciprocity）：我們如何對待別人，別人也會如何對待我們。世界上每個廣為人知的宗教，如：猶太教、基督教、佛教和伊斯蘭教等都提出這樣的概念。複雜的人類情感也包含了互惠；信任長期互動的人，大概是最重要的原則了。但互惠也可能包含許多負向的情感，像是對別人的好意若沒有互惠回去，則會有罪惡感；而別人若沒能彼此互惠，自己可能會生氣。

★ 助人的生理基礎

演化心理學家相信，一個樂意合作的、建立互惠關係的人可以獲得極大的好處（Trivers, 1971）。現在對一個人好，在未來可能得到他人的幫助。依循互惠的模式，比起一個人單打獨鬥，彼此雙方都能有所獲得。演化心理學家也強調有些利他行為能夠讓我們保存基因（Leigh, 2010; Ruse, 2001, 2002; Simpson & Gangestad, 2001）。雙親餵養年幼的子女就是一種利他行為，這可以使後代存活的機會增加。也因如此，母鳥會試圖引誘掠食者遠離雛鳥的巢，寧願犧牲自己，也要讓雛鳥活下

（左圖）動物也會表現出利他的行為，狒狒正幫其他的狒狒抓蟲子。動物間的利他大多發生在親屬間。
（右圖）一位年輕女性正幫助一位肢體不便的孩子。我們如何解釋利他行為不是為了親屬關係？

來，以保存自己的基因傳下去（Nowak, Page & Sigmund, 2000）。

人們通常也對親人較好，因為親人與自己有一樣的血脈，或是要一起保留彼此共同的基因傳承。而發生自然災害時，人們最在乎的就是自己的家人。有一項研究，要大學生回答一個假設性的問題：在一個攸關生死的情況下要去幫誰？大學生的回答是較傾向選擇近親勝於遠親（Burnstein, Crandall & Kitayama, 1994）。他們也傾向選擇年輕的而非年老的、健康的多過生病的、富有的而非窮苦的、停經前婦女多於停經後婦女。在相似的研究中，當題目改成日行一善的情況，大學生就很少偏重親屬關係，而會去選擇老人和兒童，以及選擇生病的多過健康的、窮苦的而非富有的。

★ 旁觀者效應

大約 30 年前，有個名為 Kitty Genovese 的女性，在紐約一條名聲不錯的街上被殘忍地謀害。凶手離去後又返回現場三次，他用了 30 分鐘的時間殺害 Kitty。38 位鄰居目擊了這殘酷的景象，並聽到 Kitty 的尖叫聲，卻沒有一個人幫助她或打電話報警。這個事件心理學家稱之為**旁觀者效應（bystander effect）**，也就是當有他人在場的時候，會比只有自己單獨在場時，更傾向不去救助緊急危難。

社會心理學家 John Darley 和 Bibb Latané（1968）提出大量在刑事上和醫療上的緊急事件都有旁觀者效應。當一個人獨處時，大概有 75% 的機會去幫助人，但有旁觀者在場時，數字就滑落至 50%。這差異似乎導因於人們會把責任分散到其他目擊者身上，並且傾向於先看看別人怎麼做，再去思考自己該怎麼反應。我們也許會認為其他人就要去打電話叫警察了；或者是，既然沒有人去幫忙，那麼大概就是不需要幫忙吧！

有許多其他的情境都會影響一個人是否要去救助處於危難的人。以下的情境會讓你傾向不伸出援手（Shotland, 1985）：

旁觀者效應
有他人在場的時候，會比只有自己單獨在場時，更傾向不去救助緊急危難。

- 情況不明朗時。
- 認為是他人的家務事。
- 感覺是受害者自己的問題。
- 認為受害者是來自其他族群團體。
- 介入幫助可能會讓自己受傷或是扯進犯罪關係中。
- 協助高過自己能力所及。

★ 助人與性別

　　誰比較會幫助人、關懷人，是男性或女性？刻板印象是女性比較會去助人。性別差異一直都是心理學研究的重要課題（Best, 2010; Eisenberg 等人，2009）。研究者已經發現，當救助的背景包含照顧時，女性比男性更會伸出援手，例如，自願抽出時間幫助兒童的個人問題。然而在感到危險且自覺有能力時，男性在這種情境下更會去幫助人（Eagly & Crowley, 1986）。例如，男性比女性更會去幫助一個因為爆胎而將車子停在路邊的人。男性也比女性更可能讓別人搭便車，因為這情況對女性來說，確實比較危險。在兩性心理學一章中，將深入探討助人行為的性別差異。

課堂活動

主題：認識一個不像自己的人

目標：
透過本活動，幫助同學體會到社會知覺與人際互動的相關課題。

步驟：
1. 找一位在班上你最不熟（或與你個性最不像）的人。
2. 一起討論雙方的共通點與相異點。
3. 進一步討論，在學期初對對方的第一印象。
4. 討論在整個學期的過程中，為何很少互動。
5. 分享經過今天的討論後，是否對對方有更深的了解。

回家作業

快樂生活第十三週——感恩練習

感恩是人類深層的正向力量，透過這週感恩的練習，讓你對你的人際關係以及這個世界感到正向與溫暖。

1. 今天我要感恩誰：名字＆這個人和我的關係

    參考對象：

    協助我生活的：家人、親戚、長輩、鄰居……

    協助我學習的：師長、同學、朋友、同事、作家……

    給予我方便的：司機、清潔人員、商人、不認識的人……

    保護我安全的：警察、軍人、保全人員、輔導人員……

    提升我生命品質的：藝術家、宗教家、不喜歡的人……

    協助我解決問題的：政府部門官員、醫生、律師、工程師……

2. 為什麼我要感恩他們／什麼事讓我想要感恩他們

    範例：

    郵差——不辭辛勞地將遠方朋友的信送到我們手上。

    警衛——防止陌生人進入校園，保護我們的安全。

3. 當時的美好與幸福感動

    【正面感受】參考表：

溫暖	窩心	愉快	放鬆	滿足	幸福	甘甜	甜蜜	自然	安心
開心	肯定	信任	安全	舒適	快樂	關懷	接納	和諧	溫柔
體貼	美麗	力量	開朗	感動	風趣	雀躍	欣喜	驚奇	光明
爽朗	開懷	豐足	寧靜	安祥	真誠	美好	敬重	喝采	成功
接受	分享	包容	創造	友善	激勵	鼓舞	幸運	鮮活	舒服
活力	勇氣	純真	優雅	榮譽	清晰	喜悅	如釋重負		

4. 儲存美好感覺

    重新唸一次上面所寫的內容，你可以大聲地唸出來或小聲地唸給自己聽。

5. 我想要對他們表達感謝之意並付諸行動

    寫下此刻你想到要做的事情，特別是你想要對你感謝的對象做的事。

    範例：

    我想要：打電話給陳小美，告訴她我很感謝她願意跟我同一組寫報告。

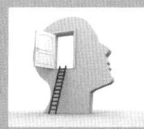

我想要：約余小胖一起去吃好料，因為他是我的好朋友！
我想要：找金大鳥一起去 the Wall 聽現場演唱，趁聊天的時候跟他說謝謝。
我想要：在我的部落格寫一篇文章，讓全世界知道李小明是個好人。

本 章 摘 要

社會心理學是一門有趣的學科，幫助你了解我們是如何被這個社會所影響的，讓你知道各種社會現象的心理意涵。

1. 我們如何看待這個社會。
   - 歸因是我們對於人們為何會有這樣的行為、而結果又會怎麼反應，所形成的見解。歸因理論認為人們有動機去發現行為背後的原因，對於這些行為的起因，會分為幾個向度來理解，包括內在／外在、穩定／不穩定、可控制／不可控制等。基本歸因偏誤意指當觀察者在解釋行為者的行為時，高估個人內在特質的重要性，且低估了外在環境因素的影響。當我們的自尊受到威脅時，我們會變更基本歸因偏誤並用利己偏誤，將成功歸於自己的內在特質，而把失敗歸咎於環境的問題。
   - 社會知覺包含我們會對他人形成印象、比較自己和他人，並且用希望別人感受的樣子來表現出自己。我們對他人的印象是單一且完整的；而我們對一個人的概念和一些特質相配對，稱為人格內隱理論。第一印象比後來的印象都來得重要且有影響力。Festinger 強調社會比較是用來自我了解的重要資源，特別是沒有其他的客觀事物可用時；且我們傾向和相似的人比較。自我呈現影響對他人的社會觀點則包括兩個向度：印象管理表現出自己較好的一面，而自我監控則是微調到自己想表現的樣子。
   - 態度是對人、對物或對想法的看法和意見。當人的態度堅決、非常了解自己的態度並表現出來，以及其態度和其行為特別有關的時候，我們更能夠去預測其行為。有時行為的改變會先於態度的改變。由 Festinger 發展的認知失調論，認為我們有很強的需求來讓自己的認知一致；在很多情形下，我們會減少失調來為自己的行為辯護；而當牽涉到自尊，這種辯護會更為強烈。Bem 則較為行為取向，認為我們的自我覺察和推論態度的重點都在於觀察自己的行為，由行為來類推自己內在的態度。成功地改變他人的態度，要靠溝通者的特質、訊息傳播的媒介、聽者對訊息的想法，以及訊息本身，如電視廣告就是試著採用不同策略來改變你態度的歷程。

2. 我們如何被這個社會所影響。
   - 從眾包括人的行為改變是為了和團體的標準相符，在 Asch 從判斷線條長度來闡釋從眾的經典研究裡可得知。許多因素都會影響我們從眾，包含規範性社會影響和訊息性社會影響。
   - 服從是個人遵從權力者要求所執行的行為，Milgram 經典的研究證明了服從的力量：受試者服從研究人員的指示，甚至去傷害他人。而當看到他人不服從、認為權力者不合理或不在身邊，以及受害者看起來更有人性時，較可能會不服從，特別是遇到有問題的要求時，我們有許多選擇來減少服從。
   - 團體都有其規則和角色來影響表現，個人在團體的表現會受到社會助長而增加，而會受到社會懈怠而減少。在團體裡，我們也會經驗到去個人化——失去個人認同而減少責任。而風險轉移是指團體有傾向做出冒險的決定，勝過團體的個人獨自做決定的平均值。團體極化效果會更凝聚加強團體討論的結果。團體迷思包括因為成員想要去提升其他人的自我，並且促成從眾。多數派常常決定了團體的方向，但若少數派堅決一致地表達看法或有強力的領導者，

也許能夠勝出。
- 團體領導理論包含了偉人論（天生的領導者）、環境論（領導者是環境的產物），以及權變模式（當環境需要時，領導者有能力去承擔）。當領導者是男性時，較像是指導性的、任務取向的領導者；而女性則較偏向民主的、關係取向的領導者。

3. 討論團體間的關係。
- 社會認同是我們會依自己是團體的一員來定義自己。人對於自己的內團體——或說「我們」——的想法是不會變的，認同團體可以增加自我形象。種族中心主義是指比起其他團體，我們會有偏袒自己所擁有的文化或族群團體的傾向，這會帶來好的結果也會帶來壞的情況。
- 汙名化（stigma）或稱烙印，源自於希臘人在奴隸、罪犯或叛徒身上所加諸的記號，現在則是對他群（other group）所進行的標記效果，其中包含三大成分：認知成分（刻板印象）、情緒成分（偏見）以及行為成分（歧視）。在生活中，我們很容易對於心理疾患者以及許多罹患身體疾病者會有汙名化的反應，這些汙名化往往會影響到病患的就醫與心理健康，因此，如何減少我們對於他們這些族群的汙名化問題會是一個重要課題。

4. 討論人際關係。
從外表、熟悉度與相似性等層面說明關係的產生。在親密關係中，學者發現親密、激情與承諾是建立愛情的三大基本原素，並且也發現臺灣大學生有八種不同的愛情風格。

5. 解釋社會互動。
- 攻擊行為的產生是受到生理（如：血清素）、心理（如：面對挫折）與社會（如：大眾媒體）三大方面的影響。
- 助人行為可分成利己與利他兩大類，在助人時會因為他人在場而產生旁觀者效應，並傾向不去幫助他人。

第 14 章

職場心理學
Industrial Phychology

章節內容

14.1 快樂求職

14.1.1 求職歷程

14.1.2 職場定位

14.1.3 投入工作

幸福人生——樂在工作

14.1.4 職涯探索

14.2 快樂職場

14.2.1 管理模式

14.2.2 工作滿意度

14.2.3 領導風格

在地人的心理學——華人的領導風格

14.2.4 職場中的正向人際

14.3 職場心理健康

14.3.1 職場壓力

14.3.2 正向心理學與職場

動動腦——愛職也愛家

14.3.3 科學化的職場

14.3.4 正向成長

章頭故事

「畢業即失業」、「大學畢業只值22k」——這是大學生對於未來的隱憂。隨著時代變遷，失業率不斷地提升，而大學畢業生的薪水反而降低。2014年三月的反服貿太陽花學運，充份說明大學生對於未來職場與政治生態的重視與不安。由此可發現，大學生不只是被動地在學校接受教育，更會主動了解學校以外的現實生活環境。

根據1111人力銀行公關總監李大華表示，年輕一代失業率創近年新高，反映這族群的就業環境愈加嚴峻。除了本身揹負著「沒實務經驗」的原罪外，職涯志向不明及對工作的期許較高，都導致職場摸索期拉長。除了外在現實環境的困境以外，大學生對於個人的「心理需求」與「心理資本」不夠熟悉也是一個重要的問題。本章將從心理學的角度出發，讓你更了解自己在職場中的角色以及未來面對職場的課題。

工商／組織心理學（industrial/organizational psychology 或稱 I/O 心理學），也就是俗稱的職場心理學，包含兩大部分。第一部分是屬於工商心理學（industrial psychology）的層面，主要探討個體在職場中和就業與求職有關的心理議題；第二部分是組織心理學（organizational psychology）探討的是組織層面的議題，包含組織文化與領導方式等等。除了探討這兩大課題以外，本章還加入了職場中的心理健康議題，包含職場中的壓力管理、職場人際關係，以及職家平衡的拿捏。換言之，職場心理學這一章，將為即將進入職場的你作好心理的準備。

14.1 快樂求職

林淑慧與黃良志（2013）進行了比較2001年以前與2001年以後大專以上青年的工作價值觀調查。他們將工作價值觀分成手段價值觀（弘毅才幹、謙和寬容、安份守禮、正義自律、務實取向等五構面）與目的價值觀（內在酬賞、外在酬賞、集體利益與平安和諧等四個構面）。結果發現，在目的價值觀中，代表生活安定與保障，以及和諧人際關係的平安和諧越來越受重視，而在手段價值觀中，2001年以後的青年更加重視正義與自律。這顯現出隨著時代的變遷，個人工作價值觀也會有所不同。隨著時代的演進，近幾年對於幸福感（well-being）探討如雨後春筍般地增加。在職場中，也開始探討如何增加職場中的幸福感，工作不只按時上下班而已，還需要做得快樂與幸福（Wright, 2013）。本節將檢視進入職場的歷程，配合著當代正向心理學的精神，來探討如何快樂地工作。

14.1.1 求職歷程

現代的工商心理學家多將員工當成是公司的重要資產，也就是一種人力資源

（human resource），也建議透過良好的培訓來增加員工的效能。從這樣的角度出發，職場在找員工的過程中，除了考量員工的能力以外，還會注意到個體的未來潛能。因此，在求職的過程中，除了要表現出自己現有的能力，還要說明自己對於工作的未來期待與發展，以增加評審者的印象。

求職首先要先了解工作的內容與特性。一般人都會透過人力求職網或者是徵才廣告來選擇自己所想要的工作。**工作分析（job analysis）**就是對於工作內容、所需的技術以及相關產能的一種分析歷程（Colquitt, LePine & Wesson, 2011）。雇主透過清楚的工作分析整理出所需的工作內容，可較容易找到適合該工作的人才（Mondy, 2010）。有效的工作分析包含三大重點：（1）系統性（採用有系統的分析策略）、（2）細緻化（將工作內容切成細項）、（3）工作說明書（將工作內容設計成工作手冊）。雇主提供詳細的工作內容以及所需的人才特性，可讓求職者清楚地了解自己是否適合該工作，以及可能需要增加的能力。雇主所進行的工作分析，主要著重在工作本身以及所需的工作技能；而從求職者角度所進行的工作分析，是著重在個體的能力，如：知識（Knowledge）、技術（Skills）、能力（Abilities）以及其他特性（Others）簡稱 **KSAOs**。好的工作分析不僅能讓雇主找到適合的人才，還能是對未來職員績效評估的依據（Volskuijl & Evers, 2008）。所以工作分析可以促進人才的適才適用，達到學以致用的效果。

> **工作分析**
> 系統性的分析，用來決定各職位的職責、工作內容與擔任該職位之人員所需具備的特性。

> **KSAOs**
> 個人在工作中所需的基本能力，如知識、技術、能力與其他特性。

勞動部勞動力發展署職業訓練局發展了一套職業分類資訊查詢系統（www.evta.odv.tw/odict/srch.htm.）。這個系統將職業分成十大類：現役軍人；民意代表、行政主管、企業主管及經理人員；專業人員；技術及助理專業人員；事務工作人員；服務工作人員及售貨員；農、林、漁、牧工作人員；技術工及有關工作人員；機械設備操作工及組裝工；非技術工及體力工。你可以透過查詢系統來了解你想要的工作是屬於那一類及其工作內容為何，進一步決定自己是否適合該工作。

當你透過許多求職管道（如：人力銀行、就業服務站等）找到適合你的工作機會後，應徵工作就是一個重要的任務。在應徵工作時，你需要了解雇主是如何選用人才，他們可能會用甚麼策略。許多公司有人力資源部或者是人事室，他們的主要工作之一就是協助公司選才，有些公司會聘任專業心理師，透過這些專家選用適切的心理測驗來協助了解求職者的能力與個性，由許多研究發現，測驗篩選過後的員工其未來表現較符合期待（Ree & Carretta, 2007）。除了這些專業測驗以外，面試會談也是重要選才的步驟。在第13章社會心理學中，提到了第一印象的重要性，也就是說面試時的第一印象會有加分效果（Ambady, Krabbenhoft & Hogan, 2006）。為了避免個人主觀的經驗影響，在面試會談中，有些人會採用**結構式會談（structured interview）**。研究顯示，透過這些會談所收集到的資訊更能夠預測個體未來的表現（Huffcutt & Culbertson, 2010）。

> **結構性會談**
> 針對特殊目的所進行的會談，其會談內容可以有效地蒐集相關資訊來進行決策。

除了心理測驗與面試會談以外，許多公司也會採用實作的方式來協助選才，像是邀請求職者完成一些工作任務，來評估他是否有足夠的能力來應付工作需求（Ployhart & MacKenzie, 2010）。

14.1.2 職場定位

職業是一個人的社會角色指標（Hellriegel & Slocum, 2011）；不論護士、心理師、律師、農夫、服務生等職業，每種都代表一個人在社會中的角色。一個人的職業與收入、休閒活動、居住狀況、人際關係、社會地位及生活型態息息相關。心理學家 Amy Wrzesniewski（1997）調查了 300 名在職人士後發現，大家對於工作的定義可以分成三大類型。第一種就是所謂的工作（job），是一種以賺錢為目的的工作導向，主要目標就是工作獲取金錢以支持工作以外的生活；以心理師為例，這類的心理師就是按時上下班接案，負責其工作任務，然後過下班的生活。第二種是職涯（career），把工作當成職涯的人會規劃自己的未來，工作會有其目標與方向，追求進步與成長，並且會冀望更高的職位；以心理師為例，這類的心理師就會在自己的專業領域中不斷地成長與進修，希望可以更精進地處理個案的問題。第三種是志業（calling），是一種美好的狀態，個人專心地投注在自己的事業中，將工作當成是一種使命，採用生命經營的方式來進行工作；以心理師為例，這類的心理師已經將心理學融入生活中，在生活中實踐其專業知識。

在一個以醫院清潔工為樣本的研究中發現，若是清潔人員只是將他的工作當成是一個領薪水的工作，他們在工作時就容易有負面情緒，會抱怨病患把環境弄髒；而另一種清潔工，認為他的工作是要維持環境清潔，讓大家有個舒適的就醫環境，這些工作人員的工作態度就會較佳，對自己會有較多的肯定，也會笑臉迎人。前者，就是把工作當成工作，而後者就是把工作當成一種志業。研究發現，把工作當成志業的人，他們工作的投入程度高，工作滿意度也高，同時，也會覺得自己的工作是有意義的。Wrzesniewski（2003）認為，每個人都有可以將目前工作轉變成一種生命志業的潛能，這個過程稱之為**工作雕琢（job crafting）**。透過這樣的歷程，我們可以將目前的工作內容進行調整與自我內在需求一致，並達成自我實踐（Berg, Wrzesniewski & Dutton, 2010）。例如醫院清潔工的工作，若把醫院的清潔工作調整成如同在整理家務一樣，清潔工就會像打掃家裡一樣地投入工作中，讓病人感受到清新乾淨的環境。

工作雕琢
個體將工作與自我融為一體的過程。

在職場中，工作表現是一個必須面對的課題，其中績效評估是需要被重視的一環。許多評估都具有主觀判斷，其中最大的偏誤就是所謂的**月暈效果（halo effect）**，就是評估者會根據員工的某些表現來類推他在其他工作上的表現，如：數理能力好、空間能力會不錯。為了避免評估的偏差，目前職場會採用**360度回饋（360 degree feedback）**，蒐集多元的資訊來進行準確的績效評估。這些資訊可以來自你自己、同事、主管以及顧客等；觀點越多元，評估越全面。這樣的評估可以避免個人的主觀判斷，會有較統整性的結果（Wildman 等人，2010）。

月暈效果
即使個體在各層面的表現有所不同，評分者還是採用一致的方式來類推其表現。

360度回饋
透過多元角度來進行個人工作績效的評估方法。

14.1.3 投入工作

在試用期結束以後，你就必須決定未來要投注多少心力在工作中。組織承諾（organizational commitment）是個體願意奉獻多少在職場的一個重要心理因素。特別是現在這個多變的時代，職場心理學家非常重視員工的組織承諾強度（Amiot等人，2006）。組織承諾就跟對於關係的承諾一樣，對工作表現有非常重要的影響（Cooper-Hakim & Viswesvaran, 2005），其中有三種目前被認為會直接影響工作表現（Van Dick, Becker & Meyer, 2006）：

情緒承諾（affective commitment）：個人對於工作的情感依附。一個對於工作具有高情緒承諾者，會把工作目標當成自己生活的一部分，並且在職場中會有「我們是一家人」的態度（We-ness）（Johnson & Chang, 2006）。這類員工的工作態度為「我想要（喜歡）上班」。

持續承諾（continuance commitment）：因為離開組織會產生的代價高過留在原職，所以個體願意持續在組織中工作。這類的員工的工作態度就是「我需要上班」或者是「我必須上班」，所以他們往往只是滿足工作上的基本任務要求即可。

規範承諾（normative commitment）：因為在工作中有所收穫與成長，因此個體願意持續投注心力。這類的員工會認真進修，讓自己工作更有效能。此類的員工的工作態度為「我應該要去做」。

在目前的職場中，除了具體的工作績效以外，工作態度也是一項被重視的心理特性。當你對你的工作有不同的承諾時，所產生的工作態度也就不同，情緒承諾度高的人，他對於工作的態度也就較正向，自然也就會有較佳的工作表現。

組織公民行為（organizational citizenship behavior）就是除了一般工作上的要求以外，個體為了產生更大的績效而產生的行動（Organ, Podsakoff & Podsakoff, 2010）。有良好組織公民行為的員工會提早上班，較晚下班，並且樂於幫助同事。在人格特質上，較嚴謹者與樂在工作者的組織公民行為較佳（Boeling, 2010）。回到第10章人格心理學，行為活化系統（BAS）高的人對於工作的投入也會比較高，他們也比較能夠在工作中找到樂趣。

情緒承諾
一種對於工作的承諾，就是員工對於工作上的情感依附。

持續承諾
一種工作承諾，員工因為離開職場需要付出某些代價而持續留在職場中。

規範承諾
一種工作承諾，員工留在職場是一種責任義務，並且可以讓自己成長。

組織公民行為
個體在工作職責以外，為提升工作積效所產生的行動。

心流經驗
個人的能力與工作要求穩合，而達到的一種心領神會的理想狀態。

幸福人生

樂在工作——心流經驗

你有專注在某件事上，全心全意投入而忘我的經驗嗎？你是否常常上網玩遊戲而廢寢忘食？當我們專心看一部電影時，往往會覺得怎麼時間過得這麼快。正向心理學家 Mihalyi Csikszentmihalyi（1989）發展了一個重要概念——心流經驗（flow），說明個體投入工作

或活動中所產生的一種渾然忘我的狀態。他在1975年根據個人技能與任務挑戰兩向度，建立三頻道心流模式：當能力高於挑戰時，個體會感到無聊；當挑戰高於能力時，個體會感到壓力；只有在技能與挑戰相當時，個體才會進入心流狀態。當我們進入心流經驗時，會產生以下幾大特性：

1. 專注於手邊的事物：此時我們會將全部精神專注在自己手邊的事物，而忽略其他無關的刺激。
2. 行為與知覺合而為一：在需要相關技能時，注意力會放在工作任務上，讓自己的行為與感知融合為一，忘情地投入在工作任務中，感覺自己在做自己想做的事情。
3. 掌控感：覺得自己能完全掌握所做的工作。

心流經驗產生的結果：
1. 自我感消失：在投入工作中，自己與工作融為一體。
2. 時間感扭曲：在投入工作中，自己會忘了時間，不知不覺地時間就過去了。
3. 工作變成自發導向：從事工作時，工作即是能量增強的來源，一切活動都是自動自發而產生。

心理學家發現，在工作中產生心流經驗會帶來更高的效能與愉悅的心情，所以當你因為工作任務的要求符合自己能力時，你就可能產生心流經驗，也就容易樂在其中。如果我們也把工作當成看電影或者是上網玩遊戲般地投入，應該就會覺得上班時間過得很快，而且也會過得更快樂。反之，如果你覺得工作就是一種無聊或者是困難的任務，你就會覺得時間過得很慢，上班很痛苦。

享受工作　樂在工作　就會帶來快樂的職場生活

| 參考文獻 |
Csikszentmihalyi, M. & LeFevre, J. (1989). Optimal experience in work and leisure. *Journal of Personality and Social Psychology*, 56, 815-822.

| 延伸閱讀 |
李新民（2011）。《正向心理學：教學活動設計》。麗文文化。
張傳琳主編（2013）。《正向心理學》。洪葉文化。

14.1.4 職涯探索

你適合什麼樣的工作呢？職涯探索就是透過心理師或者是職涯相關人員的協助來幫助你瞭解你適合的工作。在職涯探索中，1940年代所發展的梅布二氏量表（Myers-Briggs Type Indicator）是一個歷史悠久的工具，此工具採用榮格的人格理論，將個體進行分析來了解自己的特性以及可能適合的行業。人格可以分成以下的四個向度：

- **關注焦點：**外向（Extraversion 著重在外在環境 -E）vs 內省（Introversion 著重個

人的內在省思 -I）
- **訊息知覺：** 感官（Sensing 著重在個人的感官知覺 -S）vs 直覺（Intuiting 著重在個人的潛意識 -N）
- **推理方式：** 思考（Thinking 著重在理性推理 -T）vs 感受（Feeling 著重在情緒感受 -F）
- **行動產生：** 判斷（Judgment 使用思考與感覺 -J）vs 知覺（Perception 使用感官與直覺 -P）

從這四個向度，可以將人格很簡單地分類。在分類中。經常採用大寫字母來反應，如：ESTP 所指的就是外向—感官—思考—知覺；而 INTJ 所指的就是內省—直覺—思考—判斷。ESTP 的人適合跑外務工作，反之 INTJ 的人則適合內勤工作。透過這樣簡單的分析，可以幫助你更了解自己的人格特性，來選擇適合你的工作型態。

另外，Holland 所提到了六大人格類型理論也是常用來進行職業探索的人格理論此理論將人格分成務實型（R）、研究型（I）、藝術型（A）、社交型（S）、企業型（E）、事務型（C）等六型；Holland 的類型論指出職業選擇是人格的表現，以 R（務實）、I（研究）、A（藝術）、S（社交）、E（企業）、C（事務）分別代表六種人格類型（表 14.1）。在實務上常以荷倫碼測驗（在臺灣為「職業興趣量表」）依據的荷倫碼順序中的前三碼為個人的人格組型，以六代碼組成的六角型分析職業興趣的一致、分化和適配等特性，將適合個人特質的工作與個人特性結合起來，找出自己是怎麼的人、有何特色，有助於尋找到最合適自己一展身手的戰場。

職涯探索除了解你的個性以外，還需要注意你的能力，多元智能量表就可以了解自己的潛在能力，在第 8 章有提到多元智力理論，其中 Gardner 所提到的八又二分之一種型態可以反應出你的基本潛能，如：心理師這樣的助人行業就需要知人、知己等能力；而工程師則需要數理與空間能力。透過這個量表的評估，可以幫助你了解自己的潛在能力，並且找到工作要求與你能力相符的職缺。

興趣類型	偏好模式
務實型（Realistic）	喜歡實際操作的職業，如：工程與戶外工作
研究型（Investigative）	喜歡科學與實驗等研究工作，如：研究員、大學教授
藝術型（Artistic）	喜歡享受自我經驗及參與藝術性的活動，如：街頭藝人
社交型（Social）	喜歡幫助別人且喜歡參與他人活動，如：心理師、社工師
企業型（Enterprising）	喜歡享有權力及擁有政治力量的感覺，如：經理
事務型（Conventional）	喜歡待在一個優良制度的組織中穩定工作，如：公務員

表 14.1 Holland 人格類型與職業特性

在學校的生涯規畫週時，找時間進行自己的職涯探索，幫助你更了解自己的特性與適合的工作。

> **想一想**
> 1. 畢業後你想找什麼樣的工作？你會如何準備求職？
> 2. 工作對你的意義為何？
> 3. 以學業為例，你是採用哪種承諾態度？

14.2 快樂職場

好的工作氣氛會讓人感到快樂（Wiegand & Geller, 2004）。組織文化（organizational culture）反應出職場中的共同價值觀、常模規範以及整體氣氛。它受到許多因素的影響，如：主事者的領導風格、政策等。從行為的角度出發，若主管可以適時地給予下屬正向的回饋，整個職場的工作氣氛就會比較好。賞罰公平與安全的工作環境會促進正向的組織氣氛（Aguinis, 2010）。除此之外，慈悲心（compassion）也是一個營造正向職場氣氛的元素。若員工之間可以互相關心，瞭解對方的痛苦與難處，然後一起突破問題，這樣的職場環境自然就會正向（Kabov 等人，2006）。

在最近的研究中發現，快樂的職場包含以下六大類的正向行為特徵（Cameron & Caza, 2013）：

- **關懷（caring）**：同事就像朋友一樣會互相關心。
- **支持（support）**：同事間互相支持打氣。
- **原諒（forgiveness）**：同事間不記仇，避免過度的責難。
- **激勵（inspiration）**：同事間會互相鼓勵，激發潛能。
- **意義（meaning）**：可以在工作中找到意義。
- **尊重（respect）**：同事間互相信任與尊重。

心理學家 Cooperrider（2001）認為採用正向肯定的方式來經營職場，就可以產生快樂的工作氣氛，他提出了以下五個正向肯定原則：

- **預想原則**：建構組織的願景與希望感。
- **正向原則**：創造工作中的正向氣氛。
- **詮釋原則**：探索工作中的意義。

- **同時原則**：了解組織的行動產生是共同運作，並且是一個互相影響的系統。
- **詩歌原則**：組織是由活生生的人所建構，透過溝通與互動讓組織更有活力。

透過以上原則，我們可以將組織（職場）的氣氛引導到正向且快樂的組織文化。

14.2.1 管理模式

職場的管理方式會直接影響員工的心理狀態、工作態度與工作效能，甚至還會影響到員工的生活滿意度（Mello, 2011）。對於管理的方式目前有幾個主要理論，以下分別說明其特性，並在表 14.2 將這些理論作統整性的比較。

★ 傳統管理模式

Douglas McGregor（1960）認為企業管理的方式可以分成 X 理論與 Y 理論。**X 理論的管理者（theory X managers）** 認為工作本身是不愉快的經驗，員工會有多一事不如少一事的工作態度，所以在管理員工時，必須要有清楚的工作任務分配，透過規範與處罰來增加工作效能；這也就是大家熟悉的鞭子理論。相對地，**Y 理論管理者**則認為人有努力的天性會認真工作，所以在工作的過程中，主要需協助員工解決問題，產生工作上的成就感，透過適切的鼓勵與獎賞讓員工有更好的效能；這就是大家熟悉的胡蘿蔔理論。雖然這是一個歷史悠久的理論，目前許多人還是採用這樣的觀點來調整管理方式（Robison, 2008）。

> **X理論管理者**
> 此管理者認為工作本質是不愉快的，所以管理者需要清楚說明工作職責。

> **Y理論管理者**
> 此管理者認為投入工作是人的天性，員工會透過投入工作來實踐自我。

★ 日本管理模式

日本的管理方式一直都是引人關注。日劇中的半澤直樹掀起了一陣職場議題風潮，讓我們看到許多日本職場文化的特色。日本特有管理方式的探討可以追溯到 1940 年代戴明（Deming）所發展的品管概念。他認為管理不能只著重在追求效能與效率的生產方式，還要注意公司的未來性。管理需要注意到品質的問題，特別是研發與員工的精進，而且看重的不只是現在的產品產出，還要有未來視野，可以注

理論取向	學者	核心概念	管理策略
X 理論	McGregor	人是外控與被動的	設立賞罰規則
Y 理論	McGregor	人是主動追求目標	具有挑戰性的任務
優勢理論	Clifton	每個人都有其優勢	適材適用
日本模式	戴明 Deming	人都有發展的潛能	發揮創意
家族主義	鄭伯壎	企業即是一個家族的展現	自己人與外人的管理方式不同

表 14.2 管理模式理論統整

意到未來的發展，並且培育員工成為更有能力的人，為公司產生更多的效能。

★ 優勢管理模式

Donald Clifton 是美國蓋洛普公司的執行長（CEO），他採用 Y 理論的觀點來看員工的優勢特質。他將正向心理學應用到職場中，讓員工能在自己崗位上發揮自己的正向特質。優勢觀點的管理原則（strengths-based management）強調管理者需要了解員工的優勢，並且可以讓其發揮效能。從這個角度來看，員工在職場上不只能夠發揮最佳的效能，還可以實踐自我（Bateman & Snell, 2011）。

★ 家族管理模式

臺灣的企業除了少數幾個大型財團以外，多以中小企業為主。許多企業都是家族企業，也都是採用父傳子的模式來進行企業經營。這樣的企業經營也形成臺灣企業管理的一種特色。臺大教授鄭伯壎（2005）致力於臺灣的工商心理學研究，特別深入探討臺灣中小企業的管理模式，發現家族主義深深地影響企業經營，而家族中的權力結構與家長的權威價值觀也會顯現在企業經營上。除此之外，企業經營如同家庭經營一樣，在資源分配與工作投注就會受到關係親疏遠近的影響。雇主與員工的關係就會分成自己人與外人的不同。在自己人的關係中，員工就會把工作場所當成是家一般地奉獻，相對地老闆也會把員工當成家人般的照顧；反之，是外人的關係之下，雇主與員工的關係就只是勞資關係，一切依規定辦事。

想一想，你所知道的企業是採用那種管理方式呢？你要當老闆的話，又會採用那種管理模式呢？

14.2.2 工作滿意度

工作滿意度
個體對於職場生活的滿意度指標。

在過去，工作是為了生活糊口；而現在則是為了更好的生活品質。**工作滿意度**（**job satisfaction**）是一種新的觀念，主要是個體對自己的職場生活滿意程度的評估。樂在工作的人自然會有比較高的工作滿意度。工作滿意度的評估大多採用問卷調查，直接詢問個體，如：「在工作時，你的快樂程度？」、「你對薪水的滿意程度？」等等。

哪些因素會影響到工作滿意度呢？在一個 24 國的跨國比較研究發現，加拿大人最樂在工作，而英國人最不滿意他的工作（Spector 等人，2001），這個研究可以看出不同國家的國民對其工作的滿意度有所不同。除了國家以外，工作類型、職業特性也會影響到工作滿意度。整體來說，越專業化的工作個體的滿意度相對也比較高（Krogstad 等人，2006）。

影響工作滿意度的因素可以分成工作性質、工作環境以及個人特質與工作之契合度等三大層面。在工作性質上，從享樂主義取向（hedonic tradition）的角度來看，能夠帶給個體愉悅感以及成就感的工作會讓人感到滿意度高；從完善主義取向（eudaimonic trandition）的角度來看，有意義且可自我實現的工作會帶來較高的工做滿意度（Caza & Wrzesniewski, 2013）。在工作環境的層面，職場物理環境的舒適度、員工間的社會支持、工作團隊的歸屬感等因素都會影響到個體的工作滿意度（Caza & Wrzesniewski, 2013）。

在個人與工作的契合層面，個人的特質與工作性質的吻合度也會影響個體的工作滿意度，也就是說，若工作適合自己，工作滿意度就會比較高（Kristof-Brown & Guay, 2010）。王叢桂與羅國英（2010）發現個體的工作價值觀與工作的契合度會影響到個體的工作滿意度。他們將工作價值分成個人取向內在酬賞（如：自我實現、勝任感、專業成長、心靈成長）、社會取向內在酬賞（如：利他與服務、誠信友誼）、個人取向外在酬賞（如：自主彈性、均衡生活）、社會取向外在酬賞（如：權勢地位、安定保障、領導權力），以及個人與社會取向之外在酬賞（如：安定保障與物質報酬）等五大類的工作價值。在工作時，先想清楚自己的工作價值觀（工作對你的意義為何？），然後在工作的內容中找到與自己價值觀一致的工作任務，從中發現自己的工作熱情，讓自己對工作更滿意。以心理師為例，如果你追求的是個人取向的內在酬賞時，你就可以多參與在職教育增長專業智能。若你是追求社會取向的內在酬賞時，你就可以多參與個案會談，協助個案改變人生。透過工作價值與工作內容契合度的增加，你對於工作的滿意度也會增加。

14.2.3 領導風格

21世紀的團隊或組織領導要從真誠（authenticity）出發，藉此來建立團隊的信任感以及成員的自我定位，因為團體的整體表現會最真實地影響到工作績效。有效的領導能讓整個工作團隊（work team）合作達到最佳的效能。本節將討論重要的領導風格。

主管主要的工作就在激勵下屬，讓他們更有效率地完成工作任務（Beeler, 2010）。研究顯示，主管的領導風格會影響到整個團隊的工作表現（Hess & Cameron, 2006）。領導風格目前可分成三大類：

交易型領導（transactional leadership）：強調主管與下屬之間的人際交易（Bass, 1985），主要的原則就是：「你表現好，我會給你獎勵。」此領導風格延續著X理論，認為個人的工作表現是受到外在的賞罰所影響，所以會適切地給予賞罰，以促進工作表現。

轉變型領導（transformational leadership）：著重在兩人的互動模式，領導者會根據下屬的特性來給予不同的協助，以增進工作效能（Mumford, Scott & Hunter,

交易型領導
根據增強原則來進行團隊領導。

轉變型領導
根據團隊狀況給與適切的領導策略。

2006）。此領導模式有四大原則（Sivanathan 等人，2004）：（1）此領導風格在追求正向的影響力，也就是會選擇正確的事來做；（2）激勵員工達到最佳效能（Harm & Crede, 2010）；（3）領導者會了解如何鼓舞員工；（4）領導者會促進員工之福祉（Harm & Crede, 2010）。

真誠領導
覺察自己與下屬的優點與限制，讓團隊發揮最大效能的領導風格。

真誠領導（authentic leadership）：隨著正向心理學的發展，心理學家開始探索哪種領導風格可以營造出正向的工作氣氛。真誠領導（authentic leader）就是一個重要的領導風格，所謂的真誠領導就是領導者了解自己內在的想法，同時尊重他人的優點與特質，創造出信任、希望以及樂觀的工作環境（Avolio 等人，2004）。這樣的領導者必須對自己有足夠的自我覺察能力，能夠了解自己的長處以及接納自己的限制（Avolio 等人，2007）。

在地人的心理學

華人的領導風格

臺大心理系鄭伯壎教授致力於研究華人企業的領導風格。他進入臺灣的民營企業後發現，這些民營企業多是家族企業，因此許多家庭的元素會融入企業管理模式中。而臺灣的家庭大多屬於家長式家庭（patriarchal family），遵循傳統的儒教，重視父親的權威與家人間的恭順。

從華人家族的特性來看，公司的領導風格可以分成威權（要求部屬的程度）與仁慈（照顧部屬的程度）兩大向度。根據這兩大向度，可分成四種領導風格：高威權與高仁慈的明主型、低威權與高仁慈的仁主型、高威權與低仁慈的霸主型，以及低威權與低仁慈的庸主型。明主型的老闆會採用恩威並濟的策略來管理員工，而員工則以感恩畏威的方式回應；仁主型的老闆會採用恩而不威的方式來對待員工，而員工會以感恩圖報的方式回應；霸主型的老闆會採用威而寡恩，而員工會採用凜於威勢方式來工作；庸主型的老板則是軟弱無能，員工就會採用視若無睹的方式來工作。由以上的領導風格分析中可發現，施恩與立威是領導者的重要兩大策略，如何適時地施恩以及有效地立威將是主管智慧的展現。

家長式領導是從主管（或老闆）的角度出發來看主管的領導風格，但是從員工的角度來看，隨著員工與主管關係不同，所產生的互動也有所不同。根據關係的親密度、對公司的忠誠度以及員工本身的能力，可以將員工分成經營核心、業務輔佐、恃材傲物、不肖子弟、事業伙伴、耳目眼線、防範對象以及邊緣員工等八大類。依員工的特性，主管所採用的領導方式也有所不同。這也突顯出，在華人的文化中，領導風格的複雜度與多樣性。

> **想一想**
> 1. 你若是主管的話，會是哪種領導風格的主管？
> 2. 你有打工的經驗嗎？在打工時，你的老闆是採用哪種領導風格？

| 延伸閱讀 |
鄭伯壎（2005）。《華人領導—理論與實際》。桂冠出版社。

14.2.4 職場的正向人際

在職場中，與同事相處愉快不只可以讓你樂在工作，還可以幫助你增加抗壓性，並且可以增加工作效能。在第 2 章提過催產素與人際關係有關的神經傳導素，在職場中良好的人際關係可以促使大腦分泌催產素，而這個元素可以增加你的正向情緒與免疫能力，所以，從生理的層面來看，在工作中維持良好的人際可以讓你在工作中更健康。在第 12 章健康心理學中有提到社會支持與壓力抒解的關係，在職場中有社會支持系統，除了可以直接幫你解決問題以外，還可以透過這些人的關懷讓你感到有歸屬感。不可諱言地，我們不論在哪裡都需要友伴的支持，特別是在工作場域中，如何有好的同事與正向的人際溝通更是健康職場的基本要素之一。

在職場中，團隊工作是一個重要的原素，Baumeister 與 Leavy（1995）整理出正向團隊合作的基本要素：頻繁地互動、無長期的衝突、關心大家的福祉、穩定團隊關係、合作性的態度等。Richardson 與 West（2010）整合了許多研究建構出一個正向團隊工作的要素：一個充滿挑戰性的任務、尊重成員的多樣性、成員的高度參與以及良好的互動關係。整體而言，職場中的良好人際奠基於以下的要素：

1. **通暢的溝通管道**：溝通是人際互動的基本原素，良好的溝通包含：處理情緒的能力、面對挫折的能力以及人際間的連結。
2. **正向的社會支持**：社會支持是職場中不可或缺的一環，同事間的情緒、訊息、自尊與實質的協助都可以改善工作氣氛以及達到更高的工作效能。
3. **穩定的工作關係**：工作伙伴間每天的互動品質會影響到工作效能，穩定的互動關係會讓工作變得吸引人且愉快，同時可以抵消一些工作上的壓力與挫折。這樣的問題對於臨時的工讀生更加明顯，如何讓臨時工作人員也可以感受到職場中的穩定關係是很重要的。

4. **關係間的協調**：人與人互動就是需要許多協調與衝突處理，如何有效地處理衝突則是改善工作關係的一個重要環結，在第 15 章兩性心理學中，將說明和好契約的使用，透過和好契約來處理職場關係間的衝突。
5. **活絡的團隊工作**：團隊工作是一個複雜的歷程，在 13 章社會心理學中有提到許多團體的歷程，從中可了解團體互動歷程的多樣性。在團隊工作中，可以簡單地分析正向能量與負向能量的網絡圖，透過削弱負向能量以及強化正向能量，藉此讓團隊工作更有正向的動力。

除此以外，基本的正向人際互動也是重要的職場原素，第 15 章的回家作業——「愛的練習」就是促進正向人際關係的不二法門，透過這樣的練習可以讓你在職場中有更好的人緣。

> **想一想**
> 1. 你覺得哪種管理模式最符合現代人的需求？
> 2. 你滿意目前的學校生活嗎？對於學業你採取哪種價值觀？你如何能增加校園生活的滿意度？
> 3. 如果你是領導者，會採用哪種領導風格？

14.3 職場心理健康

職業倦怠
長期工作要求下個體在精神與體力上的耗竭狀態。

職業倦怠（burnout）是職場必須面對的心理健康問題，這是一種讓人苦惱的心理狀態。個體會感到情緒耗竭與缺乏做事的動力，甚至會感到被工作擊倒、失去自我的感受（Ahola 等人，2006）。常見的相關症狀有身體上的頭痛、腸胃道與失眠問題，情緒層面的無望感、敵意、憂鬱，以及行為層面的曠職、酗酒等。陸洛等人（2005）以牙醫師為例，發現工作壓力與情緒耗竭有關，而努力因應壓力則與工作滿意度以及個人成就有關。這顯現出，工作壓力會讓我們感到倦怠，而因應工作上的問題則會讓我們有成就感。基本上，工作壓力可以分成工作本身的壓力（如：時間性、工作難度以及工作責任）與工作結構面的壓力（如：穩定性、角色安排以及職場文化等）。前者可視為一種成長與挑戰，而後者卻是一種困境。最近研究顯示，工作挑戰可以增進個人的成長與工作滿意度，而工作困境則會使人疲乏甚至想離職（Podsakoff 等人，2007）。

由於我們無法避免在工作中所面對的挑戰與壓力，並且也有可能因為長期壓力而帶來工作上的倦怠，所以本節將討論職場壓力以及如何舒壓等課題，幫助你能在未來度過職場上的挑戰，安然地面對壓力。

14.3.1 職場壓力

壓力無所不在，學生會有課業壓力，上班族會有工作壓力。工作壓力最主要的來源在於工作本身的要求以及工作角色的衝突（role conflict）。某些工作所帶來的壓力比其他工作大，特別是有以下特性的工作，甚至可能會產生健康問題（Wirtz 等人，2010）：

1. 工作要求超過個人的負荷
2. 缺乏參與決定的機會
3. 主管過度的干涉
4. 缺乏具體的工作目標

對於工作本身的壓力，目前最常用的理論，一為 Robert Karasek 所提出的「負荷－控制－支持模式」（demand-control-support model，簡稱 DCS），另一個為 Johannes Siegrist 所提出的「付出－回饋失衡模式」（effort-reward imbalance model，簡稱 ERI）（曾慧萍與鄭雅文，2002）[註1]。第一個理論認為工作壓力源自於工作負荷（個人在有限的時間內所要執行的工作負擔），而工作控制（或稱工作自主權，指在進行工作期間內可以掌控的可能性，包含工作相關能力與決定權）是保護個人免於壓力的抗壓因素。最後的支持指的是社會支持；良好的社會支持會緩減壓力對身心的影響，而不當的社會支持本身就是一種壓力。由此理論可以了解，高負荷、低控制以及不當支持的工作環境會為個體帶來龐大的工作壓力。反之，低負荷、高控制與良好支持的工作環境則工作壓力最低。

第二個理論主要概念源自於社會交換理論（social exchange theory），認為工作的目的是為了獲取某些酬賞。此理論認為壓力反應來自於工作付出與酬賞的不平衡。在此，酬賞包含物質金錢上的回饋（如：薪資與福利）、心理層面上的回饋（如：自尊與成就感）與社會上的回饋（如：社會地位）等。所以當個體的付出高過於酬賞時，就會感到工作壓力。

工作角色的衝突往往發生在個體要滿足多重生活角色的需求，如：工作角色與親職角色（Eby, Meher & Butts, 2010）。每人在生活中一定扮演著多重角色，一方面要應付工作中的要求，另一方面也要應付家庭、學業、休閒等等不同的生活要求。有打工經驗的學生對於這些角色衝突會特別有感覺。在打工時你可能會想該完成工作後再去參與學校社團活動，還是要提早下班。在「動動腦」這個專欄中，我們將深入探討如何調整家庭與工作間的角色衝突，達到職家平衡。

如何協助員工壓力管理也是一個重要的課題。目前許多大企業與醫療院所都有員工舒壓的管道，包含員工舒壓課程、員工心理諮詢、員工旅遊、員工舒壓日等，

註1: 曾慧萍與鄭雅文（2002）。〈「負荷－控制－支持」與「付出－回饋失衡」工作壓力模型中文版量表之信效度檢驗：以電子產業員工為研究對象〉。《臺灣衛誌》，21，420-432。

這些都是希望透過良好的壓力管理課程來協助員工舒緩工作壓力，減少工作耗竭，提升工作效能的策略。

在健康與幸福感一章裡，我們提到了許多壓力因應的策略，如：因應方式、社會支持、自我肯定與壓力管理課程，也討論了運動、飲食等促進健康的策略。這些方法除了可以應用在一般的生活壓力外，也可以應用到職場壓力。除此之外，心理學家Taylor（2011）提出了心理社會資源的概念，認為社會支持、樂觀、自尊以及成就感等正向心理特質可以增加一個人的抗壓性。也就是說在職場中，若一個員工可以增加許多自己的心理社會資源，自然就會減少壓力對身體與心理上的傷害。目前，有許多企業開始朝向這方面來努力，透過增加員工間的社會支持、提升員工工作上的信心等，藉此來減緩工作上的壓力。在黎士鳴（2008）等人針對上班族的研究中也發現，透過八週的自尊提升團體可以有效地改善上班族的壓力內分泌系統（HPA軸）以及減少工作耗竭症狀（如：憂鬱）。謝素真等人（2009）建立了員工社會支持團體，透過強化員工間的社會支持來減少工作壓力所帶來的傷害。除了一般的壓力管理課程以外，目前還有結合禪修與心理學所發展出來的舒壓課程，在本書所提到的正念減壓課程即是目前工商業界所盛行的減壓課程之一。

對上班族而言，下班後的休閒時光是一個重要的舒壓時機，而在下班時間幫助他人也是一種舒壓的策略（Mojza等人，2010）。擁有良好的休閒活動，除了可以舒緩工作的壓力以外，還可以增能充電。在第12章「幸福人生」的專欄中，特別介紹了許多休閒活動，在學生時代的你最好培養一兩項休閒活動，當進入職場後，下班時間就可以採用這些活動來幫助你自己舒壓與增能。

14.3.2 正向心理學與職場

《假如佛陀也要上班》[註2]這本書，將佛教經文中的一些智慧轉化成職場的工作智慧，讓我們可以保持愉快與正向的心理狀態來投入職場。簡單來說，工作本身就是辛苦的，而工作中的樂趣需要自己找尋。這一節將從正向心理學的角度出發[註3]，幫助你找到工作中的樂趣。

員工促進方案（Employee Assistance Programs）[註4]是企業透過系統化的專業服務，規劃方案與提供資源，以預防及解決可能導致員工工作生產力下降的組織與個人議題，使員工能以健康的身心投入工作，讓企業提升競爭力，塑造勞資雙贏。其涵蓋之面向主要為「工作」、「生活」與「健康」三大層面，其中工作面係指管理

註2：羅斐爾譯（2012）。《假如佛陀也要上班：108則佛偈中的工作智慧》。商周出版社。

註3：Donaldson, S. I, Csikszentmihalyi, M., & Nakamura, J. (2011). *Applied Positive Psychology: Improving Everyday Life, Health, Schools, Work and Society*. Routledge.

註4：趙然（2011）。《員工協助方案專業人員手冊》。張老師出版社。

註5：謝傳崇譯（2014）。《職場正向心理學》。學富。

策略、工作適應與生涯協助相關服務，生活面為協助員工解決可能影響其工作之個人問題，如：人際關係、婚姻親子、家庭照顧、理財法律問題諮詢等；而健康面則是透過工作場所中提供的各項健康、醫療等設施或服務，協助員工維護個人健康，提升工作及生活品質。目前許多企業都有此方案來改善員工的工作環境與增加工作效能。隨著正向心理學的發展，許多員工促進方案將正向心理學模式融入其中，如：正向職場、積極敬業、正向工作關係等等[註5]。

工作占了一天中三分之一的時間。職場中的角色認同也是影響我們的自我認同的重要元素之一。在職場的正向自我認同有四大層面（Dutton et. al., 2010）：
1. 工作內容層面（將自己的優點發揮到工作中）
2. 主觀評價層面（對於自己在職場角色的滿意）
3. 成長面（將職場工作當成一種自我成長的元素）
4. 結構面（將工作的角色認同當成自我認同的一部分）

學者 Roberts 發現（2013）在工作中展現最好的自己（best self）可以增加工作效能與工作滿意度，以下說明在職場中展現正向自我的四大策略：
1. 參與工作：將工作內容與自我需求融為一體。
2. 發展優勢：在工作中發揮自己的優點。
3. 真誠以待：面對工作如同面對真實的自己。
4. 友好關係：在工作中與同事和睦相處。

簡單來說，當你對於工作的你有正向的自我認同時，你也會做的很開心自在；也就是在工作中展現出最好的自己，你就會擁有更多的正向自我認同。以心理師這個工作為例，如果你認同了這個助人者的角色，在幫助他人時，你就會感到愉悅且有自信。反之，若助人只是一個與自己無關的工作時，你就會覺得工作起來很吃力與不愉快。所以要工作愉快的首要條件就是認同你的工作，將工作角色當成自我認同的一部分。

動動腦

愛職也愛家——如何在工作與家庭中找到平衡點

進入職場後，如何在家庭與工作間找到平衡點是重大的課題。在現實生活中，有許多人上班時等下班，下班後卻想著工作，似乎都無法專心於兩者。特別是雙薪家庭，要如何兼顧家庭與生活的確不易。

「工作與家庭，蠟燭兩頭燒」是大多數上班族的心聲。根據匱乏假說（the scarcity

hypothesis），每個人的時間與精力有限，扮演多重角色會導致資源的競爭與衝突，也因此在面對職場與家庭兩個重要角色上，很容易相互摩擦產生問題，例如，工作干擾家庭產生的衝突（work-to-family conflict），以及家庭干擾工作產生的衝突（family-to-work conflict）。現在隨著進修管道的增加，又多出了學習的面向，也就是「職－學－家衝突」。由於時代的變遷，我們所擁有的角色也越來越多，需要開始學習如何面面俱到地照顧自己在不同場域中的角色。

在2012年，Brummelhuis與Bakker針對職場與家庭議題，提出了「職－家資源模式」（work-home resources model，或稱職家增益模式），將過去職家衝突的觀點轉變成一種互相增益的看法。他們認為職場中的經驗可以轉移到家庭的生活，並且家庭的支持也可以強化職場的效能，這正是對現代人的一種正向啟發。再取心理師這個工作為例，心理師是一種改變人的工作，在職場中的專業能力（如：同理心）可以應用家庭生活，而家庭的生活經驗（如：與家人的衝突與和解）也可以應用到職場。所以，心理師這個行業正好是一個職－家相互增能模式良好的典範。以我來說，去年與家人一起練習正念的活動使我能把正念的活動也推展到治療的工作中。在這樣的歷程裡，我發現自己都活在正念之中，職場與家庭的練習經驗可以相互呼應，讓我在醫院與家庭中都感到愉悅及有成就感。

在國內，陸洛教授與高旭繁教授在《應用心理研究》統整出「我愛工作也愛家：職－家平衡的新挑戰」這樣的專題，在其中探討了許多國內職－家衝突與職－家平衡的相關研究。以女性再就學為例，吳珮瑀等人（2013）以博士媽媽為對象，發現這些博士生會遭遇到媽媽角色衝突、婚姻關係改變、工作品質降低、課業學習壓力等職－家－學蠟燭三頭燒的困境。另外，高旭繁等人（2013）以在職進修者為對象，發現學習資源能夠弱化職家學衝突，並且可以提升幸福感。由此可知，雖然我們可能會面臨職家或者是職家學衝突，但也可以找到一些方法來提升幸福感與生活滿意度。陸洛教授（2013）最新的回顧性研究更進一步發現，現代人同時會受到職家衝突與職家增益兩種模式的影響，也就是說，在時間與精力的分配上，我們會面臨職家衝突的困境，但相對地，在投入工作的過程中，個人成長也會產生職家增益的效果。

想一想

1. 在學校中的你扮演著哪些角色？這些角色會讓你有衝突的問題嗎？
2. 你覺得愛情與學業可以兼顧嗎？你是如何兼顧這兩個角色呢？
3. 你覺得職家衝突或職家增益，那個理論最能夠說明你父母親的狀況？

| 參考文獻 |

Ten Brummelhuis, L. L., & Bakker, A. B. (2012). A Resource Perspective on the Work-home Interface: The Work-home Resources Model. *American Psychologist*, 67, 545-556.
陸洛主編（2013）。〈我愛工作也愛家：職家平衡的新挑戰〉。《應用心理研究》，57，29-154。
陸洛（2013）。〈職家平衡在臺灣：一個發展中國家的現況〉。《應用心理研究》，59，49-79。

14.3.3 科學化的職場

受到工業革命的影響,我們常認為人是這個社會大機器中的小螺絲釘或小齒輪。每個螺絲釘或齒輪各司其職地運作著,這個社會就會產生最大的效能,但若有顆螺絲脫落,這臺機器就會產生問題。工程師的工作就是處理機器中的小細節,保養好這些螺絲釘,讓機器運作得當。事實上,首度採用科學方法來管理職場的是工程師而不是心理學家。當時科學化的管理(scientific management)強調公司就是一臺機器,主管們應像工程師般地讓這臺機器運作得當。工程師 Frederick Winslow Taylor(1911)對於職場管理提出許多建言:

1. 工作項目必須具體明白,讓員工可以容易操作。
2. 員工需要根據其特性來安排職務,也就是所謂的適才適用。
3. 員工需要透過訓練來增加效能,也就是所謂的在職教育。
4. 員工需要有良好的酬賞以激發最佳表現,也就是所謂的激勵策略。

到了 1927 年至 1932 年期間,美國哈佛大學心理學教授 George Elton Mayo 帶領學生和研究人員在西方電器公司(Western Electric)位於伊利諾州的霍桑工廠(Hawthorne Works)進行一系列心理學實驗。他們研究工人在改善各種條件下(薪酬、照明條件、工間休息等)其生產效率變化的情況。研究發現:

1. 改變工作條件和勞動效率之間沒有直接的因果關係。
2. 提高生產效率的決定因素是員工情緒,而不是工作條件。
3. 關心員工的情感和員工的不滿情緒,有助於提高勞動生產率。

這個研究也發現,影響員工表現的主要因素不是實驗的操弄本身,而是員工發現他在參與實驗,也就是說受試者因為實驗者的出現而產生了行為上的改變。這就是後來心理學研究所稱的霍桑效應(Hawthorne effect)。人力資源管理(簡稱 HR)是整合企業管理與心理學的一門學科,研究組織中人的心理活動的規律,用科學的方法改進人類資源管理工作,充分調動人的積極性,使組織達到工作與人的最佳適配狀態。另一方面,人力資源管理也以心理學與企業管理學為基礎,發展員工培訓、員工職場生涯管理、績效評估與提升、員工酬賞方案、員工招聘、衝突處理等等職場相關議題。人力資源管理的主要目標在於增加員工的工作效能以及工作滿意度。對於工作效能的提升,心理學家發展出了一套全方位的三方激勵系統:自我激勵(自勵)、他方激勵(他勵)與互相激勵(互勵)。實證分析發現,自我激勵可以增加員工的工作滿意度以及減少離職率,而常用的自勵策略包括有效的職涯規畫、員工的自由選擇權、公司的公開承諾以及有效的權責利系統(俞文釗,2007)。

在科學化的職場管理中,個體關係取向(human relation approach)也是被重視的一環。此取向著重在員工與管理者的心理特質,特別是價值觀、態度等工作

心態的因素（Dalton, Hoyle & Watts, 2011）。此取向強調工作場域中的正向人際互動，從團隊合作的觀點來看職場管理，另外也特別注意個人的自我實現而非單純的經濟需求（Reece, Brandt & Howie, 2011）。在近期的研究中發現，良好的職場特質（organizational virtuousness）為慈悲（compassion）、合作（integrity）、寬容（forgiveness）、信任（trust）與樂觀（optimism），而這些特質可以促進生產效能以及員工的工作滿意度（Cameron & Caza, 2013）。

> **人因工程**
> 工程與心理學的整合，主要是將心理因素放入科技產品上的設計。

除了科學化管理問題以外，現在我們也注意到人與機械間的關係。**人因工程（ergonomics/human factor）**這個學科就是將人的因素與工程結合，希望能設計出更人性化的機器，以減少因為機器操作不當帶來的傷害與產能問題（Proctor & Vu, 2010）。小到滑鼠大到大型機器、甚至飛機等，這些機器的設計都同時將人的心理因素與機器的使用納入考量；這就是所謂的科技來自於人性。

隨著心理學與其他學科的合作，在職場的管理與運作，我們越來越感受到人性化的設計與規劃。在未來，我們可以期待一個更舒適與更快樂的工作環境。

14.3.4 正向成長

> **心理資本**
> 個體正向心理發展的狀態，包含自我效能感、樂觀、希望感與復元力等正向心理特質。

心理資本（psychological capital）是個體正向心理發展的狀態。在工作中，如何增加自己的心理資本是一個重要的課題，透過心理資本的增加，讓你有更多的工作效能與抗壓性。近期研究也發現，有正向心理資本的員工對於工作有較高的承諾，也願意參與組織的改革與進步（余明助與劉依容，2013），並且有較高的工作滿意度（林子銘等人，2013）。所以，在職場中如何增加員工的心理資本是一個重要的課題，透過心理資本的增加，我們可以培育出進步且願意持續投入精力於工作的成長性員工。

心理資本包含以下四大正向心理特質：

1. **希望感（hope）**：保持目標且願意達成目標。
2. **效能感（efficacy）**：有信心承擔並投注於必要的努力，以克服挑戰性任務。
3. **復元力（resilience）**：面對困境可以突破並且從中成長。
4. **樂觀（optimism）**：對於現在與未來的成功有正向的期待。

這四種心理特質由英文字的第一個字母組合起來剛好是 HERO，也就是說透過這四種特質的發展，你正好可以做自己的英雄。由於現在的工作不只是為了賺錢糊口，而是更進一步地要提升自我的生活品質或生活滿意度。在工作中，如何讓自我成長，累積正向的心理資本，讓自己變成職場中的英雄。以下是建立心理資本的簡單策略：

- **發展效能感**：找到適合自己能力的工作任務且努力完成它。
- **激發希望**：設立工作目標逐步地完成。
- **產生復元力**：將工作當成是經驗的累積，從工作中學習成功的經驗。

- **發展樂觀**：面對錯誤從中找到改變的方法。

在《職場正向心理學》一書中，提到了如何擁有快樂人生的策略，以下整理出增加你心理資本的方法，由於你尚未進入職場，所以在此從學業的角度出發，讓你學習如何透過學校生活來增加心理資本：

1. 按時完成作業。
2. 多與同學一起用餐。
3. 找出自己的優點。
4. 釐清自己的人生方向。
5. 每天吃水果。
6. 規律的運動習慣。
7. 減少傷害身體的不良習慣，如：抽煙、喝酒、熬夜等。

想一想

1. 你有課業壓力嗎？請用負荷－控制－支持模式來分析你的課業壓力，並且找到一個緩減壓力傷害的方法。
2. 你覺得學生的角色是你重要的自我認同之一嗎？在生活中，投入學生角色的同學是不是讀起書來比較快樂呢？
3. 科技來自於人性，你覺得目前的科技發展有哪些部分考慮到使用者的心理因素？

課堂活動

主題：課業壓力

目標：

了解自己目前的課業壓力。

步驟：

1. 5-8 人一小組。
2. 討論目前壓力最大的三門課。
3. 討論造成課業壓力的三大因素。
4. 討論如何處理課業壓力的五個方法。
5. 小組報告並統整壓力源與因應策略。

回家作業

快樂生活第十四週──面對工作（學業）壓力

21 世紀是一個充滿壓力的時代。我們每天無時無刻都會遇到壓力。基本上，校園也是一種職場，而學生的工作就是上課與讀書，學業壓力就是學生的職場壓力。本週練習的目的就是協助你因應學業的壓力，讓你在未來也更能夠因應職場上的壓力。面對壓力很簡單，就是讓自己保持放鬆：

1. 起床後，先確定今天的行程，提醒自己有哪些需要完成的任務（如：上課、繳交報告等）。
2. 放輕鬆地刷牙洗臉，讓自己從容地開始新的一天。
3. 上課時，保持第一週的練習（呼吸、微笑），讓自己可以愉悅地上課。
4. 利用空檔時間讓自己心情放鬆，進行 5 至 10 下深呼吸。
5. 運用空檔時間，到戶外走走，動一動身體，讓自己身體放鬆。
6. 午餐時間，讓自己好好吃頓飯，最好可以吃一份水果，補充一下維生素。
7. 傍晚時，讓自己有 10 至 30 分鐘的走路（散步）時間。
8. 回家前，最好在戶外的公園散個步，讓自己放鬆後再進房間。

本章摘要

- 人力資源管理是目前當紅的學科，主要是把員工當成公司的主要資產來經營，所以適才適用以及員工的在職培訓會是一個重要的任務。
- 在選才的過程中，有效的工作分析包含三大重點：1. 系統性、2. 細緻化、3. 工作說明書。從工作內容所進行的工作分析，主要著重在工作本身的內容以及所需的工作能力；而從求職者角度所進行的工作分析，是著重在個體的能力，包含：知識、技術、能力以及其他特性，簡稱 KSAOs。
- 每個人對於工作的態度可以分成工作、職涯與志業三種不同的工作態度。最好的工作態度就是把工作當成是你人生的志業。透過職涯探索可以幫助你找到自己適合的職業。
- 對於工作的承諾可以分成情緒承諾、規範承諾與持續承諾等三大承諾。承諾高的人對於工作的投入也高。另外，組織公民行為也是影響到工作表現的重要因素。
- 目前常見的公司管理模式有傳統管理模式、日本管理模式、優勢管理模式以及家族管理模式。每種企業隨著性質不同，所採用的管理模式也有所不同。

- 工作滿意度是目前職場重視的一塊，有好的工作滿意度自然就會產生好的工作效能，國內學者發現工作價值觀與工作的契合度會直影響到個體的工作滿意度，也就是選擇適合你的工作會帶來較佳的工作滿意度。
- 工作是一個團隊，團隊的領導風格會直接影響到工作表現，目前主要的兩大領導風格為交易型領導與轉變型領導。隨著正向心理學的發展，開始有學者探討真誠型領導的效果。
- 工作壓力是職場心理衛生的重要任務之一，工作壓力的來源有兩大理論：一個為「負荷—控制—支持模式」，另一個為「付出—回饋失衡模式」，這兩種理論都可以說明工作壓力如何產生以及如何減緩壓力的影響。
- 工作角色認同也是自我認同的一部分，若對工作角色有正向的認同，你工作起來也比較快樂。
- 科技的發展也與心理學的發展息息相關，目前許多科技與職場管理都考慮到了心理學的成分，也就是說越來越人性化。目前的工作不只是要求個人付出心力，還需要追求自我成長，透過工作來增加心理資本，除了對自己有幫助以外，還可以增加職場的效能。

第 15 章

兩性心理學
Gender Psychology

章節內容

15.1 生理層面的兩性

15.1.1 演化歷程

15.1.2 大腦差異

15.1.3 性別發展

動動腦——由手指看個性

15.2 心理層面的兩性

15.2.1 性別認同

15.2.2 認知功能與性別差異

15.2.3 情緒與性別差異

幸福人生——女性心理健康的維持

15.3 社會層面的差異

15.3.1 家庭角色

15.3.2 職業角色

15.3.3 攻擊與性別

在地人的心理學——看見彩虹

15.4 親密關係的經營

15.4.1 愛的真諦

15.4.2 溝通方式

15.4.3 性行為

章頭故事

暢銷作家約翰・葛瑞博士的《男女大不同》系列書籍說明了男性與女性先天的差異，並且深入探討這些差異帶來的兩性衝突。以買東西為例，男性通常會事先想好要買的物品（如：電腦耗材），然後選定商店，買了就走；而女性則較常以逛街的方式來添購物品，沒有預定目標，邊逛邊買。所以情侶逛街時，可能會因為逛街的模式不同而起爭執。男生會覺得女生逛街沒目的，女生則會覺得男生的逛法很無趣。其實這樣的差異由來已久，從遠古時期「男性狩獵」與「女性採集」的生活型態就已開始。在狩獵的過程中，必須訂好目標、鎖定目標；而採集則是需要到處逛，注意哪邊有成熟的果子。這樣不同的生活型態透過演化就深藏在腦中，一直影響到現代的各種生活習性。葛瑞博士在書中還提出許多男女和平共處的策略。文化同時也影響我們對兩性的觀感，如「弄璋之喜」與「弄瓦之喜」就說明了傳統上重男輕女的態度。但現在父母有了新的活動來與親朋好友慶祝小朋友的誕生：看蛋糕顏色猜性別的活動，小孩子的性別象徵也從傳統璋跟瓦這樣的天差地別轉變成只是顏色的不同。性別對待差異的消失，顯示現今社會已逐漸超越性別議題，邁入下一個階段。

這一章將從生理—心理—社會等三層面來探討男性與女性的差異，並且提出如何經營良好親密關係的策略，讓我們可以跨越先天差異，來創造共融的生活。請看一下章頭的圖片並想一想，水上運動是適合男生還是女生呢？

15.1 生理層面的兩性

人類有 23 對染色體，第 23 對性染色體的差異創造出性生理的差異（圖 15.1）。正常男性的性染色體為 XY；女性的性染色體為 XX。在胚胎發展的前幾周，男性的胚胎與女性的胚胎相近，並且男性生殖器與女性生殖器發展來自於同個胚胎部位。那何時產生兩性差異呢？主要是發展在孕產期的前三個月，主要是男性胚胎中的 Y 染色體促使胚胎發展出睪丸，並且睪丸牽動著胚胎浸潤在男性荷爾蒙之中，並且讓胚胎朝向男嬰發展；反之，在男性荷爾蒙較低的環境下，胚胎則持續發展為女嬰。由此可知，第 23 對性染色體不只是影響著性徵發展，還牽引著整個胎兒發展（Hagerman, 2009）。

除此之外，我們還可以發現單 X（透納氏症）、XXX、XXY（克萊費德氏症候群 Klinefelter's syndrome）及 XYY（Superman syndrome）等基因異常的個體。基因

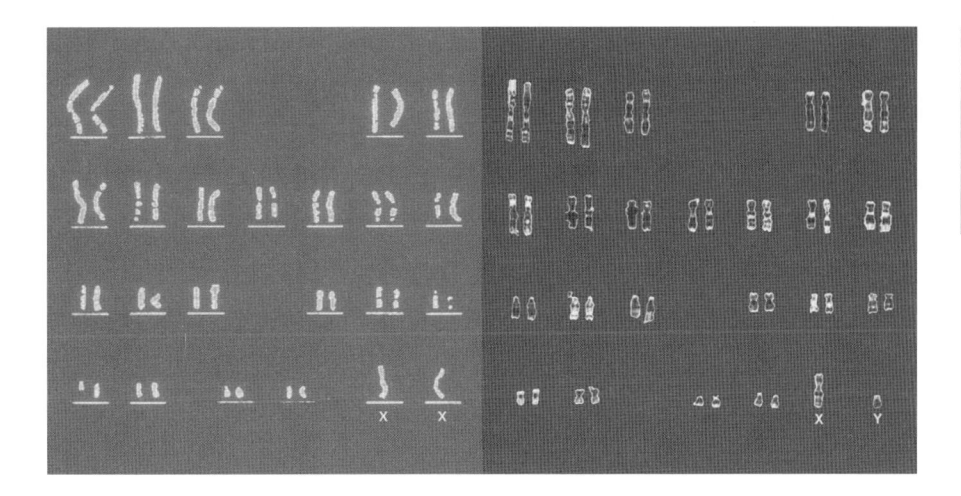

圖 15.1 兩性染色體的差異。

左圖為女性染色體,第 23 對為 XX;右圖為男性染色體,第 23 對為 XY。

決定了我們出生時性器官構造上的不同,然後因為基因影響性荷爾蒙的產生,讓我們在青春期時性產生了第二性徵。基因異常的人(如 XXY 者)可能在幼年即經歷許多發展上的問題,然後青春期時,因為個體可能同時出現兩種性徵(同時有乳房及男性生殖器),所以必須再經歷性別認同或性別轉換的衝突,到達成人時可能想要小孩卻又面臨無法生育的困境。電影《我是女生,也是男生》就深刻地刻劃出他們的心路歷程。

在一個實驗中發現,出生 1 天的寶寶,在對他們呈現兩種與性別有關的刺激時,一個是一般的人臉(女性相關刺激),另一個是小汽車排出的人臉(男性相關刺激),結果發現小女嬰會注意第一個刺激,而小男嬰則會注意第二個刺激(Connellan 等人,2000);到了 3 至 8 個月,小女嬰會注意到洋娃娃之類的女性相關玩具,而小男嬰會注意到車子之類的男性相關玩具(Alexand 等人,2009)。這顯現出,還未社會化的小嬰兒,對外在刺激的反應與社會化的性別傾向有關。也就說明了性別差異取決於生理性別差異。

在討論性/性別議題時,要先了解**性(sex)**與**性別(gender)**是不一樣的概念。在討論性的時候,我們著重在生理層面的兩性議題,如同在動機與情緒那章所談到的性衝動與性驅力。在討論性別時,我們會探討性別間的差異,心理層面與社會層面將是討論的重點。本節將先討論生理層面的兩性差異。在生理層面,我們對於性別的認定最直接的就是透過性徵來界定性別。除了性徵以外,兩性在演化歷程以及大腦功能也反應出差異,本節將一一探討。與性徵上的差異相比,這些差異大多是相對性的差異,而非絕對性的差異。

15.1.1 演化歷程

從演化的觀點來看,兩性關係(特別是性行為)主要的功用在於繁衍後代,所

性
生理層面對於個體性別的認定,也就是男性與女性的認定。

性別
外在社會文化以及個體心理對性別的認同。

以擇偶會是一個重要的課題。根據親職投資理論（parental investment theory），由於在生育小孩的過程中，懷胎與哺乳（林明穎，2008）這兩項女性的本能行為帶給女性身體（如：生產死亡和罹患慢性疾病的風險）與心理（如：產後憂鬱）較多的負擔，使得母親需要投注許多有形及無形的資源。也因此母親會很自然地會對自己的子代投資較多，而父親在親職上的角色多扮演保護或提供資源者。這樣的演化機制也反應在擇偶條件上。Buss（1999）指出，女性尋找配偶的主要目的在於可以穩定地照顧後代，因此擇偶的偏好是有資源、有地位、肯認真的人；而男性的擇偶條件則是確保繁衍的成功（良）率，因此具有良好生育特質的外形特徵也就會被重視。以較現實的方式來說，就是「女性找長期飯票，男性是外貌協會」。

莊耀嘉教授（2002）發現，女性擇偶時，傾向於優先考量男性是否具有穩定地提供情感與經濟資源的性格特徵與經濟條件。此一見諸於女性的傾向比男性更重視對象未來擁有穩定的工作或賺錢的能力（如：學歷），以及具有嚴謹自律性（特別是努力工作、認真負責、可倚賴性等三項特徵）、成熟穩重與積極剛毅的性格特性。女性此種擇偶偏好，顯然有利於其成功地養育後代。男性無論是長期擇偶抑或短期擇偶，皆比女性更重視對象的年齡與外貌，也比女性更會認為多重配偶的優點可滿足性慾。男性的此種偏好模式顯然也有利於繁衍更多的後代。

15.1.2 大腦差異

數據顯示，女性的大腦一般來說比男性小 8% 至 10%（Cahill, 2006）。與男性比較，女性大腦皮質區占有大腦相對較高的比例（灰質較多、神經元較多），而男性大腦則有較多的白質（神經纖維較多，訊息傳遞較快）。除此之外，男性的體內有較多的睪固酮，而女性有雌激素和黃體激素。兩種激素除了讓男性和女性有生理上的區別，也讓兩性在腦部發展的過程中，產生相當大的結構差異，特別是連結兩腦半球的胼胝體及主管恐懼與覺察環境危險的杏仁核。一般來說，女性的胼胝體較大，男性的杏仁核較大。

胼胝體的主要功能是負責兩半腦的溝通。女性胼胝體較男性為厚且大，兩半腦的訊息交換比較頻繁；對比之下男性的左右半腦溝通較少，並且腦側化較為明顯。在 Ingalhalojar 等人（2013）的研究中發現，男性在單側腦內的連結佳，而女性在兩腦間的連結較佳。也就是說男性單純在左腦或者是右腦內的神經聯結程度高於女性；而女性在於左腦與右腦間的連結高於男性。簡單來說，男性在單純的理性思考勝過於女性，而女性則是在左腦的理性與右腦的感性中尋求平衡較優。

在 Ruigrok（2014）[註1] 等人的後設分析研究中發現，整體而言，男性比女性大

註 1: Ruigrok, A. N. V., Salimi-Khorshidi, G., Lai, M. C., Baron-Cohen, S., Lombardo, M. V., Tait, R. J., & Suckling, J. (2014). A meta-analysis of sex differences in human brain structure. *Neuroscience and Biobehavioral Reviews*, 39, 34-50.

的區塊有整體腦容量、左腦皮質區、杏仁核等；而女性比男性大的區塊有視丘、右腦皮質區、右邊島腦等。由於兩性在主管覺察環境危險的杏仁核、主管動機的下視丘以及主管人際與同理心的島腦上有差異，正好可以說明兩性在動機、情緒與人際互動上的差異，此部分將在下一節心理層面探討。

15.1.3 性別發展

生理對於性別的形成究竟有多大影響？在罕見的例子中，胎兒期的發展因為荷爾蒙分泌激素不平衡而產生陰陽同體：個體同時擁有男性和女性的性器官。當有女性基因的嬰兒，生長出像男性的生殖器時，可以透過手術使生殖器與遺傳基因相吻合。但是在青春期之前，這些女孩常常比大多數女孩有較積極與放肆的表現（Berenbaum & Hines, 1992; Ehrhardt, 1987）。這些經過手術矯正的女孩，她們的性別行為是產前激素導致？還是社會經驗的結果？或許是這些女孩看上去較為男性化，導致她們被當作男孩一樣對待，所以她們採取了類似男孩的行為方式。因此，如同其他方面的發展一樣，性別行為很可能同時受生物學和經驗的作用與影響。

Carol Gilligan 的道德發展階段論深入探討了社會形塑性別這個重要的議題：**性別（gender）**——在社會及心理層面成為男性或女性。Gilligan 的道德發展觀念提供了很好的範例，說明女孩和男孩成長過程經驗的差異，以及這些經驗可能造成的後續影響。舉例來說，Gilligan（1996, 1998）指出，在大約 11 至 12 歲的青春期邊緣，女孩開始知覺到自己對於親密關係的興趣，並且會認知到社會重視女性的愛心和利他；而此時期也正是自我認同的發展階段，個體會追求獨立自主的自我認同。簡單來說，青少女正好面對了成就自我與人際親和兩個需求的衝突階段。面對這樣的衝突，若青少女傾向採用「沉默」以對，她們變得不那麼自信，並且遲疑不敢提供她們的意見與採取行動，這些很可能持續到成年期。

同儕在性別發展上發揮了很重要的作用。特別是在兒童期的中期和後期（6 至 10 或 11 歲，或直至青春期開始），同儕團體通常被分隔成男孩團體和女孩團體。同儕比大部分的父母親更加嚴格地獎勵文化中的性別適當行為，並懲罰不符合性別的行為（如：嘲笑娘娘腔的男生）。

在討論 Piaget（皮亞傑）的理論中時談到，基模是一種心智架構，可以用來組織和引導個人的想法。最近的一項理論認為，兒童會基於其文化認知之男性和女性的適當行為，而發展出性別基模（Martin, 2000; Martin & Dinella, 2002）。而後，他們的性別基模可以提供一種認知架構，來解釋與性別有關的進一步經驗。隨著性別基模的發展，兒童將種種事情與性別串在一起，如：女孩應該要被呵護、男生應該要獨立等。

John Money 是一個著名的性學研究者，她認為性別是受到社會環境的影響，在 1965 年，她發現一對男性雙胞胎，其中一個男孩在出生後沒多久因為意外而陰

性別

社會和心理層面為女性或男性。

莖被切除。Money 經過父母的同意後，將這個男孩轉變性別為女生，並且採用教養女孩的方式來撫養她，後來這個女孩長大後變成一個女生；而另一個雙胞胎男孩一樣還是男生（Money & Tucker, 1975）。這個例子說明了後天環境對於性別發展的重要性。而生理學家 Milton Diamond 持續追蹤這個研究，結果發現這個女生漸漸不喜歡自己的女性角色了（Diamond & Sigmundson, 1997），其中的原因還需要深入探索。由這樣的案例可以了解，性別角色的認同同時受到先天與後天因素的影響，並且這個影響是終其一生。

性別角色
對於女性和男性應該如何思考、行為和感覺的期待。

有些文化要求兒童接受傳統的**性別角色（gender role）**（Best, 2002），即對於女性和男性應該如何思考、行為和感覺的期待。男孩被教養成「男子漢」（如：有力量、具侵略性、獨立），而女孩被養育為「小女人」（如：對他人細心、善於人際關係、較少有主見）。可是到了近代，不少文化偏好對男孩和女孩採用相近的養育方式，例如，女孩像男孩一樣有主見，而男孩和女孩一樣能對他人付出關懷。在職場上，對於職業角色的期待也有兩性差異，如：女性與護理、男性與工程師等。表 15.1 整理了目前主要的性別發展理論。

理論取向	說明	研究課題
生理取向	認為性別發展受到基因、荷爾蒙與大腦結構等生理因素影響	在胎兒時期的荷爾蒙是如何影響兩性的行為差異？ 基因是如何型塑兩性特徵
演化取向	探討適應功能上的兩性差異，特別是擇偶行為	在性行為上的兩性差異 人類的性選擇與其他生物有何不同
社會認知	性別認同基模的發展受到學習因素的影響	兒童是如何從同儕與環境中學到適切的性認同
社會角色	著重在社會文化對於性別角色的定位，包含職業角色與家庭角色	職業與性別差異的關係 不同文化對於性別相關職業有差別嗎？

表 15.1 性別發展理論

想一想

1. 你的擇偶基本條件是什麼呢？
2. 兩性在大腦上的差異為何呢？你覺得會造成兩性在思考上的差異嗎？
3. 在青春期時，你對自己的性別角色認同是受到哪些因素影響？

動動腦

由手指看個性

將你的右手放在桌上，比較一下你的食指與無名指，看看那一隻手指比較長？最近心理學家發現，食指與無名指長短的比率（2D:4D）與胎兒在母體所產前睪固酮（男性荷爾蒙）的濃度有關（McFadden, 2008）。研究發現，右手無名指偏長的個體（也就是 2D:4D 比率低），在母體中所接受的男性荷爾蒙較多（Honekopp & Watson, 2011）。這樣的研究發現也激起了產前所接受的男性荷爾蒙與後天心理狀態的關係的探討。

最常討論的就是性取向的問題，其基本假設認為，若女胎兒在產前接受較多的男性荷爾蒙，她未來就容易變成雙性戀或者是女同志（Kraemer 等人，2006）。相對地，若男胎兒接觸到過多或不足的男性荷爾蒙，是否會影響性取向還是一個備受爭論的議題。在一項後設分析研究中發現，男性左手手指比率與女性特質呈現相關（Voracek 等人，2011），這說明了胎兒在母體中接受荷爾蒙的狀態與未來的兩性特質有關，但是否就能夠推論性取向則需要再加以驗證。

另外，也因為睪固酮與攻擊行為有關，因此也有學者認為這個指標與暴力行為有關，也就是 2D:4D 比率低者暴力行為的可能性偏高；當然，換個角度來看，這些人就適合競賽型運動（如：球類、跆拳道等）。經過後設分析後，結果發現手指比率只與攻擊行為呈現低相關（Honekopp & Watson, 2011）。

當然睪固酮也與成就動機有關，一項研究調查倫敦市中 49 名精於「短線交易」的男性股市交易員，記錄他們食指與無名指長度的比率（2D:4D），並長期追蹤 20 個月。結果發現無名指較食指長者（2D:4D 比率低者）的交易員操盤獲利，是相反者的 11 倍，這顯現手指比率低者獲益比較高。

這些研究都在探討胎兒在母體中受到荷爾蒙等生理因素的影響，但由於成長的環境因素也與行為息息相關，對此類的研究發現是否就能夠推論未來成長後的行為還是需要多方探討。對此議題有興趣者，可以閱讀國際期刊《人格與個體差異》（Personality and Individual Difference）（2011 年）第 51 期，專刊收錄相關的實證研究。

想一想

1. 你的 2D:4D 比率為何？也就是你無名指是否比食指長呢？
2. 你覺得在母體接受較高的男性荷爾蒙會讓你變得更有男子氣概嗎？
3. 你覺得母體中的荷爾蒙環境會影響到你的性取向嗎？

| 延伸閱讀 |
Anne Moir & David Jessel 著，洪蘭譯（2006）。《腦內乾坤：男女有別，其來有自》。遠流出版社。

15.2 心理層面的兩性

因為性別是顯而易見且最不具爭議的變項，大多數的心理學研究都會先分析或排除性別差異，小到微笑的性別差異（Lafrance, Hecht & Paluck, 2003），大到憂鬱症的性別差異（Hyde, Mezulis & Abramson, 2008）。本節將整理許多心理層面的性別差異結果並加以說明，讓我們能學習互相尊重。

15.2.1 性別認同

性別認同（gender identity）就是個體認定自己所屬的性別。性別認同深深地影響著每個人的自我概念。在成長的過程中，我們會找到一個讓自己感到舒服、自在的性別認同，也就是在心理面認為自己是屬於男性還是女性（Martin & Ruble, 2010）。心理學家採用男女性的特質來反映一個人心理層面的性別特徵。其實它們是兩個獨立的向度，一般人都是**雌雄同體（androgynous）**，同時都會有不同程度的男性特質與女性特質。一個人的男性特質較多者稱之為工具主義（instrumentality），而女性特質多者稱之為表達主義（expressiveness）。工具主義主要的特質為勇敢、自我肯定、獨立與支配；而表達主義的特質為溫暖、呵護他人、對他人敏感等等。在生活中，我們有時需要男性特質來面對生活困境，而需要一些女性特質來增強人際關係。當工具主義與表達主義在生活中達到某種平衡時，我們就會活的更自在（Bruch, 2002）。

> **雌雄同體**
> 一個人同時擁有男性特質與女性特質。

演化心理學家也對性別有濃厚的興趣。在強調天性的演化心理學觀點中，性別行為的差異，被視為遺傳因素逐漸調適的成果（Buss, 1995, 2000）。達爾文的性選擇（sexual selection）有兩個重要的觀點，競爭（competition）與選擇（choice）。男性的體型一般來說較女性大，競爭使有主導力的男性擁有生殖的優勢。男性逐漸採納短期的交配行為，以便能夠創造更多後代，從而提高他們的繁殖優勢。除此之外，男性偏好選擇比自己年輕的女性，所以外貌在男性選擇配偶上是個重要的因素。從演化的角度來說，年輕女性曾經懷孕的機率會較小，所以相對之下將盡更大的努力來養育子女，並選擇可以提供她們後代更多保護的伴侶。因為男性要與其他男性競爭以得到女性，所以會演變出偏愛暴力和冒險的性格傾向；女性則發展成可以支持家庭的長期伴侶。男性努力獲得比其他男性更多的資源，以吸引更多的女性；而女性則去探尋、吸引可以提供這些資源，且具有野心的男性。但演化心理學的批評者認為，人有改變自己性別行為的決策能力，因此不會受限於其演化的過去。人們擷取跨文化中性別行為和交配偏好的多樣性，用來證明社會經驗會影響兩性行為（Wood, 2001）。例如，Alice Eagly（1997, 2000, 2002）強調，當婦女被迫去適應低權力和低社會地位的角色時，她們顯得比男性更合作和更不具主導性。

15.2.2 認知功能與性別差異

總體上,男女一般智力(general intellectual ability)能力的差異不大,但女生的在學成績通常比男生好(Halpern 等人,2007)。兩性認知能力異同的研究,主要在測驗兩者之數學技能、視覺空間技能,以及口語技巧(Halpern, 2002)。在數學和視覺空間技能方面,例如,建築設計時所需的各種技能,男孩往往比女孩有更好的表現,雖然其分歧程度通常都很小(Hyde & Plant, 1995)。在美國的全國教育發展評估(National Assessment of Educational Progress, 1997)中發現,4 年級男孩的數學比女孩更好;但是在 8 年級和 12 年級時的差異則不顯著。研究還發現,在口語技巧方面,20 年前的女孩往往比男孩有更好的口語表達能力(如:更好的詞彙),但是近幾年來,大多數的口語能力則無明顯差異(Hyde & Mezulis, 2002; National Assessment of Educational Progress, 2001)。女孩的確有比男孩更好的閱讀能力,這種差距在 1998～2000 年間更為擴大(National Assessment of Educational Progress, 2001)。

在生活上與一些研究中發現,女性在口語表達能力高過於男性,而男性在視覺空間能力會高過於女性(Halpern 等人,2007)。從演化的角度來看,男性負責狩獵,而女性負責採集與照顧孩子,因此男性需要有較佳的視覺空間能力,而女性則需要有較佳的溝通協調能力(Geary, 2010)。而從社會角色的角度出發,我們的文化會期待男性的理工能力佳,而女性則是文史能力好,也會造成兩性在認知功能發展上的不同。

Hyde 的後設分析研究指出,男女在語言能力及空間能力的差異的確存在,但實際的差異並不大(Hyde, 2005)。因此她相信**兩性相似假說(gender similarities hypothesis)**,即男性和女性(男孩和女孩)相似的地方會多過於相異。依據這個觀點,她認為找尋男女在職涯選擇上不同的原因,不能如以往單單只從認知的層面進行討論,而要納入多元因素,如:社會文化(模仿家人好友)或個人如何知覺自己的成績表現等來解釋。

兩性相似假說
認為兩性間的相似性高於相異性。

15.2.3 情緒與性別差異

對大多數人而言,大學是獨立生活的開始。適應新環境、面對新同學,以及規劃自己的生活都是壓力的來源。學習處理伴隨壓力而來的情緒是個重要的課題,所以先讓我們了解兩性在情緒上的不同。

兩性的情緒差異可以從三個理論觀點來切入,分別是生物、社會發展以及社會建構論(Chaplin & Aldao, 2013)。從生物層面來看,性荷爾蒙的差異導致了男性與女性在情緒感受與表達上有所差異;在社會發展上,由於男性與女性的互動方式不同,如:男性喜歡肩並肩共事,而女性喜歡面對面交談,這樣的互動差異也會影響

到兩性在情緒表達上的差異;在社會建構上,社會對於性別的社會期待會影響兩性在情緒表達上的差異,如《男孩不哭》這樣的社會期待,深深地限制男性的情緒表達。

胎兒所接受到的男性賀爾蒙會影響腦部及身體的發展。男童的語言能力以及抑制控制能力(inhibitory control ability)通常較女童差,導致他們無法有效地處理負面情緒,而後無法因應情境的需求,甚而產生無法控制的怒氣。有研究也指出,在嬰幼兒時期,男女寶寶表現的挫折反應是相似的;但隨著年齡的增長,女生的負面情緒爆發(如:生氣)後會消散的比男生快,但是在控制害怕與恐懼方面,小女生就沒有男生這麼在行。

從社會發展理論的觀點,小孩自小就從生活經驗等社會化的過程學習性別角色。其中一個理論——性別基模理論——認為,小孩自己會從經驗中汲取與他們性別相關的行為與特質,從而產生一套性別的認知基模。隨著年齡成長,他會再利用該性別基模從環境中篩選什麼是適合自己的性別。另一個理論——社會學習理論——主張,性別的形成主要是由環境的鼓勵與教導,或是透過模仿與自己性別一致的行為而產生。此時年齡成為一個調節變項,因為我們可以預測小孩的年齡越大,所受的環境影響越深,也越符合社會所賦性別的期待。

性別情境理論(gender in context theory, Deaux and Major, 1987)是社會建構理論中一著名的論點。性別情境理論強調,性別差異通常是在顯著的情境中被觀察到的。譬如說一個男性青少年的團體,每個人會期待其他人有很「man」的行為,而每個成員在產生行為的過程中即是在和其他人調整或修改自己的行為方式。所以由這個理論推論,一個小孩跟陌生人的互動會與跟父母互動時不同,是因為陌生人會期待這個小孩的情緒表達符合社會規範。情緒表達是生物與社會兩因子共同形塑而成。一般來說,眾多的文化都預設與期待女生情緒表達的能力較男生佳(多),同時也能夠展現較多的面部表情與同理別人的行為。以上的女性行為都與女性角色(關係導向、能夠照顧別人和能包容別人)與傳統角色(照顧者)一致,同時這些行為可能會增進人際的親近,而不是威脅到她們的關係。男性則被期待表現較少溫柔行為與感情,反而他們會被鼓勵去外化他們情緒,如:生氣、鄙視和厭惡。上述的這些情緒趨向於幫助男生達成目標、排除障礙,而這又與男生在性別角色上(被要求獨立、獨斷和個別化)以及傳統角色(保護者)一致。

兩性情緒表達方式的不同也會影響各自的身心健康。在情緒調節上,兩性也偏好不同的策略,女性較趨向使用反覆思考(rumination),而男性偏好使用壓抑或是逃避。除此之外,女性還會使用的情緒調節策略是認知再評估(reappraisal)、問題解決以及接納情緒。男性在面對負向情緒時容易有衝動性或是報酬尋找(reward seeking)的反應出現,所以在一項研究中也指出,男性使用酒精與憂鬱情緒的兩者間有很高的關聯性。

除了情緒調節以外,壓力因應策略的不同也是影響到身心健康的重要因素。

在第 12 章健康心理學一章所提到因應壓力的策略有兩大類，一種是「戰或逃」反應，另一種是「親近與友好」反應。男性較多採用打或跑的反應來因應壓力，而女性會藉由人際互動來因應壓力（這種因應策略可以讓女性分泌催產素這樣的抗壓神經內分泌）。Mahalik（2003）認為女性有較佳的負面情緒覺察能力，也因此她們更需要情緒調節，所以女性尋求專業的協助次數比男性多，藉此避免身心問題繼續惡化而產生疾病。

　　女性是社交的動物。許多研究及生理上的證據可說明此話不假。一般來說女性比男性有較佳的表情辨識能力及解讀他人非語言訊息的能力（Geary, 2009, p357）。同時女性也較會在跟他人互動時微笑及眼神交流。研究還指出，有些男性對於非語言訊息解釋的能力很差，差到產生誤解，而將異性友善的反應當成是性邀約。兩性對於各種情緒也有不同的敏感程度。男性較敏感於其他男性臉上產生的負面情緒，又尤其是生氣。但女性對於辨識生氣的敏感度則沒有差異。相對於男性，女性對於噁心、害怕和悲傷的情緒則較為敏感。在「幸福人生」這個專欄中，我們將深入探討女性心理健康的課題。

想一想

1. 從心理層面來看，雌雄同體的性別認同對生活的影響為何？
2. 男性重理工，女性重文史，目前還可以發現這樣的兩性差異嗎？
3. 你覺得在面對生氣的情緒時，男性與女性有何差異？

幸福人生

女性心理健康的維持

　　促進心理健康是目前重要的課題，而在推動心理健康促進工作中，需要考慮性別差異。研究指出，女性較重視家庭支持關係，在治療中會試圖發展對其有益的治療性人際關係；而男性對於心理困擾較重視藥物治療，會發展個人型態的因應策略（張玨與謝佳容，2014）。長期關切女性議題的成功大學徐畢卿教授及中山醫學大學王郁茗教授（Wang 等人，2013）發展了一套專為女性設計的心理健康量表。其研究發現女性的心理健康主要可以從自我、人際、家庭及社會這四個層面進行分析。

　　在自我層面中，身體意象（body image）是一個人對於自己身體形象的概念，涉及知覺、生理感覺及社會互動。有空的話，你可以上網搜尋 1950 年至今的《花花公子》（Playboy）雜誌，仔細審視裡面模特兒的身形改變。以時間為向度的話，我們能夠觀察到她們變得越來越窈窕。雖然男性同樣受到注意體重的訊息，但一般文化對於男性審美觀的價值是（且持續是）「健美」，而對女性的要求則是從豐滿、苗條到骨感等「瘦

即是美」的轉變。一般來說女性較男性更注意自己的外在形象，也更需要順應時代改變自己，可以說是雙重壓力。國外一項為期5年的追蹤研究（Neumark-Sztainer等人，2006）指出，不論男女，對於自己身體的低滿意度，都跟節食、不健康的飲食控制及較少的活動量有關。同樣的，低身體滿意度容易引發憂鬱和提高自殺機率。從社會文化角度來看，女性體重控制不單單只是身體美醜議題，還包括女性脫離以往身為男性附屬品的角色，為追求獨立自主、自我控制和一成為現代新女性的象徵。我們可以說體重控制實實在在的牽連著女性對自我價值評估及影響著心理健康。雖然現實生活中，外型會影響到一個女性的心理健康狀況，但真的只有外型是重要的心理健康來源嗎？除了外型，自我成就、自我效能感等等都是與心理健康息息相關的自我因素，你若對自己感到有些許的不滿時，可以試著讀《和好：療癒你的內在小孩》這本撫慰人心的書，提升自己的心理健康。

在人際層面，女性與男性最大的不同點在於女性重視人際親和，而男性重視成就自我，因此女性的心理健康多來自於人際層面。也就是說，如何增加良好的人際關係對於女性的心理健康扮演著重要的角色。女性需要有良好的社會支持來度過生活中的困境。在延伸閱讀中，我們選擇了一本淺顯易懂的書籍《諦聽與愛語》，教你如何建立良好的人際關係以及處理關係中的衝突與磨擦。

在家庭層面中，即使是在現今社會，女性雖然也進入了職場，但仍須在家庭中繼續擔任主要照顧者的角色。如前面所述，很多時候女性必須兼顧工作與照顧小孩，所以如何在辛勞工作後又能有效率的將小孩照顧好就變成一個令母親們頭痛的問題。《照顧孩子的有效策略》這本書以依附關係及情感導向為基礎，並佐以許多對話實例告訴母親如何與孩子溝通、教導孩子處理情緒還有維持及修補關係。我們相信這本書可以節省你許多上網找媽媽經的時間和照顧小孩子所產生的挫敗感，並讓你與小孩子的關係更融洽與親密。

在社會層面中，快速與複雜的變遷應該是很多人對現今社會的感覺。新聞常常告訴我們這世界上仍有許多的苦痛：隨意殺人、民族對立、暴動、恐怖攻擊、汙染及氣候變遷等。這些訊息都可能會造成壓力，也不斷地告訴我們活著的苦痛是無可避免的事實。正念、專注與洞察是一行禪師的《好公民：打造覺悟的社會》這本書要傳達給我們的重點，藉此幫助我們超脫活著的苦，而感悟到生活的苦樂是一體兩面的事情。唯有苦的存在，我們才能感受到快樂，兩者密不可分；書中則以沒有汙泥就沒有蓮花來做比喻。瞭解這點也幫助我們接納並瞭解自己所經歷的苦，瞭解苦的成因後也才有可能達到真正的樂，全然地活在當下。書中也告訴我們，我們與周遭的人密不可分互為主體；瞭解苦的成因之後我們也才能慈悲、無比較與分別而善待彼此。

延伸閱讀的四本書籍都提供了一些練習來幫助大家改善四個心理層面自我、人際、家庭和社會的健康。希望讀者會喜歡！當然，透過本書的課後練習，也是一個增進心理健康的方法，特別是這一章，將教你如何好好地愛。

| 建議閱讀 |

張珏與謝佳容（2014）。〈心理健康主流化—促進與復元〉。《護理雜誌》，61，18-24。

Wang, Y. M., Johnson, J., Shu, B. C., & Li, S. M. (in press). Towards the development of a gender-sensitive measure of women's mental health, *Journal of Clinical Nursing*.

| 延伸閱讀 |

一行禪師（2014）。《諦聽與愛語》。商周出版社。

一行禪師（2012）。《和好：療癒你的內在小孩》。自由之丘。

Daniel A. Hughes（2007）。《照顧孩子的有效策略：以依附關係為焦點之親職教育》。心理出版社。

一行禪師（2014）。《好公民：打造覺悟的社會》。立緒。

15.3 社會層面的差異

現代人在熱戀進入了穩定期後,有些人會展開同居生活,然後準備步入婚姻。婚姻不只是關係層面的改變,也是一種社會層面的角色認同。這一節將從社會的宏觀角度來探討兩性在社會層面中的異與同。Alice Eagly 提出了社會角色理論(social role theory)來說明性別的差異。社會角色理論是由男女體型上的差異為出發點,而影響後來男性女性在工作分派上面的差異。Eagly 相信,這樣的工作劃分引領大家型塑了什麼是男性與什麼是女性的概念,還有對於性別角色的期待。期待產上了性別刻板印象(gender stereotypes),如:女性應該表現出溫暖、照顧別人和有著豐富的情緒,而男性應該展現出強壯、支配性強及理智。性別刻板印象影響了我們如何解釋別人的行為,當有人違反了也會讓我們覺得不舒服。現今所推動的多元成家方案即是一個例子。該方案牴觸了某些宗教或團體對於家庭與兩性的既有認同,因此產生抗爭。Eagly 和 Wood(Eagly, 1987; Eagly & Wood, 2010; Wood & Eagly, 2010)提出,一般人對兩性角色的改變與社會結構有很大的關聯。現今的社會講究兩性平權,女性在工作、教育及社會參與上與男性有相同的機會。對於工作角色的分工,現在也有許多新的考量。想一想,未來的你將會如何進行工作角色的分工呢?

15.3.1 家庭角色

「男主外,女主內」這句話一直流傳至今,過去的傳統文化在家庭中有這樣的角色分工。請女生想想看,在妳的同居生活中,幫男朋友把衣服洗得香香的是妳想要做的嗎?而男生是否該負擔起女生的生活開銷呢?

現今的臺灣以雙薪家庭居多,家中經濟來源的改變,勢必影響時間與工作的分配。張志堯(2003)對於雙薪家庭的研究顯示,在大部分的雙薪家庭中,男性的權力依舊高於女性;男性會決策家中重要的事情,而女性決定雜支開銷。雖然雙薪家庭中男性參與家務的比率比男薪家庭高(18.05% 比 10.5%),但是仍舊比女薪家庭低(26.7%)。在雙薪家庭中,男性平均每週投入 10 至 11 小時至家務中,對比於女性的 37 小時之下仍舊顯得相當的少。該研究又比對了夫妻的社經組合(勞工階級、中產階級及資產階級)。當女性屬於勞工階級及資產階級的時候,她們丈夫投資於家務中的時間是最少的。在工作時間上,一般男性只比女性每週多 2 至 3 小時,但家務的投入卻比女性少之又少。

王舒芸及余漢儀(1997,表 15.2)在她們的親職角色研究中整理出 70 年代到 90 年代國內外學者對於兩性參與家庭勞務的分類。親職角色的性別區分主要分為五個層面:時間性、責任心與心態、角色、活動特質及親子關係。一般來說,母親仍舊是小孩的主要照顧者,父親則是次要、被動與配合的角色。因為傳統觀念的影

響，父親仍舊以工作為重，而母親較容易因為工作沒有時間照顧小孩而產生罪惡感。在雙薪家庭中，較可能因為有小孩的出生而讓兩性的角色分工趨向傳統化。

作者	女／母職	男／父職
Winch（1971）	撫育（nurturance）：餵食、穿衣、洗澡	控制（control）：社會化，學習社會要求的行為規範
Berk（1985）	不間斷（unrelenting）重複（repetitive）例行工作（routine）	罕見（infrequent）、不規則（irregular）、非例行性（nonroutine）
高淑貴、黃坤瑛（1988）	工具性：洗澡、餵奶、換尿布	情感性：陪小孩玩、看電視
Coleman（1988）	每天，特定時間、選擇彈性少，瑣事，厭煩的	有明確的開始與結束、自由決定時間，內容明確、含休閒成分
余漢儀（1991）	勞務（task）：滿足食衣住行的需求	關係（relationship）：情緒發展，心理需求
Abbott & Wallace（1995）	必要的、重複的、經常要做的	具創造力的、方便時

表 15.2 兩性在家庭工作中的分配

15.3.2 職業角色

阿嬤挖蚵仔，阿公在種田；女的當護理師、男的當工程師。你是否有這種性別刻板印象呢？想想看，心理師應該是男性還是女性？

民國 89 學年的女大學生所占的比例已經超過男性（引自行政院主計處：我國婦女社會生活趨勢分析），這代表女性已有較多的機會接受高等和專業教育，但女性高教人數分布於人文科學（68.2%）和自然科學（29.9%）的人數仍舊十分懸殊（謝小苓等，2011）。雖然女性進入男性傳統工作領域已較以前多，但男性高教人數分配的比率沒有什麼太大的變動，原因可能是傳統對於女性特質貶抑造成男性對於轉換學習及工作領域怯步。另一項由 Charles 和 Bradly（2009）的研究指出，已開發社會的高等教育教性別隔離程度高於開發中的國家。他們相信這種差異不是由性別歧視造成，反而是來自性別本質化（gender essentialist）和強調自我表現的文化。

工作價值是自我需求的展現以及引領一個人在職涯選擇的方向。試著想想看未來的你適合怎樣的工作呢？楊國樞（2004）在其研究中探討華人之自我在現今社經潮流的影響下的轉變，從人際親和轉向人際親和與自我實現（受西化影響）的混合

多元自我。黃光國（1991，1995）實際調查大學生後也發現類似的結果。現今年輕人的價值觀逐漸趨於自我實現，但仍不失儒家的利他精神。自我價值觀的轉變也反映到工作價值。現今的工作者較以往更重視個人工作的專業、自主與獨立性，同時更重視職業與家庭的平衡和工作保障（王叢桂，2011）。兩性重視的工作價值十分不同，男性較女性重視工作所帶來的物質報酬與領導權，而女性較在意工作是否帶來心靈成長與外在的福利與舒適。現今的社會講求性別平權，雖然現在提倡兩性在職業與家庭都要有相同的付出，女性仍舊不免受到傳統價值的影響，要在育兒以及職業兩者衝突中掙扎。研究指出，在臺灣，不重視母親職責的女性較在意工作是否能發揮創意以及自主彈性，也就是說她們傾向追求個人成就；而在意母職者較注重實質的報酬與安定保障。願意照顧與教育小孩的父親，則希望工作給他們更多時間與物質，且重視自己的專業表現與社會尊重。總而言之，男女在因應工作與親職間的衝突會呈現不一樣的行為。追求自我成長的女性傾向不重視母職，但對男性來說要做好傳統親職者，工作上同時也要有好的表現。

15.3.3 攻擊與性別

攻擊行為（aggression）的定義為有意圖地傷害他人的行為（Crick & Grotpeter, 1995）。直覺上，我們會覺得男性比女性有較高的攻擊行為，而且在家暴的個案上，男性比女性還要高。但事實是如此嗎？女性的攻擊行為真的比較少嗎？這個問題就需要從攻擊行為的類型來看了。攻擊行為可以分成外顯行為攻擊（over aggression）與關係攻擊（relational aggression）。外顯行為攻擊就是言語或者是行為上的傷害他人，這部分男性就比女性高。在兒童期，常常都是一些身體上的攻擊，也就是一些霸凌行為（Bukowski, Brendgen & Vitaro, 2007），而青少年則是口語上的威脅或者是群體霸凌較多（Dodge, Coie & Lynam, 2006）。女性與男性不同，比較常使用關係上的攻擊（Card 等人，2008），也就是透過人際上的疏離或者散播謠言來中傷他人（Crick & Grotpeter, 1995）。關係上的攻擊與行為上的攻擊相當不同，它需要有一定的認知與社交能力，來產生社會疏離的效果，也就是攻擊者必須了解人際文化脈絡，來操弄訊息的傳遞以達到中傷的效果。研究顯示，女性隨著年齡增長，在此的能力與效能上會更加成熟（Smith, Rose & Schwartz-Mette, 2010）。想一想，你當面被朋友指責與朋友在背後說你壞話，那一種行為的殺傷力比較強呢？

一般而言，不論是行為攻擊或者是關係攻擊，都是透過這些舉動來減少同儕對你的接受度（Crick & Rose, 2000），但受到關係攻擊的女性往往會被同性的朋友排斥，而反而容易被異性朋友接納（Smith, Rose & Schwartz-Mette, 2010），這是一個有趣的生活現象。你可以想想，在生活中是否如此？被排擠的女生，是否有比較多的男性朋友？

想一想

1. 你父母親在家庭的角色有何不同？
2. 你未來想做什麼行業，這會與你的性別有關嗎？
3. 在人際互動的層面上，男生與女生的互動方式有差別嗎？

在地人的心理學

看見彩虹——校園內的同志運動

隨著時代的演進，同性戀已經不再是一種禁忌話題，但是面對傳統價值與汙名化的影響，同志還是無法自在地「出櫃」。2013 年臺灣努力地推展多元成家方案，希望同性等非異性戀的婚姻能夠被法律所接納，回到人的本質。愛情就是兩個人的相戀歷程，應該無關乎性別、膚色等生理特徵；透過全人的觀點，讓臺灣變成一個更加多元思考的社會。

在臺灣，劉安真老師致力於同志平權運動。她在調查中發現各種在校園推展同志學生的輔導工作的困難：學生不願意曝光、同學霸凌同志學生、教師對於同志議題缺乏認識、教師缺乏相關技巧、學校缺乏相關資源。在輔導工作中，最重要的就是了解同志學生的心理困擾以及處境。

該如何確定自己的性取向？面對這樣的課題，我們可以轉個彎來思考——除了確認自己是否為同性戀以外，也可以想想自己是否為異性戀呢？

1. 你如何確定自己是異性戀？
2. 你在何時發現自己是異性戀？
3. 在異性戀的程度上，你是幾分（0～10 分）？
4. 你如何確定自己不會喜歡上同性？

過去對於性取向的看法著重在生理層面，也就是你與同性或者是異性是否發生性行為來決定你是同性戀、異性戀或雙性戀。在這一章，我們了解兩性關係包含了生理—心理—社會等三大層面。從這個角度來看，性取向也不應只是從生理層面來看，也應該更進一步地從心理與社會的層面來探討。

最近的性取向研究也跳脫了單純的性行為對象，而是從「人」的觀點來思考，也就是說你愛的人他所屬的性別為何？在未來的世界中，隨著多元成家的概念出發，我們跳脫傳統性別的框架，來思考愛情是兩個人之間的關係建立，無關性別。下一節將討論兩個人如何相愛。

| 參考文獻 |

劉安真、趙淑珠（2006）。〈看見！？校園同志輔導工作推展之現況與輔導教師對同志諮商之訓練需求調查〉。《中華輔導學報》，20，201-230。

15.4 親密關係的經營

我們從生理－心理－社會三個層面來探討兩性的特性與差異，在這一節將探討兩人的親密關係。在這裡所談的親密關係不限於兩性間的親密關係，還包含了同性間的親密關係。我們會從「全人」的角度來看兩個人該如何好好相愛！

女性和男性對愛的看法不一樣嗎？表 15.3 顯現兩性投資在親密關係上的差異，而有一項近期的研究發現，男性把愛情和熱情一詞畫上了等號，而女性覺得愛情和友情一詞較為相近（Fehr & Broughton, 2001）。但男性和女性都把愛情和感情（affection）連結在一起。在關係的各面向中，和性別有關聯的似乎是關心（Brannon, 2002）。回想 Carol Gilligan 的關懷觀點，Gilligan（1982）相信社會關係對女性來說，其重要性高過於男性，而且也對社會關係較為敏感；相反地，她認為男性是個人主義且自我導向的。研究人員也確實發現，成年女性更常關心、支持，並同理他人，而成年男性則較獨立、自我依靠、少表達感情（Brannon, 1999; Paludi, 1998）。一旦在愛情關係中，性吸引力的新奇、不可預測與急切漸漸消退了以後，女性會比男性更可能發現關心的不足，這直指出關係已經出現了問題。

在社會心理學一章中，我們談到 Stenberg 的愛情三原素理論。該理論認為完美的愛包含了生理層面的激情、心理層面的親密以及社會層面的承諾。當兩個人的愛情包含了這三大原素的話，就代表了這是一個令人稱羨的完美愛情。當然不是每個人都是天生的一對。在談戀愛的過程，如何好好經營關係，讓關係更美好才是我們要學習的課題。另外，穩定的關係就會帶來快樂嗎？在近期的研究中發現，關係品質對於幸福感的影響更勝過關係的穩定度（Saphire-Bernstern & Taylor, 2013），這更說明了關係經營的重要性。我們不只是要追求擁有一段白頭到老的穩定關係，還要注意到關係的品質。特別對於重視關係的女性而言，關係品質與幸福感的相關性

性別	關係特性	利	弊
男	短期	增加受孕 無親職投資	性病風險 資源投資
男	長期關係	增加關係穩定性 增加家庭生活	其他關係的選擇 親職投資多 關係投資多
女	短期	短期資源 優質男性的基因	性病傳染 非預期懷孕 長期關係機會減少
女	長期關係	穩定的資源 親職投資	其他關係的選擇 親密關係的規範

表 15.3 兩性在人際投資上的差異

更高（Proulx 等人，2007）。在這一節，將從愛的本質、溝通模式以及性行為來討論如何提升關係品質。

15.4.1 愛的真諦

愛情是人生中重要的課題之一，在社會心理學一章中，已經探討了臺灣人的愛情風格，本節將探討如何好好地相愛。一行禪師在 2014 年所出版的《愛對了：用正念滋養的親密關係最長久》一書，以「法句經，愛欲品」為本，提出了許多愛情上的共同課題。簡單來說真愛有以下四大重點：

一、慈：是真愛的第一個原素。這個字源自於梵文 mitra，意指朋友，也就是友誼。我們都有那種穩定長久的友誼關係，這種關係經常都是愉悅、快樂。所以，真愛的第一個步驟就是給予對方快樂的感受，雙方共同創造快樂的原素。

二、悲：是真愛的第二個要素。這個字源自於 karuna，就是減輕痛苦的能力，能夠消除或轉化痛苦。當我們所愛的人面對痛苦時，我們自然會很想幫助他，因此一同面對痛苦並且轉化痛苦，會是一個重要的愛的原素。

三、喜：是真愛的第三原素，這個字原為 mudia，也就是在愛情中要保有喜樂的心，若你自己都不快樂了，那關係會如何快樂呢？每天用喜悅的心情與對方碰面，那會讓關係充滿了喜樂。

四、捨：是真愛的第四個原素。此字源自於 upeksha，意為平等或無差別，這是關係的基礎。在兩人關係中，保持平等的關係，互相尊重與重視，沒有誰高誰低的狀況，你就是我、我就是你，我們就是一種生命的共同體。

若你可以在愛情關係中，慢慢地培養「慈悲喜捨」這四種愛的原素，你將會體驗一段美好的愛情。

15.4.2 溝通方式

溝通是關係的基礎，在關係的互動中，男性喜歡肩並肩的活動（如：一起打球），而女性喜歡面對面（如：一起喝下午茶）的互動，這也突顯出兩性在互動中的差異，其中最重要的是溝通方式（Lips, 2003）。根據 Deborah Tannen（1990）的報告，女性對她們的丈夫常見的抱怨是「他都不聽我說話了」或「他都不對我說話了」。Tannen 解釋這問題可以分為兩種：親切式談話和報告式談話。親切式談話（rapport talk）是交談的語言，是用來建立連結和關係溝通；女性偏愛用親切式談話，比男性更享受這種私密的對談，男性則對此興趣缺缺而常讓許多女性感到不受重視。報告式談話（report talk）的目的則是在訊息傳遞，在公開場合談話也屬這類；男性偏好這種報告式談話，就像是站在舞臺中央做語言表演，如：說說笑話和

故事,並學著使用這種方式來得到或維持注意力。Tannen 認為這種差異是來自女孩和男孩在生長過程中社會化的不同。母親對小孩的撫養參與比父親更多。而比起兒子,母親在和女兒的互動中,樹立了對關係更強烈的興趣。Tannen 等人建議,男性應該要發展對關係的強烈興趣及親切式談話;而女性要有更多的機會做報告式談話,包括在公眾場合裡說話。

發展理情治療的心理治療大師 Albert Ellis 在長期的夫妻治療中發現,良好親密關係的溝通包含以下七大原則[註2]:

1. 如其所是的接納彼此
2. 表達感激之意
3. 真誠的溝通
4. 分享歧見,探索差異
5. 支持彼此的夢想
6. 容許犯錯
7. 轉化渴望為目標

婚姻治療師大衛・理秋(David Richo）[註3]提出了親密溝通五 A 原則,認為開啟親密關係的五個關鍵鑰匙為關注（Attention）、接納（Acceptance）、欣賞（Appreciation）、情感（Affection）與包容（Allowed）等五大原則：

- **關注**：每個人都需要被關心,透過靜觀的方式,將注意力如實地放在你所關心的人身上,只要你用心地關注著對方,他就會有被愛的感覺。
- **接納**：從人本的角度來看,我們要成為一個理想的我,必需有一個接納自己的環境。當你採用無條件的接納態度來面對你所愛的人,透過這樣的滋養,對方就會如實地成長為理想的自我。
- **欣賞**：我們都需要被讚美與鼓勵,若你可以好好地欣賞對方的優點與特色,透過發現他的亮點並給予鼓勵,這樣的感情就會變得很正向。
- **情感**：愛的施與受是人的基本需求,透過愛的表現,來溫暖著雙方的心靈,這樣的感情就可以長長久久。本課的回家作業,就是讓你學習如何表達內心深層的愛。
- **包容**：沒有人是完美無暇的,透過包容與支持的態度,讓雙方在安全的感受下,面對自己的缺點與關係困境,然後一起成長。本章的課堂練習,就是一種正向祝福與包容的過程,讓你好好地體會人與人之間的情感。

若要讓你的愛情長久,可以透過這五大原則來滋養你的愛情。

另外,關係的經營最重要的是創造正向的互動經驗以及解決關係中的衝突,圖

註 2: 黃素菲與許佳楓譯(2000)。《夫妻溝通成功七律》。張老師出版社。
註 3: 大衛・里秋(2009)。《以愛之名,我願意:開啟親密關係的五把鑰匙》。心靈工坊。

和好契約

日期：
時間：

親愛的＿＿＿＿＿＿：

你說了＿＿＿＿＿＿或做了＿＿＿＿＿＿讓我感到生氣，
請在星期＿＿＿＿讓我們靜下心來討論這件事。

現在不太快樂的＿＿＿＿＿＿

圖 15.2 和好契約
當你與他人起衝突時，可以利用和好契約告知對方你為何不開心，並且也表達你願意處理衝突的誠意。

快樂契約

日期：
時間：

親愛的＿＿＿＿＿＿：

跟你一起相處是愉快的，
讓我們約好在＿＿＿＿月＿＿＿＿日＿＿＿＿點
一起進行＿＿＿＿＿＿（活動）。

期待與你共處美好時光的＿＿＿＿＿＿

圖 15.3 快樂契約
人與人相處就需要增加一些快樂的原素，透過快樂契約來邀約你的好朋友一起進行讓雙方快樂的活動。

15.2 的和好契約與圖 15.3 的快樂契約正好可以幫助你解決關係困境且為感情加溫。

若發現自己的感情生活觸礁了，別忘了還可以找專業心理師或者學輔中心的老師協助。你會感受到，他們也是用以上五大原則來滋養你，讓你成長。

15.4.3 性行為

「先愛而性」或「先性後愛」是目前在熱戀的人會思考的問題。在動機的一章中，我們已經談到有關性的課題。這一節則將從心理學的角度來探討性。一行禪師在《愛對了》這本書中闡明，唯有與對方身體與心理的親密度達到一致，我們才有可能真的愛對方，身體表達心、心寄寓於身，互依互存。

在生活中，我們可以明顯地發現男性與女性對於性與愛的行為與態度有所不同。在美國的一所大學校園中進行一項實驗，他們請 5 名男性研究生與 5 名女性研究生在校園內進行實驗，他們接近大學生然後告知：「我注意你很久了，我覺得你很吸引人。」然後依序問以下三個問題：「你願意跟我一起吃頓飯嗎？」、「你願意跟我到我房間坐坐嗎？」、「你願意跟我上床嗎？」結果發現，在第一個問題上，男生與女生答應的比率無顯著差異，而在第三個問題上，約 75% 的男性答應，而沒有女性答應。由這樣的研究發現，當遇到欣賞你的人，兩性在一般的人際互動上無差別，但在性行為上男性比女性開放多了。性是兩情相悅的事，而由於兩性在性態度上有明顯的差別，更加讓我們注意到，在發生性行為前需要更多的溝通與尊重。

婚姻專家蘇珊・強森（Sue Johnson）在她的著作《愛是有道理的》[註4]這本書

註 4: 蘇珊・強森（2014）。《愛是有道理的》。張老師出版社。

中,提供了許多有關愛與性的議題。她從依附關係中的角度出發,發現不同依附關係的性行為,其意義有所不同:

1. **逃避型依附**:這類的人對他人無情感上的連結,性行為對他們而言只是一種生理上的需求,長期下來往往就變成一種沒有品質的封閉性關係。性關係只是為了證明某種關係的存在。例如,許多未出櫃的同性戀,會與異性交往來滿足社會的期待;他們的性行為往往缺乏了親密感。
2. **焦慮型依附**:這類的人對關係會有不安的感覺,性行為是一種確認關係的方式,他們透過性行為來證明對方是愛他的。短期來看,這樣的親密關係具有撫慰性的效果,但卻無法解決長期的不安感。
3. **安全型依附**:這是典型因愛而性的關係,性行為本身不是關係的重點,它只是關係中的調味劑。在性行為的過程中,他們重視雙方的互動與愛撫,在其中,他們可以更加了解彼此也會更加地支持對方。

從大腦的功能來看,性行為本身可以分成三個層面。第一個層面是生物的本能,此時性行為是受到雄性激素與雌性激素的影響,著重的重點在於繁衍後代,所以男性就會選擇多個性伴侶來增加繁衍的機會,女性就會選擇有足夠資產的男性(如:高富帥),來增加養育的資源。第二層面是情緒,此時性行為涉及了多巴胺,雙方的性行為重點在於性的愉悅感。這時,兩性就會選擇讓自己愉快的性關係,會有墜入愛河或者被愛沖昏頭的美好經驗。第三個層面是人際層面,此時性行為涉及了催產素,透過擁抱與愛撫,讓雙方產生幸福的感覺。此時會讓人想要擁有一段穩定的關係。回到親密行為,如果性愛達到第三個層面,你將會感受到愛的感覺。

回到生物的本能,性行為是為了繁衍後代,對於人類,養兒育女是個大問題,有人會說養小孩是個甜蜜的負荷。心理學家發現,初為父母的人若找到生命的意義、願意承擔親職角色、對照顧孩子帶著正向情緒,這樣的父母就會覺得照顧孩子是快樂的;反之,若有經濟壓力、照顧孩子帶著負面情緒、有睡眠困擾以及關係壓力者,他們則會認為當父母很痛苦(Nelson, Kushlev & Lyubomirsky, 2014)。所以,在發生性行為時,要思考一下自己是否準備好要當快樂的父母,如果有了小孩,也要學習當個快樂的父母,用愛來照顧孩子與家人。

在現實生活中,我們需要注意安全的性行為(在健康心理學一章有說明安全的性行為)學習保護自己,並且了解有時候的性只是生物的本能或者是情緒的因素,並非是真正的愛,以免將性衝動誤認成愛。

| 課 | 堂 | 活 | 動 |

主題：祝福同學
目標：
增加正向人際支持。
步驟：
1. 看看這學期一起上課的同學。
2. 找一個需要感謝他的人跟他說聲謝謝。
3. 找一個曾經起過衝突的同學跟她說聲抱歉。
4. 然後跟前後左右的同學說聲祝福的話。

| 回 | 家 | 作 | 業 |

快樂生活第十五週──愛的力量
本週是最後一堂課。快樂的生活來自於愛的力量，人類與其他生物最大的差異在於愛的能力，本週的活動就是來好好愛自己與愛他人。

先回到第一課的微笑呼吸法，讓自己帶著微笑放鬆身體。

愛自己的練習：
想著自己
吸氣的時候對著自己微笑，
吐氣時，心中祝福著自己：
願我身心平靜、快樂和心安

愛他人的練習：
想著你所重視的人
吸氣的時候對著 XX 微笑，
吐氣時，心中祝福著他：
願 XX 身心平靜、快樂和心安

每天睡前做這樣的練習，讓你帶著愛的力量而入眠。

若是正在熱戀的你，找一本延伸閱讀來看，協助你學習如何好好相愛。

| 延伸閱讀 |
一行禪師（2014）。《愛對了：用正念滋養的親密關係最長久》。橡樹林。
大衛・里秋（2013）。《信任的療癒力》。啟示出版社。

| 本 | 章 | 摘 | 要 |

1. **生理層面的兩性。**
    - 男性性染色體為 XY，女性性染色體為 XX，由於這樣染色體的差異造成生理上的性別差異。

- 從演化的觀點來看，兩性關係是為了要繁衍後代；男性會傾向找健康的女性以確保繁衍後代的成功率，而女性會尋求資源多的男性以確保良好的條件給與後代長期養育。
- 兩性在大腦結構與連結上有些差異，如男性在單側腦內連結多，而女性在兩腦間的連結多；並且可以發現男性的杏仁核比較大，而女性的胼胝體比較大。這樣的差異，也造成兩性在情緒、動機與人際關係上的差異。
- Carol Gilligan 的道德發展階段論引出了社會形塑性別這個重要的議題：性別（gender）—在社會及心理層面成為男性或女性，特別是女性的性別發展，在現代社會中，對於人際關係的需求以及對於自主的展現，在青少女身上特別會產生兩難的困境。

2. **心理層面的兩性。**
- 性別是顯而易見且最不具爭議的變項，所以許多心理學研究會先分析性別差異這樣的課題。
- 心理學家採用男女性特質來反映出一個人心理層面的性別認同。這是兩個獨立的向度，一個人的男性特質較多者稱之為工具主義（instrumentality），而女性特質多者稱之為表達主義（expressiveness）。
- 兩性認知能力異同的研究，主要在測驗其數學技能、視覺空間技能，以及口語技巧。在數學和視覺空間技能方面，男孩往往比女孩有更好的表現；而女孩的口語能力會比男生好。兩性相似假說（gender similarities hypothesis）認為在認知功能上兩性的相似性高過於相異性。
- 兩性的情緒差異可以從三個理論觀點來切入，分別是生物、社會發展以及社會建構論。從生物層面，性荷爾蒙的差異導致了男性與女性在情緒感受與表達上的不同；在社會發展上，由於男性與女性的互動方式不同，如男性喜歡肩併肩共事而女性喜歡面對面的交談，會影響到兩性在情緒表達上的差異；在社會建構上，社會對於性別的社會期待也影響著兩性在情緒表達上的差異。

3. **社會層面的兩性。**
- Alice Eagly 提出了社會角色理論（social role theory）來說明性別的差異。社會角色理論是由男女體型上的差異為出發點，而影響後來男性女性在工作分派上面的差異。
- 大部分的雙薪家庭中男性的權力依舊高於女性；男性會決策家中重要的事情，而女性決定雜支開銷。親職角色的性別區分主要分為五個層面：時間性、責任心與心態、角色、活動特質及親子關係。一般來說母親仍舊是小孩的主要照顧者，父親則是次要、被動與配合的角色。
- 在職業角色，男性較女性重視工作所帶來的物質報酬與領導權，而女性較在意工作是否帶來心靈成長與外在的福利與舒適。
- 在攻擊行為中，男性傾向採用外顯行為的攻擊（如：打或罵），而女性傾向採用關係攻擊（如：排擠他人）。

4. **關係的經營。**
- 在人際關係中，兩性在關係投資上的重點有所不同。Carol Gilligan 的關懷觀點相信社會關係對女性來說，其重要性高過於男性，而且也對社會關係較為敏感；相反地，她認為男性是個人主義且自我導向的。研究人員也確實發現，成年女性更常關心、支持，並同理他人，而成年男性則較獨立、自我依靠、少表達感情。
- 愛情是人生重要的課題之一，「慈、悲、喜、捨」是真愛的四大元素，同時透過關注（Attention）、接納（Acceptance）、欣賞（Appreciation）、情感（Affection）與包容（Allowed）等五 A 原則來滋養愛情。這樣你就可以學習如何好好相愛。
- 性行為包含生物、情緒與人際層面，有良好的關係產生的性行為是幸福的。

索引

A

abnormal behavior 異常行為　360

absolute threshold 絕對閾值　119

accommodation 調適　79

acculturative stress 涵化壓力　400

acetylcholine, ACh 乙醯膽鹼　50

acquired immune deficiency syndrome, AIDS 後天免疫不全症候群　419

acquisition 習得　192

action potential 動作電位　46

addiction 成癮　173

adrenal glands 腎上腺　62

affectionate love 深情愛　455

affective commitment 情緒承諾　473

agoraphobia 懼曠症　368

alcoholism 酒癮　177

algorithm 規則系統　264

all-or-none principle 全有全無律　46

altruism 利他主義　544

amnesia 失憶症　247

amygdala 杏仁核　54

androgen 雄激素　96, 298

androgynous 雌雄同體　500

anorexia nervosa 心因性厭食症　296

anxiety disorder 焦慮性疾患　367

applied behavior analysis 行為改變　210

approach/approach conflict 雙趨衝突　398

approach/avoidance conflict 趨避衝突　398

archetype 原型　335

artificial intelligence, AI 人工智慧　260

assimilation 同化　79

association areas 聯合區　57

associative learning 關聯學習　187

Atkinson-Shiffrin memory theory 記憶三階段理論　225

attachment 依附關係　86

attitude 態度　435

attribution 歸因　429

attribution theory 歸因理論　303

auditory nerve 聽覺神經　139

authentic leadership 真誠領導　480

authoritarian parenting 權威型的教養方式　89

authoritative parenting 民主型的教養方式　89

automatic process 自動化歷程　156

autonomic nervous system 自主神經系統　44

avoidance/avoidance conflict 雙避衝突　398

axon 軸突　45

B

barbiturate 巴比妥酸鹽　175

basal metabolic rate, BMR 基礎代謝速率　319

behavior 行為　5

behavior modification 行為改變　207

behavioral and social cognitive perspectives 行為與社會認知論　339

behavioral approach 行為取向　25

behavioral medicine 行為醫學　393

behavioral neuroscience approach 行為神經科學取向　27

big five factors of personality 五大人格因素　350

binocular cue 雙眼線索　132

biofeedback 生理回饋　413

biological rhythm 生理週期　160

bipolar disorder 躁鬱症　374

brain 大腦　42

bulimia nervosa 心因性暴食症　296
burnout 耗竭；職業倦怠　399, 482
bystander effect 旁觀者效應　463

C

case study 個案研究　15
catatonic schizophrenia 僵直型思覺失調症　381
cell body 細胞本體　45
central nervous system, CNS 中樞神經系統　43
cerebellum 小腦　53
chunking 組塊化　227
circadian rhythm 日夜節律　160
classical conditioning 古典制約　190
cognition 認知　259
cognitive affective processing system 認知情緒歷程系統　343
cognitive appraisal 認知評估　403
cognitive approach 認知取向　26
cognitive dissonance 認知失調　436
cognitive theory of dream 夢的認知理論　169
collective unconscious 集體潛意識　335
concept 概念　262
concrete operational stage 具體運思期　82
conditioned response, CR 制約反應　191
conditioned stimulus, CS 制約刺激　191
cones 錐狀細胞　127
conformity 從眾　138
connectionism 連結論　235
consciousness 意識　154
conservation 守恆　81
consummate love 完美的愛　455
continuance commitment 持續承諾　473

controlled process 掌控歷程　155
coping 因應　407
corpus callosum 胼胝體　57
correlational research 相關性研究　16
cortisol 可體松（或皮質醇）　62
counter-conditioning 反制約　195
critical thinking 批判性思考　32
crystallized intelligence 結晶智力　105

D

deductive reasoning 演繹推理　267
defense mechanism 防衛機轉　358
360 degree feedback 360 度回饋　472
deindividuation 去個人化　445
dendrite 樹突　45
depressant 鎮定劑　174
depressive disorder 憂鬱症　373
development 發展　71
diathesis-stress model 潛質壓力模式　382
difference threshold 差異閾值　121
discrimination 區辨　193
discrimination 歧視　450
disorganized schizophrenia 混亂型思覺失調症　381
dissociative disorder 解離性疾患　372
dissociative fugue 解離性迷走　372
dissociative identity disorder, DID 解離性認同疾患　372
dopamine 多巴胺　50
double-blind experiment 雙盲實驗設計　20
drive 趨力　291
dysthymic disorder 輕鬱症　374

索引

E

ego 自我　332
egoism 利己主義　462
elaboration 精緻化　224
emotion 情緒　307
emotional intelligence 情感智力　281
emotion-focused coping 情緒焦點的因應　407
encoding 編碼　221
endocrine system 內分泌系統　61
epinphrine 腎上腺素　62
episodic memory 事件記憶　231
ergonomics 人因工程　488
estrogen 雌激素　96, 298
ethnocentrism 種族中心主義　448
evolutionary psychology approach 演化心理學取向　27
experimenter bias 實驗者偏誤　20
explicit memory 外顯記憶　231
extinction 削弱　193, 206
extrinsic motivation 外在動機　292

F

facial feedback hypothesis 臉部回饋假說　313
figure-ground relationship 圖像－背景關係　131
fixation 固著　265
flow 心流經驗　473
fluid intelligence 流體智力　105
forebrain 前腦　53
formal operational stage 形式運思階段　83
frontal lobe 額葉　55
functional fixedness 機能固著　265

functionalism 功能主義　7
fundamental attribution error 基本歸因偏誤　430

G

Gamma aminobutyric acid, GABA 伽馬胺基丁酸　49
gender 性別　495, 497
gender role 性別角色　498
gender similarities hypothesis 兩性相似假說　501
generalization 類化　193
generalized anxiety disorder 廣泛性焦慮症　367
gestalt psychology 完形心理學　132
glands 腺體　61
glutamate 麩胺酸　49
glial cell 膠原細胞　45
group polarization effect 團體極化效果　445
groupthink 團體迷思　445

H

hallucinogen 迷幻劑　178
halo effect 月暈效果　472
hardiness 堅毅　397
health psychology 健康心理學　393
hemisphere 大腦半球　58
heuristic 捷思　265
hierarchy of needs 需求階層　292
hindbrain 後腦　53
hippocampus 海馬回　54
homeostasis 體內衡定　291
hormone 荷爾蒙（或激素）　61
human sexual response pattern 人類性反應模式　299
humanistic movement 人本運動　28

humanistic perspective 人本論　344
hypnosis 催眠　170
hypothalamus 下視丘　55
hypothesis 假設　10
hypothalamic-pituitary-adrenal axis HPA 軸　402

I

id 本我　332
implicit personality theory 人格內隱理論　432
impression management 印象管理　433
imprinting 銘印　86
individual psychology 個體心理學　336
inductive reasoning 歸納推理　266
informational social influence 訊息性社會影響　439
inner ear 內耳　138
insight learning 頓悟學習　214
instinct 本能　290
instinctive drift 本能趨勢　188
intelligence quotient, IQ 智力商數　277
interference theory 干擾理論　246
intrinsic motivation 內在動機　292
islets of Langerhans 胰島　62

J

job analysis 工作分析　471
job crafting 工作　472
job satisfaction 工作滿意度　478

K

kinesthetic sense 動覺感覺　147

KSAOs　471

L

language 語言　270
latent content 潛藏意義　169
latent learning 潛在學習　213
learning 學習　186
limbic system 邊緣系統　54
locus of control 控制源（控制感）　341
long-term memory 長期記憶　230

M

major depressive disorder 重鬱症　373
manifest content 表面意義　169
medical model 醫療模式　363
meditation 禪修／靜觀　413
medulla 延腦　53
memory 記憶　220
memory span 記憶廣度　227
mental age, MA 心智年齡　277
mental process 心理歷程　6
mental set 心理設定　265
meta-analysis 後設分析　9
midbrain 中腦　53
middle ear 中耳　138
mindfulness 止念　266
monocular cue 單眼線索　132
mood disorder 情緒性疾患　373
motivation 動機　290
myelin sheath 髓鞘　45

索引

N

natural selection 自然天擇　6
naturalistic observation 自然觀察法　14
nature 天性　73
need 需求　291
need for achievement 成就需求　303
negative affectivity, NA 負向情感　318
negative reinforcement 負增強　202
neglectful parenting 忽略型的教養方式　89
nervous system 神經系統　42
neural network 神經網絡　43
neurotransmitter 神經傳導素　48
norepinephrine 正腎上腺素　50, 62
normal distribution 常態分布　278
normative commitment 規範承諾　473
normative social influence 規範性社會影響　439
nurture 培育　73

O

obedience 服從　440
object permanence 物體恆常性　80
observational learning 觀察學習　210
obsessive-compulsive disorder, OCD 強迫症　369
occipital lobe 枕葉　57
Oedipus complex 伊底帕斯情結　334
olfactory epithelium 嗅覺表皮細胞　145
open-mindedness 開放心胸　266
operant conditioning 操作制約　199
opiate 鴉片　176
organizational citizenship behavior 組織公民行為　473
outer ear 外耳　137

P

pain 痛覺　143
panic disorder 恐慌症　367
papilla 乳突　144
paranoid schizophrenia 妄想型思覺失調症　381
parasympathetic nervous system 副交感神經系統　44
parietal lobe 頂葉　56
perception 知覺　117
perceptual constancy 知覺恆定　133
perceptual set 知覺場域　122
peripheral nervous system, PNS 周邊神經系統　43
permissive parenting 放縱型的教養方式　89
personality 人格　328
personality disorder 人格疾患　384
pheromone 費洛蒙　299
physical dependence 生理依賴　173
pituitary gland 腦下垂體　61
plasticity 可塑性　43
pons 橋腦　53
positive affectivity, PA 正向情感　318
positive reinforcement 正增強　202
post-traumatic stress disorder, PTSD 創傷後壓力症候群　370
prejudice 偏見　449
preoperational stage 前運思期　81
preparedness 準備論　189
primary reinforcement 初級增強　203
priming 促發　232
proactive interference 前涉干擾　246
problem-focused coping 問題焦點的因應　407
procedural memory 程序記憶　232
psychoactive drug 心理作用藥物　173

psychodynamic approach 心理動力取向　26
psychodynamic perspective 心理動力論　331
psychological capital 心理資本　488
psychological dependence 心理依賴　174
psychology 心理學　5
psycho-neuro-immunology 心理神經
puberty 青春期　96
punishment 懲罰　206

R

random assignment 隨機分派　19
rapid-eye-movement sleep, REM sleep 速眼動睡眠　165
recall 回憶　241
recognition 再確認　241
rehearsal 複誦　228
research participant bias 研究參與者偏誤　20
resilience 復原力　100
reticular formation 網狀組織　53
retina 視網膜　126
retrieval 提取　239
retroactive interference 後涉干擾　246
rods 桿狀細胞　126
romantic love 浪漫愛　455

S

schedule of reinforcement 增強計畫　204
schema 基模　79, 235
schizophrenia 精神分裂症　380
science 科學　5
script 腳本　235

secondary reinforcement 次級增強　203
secure attachment 安全依附　87
selective attention 選擇性注意　122
self-actualization 自我實現　292
self-concept 自我概念　345
self determination theory 自我決定理論　293
self-efficacy 自我效能　341, 409
self-esteem 自尊　246
self-monitoring 自我監控　434
self-presentation 自我呈現　433
self regulation 自我調節　304
self serving bias 利己偏誤　430
semantic memory 語義記憶　231
semicircular canal 半規管　147
sensation 感覺　116
sensorimotor stage 感覺運動期　80
sensory adaptation 感覺適應　121
sensory memory 感官記憶　226
sensory receptor cells 感覺接受細胞　117
serial position effect 序列位置效應　239
serotonin 血清素　50
sex 性　495
sexual script 性腳本　300
sexually transmitted diseases, STD 性病　419
shaping 養成　201
short-term memory 短期記憶　227
social cognitive theory 社會認知論　26, 340
social facilitation 社會助長　444
social identity 社會認同　447
social loafing 社會懈怠　444
social psychology 社會心理學　428
social support 社會支持　409
sociocultural approach 社會文化取向　27

索引

socioemotional selectivity theory 社會情緒選擇理論　109
somatic nervous system 體神經系統　44
somatosensory area 體感覺皮質區　56
specific phobia 恐懼症　368
spontaneous recovery 自發性恢復　193
stage of change model 改變階段理論　415
standardized test 標準化測驗　15
stereotype 刻板印象　449
stimulant 興奮劑　176
stream of consciousness 意識流　155
stress 壓力　396
stress management program 壓力管理課程　412
structuralism 結構主義　7
structured interview 結構性會談　471
superego 超我　332
sympathetic nervous system 交感神經系統　44
synapse 突觸　47
synaptic gap 突觸間隙　47

T

temperament 氣質　88
temporal lobe 顳葉　56
thalamus 視丘　54
theory 理論　9
theory of reasoned action 理性行為理論　45
theory X managers X 理論管理者　477
theory Y managers Y 理論管理者　477
thermoreceptors 溫感受細胞　142
thinking 思考　262
tolerance 耐受性　173
trait 特質　348

tranquilizer 鎮靜劑　175
transactional leadership 交易性領導　479
transformational leadership 轉變型領導　479
triarchic 三元　280
two-factor theory of emotion 情緒二因論　310
Type A behavior pattern A 型行為型態　396
Type B behavior pattern B 型行為型態　396

U

unconditional positive regard 無條件正向關懷　245
unconditioned response, UCR 非制約反應　191
unconditioned stimulus, UCS 非制約刺激　191
unconscious 潛意識　158

V

vestibular senses 前庭感覺　147

W

wisdom 智慧　106
wish fulfillment 願望的達成　168